경영자를 위한

베트남 경영전략

— 투자환경론

연세대학교 교수 소 영 일

지구문화사
JIGU PUBLISHING Co.

이 책을 내면서

우리는 흔히 'Global 시대'라는 말을 많이 합니다. 세계는 이제 좌우의 대립도, 영원한 적도 없이 자국의, 아니 자신의 이익을 좇아 어디든지 갑니다.

우리는 단순히 이것이 '글로벌 시대'인 줄로만 알았습니다. 아니었습니다. 지구촌이 이렇게 무섭게 돌아가는 줄을 예전엔 미처 몰랐습니다. 중국과 인도는 그렇다 치고, 우리가 듣지도 보지도 못한 중동의 '두바이', 중앙아시아의 '알마아타'에 세계인이 모여들어 발전하는 모습은 그야말로 눈이 부셔서 뜨지도 못할 지경입니다.

2000년 소영일 교수님은 "금세기 세계경제의 지각변동과 재편"을 예고하시고, 2004~2006년 '챤디아(중국과 인도의 용트림 표현)'를 바르게 알리기 위하여 약 한 트럭 분의 자료를 20여 명의 연구원을 동원하여 분석하고, 자신은 각각 3개월 간 밤낮을 가리지 않고 몰두, 〈중국경영전략〉과 〈인도경영전략〉을 집필하신 바 있습니다.

이제 〈베트남경영전략〉 발간을 앞두고 교수님 건강을 걱정하는 나에게 교수님은 "BRICs(눈부시게 부상하는 베트남 / 러시아 / 인도 / 카자흐스탄)를 해부하여야 합니다. 경영학을 가르치는 교수로써 죽을지언정 우리 경제가 나아갈 길을 제시하지 않는 것은 책임을 다하지 않는 것"이라고 하시었습니다.

지쳐 보이는 체력으로 베트남을 왕래하면서 막대한 자료와 함께 컬러사진·표·현장정보들을 풍부하게 실어 현장감을 주고자 노력을 아끼지 않았습니다.

자료제공과 편의를 아끼지 않으신 주한 베트남 팜 띠엔 반 대사님과 직원 여러분께 지면으로나마 심심한 감사의 말씀을 드립니다.

모쪼록 '아시아의 용'으로 거듭나는 베트남을 농축시킨 이 책이 베트남으로 진출하고자 하는 기업인은 물론, 세계를 향하는 한국 젊은이들에게 없어서는 안 될 교과서가 되었으면 하는 바램과, 한국과 베트남의 친선·공영에 이바지되기를 기원해 마지않습니다.

2008년 3월

지구문화사 대표이사

주 병 오

격려사

오늘날 국제사회는 세계화(global)되어 지구촌이라는 말이 가슴에 와 닿습니다. 베트남과 한국 두 나라는 미래지향적으로 수교하여 지난 15년 동안 우호 협력 관계를 잘 발전시켜 왔습니다. 특히 두 나라는 무역·투자·관광 등 활발한 교류를 통하여 오늘날 전략적 경제 파트너가 되었습니다.

이와 같은 시기에 소영일 교수가 집필한 〈베트남경영전략〉(Strategic Mana-gement in Vietnam)의 출판은 시의적절하다고 생각하며, 이 책이 발간됨으로 해서 한국기업인들이 베트남에 대한 지식과 현지 사정을 충분히 인지하여 양국 국민들이 성공적인 비즈니스를 하는 데 기여하고, 베트남의 발전과 한국 기업인들에게는 도약의 발판이 되기를 기대해 마지않습니다.

베트남은 8천8백만의 부지런한 인민, 풍부한 자원과 환경, 그리고 활짝 열린 문으로 세계인들이 기회의 땅으로 표현하고 있습니다. 베트남 정부는 이들에게 지원을 아끼지 않을 것입니다.

또한 우리 베트남 대사관에서는 두 나라의 친선과 양국 발전을 위해 여러 가지로 애쓰고 있습니다만 이 책과 같이 양국 국민이 서로를 이해하여 가까워질 수 있도록 하는 책이 많이 발간되어 민간외교의 역할을 해 주었으면 하는 마음 간절합니다.

모쪼록 성황을 이루어 베트남－한국의 발전은 물론, 두 나라를 잇는 친선 가교의 역할을 기대해 마지않습니다. 감사합니다.

주한 베트남대사관

대사　팜 띠엔 반

머리말

오늘날과 같이 국경 없는 세계적 경쟁시대에서 기업의 생존은 그 어느 때보다도 어렵게 되었다. 그 한 예로 GE(General Electric)를 보자. 시가총액 기준으로 세계 2위의 거대기업 GE는 발명왕 토마스 에디슨이 1878년 GE의 모기업인 에디슨전기조명회사를 설립하면서 시작되었다. GE는 1896년 다우존스지수에 최초로 포함된 기업들 중 오늘날까지 살아남아 있는 유일한 기업이다.

GE가 이토록 오랜 기간 동안 생존하고 있는 비결은 끊임없이 성장동력을 추구하고 있다는 것이다. GE는 사업영역을 계속 변화시켜 왔고 그와 동시에 활동영역을 전세계로 넓혀가면서 매출액 중 절반 이상을 미국 밖에서 벌어들이고 있다. 즉 경영자는, 기업의 생존을 위해서 국내는 물론, 외국까지 적극적으로 시야를 넓혀야만 한다.

특히 세계경제는 과거의 미국과 유럽 주도체제에서 이제는 아시아의 역할과 중요성이 크게 강조되는 패러다임의 변화를 맞고 있다. 이러한 아시아 국가들 중에서도 중국과 인도에 이어 특히 베트남에 세계적인 대기업들의 관심이 집중되고 있으며, 그들은 베트남에 투자를 급격히 증가시키고 있다.

베트남이 지난 1986년 절대빈곤에서 벗어나고자 개혁 · 개방정책인 '도이머이'를 도입한 이후 베트남에는 미국, 일본, 유럽 기업들을 비롯하여 중국 기업들이 대규모로 진출하고 있다. 특히 한국기업은 전세계를 대상으로 베트남에 가장 많은 투자를 기록하고 있는 중이다. 2007년 베트남은 200억 3천만 달러의 외자를 유치했는데, 2006년 120억 달러보다 67%나 급증했을 정도이다.

그러나 중국의 사례에서도 볼 수 있듯이, 해외에 진출한 기업이 성공하기 위해서는 무엇보다도 현명하고 미래지향적인 경영전략을 수립해야만 한다. 즉, 현지국가에서 사업을 성공적으로 실행하고 궁극적으로 생존하고 성장하기 위해서는 투자환경을 면밀히 분석하고 이에 따라 경영전략을 수립 · 실행하지 않으면 안 된다.

이런 관점에 비추어 볼 때 본서는 한국기업들이 베트남에 진출하여 성공하는 데에 필요한 경영환경을 식별 · 종합 · 분석하는데 초점을 맞추었다.

구체적으로 본서의 제 1 부에서는 베트남에 대한 개관, 즉 베트남의 과거와 현재, 기초적 정보 및 베트남의 행정단위를 제시하고 있으며, 제 2 부에서는 베트남의 일반적 환경으로 자연 · 역사 · 인구 · 사회 · 문화 · 통치기구 · 외교 · 군사환경을 다루고 있다. 제 3 부에서는 베트남의 경제환경, 제 4 부에서는 산업환경, 제 5 부에서는 투자환경, 제 6 부에서는 기업경영제도를 다루었다.

제 7 부에서는 결론으로, 베트남 투자 시 유의사항 및 성공전략, 그리고 베트남의 미래에 대하여 다루었다.

특히, 본서를 서술함에 있어서 기본적인 정보뿐만 아니라 현장의 생생한 정보를 가능하면 많이 제시하고자 했는데, 이것은 〈현장정보〉, 〈역사정보〉, 〈기업사례〉 라는 제목으로 각 장마다 많은 부분을 제시하였다. 또 될 수 있으면 사진을 풍부히 제시함으로써 독자들이 현장감을 느끼는 데 도움을 주고자 했다.

끝으로, 본서가 출판되기까지 많은 도움을 주신 지구문화사 주병오 사장님, 이 책의 디자인과 그림 작성 등에서 혼신의 힘을 다해주신 주서영 디자이너, 본서의 최초 원고편집부터 마지막 구성에 이르기까지 헌신적인 노력을 해주신 강정자 선생님, 원고수집과 정리 및 번역, 사진 탐색을 위해 애써주신 연세대학교 박상은, 김형수, 명재희, 한호철, 장유정, 김현호, 김장손, 이현정, 김희주, 정재욱, 이유현 연구원들에게 감사드린다.

또 많은 자료의 원천이 된 국내외의 각종 언론사, 정부기관, 연구기관, 협회, 금융기관, 국제기관, 대사관 및 각종 사이트 등에 진심으로 감사의 말씀을 드리는 바이다.

일단 원고를 마치고 보니, 앞으로 보완해야 할 자료가 끝없이 존재하고 있음을 느끼며, 한시 바삐 부족한 점을 더욱 보완하여야겠다는 마음이 절실하다.

부디 이 책이 베트남에의 투자를 희망하는 사업가, 경영자, 회사원 및 학생들에게 부족하나마 안내자로서 조그만 역.할을 해 드릴 수 있기를 간절히 기대하며, 앞으로 내용 보충에 노력할 것을 약속드리는 바이다.

2008년 3월 1일

소 영 일

차 례

제 1 부 베트남 개관

제 1 장 베트남의 과거와 현재

제 2 장 베트남의 기초적 정보

차 례

제6장 인구 환경

제 7 장 사회 환경

제 8 장 문화 환경

차 례

제 3 부 경제 환경

제11장 경제 환경(Ⅰ)

제 12 장 경제 환경(Ⅱ)

차 례

제 4 부 산업 환경

차 례

제5부 투자 환경

제 6 부 기업경영 제도

제19장 회사설립, 기업 종류 및 경영구조

제20장 노무 제도

제21장 조세 제도

차 례

제7부 결 론

제22장 성공을 위한 투자 유의사항

제1부 베트남 개관

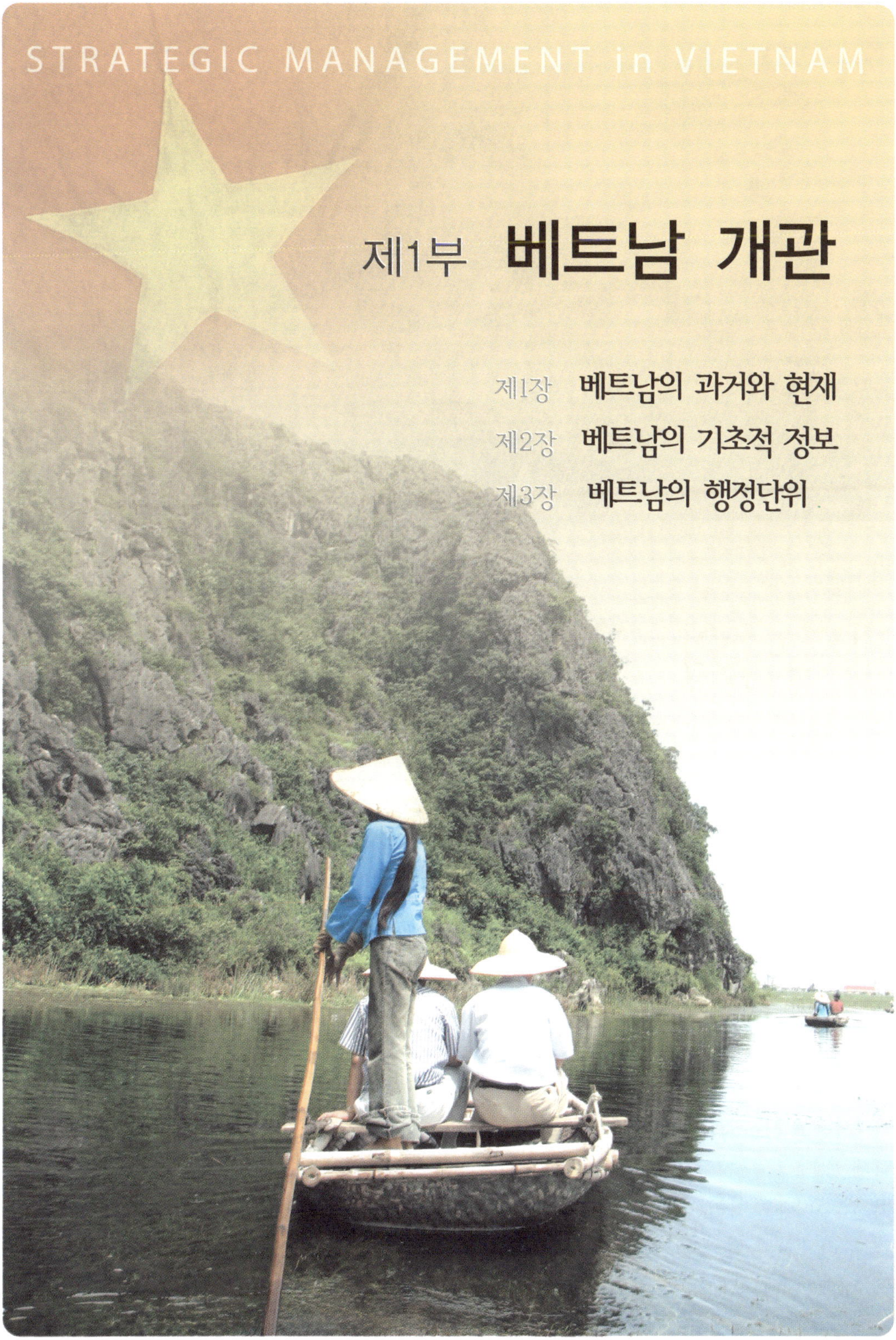

제1장 베트남의 과거와 현재

이 장에서는 베트남의 과거와 현재, 즉 피지배와 저항의 시대를 살아온 베트남, 도약하는 베트남, 자신감 넘치는 베트남, 글로벌 기업의 격전장이 되고 있는 베트남의 현재, 베트남 시장이 갖는 매력, 베트남에 투자해야 하는 이유 등을 살펴보기로 한다.

제1절 서 론

1. 피지배와 저항의 시대를 살아온 베트남 [1)]

베트남은 역사적으로 볼 때, 건국 초기부터 끊임없이 외세의 침략과 지배를 받았고, 또 이에 저항해 왔다.

자신들이 세운 나라 남비엣국이 기원전 111년 중국 한나라에 의해 멸망한 때부터 983년까지 무려 1천여 년 동안 중국의 침략과 지배를 받았다. 그러나 이 기간 동안의 중국 지배에 대해서 베트남의 쭝 자매 (Trung Trac, Trung Nhi), 찌에우어우 (Chieu Au), 리비

(Ly Bi), 마이툭로아(Mai Thuc Loa), 풍흥(Phung Hung) 등이 끝없이 저항하며 반란을 일으켰다. 그림 1-1에는 쭝 자매의 활약상이 묘사되어 있다.

그림 1-1 민중봉기를 일으킨 쭝 자매[2]
(Trung Sisters)

또 938년에는 응오꾸엔(Ngo Quyen)이 중국의 남한군을 물리치고 독립을 쟁취하였다.

이러한 베트남의 각 왕조는 중국에 조공을 바치며 중국의 눈치를 봐야 했다. 그러나 내부적으로는 베트남을 남국(南國), 중국을 북국(北國)이라 칭하고, 베트남의 군주를 남제(南帝), 중국의 군주를 북제(北帝)라 칭하며 중국과 대등한 독립왕조임을 주장하였다. 베트남 왕조의 이러한 강한 자존심은 중국에서 새로운 왕조가 창건될 때마다 베트남을 철저히 복속시키기 위한 전쟁의 빌미를 제공했다.

하지만 중국이 이렇게 베트남 왕조의 자존심을 말살하려는 전쟁을 일으킬 때마다 베트남 민족은 오히려 단합하고 단결력을 강화시키며 민족적 자존심을 고양시켰다.

1859년 프랑스군이 사이곤, 지아인 및 미토를 점령하여 식민 지배를 시작하자 베트남은 이에 맞서 베트남공산당, 베트남 독립동맹(Vet Minh), 해방군 무장 선전대 등을 결성하고 프랑스에 항전하였다.

결국 1945년 9월 2일 호찌밍(Ho Chi Minh)은 프랑스로부터 독립을 선언하고, 임시 베트남 민주공화국을 설립하였다. 그러나 1955년 남부에 미국이 지원하는 베트남 정부가 들어서고, 북부에는 1960년 민족해방전선(NLF, 속칭 '베트콩')이 결성되면서 대미(對美) 항전시대를 맞게 되고, 1964년에 미국이 전쟁에 개입하여 소위 베트남전쟁이 시작되었다.

1964년 9월에는 한국군이 참전하면서 전쟁은 더욱 격렬해졌으나, 1975년 4월 30일 사이곤이 함락되면서 베트남은 공산화 통일을 이루게 되고, 1976년 4월 26일 남북통일을 위한 총선거를 실시해 1976년 7월 2일 「베트남 사회주의공화국(The Socialist Republic of Vietnam)」이 수립되었다.

이렇게 베트남은 오랜 기간 동안 민족적 자존심을 부르짖으며 중국, 프랑스, 일본, 미국 등과 같은 강대국에 맞서 싸워서 이겨 왔다. 오늘날 베트남의 국부(國父)로 추앙받는 호찌밍은 베트남 인민의 힘의 원동력이 민족적 자존심임을 깨닫고 프랑스 식민시대에는 '월맹(越盟)', 그리고 미국과 전쟁 당시에는 '민족해방전선(NLF, 베트콩)'이라는 공산주의 단체를 조직, 운영하며 민족적 자존심을 독립전쟁과 사회주의 국가 건설에 활용했던 것이다.

오늘날 베트남의 곳곳에는 독립과 건국의 아버지인 호찌밍의 동상이 세워져 있다. 호찌밍은 '신(神)'이라는 표현이 어울릴 정도로 사후(死後)에 더 추앙받고 있는 인물이다. 또 몽골군의 침략을 세 차례나 물리친 쩐흥다오(Tran Hung Dao) 장군의 동상도 많은 곳에 세워져 있는데, 쩐흥다오 장군의 투쟁정신은 프랑스와 미국에 대한 전쟁에서도 이어져 승리를 쟁취하게 해준 원동력이 되었다.

그림 1-2 호찌밍 동상[3)]

그림 1-3 쩐흥다오 장군 동상[4)]

2. 도약하는 베트남

(1) 경제개발의 개시[5)]

수 천년의 기간동안 피지배의 아픔과 이에 저항하며 투쟁해 온 역사를 간직한 베트남은 특히 1975년까지 약 30여 년간은 전쟁으로 거의 완전히 황폐되었던 땅이었다. 베트남이 국가와 경제를 재건함에 있어서 해외로부터 유입되고 있는 공적개발원조(Official Development Assistance, ODA), 외국인 직접투자, 재외 베트남 교포들의 본국 송금 등이 중요한 역할을 담당할 수밖에 없는 현실은 여기서 비롯되고 있다.

해외로부터 베트남에 유입되는 자본의 25%는 공적개발원조, 25%는 외국인 직접투자, 나머지 50%는 베트남 교포들의 본국 송금(연간 약 70억달러)이라고 파악되고 있다.

(2) 도이 머이 정책(Đổi Mới)[6)]

자본축적과 더불어 베트남의 치밀한 국가개발계획이 시작됐다. 베트남은 1986년 개혁개방 정책인 도이 머이(Đổi Mới, 쇄신, 刷新)를 추진함과 아울러 경제와 사회의 각 분야에서 '공업화와 현대화'를 국가 경제개발 목표로 설정하고 이를 달성하기 위해 노력하고 있으며, 2020년까지 공업국으로 발돋움하는 것을 장기목표로 삼고 있다.

도이 머이 정책의 핵심적인 내용을 살펴보면 다음과 같다.

① 1989년 3월부터 물품가격 지정제를 폐지하고 가격 자율화를 실시하여 환율 및 금리가 시장에서 결정되게 한다. 이를 헌법적으로 보장하기 위해 1992년에는 헌법 개정을 통해 "국가 관리하의 시장제도를 도입하고 사회주의를 지향하는 다부문(多部門) 상품경제를 발전시킨다."는 조항을 명기하였다.

② 농업 및 토지개혁을 통해 입찰생산 계약제를 도입하고, 도지 장기사용권과 매매 · 임대 · 양도 등과 같은 권리행사를 허용한다.

③ 종전에는 국영 · 공영 · 집단 소유 등 세 가지 소유형태만을 허용하였으나, 개인 소유형태, 즉 개인기업을 추가적으로 허용한다.

④ 국영기업을 효율적으로 경영하기 위해 경영계획, 시장진입, 가격, 생산량, 인사, 임금결정 권한 등을 국영기업에 위임한다.

⑤ 대외 개방정책을 실시하고 실리위주의 전방위 외교를 추진한다.
이를 위해 헌법에 규정되어 있던 "중국을 패권주의 세력으로, 미국 · 프랑스 등을 제국주의 세력으로 간주한다."는 문구를 삭제하였다.

⑥ 외국인 투자법을 제정하여 100% 외국인 투자를 허용하고 해외자본 · 기술도입을 추구하는 등 국제 시장경제 편입을 추구한다.

이러한 도이 머이 정책이 추진되면서 2002년 이후 민영기업이 17만여개가 생겼고, 외국인 투자도 매년 급증하여 연간 100억달러를 훨씬 넘는 기록을 보이고 있다. 또 도이 머이를 추진한 20주년이 되는 2007년에는 WTO에 정식 회원으로 가입하였고, 미국으로부터 '항구적 정상무역관계' 지위를 획득하는 등 베트남은 새로운 도약기를 맞고 있다.

3. 자신감 넘치는 베트남

역사적으로 외세와 투쟁에서 승리를 쟁취해 온 베트남 국민들의 자존심과 '도이 머이' 정책 등을 효과적으로 추진하고 있는 정부의 노력 등이 합쳐진 결과, 오늘날 베트남 국민들은 장차 부강한 국가가 될 수 있다는 자신감에 넘쳐 있다.

갤럽국제조사기구(Gallup International)가 전세계 57개국 48,500명을 대상으로 실시한 조사에서 베트남은 '세계에서 가장 낙관적인 나라'로 선정되었다. '9년 후 더 나아지겠느냐'는 질문에 대해 베트남 국민들의 94%가 '그렇다'고 대답했다. 2위인 홍콩(74%), 중국(73%)보다도 훨씬 앞선 수치였다.[7)]

세계적 마케팅조사 회사인 AC 닐슨이 조사한 '변화결심(업무, 운동, 균형있는 생활 등의 분야)' 측정에서도 베트남 국민은 변화에 대한 각오를 다지는 1등 국가로 선정되었다.[8)]

세계은행(World Bank)은 '글로벌 경제전망 보고서'에서 베트남이 합리적인 경제성장을 유지한다는 가정하에서 2030년까지 '인구 1억명과 GDP 1,000억달러의 개발도상국군(群)'에 진입할 나라의 하나로 꼽으며 이 나라의 성장 가능성을 평가하고 있다.[9)]

한편 세계의 많은 경제 예측기관들은 그동안 주목받았던 브릭스(BRICs) 지역이 투자면에서 어느 정도 포화점에 도달함에 따라 차세대 투자국인 포스트 브릭스(Post BRICs)에 주목하고 있다.

예측기관들은 포스트 브릭스로 터키, 베트남, 타일랜드 등을 지목하고 있는데, 이를 흔히 TVT(터키, 베트남, 타일랜드)라고 부른다. 그 밖에도 멕시코, 콜롬비아, 인도네시아 등도 포스트 브릭스로 꼽히고 있다.[10)]

제2절 베트남의 현재 – 글로벌 기업의 격전장

1. 서론

현재 베트남 시장은 글로벌 기업들의 격전장이 되고 있다.

월스트리트저널(WSJ)은 '제2의 중국'이라고 불리는 베트남이 "세계 투자자들의 구애(求愛)를 받는 매력적인 투자처로 부상하고 있다."고 보도했다. 이 신문은 이어서 "불과 10년전만 해도 관료주의, 부패, 금융위기 등이 베트남경제를 상징하는 단어였지만, 이제는 많은 투자자들이 베트남에 투자하지 못해 안달"이라고 덧붙였다.[11)]

아래에서는 베트남에 진출하고 있는 주요 국가들의 기업 현황을 간략히 살펴보기로 한다.

2. 일본[12)]

베트남의 주요 내수시장을 선점한 곳은 일본계 기업이다.

일본 정부는 1992년 이후 연간 8~9억달러를 지원하는 ODA(Official Development Assistance, 공적개발원조) 최대 공여국으로서 그동안 베트남 시장을 개척하기 위해 많은 노력을 기울여 왔다. 일본의 대(對) 베트남 ODA는 총 110억달러로서, 베트남 전체 ODA의 50%를 점유하고 있다.

2차 세계대전 시기에 2년 동안 베트남을 식민 통치한 역사 때문에 일본인들에 대한 베트남인들의 감정이 좋지는 않지만, 일본은 그동안 많은 투자로 베트남인들의 환심을 사는데 성공했다는 평가를 받고 있다.

현재 일본 기업들은 1,058개 업체가 발전소, 교통, 통신, 수리(水理) 및 홍수방지, 사회 및 환경 등 전(全) 분야에 걸쳐 진출하고 있다. 수출품목 중에서는 오토바이 · 자동차 · 컴퓨터 및 전자제품 · 공업제품 등의 시장점유율이 지속적으로 수위(首位)를 기록하고 있다.

특히 오토바이 수요가 많은 베트남 시장에서 혼다가 시장 점유율 70% 이상을 기록하고 있을 정도로 독보적인 위치를 점하고 있고, 도요타를 비롯한 자동차 회사들의 시장 점유율도 30%에 육박하고 있다.

소니, 미쓰비시 등 가전 · IT기업들도 시장 선두를 달리고 있다. 캐논(Canon)은 PC 및 휴대폰 부품공장에 2억달러를 투자하였고, 니덱(Nidec)은 전자부품 공장에 9억 4,000만달러를 투자하였다.

그 밖에도 파나소닉은 베트남 장기투자를 위한 금융회사 설립인가를 획득하였고, 도쿄은행, 후지은행 등은 현지 영업활동을 강화하고 있다.

3. 미국[13)]

미국 기업들은 그동안 상대적으로 베트남 시장 진출에 신중한 움직임을 보여 왔다. 그러나 이제 미국계 기업들은 IT · 금융 · 보험 등을 중심으로 과거에 비해 가장 적극적으로 투자에 나서고 있다.

특히 2006년에는 베트남과 '항구적 정상무역관계(PNTR)를 체결하면서 적극적인 공세에 나서고 있다.

인텔사(社)는 동남아 진출기지로서 베트남의 호찌밍시(市)에 총 10억달러를 투자하여 반도체 칩 생산 공장 건설을 완료할 예정이고, 빌게이츠 MS사(社) 회장은 IT 인력 양성 및 컴퓨터 장비 지원 계획을 발표했다.

그 밖에도 포드사(社) 등 미국 자동차 기업들도 앞 다퉈 베트남 투자 계획을 밝히고 있다.

4. 중국[14)]

베트남 제1의 수입대상국인 중국은 베트남 북부와 중국 광서성 · 해남도를 망라하는 '남중국해 경제권' 구축을 목표로 베트남에 각종 투자 계획을 밝히고 있다.

예를 들면, '사천(四川) 동방전력 설비공사'는 베트남 건설부 산하 공사(IDICO)와 스록푸밍 수력발전 공동건설 참여를 추진하고 있으며, China Shipping사(세계 5위 해운회사)는 베트남 물류시장 선점을 위해 베트남 VOSA사(社)와 합작회사를 운영하고 있다. 또 중국 정부는 중국의 남부 광동성과 베트남 국경을 연결하는 고속도로(180km) 신설 추진과 함께, 낙후돼 있는 공항관제시스템 전산화 및 검색장비 지원, 양국의 세무공무원 교환 프로그램 등을 실시하고 있다.

그 밖에도 중국과 베트남 정부는 통킹만 석유 · 가스 공동개발에 합의하였고, 양국간의 교역도 현재의 연간 1억달러에서 5년 후에는 200억달러로 확대하기로 합의하였다.

5. 러시아[15)]

러시아와 베트남 양국 정부는 원유 · 가스 공동 개발 등 에너지 협력에 관한 협정서에 서명하고 양국 관계를 '전략적 동반자 관계'로 격상하였다. 현재 러시아는 베트남의 원유 · 천연가스 생산을 주도하고 있다.

예를 들면, 러시아의 거대기업 Vietsopetro사(社)는 합작형태로 진출하여 베트남 원유 및 천연가스 생산의 2/3를 점유하고 있다.

그 밖에도 러시아는 베트남 지하철 및 철도 현대화 산업, 원자력 발전소 건설 분야에 적극 진출하고 있다.

6. 한국[16)]

한국은 2006년부터 베트남 최대 투자국으로 등극하였다. 요즈음 베트남은 한국에게 '기회의 땅'이 되고 있다. 1992년 수교 이후 기업들의 투자가 잇따르며 최대의 해외 진출 거점으로 부상하였다. 현재 베트남에는 1,050여개의 한국 기업이 진출해 약 30만명의 고용 효과를 창출하고 있다.

1991년 청바지 제조업체인 '한주통상'이 공식 투자 1호를 기록한 후, 현재 베트남에는 한국의 의류 · 봉제 업체 약 200여개가 진출해 있다.

1990년대 중반부터는 삼성, LG 등 대기업이 진출하기 시작하였다. 삼성전자는 베트남에서 1996년 컬러 TV를 생산한 후 2001년부터 컬러 TV · 모니터 · DVD플레이어 등에서 판매량 1위를 기록하고 있다.

LG전자는 하이퐁시(市)에서 냉장고 · 에어컨 · 세탁기 등을 생산하고 있으며, 사회공헌도와 경제발전 기여도, 고용창출 효과, 성실납세 등에서 '최고 기업' 내지 '가장 존경받는 기업'으로 선정되어, 베트남 진출 외국기업 중 최초로 노동훈장과 기업상(企業賞)을 수상하였다.

자동차 부문에서는 GM대우, 기아자동차, 현대자동차 등이 진출하여 조립생산을 시작하였다.

건설 부문에서는 대우건설, LG건설, 포스코건설 등이 진출하여 도로, 신도시, 고층빌딩, 쇼핑센터, 골프장, 리조트, 아파트, 사무용 건물 등을 건설하고 있다.

통신 분야에서는 KT, SK텔레콤 등이 진출하여 초고속 통신망을 구축하고 이동 서비스 사업을 개시하였다.

유전 · 가스개발 분야에서는 한국석유공사, SK, LG, 대성 등이 컨소시엄을 구성하여 가스전(田) 및 유전에서 가스와 원유를 생산하기 시작했다.

금융 · 보험 분야에서는 브릿지증권, 한국투신운용, 미래에셋 자산운용, SK증권, 동양종금증권, 삼성화재 등이 사무소를 개설하여 영업을 시작하였다.

철강 분야에서는 POSCO가 호찌밍시 남부에 총 11억달러를 투자하여 대규모 철강공장 설립을 추진하고 있다.

그 밖에도 두산중공업, STX조선 등도 베트남에 공장을 신축하거나 신축할 예정이다.

7. 기타[17)]

대만은 의류 · 봉제 등 경공업에 투자하고 있고, 싱가포르는 호텔 · 여행 등 서비스 사업과 부동산 개발 사업에 집중적으로 투자하고 있다.

영국은 HSBC와 Standard Chartered Bank를 중심으로 은행업에 진출하고 있다.

독일 지멘스사(社)는 디젤 전기 기관차를 공급하고 있고, 유통업체인 메트로(Metro) 사(社)는 대형 슈퍼마켓과 쇼핑몰을 운영하고 있다.

그 밖에도 이탈리아 역시 각 산업 부문에서 약 100여 개 회사들이 이미 베트남에 진출하여 사업을 개시하고 있다.

제3절 베트남 시장이 갖는 매력

오늘날 한국을 비롯한 세계 각국 기업들이 베트남에 투자하려고 몰려드는 이유를 정리하면 다음과 같다.

1. 유리한 자연 환경[18)]

베트남은 남한의 약 3.4배, 한반도의 1.5배에 달하는 넓은 영토를 보유하고 있다. 또 '아시아의 브라질'이라고 불리울 만큼 풍부한 석탄 · 석유 · 철강 · 석회석 · 보크사이트 등의 천연자원과 천혜(天惠)의 관광자원을 보유하고 있다.

비록 정유시설이나 제철소, 시멘트 생산기술 등이 부족하여 수입에 의존해야 하지만, 풍부한 부존자원을 개발하고 활용할 수 있는 자본과 기술만 갖추어 진다면 상당한 잠재력을 발휘할 수 있을 것으로 보인다.

■ 인도 '타타철강', 베트남에 35억달러 투자[19)]

한국의 포스코 등과 함께 세계 철강산업을 이끌고 있는 인도의 세계적인 철강회사인 '타타철강'이 베트남에 외국 기업 투자로는 최대 규모인 35억달러를 들여 국영 베트남 철강공사(VSC)와 함께 중부 하띵 지방에 하띵제철소를 건설하기로 했다.

양사는 2018년부터 450만톤 규모의 철강을 생산할 계획이다. '타타철강'은 하띵제철소 지분의 65%를 보유하게 되며, 또 이 제철소에 공급할 인근 타케 철광(하노이에서 340km 떨어진 곳에 위치)의 지분 30%도 갖게 된다. 타케 철광에는 약 5억톤의 철광석이 매장된 것으로 알려져 있다.

■ 베트남 천연가스 생산 급격히 증가[20)]

세계은행(World Bank)은 동남아시아의 3대 산유국인 베트남의 천연가스 생산량이 1년 전 69억m^3였으나, 2010년에는 100억m^3를 넘어서고 2020년에는 200억m^3를 초과할 것으로 예상했다. 세계은행은 1995년 1억m^3에 불과했던 천연가스 생산량이 이처럼 폭증하고 있는 것은 남부 해안에서의 원유탐사 과정에서 천연가스가 쏟아져 나오고 있기 때문인 것으로 분석하고 있다.

■ 한국 기업 컨소시엄, 단독으로 베트남 가스전(田) 개발 성공[21)]

한국 기업 컨소시엄이 단독으로 베트남의 붕따우 인근에서 가스 전(11–2 광구 : 롱도이 가스 전) 개발에 성공했다. 한국 컨소시엄은 이 가스전 지분의 75%를 보유하고 있으며, 석유공사 · LG상사 · 대성산업 · 대우인터내셔널 · 삼환기업 · 현대종합상사 · 서울 도시가스 등으로 구성되어 있는데, 이 가스 전(확인 매장량 : 가스 1,900만톤, 원유 2,300만배럴) 개발로 계약기간이 만료하는 2030년까지 최소 5억달러의 수익을 낼 것으로 예상하고 있다.

또 이미 석유공사와 SK(주)는 베트남 15–1 광구에서 하루 57,000만배럴의 원유를 생산하고 있는데, 이렇게 유전에 이어 가스전(확인 매장량 : 6억 1,300만배럴)까지 확보함으로써 베트남은 한국의 자원 개발 기업들의 주요 대상 국가로 자리잡게 되었다.

그림 1-4 베트남 참여광구 위치도

베트남은 또한 강수량이 풍부해서 벼 재배 등과 같은 논농사를 2모작, 3모작 할 수 있는 유리한 농업 환경을 갖추고 있다.

지난해 베트남의 쌀 생산량은 약 3,600만톤으로서 세계 5위 수준이며, 이미 자급자족을 달성한 후 500만톤, 약 15억달러어치의 쌀을 수출함으로써 타일랜드, 인도, 미국 등과 더불어 세계 유수의 쌀 수출국으로 알려져 있다. 베트남과 타일랜드의 쌀 수출량은 세계 쌀 수출량의 50%를 차지한다.

베트남의 연간 커피 생산량은 80톤으로서, 이 중 95%를 해외로 수출함으로써 브라질과 함께 세계 2대 커피 수출국이며, 특히 지금은 인스턴트 커피로 주로 사용되는 로버스타(Robusta) 원두커피의 세계 최대 생산국이자 수출 1위 국가이다.

베트남은 코코아 재배에도 적합한 환경조건을 지니고 있다. 세계 최대의 곡물 회사인 미국의 카길사(社)는 최근 베트남 중앙 고지대에서 코코아 구매 센터를 설립하고 농부들로부터 코코아를 구입하는 등 적극적으로 코코아 재배에 나서고 있다. 이에 따라 베트남은 10년 정도 후에는 수천톤의 코코아를 재배 · 수출하는 코코아 수출국으로 부상할 것으로 보인다.

베트남은 타일랜드, 인도네시아 등과 함께 천연고무의 주요 수출국이다. 세계 고무값이 상승함에 따라 고무 수출량이 앞으로는 쌀 수출량을 추월할 것이라는 전망이 나오고 있다.

또 베트남은 해안선의 길이가 3,444km이고, 이에 따른 배타적 경제수역이 1,000만 km^2 이상에 달하고 있어, 어업(漁業)이 발달할 수 있는 토대를 갖추고 있다. 호수, 댐, 강 등 수산물 생산이 가능한 내수(內水) 면적이 140만헥타르에 달해 해수어종 뿐만 아니라 담수어종까지 수산자원을 확보할 수 있는 최적의 여건을 갖추고 있다.

2. 지리적 이점(利點) : 대(對) 선진국 수출 및 아세안 생산거점지로서 유망[22)]

베트남은 대단히 유리한 지리적 이점을 가지고 있다. 남북으로 길게 뻗은 최장 1,650km의 국토 덕분에 동쪽으로는 태평양을 통해 한국, 일본 등 동아시아뿐만 아니라 미국까지 이를 수 있으며, 서쪽으로는 미얀마, 캄보디아를 거쳐 인도에, 남쪽으로는 인도네시아와 말레이시아 및 호주에, 북쪽으로는 중국의 운남과 광동지역에 이르기까지 그 영향 범위를 넓히고 있다.

특히 미국-베트남 무역협정 체결 이후 미국이 베트남에 항구적 정상무역관계 지위를 부여함으로써 베트남은 대(對) 선진국 수출 전진기지로서 유리한 입지에 놓이게 되었다. 또 베트남이 아세안(ASEAN) 자유무역협정에 가입하면서, 역내(域內) 경제블록화가 가속화되고 아세안 시장 진입장벽이 높아지고 있는 데 따른 대응전략으로 베트남을 거점으로 활용하려는 기업들이 늘어나고 있다.

■ 오리온, 베트남에 제과공장 준공 … 동남아 진출의 교두보[23)]

제과업체인 '오리온'은 유럽의 관문 '러시아'와 세계 최대의 단일 시장 '중국'에 이어 동남아 시장의 발판으로서 베트남에 제과공장을 준공했다. 오리온의 베트남 공장은 75,000m^2 부지에 연건평 21,000m^2 규모로 초코파이, 카스터드, 포카칩, 오감자 등 과자류를 생산해서 베트남 내수시장뿐만 아니라 캄보디아, 필리핀, 말레이시아, 인도네시아 등 주변 국가와 중동 시장에 수출할 예정이다.

오리온은 1997년 베트남에 현지 사무소를 개설하면서 이 지역에 과자류를 수출하기 시작했다. 현재 초코파이는 베트남 파이시장에서 40%의 시장점유율을 기록하고 있다. 담철곤 오리온 회장은 "베트남 공장 준공으로 러시아 · 중국 · 베트남 3개국에 6개 공장의 생산체제를 갖춰 오리온의 글로벌 벨트가 1차 완공됐다. 오리온은 베트남이 제과업체의 주공략층인 20세 미만의 인구 비율이 높다는 점을 겨냥해서 '오리온 글로벌 벨트'의 남쪽 꼭짓점으로 삼았다."고 말했다.

3. 경제 성장 잠재력[24)]

베트남은 1986년 말 제6차 공산당 전당대회에서 시장경제 원리의 도입을 주요 내용으로 하는 대외개방 · 개혁정책을 채택한 이후 외국인투자법 제정, 재정금융개혁 등의 개혁정책을 추진한 결과 물가 안정, 재정적자 축소, 외국인투자 증대 등 안정적인 경제성장을 지속하고 있다.

그 후 베트남은 괄목할 만한 성과를 이루고 있는데, 최근 10년간 중국 다음으로 높은 연평균 7%를 상회하는 경제성장률을 보이고 있다. 최근에는 2년 연속 8%가 넘는 성장세가 유지되고 있다. 특히 베트남은 구매력 기준 1인당 GDP가 3,000달러를 이미 초과하고 있어, 국내 내수시장을 중심으로 하는 경제성장 가능성도 높은 상황이다.

KOTRA의 '경영실태 설문조사'에서도 11.3%가 베트남 내수시장 진출 가능성을 염두에 두고 베트남에 투자 진출했다고 응답한 것도 고속 경제성장을 거듭하고 있는 베트남의 내수시장 잠재력을 반영하고 있다.

고급제품 인기[25)]

호찌밍시 중심가에 자리잡은 '다이아몬드 플라자' 쇼핑센터 1층 매장에는 카르티에, 페라가모, 발리 등 명품 브랜드가 즐비하게 자리 잡고 있다. 이곳은 휴일이면 백화점을 찾는 고객들로 가득하다. 이왕걸 '다이아몬드 플라자' 사장은 "2000년 개점한 후 매출액이 매년 25~30%씩 늘고 있다. 초기에는 주 고객층이 외국인 투자기업 주재원이었지만 지금은 현지인들이 훨씬 많다. 그만큼 베트남 사람들의 구매력이 커지고 있다는 뜻이다. 내년 초에는 명품 중의 명품으로 불리는 '샤넬'도 입점한다. 베트남에도 샤넬 제품을 살만한 고객층이 생기고 있다는 얘기다."라고 말했다.

또 호찌밍시 중심가에서 10km 가량 떨어진 고급 주택단지 푸마흥의 대표적 할인매장 '쿱마트' 역시 늘어나는 중산층으로 인해 1,000평이 넘는 매장은 발 디딜 틈이 없을 정도이다.

판매직원인 란판띠 씨는 "화장품, 샴푸 등 미용 관련 제품 판매가 늘면서 올해 전체 매출액이 1년 전에 비해 20% 이상 증가했다."고 전했다.

8,800만명에 달하는 인구와 연평균 7~8%에 이르는 높은 경제성장률이 맞물리면서 중산층이 확대됨에 따라 베트남의 내수시장이 이렇게 급속도로 팽창하고 있다.

소득이 증가하면서 소비액이 늘어날 뿐만 아니라 소비제품도 고급화 경향을 보이고 있다.

최동석 삼성전자 베트남 법인 차장은 "베트남 사람들의 옷차림새가 3~4년 전과는 비교할 수 없을 정도로 화려해진 데서 돈 씀씀이가 커지는 게 느껴진다. 1인당 식사비가 20만동(약 14,000원)을 넘는 고급 식당들이 현지인들로 언제나 붐빌 정도"라고 설명했다.

또 엄상률 삼성전자 베트남 법인장은 "베트남 내수시장이 확대되면서 올해 매출이 작년보다 34% 늘어난 3억 1,700만달러에 이를 것으로 전망된다. 2,000달러가 넘는 LCD TV 판매가 급증하는 등 고가 제품 판매도 크게 늘고 있다."고 말했다.

베트남 내수시장이 폭발적으로 성장하게 되자, 이를 목표로 하는 외국 유통업체들도 잇따라 진출하고 있는데, 독일계 대형 할인마트 '메트로', 홍콩계 유통업체 '팍슨' 등이 대표적이다. 한국의 롯데마트 역시 호찌밍시에 1호점을 내기로 했으며, 향후 5년 동안 15~20개 점포를 더 낼 계획이다.

효율적이고 적극적인 마케팅의 필요성[26)]

베트남은 8,800만명이 넘는 인구와 높은 인구 성장률, 그리고 1인당 국민소득이 빠르게 증가하고 있는 나라이기 때문에 소비재 시장의 잠재력이 매우 크다. 그러나 마케팅과 유통 기반시설이 아직 잘 개발되어 있지 않으므로 이러한 잠재적인 소비자에게 접근한다는 것은 쉬운 일이 아니다.

한편 베트남 소비재 시장은 가격경쟁력이 중요한 대규모 시장임과 동시에 중산층의 증가에 따른 고급제품 시장도 크게 증가하고 있는 시장이다. 후자의 요소는 세계적 브랜드를 갖고 있는 외국 기업들에게는 특히 매력적인 요소인데, 그 이유는 베트남 소비자들이 외국 제품 브랜드를 크게 선호하기 때문이다.

다른 개발도상국가들의 소비자들이 보여주듯이, 비싼 고급제품을 구입한다는 것은 단순히 제품의 기능만을 보고 구입하는 것이 아니라 신분의 상징으로서, 또 동료 집단에 대해 우월적인 느낌을 갖기 위한 경우가 대부분이다. 많은 소비자들은 고급 브랜드 제품을 구입함으로써 자신의 생활의 질이 높아진다고 생각하고 있으며, 또 이에 대해 높은 프리미엄을 기꺼이 지불하고자 한다. 고급제품 시장에서 소비자의 가격 민감성이 낮아지는 현상은 기업에게 높은 이익을 가져다 줄 가능성이 크다.

따라서 대규모 시장(mass markets)과 고급제품 시장(premium segments)의 양(兩) 시장에서 외국 투자자들이 각 지방의 소비자들에게 도달하기 위해서는 효율적이고 효과적인 마케팅이 매우 중요하다고 할 수 있다.

옥외 광고판(billboards), TV, 인쇄매체 등을 활용하려면 한계도 있고 가격도 비싸며, 또 특정한 목표고객에 도달하는 데 어려움이 있을 수도 있다. 즉, '대량광고(mass advertising)' 혹은 텔레마케팅(telemarketing) 및 카다로그 주문사업(catalogue order business) 등과 같은 '직접 마케팅 기법'(direct marketing techniques)은 베트남 소비자에게는 아직 생소한 개념이다. 따라서 세일즈맨을 통해 직접판매 촉진활동을 하거나, 소량의 제품도 배달하거나, 거리의 판매상을 활용하는 것도 고려할 필요가 있다.

경영사례

■ Carlsberg : 글로벌 브랜드와 지역 브랜드를 동시에 활용[27)]

'칼스버그 맥주'(Carlsberg Breweries)는 1993년 베트남 회사와 조인트 벤처(Joint Venture)를 설립하여 베트남 시장에 진출하였다. 이 회사는 새로운 지역 브랜드(local brand)를 창출해 냈으며, 이것은 베트남 시장에서 매우 유명한 브랜드가 되었다. 이와 동시에 글로벌 브랜드인 Carlsberg를 하노이 및 고급제품 시장에 도입하였다.

이러한 전략은 인구 증가와 더불어 1인당 국민소득이 증가함에 따른 맥주 시장의 증가세를 활용하고자 한 것이었다. 이렇게 지역 브랜드와 글로벌 브랜드를 동시에 활용하는 마케팅 전략은 칼스버그 맥주 사에 큰 이익을 가져다주었고, 2004년 이후부터는 본사의 지원을 받아 더욱 적극적으로 글로벌 브랜드를 홍보하고 있다.

■ LG전자 : 사회공헌 및 한류 마케팅[28)]

LG전자는 기업 이미지를 높이는 사회공헌 프로그램을 적극적으로 실행함과 동시에 한류 마케팅을 활용하는 광고와 도로 광고판 광고, 배너 광고 등을 실시하고 있다.

LG전자는 2년 전, 사회공헌과 경제발전 기여, 고용창출, 성실납세 등의 공로를 인정받아 외국 기업 최초로 '노동훈장'을 받았다. LG전자가 노이바이 국제공항에서 하노이 시내로 들어가는 길목의 탕롱대교(3.7km) 양쪽 180개의 가로등에 가로 55cm, 세로 1.45m의 광고판을 부착할 수 있게 된 것도 활발한 사회공헌 활동 덕분이라고 할 수 있다.

LG전자는 한류 스타 마케팅도 적극 활용하고 있다. '대장금'과 '의가형제', '내 마음을 뺏어봐' 등과 같은 한국 드라마 필름을 수입하여 베트남 방송사에 무상제공하고 해당 프로그램 앞뒤의 광고권을 얻어 냈다.

또 하노이에서 APEC 행사가 열렸을 때는 국가원수들의 회의 장소, 로비, 프레스센터 등에 50인치 PDP TV 15대를 설치했다. 하노이 시내 진입로, 시내 주요 도로, 다리 등에 대형 현수막과 라이트 박스, 배너 광고 등을 설치하였으며, 설치된 옥외 광고판 수가 총 830개를 넘는다. 현재 LG전자는 베트남에서 에어컨과 디지털 TV시장 점유율이 각각 30%와 25% 수준으로 1위를 지키고 있다.

그림 1-5 APEC 정상회담 당시의 LG전자 옥외 광고판[29)]

4. 양질의 풍부한 저임 노동력[30)]

베트남은 세계에서 13번째로 많은 약 8,800만명의 인구를 보유하고 있다. 30세 이하 젊은이들이 전체 인구의 66%를 차지한다. 또 4천 3백만 노동 인구 중 45%가 35세 미만인 미래 발전형 인력구조를 보이고 있다. 이 같은 젊은이들이 베트남의 가장 큰 저력이다. 부자가 되겠다는 열정으로 무장한 이 젊은이들이 베트남의 생산과 소비 주체라는 것이 이 나라에는 축복이 되고 있다.

베트남의 평균 인구증가율이 1.4%인데 반해 노동인구의 증가율은 3.5~4%에 달한다. 베트남 국민들은 근면하고 손재주가 좋기로 유명하다.

또 교육열이 높고 개인들의 자존심이 강해 경쟁에 뒤처지는 것을 싫어한다. 목표가 정해지면 개인, 조직을 막론하고 목표를 달성하려는 의지 또한 다른 어느 민족보다 강하다. 베트남의 문맹률은 놀랍게도 2% 미만에 불과하다.

베트남은 사회주의체제의 영향으로 국민 기본교육이 잘 시행되고 있으며, 과거 남베트남 시절에 실시되었던 자본주의 영향으로 시장경제체제로의 전환이 비교적 잘 이루어지고 있다.

인적자원이 우수한 반면, 임금수준은 매우 저렴한 편이다. 외국인 투자유치 경쟁국이라 할 수 있는 중국에 비해 40~60% 가량 임금이 저렴하다. 현재 베트남 진출 외국기업이 현지직원에게 지급하는 최저임금은 45~55달러 수준이다.

또한, 베트남은 사회주의 국가로서 모든 회사는 노조를 설립해야 하나, 강경투쟁 중심의 노조가 아니라 회사측에 매우 협력적인 노조로, 베트남 노동법을 준수하고 근로자 인격을 무시하지 않는 한 파업 등의 사태로 어려움을 겪을 일이 거의 없는 상황이다.

한편 베트남의 통일 과정에서 상당수의 난민들이 홍콩, 호주, 미국 등으로 이주하였는데, 외국 사회에서 안정적으로 자리잡은 해외교포 및 그 자녀들의 국내 귀환이 최근 급증하고 있는 등 외국에서 유학한 고급 노동력 유입이 꾸준히 이루어지고 있다. 현재 해외거주 베트남인은 약 300만명인데, 해외유학 후 매월 100~200명이 귀국하고 있다.

현장정보

■ 양질의 노동력[31)]

김석훈 한세실업 베트남 총괄법인장은 "사실 베트남의 최고 매력은 사람에 있다. 임금 대비 생산성은 세계 최고수준에 도달해 있다."고 설명한다.

정진호 미원 베트남 공장장 역시 "생산수율이 국내 공장 못지않게 나오고 있을 뿐 아니라 적절한 인센티브 정책을 통한 생산성 극대화도 이뤄지고 있다."고 설명했다.

까오 빗 싱 베트남 투자계획부 차관은 "베트남 투자 기업들에 대한 투자만족도 조사 결과 중국 투자에 비해 40% 이상 높은 투자효율을 거두고 있다고 답했다. 베트남 사람들은 한국인 못지않은 훌륭한 인적자원"이라고 강조했다.

경영사례

■ GM대우 하노이 공장[32)]

베트남 하노이에는 GM대우 비담코(VIDAMCO) 자동차 생산공장이 자리잡고 있는데, 여기에서는 '마티즈'와 신차 '캡티바'(한국명 '윈스톰') 등 5개 차종을 생산하고 있다.

품질관리팀 직원 래꾸언신(45) 씨는 "캡티바는 현재 계약 후 출고까지 6개월을 기다려야 할 정도로 인기를 끌고 있다. 일주일에 3번 잔업에다 토요일 특근까지 하고 있지만 수당을 넉넉히 받을 수 있어 만족스럽다."고 말했다.

황의순 공장장은 "현지직원의 평균 근속연수는 9년으로 숙련도가 높지만, 평균 월급은 160달러(14만 7,200원) 정도이다. 근면하고 손재주가 좋은 현지인을 꾸준히 교육시킨 결과 ISO 9001(국제 품질경영 인증)을 획득하는 등 품질은 한국 부평공장 못지않다."고 말했다.

베트남에서 직원 교육의 중요성은 아무리 강조해도 지나치지 않다. 직원들이 아직 자본주의가 지니고 있는 경쟁시스템을 잘 모르기 때문에, 채용 초기에 어떻게 교육 · 훈련시키느냐가 핵심요소이다. 즉, 초기에는 백지상태라고 생각하고 6~7개월 정도 훈련시키면 어느 정도 기대수준까지 궤도에 진입시킬 수 있다. 또한 품질관리 등에 대해서도 끊임없이 전문교육을 실시하고 품질관리 지침을 내리는 등 훈련을 시켜야 한다.[33]

---

5. 정치적 안정[34]

베트남의 정치체제는 당(黨)과 행정부가 적절한 상호견제와 균형을 도모하고 있으며, 사회적으로도 공산당 1당 체제에 대한 반발이 크지 않아 상당기간 동안 정치적으로 안정체제를 유지할 것으로 전망된다.

현재 베트남은 공산당 당서기장, 국가주석, 총리가 권력을 분점하고 있다. 당서기장이 최고실권자이고, 국가주석은 군사 · 외교권을 행사하고, 총리는 정치 · 경제 전반을 관장한다.

또 최근 베트남의 지도부에 보수원로들이 퇴진하고, 핵심서열에 젊고 혁신적인 개혁성향 인사들이 순조롭게 대거 포진함으로써 국가주석과 총리의 권한이 강화되고 있기 때문에 정치적 안정성이 높아질 것으로 보인다.

6. 한국 문화와 유사성 및 한류 확산[35]

베트남은 다음과 같은 점에서 한국 문화와 유사점이 많다.

- 쌀이 주식이고 젓가락을 사용
- 유교 전통에 따라 부모와 조상을 공경하고 스승과 연장자에 순종
- 구정 · 추석 명절을 즐기고 새해 첫날 아이들에게 용돈 하사
- 생후 첫돌과 60회 및 70회 생일에 특별한 의미를 부여
- 인명(人名)은 보통 3글자로서 성(姓)이 첫머리에 위치

또한, 한류로 통칭되는 한국 드라마와 영화, 음악 등의 선풍적인 인기로 말미암아 한국에 대한 이미지가 매우 좋아 한국 제품을 고급제품으로 인식하고 있으며, 실제 한국기업의 성공적인 마케팅으로 이어지고 있다.

■ 코리아 프리미엄[36)]

베트남은 '코리아 프리미엄'이 통하는 거의 유일한 시장이라고 할 수 있다.

베트남은 동남아시아 지역에서 한류 열풍의 중심 국가로 한국기업, 한국제품, 한국사람이 다른 나라에 비해 '프리미엄'을 받고 있다. 한류(韓流) 열풍으로 드라마나 영화 출연진의 의상 · 소품들을 모방한 제품이 인기리에 판매되고, 한국제품을 고급제품으로 인식하고 있다. 예컨대, LG 가전제품, 화장품 등이 수년 동안 판매율 1위를 지키고 있으며, 삼성 휴대전화도 1대당 400달러 이상의 고가에 판매되고 있다.

삼성, LG 등 굳이 대기업이 아닌 한국 중소기업이라고 해도 베트남 소비자들에게 '한국기업'이라는 사실만으로도 충분히 좋은 인상을 줄 수 있다.

김영웅 KOTRA 하노이 무역관장은 "한국기업들이 오히려 일본기업들보다 높은 프리미엄을 소비자들로부터 받고 있다."고 전했다.

국내 중견 건설사들이 베트남 건설시장에서 두각을 나타내고 있는 것도 같은 맥락이다. 김종구 현대건설 베트남 지사장은 "국내 건설사들에 대한 선호도가 다른 어떤 국가보다 높다."고 설명했다.

7. WTO 가입[37)]

베트남은 2006년 11월 7일, 가입의정서 체결조약에 이어 2개월 동안의 준비절차를 거쳐, 2007년 1월 11일 정식으로 WTO의 150번째 가입국가가 되었다.

WTO 가입은 그렇지 않아도 탄력을 받고 있던 베트남경제에 날개를 달아 줄 것으로 보인다. 내국기업과 외국기업 간의 차별을 없애고 국영, 민영기업 간 동등대우 등을 보장하게 된 만큼 외국자본의 베트남투자가 더욱 가속화될 것으로 예상되기 때문이다.

또 WTO 가입은 베트남이 시장경제 체제로 이행한다는 점을 전(全) 세계에 확신시키는 계기가 될 것으로 보인다.

나아가서 글로벌 스탠더드 도입으로 베트남경제의 성장잠재력을 한 단계 높이는 효과를 가져다 줄 수도 있다. 여기에 그동안 외국인에게는 금지돼 왔던 유통, 무역업을 개방하고 외국인투자에 대해 국제기준을 적용하기로 해 그동안 제조업 중심으로만 이뤄졌던 외국인투자는 서비스업으로 대폭 확대될 전망이다.

김영웅 KOTRA 하노이 무역관장은 "WTO 특수를 바탕으로 베트남이 8%대 고성장을 당분간 지속할 수 있을 것"이라고 전망했다.

8. 중국 대체 시장으로 부각[38)]

일본무역협회(JETRO), 골드만삭스, 삼성경제연구소 등은 베트남을 중국 대체생산기지로 보고 있다. 즉, 중국위험(China Risk)을 분산시키기 위한 'China+1 시스템'의 최적투자국(最適投資國)이라는 것이다.

'China+1 시스템'이란 중국거점과 베트남거점에서 생산품목을 중복생산하고 조달업체를 복수화함으로써 중국거점에서 문제가 발생했을 때 베트남거점에서 이를 공급하는 체제를 말한다.

일본기업들은 최근 'China+1' 전략을 실행에 옮기고 있다. 중국에 대한 직접투자와 시장 의존도를 줄이고 제조기반과 수출시장을 다각화하기 위해 다양한 대체 투자처를 모색하고 있다. 중국 대체시장으로 가장 각광받고 있는 국가가 바로 베트남이다.

현장정보

■ China+1 시스템 : 베트남의 부각[39)]

중국 연안도시에 집중돼 있던 일본 제조기업들의 상당수가 베트남에 신규투자를 단행하고 있다. 일본의 '브라더공업'은 지금까지 중국 광동성 선쩐시(市)에서 생산하던 레이저 프린터 중 가장 낮은 가격대에 속하는 기계를 베트남의 하노이에 이관시키고 있다. 과도한 중국 의존도에 대한 우려의 목소리가 사내(社內)에서도 점점 커지게 되자, 결국 위험 분산 및 향후 생산거점으로 육성하기 위해 베트남으로 이전하기로 결정한 것이다.

■ 한국기업들의 베트남 투자진출 동기[40)]

KOTRA가 베트남에 진출한 한국 기업 217개사(社)를 대상으로 조사하여 발표한 '베트남 투자기업 경영실태 분석보고서'에 따르면, 베트남 투자진출 동기의 경우 복수 응답을 포함 총 269개 응답을 분석해 본 결과 35%가 베트남 내수시장 진출을 목적으로 하였으며, 제3국 수출을 위한 투자진출이 27%, 인건비 절감을 위한 투자진출이 25%, 기타 목적이 13%로 나타나 우리 기업의 베트남 투자진출 목적 중 내수시장 진출 비중이 큰 것으로 나타났다.

응답 업체를 업종별로 분석해 보면, 제조업의 경우 제3국 수출 목적이 32.3%, 인건비 절감 목적이 31.79%, 베트남 내수시장 진출 목적이 31.28%로 나타났다. 한국기업의 베트남 투자동기와 업종별 투자진출 동기는 표 1-1과 표 1-2에 자세히 나타나 있다.

표 1-1 베트남에 투자 진출한 한국기업의 투자 동기

투자 동기	응답수(복수응답)	비중(%)
베트남 내수시장 진출	95	35.31
제3국 수출	73	27.13
인건비 절감	67	24.90
기 타	34	12.63
총 계	269	100

표 1-2 업종별 베트남 투자진출 동기

업종	내수시장 진출 (개사)	응답 비율(%)	인건비 절감 (개사)	응답 비율(%)	제3국 수출 (개사)	응답 비율(%)	기타 목적 (개사)	응답 비율(%)
제조업	61	31.28	62	31.79	63	32.31	9	4.62
무역업	12	75	0	0	1	6.25	3	18.75
건설업	5	41.67	2	16.67	2	16.67	3	25
금융보험	1	16.67	0	0	0	0	5	83.33
농림어업	2	40	0	0	1	20	2	40
통신업	6	50	2	16.67	2	16.67	2	16.67
운송창고업	0	0	0	0	2	33.33	4	66.67
부동산 임대서비스	4	100	0	0	0	0	0	0.00
공공·개인 기타서비스	1	25	0	0	0	0	3	75
광업	1	25	1	25	1	25	1	25
기타	2	40	0	0	1	20	2	40
총계	95	35.32	67	24.91	73	27.14	34	12.64

제 4 절 베트남에 투자해야 하는 이유

이제 베트남에 투자할 것을 권유하는 몇몇 베트남 정부인사들의 발언을 소개하고자 한다.

1. 응우옌 비씨 닷(베트남 기획투자부 차관) : "베트남은 안정적 투자 여건을 갖추고 있다."[41)]

응우옌 비찌 닷 베트남 기획투자부 차관은 '박닌성(省) 한국인 전용공단 투자설명회'에서 "베트남은 중국과 다르다. 투자여건이 수시로 바뀌는 일은 일어나지 않을 것이다. 베트남은 정치적으로 안정돼 있고 성장성이 높은 투자처이다. 최저임금 등 중요한 투자여건을 바꿔야 할 경우 영향을 받게 되는 외국 투자기업들과 반드시 협의하겠다.

한국기업들이 베트남에서도 중국에서처럼 세금이나 규제상황이 갑자기 바뀌지 않을지 불안해 하고 있다는 점을 잘 이해하고 있다. 한국기업만을 위해 세제혜택을 줄 수는 없지만 허가요건을 완화하는 등 행정적 지원을 아끼지 않을 것이다."라고 강조했다.

그는 이어서 "베트남은 전체 인구의 66%가 30대이하일 만큼 풍부한 노동력이 강점이다. 더구나 인건비도 평균 50~80달러에 불과하다. 투자업종으로 전기 · 전자 · 정보통신업종 등 하이테크산업을 적극 환영한다. 하이테크산업에 대해 영구적으로 10%의 세금을 감면해 주고 있다."고 덧붙였다.

한국인 전용공단이 설립되는 박닌성은 하노이에서 23km 떨어진 지방에 자리잡고 있다.

2. 트란 쿠안 하(베트남 재무부 차관) : "베트남은 외국인 투자를 필요로 하며, 한국 우량기업에 투자장벽을 낮추겠다."[42)]

트란 쿠안 하 베트남 재무부 차관은 "베트남 정부가 목표로 하고 있는 연 평균 8%대의 경제성장률을 달성하기 위해서는 외국자본 유치가 필수적"이라고 강조했다. 그는 "과거 연간 39억달러 수준이었던 외국인 직접투자(FDI) 규모가 최근에는 그 규모가 크게 증가하고 있다. 향후 5년간 고성장을 유지하기 위해서는 직접투자와 간접투자 등 외국인 투자가 1,400억달러 필요하다는 것이 베트남 정부의 판단"이라고 설명했다.

트란 차관은 "국영기업의 개혁과 외국자본 유치를 위해 민영화를 서두르고 있다. 현재까지 3,000개 이상의 국영기업이 민영화됐고 올해는 우정공사와 전력공사 등을 포함해 500개 기업의 지분 일부를 민간에 넘길 계획"이라고 말했다.

그는 “베트남 정부는 해외기업이 베트남에 투자할 때 단독출자보다는 합작투자 방식을 권유하고 있다. 상장사의 외국인 지분한도를 30%에서 최근 49%까지 확대해 외국자본 진출을 장려하고 있다.”고 강조했다.

특히 트란 차관은 “한국은 베트남이 시장을 개방한 1986년 이후 베트남에 적극적으로 진출한 국가로 투자규모 면에서도 큰 비중을 갖고 있다. 베트남에 투자한 한국기업 가운데 우량한 기업을 선발해 투자와 관련한 각종 장벽을 낮춰 주는 방안도 추진할 계획”이라고 말했다.

3. 팜 반 냐(베트남공산당 중앙경제위 공업국 부국장) : 베트남경제 청사진 제시, “2020년 베트남 국민소득 2,200달러에 도달, 베트남경제발전을 위해 외국인 투자가 중요하다.”[43)]

팜 반 냐 베트남공산당 중앙경제위 공업국 부국장은 도이머이 정책을 이끄는 엘리트 관료로서 베트남경제에 대한 청사진을 다음과 같이 제시했다.

“우리도 5년정도 이후에는 우리 기술로 자동차를 생산할 수 있을 것이다. 현재 600달러 선인 1인당 국민소득도 5년내에 1,050~1,100달러로 끌어올릴 계획을 세워놓고 집행 중이며, 2020년에는 2200달러에 도달할 것으로 예상한다. 과학 · 정밀기계 분야에 주력한다면 선진국에 진입하는 계획도 가질 수 있을 것이다. 베트남경제는 아주 낮은 곳에서 출발했다는 사실을 강조하고 싶다.”

그는 최근 몇 년간 7~8%대의 고도성장을 이룬 베트남경제의 전망에 대해 “향후 5년동안은 7.5~8%대의 경제성장을 이어갈 것으로 본다. 외국인 직접투자도 계속 증가해 매년 100억달러를 훨씬 넘는 수준이 될 것이다.”고 설명했다.

그는 외국인 투자의 중요성을 무엇보다 강조했다. “작년의 경우 경제성장에서 외국자본이 기여한 비율이 30%나 됐다. 또한 지난 몇 년간에도 15~30%를 꾸준히 유지해 왔다. 향후 4년간 외국 투자가 필요한 수요가 1,440억달러에 이를 것으로 전망되며, 이 기간 중 외국인 직접투자액이 지금보다 35% 증가할 것으로 본다. 베트남경제성장의 원동력이 외국자본에서 비롯된다고 해도 과언이 아니다.”

그는 이어 “우리는 WTO 가입 이후 외국인 투자 관련법 등 정책을 모두 개편했다. 예컨대 과거 전력 분야에는 외국인에게 투자기회가 주어지지 않았지만 지금은 개방했다. 우리에게는 무척 큰 사업 분야인 우정사업도 기본 사업을 개방한 상태”라고 강조하며, “베트남 지도부 내에서 ‘외국자본에 의한 경제 종속’에 대한 우려가 제기되기도 하지만, 베트남은 지금 앞으로 나아갈 뿐이다. 외국투자는 이미 베트남경제의 한 부분으로 확고히 자리잡았다.”고 말했다.

4. 까오 빗 싱(베트남 투자계획부 차관) : "베트남의 오늘이 아닌 내일을 확신하고 투자해 달라"[44)]

베트남 '투자계획부' (MPI : Ministry of Planning and Investment)의 까오 빗 싱 차관은 베트남경제의 고도성장에 따른 자신감을 보이며 한국기업들이 베트남에 투자할 것을 다음과 같이 주문했다

(1) 베트남경제성장의 원동력 : 안정적인 정치 · 경제 시스템

"베트남은 지난 5년간 연평균 GDP 기준 7~8%의 경제성장을 이뤄 냈다. 향후 5년 동안 예정된 베트남정부의 2차 개발계획에 따르면 연평균 8%의 경제 성장을 기대하고 있다. 물론 그 이후에도 고도성장은 이어질 것이다. 베트남경제성장의 원동력은 무엇보다 안정적인 정치와 사회구조라고 보고 있다. 안정적인 정치 · 경제 시스템이 외국인 투자자들을 베트남으로 끌어들였고 여기에 베트남의 우수한 인적자원들이 어우러지면서 고도 경제성장의 선순환이 이뤄졌다고 본다."고 말했다.

(2) 외국기업들이 베트남을 찾는 이유 : WTO에 가입

그는 외국기업들이 베트남을 찾는 이유에 대해,

"베트남은 2006년 11월 7일 WTO에 가입했다. 이는 베트남이 세계경제의 구성원으로서 국제적 기준을 충족시키는 경제체제로 나아가고 있다는 뜻이다. 실제 베트남정부는 WTO 가입을 계기로 외국인 투자에 대한 규제를 국제기준에 맞게 변화시켜 가고 있다. 외국인투자자 입장에서 본다면 변화가 더디다고 볼 수도 있지만 기본적으로 가는 방향에는 변함이 없다. 이런 변화와 함께 베트남 특유의 매력도 있다고 생각한다. 베트남은 세계에서 가장 젊은 국가 가운데 한 곳이다. 저렴한 노동력과 높은 생산성을 지녀 제조기업들이 수출시장에서 충분한 경쟁력을 가질 수 있을 뿐 아니라 8,800만명이 넘는 인구는 그 자체로 충분한 내수시장이 될 수도 있다."고 말했다.

(3) 베트남경제와 중국경제의 비교

그는 베트남경제와 중국경제를 비교하는 문제에 대해,

"많은 사람들이 베트남경제를 중국경제와 자주 비교한다는 사실은 잘 알고 있지만, 베트남을 '작은 중국' (Little China)이라고 보는 데는 동의할 수 없다. 중국은 이미 10%대 경제성장을 누리고 있고 중국 1인당 국민소득은 1,200달러에 달한다. 이에 비해 베트남의 경제성장 속도는 8%대, 국민소득은 아직까지 700달러에 불과한 수준이다. 인구를 고려한 국가 경제규모에 있어서도 차이가 매우 큰 게 사실이다. 그러나 이런 사실을 거꾸로 생각해 보면 베트남경제는 중국에 비해 그만큼 더 큰 성장 잠재력을 가지고 있다고 볼 수 있다.

한국과 중국경제가 다른 것처럼 베트남과 중국경제는 분명히 다르다. 한 가지 확실하게 말할 수 있는 것은 베트남의 미래 성장잠재력은 세계 어느 국가보다도 높다는 것이다."라고 강조했다.

(4) 베트남에 대한 한국의 관심

그는 베트남에 대한 한국의 관심에 대해,

"한국의 기업과 개인들이 베트남에 높은 관심을 가지고 있는 것을 잘 알고 있다. 지금까지 베트남에 투자한 국가 가운데 한국은 누적 규모로는 3위, 특히 지난해에는 1위를 기록했다. 비나포스코, 옛 대우그룹, 오리온하넬 등은 베트남에 투자해 대표적으로 좋은 성과를 내고 있는 기업이다. 한국이 베트남에 많은 관심을 갖고 있는 것처럼 베트남도 한국에 많은 관심을 갖고 있다. 베트남에 일고 있는 한류(韓流)만 보더라도 충분히 짐작할 수 있을 것이다. 나는 물론이고 부인과 아이들 모두 한국 드라마를 즐겨보고, 특히 김치를 정말 좋아한다.

한국과 베트남은 30여 년 정도의 경제발전 차이가 있다고 본다. 그래서 두 나라가 서로 보완하고 동반 성장할 수 있는 기회가 더 많다고 생각한다. 실제 베트남 투자효과가 중국투자 효과보다 40% 이상 컸다는 통계도 나왔다. 한국의 제조업체들에게 베트남이 좋은 해외투자 대상 국가가 될 수 있다는 점에서 한국경제와 베트남경제가 상생할 수 있는 길이 있다고 본다."고 강조했다.

(5) 한국기업과 개인 투자자들에 대한 당부

마지막으로 그는 베트남 시장 진출을 고려하고 있는 한국기업과 개인투자자들에게, "우선 안심하고 투자해 달라는 말씀을 드리고 싶다. 베트남은 한국과 동반성장을 원한다. 투자에 애로사항이 있다면 정부차원에서 문제를 풀기 위해 최선을 다할 것이다. 투자에 걸림돌이라고 할 수 있는 열악한 산업기반시설, 특히 항만과 고속도로 등 물류 인프라를 개선하는 데 많은 노력을 기울이고 있다는 점에 관심을 가져 달라.

베트남의 미래, 특히 베트남이 동남아시아 5억명 인구로 구성되는 시장의 교두보가 될 수 있다는 점에도 주목해 주셨으면 한다. 그러나 법체계에 차이가 있는 만큼 충분한 사전 시장조사와 법체계를 꼼꼼히 챙긴 후 투자해야 한다는 점은 잊지말아 달라"고 당부했다.

제2장

베트남의 기초적 정보

이 장에서는 베트남의 기초적 정보로서, 베트남의 국명, 위치, 그리고 국가 상징인 국기(國旗), 국장(國章), 국가(國歌), 국가 표어, 베트남의 독립, 호찌밍, 행정단위 및 기타 정보 등을 고찰하기로 한다.

제1절 베트남의 국명 [1)]

베트남의 국명은 '베트남 사회주의공화국'(Nước Cộng Hòa Xã Hội Chủ Nghĩa Việt Nam)인데, 영어로는 'The Socialist Republic of Vietnam'이라고 표기된다.

위의 베트남어로 표기된 국명을 베트남어로 읽자면, '꽁호아 싸호이 쭈응이아 비엣남'이다. 이 말의 뜻을 풀이하면 다음과 같다.

'꽁호아 (Cộng Hòa)'는 '공화' '싸호이 (Xã Hội)'는 '사회' '쭈응이아 (Chủ Nghĩa)'는 '주의'를 뜻한다.

제2절 위치[2)]

베트남은 인도차이나 반도의 동해안을 따라 자리 잡고 있는 동남아시아의 나라이다. 서북쪽에서 동남쪽까지의 최대길이는 약 1,650km이고, 동서간의 최대너비는 북부 550km, 남부 340km 가량이며, 남북으로 길게 펴져 있는 해안선은 무려 3,444km에 달한다. 국토 면적은 약 331,689km^{2}로서 남한(99,538)의 약 3.4배, 한반도의 약 1.5배이며, 세계에서 67번째로 국가 면적이 넓다.

북쪽으로는 중국, 서쪽으로는 라오스 및 캄보디아와 국경을 접하고 있으며, 동쪽은 바다를 면하고 있다. 베트남의 동쪽해안은 북쪽으로부터 내려오면서 통킹만, 남중국해, 보르네오해 및 시암만과 접해 있다.

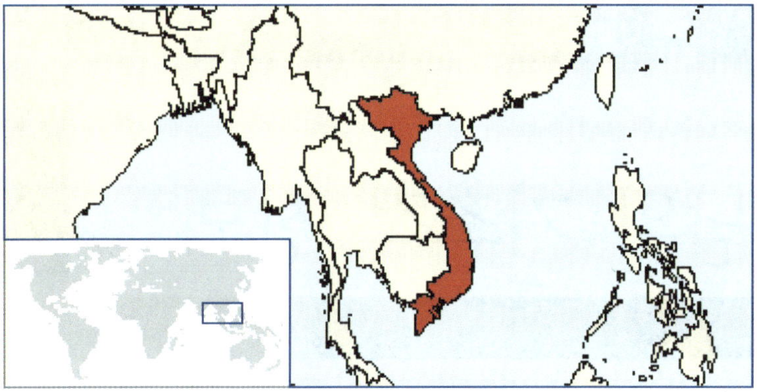

그림 2-1 베트남의 위치[3)]

제3절 베트남의 국가 상징

여기서는 베트남을 상징하는 국기(國旗), 국장(國章), 국가(國歌), 국가표어(國家標語) 및 수도(首都) 등에 대하여 살펴보고자 한다.

1. 베트남 국기(國旗, Quốc kỳ, 꾸옥끼, National Flag)[4)] : 황성적기(黄星赤旗)

베트남의 헌법(Hiến pháp) 제141조는 "베트남 사회주의공화국의 국기는 직사각형 모습으로서, 가로와 세로의 비율은 3 : 2이며, 붉은색 바탕의 중앙에 5각(角)의 황금색 별을 둔다."고 규정하고 있다.

그림 2-2 베트남의 국기(Quốc kỳ)[5)]

황성적기 (黃星赤旗)에서, 붉은색은 혁명과 피를 상징하고, 황금색 별의 5개 모서리는 노동자, 농민, 지식인, 청년, 군인이 한데 뭉쳐 단결하고 있음을 상징한다.[6)]

역사정보

■ 베트남의 국기[7)]

5개의 뾰족한 끝이 있는 황금색 별이 그려진 적색 국기 즉, 황성적기(黃星赤旗)는 1940년 11월 23일, 베트남 남부지역의 도시 남끼(Nam kỳ)에서 프랑스 군대에 저항하여 폭동을 일으킬 때 처음 등장하였다.

이러한 베트남의 국기는 응우엔 흐우 띠엔(Nguyen Huu Tien)이 창작해 낸 것이다. 그는 1901년에 태어나서 1941년에 세상을 떠났는데, 베트남의 국기를 만들어 내고자 하는 그의 열망은 자신이 지은 시(詩)에 선명하게 나타나 있다.

현재의 남딩(Nam Dinh) 성 유학자 가정 출신으로 베트남 공산혁명에 참여했던 응우엔 흐우 띠엔은 혁명 활동 중 체포되어 사형선고를 받고 프랑스 식민시대에 정치범 수용소로 악명이 높았던 꼰다오(Con Dao) 수용소에 수감되어 있는 동안에 베트남의 국기를 처음 고안했다.[8)]

1945년 9월 2일, 호찌밍 주석(Chủ tịch Hồ chi minh)은 수 백만명의 민중이 운집(雲集)해 있는 바딩 광장(Ba Dinh Sguare)에서 이 깃발을 휘날리며 독립선언문을 낭독했다. 1945년 9월 5일, 호찌밍 주석은 5각의 황금색 별이 새겨진 붉은 깃발을 국기(國旗)로 하는 법령에 서명했다. 1946년 3월 2일, 베트남 의회는 이것을 국기로 삼는 것에 동의했다. 또 1976년 7월 2일, 남북 베트남이 통일됨에 따라, 북 베트남 국기를 통일 베트남 국기로 채택하여 현재까지 사용하고 있다.

2. 베트남의 국장(國章, Quốc huy, 꾸옥 후이, National Emblem)[9]

베트남의 국장, 즉 국가의 권위를 상징하는 휘장(徽章)은 헌법 제142조에 규정되어 있다.

헌법 제142조는 "베트남 사회주의공화국의 국장은 원형 모습으로서, 적색 바탕의 중앙에는 끝이 뾰족한 황금색 별이 5개 있고, 그 주위에는 벼이삭, 하단에는 절반 가량의 톱니바퀴가 있으며, 베트남 사회주의공화국(Cộng hoà xã hội chủ nghĩa Viet Nam)이라는 글씨가 새겨져 있다."고 규정하고 있다.

그림 2-3 베트남의 국장(Quốc huy)[10]

3. 베트남의 국가(國歌, Quốc Ca, 꾸옥까, National Anthem)

헌법 제143조는 "베트남의 국가(國歌)는 진군가(進軍歌, Tiến Quân Ca, 띠엔 꾸언 까, March to the Front)의 가사와 곡으로 한다."고 규정하고 있다.[11]

이 곡의 작곡자는 응우엔 반 까오(Nguyên Văn Cao)이다. 그가 작곡한 '진군가'는 프랑스 항전 때부터 군대에서 군가(軍歌)로 쓰던 것을 나라에서 국가로 채택하여 사용하게 되었으며, 4/4 박자로 씩씩한 기상을 담고 조국의 승리를 위해 전선(戰線)으로 진군하자는 내용을 담고 있다.[12] '진군가'의 악보와 가사는 다음과 같다.

Tiến Quân Ca

그림 2-4 Tiến Quân Ca[13] 악보

위의 악보에서 가사부분을 정리하고 번역하면 다음과 같다.

Đoàn quân Việt Nam đi
Chung lòng cứu quốc,
Bước chân dồn vang trên đường gập ghềnh xa.
Cờ in máu chiến thắng mang hồn nước
Súng ngoài xa chen khúc quân hành ca.
Đường vinh quang xây xác quân thù
Thắng gian lao cùng nhau lập chiến khu.
Vì nhân dân chiến đấu không ngừng
Tiến mau ra sa trường.
Tiến lên! cùng tiến lên!
Nước non Việt Nam ta vững bền.

Đoàn quân Việt Nam đi
Sao vàng phấp phới,
Dắt giống nòi quê hương qua nơi lầm than.
Cùng chung sức phấn đấu xây đời mới
Đứng đều lên gông xích ta đập tan.
Từ bao lâu ta nuốt căm hờn
Quyết hy sinh đời ta tươi thắm hơn.
Vì nhân dân chiến đấu không ngừng
Tiến mau ra sa trường.
Tiến lên! cùng tiến lên!
Nước non Việt Nam ta vững bền.

베트남 군인들이여,
조국 구원의 의지를 가지고 앞으로 나아가자.
우리의 격렬한 발걸음은 길고도 험한 길 위로 울려 퍼지고
우리의 깃발은 승리의 피로 붉게 물들어 조국의 영혼을 품고 있다.
멀리서 울려오는 총포의 소리는 우리의 진군가와 섞여 있구나.
영광으로 나아가는 길은 우리의 원수들의 시체 위에 놓여 있다.
모든 고통을 극복하며, 우리 함께 저항의 진지를 구축하자.
인민을 위해 끝없이 싸우면서
서둘러 전쟁터로 달려 나가자!
앞으로 나아가자! 다 함께 전진하자!
우리의 베트남은 영원토록 부강하리라!

베트남 군인들이여, 앞으로 나아가자
우리 깃발의 황금별이 바람에 휘날린다.
우리의 인민과 우리의 조국을 비탄과 고통 속에서 건져내고
우리의 새로운 세상을 구축하기 위해 함께 싸우자.
일어서자, 그리고 우리의 족쇄를 부숴버리자.
우리들은 너무나 오랫동안 원한을 참아왔다.
이제 우리는 모든 희생을 각오할 것이고 우리의 세상은 찬란할 것이다.
인민을 위해 끝없이 싸우면서
서둘러 전쟁터로 달려 나가자!
앞으로 나아가자! 다 함께 전진하자!
우리의 베트남은 영원토록 부강하리라!

■ 진군가[14)]

베트남의 국가인 진군가(Tiến Quân Ca)는 응우엔 반 까오(Nguyên Văn Cao)에 의해 작사, 작곡되었다.

베트남의 유명한 작가겸 작곡자였던 응우엔 반 까오는 자신이 혁명세력의 일원으로 활동하던 1944년에 이 곡을 작곡하였다. 이 곡이 신문에 게재된 이후 많은 국민들이 애창하였으며, 혁명위원회가 시위를 하거나 회의를 할때면 이 노래를 불렀다. 베트남 임시정부는 1946년 이 노래를 국가(國歌)로 채택하였으며, 그 후 북부 베트남의 공식 국가(國歌)가 되었다. 1946년 북부 베트남과 남부 베트남과 통일되자, '진군가'는 베트남 전체 국가의 국가(國歌)로서 채택되었다.

■ 작곡자 응우엔 반 까오[15)]

응우엔 반 까오(Nguyên Văn Cao)는 1923년 11월 11일 남딩성(Nam Din Province)의 부반(Vu Ban)에서 태어나 1955년 7월 10일 세상을 떠났다. 그는 음악, 시, 그림 등의 분야에서 많은 작품을 남겼으며, 1996년에는 베트남 정부로부터 호찌밍 상(Ho Chi Minh Prize)을 수상하였다. 그는 '진군가(Tiến Quân Ca)를 작곡하였으며, 이 곡은 전술한 바와 같이 베트남의 국가(國歌)로 채택되었다.

1944년 중반, 응우엔 반 까오는 하이퐁(Haiphong)에서 베트남 독립동맹의 베트밍(Viet Minh) 전선에 합류하였다. 그해 말, 그는 베트밍 전선에 있던 독립당(Democratic Party)의 기관지였던 독립신문사에서 근무하였으며, 이때 작곡할 생각을 하게 되었다. 이 작곡자의 자필 원고는 '음악출판사'(The Music Publishing House)에서 1993년에 출판된 반 까오 음악 선집(Van Cao's selected song book)에 나타나 있다.

여기서 그는 "1944년 11월, 나는 독립신문의 문화면을 인쇄하는 돌로 된 인쇄판에 직접 손으로 이 곡을 써 놓았다. 한 달 후, 신문이 발행되었을 때, 나는 인쇄소에서 돌아오고 있었다. 어느 좁은 길[현재의 마이학데(Mai Hac De)도로]을 건너가고 있을 때, 나는 작은 집의 발코니에서 연주되는 만돌린 소리를 문득 들었다. 누군가가 '진군가'를 연주하고 있었다. 나는 걸음을 멈추었고 깊은 충격을 받았다. 그때 내가 느낀 감동은 그 전에 여러 극장에서 연주된 나의 그 어떤 노래보다도 더 의미심장했다."

1945년 8월 14일, 뚜위엔 꾸앙(Tuyen Quang) 지역의 딴짜오 의회(Tan Trao National Congress)는 '진군가'를 국가(國歌)로 선정하였다. 1945년 8월 17일부터 19일까지 일어났던 대대적인 민중봉기 기간 중, 이 노래는 하노이에서 혁명위원회의 시위와 행진과정에서 불려졌다. 동찌에우(Dong Trieu) 전투지역의 군인들이 하이퐁(Haiphong)을 해방시키기 위해 행군할 때도 이 노래를 크게 소리쳐 불렀다. 그 후 사이곤(Saigon)과 전국의 다른 지역에서도 이 '진군가'는 울려 퍼지기 시작했고, 역사의 한 면을 장식하게 되었다.

이 노래는 군인들과 인민들을 자극하고 격려하며 국가 해방과 재건의 추진제가 되는데 큰 기여를 했다.

4. 베트남의 국가 표어[16)]

베트남의 국가 표어(Nation Motto)는 "독립–자유–행복"(Độc lập-Tự do-Hạnh phúc, 독럽–뜨조–하잉푹, Independence-Freedom-Happiness)이다.

참고로, 세계 주요 국가의 표어를 몇 가지 제시하면 다음과 같다.

- 오스트리아(Austria) Austria est in orbit ultima(Latin, "Austria will be the last to perish"), "오스트리아는 결코 멸망하지 않는다."
- 브라질(Brazil) Ordem e progresso(Portuguese, "Order and progress"), "질서와 번영"
- 프랑스(France) Liberté, égalité, fraternité(French, "Liberty, equality, brotherhood"), "자유, 평등, 형제애"
- 독일(Germany) Einigkeit und Recht und Freiheit(German, "Unity and Justice and Freedom"), "통일과 정의와 자유"
- 그리스(Greece) *Ελευθερία ή θάνατος*(transliterated as "Eleutheria i thanatos") (Greek, "Liberty or death"), "자유가 아니면 죽음을 달라"
- 인도(India) सत्यमेव जयते (Satyameva Jayate) (Sanskrit, "Truth alone triumphs"), "진리는 스스로 승리한다."
- 인도네시아(Indonesia) Bhinneka Tunggal Ika(Old Javanese, "Unity in diversity"), "다양성 속의 통일"
- 이란(Iran) Esteqlāl, Azādī, Jomhūrī-ye Islāmī(Persian, "Independence, Freedom, Islamic Republic"), "독립, 자유, 이슬람 공화국"
- 북한(Korea, North) 강성대국(强盛大國)(Korean, "Prosperous and great country")
- 남한(Korea, South) 홍익인간(弘益人間), 즉 널리 인간을 이롭게 하라(Korean, "Broadly bring benefit to humanity")
- 라오스(Laos) Peace, independence, democracy, unity and prosperity, "평화, 독립, 민주, 통일 그리고 번영"
- 말레이시아(Malaysia) Bersekutu Bertambah Mutu(Malay, "Unity is Strength"), "통일은 힘을 증진시킨다."
- 노르웨이(Norway) Royal motto : Alt for Norge(Norwegian, "Everything for Norway"), "노르웨이를 위해 모든 것을"
- 파키스탄(Pakistan) Yaqeen-mukkam, Ittihad, Nazm(Urdu, "Faith [self confidence], Unity, Discipline"), "신념, 통일, 규율"
- 파나마(Panama) Pro mundi beneficio(Latin, "For the benefit of the world"), "세상의 편익을 위하여"

- 페루 (Peru) Firme y feliz por la Unión ("Spanish, Steady and happy for the union"), "국가의 안정과 행복"
- 필리핀 (Philippines) Maka-Diyos, Makatao, Makakalikasan at Makabansa (Filipino, "God, People, Nature and Country"), "신, 인간, 자연과 국가"
- 폴란드 (Poland) none Unofficial : Bóg, Honor, Ojczyzna (Polish, "God, Honor, Fatherland"), "신, 명예, 조국"
- 러시아(Soviet Union) Пролетарии всех стран, соединяйтесь! (Russian, "Workers of all world, unite!"), "세상의 근로자들이여, 하나가 되라"
- 스페인 (Spain) Plus Ultra (Latin, "Further beyond"), "더 멀리"
- 영국 (United Kingdom) Royal motto : Dieu et mon droit (French, "God and my right"), "신과 나의 권리"
- 미국 (United States) E pluribus unum (Latin, "Out of many, one" and "In God We Trust"), "많은 것들 중 하나" 또는 "신의 영역에서 우리는 믿는다."
- 베트남 (Vietnam) Độc lập, tự do, hạnh phúc (Vietnamese, "Independence, liberty, happiness"), "독립, 자유, 행복"

그림 2-5 "독립(Independence)과 자유(Freedom)보다 더 중요한 것은 없다." [17)]

베트남 정부가 국민들에게 강조하고 있는 베트남의 국가 표어 "독립-자유-행복"을 상징하는 그림을 제시하면 그림 2-5와 같다.

그림 2-6 독립선언문을 낭독하는 호찌밍 주석[19)]

5. 베트남의 독립

베트남은 1945년 9월 2일 프랑스로부터 독립하였다.

베트남 헌법은 헌법전문(前文)에서 다음과 같이 기술하고 있다.

"수천년 역사가 지나는 동안, 베트남 인민들은 국가를 건설하고 방어하기 위해 창조적으로 열심히 일하고 용감히 싸우면서 민족의 전통적인 단결, 인의(仁義), 불굴의 강인성을 키워 왔다.

1930년부터 호찌밍 주석에 의해 창당되고 연마된 베트남 공산당의 영도하에 우리 인민은 오랜 기간동안 고난과 희생

속에서 혁명투쟁을 진행하여 8월혁명을 성공시켰다. 1945년 9월 2일, 호찌밍주석은 독립선언문을 낭독하고, '베트남 민주공화국'을 탄생시켰다…

1976년 7월 2일, 통일 베트남 국회는 국명을 '베트남 사회주의공화국'으로 바꿀 것을 결정했다…"[18]

그림 2-6은 1945년 9월 2일, 바딩(Ba Đinh) 광장에서 호찌밍주석이 베트남 민주공화국(Democratic Republic of Vietnam)의 독립선언문(Declaration of Independence)을 낭독하고 있는 모습이다.

역사정보

■ 베트남의 독립선언문(Tuyên ngôn độc lập) : 1945년 9월 2일 호찌밍 주석이 낭독[20]

"모든 사람은 태어나면서부터 평등하며 그들은 조물주에 의해 양도할 수 없는 일정한 권리를 부여받았고, 그중에는 생명권, 자유권과 행복 추구권이 포함되어 있다."

이 불변의 선언문은 1776년 미국 독립선언 때 만들어 졌다. 더 큰 의미에서 보면 이것이 의미하는 바는 다음과 같다. "이 세상의 모든 인간은 태어날 때부터 평등하며, 모든 인간은 살 권리와 행복할 권리 그리고 자유로울 권리가 있다."

1791년에 만들어진 인간과 국민의 권리에 관한 프랑스혁명 선언문에는 다음과 같이 쓰여 있다. "모든 인간은 자유롭고 평등하게 태어났으며, 항상 자유로워야 하고 평등한 권리를 가져야 한다." 이것들은 명백한 진리들이다.

그럼에도 불구하고, 80년넘게 프랑스 제국주의자들은 자유와 평등, 그리고 형제애(兄弟愛)의 기준을 오용하면서 우리 조국을 침해하였으며, 우리의 동지를 억압했다. 그들은 인간성의 이념과 정의에 반대되게 행동해 왔다. 정치적인 면에서, 그들은 우리 국민의 모든 민주적인 자유권을 허용하지 않았다.

그들은 비인간적인 법을 집행하였다. 그들은 우리 국가의 통일성을 파괴 시키고 우리가 단결하는 것을 막기 위해서, 베트남의 북부, 중부와 남부에 각각 세 개의 지역정권을 세웠다.

그들은 학교보다 감옥을 더 많이 건설하였다. 그들은 무자비하게 우리의 애국지사들을 살해하였다. 그들은 우리의 봉기를 피바다 속으로 밀어 넣었다. 그들은 또한 여론에 족쇄를 채웠다. 그들은 우리 국민들을 무지몽매하게 만들었다. 우리 국민을 약하게 만들려고 그들은 우리에게 아편과 술에 빠지도록 강요했다.

경제적인 면에서 보면, 그들은 철저하게 우리를 강탈했으며, 국민들을 가난으로 내몰았고, 국토를 황폐화시켰다.

그들은 우리의 논밭, 광산, 숲, 그리고 원자재를 강탈했다. 도한 그들은 화폐발행권과 수출을 독점했다.

그들은 이치에 맞지 않는 막대한 세금을 부과했으며 국민들, 특히 영세농민들을 극심한 가난의 상태로 밀어 넣었다.

그들은 우리 국민이 잘살지 못하도록 훼방놓았다. 그들은 잔인하게 우리 노동력을 착취했다.

1940년 가을, 일본 제국주의자들은 연합국과의 전쟁을 위한 새로운 기지(基地)를 건설하려고 인도차이나를 침략하였다. 프랑스의 식민주의 정권은 일본에게 무릎을 꿇고 우리의 국가를 그들에게 넘겨 주었다.

그러므로 그날 이후로, 우리 국민들은 프랑스와 일본 양쪽의 속박을 받았다. 우리의 고난과 비탄은 증가하였으며 이것은 결국 지난 연말부터 올해 초까지, 꾸앙찌 지역부터 북부 베트남 지역까지 2백만명 이상의 동지들이 아사하는 결과를 낳았다. 3월 9일, 프랑스 군대는 일본에 의하여 무장해제되었고 프랑스의 식민주의자들은 도주하거나 항복하였다. 이것은 그들이 우리를 '보호'할 능력이 되지 못함을 보여 주는 것뿐만 아니라, 5년이라는 기간 동안에 우리를 일본에 두 번이나 팔아 넘겼다는 것을 보여 준다.

3월 9일 이전에 베트밍 연맹(Vietminh League)은 몇 차례나 프랑스에게 그들도 베트밍 연맹과 결속하여 일본에 대항하기를 주장하였다. 그러나 프랑스 식민주의자들은 이러한 제안을 받아들이기는커녕, 베트밍 동지들을 더욱 폭력적으로 제압했고, 심지어는 일본에 항복하여 도주하기 직전까지도 옌바이와 까오방에 구류된 우리의 많은 정치범들을 대량으로 살해했다.

이러한 상황이었음에도 불구하고, 우리의 동지들은 늘 프랑스에게 관대하고 인도적인 태도를 보여 주었다. 심지어, 1945년 3월 일본이 프랑스 식민정부를 전복한 이후에도, 베트밍 연맹은 많은 프랑스인들이 국경을 넘을 수 있도록 도와주었으며, 일본 감옥에서 그들을 구출하고 프랑스인들의 목숨과 재산을 보호해 주었다.

1940년 가을부터 우리 국가는 사실상 프랑스 식민지가 아니었고 일본의 소유가 되었다.

일본이 연합군에 항복한 이후로, 우리 국민은 국권을 되찾았고 베트남 민주 공화국을 건설하였다.

중요한 것은 우리는 프랑스인이 아닌 일본에게서 우리의 독립을 쟁취했다는 것이다.

프랑스인들은 달아났고, 일본인들은 항복하였으며 바오 다이(Bao Dai)황제는 퇴위하였다. 우리는 우리 민족을 거의 100년 동안 구속하고 있던 속박에서 벗어났으며, 조국의 자유를 이루어 냈다. 그와 더불어, 우리 국민들은 수십 세기 동안 절대적인 군림을 했던 군주(君主)정권 체제를 벗어던졌다. 그리고 그 자리에 현재의 민주공화국이 들어서게 되었다.

이러한 이유 때문에, 전체 베트남 국민을 대변하는, 우리 임시정부 임원들은 지금부터 프랑스와의 관계에서 식민지적 성격과 관련된 모든 것을 벗어던질 것을 선언한다. 우리는 프랑스가 베트남을 대표하여 지금까지 약속한 모든 국제적 의무를 무효화하며, 우리는 프랑스가 불법적으로 우리의 조국에서 습득한 특권을 모두 폐기하겠다.

공통의 목적에 의해 고무된 베트남의 모든 국민들은, 프랑스 식민주의자들이 자신의 나라를 다시금 침략하려는 어떠한 시도에도 끝까지 대항하여 싸우기로 결심했다.

우리는 테헤란(Tehran)과 샌프란시스코(San Francisco)에서 자기결정권 · 국가의 평등에 관한 원칙들을 승인했었던 동맹국가들이 베트남 독립승인을 거부하지 않을 것임을 확신한다.

80년이상 동안의 프랑스통치를 용기있게 반대해 온 사람이나 지난 3년간 제국주의에 대항하여 연합군과 협력하여 싸워 온 사람은 자유와 독립을 누릴 권리가 있다.

이러한 이유 때문에, 우리 베트남 민주공화국 임시정부의 임원들은, 베트남이 자유롭고 독립적인 국가일 권리가 있다는 것과 또 사실상 이미 그러하다는 것을 진정으로 전 세계에 공표한다. 베트남의 모든 국민들은 독립과 자유를 보호하기 위해 모든 몸과 마음을 합치고 목숨과 재산을 다 바쳐 희생할 것을 다짐한다.

제 4 절 호찌밍 (Ho Chi Minh) (1890.5.19~1969.9.2)[21]

그림 2-7 호찌밍(胡志明)[22]

호찌밍은 베트남 역사 및 사회, 정치, 외교 등의 측면에서 빼놓을 수 없는 가장 중요한 인물이다. 그는 혁명가였으며 베트남 독립운동 단체인 베트밍 (Viet Minh)을 이끌었고, 나중에는 베트남 민주공화국을 설립하고 주석을 지냈던 사람이다.

오늘도 바딩광장에 있는 호찌밍의 영묘 앞에는 끝을 볼 수 없을 정도로 긴 줄이 늘어서 있을 것이다. 베트남에서 모든 것이 변하더라도 결코 변하지 않을 것처럼 보이는 풍경이다. 이처럼 호찌밍은 베트남인들의 가슴에 깊숙이 새겨져 있는 인물이다. 호찌밍의 활동을 시대별로 간략히 정리하면 다음과 같다.

1. 출생[23]

호찌밍은 1890년 5월 19일 자신의 어머니의 고향인 호앙투 (Hoang Thu) 마을에서 태어났다. 그의 어린 시절의 이름은 응우옌 싱 꿍 (Nguyen Sinh Cung)이었다. 그의 아버지는 스스로의 노력으로 정부 관료의 직위까지 올라간 사람이었다.

호찌밍의 어머니가 아이를 낳다 세상을 떠난 후, 1895년부터 그는 아버지의 고향인 응에안 (Nghe An) 성 (省)의 남던 (Nam Dan)현 낌리엔 (Kim Lien) 마을에서 자랐다. 호찌밍의 아버지는 아내가 죽은 후 아이들을 조부모에게 맡긴 후 베트남 전국을 유랑하기 시작했다.

호찌밍에게는 세 명의 형제자매가 있었는데, 그들은 누나인 응우옌 티 타잉 (Nguyen Thi Thanh 혹은 박리엔 (Bach Liên)이라고도 불림)과, 형제인 응우옌 싱 키엠 (Nguyen Sinh Khiem)과, 유아기에 세상을 떠난 또 다른 형제 응우옌 싱 누안 (Nguyen Shin Nhuan)

이었다. 어머니의 죽음과 아버지의 방황은 호찌밍과 그의 형제들에게 반항심을 키워주었고 그들에게 프랑스에 대한 투쟁의식을 불러 일으켰다. 누나인 타잉은 일찍부터 프랑스 주둔군 소속의 베트남 부대에서 무기를 훔쳐 항불 독립운동가들에게 넘겨주는 일을 하였고, 형인 키엠은 젊은 시절 자신에게 발길질을 한 프랑스 관리를 땅바닥에 끓어앉히는 등의 과격한 성격을 가지고 있었다.

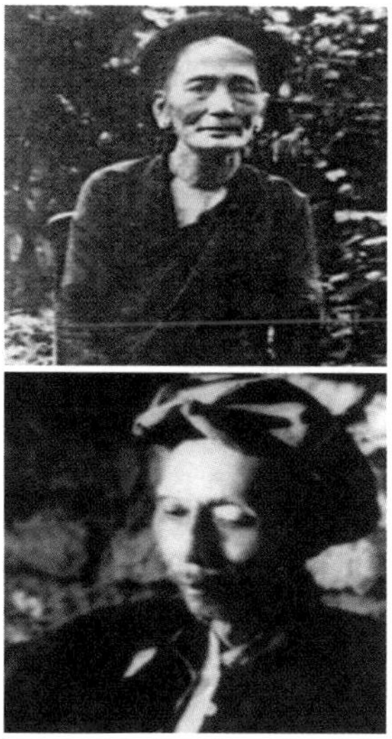

그림 2-8 호찌밍의 누이(위)와 형(아래)[24]

호찌밍 또한 이때에 독립심이 강한 인간으로 성장하게 되었고, 이러한 가족들의 반항의식이 프랑스 식민주의에 대한 저항으로 승화되었다고 볼 수 있다.

2. 성장[25]

1883년 베트남은 프랑스의 무력침공으로 식민지가 된 이후 프랑스의 가혹한 식민통치 아래 철저하게 수탈당했고, 국가경제는 자생력을 잃어가고 있었다. 호찌밍의 아버지는 프랑스제국의 공무원이었지만, 민족주의자였기 때문에 결국은 공무원직을 사퇴하고 전국을 떠돌며 아이들을 가르쳤다. 집안은 몰락했지만 지적인 아버지의 영향으로 유교경전과 프랑스어를 배웠고, 지역 마을 학교에서 기본적인 교육을 받았다. 그는 나중에 일류 국립학교를 다녔으나, 졸업 전에 판티에트에서 선생으로 잠시 근무하다가 사이곤으로 여행을 떠났다. 그는 사이곤에서 기술 훈련원 견습생으로 주방 일에 관한 일을 배웠다.

3. 공산주의 신조의 성숙

(1) 프랑스에서의 최초의 체류[26]

1911년 그는 'Bar'라는 가명으로 Amiral Latrouche -Treville 이라는 프랑스 증기선의 주방보조사로 일하며 베트남을 떠났다. 그는 프랑스의 마르셀에 도착한 후 프랑스 식민지관리학교에 지원했지만, 그의 원서는 거절당했고, 프랑스 체류기간 동안 청소부, 웨이터, 사진사 등의 일을 하면서 지냈다.

그림 2-9 호찌밍이 직접 작성한 프랑스 식민지관리학교 입학허가요청서[27]

그리고 그는 새로 창설된 프랑스 공산당에 입당했다. 프랑스에서 호찌밍은 대부분의 여가시간을 공립도서관에서 보내며, 서양사회와 정치에 익숙해지기 위해 역사책과 신문을 읽으면서 독학으로 방대한 지식을 터득했으며, 혁명사상과 애국주의를 체득했다.

(2) 미국[28)]

1912~1913년 그는 선원으로 일하면서 뉴욕과 보스턴 등을 여행했고, 이곳에서 한국의 애국자들과 교류를 하였다. 이러한 경험은 그의 정치적 식견을 발전시키는 계기가 되었다.

(3) 영국[29)]

1914년 8월, 제1차 세계대전이 발발함에 따라 호찌밍은 런던으로 건너갔다. 그는 런던에서 2년정도 체류했는데, 칼튼호텔에서 주방일을 하기도 했고, 노동자연맹에 가입해서 활동하기도 했다.

(4) 프랑스[30)]

그림 2-10 프랑스에서 지하 독립운동 할 당시의 호찌밍과 혁명동지들[32)]

1917년 호찌밍은 응우엔 아이 꾸옥(Nguyen Ái Quoc ; 애국자 응우엔[31)])이라는 이름을 갖고 프랑스로 돌아와 그곳에 거주하는 베트남인들을 모아서, 적극적으로 식민지 해방운동을 시작하였다. 이때까지도 호찌밍은 정의감이 강한 총명한 청년이었을 뿐이었다.

1919년에는 제 1차 세계대전을 종식시킨 베르사이유 평화회담에서 민족자결주의를 발표한 미국 윌슨대통령에게 다음과 같은 8개 조항의 탄원서를 제출하였다.

역사정보

■ 호찌밍의 탄원서[33)]

① 구속된 베트남 정치범들에 대한 석방과 사면
② 베트남인과 프랑스인의 동등한 법률적 대우
③ 언론의 자유 보장
④ 집회, 결사의 자유 보장
⑤ 주거이전과 해외여행의 자유보장
⑥ 교육과 직업훈련을 받을 권리의 부여
⑦ 법률에 근거한 정치체제의 변경
⑧ 프랑스 의회에 식민지 인민들로부터 선출된 대표가 참석할 수 있는 권리보장

이 탄원서는 미국의 독립선언문의 문체와 정신을 인용하여, 프랑스가 베트남에서 철군하고 베트남인민의 정권으로 교체될 수 있도록 청원하는 것이었다. 하지만, 호찌밍의 청원은 거절당하고 회의장 복도에서 쫓겨났다. 그는 여기서 서구 열강들이 결코 평화적으로 식민지를 포기하는 경우는 없다는 교훈을 얻게 되었다.[34)]

제국주의자들이 말하는 자유와 민주주의, 민족자결권은 식민지국가의 인민들에게 자신들의 본질을 감추기 위한 기만적인 언술일 뿐이었다. 식민지로부터 벗어나는 일은 영구히 불가능하다는 명백한 사실 앞에서 호찌밍은 다른 방법을 찾아야만 했다.

그 방법은 다름 아닌 혁명이었다. 다음해인 1920년, 그는 동양의 공산혁명가들 중 가장 화려한 경력을 쌓기 시작하였다. 호찌밍은 러시아 공산혁명의 성공과 레닌의 반제국주의 정책에 자극을 받아 12월에 사회당을 탈당하고, 프랑스 공산당(Part Communiste Francais)에 입당하였고, 프랑스 공산당 기관지「리마니떼 L'Humanite」와 사회당의 기관지「르뽀레르」 등에 기고하기 시작했다.

좌익 잡지들에 기고한 그의 글들은 프랑스 좌파인사들의 주목을 받았고, 두 사람 이상 모이면 그의 글을 화제로 삼을 정도로 프랑스에 살고 있는 베트남인들의 마음에 충격을 주었다.[35)] 프랑스 좌파 지도자들과 교류하면서 호찌밍은 단순한 애국청년에서 혁명가의 자질을 갖추게 되었다.

역사정보

■ 리마니떼에 등장하는 호찌밍의 발언[36)]

동지 여러분, 나는 여러분과 세계혁명을 달성하기 위하여 온 힘을 다하겠습니다. 그렇지만 그 전에 나는 나의 조국과 동포에게 가해지고 있는 가증스러운 범죄에 항의고자 합니다. 여러분도 알다시피 프랑스는 자본주의를 앞세워 반세기 전부터 인도차이나로 침략해 총칼을 겨누고 우리를 정복하였습니다.

그림 2-11 프랑스 공산당원으로 활동하던 시절의 호찌밍[37)]

그 이후 우리는 계속 학대받으며, 착취당하고 있습니다. 게다가 프랑스 정부는 술과 아편을 사용하도록 강요함으로써 우리를 파멸시키고 있습니다. 베트남에서는 학교보다 감옥 수가 많은데도 이미 그곳은 죄수로 가득차 있습니다. 사회주의 사상을 가지고 있다고 의심받는 것만으로도 감옥에 들어가게 되는가 하면, 어떤 때에는 사형을 당하기조차 합니다.

우리에게는 신문발행의 자유도 언론의 자유도 없습니다. 물론 집회, 결사의 자유도 없습니다... 이에 비하여 그들은 무엇이든 할 수 있습니다. 우리를 아편에 중독되게 한다든지, 술로 이성을 잃게 한다든지 하는 일도 가능합니다. 자신들의 이익을 지키기 위해 수천명의 베트남 사람들을 죽음으로 내몰 수도 있고, 자신들의 마음에 들지 않으면 수천명을 한꺼번에 학살할 수도 있습니다.

동지 여러분, 나는 프랑스에 못지않은 인구를 가진 베트남 사람이 어떻게 취급받고 있는가를 말하고 있는 것입니다. 그럼에도 불구하고 세계의 다른 많은 나라 사람들은 베트남 인민들이 마치 프랑스의 보호를 받고 있는 것으로 알고 있습니다...

베르사이유에서의 좌절에 이어 그로 하여금 혁명의 길을 선택하게 한 또 하나의 사건은 그의 선배이자 협력자였던 독립운동가 판쭈찡에 대한 사형언도였다. 1920년 판쭈찡은 하노이에서 발행하고 있던 잡지「안남인의 조국」에 베트남의 독립을 요구하는 논문을 쓴 혐의로 사형을 언도받았던 것이다.[38)]

투루(Tours)에서 열린 프랑스 사회당대회에서 계급문제에만 주목하고 식민지 민족문제에 대해서는 외면하고 있던 당시 좌파들의 소극적인 태도에 대해 호찌밍은 맹렬하게 비판했다. 당시의 사회주의 운동의 중심에는 인터내셔널(International)이 존재했었는데, 이 인터내셔널 역시 2가지 분파로 나누어져 있었다. 즉, 제 2인터내셔널과 제 3인터내셔널로 구분된 두 개의 분파를 사이에 두고 많은 프랑스 사회주의자들은 선택을 강요받고 있었던 것이다.

여기에는 호찌밍도 포함되어 있었는데, 그는 선택기준을 이념이나 당의 목표에 두지 않았다. 과거 사회주의나 공산주의라는 이념을 좇아 사회당원이 되지 않았듯이, 어느쪽이 더 고통받는 사람들을 위한 투쟁을 옹호하는지가 그의 선택기준이었다. 결국 그는 레닌이 이끄는 제 3인터내셔널을 선택하게 되었다.

호찌밍이 제 3인터내셔널을 선택한 순간부터 그는 진정한 혁명가로 불리기 시작했다. 그는 자신과 제 3인터내셔널의 입장을 대변하기 위해서라면 어느 곳이든 찾아가서 논쟁을 벌였다. 그의 주장은 "만약 당신들이 식민주의를 비난하지 않고 압박받고 있는 사람들을 옹호하지 않는다고 한다면 당신들이 목표로 하는 혁명이란 도대체 무엇인가?"로 요약될 수 있었다.

더불어 호찌밍은 맑스-레닌주의에 대한 이론적인 탐구를 시작하였다. 당시 이 이론은 공산주의 이론들 중에서 별로 주목받지 못하고 있었다. 호찌밍은 이 이론이야말로 베트남 인민들에게 승리를 가져다 줄 수 있는 유일한 방법으로 여기고 연구하게 되었다.

호찌밍은 식민주의가 지닌 죄악을 규탄하는「프랑스 식민주의의 심판」을 작성하여 프랑스어, 중국어, 아랍어로 출판했다. 그의 필명 '응우엔 아이 꾸옥'은 이제 민족해방의 문제를 고민하는 식민지혁명가들의 상징이 되었다. 그는 식민지배에 대항하기 위한 국제적인 연대조직 '국제식민지연합'을 만들고, 기관지「르빠리아 Le Paria」를 발간했다.

1922년 4월부터 1923년말 모스크바에 갈 때까지 호찌밍은 2년 가까이 이 잡지를 만드는데 전념했다. 그가 직접 칼럼을 쓰고 삽화를 그리기도 했던 이 시기에 호찌밍은 국제적 혁명가로서의 면모를 확실하게 갖추게 되었다. 그는 「국제식민지연합」의 조직가였고 「르빠리아」의 이론가였다.[39)]

(5) 모스크바[40)]

1922~1923년 베르사이유에서의 상처와 판쑤찡의 사형을 뒤로하고 호찌밍이 발걸음을 옮긴 곳은 모스크바였다. 여기에서 그는 제4인터내셔널 코민테른(Comintern) 지지파에 가담하였고, 동양의 공산혁명가들 중 가장 화려한 경력을 쌓기 시작하였다. 제5인터내셔널에서 상임위원이 된 그는 프랑스 공산당이 식민주의정책을 좀 더 맹렬히 반대하지 않는다고 비판했다. 호찌밍은 압박받는 농민들(산업노동자들과 대치되는 계층)의 혁명적 역할의 중요성을 최초로 공식 표명하기 시작했다.

그림 2-12 호찌밍이 프랑스에서 활동하던 당시의 자료[41)]

(6) 중국과 러시아[42)]

1924년 12월 호찌밍은 리투이(Ly Thuy)라는 가명으로 공산주의의 요새인 중국의 광저우로 갔다. 그곳에서 그는 베트남 민족주의 운동의 첫 간부 요원들을 모집하여 '타잉 니엔(Thanh Nien)'이라는 이름으로 알려져 있는 「베트남혁명 청년협회」를 조직하였다.

이렇게 광저우가 인도차이나 민족주의 운동의 첫 본거지가 되었지만, 중국 군대 총사령관이었던 장제스가 1927년 4월 중국 공산주의자들을 추방하자, 그는 잠시 소련으로 피신했다. 그 후 그는 1928년 브뤼셀, 파리, 그리고 타일랜드 등에서 동남아시아 공산당 인터내셔널 대표로 2년동안 활동했다.

(7) 인도차이나 공산당 창당[43)]

1929년 5월에 「베트남혁명 청년협회」 단원들은 홍콩에서 인도네시아 공산당을 창당하였다. 호찌밍은 1930년 2월 3일 타일랜드에서 돌아온 후 공산당 창당을 주관했다. 처음에는 「베트남 공산당」이라고 명명(命名) 했으나, 1930년 10월 이후 소련의 충고를 받아들여 「인도차이나 공산당」으로 이름을 바꾸었다.

이러한 움직임은 국제적으로 더 폭넓은 지지를 받았고 「베트남 공산당」이라는 이전 이름에 내포된 단순한 민족주의적인 인상을 피할 수 있게 되었다. 또 호찌밍은 혁명 활동의 조직을 강화하기 위해서 여러 파벌간에 벌어지는 갈등을 중재하는 데도 역량을 발휘했다.[44)] 이런 활동을 통해 조직관리의 신중함, 성취할 수 있는 것이 무엇인지를 아는 분별력, 모스크바를 멀리하지 않으려는 배려, 그리고 베트남 공산주의자들 가운데서 이미 이룩한 그의 영향력 등을 엿볼 수 있다.

당시 인도차이나 공산당의 목표는 "프랑스를 전복하고, 베트남 인민들의 정부가 통치하는 독립된 베트남을 건국하는 것"이었다. 그리고 국가경영의 방침으로는 "경제의 국영화, 토지개혁, 교육공영화, 하루 8시간 노동제 도입" 등이었다.[45)]

4. 베트남 독립운동[46)]

1940년 제2차 세계대전이 발발하자 호찌밍은 1941년 1월, 무려 31년만에 베트남에 귀국하였다. 그는 그해 5월 「베트남 독립동맹」(Viet Nam Doc Lap Dong Minh : 후일 베트밍(Viet Min)이라 불림)을 조직하였고, 11월에는 겨우 12명의 대원으로 유격대를 창설하여 게릴라 전술을 발휘하기 시작했다. 그리고 이때부터 자신의 이름을 '응우엔 아이 꾸옥'에서 호찌밍(胡志明)으로 바꾸었다.

1944년 12월 22일, 호찌밍은 34명의 대원으로 「베트남해방 무장선전대」를 창설하고 호찌밍의 충직한 동료인 '보 응우엔 잡'을 대장으로 임명하였다. 34명으로 시작했던 「베트남해방 무장선전대」는 1945년 6월에는 5천정의 무기를 보유한 인민해방군으로 탈바꿈해 있었다.

그 이후의 호찌밍이 주도한 베트남 독립운동과 베트남의 독립, 그리고 서구 열강 및 미국과의 전쟁 등에 대해서는 제5장 역사환경을 참조하기 바란다.

5. 호찌밍의 죽음[47)]

호찌밍은 미국과 베트남 간의 전쟁이 절정에 달했던 1969년 9월 2일, 전쟁의 결말을 보지 못한채 79세의 나이로 세상을 떠났다. 당시 베트남 정부는 호찌밍의 죽음을 하루 뒤인 9월 3일로 발표하고, 이 사실을 오랫동안 숨겼었다.

그림 2-13 호찌밍시신이 안치된 추모관[49)]

그 이유는 9월 2일이 1945년 호찌밍이 베트남 정부를 수립한 날이었기 때문이었다. 베트남 인민들이 호찌밍의 죽음으로 인해 그가 세운 나라도 뒤따라 망할지도 모른다는 심리적 작용을 방지하기 위해서였다고 후에 밝혀졌다.[48)]

그는 죽으면서 자신의 시체 때문에 한 뼘의 토지도 낭비할 수 없다며, 시신을 화장시켜 작은 단지 안에 담아달라고 유언했다. 하지만 베트남인민들은 자신들의 영웅 호찌밍을 모택동, 김일성 등과 같이 방부 처리하여 호찌밍 영묘에서 영원히 보관하고 있다.

역사정보

■ 호찌밍의 유서[50]

"미국에 대항하는 우리의 투쟁, 또 민족해방을 위한 우리의 투쟁에는 많은 역경과 희생이 따른다 해도 우리가 반드시 승리할 것임은 분명하다. 만약 그날이 온다면 나는 우리의 동지들, 전사들과 함께 남쪽 끝에서부터 북쪽 끝까지 순회하며 노인들과 젊은 청년들을 만나려던 참이었다. 인민을 대표해서 우리의 우호국을 방문하여 미국과의 전쟁에서 우리를 지지해준 그들의 노고에 감사의 말을 전할 작정이었다.

당나라의 위대한 시인 두보는 '인생칠십고래희(人生七十古來稀)'라 했다. 올해 나는 일흔 다섯이다. 나는 그 얼마 되지 않는 '자고로 드물게 오래 산' 사람에 속한다. 마음은 아직도 거뜬하지만 육체는 갈수록 점점 쇠약해지고 있다. 그야말로 자연의 섭리다. 그러니 그 누가 혁명을 위해 더 오래 살라고 나에게 말할 수 있겠는가……"

현장정보

■ 호찌밍의 노래[51](Nhu' Co Bac Ho trong ngay vui dai thang)

'위대한 승리를 거둔 이 기쁜날 호아저씨 같이 있는 것 같구나
호아저씨 말한 것처럼 눈부시게 아름다운 승리 거두었다네
산천을 완전히 탈환하기 위한, 30년 투쟁
민주공화국의 30년 항쟁 드디어 성공했다.
베트남 호찌밍. 베트남 호찌밍.
베트남 호찌밍. 베트남 호찌밍.'

– Nhu Co Bac Ho(호아저씨가 있는 것처럼) 가사 전문[52]

그림 2-14 'Nhu Co Bac Ho'의 악보 원본[53]

'Nhu Co Bac Ho', 오늘날 이 노래를 부를 줄 모르는 사람은 베트남 사람이 아니라고 말할 수 있을 정도이다. 그만큼 호찌밍에 대한 베트남인들의 사랑과 그리움은 대단한 것이다. "베트남이 앞으로 정치제도를 바꿀 수 있고 체제까지도 바꿀 수 있을지 모르지만 호찌밍을 바꾸지는 못할 것입니다."[54] 이 말은 현재의 베트남인들이 호찌밍을 바라보는 함축적인 공통된 생각이다.

이 노래를 작사 작곡한 음악가는 팜투옌(Pham Tuyen)이다. 그는 프랑스식민 치하에서 위세를 떨친 세도가였던 팜꾸인의 아들이었다.

1945년 8월 혁명의 과정에서 아버지가 혁명세력에 의해 죽음을 당했지만, 팜투옌은 혁명진영에 대한 자신의 지지를 철회하지 않고 혁명동지들과 함께 싸웠다. 그리고 혁명세력이 승리를 거둔 날 호찌밍을 기리는 노래를 만들었던 것이다.[55]

팜투옌은 소년시절부터 음악을 향한 큰 열정을 가지고 있었다. 그는 베트남의 민속 노래에 대해 공부했고, 1947년 초에 조국의 부름에 답하여 프랑스 식민지에 반대하는 저항전쟁에 참가하기 위해 서북지역으로 갔다. 그는 저항전쟁 동안에 군인들을 독려하고, 호찌밍을 찬양하며, 당의 승리를 염원하는 수많은 노래들을 작사 작곡하였다.[57)]

그림 2-15 팜투옌(Pham Tuyen)[56)]

그가 작곡한 노래 중, 1954년 프랑스에게 승리한 디엔비엔푸 전투 기간 동안 군인들의 영웅적인 면모를 비유한 "Dien Bien Phu of the Air"라는 노래에 대하여, 퇴역군인인 쯔엉반등(Truong Van Dung)은 "그 노래는 전방에서 싸우던 군인들 모두를 크게 격려했다"고 말했다.[58)]

그림 2-16 아이들과 함께 있는 팜투옌[59)]

팜투옌은 해방 후 교통안전, 가난해소와 빈곤근절 등과 같은 주제로 모두가 부를 수 있는 공익차원의 노래들을 작곡하였다. 또한 어린이들에 대한 노래를 많이 작곡했는데, 그것은 자신이 교사였던 경험을 통해 노래가 아이들을 교육하는 가장 좋은 방법이라는 것을 알고 있었기 때문이었다. 현재 베트남에서 많은 사람들이 그를 인민의 작곡가라고 부르고 있다.[60)]

제5절 베트남의 행정단위(Administrative Divisions)

1. 개관[61)]

베트남은 수도, 4개의 중앙직할시(中央直轄市, thành phố trực thuộc trung ương, 타잉 포 쯕 투옥 쭝 으엉, centrally controlled municipalities), 그리고 59개의 성(省, tỉnh, 띵, provinces)으로 행정단위(행정구역)가 구분된다.

중앙직할시는 다시 군(群, quận, 꾸안)과 현(縣, huyện, 후이엔, counties) 및 구(區, phường, 프엉, wards)로 세분된다.

성(省)은 다시 성직할시(省直轄市, thành phố trực thuộc tỉnh, 타잉 포 쯕 투옥 띵, provincial municipalities), 시사(市社, thị xã, 티싸, townships), 현(縣, huyện, 후이엔, counties)으로 나누어지고, 더 나아가서 시진(市鎭, tji trấn, towns) 혹은 사(社, xã, 마을, communes)로 세분된다.

2. 대(大)분류[62)]

위와 같은 베트남의 행정단위를 크게 분류하면 다음과 같다.

(1) 수도 : 하노이(Hà Nội)

(2) 중앙직할시 : 4개

① 하이퐁(Hải Phòng) ② 다낭(Đà Nẵng)

③ 호찌밍(Hồ Chí Minh) ④ 껀터(Cần Thơ)

(3) 성(省) : 61개

1) 북부 베트남(North Vietnam, Bac Việt Nam)

박닝 (Bắc Ninh), 하남 (Hà Nam), 하떠이 (Hà Tây), 하이즈엉 (Hải Dương), 흥옌 (Hưng Yên), 남딩 (Nam Định), 닌빙 (Ninh Bình), 타이빙 (Thái Bình), 빙푹 (Vĩnh Phúc)

2) 북부 중앙해안 베트남(North Central Coastal Vietnam, Bắc Trung Bộ Việt Nam)

하띵 (Hà Tĩnh), 응에안 (Nghệ An), 꾸앙빙 (Quảng Bình), 꾸앙찌 (Quảng Trị), 타잉호아 (Thanh Hóa), 트어티엔후에 (Thừa Thiên Huế).

3) 북동 베트남(North Eastern Vietnam, Đông Bắc Việt Nam)

박장 (Bắc Giang), 박깐 (Bắc Kạn), 까오방 (Cao Bằng), 하장 (Hà Giang), 랑썬 (Lạng Sơn), 라오까이 (Lào Cai), 푸토 (Phú Thọ), 꾸앙닌 (Quảng Ninh), 타이응우옌 (Thái Nguyên), 뚜옌꾸앙 (Tuyên Quang), 옌바이 (Yên Bái).

4) 북서 베트남(North Western Vietnam, Tây Bắc Việt Nam)

디엔비엔 (Điện Biên), 호아빙 (Hòa Bình), 라이쩌우 (Lai Châu), 썬라 (Sơn La).

5) 중앙 고원지대(Central Highlands, Tây Nguyên)

닥락 (Đắk Lắk), 닥농 (Đắk Nông), 자라이 (Gia Lai), 꼰뚬 (Kon Tum), 럼동 (Lâm Đồng).

6) 남부 중앙해안 베트남(South Central Coastal Vietnam, Nam Trung Bộ Việt Nam)

빈딩 (Bình Định), 카잉호아 (Khánh Hòa), 푸옌 (Phú Yên), 꾸앙남 (Quảng Nam), 꾸앙응아이 (Quảng Ngãi).

7) 남동 베트남(South Eastern Vietnam, Đông Nam Bộ Việt Nam)

바리아-붕따우 (Bà Rịa Vũng Tàu), 빙즈엉 (Bình Dương), 빙프억 (Bình Phước), 빙투언 (Bình Thuận), 동나이 (Đồng Nai) 닝투언 (Ninh Thuận), 떠이닝 (Tây Ninh).

8) 남서 베트남-메콩강 삼각주(South Western Vietnam-Mekong River Delta, Tây Nam Bộ Việt Nam-Đồng Bằng Sông Cửu Long)

안장(An Giang), 박리에우(Bạc Liêu), 벤쩨(Bến Tre), 까마우(Cà Mau), 동탑(Đồng Tháp), 허우장(Hậu Giang), 끼엔장(Kiên Giang), 롱안(Long An), 쏙짱(Sóc Trăng), 띠엔장(Tiền Giang), 짜빙(Trà Vinh), 빙롱(Vĩnh Long).

3. 베트남 행정단위 지도

그림 2-17에는 이상에서 고찰한 베트남의 각 행정단위가 나타나 있다.

이들 행정단위에 대해 구체적인 내용은 제3장에서 다루기로 한다.

그림 2-17 베트남의 행정구역[63)]

제6절 기타 정보

(1) 정부 형태는 사회주의 공화제이고, 의회는 단원제로서 임기 5년인 498명의 의원으로 구성되어 있다.

(2) 베트남의 공용어(公用語)는 베트남어(tiếng việt, 띠엥 비엣, Vietnamese)이다.

(3) 베트남의 인구는 약 8,800만명으로서 세계에서 13번째로 인구가 많다. 인구밀도는 253/km^{2}로서, 세계에서 46번째로 높다.

(4) 베트남의 화폐 단위는 동(đồng)이다.

(5) 표준시(標準時)는 GMT+7으로서 한국과 시차는 −2시간이다(한국보다 2시간 늦다. 즉, 한국 밤 12시는 베트남 현지에서 밤 10시이다.).

현장정보

■ 베트남의 화폐(VND)[64)]

베트남의 화폐단위는 베트남 동(Vietnam Đong)이며, VND로 표기한다.
동전은 200/500/1,000/2,000/5,000동 등 5종류가 있다.
지폐는 200/500/1,000/2,000/5,000/10,000/20,000/50,000/100,000/200,000/500,000동 등 11종류가 있다.

구 분	동전 사진		구 분	동전 사진	
200동			500동		
1,000동			2,000동		
5,000동					

구 분	지폐 사진	구 분	지폐 사진
200동		500동	
1,000동		2,000동	
5,000동		10,000동	
20,000동		50,000동	
100,000동		200,000동	
500,000동			

그림 2-18 베트남 동전과 지폐

제3장

베트남의 행정단위

이 장에서는 제 2장 5절에서 언급한 베트남 행정단위를 구체적으로 제시할 것이며, 베트남의 행정단위로서 수도(하노이), 4개의 중앙직할시, 그리고 59개의 성(省)을 자세히 고찰하기로 한다.

제1절 수도 (Capital City) : 하노이 (Hà Nội City)[1]

■ 하노이 (Hà Nội : 河内, 하내, Inner River)의 지도상의 위치

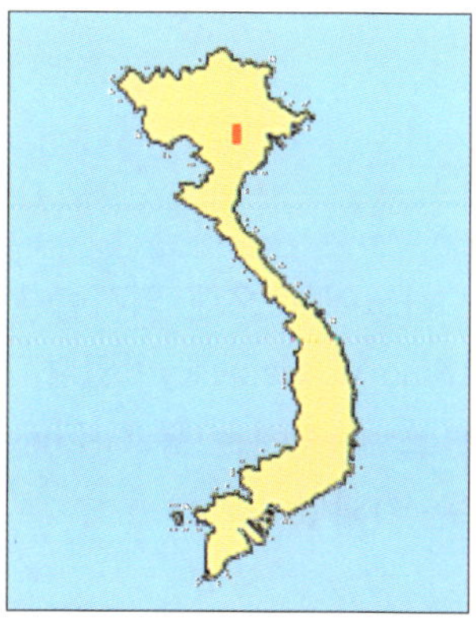

■ 기본정보

- 위치 : 북부 내륙지대
- 면적 : 921km²
- 인구 : 3,145,300명
- 민족 : 낑 (Kinh, 즉 Viet)

• 행정구역

① 바 딩 (Ba Đình)
② 꺼우 자이 (Cầu Giấy)
③ 동 다 (Đống Đa)
④ 하이 바 쯩 (Hai Bà Trưng)
⑤ 호앙 마이 (Hoàng Mai)
⑥ 롱 비엔 (Long Biên)
⑦ 따이 호 (Tây Hồ)
⑧ 타잉 쑤언 (Thanh Xuân)
⑨ 동 아잉 (Đông Anh)
⑩ 자 럼 (Gia Lâm)
⑪ 뜨 리엠 (Từ Liêm)
⑫ 타잉 찌 (Thanh Trì)
⑬ 쏙 썬 (Sóc Sơn)

• 웹사이트 : http://www.hanoi.gov.vn

■ 역사

그림 3-1 꼬로아 사원[2)]

하노이는 베트남의 수도이다. 하노이는 1010년부터 1802년까지, 약간의 짧은 기간을 제외하고는 전통적으로 베트남의 정치적 중심지였다. 이곳은 1887년부터 1954년까지 프랑스령 인도네시아의 수도이기도 했다.

1954년부터 1976년까지는 북부 베트남의 수도였다.

현대 하노이의 주변 지역은 적어도 B.C 3000년 전부터 형성되어 왔다. 유명한 건축물 중 하나는 B.C 200년에 세워진 꼬로아 (Co Loa) 사원이다.

하노이는 오랜 역사를 거치며 많은 이름으로 불려 졌는데, 최초의 이름은 시노-베트남 (Sino-Vietnamese)이었다. 베트남의 중국 식민시대에는 이곳은 통빙 (Tong Binh)으로 불렸고, 나중에는 롱조 (Long Do)로 바뀌었다. 866년 이곳은 자이라 (Dai La)요새로 명명(命名)되었다.

1010년 최초의 리(Ly)왕조 통치자인 리타이또(Ly Thai To)는 자이라(Dai La)요새의 인근 자이비엣(Dai Viet)으로 수도를 옮겼다. 용(龍)이 홍강(Red River)을 따라 거슬러 올라가는 것을 보았다는 주장에 따라 그는 이곳의 이름을 탕롱(Thang Long)으로 바꾸었으며, 이 이름은 오늘날에도 시문학에서 여전히 쓰이고 있다. 베트남의 수도는 1397년까지 계속해서 그 이름이 바뀌어왔다. 탕롱(Thang Long)은 훗날 동조(Dong Do)로 바뀌었다.

1408년 베트남은 명나라(Ming) 왕조의 중국군대로부터 침입을 받았고, 동조(Dong Do)는 중국에 의해 동꾸안(Dong Quan)으로 이름이 바뀌었다. 1428년 레(Le) 왕조의 건국자인 레로이(Le Loi)에 의해 중국통치로부터 해방되었으며, 동꾸안(Dong Quan)은 동낑(Dong Kinh)으로 개명되었다. 떠이썬(Tay Son)왕조 동안 이곳의 이름은 박타잉(Bac Thanh)이었다.

1802년 응우옌(Nguyen)왕조가 세워지고 이 왕조의 수도가 오늘날의 후에(Hue)로 옮겨질 때, 이곳은 다시 탕롱(Thang Long)으로 개명되었다. '탕롱'은 '상승하는 용(龍)'을 의미한다.

1831년 응우옌(Nguyen)왕조는 이곳을 하노이로 개명하였다. 하노이는 1873년에 프랑스에 정복당했으며, 10년 후에 그들에게 통치권이 넘어갔다. 이곳은 1887년 이후 프랑스령 인도네시아의 수도가 되었다.

이 도시는 1940년에 일본에게 정복당했으며, 베트남 정부가 이곳을 통치한 1945년에 독립되었다. 1946년부터 1954년 사이에, 이곳은 프랑스와 베트밍(Viet Minh) 세력 사이의 격심한 전투의 현장이었다. 이 시점에, 이 도시는 독립된 북부베트남의 수도가 되었다.

베트남전쟁 당시에 하노이의 교량과 철도 등은 폭탄에 크게 파손되었으나, 빠른 시간 내에 복구되었다. 전쟁 직후, 하노이는 1976년 7월 2일 북베트남과 남베트남이 통일될 때 베트남의 수도가 되었다.

그림 3-2에는 베트남전쟁으로 인해 파괴된 모습이 나타나 있다.

그림 3-2 베트남전쟁으로 인해 파괴된 잔해[3)]

■ 특징

하노이는 북부 베트남의 열대성 기후를 가지고 있어서, 여름은 덥고 습하며, 겨울은 상대적으로 춥고 건조하다. 5월부터 9월 사이의 여름에는 연중 가장 많은 강우량을 보인다. 1년 평균 강우량은 1,682mm이다. 11월부터 3월 사이의 겨울은 상대적으로 건조하고, 봄에는 가랑비가 자주 내린다. 하노이의 겨울 최저온도는 6~7도까지 내려가는 반면에, 여름에는 38~40도까지 올라간다.

■ 교육

프랑스령 인도차이나의 수도였던 하노이는 인도차이나에서 최초의 서양스타일의 대학교의 발상지였으며, 인도차이나 의과대학(1902 ; 지금은 하노이 의과대학)과 인도차이나 대학(1904 ; 지금은 하노이 국제대학) 등이 이 시절에 건축되었다.

1954년 공산주의자들이 통치하던 시절 이후, 소련연합의 지원을 받아 몇몇 새로운 대학교들이 세워졌으며, 이때 개교된 하노이 공과대학은 지금도 베트남에서 가장 큰 공과대학으로 남아있다.

하노이는 베트남에서 가장 중요한 교육의 중심지이다. 전국의 62%로 추정되는 과학 핵심인력들이 하노이에서 살면서 일하고 있다. 대학 입학허가는 1년에 한번씩 시행되는 입학시험을 통해서 이루어지고, 전(全)국민을 대상으로 개방되어 있다. 최근 몇년 전부터 약간의 사립 대학교들이 설립되었음에도 불구하고, 하노이에 있는 대부분의 대학교들은 공립이다.

그림 3-3 하노이 국제대학[4)]

베트남의 주요 대학들이 하노이에 자리잡고 있기 때문에, 하노이에 있는 주요 대학들 중 소수는 하노이 캠퍼스 외부에서도 약간의 영재중학교와 영재고등학교를 운영하고 있다.

이곳에서는 재능있는 학생들을 위해 수학, 화학, 물리학, 정보기술, 언어학, 생물학, 그밖의 사회과학 및 인문과학 과목들을 가르치고 있다.

■ 주요 명소

① 문화유적

거의 1000년간 베트남의 수도인 하노이는 모든 왕조들이 그들의 흔적을 남긴 장소이고, 베트남의 문화중심지로 여겨지고 있다. 비록 전쟁과 오랜 세월의 흐름에 따라 몇몇 유적들은 사라졌지만, 이 도시에는 아직도 방문객들의 흥미를 끌만한 문화와 역사유적들이 많이 남아있다.

하노이는 600개 이상의 탑들과 사원들을 포함하여, 베트남의 다른 어떤 도시들보다 더 많은 문화유적들을 보유하고 있다. 역사가들은 광대한 논과 농장에 생명을 주는 홍강(Red River)을 문명의 요람인 티그리스강과 유프라테스강에 비유하고 있다.

1802년 응우옌(Nguyen)왕조에 의해 국가의 수도가 후에(Hue)로 천도되었음에도 불구하고 하노이는 계속 번영을 유지하였으며, 특히 1888년 프랑스의 통치이후, 인도차이나의 중심도시로써 하노이에는 프랑스식의 전통양식에 따른 건축술이 발달하였다. 이렇게 축조된 건물들은 오늘날에도 많이 남아있는데, 그랜드 오페라 하우스, 베트남 국영은행, 대통령궁, 성 조셉 성당, 하노이대학, 소피텔 메트로폴(Sofitel Metropole)호텔 등이 그것들이다.

문묘(Temple of Literature), 한기둥 정자(One Pillar Pagoda), 및 깃발 탑(Flag Tower)이 특히 유명하다. 또한 하노이에는 많은 박물관들이 자리잡고 있다. 그 예로서는 베트남 국립 역사박물관, 국립 민족박물관, 국립 미술박물관 그리고 혁명박물관 등을 들 수 있다.

그림 3-4 하노이의 깃발 탑[5)]

그림 3-5 한기둥 정자[6)]

② 호안끼엠 호수(Hoan Kiem Lake)

그림 3-6에는 하노이를 대표한다고 말해지는 호안끼엠 호수(Hoan Kiem Lake)의 모습이 나타나 있다. 이 호수는 하노이시 중심에 자리 잡고 있어서 시민들의 휴식장소로 사랑받고 있다. 조그만 이 호수는 '되돌려준 칼(還劍, 환검)'의 전설을 지닌 호수로 유명하다.

즉, 이 호수는 15세기 중국 명나라 군대가 베트남에 침략했을 때, 레타이또(Le Thai To)왕이 호수의 거북이로부터 받은 신검(神劍)으로 침략군을 무찌른 후 이 칼을 다시 거북이에게 되돌려 주었다는 전설을 가지고 있다.[7)]

그림 3-6 하노이의 호안끼엠 호수[8)]

③ 구 시가지 (舊市街地, Old Quarter)

호안끼엠 호수 근처에 있는 구시가지 (Old Quarter)는 하노이의 옛날 원래 모습이 보존되어 있는 거리 배치와 건축술을 보여주고 있다. 20세기 초반에 하노이는 단지 약 36개의 거리로 구성되어 있었는데, 이들 대부분은 지금도 구시가지의 일부를 형성하고 있다.

그림 3-7 하노이의 구시가지[9)]

각각의 거리들은 특정한 상인들, 즉 비단 상인, 혹은 보석상인 등으로 특화된 상인들과 그들이 운영하는 가게들로 구성되어 있다. 이 거리들의 이름은 대개 그들의 전문화된 분야를 반영하여 지어져 있다. 이 구역의 중심부에 있는 야간 시장은 매주 금, 토, 일요일 저녁에 다양한 옷가지들과 기념품, 음식들을 팔기 위해 개장을 한다.

④ 서호 (西湖, West Lake)

서호 (西湖, West Lake)는 사람들이 여가시간을 보내기 위한 곳으로 인기가 많다. 이곳은 하노이에서 가장 큰 호수이며, 또 그 부근에는 많은 사원들이 있다.

그림 3-8 하노이의 서호(West Lake)[10)]

그림 3-8에는 호안끼엠 호수와 더불어 하노이를 대표하는 호수라고 할 수 있는 서호 (西湖, West Lake)의 모습이 나타나 있다. 서호는 하노이시 서쪽에 자리 잡고 있는 커다란 호수인데, 타잉니엔 (Thanh Nien)거리를 따라 카페와 레스토랑이 호수주변에 가득 자리잡고 있다.

⑤ 반족 (Ban Gioc waterfall) 폭포

아름다운 절경을 자랑하는 반족 폭포 (Ban Gioc waterfall)는 하노이로부터 북으로 272km 떨어진 곳에 있으며 관광객들에게 인기가 많다.

그림 3-9 반족 폭포[11)]

■ 인구

하노이는 북부 베트남의 주요 도시이며 또 국가의 정치 중심도시 이기 때문에, 이곳의 인구는 지속적으로 증가하고 있다.

3세대이상에 걸쳐 정착해 있는 하노이사람들의 숫자는 이 도시 전체인구에 비하면 매우 적은 편이다. 심지어 수백년 전부터 시작된 상업을 대부분 가업으로 이어가고 있던 상인들이 많이 모여 있는 지역인 구시가지(Old Quarter)에서도, 오늘날에는 다른 지방에서 들이온 상인들과 소매업자들이 이 거리의 점포들을 소유하고 있다. 원조격 주인이었던 상인들은 점포를 임대하고 이 시가지의 더 안쪽에서 살기 위해 이사하거나 다른 지역으로 옮겨갔다. 이러한 변화는 정부에서 중앙계획 경제정책을 포기하고, 또 지역을 기초로 하는 가구(家口) 등록제도를 완화시킨 이후에 특히 그 속도가 더해갔다.

하노이사람들은 신중하고 품위있으며, 유교적 가치관을 지금도 지니고 있고, 전통사회와 가정의 가치를 옹호하고, 근검절약을 실천하는 사람들로 평가받고 있다.

■ 교통수단

하노이는 북쪽으로 40km 떨어져 있는 노이바이(Noi Bai)국제공항을 통해 들어갈 수 있다. 노이바이 공항은 베트남의 북부지역에 있는 유일한 국제공항이다. 이 공항에는 베트남의 다른 도시들과 아시아, 호주, 미국 및 유럽의 도시들을 연결하는 직항운송편이 매일 운행되고있다. 이 공항은 최근에 현대시설로 재건축되었다.

그림 3-10 노이바이 국제공항[12)]

하노이에는 공항과 도시를 연결하는 두 개의 주요 고속도로가 있다. 탕롱(Thang Long)다리를 통해 도시로 진입하는 고속도로는 도시의 변두리를 따라 나있는 1번 고속도로보다 더 단거리이다. 주요 고속도로에는 자동차, 오토바이가 통행하며, 도로의 양쪽에는 자전거를 위한 분리된 통로가 나있다.

하노이는 또한 철도운송의 출발점이기도 하다. 유니언 익스프레스(Union Express)는 하노이와 호찌밍시, 하이퐁 및 기타 북부의 많은 도시들을 연결하고 있다.

이 도시의 주된 교통수단은 오토바이, 버스, 택시 그리고 자전거이다. 오토바이는 이 도시를 돌아다니는 데 가장 일반적으로 사용되는데, 이는 오토바이가 좁은 거리를 빠져나가는데 편리하고, 하노이에는 자동차를 세워놓을 주차공간이 부족하며, 또한 자동차보다 연료소비의 측면에서 경제적이기 때문이다. 그러나 개인용 승용차의 숫자가 매년 증가하고 있어서, 출퇴근 시간에는 도로교통이 매우 혼잡하다.

또한 공공 버스들이 많은 노선에서 운행되고 있으며, 버스표는 버스 안에서 구매할 수 있다. 짧은 거리를 여행할 때는, '쌔옴(xeom)'이라고 하는 오토바이 택시를 이용할 수 있는데, 승객이 쌔옴의 뒤에 앉으면 운전기사는 흥정된 가격으로 목적지까지 데려다 준다.

그림 3-11 손님을 기다리는 쌔옴 기사들[13)]

그림 3-12 손님을 태우고 가는 쌔옴 기사[14)]

■ 산업

하노이는 베트남 도시들 가운데 가장 높은 인적자원 개발지표(Human Development index)를 가지고 있다. 전체인구의 3.6%, 영토의 0.3%를 차지하고 있을 뿐이지만, 하노이는 국가 GDP의 15% 그리고 홍강(Red River) 삼각주의 경제의 45%를 기여하고 있다.

이 도시의 산업생산은 1990년 이래로 급속히 발전하고 있으며, 지난 5년간 연평균 경제성장률은 약 20%를 기록하고 있다. 현존하는 8개의 산업단지에 추가하여, 하노이에는 5개의 새로운 대규모 산업단지와 16개의 중소 산업단지가 건설중에 있다. 이 도시에는 현재 약 48,000개 이상의 회사가 운영되고 있다.

무역은 이 도시의 또 다른 강한 분야이다. 지난 해 약 2,000개의 회사가 외국과 무역관계를 맺고 있었으며, 161개국의 국가들과 네트워크가 형성되어 있다. 이 도시의 수출액은 지난 5년간 연평균 10%의 성장률을 보이고 있다. 최근에는 관광업, 금융업, 은행업 등이 발전하고 있다.

과거에 하노이의 경제주축이었던 농업은 새로운 고수익 농작물을 개발하고, 현대적 농업기술들을 적용하는 등 농업 부가가치를 높이기 위해 노력하고 있다.

제2절 중앙직할시(thành phố trực thuộc trung ương)

여기에서는 4개의 중앙직할시, 즉 하이퐁시, 다낭시, 호찌밍시, 및 껀터시에 대하여 살펴보고자 한다.

1. 하이퐁(Hải Phòng)시(市)[15)]

■ 하이퐁(Hải Phòng : 海防, 해방, Coastal Defence)시의 지도상의 위치

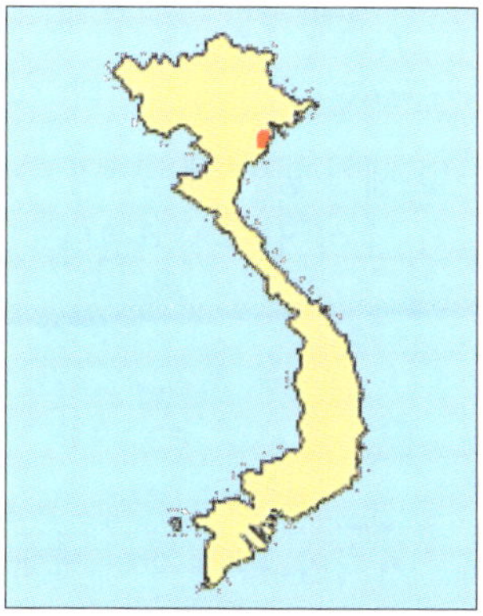

■ 기본정보

- 위치 : 홍강 삼각주(Red River Delta) 지대
- 면적 : 1,523.1849km²
- 인구 : 1,711,100명
- 민족 : 낑(Kinh, 즉 Viet), 호아(Hoa)
- 행정구역 : 하이퐁시는 7개의 주요 지역과 8개의 근교 지역으로 구분되어 있다.

- 7개의 주요 지역
  ① 홍 방(Hồng Bàng)
  ② 레 쩐(Lê Chân)
  ③ 응오 꾸옌(Ngô Quyền)
  ④ 끼엔 안(Kiến An)
  ⑤ 하이 안(Hải An)
  ⑥ 즈엉 낑(Dương Kinh)
  ⑦ 도 썬(Đồ Sơn)
- 8개의 근교 지역
  ① 투이 응우옌(Thuỷ Nguyên)
  ② 안 즈엉(An Dương)
  ③ 안 라오(An Lão)
  ④ 끼엔 투이(Kiến Thuy)
  ⑤ 띠엔 랑(Tiên Lãng)
  ⑥ 빙 바오(Vĩnh Bảo)
  ⑦ 깟 하이(Cát Hải)
  ⑧ 박 롱 비(Bạch Long Vĩ)

이들 중 깟하이(Cát Hải)와 박롱비(Bạch Long Vĩ)는 통킹만(Gulf of Tonkin)에 있는 섬으로, 깟하이는 하이퐁 해안에서 가장 큰 섬이고, 박롱비는 통킹만의 중심 주변에 있는 작은 섬이다.

• 웹사이트 : http://www.haiphong.gov.vn

그림 3-13 하이퐁의 항구모습[16)]

■ 특징

길을 따라 수많은 꽃들이 펼쳐져 있는 아름다운 도시 하이퐁은 베트남에서 호찌밍시(Hồ Chí Minh City), 하노이시(Hà Nội City)에 이어서 세번째로 큰 도시이며, 또 두번째로 중요한 항구도시이다.

하이퐁은 지난 몇 세기 동안 베트남의 중요한 항구도시로서 교역의 중심지였다.

■ 역사

베트남이 프랑스에 정복당했을 때, 하이퐁은 프랑스의 주요 해군기지였다. 제 2차 세계대전 이후, 베트남인들이 독립을 위해 투쟁할 당시, 이곳은 프랑스 정부의 군사행동이 최초로 개시된 곳이었으며, 프랑스 군대의 거대한 군함에 의해 초토화되기도 했었다.

이후 베트남 전쟁때는, 이 도시는 북부 베트남의 유일한 주요 항구라는 지정학적 위치로 인해 미국의 공격 대상이 되기도 했다. 그러나 전쟁 이후, 현재 이 도시는 산업의 주요 중심지로 건설되었다.

■ 산업

하이퐁 지역의 주요 산업은 관광업과 무역업이다. 프랑스에게 점령당했을 당시, 많은 건축물들이 프랑스식으로 지어졌으며, 이러한 건물에는 오늘날 많은 관광객들이 찾고 있다. 또한, 해변을 따라 많은 호텔들이 외국 관광객들을 위해 건축되었다. 또 하이퐁은 항구도시답게 무역업이 크게 발달하고 있는 중이다.

그림 3-14 하이퐁시 근처의 해변[17)]

■ 주요 명소

대표적인 주요 명소로는 다음과 같은 것이 있다.

① 전통 무역마을(Traditional Trade Villages)
② 코끼리 산(Elephant Mountain)
③ 깟바 – 진주섬(Cat Ba – Pearl Island)
④ 도썬 휴양지(Do Son Resort)
⑤ 프랑스 성부가 건축한 하이퐁 우체국(Haiphong Post Office)
⑥ 인민극장 호수(People's Theatre Lake)
⑦ 무역 전시센터(City Exhibition and Trade Center)

특히 하이퐁시(市)의 북쪽 항구 도시인 도썬 해안(Do Son Beach)에서는 해마다 윈드서핑(wind surfing), 배 축제, 소싸움 대회 등이 열려 관광객을 끌고 있다. 그림 3-15에는 배 축제의 모습, 그림 3-16에는 소싸움 대회(Buffalo fight festival)의 모습이 나타나 있다.

그림 3-15 도썬 배축제[18]

그림 3-16 도썬 소싸움 대회[19]

2. 다낭(Đà Nẵng)시(市)[20]

■ 다낭(Đà Nẵng)시의 지도상의 위치

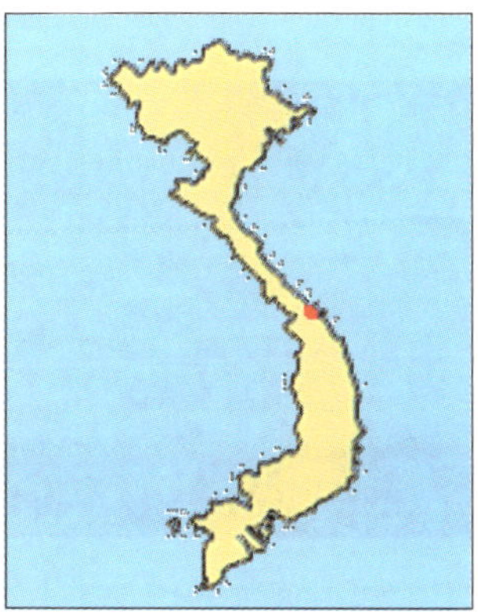

■ 기본정보

- 위치 : 남부 해안지대
- 면적 : 1,256km²
- 인구 : 753,000명
- 민족 : 크메르(Khmer), 따이(Tay), 씨띠엥(Xtieng), 능(Nung), 낑(Kinh, 즉 Viet)
- 행정구역

① 하이 짜우(Hai Chau)
② 타잉 케(Thanh Khe)
③ 손 짜(Son Tra)
④ 응우 하잉 손(Ngu Hanh Son)
⑤ 리엔 찌에우(Lien Chieu)
⑥ 깜 레(Cam Le)
⑦ 호아 방(Hoa Vang)

• 웹사이트 : http://www.danang.gov.vn

■ 역사

다낭시(市)는 외국의 침략을 자주받은 역사를 가지고 있다. 1847년 프랑스 선박이 이곳을 폭격한 것을 시작으로, 1858년 8월 프랑스 군대는 나폴레옹 3세의 명령에 따라 상륙하였으며, 그것이 곧 이 지역이 식민지가 되는 시초가 되었다. 또한 베트남전쟁 중에 이곳은 미국 공군의 주요 기지였다.

1997년 이전에 다낭(Đà Nẵng)은 꾸앙남다낭(Quang Nam Đà Nẵng) 성(省)의 일부였다. 1997년 1월에 다낭은 꾸앙남(Quang Nam)으로부터 분리되었고, 배트남의 네번째 중앙직할시가 되었다.

다낭의 역사는 대략 300년 정도밖에 되지 않는다. 이는 4000년 역사의 베트남문화와 비교해 볼 때 매우 짧다고 볼 수 있다.

그림 3-17 다낭 국제공항[21]

■ 특징

다낭시의 중심에 위치한 다낭 국제공항은 베트남에서 세번째로 큰 국제공항이다. 이곳은 베트남 중부지역으로 들어가기 위한 관문이라 할 수 있다. 이 공항은 1972년 이전에는 세계에서 가장 번화한 공항이었는데, 그 이유는, 베트남 전쟁 당시 미군의 해안 공군기지가 이곳에 주둔하고 있었기 때문이었다. 현재 다낭 국제공항은 몇개의 국내선(하노이, 호찌밍시, 꾸이년 등) 및 국제선(방콕, 싱가폴 등)을 운영하고 있다.

그림 3-18 다낭시의 전경[22]

■ 산업

다낭시는 베트남내에서 산업이 발전된 지역으로 평가되고 있다. 이곳에는 컨테이너 항만시설이 자리잡고 있고, 많은 경공업들이 발전하고 있다. 1991년, 베트남의 네번째 중앙직할시가 된 후, 다낭은 경제적으로 매우 빠르게 성장을 이루었고, 호찌밍, 하노이에 이어 세번째로 경제가 발전한 도시가 되었다.

■ 주요 명소

다낭의 주요 명소로는 논느억 해변(Non Nuoc Beach), 바나 자연보호 공원(Ba Na Natural Conservation park), 마블산(Marble Mountain), 쏜짜 반도(Son Tra peninsula) 등이 있다.

그림 3-19 논느억 해변[23)]

그림 3-20 바나 자연보호 공원[24)]

그림 3-21 마블산 및 하데스 동굴[25)]

그림 3-22 쏜짜 반도[26)]

■ 문화

다낭시(市)에서는 많은 축제가 열린다. 그중 대표적인 것은 아름다운 마블산(Marble Mountain)에서 매년 음력 2월 19일 열리는 아바로끼떼끄바라 축제(Avalokitecvara festival)이다. 이 축제는 불교가 가르치는 밝은 마음, 선량한 정신, 그리고 자비심을 가질 수 있기를 기원하는 것이며, 이 축제 때는 횃불행진, 가마행진(sedan chair parade), 사자춤(lion dance), 및 용춤(dragon dance) 등이 열린다.

그림 3-23 마블산에서 열리는 아바로끼떼끄바라 축제[27)]

그밖에도 쏜짜(Son Tra)지역에서 음력 8월 10일 열리는 호아미 마을 축제(Hoa My village festival), 까우응우 축제(Cau Ngu festival), 그리고 안하이 마을 축제(An Hai Village festival) 등이 있다.

그림 3-24 안하이 마을 축제[28)]

3. 호찌밍(Hồ Chí Minh / Saigon)시(市)[29)]

■ 호찌밍(Ho Chi Minh City, 胡志明市, 호지명시)시의 지도상의 위치

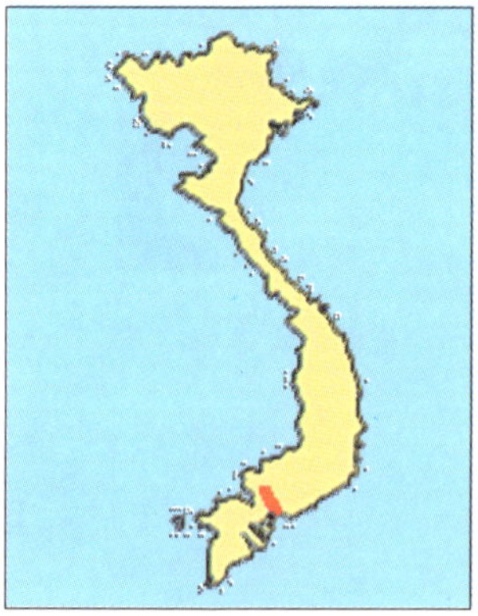

■ 기본정보

- 위치 : 메콩강 삼각주(Mekong Delta) 지대
- 면적 : 2,095km²
- 인구 : 6,118,000명
- 민족 : 낑(Kinh, 즉 Viet), 호아(Hoa)
- 행정구역 : 호찌밍시는 24개의 지역으로 구분되어 있다.

① 냐 베(Nha Be)
② 깐 조(Can Gio)
③ 혹 몽(Hoc Mon)
④ 꾸 찌(Cu Chi)
⑤ 빙 짜잉(Binh Chanh)
⑥ 딴 빙(Tan Binh)
⑦ 빙 다잉(Binh Thanh)
⑧ 뿌 뉴언(Phu Nhuan)
⑨ 투 죽(Thu Duc)
⑩ 빙 딴(Binh Tan)
⑪ 딴 뿌(Tan Phu)
⑫ 고 밥(Go Vap)
⑬-㉔ '지역 1 ~ 지역 12' 로 구분되며, 1번, 2번, … , 12번으로 불리고 있다.

• 웹사이트 : http://www.hochiminhcity.gov.vn

■ 역사

호찌밍시의 옛 이름은 쁘레이 노코(Prey Nokor)였다. 그 이름은 17세기 이전 캄보디아가 베트남에 의해 합병되기 전에 캄보디아의 주요한 항구이름이었다. 그 후에 사이곤(Saigon)으로 불리게 되었는데, 그 어원에 대해서는 중국어에서 유래되었다는 설과 크메르(Khmer)족의 언어에서 유래되었다 설 등 여러 주장이 있다.

1975년 1월, 남부베트남이 몰락한 이후 새로운 공산당 정부는 호찌밍(Ho Chi Minh)의 이름을 따서 지금의 이름으로 개명하였다. 공식적인 이름은 '타잉 포 호찌밍(Thành Phố Hồ Chí Minh)'이고 줄여서 'TPHCM'으로 쓰기도 한다. 영어로는 호찌밍시(Hồ Chí Minh City)로 표기되며, 따라서 약어로는 'HCMC'이다. 하지만 아직까지 옛 이름인 사이곤(Saigon)이 사용되는 경우도 있다.

■ 특징

호찌밍시의 평균 고도는 19m이다. 이 지역은 열대 기후를 가지고 있는데, 5월부터 11월까지 평균 1800mm 정도의 비가 내리는 우기(雨期)와 12월부터 4월까지의 건기(乾期)로 나뉜다. 습도는 75%이고 연평균 기온은 28도이다. 가장 더운 4월에는 기온이 39도까지 올라가고 가장 추운 12월에는 16도까지 내려간다.

호찌밍시는 베트남에서 가장 큰 도시이며, 성(省)이 아님에도 불구하고 베트남의 다른 성(省)들과 수준을 같이하는 중앙직할의 자치구역이다. 이곳은 13명의 인민의회 의원들이 다른 성(省)과 같은 정치적 구조를 이루고 있다. 인민의회는 최고의 정부기관이며, 의장이 시(市)의 최고책임자이다.

이곳의 교육은 높은 수준으로, HCMC 교육대학, 농람(Nong Lam)대학, 경제대학, 건축대학, 스포츠대학 등의 50여개의 대학이 있고, 이들 대학에는 30만명 이상의 학생들이 재학하고 있다. 특히 'RMIT' 대학은 2002년 호주의 왕립 멜버른 대학의 지원으로 설립되었다.

호찌밍시의 의료시스템은 100개의 공립병원과 12개의 개인병원들이 함께 발전하고 있다. 이곳의 의료서비스는 인도차이나지역에서 최고수준이라고 할 수 있다. 이들 병원이 제공하는 훌륭한 서비스와 현대화된 시설로 인해서, 주변의 성(省)에서뿐만 아니라 캄보디아에서도 환자들이 몰려오고 있다.

대중교통 수단에는 택시, 노선버스, 오토바이 택시, 자전거 등 다양한 수단이 있으며, 지하철은 2020년에 완공될 예정이다. 그러나 수송능력에 있어 호찌밍시의 교통시스템은 좋은 편은 아니다. 왜냐하면 교통신호체계가 잘 갖추어져 있지 않고 시민의식도 낮기 때문이다. 최근에는 300만대에 달하는 이륜차의 증가와 50만대의 자동차가 도로를 가득 채우며 공기를 오염시키고 있다.

또한 호찌밍시는 베트남에서 대중매체가 가장 발달한 지역이다. 이곳에는 6개의 일간신문과 30개의 잡지가 발행되고 있다. 또 현재는 인터넷이 매우 빠르게 증가하고 있다.

■ 산업

호찌밍시는 베트남에서 경제적 중요도가 가장 높은 지역으로서, 베트남경제의 큰 부분을 담당하고 있다. 호찌밍시에서는 약 30만개의 기업들이 활동하고 있는데, 여기에는 경공업과 중공업, 건설업, 농업 등이 포함되어 있다.

외국인 투자자들이 이곳에 많은 투자를 하고 있는데, 일례로 인텔(Intel)사는 1억달러를 투자하기도 하였다. 2001년 베트남 주식시장이 개방되었고, 호찌밍 증권거래소는 아시아 시장 중 그 성과가 가장 높은 곳 중의 하나로 평가받고 있다.

지난해 호찌밍시의 GDP는 베트남 전체의 20%에 달하는 1,160억달러를 기록했고, 이는 1인당 1,850달러에 해당한다. 도시의 산업생산 상품가치는 총 56억달러이고, 이는 베트남 전체의 30%수준이다. 또 호찌밍시는 매년 약 30%의 국가전체 예산을 담당하고 있다.

그림 3-25 호찌밍 증권거래소의 내부[30)]

■ 주요 명소

① 통일궁 (독립궁 혹은 대통령궁) (Reunification Hall, 재통합의 홀)

통일궁은 1868년 2월 23일 코친차이나 지역의 프랑스 총독이 총독부 건물로 사용하기 위하여 1870년에 완공하였다. 이 건물은 유럽의 우아한 로마네스크 양식으로 지어져 있다. 프랑스가 디엔비엔푸 전투에서 완패한 후 프랑스로부터 독립하게 되는데, 그 후, 독립궁으로 개칭되었으며, 대통령이 거주하여 '대통령궁'이라고도 불렸다. 그 후, 북베트남군이 사이곤을 점령할 때 이 건물은 첫번째 공격 표적이 되었다.

1975년 4월 30일 북베트남 군대의 탱크가 이 건물의 철문을 부수고 들어갔다. 이로 인해 현재 대통령궁의 뜰에는 그 당시 철문을 부수고 들어갔던 탱크와 같은 종류의 탱크가 전시되어 있다. 이후 독립궁의 이름은 통일궁으로 바뀌어 오늘에 이른다.

그림 3-26 통일궁[32)]

통일궁은 모두 4층으로 되어 있으며, 통일 후 현재는 박물관, 각료 회의실, 대통령 접견실, 전용 연회장 등 다목적으로 사용되고 있다.[31)]

② 전쟁기념 박물관 (War Museum)

전쟁기념 박물관은 베트남전쟁 자료를 보관하고 있는 박물관으로, 베트남 전쟁에서 실제로 사용되었던 탱크, 전투기, 미사일 등의 병기가 진열되어 있는 '옥외전시실'과, 전쟁에 관한 자료들이 공개되어 있는 '실내전시실'로 구성되어있다. 고엽제 후유증으로 태어난 기형아들의 시체가 포르말린에 담긴채 전시되어 있고, 길에 널린 무고한 희생자들의 사진, 전쟁을 선동하는 포스터나 오래된 신문 등이 전시되어 있다.

그림 3-27 전쟁박물관에 전시된 전투기 잔해[33)]

그림 3-27에는 2005년 4월 26일 완공된 전쟁박물관의 모습이 나타나 있다.

③ 미술박물관

미술박물관은 1987년 9월에 설립되었으며, 크게 세 분야로 나누어져 있다. 즉, 3층의 고전미술 분야(1세기~20세기초의 미술 및 베트남 전통 미술수공예 유물), 2층의 정치미술 분야

(전쟁주제에 관한 작품, 국가안보와 건설, 조국의 칭송에 관한 작품 등과 같이 정치적으로 건전한 작품들), 1층의 정기적 미술전시 분야(정식으로 허가를 받고 전시되는 현대미술 작품들)이 그것이다.[34)]

그림 3-28 호찌밍 미술박물관[35)]

그림 3-29 미술박물관에 전시된 작품들[36)]

④ 호찌밍 박물관 (Hochiminh Museum)

호찌밍 박물관은 옛 세관(稅關) 건물로 사용되던 1863년에 세워진 건물로서, 1911년 당시 21세의 호찌밍은 이곳에서 화부겸 선원으로 프랑스 화물선을 타고 베트남을 떠나 프랑스, 소련, 중국, 미국 등을 떠도는 30여년간의 망명생활을 시작했다.

그림 3-30 호찌밍 박물관[38)]

베트남이 통일된 이후, 1979년 이 건물은 호찌밍의 업적을 기리기 위해 호찌밍 박물관으로 지정되었으며, 여기에는 그가 입던 의복, 자신이 아끼던 미제(美製) 제니스 라디오, 즐겨 읽던 책 등을 비롯한 2000여점의 전시품이 9개의 전시실에 소장되어 있다.[37]

■ 문화

호찌밍시(市)에서는 해마다 꽃 축제가 열려 시민들에게 자연의 아름나움을 선불하고 있다.

또 호찌밍시에서는 약 100년전에 등장하여 동서문화가 조화하면서 발전해가고 있는 일종의 오페라, 즉 까이루옹(Cai luong)이 독특한 음악분야를 개척해 가고 있다.

그림 3-31 호찌밍시의 꽃 축제[39]

그림 3-32 까이루옹 배우들[40]

4. 껀터(Cần Thơ) 시(市)[41]

■ 껀터(Cần Thơ) 시의 지도상의 위치

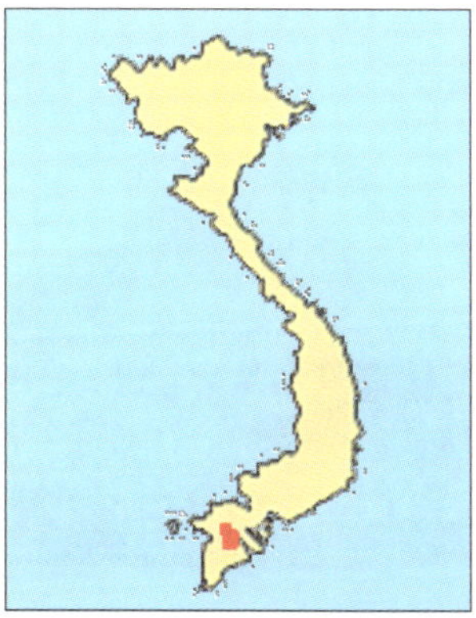

■ 기본정보

- 성도(省都) : 껀터(Cần Thơ)
- 위치 : 메콩강 삼각주 남서부 지대
- 면적 : 2,965km²
- 인구 : 1,818,000명
- 민족 : 낑(Kinh, 즉 Viet), 크메르(Khmer), 호아(Hoa), 짬(Cham)
- 행정구역

  ① 톳 놋(Thot Not)

  ② 오 몬(O Mon)

③ 짜우 타잉(Chau Thanh)
④ 풍 히엡(Phung Hiep)
⑤ 롱 미(Long My)
⑥ 비 타잉(Vi Thanh)

- 웹사이트 : http://www.cantho.gov.vn

■ 특징

그림 3-33 껀터시 수상(水上) 시장[42)]

껀터시(市)는 깜티짱(cầm thi giang) 발음에서 유래되었으며, '시(詩)의 강'(river of poems)이라는 뜻을 가지고 있다. 이 도시의 기후는 열대몬순기후를 보이고 있으며, 건기와 우기로 크게 구분되는데, 건기(乾期)는 12월부터 4월까지이고, 우기(雨期)는 5월부터 11월까지이다.

이름에서 유래하는 것처럼 강(江)은 이 지역에 많은 영향을 끼치는데, 우기때 내리는 많은 비는 쌀 생산량을 증진시켜 주며, 수상(水上)시장인 까이랑, 풍히엡(Cai Rang, Phung Hiep) 등이 유명하고, 특히 하우(Hau) 강 동쪽의 닝끼에우(Ninh Kieu)부두는 이 지역에서 가장 아름다운 장소로 유명하다.

약 120년의 개발 기간 동안 껀터시는 메콩강 삼각주 지대에서 경제적, 문화적, 기술적으로 가장 중요한 곳이 되어 왔다.

■ 산업

껀터시(市)가 자리 잡고 있는 메콩강 삼각주(Mekong River Delta)는 '베트남의 쌀 바구니'라는 명칭을 가지고 있으며, 베트남내 전체 쌀 생산량의 50%가 이 지역에서 생산된다. 또한 이곳의 껀터대학(Can Tho University)은 농업분야연구로 유명하다.

껀터 지역은 산업기반시설을 잘 갖추고 있으며, 특히 2개의 산업단지를 보유하고 있어 대규모의 외국인 투자가 기대되는 지역이다.

그림 3-34 껀터대학(Can Tho University)[43)]

제3절 성(省, Tỉnh, Provinces)

여기에서는 59개성을 북부지대, 북부중앙 해안지대, 북동지대, 북서지대, 중앙 고원지대, 남부중앙 해안지대, 남동지대, 남서지대로 나누어 살펴보고자 한다.

1. 북부 베트남(Bắc Việt Nam)

(1) 박닝(Bắc Ninh) 성(省)[44)]

■ 박닝(Bắc Ninh : 北寧, 북녕, Northern Serenity) 성의 지도상의 위치

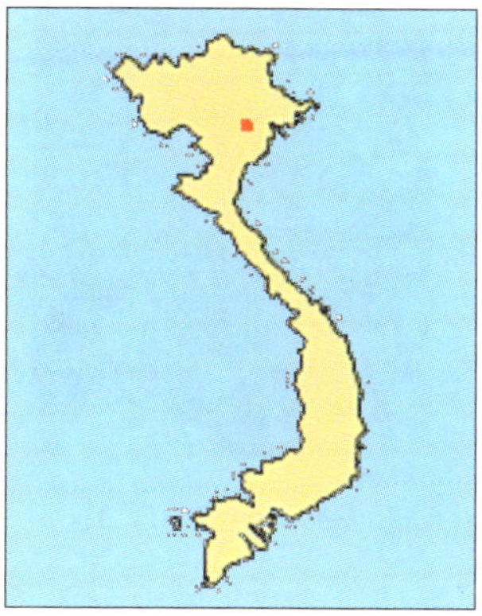

■ 기본정보

- 성도(省都) : 박닝(Bắc Ninh)
- 위치 : 홍강 삼각주 북동 지대
- 면적 : 807.6km²
- 인구 : 988,500명
- 민족 : 낑(Kinh, 즉 Viet), 타이(Tày), 눙(Nùng), 므엉(Mường)

- 행정구역
  ① 자 빙(Gia Bình)
  ② 르엉 따이(Lương Tài)
  ③ 꾸에 보(Quế Võ)
  ④ 쑤언 타잉(Thuận Thành)
  ⑤ 띠엔 주(Tiên Du)
  ⑥ 뜨 썬(Từ Sơn)
  ⑦ 옌 퐁(Yên Phong)
- 웹사이트 : http://www.bacninh.gov.vn

■ 특징

박닝성 지역은 하노이(Hà Nội)에서 북동쪽으로 30km 떨어진 통킹만 부근에 있다. 하노이~라오까이(Lào Cai)사이의 도로와 철도의 요지이며, 농공업 생산물의 집산지이다.

박닝성은 베트남의 성(省)들 중에서 면적이 가장 작은 지역이다. 그러나 인구밀도는 베트남 성(省)들 중에서 가장 높은 1km²당 1,223명에 달하고 있다.

그림 3-35 박닝성 지역 농촌[45)]

■ 산업

박닝성 지역은 홍강 삼각주(Red River Delta) 인근에 자리잡고 있어 비옥한 토지가 널리 형성되어 있다. 따라서 농업이 주요 산업이다. 또 박닝성 지역 정부는 제조업을 발전시키기 위해 외국인 투자유치제도를 마련하고 있다.

■ 문화

박닝성의 대표적인 전통문화 분야로는 나무 판자위에 그리는 동호양식의 그림(Dong Ho style print)을 들 수 있다. 그림 3-36에는 박닝성의 동호마을에서 제작하는 그림양식의 예가 나타나 있다. 이렇게 만들어진 제품은 음력 설날이면 베트남 전국에 걸쳐 판매된다.[46)]

그림 3-36 동호 양식의 그림[47)]

(2) 하남(Hà Nam) 성(省)[48)]

■ 하남(Hà Nam : 河南, South of the River) 성의 지도상의 위치

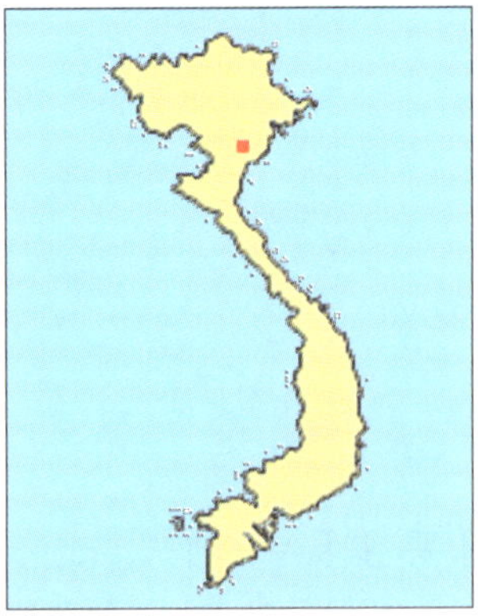

■ 기본정보

- 성도(省都) : 푸리(Phủ Lý)
- 위치 : 홍강 삼각주 북부지대
- 면적 : 852.2km²
- 인구 : 821,000명
- 민족 : 낑(Kinh, 즉 Viet), 타이(Tày), 므엉(Mường), 호아(Hoa)
- 행정구역

① 빈 룩(Bình Lục)

② 주이 띠엔(Duy Tiên)

③ 낌 방(Kim Bảng)

④ 리 년(Lý Nhân)

⑤ 타잉 리엠(Thanh Liêm)

• 웹사이트 : http://www.hanam.gov.vn

■ 특징

하남성은 홍강(Red River)의 북부지대에 자리잡고 있는데, 베트남경제발전에 있어서 북부 중심지대이다. 하남성은 하노이시(市)로부터 50Km 떨어져 있으며, 하노이시로 들어가는 남쪽 관문이다.

이 지역은 양호한 자연조건, 수로(水路, waterway), 고속도로, 및 철도 등이 잘 갖추어져 있어서 경제적 · 문화적 · 사회적 · 기술적인 면에서 주변의 다른 성(省)들 및 하노이시와 교류가 용이하다는 전략적 · 지리적인 중요성을 지니고 있다.

하남성 지역은 몬순의 영향을 많이 받아 따뜻하고 습한 열대 기후를 나타낸다. 연평균 기온은 23~24도이고, 연평균 일조시간은 1300~1500시간이다. 연평균 강수량은 1,900mm이며, 그동안 최고기록은 3,176mm(1994년), 최저기록은 1,265mm(1998년)이다. 연평균 습도는 85%이며, 가장 높은 때는 3월(95.5%)이고, 가장 낮은 때는 11월(82.5%)이다.

하남성에는 홍강(Red River), 다이강(Day River), 누에강(Nhue River), 및 쩌우강(Chau River) 등이 흐르고 있어서, 이 지역의 농업 및 화훼산업 발전에 큰 도움을 주고 있다.

그림 3-37 쩌우강[49)]

그림 3-38 다이강[50)]

■ 역사

하남성 지역은 베트남이 특히 곤란을 겪었던 1975~1980년 기간 동안 그 어려움이 더욱 심했다. 이 시기에 베트남 사회와 경제는 수많은 곤경을 경험했으며, 인구 대부분의 평균적 삶의 질이 매우 낮았다.

1979년 2월에 발발했던 북부 국경전쟁은 특히 하남성 지역의 사회·경제 상황에 직접적인 영향을 끼쳤다. 이 지역의 주민들은 이 국경전쟁에 적극 가담함으로써 국가의 방위와 안보에 큰 도움을 주었다. 그 이후 하남성은 사회, 문화 및 경제를 회복시키기 위해 꾸준한 노력을 기울이고 있다. 그 결과 기초교육의 수준이 빠른 속도로 발전하고 있으며, 의료분야, 대중매체분야, 금융분야 역시 일반대중들이 혜택을 받을 수 있는 수준으로 증진되고 있다.

■ 산업

그림 3-39 하남성의 경작지[51)]

1980년 이후 하남성 지역은 광대한 관개시스템을 구축하기 위한 노력을 기울였다. 즉, 작물을 심을 수 있는 경작지를 넓히고, 가축을 사육하는 방법을 개발하는 한편, 여기에 첨단과학기술을 접목시켰다. 이러한 노력의 결과, 이 지역의 쌀, 옥수수, 황마, 땅콩, 마늘, 참깨 등의 생산량이 크게 증가하고 있다.

해안지역에서는 수산물 생산과 가공업이 발전하고 있으며, 또 수공예산업이 양적·질적으로 계속 발전하고 있다. 수공예품으로는 타잉하 자수(Thanh Ha embroidery), 끼엔케 석공예(Kien Khe stone), 다이타잉 편물(Dai Thanh weaving) 등이 유명하다.

■ 주요 명소

하남성 지역에는 약 1269개의 문화 및 역사 유적지와 아름다운 자연경관이 자리잡고 있다. 그중 대표적인 것으로는 아래와 같은 것을 들 수 있다.

① 신석기시대 유적지

그림 3-40 신석기시대 유적지[52)]

하남성에는 약 10,000년 원주민들이 거주하면서 쌀농사를 지은 흔적을 보여주는 신석기시대 유적지가 자리잡고 있다. 그림 3-40에는 최근 발굴된 당시의 무덤 모습이 나타나 있다.

② 도이땀 북 제작 마을 (Doi Tam drum trade village)

도이땀 마을은 주이띠엔(Duy Tien)지역에 있는 마을로서, 986년 당시 이곳을 방문한 레다이하잉 황제(King Le Dai Hanh)를 위해 북(drum)을 제작한 때부터 약 1,000년 이상의 전통을 보유하고 있다. 이 북은 천둥소리처럼 우렁찬 소리를 내며, "위대한 천둥(Great Thunder)"이라는 이름이 붙어있다.

그림 3-41 도이땀 북 제작 마을[53]

③ 사원 (寺院, Temple)

하남성 지역에 자리잡고 있는 유명한 사원으로는 롱도이썬 사원(Long Doi Sun Pagoda), 라잉장 사원(Lanh Giang Temple), 띠엔퐁 바위 사원(Tien Phong Rock Temple), 바다잉 사원(Ba Danh Pagoda), 부디엔 사원(Vu Dien Temple), 안호아 사원(An Hoa Temple), 및 쭉 사원(Truc Temple) 등을 들 수 있다.

그림 3-42 롱도이썬 사원[54]

그림 3-43 라이장 사원[55]

(3) 하떠이(Hà Tây) 성(省)[56]

■ 하떠이(Hà Tây : 河西, 하서, West of the River)성의 지도상의 위치

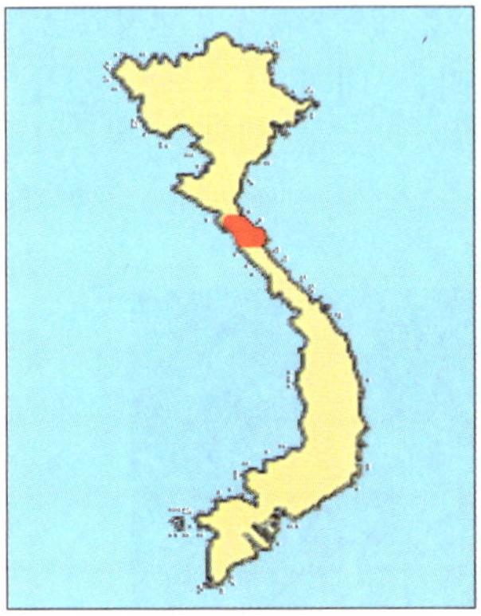

■ 기본정보

- 성도(省都) : 하동(Hà Đông)
- 위치 : 홍강 삼각주지대
- 면적 : 2,192.1km²
- 인구 : 2,501,000명
- 민족 : 낑(Kinh, 즉 Viet), 따이(Tày), 므엉(Mường), 야오(Dao)

- 행정구역

① 후엔 바 비(Huyen Ba Vi)
②) 쯔엉 미(Chương Mỹ)
③ 단 프옹(Đan Phượng)
④ 호아이 득(Hoài Đức)
⑤ 푸 쑤엔(Phú Xuyên)
⑥ 푹 토(Phúc Thọ)
⑦ 꾸옥 오아이(Quốc Oai)
⑧ 타익 텃(Thạch Thất)
⑨ 타익 오아이(Thạch Oai)
⑩ 트엉 띤(Thường Tín)
⑪ 응 호아(Ứng Hòa)

- 웹사이트 : http://www.hatay.gov.vn

■ 특징

하떠이성 지역의 열대성 우기 기후는 지형에 따라 다음과 같은 세 가지 즉, 해양풍으로 인한 덥고 습한 기후를 가진 평야지역, 서풍으로 인한 대륙성기후를 가진 구릉지역, 추운 기후와 평균기온이 18도인 바비(Ba Vi) 산악지역으로 구분된다.

그림 3-44 하떠이성 지역의 자연[57]

하떠이성에는 흐엉 사원(Hương Pagoda), 떠이푸옹 사원(Tay Phuong Pagoda) 및 수많은 동굴들이 자리잡고 있다.

하떠이 지역은 수도인 하노이의 입구, 그리고 남서부에 위치해 있다. 이와 같은 이유로 그 지방의 모든 관광명소들은 하노이로부터 50Km내에 있고 육로에 의한 접근이 용이하다.

■ 축제

하떠이성 지역에서는 축제가 연중 계속되는데, 이들 축제의 공통적인 특징은 각기 다른 신(神)들과 영웅들에 대한 주민들의 종교적 믿음이나 경의를 보여준다는 것이다. 이러한 축제에서는 고기잡이, 수상(水上) 인형극, 뱃노래 경연대회, 민속요리 경연대회 등과 같은 베트남의 문화와 전통이 배어있는 행사가 열리며, 이들은 살아있는 박물관으로 간주되고 있다.

하떠이 지역내 몇몇의 축제들은 베트남 내에서뿐만 아니라 세계적으로 잘 알려져 있다. 특히 향기사원(Perfume Pagoda)의 동굴은 베트남에서 가장 길고 또 가장 기묘한 모습을 연출하고 있어 관광객들이 이곳을 방문하고 있다. 다음으로 주목할 대상은 꾸옥오아이 지역에서 행해지는 뱃노래 축제인데, 이것은 36년에 오직 1회만 개최된다.

그 밖의 유명한 축제들로는 타이 사원(Thay Pagoda) 축제, 단프엉에서 열리는 연날리기(Kite-Flying) 축제, 타이프엉 사원(Tayphuong Pagoda) 축제, 다우 사원(Dau Pagoda) 축제, 바 사원(Va Temple) 축제, 그리고 핫몬 사원(Hatmon Temple) 축제가 있다.

■ 주요 명소

그림 3-45 타이 사원(Thay Pagoda)[58]

하떠이성 지역에는 장기간의 유구한 역사를 지닌 2,338가지의 문화적, 역사적 및 종교적 유물들이 자리잡고 있다. 이들 중에서, 유명한 승려인 뜨다오하잉(Tu Dao Hanh)이 수행했던 타이 사원(Thay Pagoda), 영웅 응우엔빙안(Nguyen Binh An)과 관련이 깊은 보이케 사원(Boi Khe Pagoda)과 짬잔 사원(Tram Gian Pagoda), 떠이썬(Tay Son) 왕조시대의 문화적 정수인 떠이프엉 사원(Tayphuong Pagoda), 많은 불교 조각상을 보유하고 있는 미아 사원(Mia Pagoda), 승려 두 명의 실제 시신(屍身)으로 만들어진 상으로 독특한 다우 사원(Dau Pagoda), 그밖에 떠이당(Taydang), 다이푸(Daiphu), 호악사(Hoaxa) 등과 같은 명성 높은 공공저택들이 특히 유명하다.

위에 언급한 유물들은 베트남의 문화유산에서 특히 중요한 것들인데, 베트남인들 이들 유물과 관련된 전설과 신앙을 베트남 고유의 미술과 조각예술로 승화시키고 있다.

■ 산업

하떠이성 지역은 몇 세기간 베트남의 수도와 근접해 있던 덕분에, 인접 지역들로부터 각기 다른 수공업 제품들에 대한 수요가 있었으며, 이에 따라 하떠이 지역에서는 수공예업이 가장 발달되어 있다.

현재, 하떠이 지역에는 120개의 수공예 마을이 있으며, 베트남 전체 수공예품 생산량의 10%를 차지하고 있다. 이들 제품 중 특히 반푹(Vanphuc) 비단, 쭈옹(Chuong) 모자, 박(Vac) 부채, 쭈엔미(Chuyenmy)의 진주상감(pearl inlaying), 푸빙(Phuvinh)의 대나무 제품, 짱썬(Changson)의 목조공예품 그리고 썬동(Sondong)의 목조공예품 등이 고객들의 사랑을 받고 있다. 각각의 수공예 마을들은 하나의 생산단위일 뿐만 아니라 또한 탑, 사원, 전통적인 축제들을 위한 문화적 공동체로 활동하고 있으며, 이곳을 찾아오는 관광객들로 하여금 공예품을 감상하고 축제에서 제품들을 구매할 수 있도록 하고 있다.

그림 3-46에는 쭈옹 마을(Chuong Village) 주민들이 야자수 잎을 사용하여 원뿔형 모자(Conical palm hat) 즉, '논라'를 만드는 모습이 나타나 있다.

그림 3-46 원뿔형 모자를 만드는 쭈옹 마을 주민들[59)]

(4) 하이즈엉(Hải Dương) 성(省)[60]

■ 하이즈엉(Hải Dương : 海洋, 해양, Ocean) 성의 지도상의 위치

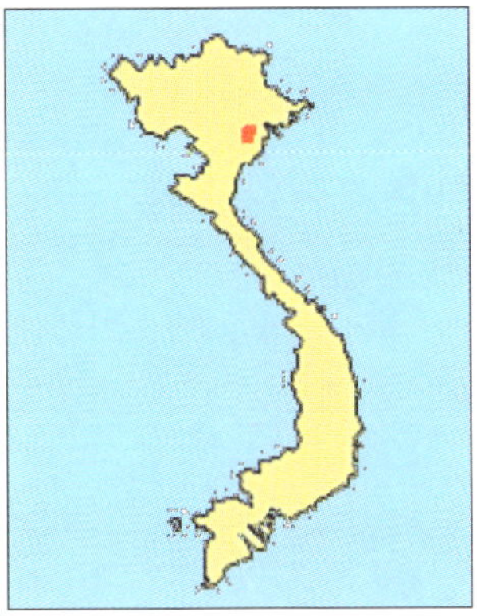

■ 기본정보

- 성도(省都) : 하이즈엉(Hải Dương)
- 위치 : 북부 평야지대
- 면적 : 1,648km²
- 인구 : 1,671,000명
- 민족 : 낑(Kinh, 즉 Viet), 호아(Hoa), 싼지우(Sán Dìu)

- 행정구역
  ① 빙 장(Bình Giang)
  ② 껌 장(Cẩm Giàng)
  ③ 찌 링(Chí Linh)
  ④ 자 록(Gia Lộc)
  ⑤ 낑 몬(Kinh Môn)
  ⑥ 남 싸익(Nam Sách)
  ⑦ 낌 타잉(Kim Thành)
  ⑧ 닌 장(Ninh Giang)
  ⑨ 타잉 하(Thanh Hà)
  ⑩ 타잉 미엔(Thanh Miện)
  ⑪ 뜨 끼(Tứ Kỳ)
- 웹사이트 : http://www.haiduong.gov.vn

■ 특징

하이즈엉성 지역은 북동부 베트남의 홍강 삼각주(Red River Delta)내에 자리잡고 있다. 열대 몬순기후는 두 가지 뚜렷한 기후(우기와 건기)로 구분된다. 연평균 기온은 23.3도이다. 유명한 곳으로는 꼰손(Con Son)과 끼엡박(Kiep Bac)이라 불리는 탑을 들 수 있다.

그림 3-47 끼엡박 사원의 축제[61]

이 지역의 주요 산업은 농업이고, 과일로는 리치(litchi)가 유명하다. 또한 베트남 전통 음식인 바잉다우싸잉(Banh dau xanh)이 널리 알려져 있다.

또 끼엡박(Kiep Bac) 사원에서 매년 열리는 축제가 있다.

(5) 흥옌(Hưng Yên) 성(省)[62]

■ 흥옌(Hưng Yên : 興安, 흥안, Prosperity and Safety) 성의 지도상의 위치

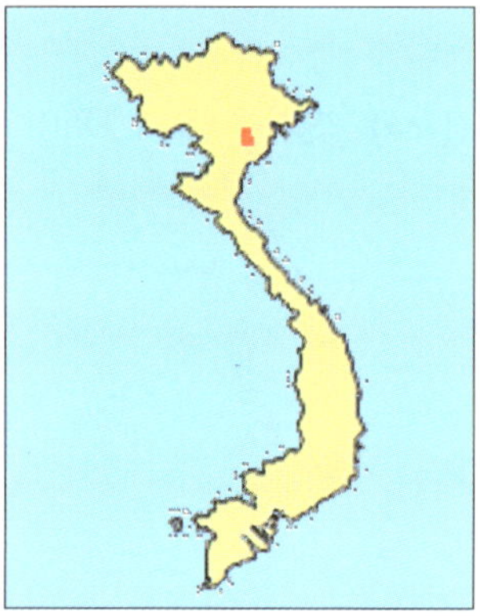

■ 기본정보

- 성도(省都) : 흥옌(Hưng Yên)
- 위치 : 홍강 삼각주 북부지대
- 면적 : 923km²
- 인구 : 1,121,000명
- 민족 : 낑(Kinh, 즉 Viet), 따이(Tày), 눙(Nùng), 호아(Hoa)

- 행정구역 : 한 개의 시(市)와 9개의 지역으로 구분되어 있다.
  ① 안 티(Ân Thi)
  ② 코아이 쩌우(Khoái Châu)
  ③ 낌 동(Kim Động)
  ④ 미 하오(Mỹ Hào)
  ⑤ 푸 끄(Phù Cừ)
  ⑥ 띠엔 르(Tiên Lữ)
  ⑦ 반 장(Văn Giang)
  ⑧ 반 럼(Văn Lâm)
  ⑨ 옌 미(Yên Mỹ)
  ⑩ 흥 옌 시(Hưng Yên City)
- 웹사이트 : http://www.hungyen.gov.vn

■ 특징

흥옌성 지역에는 고대 민족인 호아족(Hoa)및 따이족(Tày)이 많이 살고 있다.

이 지역의 기후는 크게 4월부터 9월까지의 덥고 습한 계절과, 10월부터 3월까지의 추운 계절로 나누어진다. 연평균 기온은 23.6도이다.

■ 주요 명소

흥옌성 지역의 유명한 곳으로는 역사와 문화적으로 유명한 꼰손-끼엡박 지역(Con Son-Kiep Bac Area)과 히엔(Hien)거리, 다트라익 연못(Da Trach Pond), 반응우옛 호수(Ban Nguyet Lake), 쭈옹 사원(Chuong Pagoda) 및 반 사원(Ban Temple), 그리고 하이트엉 란옹레 흐우 짝(Hai Thuong Lan Ong Le Huu Trac) 유적지에 자리잡고 있는 반 사원 등이 있다.

그림 3-48 반응우엣 호수[63)]

그림 3-49 반 사원[64)]

■ 산업

흥옌성 지역은 기후와 환경이 적합하여 롱안(longan)과 리치(litchi) 등과 같은 열대성 과일 생산과 농업생산부분에서 성장 잠재력을 보유하고 있다.

그림 3-50 흥옌성의 농장[65)]

(6) 남딩(Nam Định) 성(省)[66]

■ 남딩(Nam Định)성의 지도상의 위치

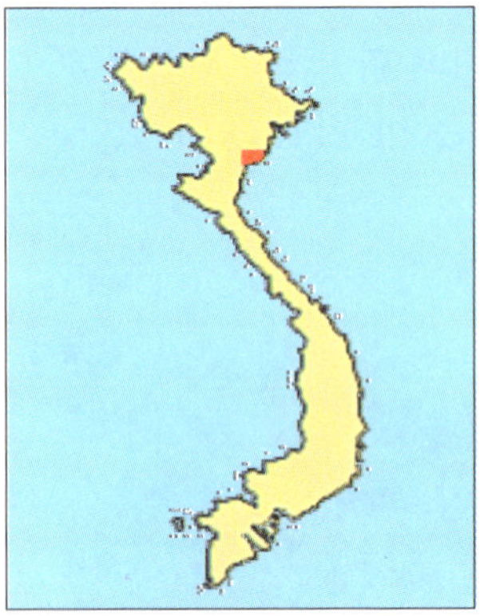

■ 기본정보

- 성도(省都) : 남딩(Nam Định)
- 위치 : 북부 중앙지대
- 면적 : 1,669.36km²
- 인구 : 1,905,000명
- 민족 : 낑(Kinh, 즉 Viet)
- 행정구역 : 성도인 남딩(Nam Định)과 9개의 지역으로 구분되어 있다.
  ① 자오 투(Giao Thủy)
  ② 하이 허우(Hải Hậu)
  ③ 미 록(Mỹ Lộc)
  ④ 남 쯔억(Nam Trực)
  ⑤ 응이아 흥(Nghĩa Hưng)
  ⑥ 쯕 닝(Trực Ninh)
  ⑦ 부 반(Vụ Bản)
  ⑧ 쑤언 쯔엉(Xuân Trường)
  ⑨ 이 옌(Ý Yên)
- 웹사이트 : http://www.namdinh.gov.vn

■ 특징

남딩성 지역의 연평균 기온은 23도이다. 주요 관광시설로는 짠(Tran) 사찰, 꼬레께오(Co Le and Keo) 사찰, 포밍(Pho Minh) 사찰, 다이 왕궁(Day palace), 하이팅(Hai Thinh)해변 등을 들 수 있다.

그림 3-51 하이팅(Hai Thinh) 해변[67]

(7) 닌빙(Ninh Bình) 성(省)[68]

■ 닌빙(Ninh Bình : 寧平, 영평, Serenity and Peace)성의 지도상의 위치

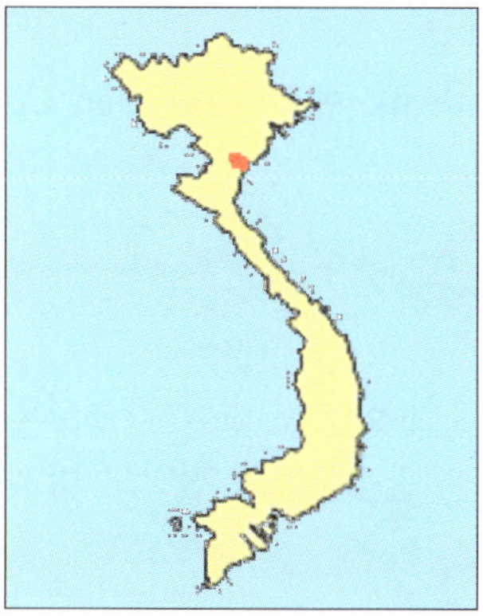

■ 기본정보

- 성도(省都) : 닌빙(Ninh Bình)
- 위치 : 홍강 삼각주 북부지대
- 면적 : 1,383km²
- 인구 : 555,000명
- 민족 : 낑(Kinh, 즉 Viet), 므엉(Mường)

- 행정구역

① 자 비엥(Gia Viễn)
② 호아 르(Hoa Lư)
③ 낌 썬(Kim Sơn)
④ 뇨 꾸안(Nho Quan)
⑤ 땀 디엡(Tam Điệp)
⑥ 옌 카잉(Yên Khánh)
⑦ 옌 모(Yên Mô)

- 웹사이트 : http://www.ninhbinh.gov.vn

■ 특징

닌빙성 지역은 23개의 소수민족들로 구성되어 있는데, 이 중 98%가 낑(Kinh) 족, 즉 비엣(Viet) 족이다.

그림 3-52 닌빙성 지역의 자연경치[68]

기후는 연평균 기온이 23도이고, 11월부터 4월까지의 건기(乾期)와 5월부터 10월까지의 우기(雨期)로 나뉜다.

이곳에는 통킹(Tonkin)만과 이웃하는 매우 짧은 해안이 있고, 하노이로부터 91Km떨어져 있으며, 철도와 육상교통으로 연결되어있다. 하노이의 남부 버스터미널로부터 오는 고속버스들은 모두 이곳을 거쳐 간다. 이 버스들의 노선은 철도의 노선과 평행으로 나있는 것이 특징이다.

■ 주요 명소

닌빙성 지역은 역사가 오래된 곳으로 유명하다. 꾹프엉 국립공원(Cuc Phuong National Park), 빅동 사원과 동굴(Bich Dong Pagoda and Cave), 칸링 사원(Can Linh Pagoda), 반롱 사원(Banh Long Pagoda) 등이 명승지로서 유명하다.

타이비 축제(Thai Vi Festival), 쯔엉옌 축제(Truong Yen Festival), 옌꾸 축제(Yen Cu Festival)등의 행사가 열리기도 한다.

■ 산업

닌빙성 지역의 산업으로는 농업이 발달해 있고, 해양자원을 이용한 산업의 발달 가능성도 크다. 또, 꾹프엉(Cuc Phuong) 국립공원 등과 같은 아름다운 경치는 관광산업의 전망도 밝게 해주고 있다.

그림 3-53 꾹프엉 국립공원[69)]

그림 3-54 닌빙성 지역의 농토[70)]

(8) 타이빙(Thái Bình) 성(省)[71)]

■ 타이빙(Thái Bình)성의 지도상의 위치

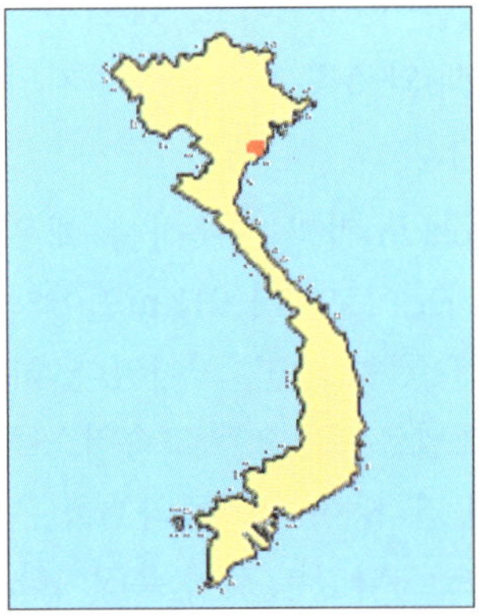

■ 기본정보

- 성도(省都) : 타이빙(Thái Bình)
- 위치 : 홍강 삼각주지대
- 면적 : 1,542km²
- 인구 : 1,827,000명
- 민족 : 낑(Kinh, 즉 Viet)

• **행정구역** : 타이빙시(Thái Bình City)와 7개의 지역으로 구분되어 있다.

① 쿠잉 푸(Quỳnh Phụ)

② 훙 하(Hưng Hà)

③ 타이 투이(Thái Thụy)

④ 동 훙(Đông Hưng)

⑤ 부 투(Vũ Thư)

⑥ 끼엔 쓰엉(Kiến Xương)

⑦ 띠엔 하이(Tiền Hải)

• **웹사이트** : http://www.thaibinh.gov.vn

■ 특징

타이빙성 지역은 영토내에 산이 없는 유일한 성(省)이다. 하이퐁(Hải Phòng), 하이즈엉(Hải Dương), 훙옌(Hưng Yên), 하남(Hà Nam), 남딩(Nam Định) 성들과 지리적으로 경계를 접하고 있다. 해안선은 53Km에 달한다.

유명한 지역으로 께오 사원(Keo Pagoda), 동방 사원(Dong Bang Temple), 띠엔라 사원(Tien La Temple) 등을 들 수 있다.

그림 3-55 께오 사원(Keo Pagoda)[72)]

■ 산업

타이빙성 지역은 해산물의 수출산업 및 가스, 석유산업, 광물자원을 이용하는 산업이 발달할 가능성이 높다.

(9) 빙푹(Vĩnh Phúc)성(省)[73]

■ 빙푹(Vĩnh Phúc : 永福, 영복) 성의 지도상의 위치

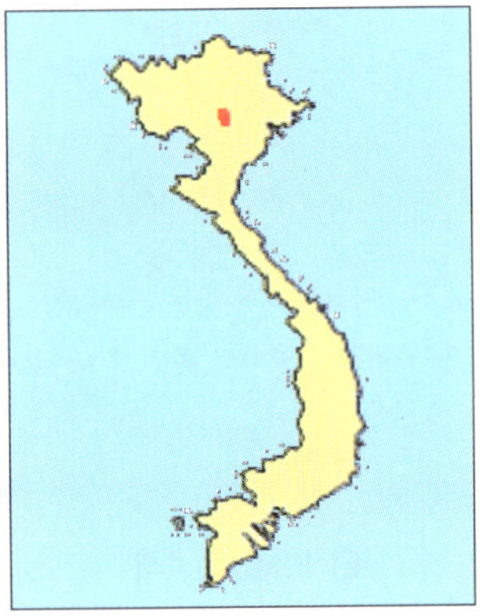

■ 기본정보

- 성도(省都) : 빙옌(Vĩnh Yên)
- 위치 : 북동부지대
- 면적 : 1,371.4km²
- 인구 : 1,155,000명
- 민족 : 낑(Kinh, 즉 Viet), 싼지우(Sán Dìu), 싼짜이(Sán Chay), 따이(Tày)
- 행정구역

① 빙 쑤옌(Bình Xuyên)
② 럽 타익(Lập Thạch)
③ 메 링(Mê Linh)
④ 땀 다오(Tam Đảo)
⑤ 땀 즈엉(Tam Dương)
⑥ 빙 트엉(Vĩnh Tường)
⑦ 옌 락(Yên Lạc)

- 웹사이트 : http://www.vinhphuc.gov.vn

■ 특징

빙푹성 지역은 많은 강과 그 지류(支流)들이 이곳을 가로 지르며 흐르고 있다. 그리고 차(茶), 중국식 철기, 종이를 만드는데 쓰이는 나무 및 특용작물들이 많이 산출되고 있다. 특히 이 지역에 있는 7개 공업단지에는 외국인 투자가 유치되어 이 지역의 경제발전에 큰 공헌을 하고 있다. 빙푹성은 지난해 경제성장률 16.98%를 기록하며 베트남 전체 평균의 두 배가 넘는 고속성장을 기록하였다.

■ 산업

빙폭성 지역에서는 관광업이 가장 유명하다. 가장 유명한 관광지로는 땀다오(Tam Dao)산과 땀다오 국립공원을 들 수 있다. 해발 930m 높이의 땀다오산은 1907년 당시 베트남을 식민지배하던 프랑스가 여름 휴양지로 개발한 곳으로써, 경관이 수려하여 관광객들에게 인기가 높다.

그 밖에 반롱(Ban Long) 폭포, 볼락(Bo Lac)호, 랑하(Lang Ha) 호수 등의 자연 관광지와 많은 역사·문화 유적지, 그리고 다양한 민속축제 등도 이 지역이 자랑하는 관광상품이다.

빈푹성 정부에서는 산업단지(Industrial Zone)를 적극적으로 형성하고 있으며, 외국인 투자유치를 위하여 노력하고 있다. 그 대표적인 것이 빙쑤옌 산업단지이다.

그림 3-56 땀다오 국립공원의 입구[74)]

그림 3-57 빙쑤옌(Binh Xuyen) 산업단지[75)]

2. 북부 중앙 해안 베트남(North Central Coastal Vietnam, Bắc Trung Bộ Viet Nam)

(1) 하띵(Hà Tĩnh) 성(省)[76)]

■ 하띵(Hà Tĩnh : 河靜, 하정, Calm River)성의 지도상의 위치

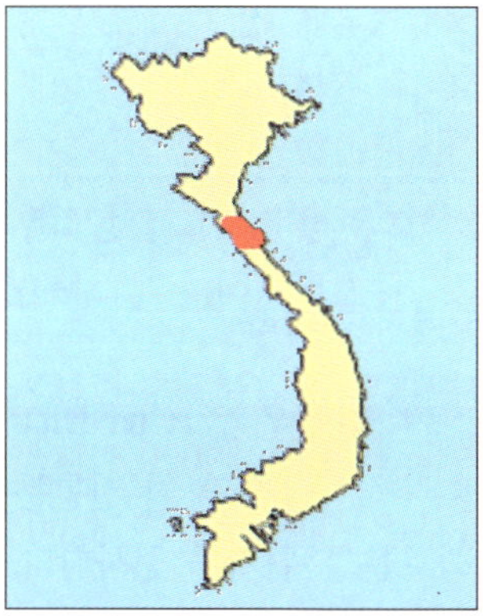

■ 기본정보

- 성도(省都) : 하띵(Hà Tĩnh)
- 위치 : 북부 중앙 해안지대
- 면적 : 6,055km²
- 인구 : 1,287,000명
- 종족 : 낑(Kinh, 즉 Viet), 타이(Thai), 쯧(Chứt), 므엉(Mường)

• **행정구역** : 2개의 현(縣) 즉, 하띵현(Hà Tĩnh town) 및 홍링현(Hồng Lĩnh town)과 10개의 지역으로 구분되어 있다.

① 껌 쑤엔(Cẩm Xuyên)
② 깐 록(Can Lộc)
③ 득 토(Đức Thọ)
④ 흐엉 케(Hương Khê)
⑤ 흐엉 썬(Hương Sơn)
⑥ 끼 아잉(Kỳ Anh)
⑦ 응이 쑤언(Nghi Xuân)
⑧ 짜익 하(Thạch Hà)
⑨ 부 꾸앙(Vũ Quang)
⑩ 록 하(Lộc Hà)

• 웹사이트 : http://www.hatinh.gov.vn

■ 특징

하띵성 지역은 라오스와 국경을 접하고 있다. 기후는 열대 몬순의 영향을 받으며, 11월부터 4월까지는 춥고 비가 오고, 5월부터 10월까지는 덥고 건조한 편이다. 이 지역에는 역사, 문화적으로 흥미 있는 관광지가 많으며. 하후이떱(Hà Huy Tập), 응오득께(Ngô Đức Kế)및 쑤언디에우(Xuân Diệu) 등과 같은 역사적으로 유명한 위인들의 고향이기도 하다.

■ 산업

하띵성 지역은 철강산업에서의 잠재력이 높은 것으로 평가 받고 있다. 또 이 지역은 경치가 좋아 관광산업을 발전시키기에 적합하다. 부몬(Vũ Môn)폭포, 부꾸앙(Vũ Quang)숲, 께고(Kẻ Gỗ)호수가 유명하고, 그밖에 몇몇 해변이 137Km길이의 해안을 따라 아름답게 펼쳐져 있다.

그림 3-58 께고(Kẻ Gỗ)호수[77)]

■ 주요 명소

하띵성 지역에는 훈띡(Hương Tích)사원, 땀랑(Tam Lang)사원, 꾸아디에우 탑(Cua Dieu Stupa) 등과 같은 많은 사찰, 사원, 탑이 자리잡고 있다. 그 밖의 많은 역사유적지 및 전통문화와 예술활동들이 어울려 펼쳐지는 각종 축제는 방문자들에게 평화로운 분위기를 선사한다.

(2) 응에안(Nghệ An) 성(省)[78]

■ 응에안(Nghệ An : 乂安, 예안)성의 지도상의 위치

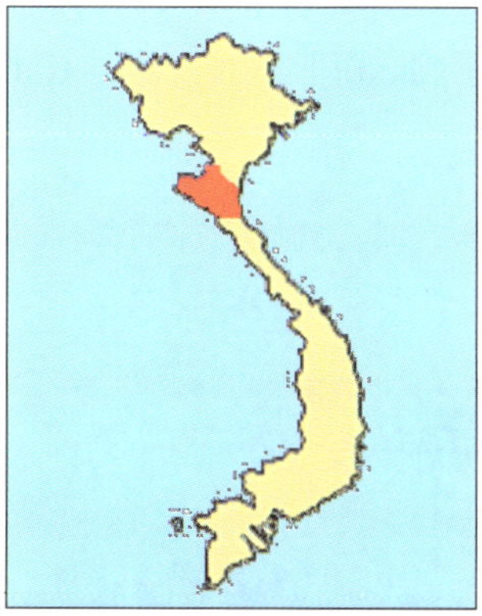

■ 기본정보

- 성도(省都) : 빙(Vinh)
- 위치 : 북부 중앙 해안지대
- 면적 : 16,487km²
- 인구 : 3,004,100명
- 민족 : 낑(Kinh, 즉 Viet), 커무(Khơ Mú), 타이(Thai), 토(Thổ), 허몽(H'Mông)

- 행정구역 : 성도인 빙시(VinhCity), 꾸아로(Cửa Lò) 현(縣), 그리고 17개의 지역으로 구분되어 있다.

① 아잉 썬(Anh Sơn)
② 꼰 꾸옹(Con Cuông)
③ 디엔 쩌우(Diễn Châu)
④ 도 르엉(Đô Lương)
⑤ 흥 응우옌(Hưng Nguyên)
⑥ 끼 썬(Kỳ Sơn)
⑦ 남 단(Nam Đàn)
⑧ 응이 록(Nghi Lộc)
⑨ 응이아 단(Nghĩa Đàn)
⑩ 꾸에 퐁(Quế Phong)
⑪ 꾸이 쩌우(Quỳ Châu)
⑫ 꾸이 헙(Quỳ Hợp)
⑬ 꾸잉 르우(Quỳnh Lưu)
⑭ 떤 끼(Tân Kỳ)
⑮ 타잉 쯔엉(Thanh Chương)
⑯ 뚜엉 즈엉(Tương Dương)
⑰ 옌 타잉(Yên Thành)

- 웹사이트 : http://www.nghean.gov.vn

■ 특징

응에안성 지역에는 두 개의 대학이 있으며, 응에안 중심부인 빙시(市)에 위치하고 있다. 그 중 빙 대학(Vinh University)의 규모는 매우 크다. 빙시(市)는 베트남전 이래로 계속 확장해 왔으며, 오늘날에는 경제적, 문화적, 정치적 요충지대가 되었다.

이 지역은 베트남 독립운동을 이끌었던 판보이쩌우(Phan Boi Chau)와 호찌밍(Ho Chi Minh)의 고향으로 유명하다.

그림 3-59 빙시(市)전경[79)]

이곳의 기후는 열대 몬순 기후로 연평균 기온은 23도이다. 이 지역의 중요 산업은 농업이다.

그림 3-60 응에안성의 농촌과 농가[80)]

(3) 꾸앙빙(Quảng Bình) 성(省)[81]

■ 꾸앙빙(Quảng Bình : 廣平, 광평)성의 지도상의 위치

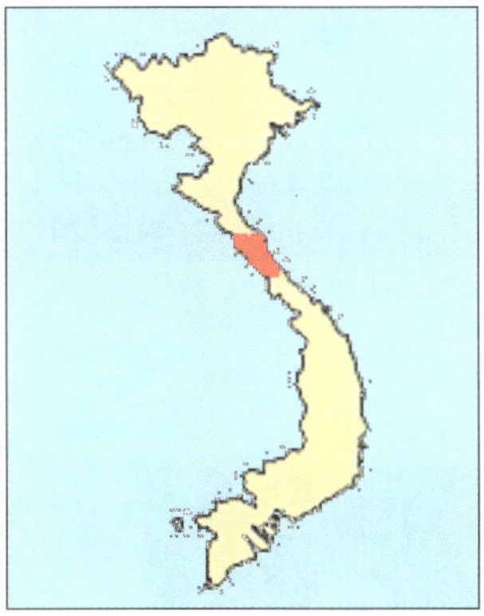

■ 기본정보

- 성도(省都) : 동호이(Đồng Hới)
- 위치 : 북부 중앙 해안지대
- 면적 : 8,051km²
- 인구 : 832,100명
- 민족 : 낑(Kinh, 즉 Viet), 브루반-끼에우(Bru - Vân Kiều), 쯧(Chứt), 따이(Tày)
- 행정구역 : 1개의 시(市)와 6개의 현(縣)으로 구분되어 있다.
  ① 동 호이 시(Đồng Hới)
  ② 꾸앙 닝(Quảng Ninh)
  ③ 보 짝(Bố Trạch)
  ④ 밍 호아(Minh Hóa)
  ⑤ 뚜옌 호아(Tuyên Hóa)
  ⑥ 꾸앙 짝(Quảng Trạch)
  ⑦ 레 투이(Lệ Thủy)
- 웹사이트 : http://www.quanbinh.gov.vn

■ 특징

꾸앙빙성 지역의 기후는 열대 몬순의 특징을 가지며, 연평균 기온은 26도이다. 덥고 건조한 시기인 건기(乾期)는 4월부터 10월까지 170여일간 지속되고, 우기(雨期)는 11월부터 3월까지 지속된다. 이곳에는 세계 자연유산으로 지정된 퐁냐-께방(Phong Nha-Ke Bang) 국립공원이 있다. 그곳은 베트남 전쟁 당시 미군 폭격기의 공습으로 완전히 파괴되었던 곳이기도 하다.

꾸앙빙성 지역은 언덕과 산악지형이 전체의 85%를 차지하며, 완만한 기울기를 갖는 동저서고(東低西高)의 지형이다. 동쪽지방에는 낮고 평탄한 구릉과 삼각주가 있고, 해안가 모래언덕은 자연적인 댐의 역할을 하고 있다.

이 지역에는 5개의 큰 강이 있다. 자잉(Gianih)강, 론(Ron)강, 낫레(Nhat Le)강, 루호아(Lu Hoa)강, 딩(Dinh)강이 그것인데, 이 강들은 대부분 쯔엉썬랑(Truong Son Rang)지역에서 시작하여 남중국해로 빠져나간다.

그림 3-61 낫레(Nhat Le) 강[82)]

그림 3-62 루호아(Lu Hoa) 강[83)]

■ 경제와 교육

교육기관으로는 꾸앙빙 대학(Quang Binh University)이 있다. 이곳은 새로 설립된 일반 대학교로서 경영학, 법학, 정보과학을 가르치고 있다. 그 밖에 몇 개의 고등학교와 초등학교가 있다.

■ 산업

꾸앙빙성 지역은 GDP가 400달러로서, 베트남 평균 GDP인 700달러에 비해 매우 낮은 수준이다. 인구의 80%이상이 농업에 종사하고 있으며, 석회암과 백점토가 풍부하게 매장되어 있어 건설자재산업 또한 이루어지고 있다. 또한 해안에 위치한 산업단지에서는 해산물 처리와 생물비료산업 등이 발전하여 지역경제에 이바지하고 있다. 특히 해안에는 대륙붕과 특수경제 해역이 20,000㎢의 규모로 조성되어 있다.

최근에는 세계자연유산으로 지정된 자연공원과 해변으로 관광객들이 모여 들고 있고, 라오스를 통과하는 12번 국도가 최근에 완공되어 이 지역의 산업적 가치가 증대되고 있다.

(4) 꾸앙찌(Quảng Trị) 성(省)[84)]

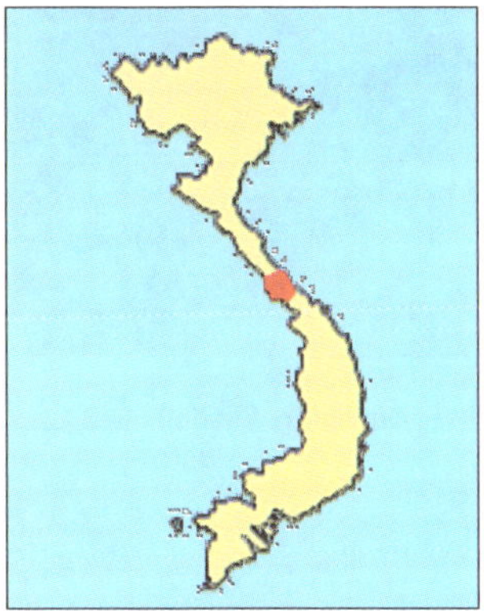

■ 꾸앙찌(Quảng Trị : 廣治, 광치)성의 지도상의 위치

■ 기본정보

- 성도(省都) : 동하(Đông Hà)
- 위치 : 북부 중앙 해안지대
- 면적 : 4,745km²
- 인구 : 617,000명
- 민족 : 낑(Kinh, 즉 Viet), 브루-번끼에우(Bru-Vân Kiều), 호아(Hoa), 따오이(Tà Ôi)

- 행정구역 : 1개의 시(市), 1개의 현(縣) 그리고 8개의 지역으로 구분되어 있다.

① 동 하 시(Đông Hà City)
② 꼰 꼬(Cồn Cỏ)
③ 다 끄롱(Đa Krông)
④ 조 링(Gio Linh)
⑤ 하이 랑(Hải Lăng)
⑥ 흐엉 호아 라오 바오 현, 케 싸잉 현(Hướng Hóa Lao Bao huyen, Khe Sanh huyen)
⑦ 찌에우 퐁(Triệu Phong)
⑧ 빙 링(Vĩnh Linh)
⑨ 깜 로(Cam Lộ)
⑩ 꾸앙 찌 현(Quảng Trị huyen)

- 웹사이트 : http://www.quangtri.gov.vn

■ 특징

그림 3-63 꾸앙찌성 지역의 자연경치

꾸앙찌성 지역은 습한 열대 몬순 기후를 보이며, 연 평균 기온은 20도에서 25도 정도이다.

꾸앙찌성 지역은 베트남전쟁 당시 군사적 요충지였다. 이곳은 NGO의 도움을 받아 2000년까지도 대규모로 불발탄 제거작업을 계속했을 정도로 전쟁의 흔적이 많이 남아있는 곳이다.

2006부터는 MAG (Mines Advisory Group)에서 상근직원을 두어 불발탄 제거를 시작하였다.

전쟁의 자취가 특히 강하게 남아 있는 곳으로는 꾸앙찌 성(城) (Quảng Trị Citadel), 방 성지(聖地, Holy land of a Vang), 히엥 루옹 다리(Hien Luong Bridge) 등이 있다.

그림 3-64 꾸앙찌 성(城, Quảng Trị Citadel)[85)]

(5) 타잉 호아(Thanh Hóa) 성(省)[86)]

■ 타잉호아(Thanh Hóa) 성의 지도상의 위치

■ 기본정보

- 성도(省都) : 타잉호아(Thanh Hóa)
- 위치 : 북부 중앙 해안지대
- 면적 : 11,116.3km²
- 인구 : 3,647,000명
- 민족 : 낑(Kinh, 즉 Viet), 므엉(Mường), 타이(Thai), 토(Thổ), 야오(Dao), 허몽(H'Mông), 커무(Khơ Mú)

- 행정구역

① 껌 투이(Cẩm Thủy)
② 동 썬(Đông Sơn)
③ 하 쭝(Hà Trung)
④ 허우 록(Hậu Lộc)
⑤ 호앙 호아(Hoằng Hóa)
⑥ 랑 짜잉(Lang Chánh)
⑦ 므엉 랏(Mường Lát)
⑧ 응아 썬(Nga Sơn)
⑨ 응옥 락(Ngọc Lặc)
⑩ 느 타잉(Như Thanh)
⑪ 느 쑤언(Như Xuân)
⑫ 농 꽁(Nông Cống)

⑬ 꾸안 호아(Quan Hóa)
⑭ 꾸안 썬(Quan Sơn)
⑮ 꾸앙 쓰엉(Quảng Xương)
⑯ 타익 타잉(Thạch Thành)
⑰ 티에우 호아(Thiệu Hóa)
⑱ 토 쑤언(Thọ Xuân)
⑲ 트엉 쑤언(Thường Xuân)
⑳ 띵 자(Tĩnh Gia)
㉑ 찌에우 썬(Triệu Sơn)
㉒ 빙 록(Vĩnh Lộc)
㉓ 옌 딩(Yên Định)

- 웹사이트 : http://www.thanhhoa.gov.vn

■ 특징

타잉호아성 지역은 베트남 북쪽의 중부해안에 위치하고 있다. 이 지역은 3개의 범주 즉, 산악지대, 평야지대, 중간지질지대로 나눌 수 있으며, 102km길이의 해안선을 가지고 있다.

베트남중부에 자리잡고 있는 이 지역은 베트남의 남부와 북부를 연결하는 관문이라고 할 수 있다. 이 지역은 호아빙(Hoa Binh), 닝빙(Ninh Binh), 응에안(Nghe An), 라오스(Laos), 동해(East Sea)로 둘러싸여 있으며, 여러 다양한 민족이 거주하고 있다.

■ 주요 명소

그림 3-65 썸썬(Sầm Sơn) 휴양지에서 개최된 축제[87]

타잉호아성 지역의 바닷가에는 잘 알려져 있는 썸썬(Sầm Sơn) 휴양지가 타잉호앙시(市)에서 15km떨어진 곳에 위치하고 있다.

독꾸옥 사원(Doc Cuoc Temple)은 관광객들이 많이 찾는 또 다른 명소(名所)이다.

■ 문화

고대 베트남인들의 거주지였던 이 지역은 동썬 문화(Dong Son Culture : 베트남의 청동기·철기시대의 문화)의 영광을 간직하고 있다.

그림 3-66에는 베트남의 동썬 문화를 대표하는, 청동으로 만들어진 동썬 북(Dong Son Drum)의 모습이 나타나 있다.

그림 3-66 동썬북을 비롯한 동썬문화의 유물들[88]

(6) 트어티엔 후에(Thừa Thiên-Huế) 성(省)[89]

■ 트어티엔 후에(Thừa Thiên-Huế) 성의 지도상의 위치

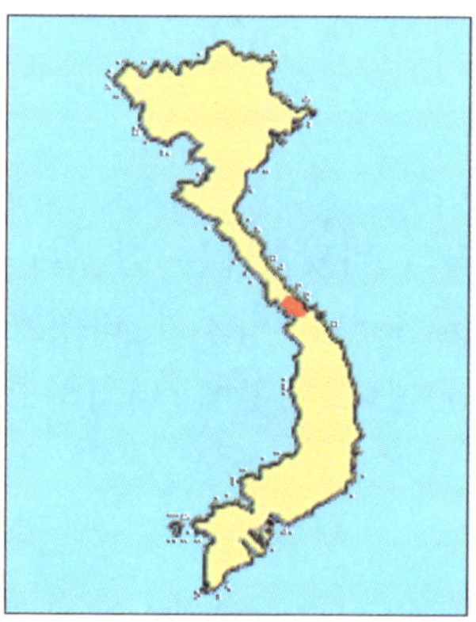

■ 기본정보

- 성도(省都) : 후에(Huế)
- 위치 : 북부 중앙 해안지대
- 면적 : 5,054km²
- 인구 : 1,120,000명
- 민족 : 낑(Kinh, 즉 Viet), 따오이(Tà Ôi), 꺼뚜(Cơ Tu), 브루-번끼에우(Bru-Vân Kiều), 호아(Hoa)

- 행정구역
  ① 후에 시(Huế City)
  ② 아 르어이(A Lưới)
  ③ 흐엉 투이(Hương Thủy)
  ④ 흐엉 짜(Hương Trà)
  ⑤ 남 동(Nam Đông)
  ⑥ 퐁 디엔(Phong Điền)

⑦ 푸 록(Phú Lộc)
⑧ 푸 방(Phú Vang)
⑨ 꾸앙 디엔(Quảng Điền)
• 웹사이트 : http://www.thuathienhue.gov.vn

■ 특징

트어티엔 후에성 지역에는 흐엉 강(Huong Giang, Song Huong, 혹은 Perfume River라고도 불림)이 이곳을 가로지르며 흐르고 있다.

이 지역은 산악지역, 구릉지역, 평원지역, 개펄지역 등으로 이루어져 있으며, 총 126km의 해안선을 가지고 있다.

이 곳의 기후는 열대 몬순기후의 특징을 지닌다. 평원과 구릉지역의 평균 기온은 섭씨 25도 정도이고, 산악지형은 21도 정도이다. 시원한 계절은 11월부터 3월까지이며 북동풍이 불어온다. 평균기온이 가장 낮은 달은 1월로 20도정도이다. 가장 추울 때는 기온이 12도까지 내려가기도 한다.

평원지역은 습도가 85~95% 정도로 매우 높다. 가장 더운 계절은 4월부터 9월까지이며, 평균기온은 섭씨 29도를 넘는다. 7월에는 최고기온이 41도에 달하기도 한다. 습도는 상대적으로 낮으며 어떤 경우에는 습도가 50%이하로 떨어진다.

연평균 강수량은 3,200mm이지만 변동폭이 크다. 연평균 강수량은 평야지역에서는 2,500~3,000mm이고, 산악지역에서는 3,000~4,000mm정도이다. 최근 몇년간 강수량이 5,000mm를 초과하기도 했다. 우기는 9월부터 12월까지이다. 총 강수량의 70%가 이 시기에 내린다.

집중호우로 인해 큰 침식이 일어나기도 하는데 이것은 사회적, 경제적, 그리고 환경적으로 심각한 결과를 초래한다. 예컨대 1999년 12월에 발생한 홍수로 인해 600명의 사상자가 발생했고 60만채의 가옥이 피해를 입은 적이 있다.

■ 역사

트어티엔 후에성 지역은 1802년부터 1945년까지의 응우옌 왕조의 13명 왕들의 궁전이 자리잡고 있는 곳으로서, 응우옌 왕조의 본고장이다. 이곳은 베트남전쟁 당시 교전이 치열했던 곳이며, 베트남전쟁 때 다른 어떤 성(省)들에서보다 이곳에서 많은 미군들이 전사했다. 유서깊은 마을인 푸옥 띡(Phuoc Tich)이 이 지역에 자리잡고 있다. 흐엉강(江)의 북부제방에는 11km에 이르는 방어용 성벽과 궁전 등과 같은 많은 역사적 유물이 자리잡고 있다.

이러한 유물 중에는 응우옌 왕조시대의 삶을 반영하는 100여개의 건축물이 포함되어 있다. 특히 여기에는 아름다운 밍망(Minh Mang)왕릉을 비롯하여, 시인(詩人) 뚜둑(Tu Duc)의 무덤 및 웅장한 카이딩(Khai Dinh) 무덤 등이 놓여 있다.

후에시(Hue City)는 또한 불교의 중심지로서, 300여년 전에 지어진 10여개의 석탑과 많은 사찰들이 자리잡고 있다. 또한, 이곳은 왕실 음악이 탄생한 곳이며, 전통적인 유명한 도자기와 수공예품으로 유명한 곳이다. 특히 후에의 고대(古代)도시는 유네스코의 세계문화유산으로 지정받은 바 있다.

그림 3-67 후에(Huế)시의 유적[90)]

■ 산업

트어티엔 후에성 지역의 가장 중요한 산업은 관광산업이며 지역경제의 근본을 이루고 있다. 트어티엔 후에성 정부는 제조업을 발전시키기 위하여 경제특구를 건설하고 위해 있는 바, 그 중 대표적인 것이 랑꼬 경제특구(Lang Co Economic Zone)이다.

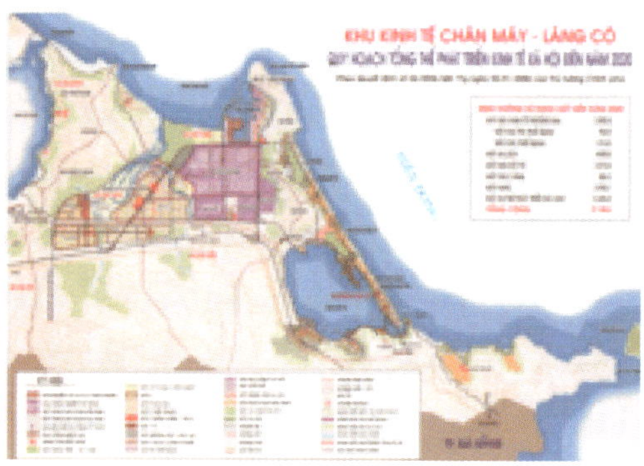

그림 3-68 랑꼬 경제특구 배치도[91)]

그밖에도 트어티엔 후에성 지역에서는 전통적인 수공예업이 맥을 이어 오고 있다. 이러한 수공업이 이루어지는 대표적인 마을로는 원뿔형 모자를 제작하는 푸깜 마을(Phu Cam conical hat village)과 조각 공예를 주로 하는 미쑤엔 마을(My Xuyen carving village) 등이 있다.

그림 3-69 푸깜 마을의 모자 제작 장면[92)]

그림 3-70 미쑤엔 마을의 조각공예 장면[93)]

■ 축제

트어티엔 후에성 지역의 주요 축제로는 혼쩬 사원 축제(Hon Chen temple festival)와 까우 응우 축제(Cau Ngu festival)가 유명하다.

관광객의 관심을 끌만한 그 밖의 축제로는 씽 마을 축제(Sinh village festival)와 배 경주대회(Boating competition)가 있다.

그림 3-72 까우 응우 축제[94)]

그림 3-71 혼쩬 사원 축제[95)]

그림 3-74 배 경주대회[96)]

그림 3-73 씽 마을 축제[97)]

3. 북동 베트남(North Eastern Vietnam, Dong Bac Viet Nam)

(1) 박장(Bắc Giang) 성(省)[98]

■ 박장(Bắc Giang : 北江, 북강, North of the River) 성의 지도상의 위치

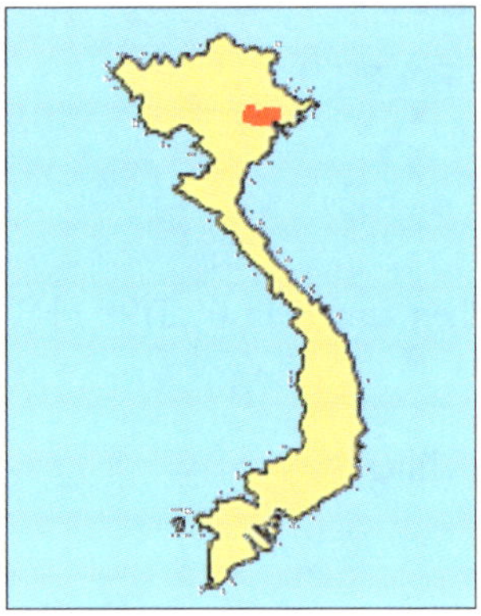

■ 기본정보

- 성도(省都) : 박장(Bắc Giang)
- 위치 : 북부지대
- 면적 : 3,822.7km²
- 인구 : 1,564,000명
- 민족 : 낑(Kinh, 즉 Viet), 능(Nùng), 싼 짜이(Sán Chay), 싼 지우(Sán Dìu), 호아(Hoa), 따이(Tày)
- 행정구역 : 성도인 박장시(市)와 9개의 지역으로 구분되어 있다.
  - ① 히엡 호아(Hiệp Hoà)
  - ② 랑 장(Lạng Giang)
  - ③ 룩 남(Lục Nam)
  - ④ 룩 응안(Lục Ngạn)
  - ⑤ 썬 동(Sơn Động)
  - ⑥ 떤 옌(Tân Yên)
  - ⑦ 비엣 옌(Việt Yên)
  - ⑧ 옌 중(Yên Dũng)
  - ⑨ 옌 테(Yên Thế)
- 웹사이트 : http://www.bacgiang.gov.vn

■ 특징

역사적으로 박장성(省)과 그 이웃한 박닝(Bắc Ninh) 성(省)은 하박(Hà Bắc)성(省)으로 통합되어 있었으나, 인구의 증가로 인해 이들 두 지역으로 나뉘게 되었다.

박장성 지역의 기후는 두 개의 뚜렷한 기간으로 구분되는데, 덥고 비가 많이 오는 기간인 5월부터 9월까지의 기간과, 춥고 건조한 기간인 11월부터 3월까지의 기간으로 나누어진다. 이 지역의 평균 기온은 24도이다.

■ 산업

박장성 지역은 거의 30%이상이 농업지역이며, 최근에는 과일 생산지역으로 널리 알려지고 있다. 생산되는 주요 과일에는 파인애플과 릿치(litchi)등이 있다. 또한 이 지역의 25%는 산림지역으로 구성되어 있다.

그림 3-75 박장성 지역의 자연 경관[99)]

(2) 박깐(Bắc Kạn) 성(省)[100)]

■ 박깐(Bắc Kạn : 北口, 북구)성의 지도상의 위치

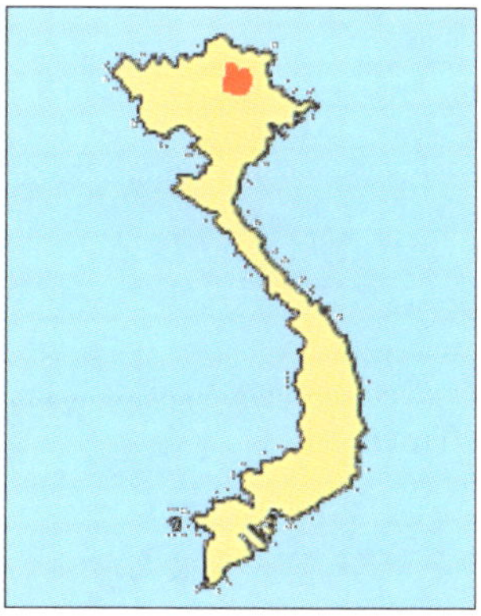

■ 기본정보

- 성도(省都) : 박깐(Bắc Kạn)
- 위치 : 북부지대
- 면적 : 4,857km²
- 인구 : 297,100명
- 민족 : 낑(Kinh, 즉 Viet), 따이(Tày), 눙(Nùng), 야오(Dao)
- 행정구역
  ① 바 베(Ba Be)
  ② 박 통(Bach Thong)
  ③ 초 돈(Cho Don)
  ④ 초 모이(Cho Moi)
  ⑤ 나 리(Na Ri)
  ⑥ 응안 손(Ngan Son)
- 웹사이트 : http://www.backan.gov.vn

■ 특징

박깐성 지역은 성 전체가 삼림지역으로 이루어져 있다. 이 지역의 기후는 10월부터 2월까지의 우기(雨期)와 3월부터 9월까지의 건기(乾期)로 두 개의 뚜렷한 차이를 보인다.

그림 3-76 바베 호수[101)]

■ 주요 명소

박깐성 지역은 바베 호수(Ba Be Lake)와 따익롱 사원(Thach Long Pagoda)같은 유명한 유적지들이 많이 있다.

■ 산업

박깐성 지역은 풍부한 자연자원을 바탕으로 광산과 임업이 발달해 있다. 또한 산과 강, 그리고 호수를 기반으로 관광산업이 발전하고 있는 지역이기도 하다.

(3) 까오방(Cao Bằng) 성(省)[102)]

■ 까오방(Cao Bằng : 高憑, 고빙)성의 지도상의 위치

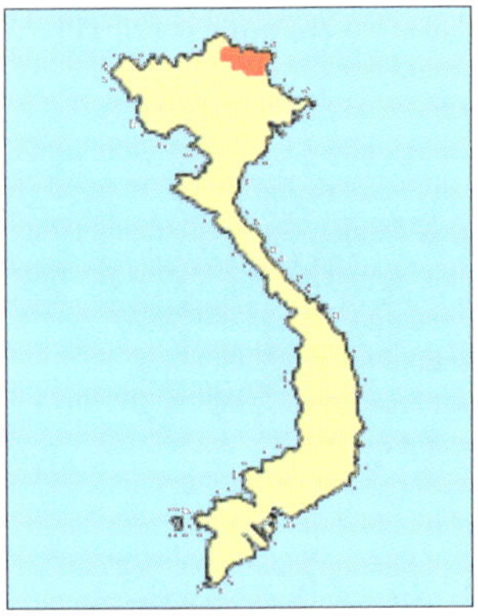

■ 기본정보

- 성도(省都) : 까오방(Cao Bằng Town)
- 위치 : 북부지대
- 면적 : 6,690km²
- 인구 : 509,100명
- 민족 : 따이(Tày), 눙(Nùng), 야오(Dao), 허몽(H'Mông), 낑(Kinh, 즉 Viet), 호아(Hoa), 산짜이(Sán Chay)

- 행정구역

① 바오 락(Bảo Lạc)
② 바오 럼(Bảo Lâm)
③ 하 랑(Hạ Lang)
④ 하 꾸앙(Hà Quảng)
⑤ 호아 안(Hoà An)
⑥ 응우엔 빙(Nguyên Bình)

⑦ 푹 호아(Phục Hòa)
⑧ 꾸앙 우엔(Quảng Uyên)
⑨ 타익 안(Thạch An)
⑩ 통 농(Thông Nông)
⑪ 짜 링(Trà Lĩnh)
⑫ 쭝 카잉(Trùng Khánh)
• 웹사이트 : http://www.caobang.gov.vn

■ 특징

까오방성은 하장(Hà Giang)성, 뚜엔꾸앙(Tuyên Quang)성, 랑썬(Lạng Sơn)성과 경계를 맞대고 있으며, 또한 중국의 광시성과 접하고 있다.

까오방성은 중국과 국경이 접해 있기 때문에 지배자가 여러 번 바뀌는 복잡한 역사를 가지고 있다. 훗날 이 지역의 산악지형을 기반으로 많은 독립운동가들이 활동했고, 또한 베트남 공산당은 이 성(省)의 거친 지형을 방패로 삼아 독립운동을 펼친 역사를 가지고 있다.

그림 3-77 까오방성의 폭포[103)]

이 지역의 평균기온은 22도 정도로 대체로 온화한 기후를 보이고 있으나, 겨울에는 눈이 내릴 정도로 기온이 내려가기도 한다.

까오방성 지역은 대부분이 울창한 삼림의 산악지형으로 이루어져 있고, 경작지의 면적은 매우 작다.

■ 문화

까오방성 지역에서는 소수민족들의 음악축제를 비롯한 각종 문화예술 축제가 자주 열린다. 특히 지난해에는 제2회 전통대중 음악축제(Traditional Folk Music Festival)가 열렸는데, 이 축제의 중심은 따이(Tay), 눙(Nung), 및 타이(Thai) 소수민족들 약 200만명의 독특한 문화를 이루고 있는 텐 문화(Then Culture) 공연과 전통악기 단띵(Dan Tinh) 연주였다.(제1회 대회는 3년전 타이응우옌성(省)에서 열렸고, 제3회 대회는 2년후 랑썬성(省)에서 열린다.)

이러한 텐 음악과 단띵 악기연주는 막왕조(Mac Dynasty)의 지배를 받던 15세기경부터 시작되었으며, 주로 축제·장례식·결혼식 때 소수민족들의 영적(靈的)생활과 관습을 생생하게 보여주며 공연되고 있다. 베트남정부는 텐음악과 당띵을 유네스코 세계문화유산에 등록시키려고 준비하고 있다.[104)]

그림 3-78 까오방성(省) 전통대중 음악축제에서 공연된 텐 음악(Then Singing)과 단띵 악기(dan tinh)연주[105)]

■ 산업

까오방성 지역은 베트남에서 가장 가난한 지역에 속한다. 주로 농업과 임업에 의존하고 있으나 주민들의 생활수준을 충족시켜 주기에는 매우 부족한 수준이다. 이 지역은 산업발전에 필요한 운송이 큰 문제가 되고 있으며, 특히 새로운 도로의 건설이 필요하다.

(4) 하장(Hà Giang) 성(省)[106)]

■ 하장(Hà Giang : 河江, 하강, North of the River) 성(省)의 지도상의 위치

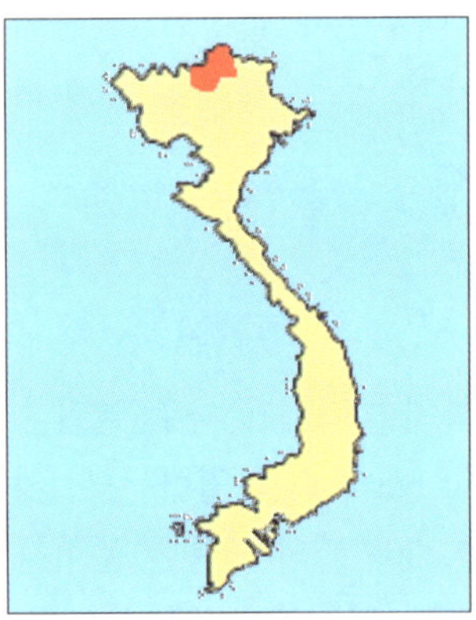

■ 기본정보

- 성도(省都) : 하장(Hà Giang)
- 위치 : 북동지대
- 면적 : 7,884.3km²
- 인구 : 661,000명
- 민족 : 낑(Kinh, 즉 Viet), 따이(Tày), 야오(Dao), 허몽(H'Mông), 산지우(Sán Dìu)

- 행정구역 : 성도인 하장(Hà Giang)과 10개의 지역으로 구분되어 있다.

  ① 동 반(Đồng Văn)
  ② 매오 박(Mèo Vạc)
  ③ 옌 밍(Yên Minh)
  ④ 꾸안 바(Quản Bạ)

⑤ 박 메(Bắc Mê)
⑥ 호앙 수 피(Hoàng Su Phì)
⑦ 비 쑤옌(Vị Xuyên)
⑧ 씬 먼(Xín Mần)
⑨ 박 꾸앙(Bắc Quang)
⑩ 꾸앙 빈(Quang Bình)

• 웹사이트 : http://www.hagiang.gov.vn

■ 특징

그림 3-79 하장성 산악지대의 마을[107)]

하장성 지역은 베트남에서 최북단의 가장 높은 위도에 자리잡고 있다. 기후는 11월~6월의 건기와 7월~10월의 우기가 뚜렷하게 구별되어 있으며, 연평균 기온은 24도~28도이고, 겨울 평균기온은 5도 정도이다.

하장성 지역은 삼림이 우거진 산악지대로서, 중국-베트남 국경에서 남동쪽으로 약 20km 떨어져 있으며, 교역의 중심지이다.

■ 산업

하장성 지역은 높은 산악지형으로 이루어져 있고, 대부분의 땅이 숲으로 덮여 있어서, 농사짓기가 힘든 상황이다. 중앙고원에서는 서양자두, 복숭아, 감 등을 생산하여 수출하고 있다.

이 지역은 베트남에서 가난하기로 유명한 곳이다. 전통적으로는 임업과 농업이 주요 산업이었지만, 최근에는 제조업을 육성하고 있다. 이 지역의 산업기반시설은 개선되고는 있지만, 여전히 도로와 학교, 병원 등과 같은 시설들이 턱없이 부족한 상황이다.

(5) 랑썬(Lạng Sơn) 성(省)[108)]

■ 랑썬(Lạng Sơn : 諒山, 량산)성의 지도상의 위치

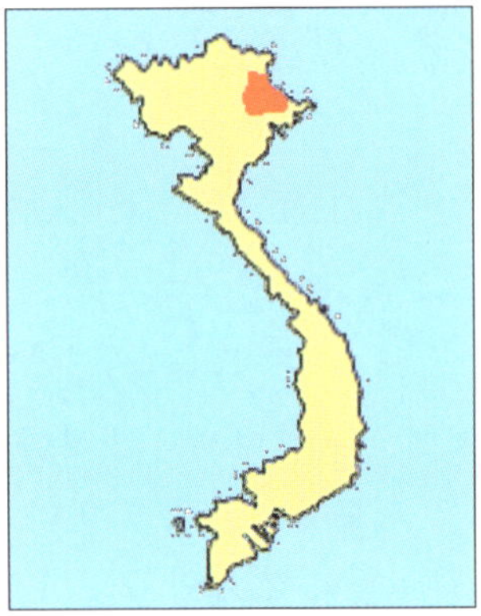

■ 기본정보

- 성도(省都) : 랑썬(Lạng Sơn)
- 위치 : 북동부지대
- 면적 : 8,187km²
- 인구 : 707,000명
- 민족 : 낑(Kinh, 즉 Viet), 따이(Tày), 야오(Dao), 눙(Nùng)
- 행정구역 : 1개의 시(市)와 10개의 지역으로 구분되어 있다.
  ① 박 썬(Bắc Sơn)
  ② 빙 자(Bình Gia)
  ③ 까 록(Cao Lộc)
  ④ 찌 랑(Chi Lăng)
  ⑤ 디엔 랍(Đình Lập)
  ⑥ 흐우 룽(Hữu Lũng)
  ⑦ 록 빙(Lộc Bình)
  ⑧ 짱 딩(Tràng Định)
  ⑨ 반 랑(Văn Lãng)
  ⑩ 반 꾸안(Văn Quan)
- 웹사이트 : http://www.langson.gov.vn

■ 특징

랑썬성 지역은 중국의 광시성과 운난성에 인접해 있으며, 베트남과 중국을 잇는 교통요지이다. 연평균 기온은 21.5도이고, 연평균 습도는 82%이다. 성도인 랑썬시(市)는 베트남 북동부에 있는 도시로서, 베트남전쟁 때 군수 및 원조 물자 수송의 중심지였다. 랑썬성 지역은 80%가 산악지역으로 이루어져 있으며, 현재 구리 및 아연 등의 광물이 산출되고 있다.

그림 3-80에는 랑썬성 지역의 산악지형(마우썬 산, MauSon Mountain), 그림 3-81에는 랑썬성 지역의 전경이 나타나 있다.

그림 3-80 마우썬 산[109)]

그림 3-81 랑썬성 지역의 전경[110)]

■ 산업

그림 3-82 동당 시장[111)]

성도인 랑썬시로부터 14km 떨어져 있는 동당(Dong Dang)은 물소를 사고파는 시장으로 유명하다. 동당에서 동쪽으로 3m정도 가면 흐우응이(Hu'u Nghi) 국경관문이 있으며, 이곳은 베트남과 중국간의 주요 교역지점이다. 이곳은 두 나라간의 국경분쟁을 거친후, 현재는 수출업자와 방문자들에게 개방되어 있다.

■ 주요 명소

랑썬성 지역을 에워싸고 있는 바위산에는 니탄(Nhi Than)이나 땀탄(Tam Thanh)과 같은 종유석 동굴이 있는데, 이곳은 이 지역 주민들에게는 신앙의 대상이 되고 있다. 그밖에 리왕조(Ly dynasty)시대에 건축한 도안 성채(Doan Citadel)와 막왕조(Mac dynasty)시대에 건축한 요새(Rampart)등이 유명하다.

그림 3-83에는 도안 성채, 그림 3-84에는 막왕조 요새의 모습이 나타나 있다.

그림 3-83 리왕조의 도안 성채(Doan Citadel)[112)]

그림 3-84 막왕조 요새(Rampart of Mac dynasty)[113)]

(6) 라오까이(Lào Cai) 성(省)[114)]

■ 라오까이(Lào Cai : 老街, 노가, Old streets) 성의 지도상의 위치

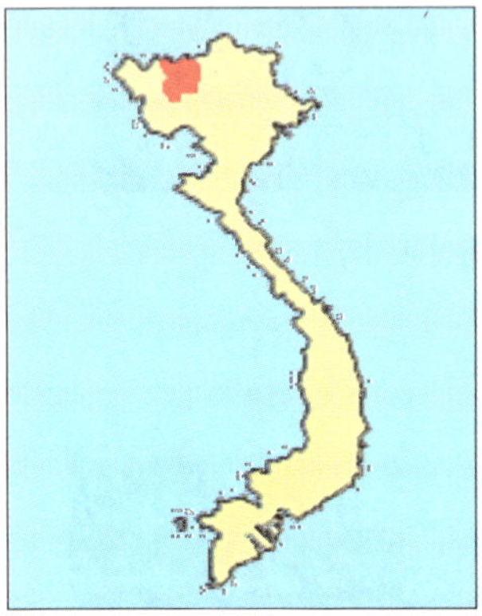

■ 기본정보

- 성도(省都) : 라오까이(Lào Cai)
- 위치 : 북서부지대
- 면적 : 6,357km²
- 인구 : 566,000명
- 민족 : 낑(Kinh, 즉 Viet), 허몽(H'Mông), 따이(Tày), 야오(Dao), 타이(Thai)
- 행정구역 : 성도인 라오까이시(市)와 8개의 지역으로 구분되어 있다.
  ① 라오까이시(Lào Cai)
  ② 므엉 크엉(Mường Khương)
  ③ 밧 쌋(Bát Xát)
  ④ 박 하(Bắc Hà)
  ⑤ 바오 탕(Bảo Thắng)
  ⑥ 사 빠(Sa Pa)
  ⑦ 바오 옌(Bảo Yên)
  ⑧ 반 반(Văn Bàn)
  ⑨ 시 마 까이(Si Ma Cai)
- 웹사이트 : http://www.laocai.gov.vn

■ 특징

라오까이성 지역은 베트남의 북서쪽에 위치하고 있으며, 국경선에 자리잡고 있는 몇몇 성(省)들 중 하나이다. 베트남 북부지역에서 가장 유명한 홍강(Red River)이 이 지역을 두 부분으로 가로지르며 흐르고 있다. 이 지역은 온대기후와 열대기후 모두를 가지고 있으며, 평균 기온은 18도~28도이며, 저지대는 20도~22도이다.

라오까이성 지역은 산간지대로서 베트남에서 가장 높은 판씨빵(Phan Xi Păng)산이 이 지역 최북단에 위치하고 있다. 라오까이성 지역은 가장 낮은 곳조차도 산간지대에 놓여있다.

그림 3-85 라오까이성 지역의 도시 전경[115)]

■ 산업

북쪽의 고지대에 위치한 다른 성(省)들과 마찬가지로 라오까이성 지역은 베트남에서 가난한 성(省)들 중의 하나이다. 이 지역의 GDP는 185달러밖에 되지 않으며, 쌀 농사를 위주로 하는 농업과 임업이 중요한 산업이다. 하지만, 라오까이성 지역은 베트남에서 가장 높은 산간 지역이기 때문에 관광지로서 매력적인 곳이기도 한다.

그림 3-86에는 라오까이성 지역의 계단식 쌀경작지(Rice Terraces)의 모습이 나타나 있다.

그림 3-86 라오까이의 계단식 쌀경작지[116)]

(7) 푸토(Phú Thọ) 성(省)[117)]

■ 푸토(Phú Thọ : 富壽, 부수, Wealth and Life) 성의 지도상의 위치

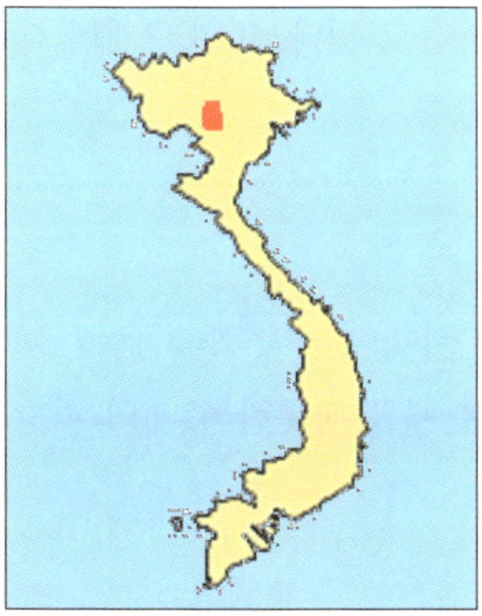

■ 기본정보

- 성도(省都) : 비엣찌(Việt Trì)
- 위치 : 북동부지대
- 면적 : 3,519.6km²
- 인구 : 1,315,000명
- 민족 : 낑(Kinh, 즉 Viet), 므엉(Mường), 야오(Dao), 산짜이(Sán Chay)

• **행정구역** : 성도인 비엣찌시(市), 1개의 푸토(Phú Thọ)현, 그리고 10개의 지역으로 구분되어 있다.

① 도안 훙(Đoan Hùng)
② 하 호아(Hạ Hòa)
③ 럼 타오(Lâm Thao)
④ 푸 닝(Phù Ninh)
⑤ 땀 농(Tam Nông)
⑥ 떤 썬(Tân Sơn)
⑦ 타잉 바(Thanh Ba)
⑧ 타잉 썬(Thanh Sơn)
⑨ 타잉 투이(Thanh Thủy)
⑩ 옌 럽(Yên Lập)

• **웹사이트** : http://www.phutho.gov.vn

■ 특징

푸토성 지역은 홍강 삼각주지역, 그리고 하노이의 북쪽 산간지대에 위치하고 있다. 비엣 찌시(Việt Trì City)는 이 지역의 중심 도시로, 하노이에서 북서쪽으로 80km, 노이바이(Noi Bai) 국제공항에서는 50km 떨어진 곳에 자리잡고 있다.

이 지역의 연평균 기온은 23도이다. 가장 더운 달은 7월로 29도이며, 가장 추운 달은 2월로 15도 정도이다. 연평균 습도는 85%이며, 습도가 가장 높은 우기는 5월에서 10월까지이고, 가장 건조한 때는 80%까지 내려간다. 연평균 강수량은 1,800mm이고, 가장 비가 많이 오는 달은 8월이며, 가장 적게 오는 달은 1월이다.

■ 교육

푸토성 지역에는 교육기관이 상당히 발달되어 있다. 542개의 학교에 총 30여만명의 초등학생이 재학하고 있고, 4개의 고등학교에는 총 3만여명의 학생이 재학하고 있다. 또한, 3개의 대학과 1개의 전문대학이 있다.

■ 산업

푸토성 지역은 지난 5년간 연평균 경제성장률 72%, 농업증가율 31%, 산업증가율 15%, 서비스업증가율 117%를 보이고 있다. 이 지역에는 36개의 중앙 경제단체를 비롯한 63개의 지방 경제단체가 있고, 5개의 외국계 투자은행이 진출하였다.

■ 주요 명소

푸토성 지역의 역사적 유적지로는 훙왕조 사원(Hung Kings Temple)과 어우꼬 사원(Au Co Temple)등을 들 수 있다.

그림 3-87에는 비엣찌시(Viet Tri City)의 응이아링 산(Nghia Linh Mountain)에 자리잡고 있는 훙왕조 사원의 모습이 나타나 있다.

그림 3-88에는 타오(Thao)강변에 자리잡고 있는 어우꼬 사원의 모습이 나타나 있다.

그림 3-87 훙왕조 사원[118]

그림 3-88 어우꼬 사원[119]

(8) 꾸앙닌(Quảng Ninh) 성(省)[120]

■ 꾸앙닌(Quảng Ninh)성의 지도상의 위치

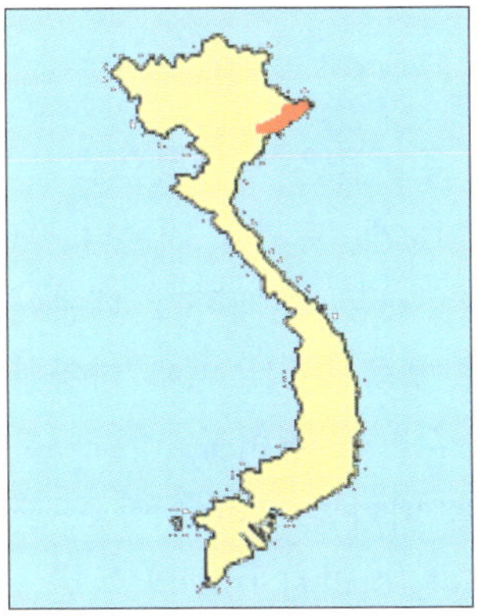

■ 기본정보

- 성도(省都) : 하롱시(Ha Long City)
- 위치 : 북동부지대
- 면적 : 5,938km²
- 인구 : 905,000명
- 민족 : 낑(Kinh, 즉 Viet), 따이(Tày), 야오(Dao), 산짜이(Sán Chay), 산지우(Sán Dìu), 호아(Hoa)
- 행정구역 : 하롱시와 3곳의 현(Cẩm Phả, Móng Cái, Uông Bí Cam), 그리고 10개의 지역으로 구분되어 있다.

① 바 체(Ba Chẽ)

② 빙 리에우(Bình Liêu)

③ 꼬 또(Cô Tô)

④ 덤 하(Đầm Hà)
⑤ 동 찌에우(Đông Triều)
⑥ 하이 하(Hải Hà)
⑦ 호안 보(Hoành Bồ)
⑧ 띠엔 옌(Tiên Yên)
⑨ 번 돈(Vân Đồn)
⑩ 옌 흥(Yên Hưng)

• 웹사이트 : http://www.quangninh.gov.vn

■ 특징

꾸앙닌성 지역은 열대성 습한 기후를 보이고 있다. 연평균 기온은 25도이다. 이 곳의 기후는 북부 베트남의 대표성을 띠고 있다고 볼 수 있다. 즉, 이 지역에는 4개의 계절이 있고, 여름에는 덥고 습하며 비가 많이 내린다. 또한 겨울에는 춥고 건조하며 강수량은 적다. 연평균 강수량은 1700~2400mm 정도이며, 1년에 90일~170일 정도 비가 내린다. 비는 여름에 집중적으로 내리는데, 특히 7월과 8월에 많이 내린다. 겨울에는 150~400mm정도의 비가 내린다.

그림 3-89 하롱베이[121)]

특히 하롱베이(Ha Long Bay)의 자연경관은 유네스코 세계 문화유산에 지정되었을 정도로 뛰어나게 아름다운 모습을 자랑하고 있다.

■ 산업

그림 3-90 꾸앙닌성 지역의 강[122)]

꾸앙닌성 지역의 주민들은 일반적으로 소, 돼지, 가금류, 고양이, 개, 토끼를 기른다. 그리고 강물과 바다가 모두 존재하기 때문에 이 지역에서의 해양 생물분포는 매우 다양한 편이다. 유명한 진주조개, 건어물, 바다거북과 가재 등이 해안을 따라 분포하고 있고, 굴과 해초류가 풍부하다. 따라서 이곳의 주민들에게는 해산물이 중요한 수입원이 되고 있다.

또 산림지대에는 많은 식물들이 분포되어 있다. 특히 과일생산부분과 목재생산부분에서 높은 생산성을 보이고 있다.

일반적으로 꾸앙닝성 지역은 지리적으로 풍족한 자원을 보유하고 있는 편이며, 지역 전체적으로 볼 때도 경제적인 면에서 큰 잠재력을 지니고 있다. 또한 아름다운 강(江)과 해변 경치 등을 보유하고 있기 때문에 관광지로서의 잠재력도 가지고 있고, 국가 전체적인 관점에서도 경제발전계획의 중심지가 되고 있다.

(9) 타이 응우옌(Thái Nguyên) 성(省)[123)]

■ 타이 응우옌(Thái Nguyên) 성의 지도상의 위치

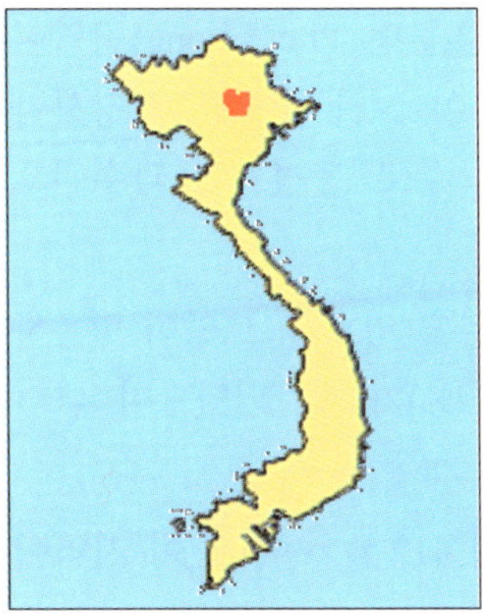

■ 기본정보

- 성도(省都) : 타이 응우옌(Thái Nguyên)
- 위치 : 북동부지대
- 면적 : 3,542.6km²
- 인구 : 1,096,000명
- 민족 : 낑(Kinh, 즉 Viet), 따이(Tày), 눙(Nùng), 산지우(Sán Dìu), 허몽(H'Mông), 산짜이(Sán Chay), 호아(Hoa), 야오(Dao)
- 행정구역 : 성도인 타이 응우옌 시(市), 1개의 송꽁 현(Sông Công huyen), 그리고 7개의 지역으로 구분되어 있다.
  ① 포 옌(Phổ Yên)
  ② 푸 빙(Phú Bình)
  ③ 동 히(Đồng Hỷ)
  ④ 보 냐이(Võ Nhai)
  ⑤ 딩 호아(Định Hóa)
  ⑥ 다이 뜨(Đại Từ)
  ⑦ 푸 르엉(Phú Lương)
- 웹사이트 : http://www.thainguyen.gov.vn

■ 특징

타이 응우옌성은 전체 국토의 1.13%, 전체 인구의 1.41%정도를 차지하는 작은 성(省)이다. 남북방향으로 산이 뻗어있으며, 퇴적암과 동굴, 계곡이 많이 있다. 남서쪽으로 땀다오(Tam Dao) 산이 해발 1,590m로 솟아있으며, 많은 절벽들이 북서쪽에서 남동쪽으로 뻗어있다.

이 지역의 토양 구성은 크게 세 부분 -산악지역, 구릉지역, 평야지역-으로 나눌 수 있다.

그림 3-91 타이 응우옌성 지역의 강[124)]

산악지역은 이곳의 48.4%를 차지하고 있으며, 평균 높이는 200m정도이고, 화산암과 퇴적암으로 이루어져 있다. 이 지역에는 임업이 발달해 있는데, 산간지역의 거주민들이 과수원과 식량용 작물들을 많이 재배하고 있다. 수자원(水資源)이 풍부하고, 정부는 삼림보호에 힘쓰고 있다. 구릉지역은 전체면적의 31.4%를 차지하고 있으며, 모래와 점토와 퇴적토로 이루어져 있다. 구릉지역은 다이뚜(Dai Tu), 푸루엉(Phu Luong)지역이며, 해발 120~200m정도의 높이에 위치해 있고, 경사가 약 5~20도 기울어져 있으며, 주로 농경지와 과수원으로 이용되고 있다.

평야지역은 전체 면적의 약 12.4%를 차지하고 있다. 강물이 흐르고 있으나, 토양이 비옥하지 못하여 경작하기가 힘든 편이다. 전체면적중 2,207.89km² (65.22%)가 개간되었으며, 나머지 1,096.69km²는 미개척지이다.

미개척지 중 17.14km²만이 경작할 수 있으며, 사막화된 지역이 412.5km²이다. 이 지역이 직면한 가장 큰 문제는 사막화된 지역을 녹화하는 것이다.

타이 응우옌성의 연평균 기온은 25~27도이며, 가장 더운 달과 추운 달의 차이는 약 13.7도이다. 연간 총 일조시간은 1,300~1,500시간이며, 매달 고르게 분포되어 있다. 우기는 5월부터 10월까지이고, 건기는 11월부터 다음해 4월까지이다. 연간 평균강수량은 2,000~2,500mm이며, 8월달에 비가 가장 많이 내리고, 1월달에 가장 적게 내린다.

그림 3-92 타이 응우옌시의 전경[125)]

■ 산업

타이 응우옌성 지역은 중부의 산악지형이므로 임업이 다른 지방에 비해 많이 발달해 있다. 이 지역에서는 사회·경제적 교류 활동이 활발히 일어나고 있으며, 북쪽 산간지역의 사회·경제적 관문 역할도 하고 있다.

이 지역에는 도로, 철도, 수로(水路)체계가 발달되어 있어서, 소수민족들의 문화전파 및 북쪽 산악지역의 교육과 문화의 중심지로서의 역할을 하고 있다.

그림 3-93 쏭꽁 산업단지[126)]

타이 응우옌성 정부는 경제를 발전시키기 위하여 산업단지를 적극적으로 개발하고 있다. 그 중 대표적인 것이 노이바이(Noi Bai)국제공항에서 40km떨어진 지역에 위치하고 있는 쏭꽁 산업단지(Song Cong industrial zone)이다. 이 단지의 총 면적은 320ha이다.

(10) 뚜옌꾸앙(Tuyên Quang) 성(省)[127)]

■ 뚜옌꾸앙(Tuyên Quang)성의 지도상의 위치

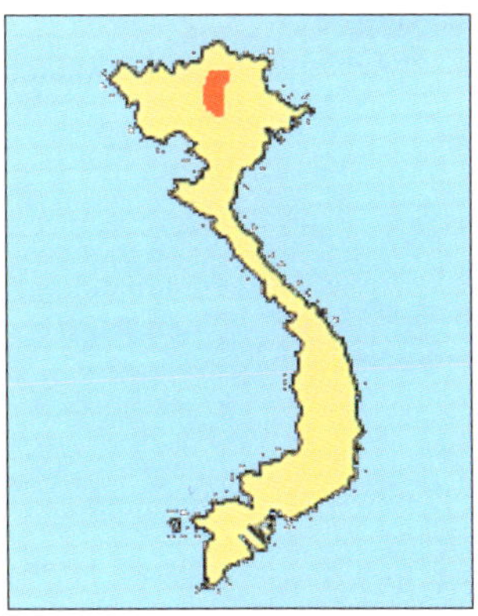

■ 기본정보

- 성도(省都) : 뚜옌꾸앙(Tuyên Quang)
- 위치 : 북부지대
- 면적 : 5,868km²
- 인구 : 718,000명
- 민족 : 낑(Kinh, 즉 Viet), 따이(Tày), 야오(Dao), 산짜이(Sán Chay)

- 행정구역
  ① 찌엠 호아(Chiêm Hoá)
  ② 함 옌(Hàm Yên)
  ③ 나 항(Nà Hang)
  ④ 썬 즈엉(Sơn Dương)
  ⑤ 옌 썬(Yên Sơn)
- 웹사이트 : http://www.tuyenquang.gov.vn

■ 특징

뚜옌꾸앙성의 북쪽 지역은 장엄할 정도의 높은 산으로 둘러싸여 있다. 이러한 산(山)은 그 높이가 2,000m이상이며, 산속에는 많은 지역이 울창한 숲, 멸종위기에 있는 동물과 식물, 값비싼 목재, 그리고 1,000여가지의 약초들로 뒤덮여 있다. 이곳은 여름과 가을에 가끔 많은 비가 내려 홍수를 일으키기도 한다. 기온은 대체로 시원한 편이다. 겨울에는 춥고 안개가 많이 낀다. 이 지역의 평균 기온은 22.4도이다.

■ 산업

뚜옌꾸앙성은 임업과 천연자원개발을 주요 산업으로 하고 있다. 또 이 지역이 가지고 있는 아름다운 자연경관을 이용한 관광산업도 발전가능성이 크다.

그림 3-94에는 뚜옌꾸앙성 정부에서 제작한 포스터가 나타나 있다.

그림 3-94 뚜옌꾸앙성 정부에서 제작한 관광포스터[128)]

(11) 옌바이(Yên Bái) 성(省)[129)]

■ 옌바이(Yên Bái : 安沛, 안패)성의 지도상의 위치

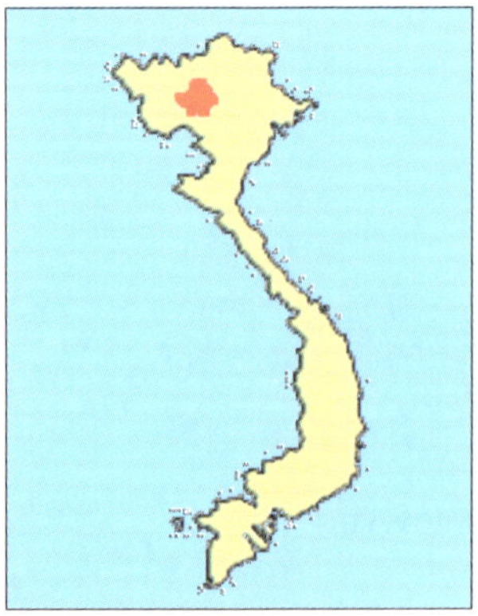

■ 기본정보

- 성도(省都) : 옌바이시(Yên Bái City)
- 위치 : 북부지대
- 면적 : 6,882km²
- 인구 : 724,000명
- 민족 : 낑(Kinh), 따이(Tày), 야오(Dao), 허몽(H'Mông)

- 행정구역

① 룩 옌(Lục Yên)
② 무 깡 짜이(Mù Cang Trải)
③ 짬 떠우(Trạm Tấu)
④ 쩐 옌(Trấn Yên)
⑤ 반 짠(Văn Chấn)
⑥ 반 옌(Văn Yên)
⑦ 옌 빙(Yên Bình)
• 웹사이트 : http://www.yenbai.gov.vn

■ 특징

옌바이성 지역은 11월부터 3월까지의 추운 계절과 4월부터 10월까지의 더운 계절의 두 계절로 구분된다. 이 지역은 주변의 다른 성(省)지역보다 일조량이 적으며, 연평균 기온은 22도이다.

그림 3-95 옌바이성 지역의 자연경관[130)]

■ 산업

탁바(Thac Ba) 수력발전소는 전기를 공급하는 역할을 해주는 동시에, 흥미로운 여행 코스중의 하나가 되고 있다. 그밖에도 옌바이성 지역에서는 많은 축제가 열려 관광객을 유혹하고 있다. 베트남 무역공사는 관광업계의 건의에 따라 이 지역의 관광산업을 발전시킬 계획이다. 그밖에 산림산업의 발달 가능성도 크다.

그림 3-96에는 베트남 문화·스포츠·관광부에서 국가유산(natrional heritage)으로 지정한, 무깡짜이(Mu Cang Chai) 산악지대의 계단식 경작지(terraced fields)의 모습, 그림 3-97에는 옌바이성 지역의 축제모습이 나타나 있다.

그림 3-96 무깡짜이 계단식 경작지[131)]

그림 3-97 옌바이성 지역의 축제[132)]

4. 북서 베트남(North Western Vietnam, Tây Bắc Viet Nam)[133)]

(1) 디엔비엔(Điện Biên) 성(省)[134)]

■ 디엔비엔(Điện Biên : 殿邊, 전변, seat of Goverment on the Frontier, 전선(前線)의 궁전) 성의 지도상의 위치

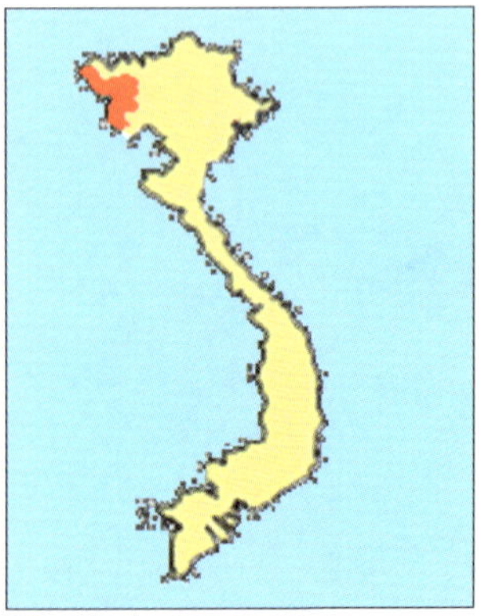

■ 기본정보

- 성도(省都) : 디엔비엔푸(Điên Biên Phủ)
- 위치 : 북서부지대
- 면적 : 9,560km²
- 인구 : 441,000명
- 민족 : 낑(Kinh, 즉 Viet), 허몽(H'Mông), 야오(Dao), 타이(Thai)
- 행정구역 : 성도인 디엔비엔푸(Điên Biên Phủ)및 6개의 지역으로 구분되어 있다.
  ① 디엔 비엔 동(Điện Biên Đông)
  ② 므엉 짜(Mường Chà)
  ③ 므엉 녜(Mường Nhé)
  ④ 뚜어 쭈어(Tủa Chùa)
  ⑤ 뚜언 자오(Tuần Giáo)
- 웹사이트 : http://www.dulichdienbienphu.gov.vn

■ 역사

성도인 디엔비엔푸는 베트남 근세 역사상 프랑스로부터 독립을 쟁취하는 계기가 된 매우 중요한 전투지역이다.

1953년 프랑스 군대는 이 계곡을 점령한 뒤 무기고를 갖춘 요새로 만들었는데, 이후 1954년 프랑스군에 대항한 디엔비엔푸 전투에서 베트남인들이 승리하였고, 드 까스트리 장군과 그의 부대 병사들 16,000명은 포로로 생포되었다. 프랑스부대 벙커는 디엔비엔푸전투의 역사적인 사건을 기억하는 유물이 되었다.[135)]

그림 3-98 디엔비엔푸의 전투장면

그림 3-99 생포된 프랑스군 포로들의 모습[136)]

(2) 호아빙(Hòa Bình) 성(省)[137)]

■ 호아빙(Hòa Bình : 和平, 화평, Peace) 성(省)의 지도상의 위치

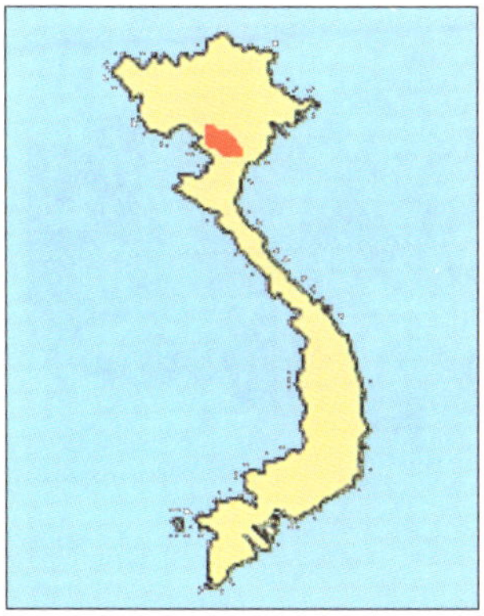

■ 기본정보

- 성도(省都) : 호아빙(Hòa Bình)
- 위치 : 북서지대
- 면적 : 4,662.5km²
- 인구 : 804,100명
- 민족 : 낑(Kinh, 즉 Viet), 므엉(Mường), 타이(Thai), 따이(Tày), 야오(Dao)
- 행정구역 : 성도인 호아빙(Hòa Bình)과 10개의 지역으로 구분되어 있다.

① 호아 빙(Hòa Bình)
② 다 박(Đà Bắc)
③ 마이 쩌우(Mai Châu)
④ 끼 썬(Kỳ Sơn)
⑤ 까오 퐁(Cao Phong)
⑥ 르 썬(Lương Sơn)
⑦ 낌 보이(Kim Bôi)
⑧ 떤 락(Tân Lạc)
⑨ 락 썬(Lạc Sơn)
⑩ 락 투이(Lạc Thủy)
⑪ 옌 투이(Yên Thủy)

- 웹사이트 : http://www.hoabinh.gov.vn

■ 특징

그림 3-100 호아빙성 지역의 자연경관[138)]

호아빙성 지역은 북쪽에 위치한 산악지대이다. 이 지역의 문화는 6개 소수 민족의 언어, 전통적인 문학 및 축제들로 혼합되어 있다.

기후는 장마기간에 높은 강수량을 보이고 있으며, 습기가 많고 무더운 편이다.

호아빙성 지역의 주요 산물은 석탄이며, 농작물도 많이 생산되고 있다. 또한 폭우, 홍수, 뇌우, 가뭄 같은 재난이 종종 일어나기도 한다.

■ 문화

호아빙성 지역에는 므엉족이 많이 살고 있다. 이들은 자신의 전통적 정체성(cultural identity)을 유지하고 단합을 촉진하기 위해 많은 문화축제를 개최한다.

이 행사 때는 므엉 미인선발대회, 장터, 전람회, 전통경기, 요리 경진대회 및 므엉족 문화를 보존하고 촉진하기 위한 세미나 등이 열린다.

그림 3-101 므엉족 문화축제[139)]

(3) 라이 쩌우(Lai Châu) 성(省)[140)]

■ 라이 쩌우(Lai Châu) 성의 지도상의 위치

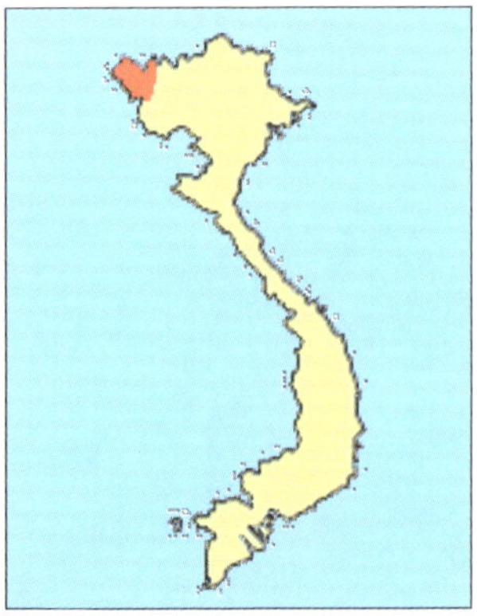

■ 기본정보

- 성도(省都) : 라이 쩌우(Lai Châu)
- 위치 : 북서지대
- 면적 : 9,059.4km²
- 인구 : 308,000명
- 민족 : 타이(Thai), 허몽(H'Mông), 낑(Kinh, 즉 Viet), 자이(Giáy), 야오(Dao)
- 행정구역 : 5개의 지역으로 구분되어 있다.

① 퐁 토(Phong Thổ)
② 땀 즈엉(Tam Đường)
③ 므엉 떼(Mường Tè)
④ 신 호(Sìn Hồ)
⑤ 탄 우옌(Than Uyên)
- 웹사이트 : http://www.laichau.gov.vn

■ 특징

라이쩌우성 지역은 베트남의 행정구역 중에서 인구가 가장 적게 살고 있는 지역이다. 산간 지역에 위치하고 있기 때문에 이 지역의 주요 산업은 산림업이다. 따라서 목재가 많이 생산된다. 산악지역을 이용한 농업도 이루어지고 있다.

그림 3-102 라이쩌우성의 산악 농경지[141]

(4) 썬라(Sơn La) 성(省)[142]

■ 썬라(Sơn La)성의 지도상의 위치

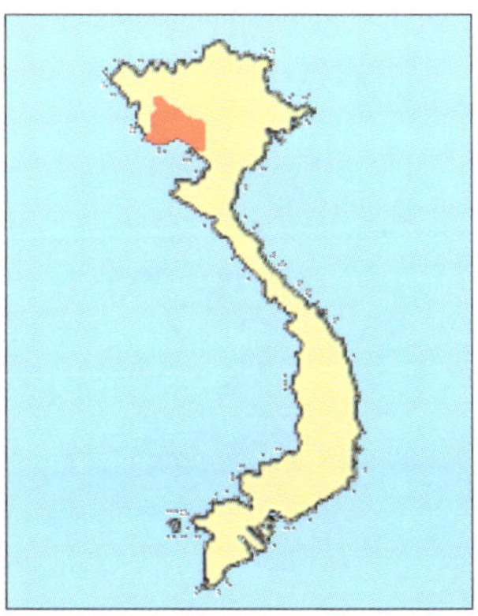

■ 기본정보
- 성도(省都) : 썬라(Sơn La)
- 위치 : 북서부지대
- 면적 : 14,210km²
- 인구 : 813,000명
- 민족 : 낑(Kinh, 즉 Viet), 타이(Thai), 허몽(H'Mông), 므엉(Mường), 야오(Dao)
- 행정구역 : 이 행정구역은 한 개의 현(縣)과 10개의 지역으로 구분되어 있다.

① 꾸잉 나이 (Quỳnh Nhai)
② 므엉 라 (Mường La)
③ 투언 쩌우 (Thuận Châu)
④ 푸 옌 (Phù Yên)
⑤ 박 옌 (Bắc Yên)
⑥ 마이 썬 (Mai Sơn)
⑦ 송 마 (Sông Mã)
⑧ 옌 쩌우 (Yên Châu)
⑨ 목 쩌우 (Mộc Châu)
⑩ 솝 꼽 (Sốp Cộp)

• 웹사이트 : http://www.sonla.gov.vn

■ 특징

그림 3-103 썬라성의 곡물지대[143)]

베트남에서 5번째로 큰 지역인 썬라성 지역은 전체 면적의 80%가 산으로 덮여있다.

이곳은 넓은 고원과 곡물지대를 가지고 있다. 목쩌우 (Mộc Châu)고원에서는 차 (茶)가 재배되고 있고, 이것을 가공하여 수출하기 위한 공장도 있다.

썬라성 지역은 일년 내내 온후한 기온을 보이고 있으며, 이 지역의 울창한 소나무 숲과 높은 고원지대의 따스한 봄 날씨는 관광객들에게 인기가 있다.

5. 중앙 고원지대 (Central Highlands, Tây Nguyên)

(1) 닥락 (Đắk Lắk) 성(省)[144]

■ 닥락 (Đắk Lắk) 성의 지도상의 위치

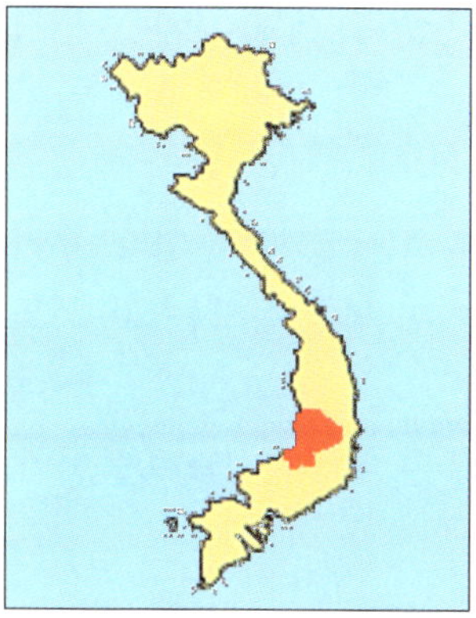

■ 기본정보

- 성도 (省都) : 부온마투옷 (Buôn Ma Thuột)
- 위치 : 중앙 고원지대
- 면적 : 13,062km²
- 인구 : 1,667,000명
- 민족 : 낑 (Kinh, 즉 Viet), 에데 (Ê Đê), 눙 (Nùng), 따이 (Tày)

- 행정구역 : 성도인 부온마투옷시 (市)와 12개의 지역으로 구분되어 있다.
  ① 부온 돈 (Buôn Đôn)
  ② 꾸 므가르 (Cư M'gar)
  ③ 에아 흐레오 (Ea H'leo)
  ④ 에아 까르 (Ea Kar)
  ⑤ 에아 숩 (Ea Súp)
  ⑥ 크롱 아나 (Krông Ana)
  ⑦ 크롱 봉 (Krông Bông)
  ⑧ 크롱 북 (Krông Buk)
  ⑨ 크롱 낭 (Krông Năng)
  ⑩ 크롱 빡 (Krông Pak)
  ⑪ 락 (Lắk)
  ⑫ 므 드락 (M'Drăk)
- 웹사이트 : http://www.daklak.gov.vn

■ 특징

그림 3-104 락 호수(Lăk Lake)[145)]

닥락성 지역은 중부 고원지대에서 세번째로 큰 닥락 고원(Đắk Lắk Plateau)에 자리잡고 있으며, 해발 600m에 위치하고 있다. 따이 응우옌 고지대(Tay Nguyen highland)에서 가장 큰 성(省)인 닥락은 쯔옹(Truong) 산의 남동쪽에 위치하며, 캄보디아와 국경을 공유하고 있다. 해발 536m에 위치한 부온마투옷시(市)는 이 지역의 성도로 중부 고원지대에 자리잡고 있다.

이 지역은 비가 많이 오는 열대기후이다. 우기는 5월에서 11월 사이이며 평균 온도는 20~25도이다.

이 지역의 주요 민족은 에데(E De)족들이며, 이들은 중부 고원지대에 사는 몇몇 소수민족들 중의 하나이다.

이곳의 특징은 시외지역의 많은 거주지가 대나무로 지어져 있는 반면, 시내지역의 많은 거주지는 나무로 지어져 있다는 점이다. 또 이 지역에는 호수가 많이 있다.

■ 역사

닥락성 지역은 원래 짬빠(Champa) 왕국의 지배를 받았던 지역이다. 15세기경 짬빠왕국이 베트남민족에게 정복당해 합병되면서 이 지역은 베트남의 지배하에 놓이게 되었다.

이후, 1540년에 베트남 권력자들은 부이따한(Bùi Tá Hán)이라는 귀족을 이곳에 보내 베트남의 통제 하에 더욱 효과적으로 다스렸다. 이후, 베트남이 프랑스로부터 지배당했을 때, 프랑스는 이 지역에 많은 식민지를 건설했다. 이에 대해 여러 소수민족들이 대규모 반란을 일으켰고 거세게 저항했다.

가장 유명한 사건은 머농(Mnong)족의 우두머리인 느짱롱(N'Trang Lơng)이 3년동안 주도한 반란이었다. 그 이후, 닥락은 남부베트남의 일부분이 되었으며, 후일 베트남 전쟁 당시에도 상당히 많은 저항운동이 일어나기도 했다.

그림 3-105 짬빠왕국의 유적지[146)]

■ 산업

커피, 과일, 고무가 닥락성의 중요한 생산물이다. 최근에는 이 지역에서 상당한 잠재력을 가지고 있는 수력발전을 위한 건설이 이루어지고 있다.

그림 3-106 닥락성 지역의 농장[147)]

또 이 지역에는 1,017,955 헥타르에 달하는 넓고 아름다운 숲을 보존하고 있으며, 투우(鬪牛) 등과 같은 전통행사가 많이 열려 관광산업의 발전가능성도 크다.

그림 3-107 닥락성 지역의 숲[148)]

그림 3-108 투우[149)]

(2) 닥농(Đăk/Đắc Nông)성(省)[150]

■ 닥농(Đăk/Đắc Nông : 多農, 다농)성의 지도상의 위치

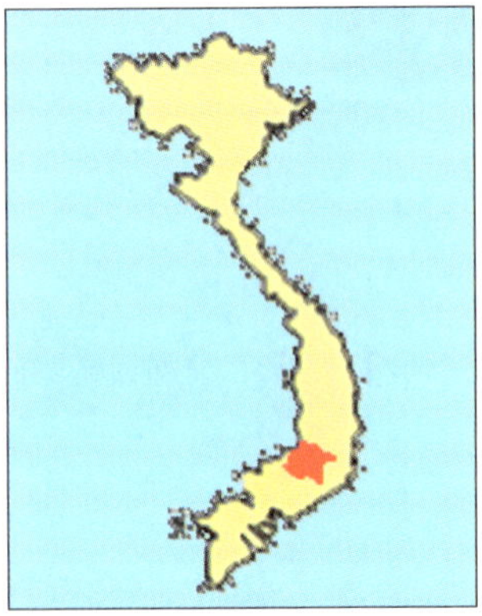

■ 기본정보

- 성도(省都) : 자응이아(Gia Nghĩa)
- 위치 : 중부 고원지대
- 면적 : 6,514km²
- 인구 : 386,000명
- 민족 : 낑(Kinh,즉 Viet), 에데(Ê Đê), 눙(Nùng), 머농(M'Nông), 따이(Tày)

- 행정구역 : 성도(省都)인 자응이아시(市) 및 7개의 지역으로 구분되어 있다.

① 끄 줏(Cư Jút)
② 닥 밀(Đăk Mil)
③ 닥 글롱(Đăk Glong)
④ 닥 랍(Đăk R'Lấp)
⑤ 닥 송(Đăk Song)
⑥ 끄롱 노(Krông Nô)
⑦ 뚜이 득(Tuy Đức)

- 웹사이트 : http://www.daknong.gov.vn

■ 특징

닥농성 지역의 연평균 기온은 24도이다. 우기는 5월부터 10월까지이고, 건기는 11월부터 다음해 4월까지이다. 커피, 고추, 고무가 닥농성 지역의 주요 농산물이다.

■ 주요 명소

닥농성 지역에는 관광명소들이 많이 있는데, 그 예로서는 바땅 폭포(Ba Tang Waterfall), 즈라이쌉 폭포(Dray Sap Waterfall), 디에우짜잉 폭포(Dieu Tranh Waterfall), 남눙 소나무 언덕(Nam Nung pine hill)등을 들 수 있다.

그림 3-109 닥농성 지역의 아름다운 자연경관[151)]

그림 3-110 즈라이쌉 폭포[152)]

(3) 자라이(Gia Lai) 성(省)[153)]

■ 자라이(Gia Lai) 성의 지도상의 위치

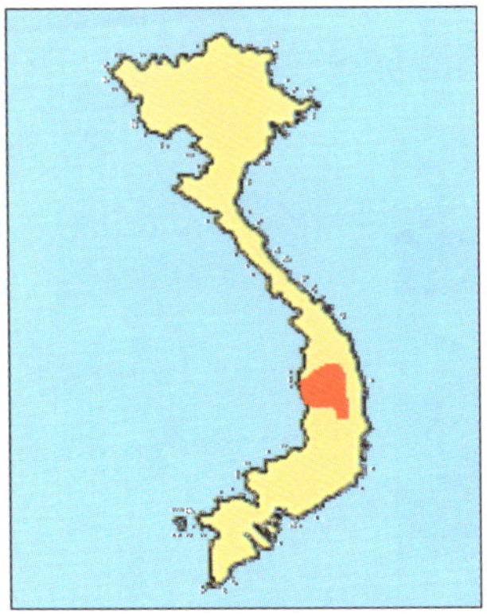

■ 기본정보

- 성도(省都) : 쁠레이꾸(Pleiku)
- 위치 : 중부 고지대
- 면적 : 15,494km²
- 인구 : 1,096,000명
- 민족 : 자라이(Gia Rai), 바나(Ba Na), 쏘당(Xơ Đăng), 지에 찌엥(Giẻ Triêng)
- 행정구역 : 1개의 시(市)와 두개의 현(縣), 그리고 13개의 지역으로 구분되어 있다.

① 쯔 빠(Chư Păh)
② 쯔 프롱(Chư Prông)
③ 쯔 세(Chư Sê)
④ 닥 퍼(Đắk Pơ)
⑤ 닥 도아(Đắk Đoa)
⑥ 득 꺼(Đức Cơ)
⑦ 라 그라이(La Grai)
⑧ 라 빠(La Pa)
⑨ 크방(K Bang)
⑩ 콩 츠로(Kông Chro)
⑪ 크롱 파(Krông Pa)

⑫ 망 양(Mang Yang)
⑬ 푸 씨엔(Phú Thiện)
⑭ 쁠레이꾸 시(Pleiku City)
⑮ 안 케 현(An Khê Town)
⑯ 아윤 빠 현(Ayun Pa Town)

- 웹사이트 : http://www.gialai.gov.vn

■ 특징

자라이성 지역은 높이 800m인 고원지대에 자리잡고 있고, 전형적인 열대기후를 보이며, 연평균기온은 23도이다. 이 지역에는 농업에 필요한 비옥한 땅이 풍부하다. 넓고 평평한 고원에서는 쌀, 목화, 차, 커피 등이 생산되고 있다. 또한, 많은 아름다운 경치를 보유하고 있는데, 특히 꼰쭈(Kon Chu)숲은 야생동물 보호구역으로 유명하다. 이 지역은 소수민족인 자라이(Gia Rai)족과, 바나(Ba Na)족의 발상지이다.

또 자라이성 지역에는 바(Ba) 강(江), 쎄싼(Se San) 강(江)이 흐르고 있으며, 이들 강을 이용해서 수력 발전소가 세워져 있다.

그림 3-111 바 강(Ba River)[154)]

그림 3-112 쁠레이꾸시(Pleiku City)의 야경[155)]

(4) 꼰뚬(Kon Tum) 성(省)[156]

■ 꼰뚬(Kon Tum) 성의 지도상의 위치

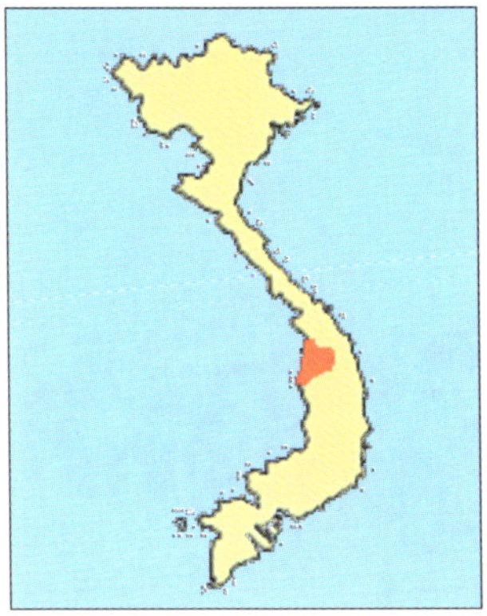

■ 기본정보

- 성도(省) : 꼰뚬시(Kon Tum City)
- 위치 : 서부 중앙 내륙지대
- 면적 : 9,934km²
- 인구 : 260,000명
- 민족 : 써당(Xơ Đăng), 바나(Ba Na), 자라이(Gia Rai), 로만(Ro Man)

- 행정구역
  ① 닥 하(Đắk Hà)
  ② 닥 또(Đắk Tô)
  ③ 닥 글레이(Đắk Glei)
  ④ 꼰 프롱(Kon Plông)
  ⑤ 응옥 호이(Ngọc Hồi)
  ⑥ 싸 터이(Sa Thầy)
  ⑦ 꼰 러이(Kon Rẫy)
- 웹사이트 : www.kontum.gov.vn

■ 특징

꼰뚬성 지역은 해수면 800m 수준에 이르는 중부 고원지대 중에서 가장 넓은 고원지대이다. 이 지역은 19세기 초반에는 중부 고원지대를 지배했던 프랑스의 식민지 정부의 행정 중심지로서 역할을 하였다. 이러한 고원지대는 개간하여 농작물경작이 이루어지고 있다.

그림 3-113 꼰뚬성의 경작지[157]

■ 역사

1651년에 몇몇의 프랑스 선교사들이 꼰뚬지역에 도착했다. 그 후, 1838년에는 다시 많은 수의 선교사들이 이곳으로 들어왔고, 그들은 프랑스 군대가 베트남을 침략하기 전에 길을 닦는 역할을 하였다. 이 지역에서 반복적으로 발생한 폭동을 제압하기 위해, 프랑스는 혁명주의자들을 수감하기위한 목적으로 꼰뚬에 커다란 감옥을 지었다. 그 감옥은 대단히 가혹한 감옥으로 악명을 떨치기도 하였다.

중부 고원지대로부터 동쪽 저지대로 가는 19번 고속도로가 건설되어 있는데, 이는 꼰뚬감옥에서 노역한 수감자들의 피와 살의 결과라고 할 수 있다

■ 축제

꼰뚬성 지역에서는 여러 소수민족들의 축제가 많이 열리고 있다. 또 이 지역은 독립을 위한 저항운동이 많이 발생했던 관계로 베트남 독립에 대한 감격이 특히 큰 곳이라고 할 수 있다. 따라서 이와 관련된 행사와 축제도 성대히 열린다.

그림 3-114 꼰뚬의 독립기념행사[158)]

(5) 럼동(Lâm Đồng) 성(省)[159)]

■ 럼동(Lâm Đồng) 성의 지도상의 위치

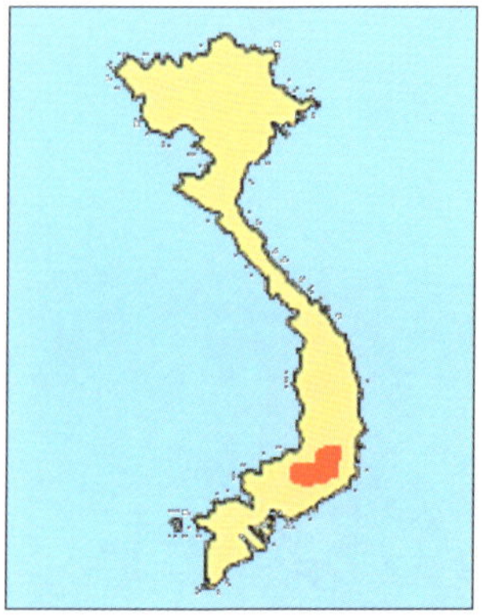

■ 기본정보

- 성도(省都) : 달랏시(Đà Lạt city)
- 위치 : 중부 고원지대
- 면적 : 10,137km²
- 인구 : 810,000명
- 민족 : 낑(Kinh), 코무(Kho Mu), 마(Mạ), 따이(Tay), 호아(Hoa), 쭈루(Chu Ru)

- 행정구역 : 성도(省都)인 달랏시(市)와 10개의 지역으로 구분되어 있다.

① 락 즈엉(Lạc Dương)
② 던 즈엉(Đơn Dương)
③ 득 쫑(Đức Trọng)
④ 럼 하(Lâm Hà)
⑤ 담 롱(Đam Rông)
⑥ 바오 럼(Bảo Lâm)

⑦ 지 링 (Di Linh)
⑧ 다 후오아이 (Đạ Huoai)
⑨ 다 떼 (Đạ Tẻh)
⑩ 깟 띠엔 (Cát Tiên)

- 웹사이트 : www.lamdong.gov.vn

■ 특징

럼동성 지역은 호찌밍시로부터 300Km 떨어져 있다. 이곳의 연평균 기온은 18도 정도로서 시원한 기후를 지니고 있다.

성의 수도인 달랏시는 다양한 종류의 꽃 재배로 유명하다. 진달래, 체리, 미모사, 수국꽃, 장미, 데이지, 백합같은 아름다운 꽃들이 이곳에서 자란다. 또한 달랏시(市)에서는 아름다운 자연풍경과 역사적인 장소들을 관광할 수 있다.

그림 3-115 달랏의 전경[160)]

그림 3-116 달랏에서 재배되는 아름다운 꽃[161)]

■ 산업

럼동성 지역은 골프장이 갖춰진 관광지로 유명하다. 달랏시(市)의 중앙에는 1994년부터 운영되고 있는 18홀 골프장이 국제표준에 맞게 갖추어져 있다. 골프코스는 유명한 호쑤언후엉(Ho Xuan Huong)호수에 가까운 낮은 언덕들을 지나가게끔 조성되어 있다. 그림같이 아름다운 자연풍경과 조화를 이루는 이 골프장의 독특한 디자인은 골퍼들에게 매우 매력적인 코스가 되고 있다.

6. 남부 중앙 해안 베트남(South Central Coastal Vietnam, Nam Trung Bộ Viet Nam)

(1) 빈딩(Bình Định)성(省)[162]

■ 빈딩(Bình Định)성의 지도상의 위치

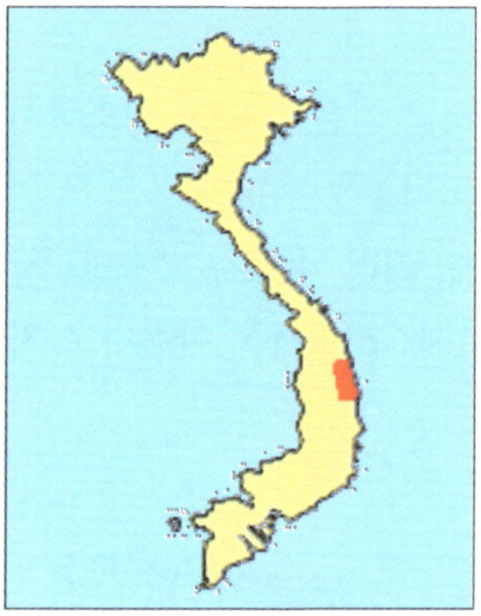

■ 기본정보

- 성도(省都) : 꾸이년(Qui Nhơn)
- 위치 : 남부 중앙 해안지대
- 면적 : 6,025.1km²
- 인구 : 1,546,000명
- 민족 : 낑(Kihn,즉 Viet), 짬(Chăm), 바나(Ba Na)
- 행정구역 : 성도(省都)인 꾸이년과 10개의 지역으로 구분되어 있다.
  ① 꾸이 년(Qui Nhơn)
  ② 안 라오(An Lão)
  ③ 안 년(An Nhơn)
  ④ 호아이 언(Hoài Ân)
  ⑤ 호아이 년(Hoài Nhơn)
  ⑥ 푸 깟(Phù Cát)
  ⑦ 푸 미(Phù Mỹ)
  ⑧ 뚜이 뜨억(Tuy Phước)
  ⑨ 떠이 썬(Tây Sơn)
  ⑩ 번 까잉(Vân Canh)
  ⑪ 빈 타잉(Vĩnh Thạnh)
- 웹사이트 : http://www.binhdinh.gov.vn

■ 특징

빈딩성 지역은 서부국경을 따라서 크게 고원지대, 구릉지대, 평야지대 및 해안지대로 구분할 수 있으며, 대부분의 인구가 해안지대에 거주하고 있다.

이 지역의 평균 기온은 26도이다. 우기는 9월부터 11월까지이고, 건기는 12월부터 다음 해 8월까지이다.

빈딩성의 역사는 전술한 닥락성(省)과 더불어 이곳의 대다수를 차지하고 있는 짬민족이 수립한 짬빠(Chămpa) 왕조의 역사와 밀접한 관계를 가지고 있다. 옛날 짬빠왕조는 중부 베트남의 대부분을 차지하고 있었으며, 북쪽의 베트남인들과 종종 전쟁을 벌였다. 그러나 점차 베트남인들에게 밀려 980년에 남쪽으로 이동하였고, 1470년 왕조의 수도가 베트남인들에 의해 멸망했다. 짬빠왕조의 많은 유적지들이 지금도 이 지역에 남아 있다.

성도인 꾸이년은 아름다운 해안도시로, 항구에는 4천 톤짜리의 선박을 접안시킬 수 있다.

그림 3-117 빈딩성의 년쩌우섬(Nhon Chau Islands)[163]

그림 3-118 쌍둥이 짬빠탑 (Twin Champa Towers)[164]

■ 산업

빈딩성 지역의 주요 경제활동은 어업과 농업이다. 이 지역에서는 다양하고 이국적인 목재 제품들이 대량으로 생산되고 있다. 또한, 이 지역에는 향후 4년 이내에 년호이(Nhon Hoi) 경제특구가 완공될 예정이다. 경제특구가 건설되면 이 지역 경제발전에 큰 도움을 주게 될 것이며, 또 대규모 항구와 산업발전계획도 가지고 있어, 빈딩성은 미래의 중심도시가 될 것으로 보인다.

(2) 카잉 호아(Khánh Hòa) 성(省)[165]

■ 카잉 호아(Khánh Hòa) 성의 지도상의 위치

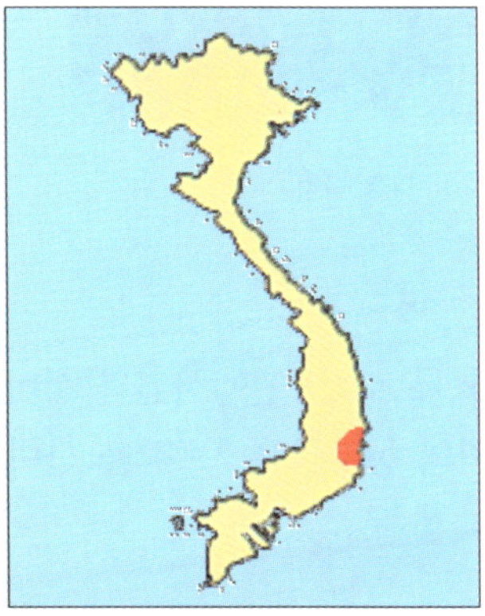

■ 기본정보

- 성도(省都) : 냐짱(Nha Trang)
- 위치 : 남부 중앙 해안지대
- 면적 : 4,197km²
- 인구 : 1,081,000명
- 민족 : 낑(Kinh,즉 Viet), 라글라이(La Glai), 호아(Hoa), 꺼호(Cơ Ho)

• 행정구역 : 성도(省都)인 냐짱시(市), 1개의 현(縣)및 7개의 지역으로 구분되어 있다.

① 냐 짱(Nha Trang)

② 깜 라잉(Cam Ranh)

③ 반 닝(Vạn Ninh)

④ 트엉 싸(Trường Sa)

⑤ 깜 럼(Cam Lâm)

⑥ 지엔 카잉(Diên Khánh)

⑦ 카잉 빙(Khánh Vĩnh)

⑧ 카잉 썬(Khánh Sơn)

⑨ 닝 호아(Ninh Hòa)

• 웹사이트 : http://www.khanhhoa.gov.vn

■ 특징

카잉 호아성 지역은 베트남에서 가장 중요한 교육중심지이다. 이곳에는 종합대학인 냐짱대학이 있으며, 해군사관학교, 공군사관학교, 일반대학, 유치원교사 양성대학, 미술대학 및 관광대학이 있다.

이 지역의 연평균 기온은 27도이며 온화한 기후를 가지고 있다. 우기는 4월부터 12월까지이고, 건기는 다음 해 1월부터 3월까지이며, 평균 습도는 80.5%이다.

그림 3-119 냐짱 중심지[166)]

그림 3-120 냐짱 다리[167)]

■ 산업

카잉 호아성 지역의 가장 중요한 산업은 아름다운 자연풍경을 기반으로 한 관광산업과 서비스산업으로서, 이 지역 경제의 기본적인 역할을 하고 있다. 이 지역의 농부들은 2모작을 하며 살아가고 있다.

이 지역의 예산에 대해서는 중공업, 특히 조선업이 가장 큰 역할을 맡고 있다. 한편, 하얀 모래와 해변의 티타늄 함유물질들이 많아 잠재적인 크리스탈과 티타늄 생산지로 발전하는 것도 기대할 수 있다. 또한, 대량의 사금을 보유하고 있기도 하다.

(3) 푸옌(Phú Yên) 성(省)[168]

■ 푸옌(Phú Yên : 富安, 부안, Wealth and Safety) 성의 지도상의 위치

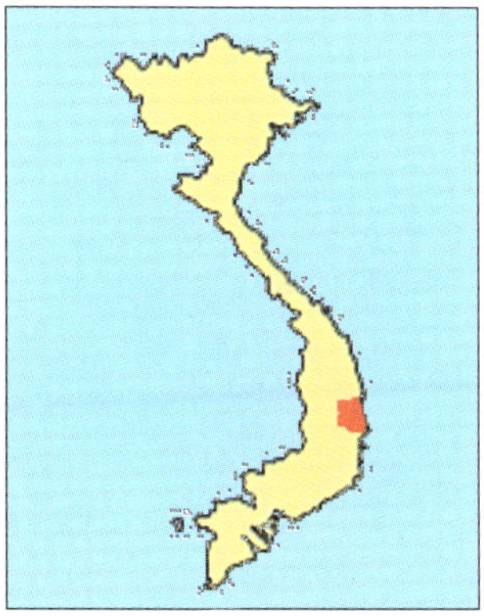

■ 기본정보

- 성도(省都) : 뚜이호아(Tuy Hòa)
- 위치 : 남부 중앙 해안지대
- 면적 : 5,045.3km²
- 인구 : 849,000명
- 민족 : 낑(Kinh,즉 Viet), 짬(Chăm), 에데(Ê Đê), 바나(Ba Na)
- 행정구역 : 성도(省都)인 뚜이호아시(市)와 8개의 지역으로 구분되어 있다.
  ① 동 쑤언(Đồng Xuân)
  ② 송 꺼우(Sông Cầu)
  ③ 뚜이 안(Tuy An)
  ④ 썬 호아(Sơn Hòa)
  ⑤ 푸 호아(Phú Hòa)
  ⑥ 떠이 호아(Tây Hòa)
  ⑦ 동 호아(Đông Hòa)
  ⑧ 송 힝(Sông Hinh)
- 웹사이트 : http://www.phuyen.gov.vn

■ 특징

뚜이호아시(市)는 이 지역의 성도(省都)로, 하노이의 남쪽으로 1,177km, 호찌밍시의 북쪽으로 561km떨어진 곳에 위치한다. 뚜이호아시(市)는 다랑 강(江) 입구의 제방위에 위치하고 있다. 다랑 강은 300m길이로 중앙 고산지대에서 시작해서 이 지역의 서쪽으로 흐르고 있다. 이 지역은 아름다운 산(山)과 강(江) 그리고 해안 경치를 자랑하는 관광지역으로 널리 알려져 있다.

그림 3-121 푸옌성 주변의 산(山)[169]

그림 3-122 푸옌성 주변의 해안[170]

(4) 꾸앙남(Quảng Nam) 성(省)[171]

■ 꾸앙남(Quảng Nam : 廣南, 광남) 성의 지도상의 위치

■ 기본정보

- 성도(省都) : 땀끼(Tam Kỳ)
- 위치 : 중부지대
- 면적 : 10,406.34km²
- 인구 : 1,365,000명
- 민족 : 낑(Kinh족, Viet), 꺼뚜(Cơtu), 써당(Xơđăng)
- 행정구역 : 2개의 현(縣)(Tam Kỳ 및 Hoi An)과 15개의 지역으로 구분되어 있다.

① 땀 끼(Tam Ky)
② 호이 안(Hội An)
③ 주이 쑤엔(Duy Xuyên)
④ 자이 록(Dai Loc)
⑤ 디엔 반(Đại Lộc)
⑥ 동 장(Đông Giang)
⑦ 남 장(Nam Giang)
⑧ 타이 지앙(Tây Giang)
⑨ 꾸에 썬(Quế Sơn)
⑩ 히엡 득(Hiệp Đức)
⑪ 누이 타잉(Núi Thành)
⑫ 남 짜 미(Nam Trà My)
⑬ 박 짜 미(Bắc Trà My)

⑭ 푸 닝 (Phú Ninh)
⑮ 프억 썬 (Phước Sơn)
⑯ 타잉 빙 (Thăng Bình)
⑰ 띠엔 프억 (Tiên Phước)

• 웹사이트 : http://www.quangnam.gov.vn

■ 특징

꾸앙남성 지역의 기후는 열대 몬순의 특징을 가지며, 여름과 겨울, 두 가지 계절로 뚜렷하게 구분된다. 연평균 강수량은 2500~3000mm정도이고, 평균기온은 26도이다.

■ 산업

꾸앙남성 지역은 계피의 생산지로 유명하다. 또한 '짜미 향신료' (Trà My cinnamon)와 '응옥링 인삼' (Ngọc Linh ginseng)산업이 전통적으로 발달해왔다.

또한 이 지역은 고대(古代)도시 호이안(Hoi An)과 미썬(My Son)신전이 유네스코 세계문화유산에 등록되어 있어, 관광산업이 발달해 있다.

그림 3-123 호이안 지역의 전경[172)]

그림 3-124 미썬 유적지[173)]

(5) 꾸앙 응아이(Quảng Ngãi)성(省)[174)]

■ 꾸앙 응아이(Quang Ngai : 廣義, 광의) 성의 지도상의 위치

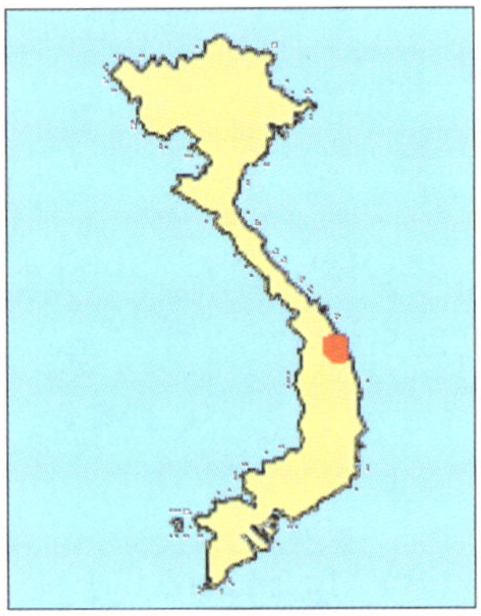

■ 기본정보

- 성도(省都) : 꾸앙 응아이(Quảng Ngãi)
- 위치 : 중부 해안지대
- 면적 : 5,177km²
- 인구 : 1,184,000명
- 민족 : 낑(Kinh)

- 행정구역 : 13개의 지역으로 구분되어 있다.
  ① 바 떠(Ba Tơ)
  ② 빙 썬(Bình Sơn)
  ③ 득 포(Đức Phổ)
  ④ 밍 롱(Minh Long)
  ⑤ 모 득(Mộ Đức)
  ⑥ 응이아 하잉(Nghĩa Hành)
  ⑦ 썬 하(Sơn Hà)
  ⑧ 썬 떠이(Sơn Tây)
  ⑨ 썬 띵(Sơn Tịnh)
  ⑩ 떠이 짜(Tây Trà)
  ⑪ 짜 봉(Trà Bồng)
  ⑫ 뜨 응이아(Tư Nghĩa)
  ⑬ 리 썬(Lý Sơn)
- 웹사이트 : www.quangngai.gov.vn

■ 특징

꾸앙 응아이성 지역은 베트남 국토의 양끝에서 거의 같은 거리의 한 가운데 자리잡고 있다. 또 이 지역은 하노이의 남쪽 883km에 위치해 있고, 호찌밍시로부터는 838km 떨어진 곳에 위치해 있다. 다른 성(省)들과 같이 꾸앙 응아이는 한 면은 산, 다른 한 면은 해변이라고 하는 특징을 동시에 가지고 있는 지역이다.

그림 3-125 꾸앙 응아이성 지역의 전경[175]

그림 3-126 꾸앙 응아이시(市)의 시가지[176]

■ 주요 명소

꾸앙 응아이성 지역은 '싸후잉, 짜우싸 요새' (Sa Huynh, Chau Sa Citadel), '옹 사원' (Ong Pagoda), '마이썬 탑' (Mai Son Pagoda), '바자' (Ba Gia) 등과 같은 역사·문화 및 전쟁 유적지로 유명하다. 또 이 지역에는 베트남 독립운동과 베트남전쟁 당시 사망한 베트남인들을 추모하는 국립묘지가 자리잡고 있다.

그림 3-127 꾸앙 응아이의 국립묘지[177]

■ 산업

꾸앙 응아이성 지역은 넓은 수수밭 농장, 설탕 농장, 소금지대로 유명하다. 이곳에서는 다양한 종류의 설탕을 생산하며, 그 중 가장 유명한 것은 기침에 효과가 있는 하얀색의 유리같은 설탕 캔디이다.

7. 남동 베트남(South Eastern Vietnam, Dong Nam Bo Viet Nam)

(1) 바리아 붕따우(Bà Rịa-Vũng Tàu) 성(省)[178]

■ 바리아 붕따우(Bà Rịa-Vũng Tàu) 성의 지도상의 위치

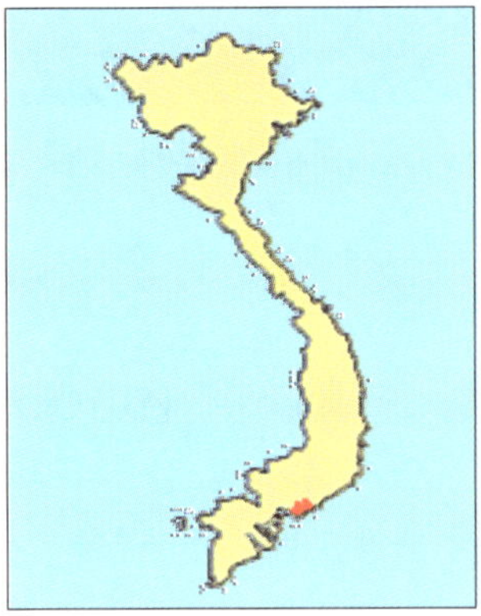

■ 기본정보

- 성도(省都) : 붕따우(Vũng Tàu)
- 위치 : 남동 해안지대
- 면적 : 1,982km²
- 인구 : 898,100명
- 민족 : 낑(Kinh,즉 Viet), 호아(Hoa), 크메르(Khmer)
- 행정구역
  - ① 쩌우 득(Châu Đức)
  - ② 떤 타잉(Tân Thành)
  - ③ 쑤옌 목(Xuyên Mộc)
  - ④ 롱 디엔(Long Điền)
  - ⑤ 꼰 따오(Côn Đảo)
- 웹사이트 : http://www.bariavungtau.gov.vn

■ 특징

바리아 붕따우성 지역은 바다의 영향을 크게 받는 열대몬순 기후로서, 연 평균 기온은 27도이다. 연간 2700시간 햇볕이 들며, 아름다운 해변이 있다.

그림 3-128 붕따우시의 전경[179]

붕따우(Vũng Tàu)의 남동쪽으로 대략 90km떨어진 곳에 있는 꼰따오(Côn Đảo)섬은 많은 종류의 동물들이 서식하고 있다. 이곳에는 빽빽한 숲이 있어 국립공원으로 지정되었고, 많은 역사와 문화 유적들을 자랑하고 있다.

■ 산업

바리아 붕따우성 지역의 가장 중요한 산업은 석유산업이며, 또 국토전체 생산량의 40%에 달하는 전력을 생산하고 있다. 석유화학, 폴리에틸렌, 철, 시멘트 등도 생산되고 있다. 또한 해안을 이용한 관광업, 교역, 어업도 이곳의 중요한 산업이다. 따라서 이곳은 국가에 상당한 이익을 가져다주는 중요한 곳으로 볼 수 있다. 이 지역의 예산은 지난해 베트남 전체예산의 24%를 점유함으로써 베트남 국가예산 기여부분에서 2위를 차지했다. 또 이 지역은 외국자본을 유치하는데 적극적으로 나서고 있다.

관광산업이 크게 발전하고 있으며, 사이곤 휴양지, 붕따우 수족관, 바우쭝(Bau Trung)놀이공원, 쑤옌목(Xuyen Moc)사파리 등과 같은 대형 프로젝트가 실행될 예정이다.

■ 주요 명소

① 거인 예수상(像)

1971년에 미국인이 세운 거대한 예수상(Giant Jesus)이 높은 언덕 위에 서서 남중국해를 향해 커다랗게 두 팔을 벌리고 있다. 주변에는 예쁜 꽃들로 꾸민 공원이 있어 현지인들의 쉼터로 이용되기도 한다. 예수상의 어깨부분이 전망대로 되어있어 아름다운 해안선을 감상할 수 있다.

그림 3-129 거인 예수상[180)]

② 백비치(Back Beach)

백비치는 현지인들에게 가장 인기있는 해변으로, 4km 정도 이어진 새하얀 모래사장에 형형색색의 비치파라솔이 펼쳐져 있고 수많은 방문객들이 인산인해를 이루고 있다.

(2) 빙즈엉(Bình Dương) 성(省)[181)]

■ 빙즈엉(Bình Dương : 平陽, 평양,Peaceful Sun) 성의 지도상의 위치

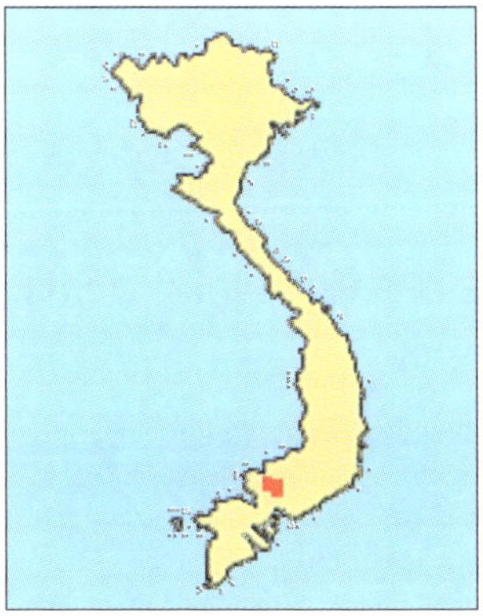

■ 기본정보

- 성도(省都) : 뚜더우못(Thủ Dầu Một)
- 위치 : 남동부지대
- 면적 : 2,695.5km²
- 인구 : 884,000명
- 민족 : 크메르(Khmer), 호아(Hoa), 떠이(Tày), 씨띠엥(Xtiêng), 낑(Kinh,즉 Viet)

• 행정구역
① 벤 깟(Bến Cát)
② 더우 띠엥(Dầu Tiếng)
③ 지 안(Dĩ An)
④ 푸 자오(Phú Giáo)
⑤ 떤 우옌(Tân Uyên)
⑥ 투언 안(Thuận An)
• 웹사이트 : http://www.binhduong.gov.vn

■ 특징

빙즈엉성 지역은 전형적인 남동부 베트남의 열대성기후를 보이고 있으며, 겨울이 없는 편에 속한다. 연평균 기온은 27도에 달한다.

그림 3-130 빙즈엉성 지역의 자연[182)]

한편 이 지역은 중요한 곡창지대 중 하나이다. 또한 이곳은 국가적으로 중요한 제조공업을 육성하기 위한 기반이 되고 있다. 2년 전 이곳은 베트남내(內) 외국인 투자 부문에서 2위를 차지하기도 했다. 나이키, 아디다스, H&M 등은 제3국에 수출할 상품을 생산할 공장을 세웠다.

한편 남쪽 지안(Di An), 투언안(Thuan An) 지역은 높은 도시화를 이루게 되었고, 결국 호찌밍시로 합병되었다.

■ 주요 명소

빙즈엉성 지역의 유명한 곳으로는 호이썬쩌우(Hoi Son Chau) 사원, 라이티에우(Lai Thieu) 과일 정원, 까우응앙(Cau Ngang) 관광단지 등을 들 수 있다.

■ 산업

빙즈엉성 지역에서는 농업이 중요한 산업이긴 하지만, 삼림업도 중요하게 여겨지고 있다. 수많은 삼림들이 재배되고 있으며, 생산된 목재들이 수출되고 있다.

(3) 빙프억(Bình Phước) 성(省)[183]

■ 빙프억(Bình Phước : 平福, 평복, Peace and Happiness) 성의 지도상의 위치

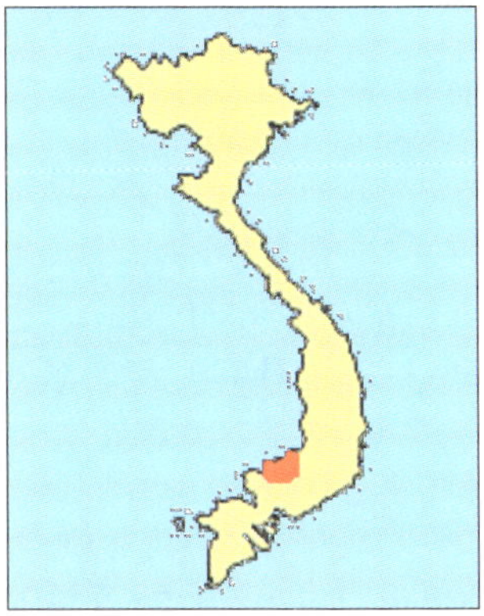

■ 기본정보

- 성도(省都) : 동쏘아이(Đồng Xoài)
- 위치 : 남서부지대
- 면적 : 6857.3km²
- 인구 : 783,600명
- 민족 : 낑(Kinh,즉 Viet), 씨띠엥(Xtiêng), 눙(Nùng), 따이(Tày), 크메르(Khmer)
- 행정구역
  - ① 빈 롱(Bình Long)
  - ② 부 당(Bù Đăng)
  - ③ 부 좁(Bu Dop)
  - ④ 쩐 타잉(Chơn Thành)
  - ⑤ 동 푸(Đồng Phú)
  - ⑥ 록 닝(Lộc Ninh)
  - ⑦ 프억 롱(Phước Long)
- 웹사이트 : http://www.binhphuoc.gov.vn

■ 특징

빙프억성 지역은 추운 겨울이 없으며, 연평균 기온은 27도에 이른다.

이곳의 유명한 장소로는 쏙씨엠 관광지역(Soc Xiem Tourist Area), 바라 산(Ba Ra Mountain), 모 폭포(Mo Waterfall) 등을 들 수 있다.

한편, 최근에는 국경근처에 있는 지안(Di An)으로부터 아시아 각국을 연결하는 기차 프로젝트인 아시아 횡단(Transasian section) 철도가 건설되었다.

그림 3-131 동쏘아이시(市) 석양[184]

(4) 빙투언(Bình Thuận) 성(省)[185]

■ 빙투언(Bình Thuận : 平順, 평순) 성의 지도상의 위치

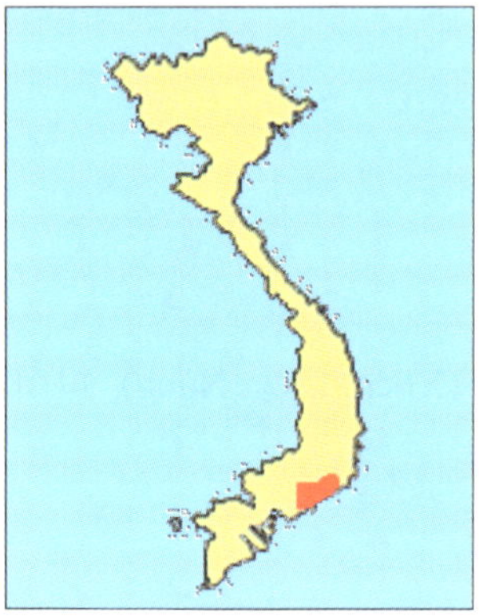

■ 기본정보

- 성도(省都) : 판티엣(Phan Thiết)
- 위치 : 남동부 지대
- 면적 : 7,992km²
- 인구 : 1,141,000명
- 민족 : 낑(Kinh,즉 Viet), 짬(Chăm,), 호아(Hoa), 꺼호(Cơ Ho), 라글라이(Ra Glai)

- 행정구역 : 성도(省都)인 판티엣(Phan Thiết)시(市), 1개의 현(縣), 그리고 8개의 지역으로 구분되어 있다.
  ① 판 티엣(Phan Thiết)
  ② 박 빙(Bắc Bình)
  ③ 득 링(Đức Linh)
  ④ 함 투언 박(Hàm Thuận Bắc)
  ⑤ 함 투언 남(Hàm Thuận Nam)
  ⑥ 함 떤(Hàm Tân)
  ⑦ 푸 꾸이(Phú Quý)
  ⑧ 따잉 링(Tánh Linh)
  ⑨ 뚜이 퐁(Tuy Phong)
  ⑩ 라끼(Lagi)
- 웹사이트 : http://www.binhthuan.gov.vn

그림 3-132 빙투언성 지역의 평야[186]

■ 특징

빙투언성 지역은 호찌밍시로부터 그다지 멀리 떨어지지 않은 남동부 해안지역에 위치하고 있다. 이 지역은 상당히 험악한 산악지대이면서 또한 해안지역으로는 넓은 평야를 가지고 있다.

이 지역의 기후는 덥고 건조한 날씨의 열대기후이며, 평균 기온은 26도이다.

이곳에는 아름다운 경치를 자랑하는 곳이 많이 있으며, 또 탑, 사원, 사찰 등이 많이 자리잡고 있다. 또한, 축제, 전통 춤, 음악 등과 같은 생생한 문화적 활동이 활발히 이루어지고 있어 많은 관광객들이 몰리는 곳이기도 하다.

이 지역의 가장 중요한 산업은 농업과 어업이며, 관광업이 크게 성장하고 있는 중이다.

■ 주요 명소

빙투언성 지역의 주요 명소에는 성도(省都)인 판티엣시(市)를 비롯하여, 뚜이퐁(Tuy Phong)지역에 있는 라간 해안선(La Gan coastline), 쩐흥다오 공원(Tran Hung Dao Park), 누워있는 부처상(Lying Buddha), 타이팀 왕궁(Thay Thim Palace), 바우바 호수(Bau Ba Lake), 붉은 언덕(Red Hill), 및 색깔 바위(Colorful Rock) 등이 있다.

그림 3-133 판티엣시(市)[187]

그림 3-134 누워있는 부처상[188]

그림 3-135 붉은 언덕[189)]

그림 3-136 바우바 호수[190)]

(5) 동나이(ồng Nai) 성(省)[191)]

■ 동나이(Đồng Nai : 同耐, 동내) 성의 지도상의 위치

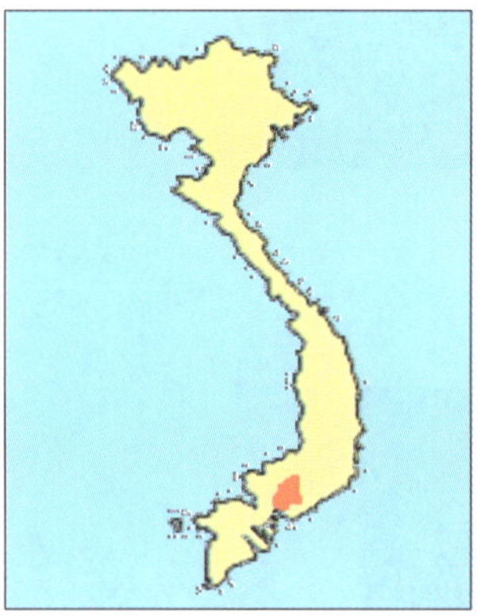

■ 기본정보

- 성도(省都) : 비엔호아(Biên Hòa)
- 위치 : 남동부지대
- 면적 : 5,894km²
- 인구 : 2,175,000명
- 민족 : 낑(Kinh,즉 Viet), 호아(Hoa), 씨띠엥(Xtiêng), 짬(Chăm)

- 행정구역

① 떤 푸(Tân Phú)
② 딩 꾸안(Định Quán)
③ 빙 끄우(Vĩnh Cửu)
④ 통 녓(Thống Nhất)
⑤ 롱 카잉(Long Khánh)
⑥ 쑤언 록(Xuân Lộc)
⑦ 롱 타잉(Long Thành)
⑧ 년 짜익(Nhơn Trạch)

⑨ 껌 미(Cẩm Mỹ)

⑩ 짱 봄(Trảng Bom)

- 웹사이트 : http://www.dongnai.gov.vn

■ 특징

동나이성 지역은 남부 베트남의 경제중심지라고 할 수 있으며, 동쪽으로 빙투언(Bình Thuận), 북동쪽으로 럼동(Lâm Đồng), 북서쪽으로 빙즈엉(Bình Dương), 빙프억(Bình Phước), 북쪽으로 바리아-붕따우(Bà Rịa-Vũng Tàu), 서쪽으로 호찌밍시(Ho Chi Minh City)와 경계를 이루고 있다.

이 지역은 국선 1A, 20, 51, 북-남 노선 등과 같은 많은 국영철도가 연결되어 있어 교통상의 장점을 가지고 있고, 또 이것들이 공항으로 직접 연결되어 있어 여러가지 경제적인 이점을 가져다 주고 있다. 이는 동나이 지역을 남부경제의 중심지이면서 남동부의 교차로의 역할을 할 수 있도록 해주며, 또한 짜이 응우옌(Tray Nguyen) 고원지대의 발전을 위해서도 매우 중요한 역할을 해주고 있다.

그림 3-137 성도(省都) 비엔호아시(市)의 시가지[192)]

이곳의 기후는 열대성기후에 속하며, 북동, 남서 몬순에 의해 영향을 받는다. 4월부터 10월까지는 태평양 기후의 영향을 받는다. 이 지역은 두 가지 뚜렷한 기후로 나뉘는데, 3~4월부터 11월까지는 우기(雨期)이고, 12월부터 2~3월까지는 건기(乾期)이다. 연평균 기온은 26도이다. 연평균 강수량은 1500mm에서 2700mm정도이다. 적당한 일조량, 비, 습도 등은 농업생산, 공업발전, 문화, 관광활동에 도움을 주고 있다.

■ 산업

동나이성 지역은 삼림자원, 화강암 탄광, 건설용 석재, 고령토, 모래, 자갈 등이 풍부하다. 이곳은 1980년대 개방이후 선박, 식품, 제조업부문에서 외국인 투자가 많이 유치되고 있는 산업지역이다. 특히 전화시설, 초고속 인터넷등과 같은 통신분야가 빠른 속도로

그림 3-138 동나이성 지역 자연경치[193)]

발전하고 있고, 인건비가 인도나 필리핀보다 낮아 투자여건이 지속적으로 좋아지고 있다.

이곳의 남깟띠엔(Nam Cat Tien)국립공원과 환경관광(Eco-Tour) 등은 많은 관광객들을 유혹하며, 관광산업발전에 기여하고 있다.

(6) 닝투언(Ninh Thuận) 성(省)[194]

■ 닝투언(Ninh Thuận : 寧順, 영순) 성의 지도상의 위치

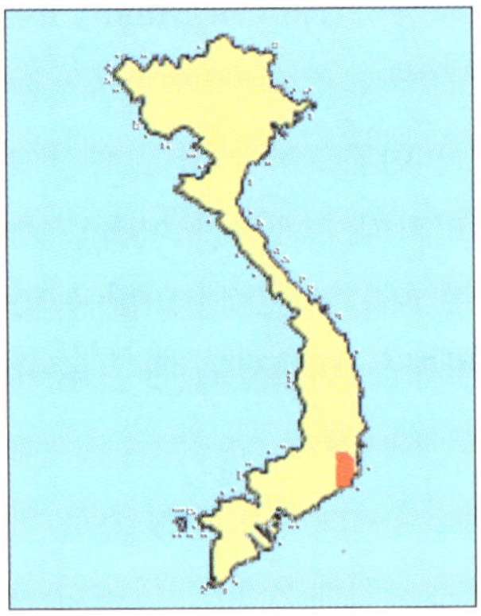

■ 기본정보

- 성도(省都) : 판랑-탑짬(Phan Rang-Tháp Chàm)
- 위치 : 남동부 지대
- 면적 : 3,360km²
- 인구 : 912,000명
- 민족 : 낑(Kinh,즉 Viet), 짬(Chăm), 라글라이(Ra Glai), 꺼호(Cơ Ho), 호아(Hoa)
- 행정구역 : 한 개의 시(市)와 5개의 지역으로 구분되어 있다.
  ① 박 아이(Bác Ái)
  ② 닝 하이(Ninh Hải)
  ③ 닝 프억(Ninh Phước)
  ④ 닝 썬(Ninh Sơn)
  ⑤ 투언 박(Thuận Bắc)
  ⑥ 판랑-탑짬 시(Phan Rang-Tháp Chàm City)
- 웹사이트 : http://www.ninhthuan.gov.vn

■ 특징

닝투언성 지역은 베트남에서 가장 건조하고 더운 지역에 속한다. 이곳의 기후는 열대 몬순과 건조함, 바람이 많이 부는 기후가 복합적으로 어우러져 있다. 연평균 기온은 27도이다.

성도(省都)인 판랑-탑짬은 판랑(Phan Rang)과, 그곳으로부터 5km 떨어져있는 까이(Cai)강의 제방위에 있는 탑짬(Tháp Chàm)이 '쌍둥이처럼 포개져 합쳐진 지역'이라는 뜻에서 그 이름이 유래되었다.

닝투언성 지역에는 성(省) 전체 인구의 약 11.58%를 차지하는 짬족(Cham ethnic group)이 살고 있다. 이들은 짬력(Cham Calendar)으로 매년 7월 1일(대략 10월 10일부터 12일까지)에는 뽀사히누 탑(Posahinu Tower)에 모여들어 성대하게 축제를 거행한다.

이 축제는 짬족에게 물에 잠긴 논에서 벼농사 짓는 법을 가르쳐 주었다고 전해 내려오는 뽀사히누 정령 (Genie Posahinu)을 기념하고 이를 감사드리는 축제이다. 이 축제를 까떼 축제 (Kate Festival)라고 부르는데, 이때는 수많은 짬족 사람들이 뽀사히누 탑에 모여들어 다양한 문화, 음악, 스포츠 행사를 연다.

그림 3-139 까떼 축제[195]

그림 3-140 닝투언성 지역의 해변[196]

이 곳은 해변의 백사장으로도 유명하다.

닝투언성 지역은 매운 후추와 양파, 포도밭으로 유명하며, 해양산업의 발전이 유망하다.

(7) 떠이닝 (Tây Ninh) 성(省)[197]

■ 떠이닝 (Tây Ninh) 성의 지도상의 위치

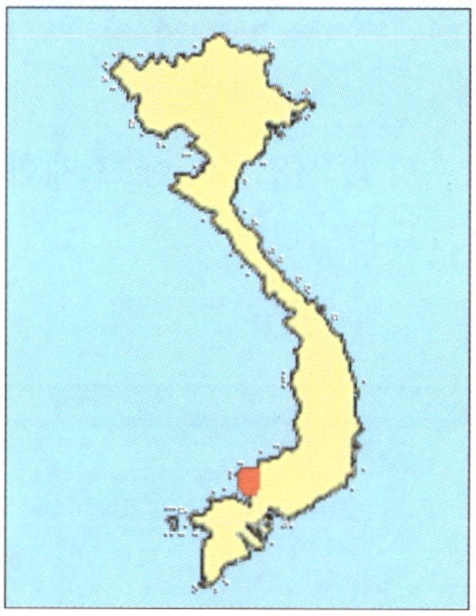

■ 기본정보

- 성도 (省都) : 떠이닝 (Tây Ninh)
- 위치 : 남동부지대
- 면적 : 4,029.6km²
- 인구 : 1,030,000명
- 민족 : 낑 (Kinh,즉 Viet), 짬 (Chăm), 크메르 (Khmer), 호아 (Hoa)
- 행정구역

① 떤 비엔 (Tân Biên)

② 떤 쩌우 (Tân Châu)

③ 즈엉 밍 쩌우 (Dương Minh Châu)

④ 쩌우 타잉 (Châu Thành)
⑤ 호아 타잉 (Hòa Thành)
⑥ 벤 꺼우 (Bến Cầu)
⑦ 고 저우 (Gò Dầu)
⑧ 짱 방 (Trảng Bàng)

• 웹사이트 : http://www.tayninh.gov.vn

■ 특징

떠이닝성 지역은 인도차이나 전쟁의 막바지 무렵부터 베트남 전쟁의 초기까지 민족주의자이면서 군사령관이었던 찡밍테 (Trịnh Minh Thế)의 고향이다.

성도인 떠이닝시(市)는 베트남 신흥종교인 까오다이(Cao Đài)교(敎)의 근원지이기도 하다.

이 지역은 호찌밍시의 북서쪽 96km 떨어진 남부 베트남의 동쪽에 위치하고 있으며, 서쪽과 북쪽으로는 캄보디아와 국경을 접하고 있다. 이 지역의 연평균 기온은 26~27도로 연중 내내 더운 편이다.

주요 토양은 곡식재배에 알맞은 현무암이다. 이 지역에는 임산업과 지방경제를 받쳐주는 다양한 종류의 숲이 있는데, 이러한 삼림은 전체토지의 36%를 차지하고 있다. 이 지역에는 2개의 강(江), 즉 사이곤강 (Sai Gon River)과 밤꼬강 (Vam Co River)이 흐르고 있다.

■ 산업

그림 3-141 짱방 산업단지[198)]

떠이닝성 정부는 산업을 발전시키기 위하여 산업단지 (Industrial Park)를 활발히 건설하고 있다. 그 중 대표적인 것이 짱방 (Trang Bang)산업단지이다. 이 단지는 총 면적이 1,650ha에 이른다.

그림 3-141에는 짱방 산업단지에 소재한 공장의 모습이 나타나 있다.

■ 주요 명소

① 까오다이 사원 (Cao Đài Temple)

까오다이교는 우리나라의 천도교와 비슷한 종교로 도교, 기독교, 불교, 유교의 교리가 혼합되어 있다. 까오다이는 '높은 교단' 즉, 높은 위치에 있는 '신(神)'을 의미한다. 사원입구에는 '신과 인간의 제3의 동맹'이라는 그림이 걸려있다. 이것은 신과 인간 사이의 3번째 약속을 의

미하는 것으로서, 현재까지 구세주가 3번 왔다는 뜻으로 모세와 석가, 예수와 공자, 그리고 세 번째는 '하늘의 눈'으로 상징되는 까오다이라는 것이다.

사원의 정면 제단에 그려진 '하늘의 눈' 그림에는 '사랑과 정의', '신성과 인간성'이라는 글자가 프랑스어와 한자로 쓰여 있어, 동양과 서양의 사상이 융합된 종교의 성격을 그대로 나타내 주고 있다.

사원건물도 이 종교가 추구하는 사상과 같이, 동양과 서양의 양식을 결합한 특이한 형태이다. 즉, 내부장식은 유교나 불교식이고, 외부장식은 천주교의 성당과 비슷하다.

이들은 인간의 선(善)의 본성과 평등을 추구하는 이상적인 사회건설을 꿈꾸고 있다. 현재 신도수는 약 200만명으로 추산되고 있으며, 이들은 항상 신비로운 느낌의 흰 옷을 입는다. 사원의 건물은 1933~1955년에 지어진 것으로, 시내에서 약 4km 떨어진 마을에 자리잡고 있다. 방문객들은 짧은 바지나 소매없는 옷을 입어서는 안되며, 항상 경건하고 단정한 태도를 유지해야 한다. 남자들은 오른쪽 문으로 여자들은 왼쪽 문으로 신을 벗고 들어가야 한다.

그림 3-142 까오다이교 사원[199]

그림 3-143 까오다이교 사원의 내부[200]

② 기타

떠이닝성 지역의 그 밖의 유명한 곳으로는 바덴 산(Ba Den Mountain)과 낌꾸앙 동굴 박물관(Kim Quang Cave Museum)등이 있다.

8. 남서 베트남-메콩강 삼각주(South Western Vietnam-Mekong River Delta,Tây Nam Bo - Đồng Bằng Sông Cửu Long)

(1) 안장(An Giang) 성(省)[201]

■ 안장(An Giang : 安江, 안강, Peaceful River) 성의 지도상의 위치

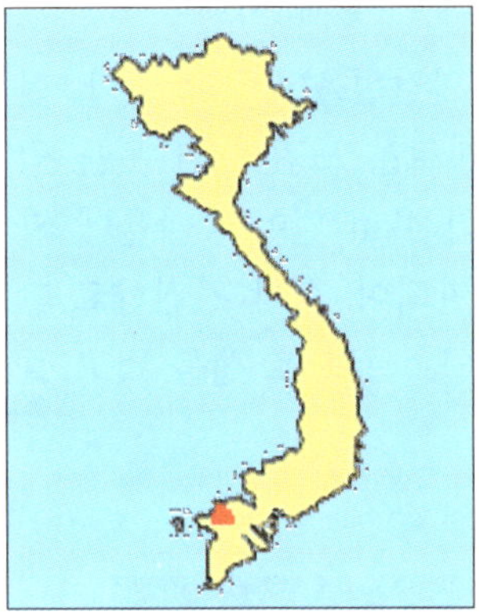

■ 기본정보

- 성도(省都) : 롱쑤옌(Long Xuyen)
- 위치 : 메콩강 삼각주지대
- 면적 : 3,406.2km²
- 인구 : 2,171,000명
- 민족 : 낑(Kinh,즉 Viet), 크메르(Khmer), 짬(Chăm), 호아(Hoa)

- 행정구역 : 성도(省都)인 롱 쑤옌(Long Xuyen)과 쩌우 독 Châu Đốc) 두 개의 시(市)와 9개의 지역으로 구분되어 있다.
  ① 롱 쑤옌(Long Xuyen)
  ② 쩌우 독(Châu Đốc)
  ③ 안 푸(An Phú)
  ④ 쩌우 푸(Châu Phú)
  ⑤ 쩌우 타잉(Châu Thành)
  ⑥ 쩌 머이(Chợ Mới)
  ⑦ 푸 떤(Phú Tân)
  ⑧ 떤 쩌우(Tân Châu)
  ⑨ 토아이 썬(Thoại Sơn)
  ⑩ 띵 비엔(Tinh Bien)
  ⑪ 찌 똔(Tri Ton)
- 웹사이트 : http://www.angiang.gov.vn

■ 특징

안장성 지역은 띠엔 강(Tien River)과 허우 강(Hau River)사이의 메콩강 삼각주 서쪽에 위치하며, 캄보디아와 국경을 접하고 있다. 서쪽으로 넓은 평야가 있어서 중요한 농작물을 생산하는데 큰 역할을 하고 있으며, 작은 강과 운하들이 발달해 있다.

이 지역의 연평균 기온은 26~28도로 몬순 열대 기후에 속하며, 두 가지 뚜렷한 기간으로 구분되는데, 12월부터 4월까지의 건기(乾期)와 5월부터 11월까지의 우기(雨期)가 그것이다. 8월 중순부터 11월 중순까지 가끔 홍수가 일어나기도 한다.

그림 3-144 안장성의 강변 경치[202)]

1978년 4월, 캄보디아와의 경계 지역에 바쭉(Ba Chuc)이란 마을에서 주민의 절반가량이 학살당하는 '바쭉 대량학살'(Ba Chuc massacre)이라는 사건이 일어났다.

■ 산업

안장성 지역은 뽕나무 경작, 누에고치 수확 등과 같은 작업이 주로 행해지고 있으며, 최근에는 비단산업으로 유명해지고 있다.

■ 주요 명소

안장성 지역의 유명한 곳으로는 롱쑤이옌(Long Xuyen)시(市)에 있는 안장 박물관(An Giang Museum), 바쌈 사원(Ba Sam Temple), 쩌우독에 있는 쌈산(Sam Mountain)에서의 축제, 그리고 빙띠엔(Binh Tien)에 있는 깜산(Cam Mountain)등을 들 수 있다.

안장성 지역에는 크메르족들이 많이 거주하고 있으며, 이들은 축제를 많이 개최한다. 그중 대표적인 것이 음력 8월 29일부터 9월1일까지 열리는 쎄네돌타 축제(Sene Dolta Festival)이다.

그림 3-145 소 경주 축제[203)]

이 축제에서 크메르인들은 사원에 모여 풍작을 축하하고 조상들에게 감사 기도를 드리며, 전통 노래와 춤을 추며 즐긴다. 이 축제의 명물은 약 70여 마리의 소(牛)들이 참여하여 경주를 벌이는 소 경주 축제(Ox race festival)이다.

(2) 박리에우(Bạc Liêu) 성(省)[204)]

■ 박리에우(Bạc Liêu) 성의 지도상의 위치

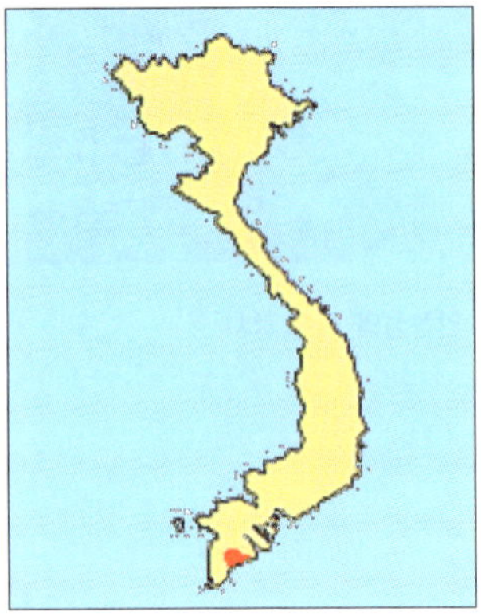

■ 기본정보

- 성도(省都) : 박리에우(Bạc Liêu)
- 위치 : 메콩강 삼각주지대
- 면적 : 2,525.7km²
- 인구 : 787,000명
- 민족 : 크메르(Khmer), 호아(Hoa), 낑(Kinh,즉 Viet), 짬(Chăm)

- 행정구역
  ① 동하이(Dong Hai)
  ② 자 라이(Gia Rai)
  ③ 호아 빙(Hoa Binh)
  ④ 홍 잔(Hong Dan)
  ⑤ 빙 로이(Vinh Loi)
  ⑥ 프억 롱(Phước Long)
- 웹사이트 : http://www.baclieu.gov.vn

■ 특징

그림 3-146 박리에우성 지역의 해변[205)]

박리에우성 지역은 베트남 최남단에 있는 까마우 반도의 박리에우 강(江) 연안에 위치하고 있으며, 북동쪽으로 195㎞ 떨어진 수도 호찌밍시(市)와 고속도로로 연결된다.

이 지역은 우기와 건기로 뚜렷하게 나누어져 있으며, 연평균 기온은 24도이다. 해변에서 동쪽으로 5㎞ 떨어진 곳에 박리에우 조류서식지가 있어 조류 탐사자들이 많이 방문한다.

■ 산업

박리에우성 지역은 벼농사를 짓는 곡창지대로 유명하며, 농업 · 무역업 · 관광업이 발전해 있다. 해안지방에서는 천일염 생산과 수산업도 활발히 이루어지고 있다. 수공예품 중의 특산물은 밀짚으로 만든 깔개이다.

(3) 벤쩨(Bến Tre) 성(省)[206)]

■ 벤쩨(Bến Tre) 성의 지도상의 위치

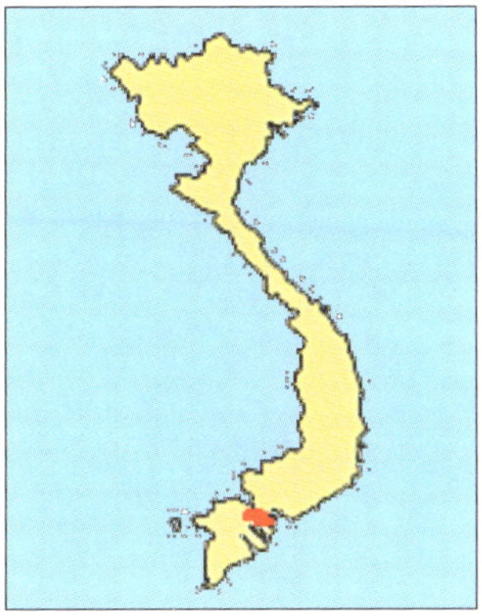

■ 기본정보

- 성도(省都) : 벤쩨(Bến Tre)
- 위치 : 메콩강 삼각주지대
- 면적 : 2,321km²
- 인구 : 1,346,000명
- 민족 : 낑(Kinh,즉 Viet), 크메르(Khmer), 호아(Hoa), 따이(Tày)
- 행정구역
  ① 바 찌(Ba Tri)
  ② 빙 다이(Bình Đại)
  ③ 쩌우 타잉(Châu Thành)
  ④ 쩌 라익(Chợ Lách)
  ⑤ 종 쫌(Giồng Trôm)
  ⑥ 모 꺼이(Mỏ Cày)
  ⑦ 타잉 푸(Thạnh Phú)
- 웹사이트 :http://www.bentre.gov.vn

■ 특징

벤쩨성 지역은 메콩강 삼각주의 입구에 위치하며, 메콩강 분지의 가장 낮은 부분에 자리 잡고 있다. 이 지역은 북동쪽으로 85km 떨어진 호찌밍시와는 페리보트로 연결되어 있다. 현재까지 이곳은 다리로 연결되어 있지 않고 선박으로만 접근할 수 있지만, 2002년에 착수된 라익미에우 현수교(Rach Mieu Bridge)공사가 조만간 완공될 예정이다.

그림 3-147 벤쩨성 지역의 메콩강[207)]

이 지역의 기후는 몬순의 영향을 받아, 9월과 10월 사이에 강한 바람이 부는 가운데, 5월부터 11월까지의 우기(雨期)와 12월부터 4월까지의 건기(乾期)로 나누어진다. 연평균 기온은 26도이고 습도는 주변의 많은 강 때문에 높은 편이다.

■ 산업

벤째성 지역의 주산업은 농업과 어업으로, 쌀 · 옥수수 · 감자 · 목화 · 담배 · 사탕수수 · 파인애플 등과 같은 작물 및 과일, 그리고 냉동새우 · 천일염 등이 생산된다. 이 지역을 흐르는 띠엔강(江)과 그 밖의 작은 강들 및 광대한 관개시설을 통해 쌀 생산량이 증대되고 있지만, 해수면과의 높이가 겨우 1.25m 밖에 차이가 나지 않아 범람의 위험 또한 크다. 그 밖에 견직물·벽돌·타일 등도 제조되고 있다.

(4) 까마우(Cà Mau) 성(省)[208)]

■ 까마우(Cà Mau) 성의 지도상의 위치

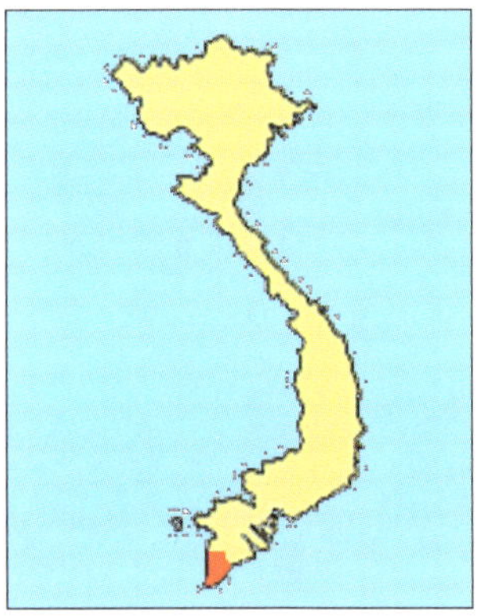

■ 기본정보

- 성도(省都) : 까마우(Cà Mau)
- 위치 : 메콩강 삼각주 지대
- 면적 : 5,201.5km²
- 인구 : 1,201,000명
- 민족 : 낑(Kinh,즉 Viet), 크메르(Khmer), 호아(Hoa), 따이(Tày)

- 행정구역

① 까이 느억(Cái Nước)
② 담 더이(Đầm Dơi)
③ 남 깐(Năm Căn)
④ 응옥 히엔(Ngọc Hiển)
⑤ 푸 떤(Phú Tân)
⑥ 터이 빙(Thới Bình)
⑦ 쩐 반 터이(Trần Văn Thời)
⑧ 우 밍(U Minh)

- 웹사이트 : http://www.camau.gov.vn

■ 특징

까마우성 지역의 기후는 뚜렷한 두 계절로 나뉘어 지는데, 5월부터 10월까지의 우기(雨期)와 11월부터 이듬해 4월까지의 건기(乾期)가 그것이다.

■ 주요 명소

그림 3-148 까마우성 지역의 해안[209)]

대표적인 관광지로는 시내에 있는 몇 군데의 야생 조류공원, 그리고 유명한 맹그로브 숲(Mangrove Forest)이 포함되어 있는 우밍 생태보호구역(U Minh biosphere reserve)이 있다. 또 이 지역에는 유명한 무이까마우 국립공원(Mui Ca Mau National Park)이 자리잡고 있다.

■ 산업

까마우성 지역에는 많은 수로(水路)를 이용한 운송체계가 잘 정비되어 있는 것이 특징이다. 이러한 수로는 훌륭한 운송수단이 되어 농업을 비롯한 산업발전에 기반이 되고 있다. 대부분의 상품은 수로를 운항하는 보트와 바지선에 실려 베트남 각지로 운반된다.

어업이 이 지역의 가장 중요한 산업이며, 특히 새우의 베트남 최대 수출기지이다. 석유산업 또한 이곳의 지역경제에 큰 영향을 미친다.

(5) 동탑(Đồng Tháp) 성(省)[210)]

■ 동탑(Đồng Tháp) 성의 지도상의 위치

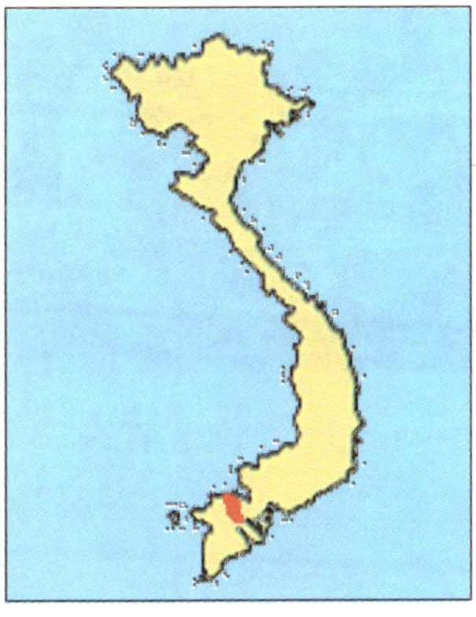

■ 기본정보

- 성도(省都) : 까오라잉(Cao Lãnh)
- 위치 : 메콩강 삼각주지대
- 면적 : 3,246.1km²
- 인구 : 1,640,000명
- 민족 : 낑(Kinh,즉 Viet), 크메르(Khmer), 호아(Hoa), 응아이(Ngái)

• **행정구역** : 성도(省都)인 까오라잉(Cao Lãnh)시(市), 1개의 사덱(Sa Đéc)현(縣), 그리고 9개의 지역으로 구분되어 있다.

① 까오 라잉(Cao Lãnh)
② 딴 홍(Tân Hồng)
③ 홍 응우(Hồng Ngự)
④ 땀 농(Tam Nông)
⑤ 타잉 빙(Thanh Bình)
⑥ 탑 므오이(Tháp Mười)
⑦ 랍 보(Lấp Vò)
⑧ 라이 붕(Lai Vung)
⑨ 쩌우 타잉(Châu Thành)

• **웹사이트** : http://www.dongthap.gov.vn

■ 특징

동탑성 지역은 북서쪽으로 52km에 걸쳐 캄보디아와 접해 있으며, 메콩강 하류에 있는 지류인 띠엔(Tien)강과 남쪽에 있는 허우(Hau)강이 남동쪽 경계를 이룬다. 예전에는 이 지역이 캄보디아의 영토였지만 18세기에 베트남영토가 되었다. 이 지역은 동탑므오이(Dong Thap M'uoi, 갈대평원)지대에 자리잡고 있기 때문에 평야가 많다.

이 지역은 메콩강 범람의 원인이 되는 여름 몬순의 영향을 받으며, 연평균 기온은 26.6도이다. 열대기후 지역으로 우기는 5월부터 11월까지이고, 연평균 강수량은 1,250~1,450mm이다. 건기는 12월부터 다음해 4월까지이다.

많은 강(江)과 운하가 이 지역을 가로지르며 흐르고 있고, 토지가 비옥한 충적토로 형성되어 있어서 쌀과 과일나무 경작에 적합하다.

■ 산업

동탑성 지역의 주요 산업은 농업, 어업, 무역업이다. 메콩강 하류를 중심으로 벼의 1모작과 2모작이 이루어지며, 성도인 까오라잉시(Cao Lãnh City)는 중요한 쌀 교역지이다. 그 밖에 담배·목화·옥수수·감자·녹두·콩·사탕수수·과일 등이 생산되며, 제재업, 벽돌·타일 제조업, 견직업, 과일·수산물 가공업이 활발히 이루어지고 있다. 특히 생선 소스(누오크맘)가 유명하다. 일년 내내 양어(養魚)가 가능한 강과 운하, 수로체계로 인해 인근 지방과 호찌밍시에 생선을 공급해 준다.

그림 3-149 동탑성 지역의 농촌[211)]

(6) 허우장(Hậu Giang) 성(省)[212]

■ 허우장(Hậu Giang : 後江, 후강, Posterior River) 성의 지도상의 위치

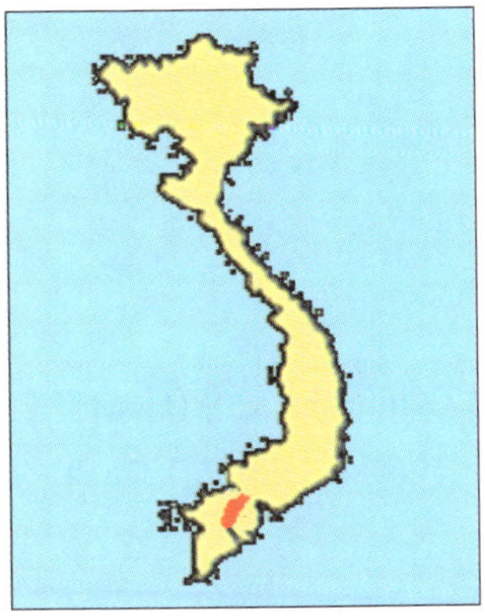

■ 기본정보

- 성도(省都) : 비타잉(Vị Thanh)
- 위치 : 메콩강 삼각주지대
- 면적 : 1,602km²
- 인구 : 772,000명
- 민족 : 낑(Kinh,즉 Viet), 호아(Hoa), 짬(Chăm), 크메르(Khmer)

- 행정구역 : 성도(省都)인 비타잉(Vị Thanh)과 2개의 현(縣, Ngã Bảy와 Tân Hiệp), 그리고 5개의 지역으로 구분되어 있다.
  ① 쩌우 타잉(Châu Thành)
  ② 쩌우 타잉 A(Châu Thành A)
  ③ 롱 미(Long Mỹ)
  ④ 풍 히엡(Phụng Hiệp)
  ⑤ 비 투이(Vị Thủy)
- 웹사이트 : http://www.haugiang.gov.vn

■ 특징

허우장성 지역에는 88만km²의 산업단지가 건설되어 있다. 허우장성은 고속도로, 운하 및 허우 강(Hậu River)을 통하여 호찌밍시(市)와 연결되고 있다.

그림 3-150 허우장성 지역의 운하[213]

허우장성 지역에는 강(江)과 운하(運河)가 거미줄처럼 얽혀 있는데, 그중 대표적인 것이 허우(Hau) 강(江), 까이뚜(Cai Tu) 강(江)을 비롯하여 꾸안로(Quan Lo), 풍히엡(Phung Hiep), 싸노(Xa No), 쌍낭마우(Xang Nang Mau) 운하이다.

(7) 끼엔장(Kiên Giang)성(省)[214)]

■ 끼엔장(Kiên Giang)성의 지도상의 위치

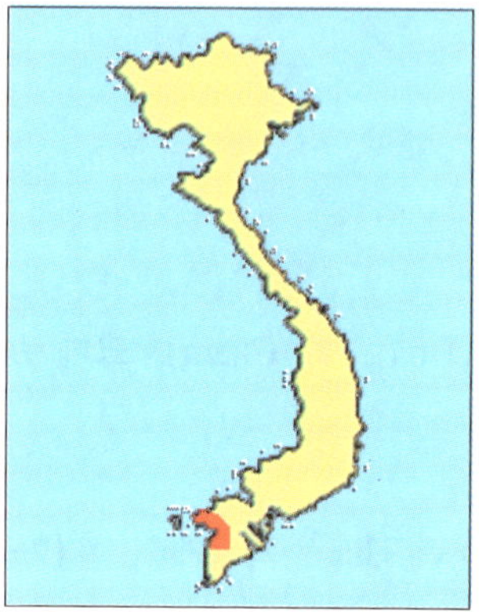

■ 기본정보

- 성도(省都) : 락지아(Rạch Giá)
- 위치 : 메콩강 삼각주지대
- 면적 : 6,299km²
- 인구 : 1,635,000명
- 민족 : 낑(Kinh,즉 Viet), 크메르(Khmer), 호아(Hoa)
- **행정구역** : 1개의 시(市)와 1개의 현(縣), 그리고 12개의 지역으로 구분되어 있다.

① 안 비엔(An Biên)
② 안 밍(An Minh)
③ 쩌우 타잉(Châu Thành)
④ 종 리엥(Giồng Riềng)
⑤ 고 꾸아(Gò Quao)
⑥ 혼 닷(Hòn Đất)
⑦ 끼엔 하이(Kiên Hải)
⑧ 끼엔 르엉(Kiên Lương)
⑨ 푸 꾸옥(Phú Quốc)
⑩ 떤 히엡(Tân Hiệp)
⑪ 빙 투언(Vĩnh Thuận)
⑫ 우 밍엥 트엉(U Minh Thượng)
⑬ 라익 자 시(Rạch Giá City)
⑭ 하 띠엔 현(Hà Tiên Town)

- 웹사이트 : http://www.kiengiang.gov.vn

■ 특징

끼엔장성 지역은 베트남 국토의 가장 남쪽에 위치하고 있으며, 캄보디아와 54km가량 국경을 접하고 있다. 이 지역에는 200km의 해안선과 105개의 섬이 있다. 이들 섬은 군사적으로 매우 중요한 역할을 하고 있다.

그림 3-151 락지아시의 민가(民家)[215)]

이곳의 기후는 열대몬순의 영향을 받아 연중 내내 덥고 습기가 많다. 연평균 기온은 27도이고, 연평균 강수량은 1600mm ~ 2000mm이다. 우기(雨期)는 4월부터 11월까지이고, 건기(乾期)는 12월부터 3월까지이다.

그림 3-151에는 우기(雨期)때 물이 차올라 있는, 성도인 락지아시(市)의 민가(民家)의 모습이 나타나 있다.

■ 산업

끼엔장성 지역은 어업과 쌀 생산지로 유명하고, 문화적·역사적 유적지로 유명한 지역이기도 하다. 또 경치가 아름다운 해변과 섬들이 많아 관광산업에 적합하다.

그림 3-152 끼엔장성 지역의 해변[216)]

(8) 롱안(Long An)성(省)[217]

■ 롱안(Long An : 隆安, 융안)성의 지도상의 위치

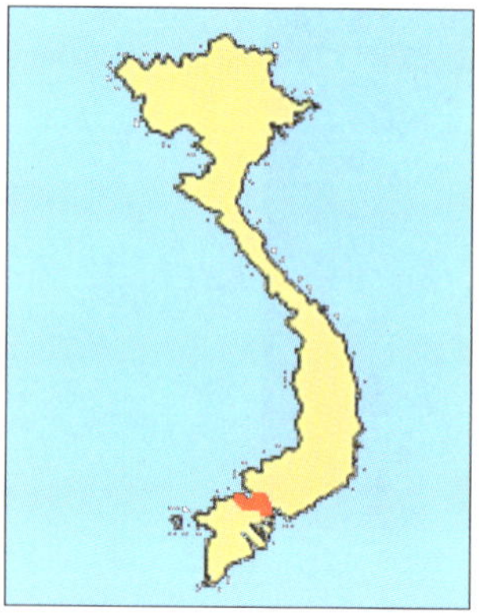

■ 기본정보

- 성도(省都) : 떤안(Tân An)
- 위치 : 남서부지대
- 면적 : 4,492km²
- 인구 : 1,384,000명
- 민족 : 낑(Kinh,즉 Viet), 호아(Hoa)
- 행정구역 : 1개의 현(Tân An)과 13개의 지역으로 구분되어 있다.
  ① 벤 륵(Bến Lức)
  ② 껀 즈억(Cần Đước)
  ③ 껀 주옥(Cần Giuộc)
  ④ 쩌우 타잉(Châu Thành)
  ⑤ 득 호아(Đức Hòa)
  ⑥ 득 휴(Đức Huệ)
  ⑦ 목 호아(Mộc Hoá)
  ⑧ 떤 흥(Tân Hưng)
  ⑨ 떤 타잉(Tân Thạnh)
  ⑩ 떤 Wm(Tân Trụ)
  ⑪ 타잉 호아(Thạnh Hóa)
  ⑫ 투 트어(Thủ Thừa)
  ⑬ 빙 흥(Vĩnh Hưng)
- 웹사이트 : http://longan.gov.vn

그림 3-153 롱안성 지역의 자연환경[218]

■ 특징

롱안성 지역의 기후는 12월부터 4월까지의 건기와 5월부터 11월까지의 우기의 두 가지로 나뉜다. 이 지역의 대표적인 생산물로는 벤륵(Bến Lức)의 목재, 롱찌(Long Tri)의 수박 등을 들 수 있으며, 특히, 쪼다오(Cho Dao)지역의 쌀은 과거에 정기적으로 황제의 식탁에 진상되었을 정도로 대단히 질이 좋고 맛도 좋은 최고급 쌀로 평가 받고 있다.

이곳은 식물 분포가 다양하고 풍부할 뿐만 아니라, 동물도 새우, 조개, 120여종의 민물고기, 물새, 개구리, 뱀, 거북이, 자라 등이 대량으로 분포되어 있어 베트남 생태계의 보고(寶庫)라 할 수 있다.

■ 산업

전형적인 베트남 남부의 농촌 풍경을 간직한 롱안성 지역의 지형은, 거의 대부분 논농사를 위주로 하는 평야 지대로 되어있으며, 이러한 논농사가 주요 산업을 이루고 있다.

그림 3-154 롱안성 지역의 농촌[219)]

(9) 쏙짱(Sóc Trăng) 성(省)[220)]

■ 쏙짱(Sóc Trăng) 성의 지도상의 위치

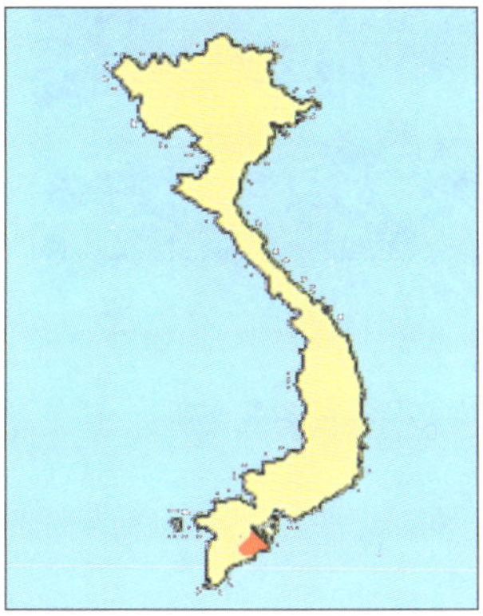

■ 기본정보

- 성도(省都) : 쏙짱(Sóc Trăng)
- 위치 : 메콩강 삼각주지대
- 면적 : 3,223.30km²
- 인구 : 1,214,000명
- 민족 : 낑(Kinh,즉 Viet), 크메르(Khmer), 호아(Hoa)족을 포함하여 26개 민족
- 행정구역 : 성도(省都)인 쏙짱시(Sóc Trăng City)와 8개의 지역으로 구분되어 있다.

① 께 사익(Kế Sách)
② 롱 푸(Long Phú)
③ 꾸 라오 중(Cù Lao Dung)
④ 미 뚜(Mỹ Tú)
⑤ 미 쑤옌(Mỹ Xuyên)
⑥ 타잉 찌(Thạnh Trị)
⑦ 빙 쩌우(Vĩnh Châu)
⑧ 응아 남(Ngã Năm)

- 웹사이트 : http://www.soctrang.gov.vn

■ 특징

쏙짱성 지역은 북서쪽으로는 허우장(Hau Giang)성(省)과 접해 있으며, 남서쪽으로는 박리에우(Bac Lieu)성(省)과 접해 있다. 남동쪽으로는 72km에 이르는 동중국해 해안선을 이루고 있다.성도(省都)인 쏙짱시(市)는 호찌밍시에서 231km떨어져 있다. '쏙짱'의 어원은 크메르족 단어에서 왔는데 '부(富)의 축적'이라는 뜻을 지니고 있다.

이 지역의 연평균 기온은 27도이고, 연평균 강수량은 1,850mm이다.

이 지역에는 두 개의 큰 강(江)인 허우 강(Hau River)과 미타잉 강(My Thanh River)이 흐른다.

■ 산업

쏙짱성 지역은 베트남 남부 바작 강(江) 어귀 가까이 메콩강 삼각주(Mekong Delta) 평야지대에 위치하고 있기 때문에, 벼농사의 중심지역으로서 동남아시아의 대표적인 곡창지대 가운데 하나이다. 또한, 고속도로와 운하가 교차하는 교통의 요충지이기도 하다.

■ 주요 명소

쏙짱성 지역의 주요 명소로는 도이와 닷셋 사원(Doi and Dat Set Pagodas), 쏙짱에 있는 크메르 문화박물관(Museum on Khemer Culture) 등을 들 수 있다. 그 밖에 미프억 과수원(My Phuoc Orchard)과 타잉찌 조류 보호구역(Thanh Tri Bird Sanctuary)이 관광객들의 이목을 끈다.

그림 3-155 쏙짱성 지역의 배 경주 축제[221)]

(10) 띠엔장(Tiền Giang) 성(省)[222)]

■ 띠엔장(Tiền Giang : 前江, 전강, Anterior River) 성의 지도상의 위치

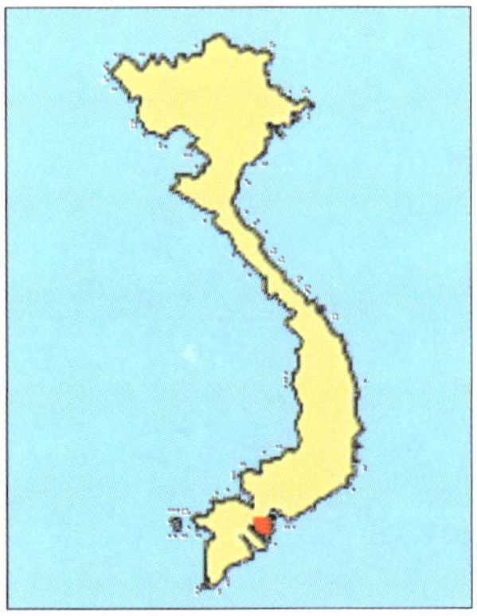

■ 기본정보

- 성도(省都) : 미토(Mỹ Tho)
- 위치 : 메콩강 삼각주지대
- 면적 : 2,481km²
- 인구 : 1,682,000명
- 민족 : 낑(Kinh,즉 Viet), 호아(Hoa), 크메르(Khmer), 따이(Tày)

• **행정구역** : 1개의 시(市), 1개의 현(縣), 그리고 7개의 지역으로 구분되어 있다.

① 고 꽁 동(Gò Công Đông)

② 고 꽁 떠이(Gò Công Tây)

③ 쪼 가오(Chợ Gạo)

④ 쩌우 타잉(Châu Thành)

⑤ 떤 프억(Tân Phước)

⑥ 까이 러이(Cai Lậy)

⑦ 까이 베(Cái Bè)

⑧ 고 꽁 현(Gò Công Town)

⑨ 미 토 시(Mỹ Tho City)

• **웹사이트** : http://www.tiengian.gov.vn

■ 특징

띠엔장성 지역은 건기(乾期)와 우기(雨期)의 뚜렷한 계절의 구분을 가지고 있지만, 강우량은 삼각주지대의 다른 성(省)에 비해 낮은 편이다.

그림 3-156에는 띠엔장성 지역 인근의 메콩강 삼각주 모습이 나타나 있고, 그림 3-157에는 성도(省都)인 미토시의 풍경이 나타나 있다.

그림 3-156 띠엔장성 지역의 메콩강 삼각주[223)]

그림 3-157 성도(省都) 미토(My Tho)시[224)]

■ 산업

띠엔장성 지역은 베트남의 쌀 곡창지대이며, 또한 두리안(Durian), 망고(Mango), 람부탄(Rambutan)과 그밖의 다른 열대과일나무도 넓은 지역에 걸쳐 분포한다. 또한 해양자원을 이용하는 산업도 기대할만한 수준이다.

한편 띠엔장성 지역에서는 전통적으로 수공예업이 발달해 있다. 그중 대표적인 마을이 까이베(Cai Be)이며, 이곳은 많은 관광객들이 찾고 있다.

그림 3-158에는 까이베 전통공예 마을(Cai Be traditional craft village)의 모습이 나타나 있다.

그림 3-158 까이베 전통공예 마을[225)]

(11) 짜빙(Trà Vinh) 성(省)[226)]

■ 짜빙(Trà Vinh) 성의 지도상의 위치

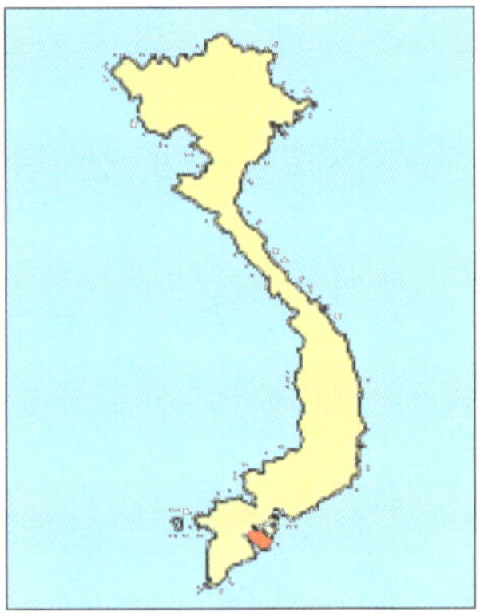

■ 기본정보

- 성도(省都) : 짜빙(Trà Vinh)
- 위치 : 메콩강 삼각주지대
- 면적 : 2,215.1km²
- 인구 : 1,016,000명
- 민족 : 낑(Kinh,즉 Viet), 크메르(Khmer), 따이(Tày), 호아(Hoa)
- 행정구역 : 성도인 짜빙시(市)와 7개의 지역으로 구분되어 있다.
  ① 깡 롱(Càng Long)
  ② 쩌우 타잉(Châu Thành)
  ③ 꺼우 께(Cầu Kè)
  ④ 티우에 껀(Tiểu Cần)
  ⑤ 꺼우 응앙(Cầu Ngang)
  ⑥ 짜 꾸(Trà Cú)
  ⑦ 두옌 하이(Duyên Hải)
- 웹사이트 : http://www.travinh.gov.vn

■ 특징

짜빙성 지역은 메콩강 삼각주 평야지대에 위치하며, 호찌밍시로부터 202km 떨어져 있다.

그림 3-159 짜빙성 인근 메콩강 삼각주[227)]

기후는 열대 몬순기후를 가지고 있으며, 건기와 우기로 나뉜다. 연평균 기온은 26도이다.

■ 주요 명소

짜빙성 지역의 유명한 장소로는 롱덕(Long Duc)마을에 있는 호찌밍 사원(Uncle HoTemple), 불가사의한 전설을 가지고 있는 바옴 호수(Ba Om Pond), 바동(Ba Dong)해변과 미롱(My Long)해변, 크메르 사원(Khmer Pagoda)등이 있다.

특히 무니랑사람 사원(Munirangsyaram Pagoda)은 크메르 양식으로 지어진 사찰로서, 크메르 스님이 오전과 오후에 각각 1회씩 공개적으로 불공을 드린다.

그림 3-160 크메르 무니랑샤람 사원(Munirangsyaram Pagoda)[228)]

(12) 빙롱(Vĩnh Long) 성(省)[229]

■ 빙롱(Vĩnh Long : 永隆, 영융) 성의 지도상의 위치

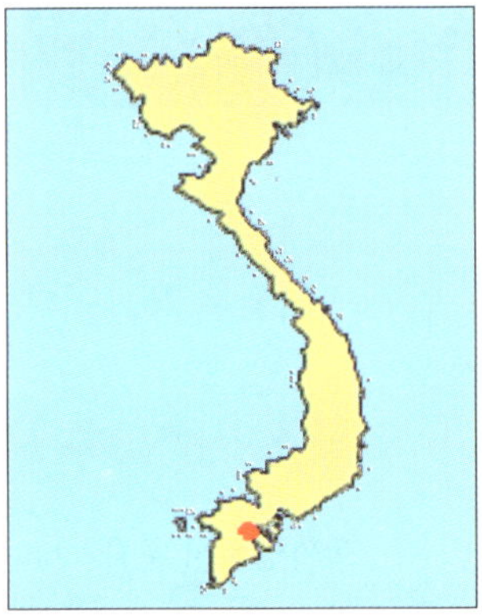

■ 기본정보

- 성도(省都) : 빙롱(Vĩnh Long)
- 위치 : 남부 내륙지대
- 면적 : 1,478km²
- 인구 : 1,019,000명
- 민족 : 크메르(Khmer), 호아(Hoa)

- 행정구역 : 6개의 지역으로 구분되어 있다.
  ① 빙 밍(Bình Minh)
  ② 롱 호(Long Hồ)
  ③ 망 팃(Mang Thít)
  ④ 땀 빙(Tam Bình)
  ⑤ 짜 온(Trà Ôn)
  ⑥ 붕 리엠(Vũng Liêm)
- 웹사이트 :http://www.vinhlong.gov.vn

■ 특징

빙롱성 지역은 허우(Hau)강과 띠엔(Tien)강의 사이에 위치해 있다. 이 지역은 열대온순 기후로서, 우기와 건기 두 가지 기후로 뚜렷하게 구분된다. 연평균 기온은 27도이다.

호찌밍시에서 남서쪽으로 135km 떨어진 곳에 소재한 빙롱성은 버스나 자동차를 타고 1A 국도와 아름다운 미투언 다리(My Thuan Bridge)를 이용해서 쉽게 갈 수 있다.

빙롱성 지역은 거의 전체가 많은 수로(水路)에 의해 거미줄처럼 얽혀 있으며, 이러한 수로를 이용한 보트 수송이 운송시스템의 중심을 이루고 있다.

■ 산업

빙롱성 지역은 새우와 물고기 등과 같은 어족자원이 매우 풍부하다. 따라서 어업이 매우 발달해 있다. 또한 이곳의 기름진 땅은 망고스틴(mangosteen)이나 두리안(durian) 같은 당도(糖度)가 높은 열대과일이 잘 자랄 수 있게 해준다.

빙롱성 지역은 전술한 바와 같이 수로(水路, network of waterways)가 잘 발달되어 있기 때문에, 과일을 비롯한 많은 상품들이 수상(水上)에서 영업하는 상인들(floating merchants)의 보트 위에서 판매되고 있다. 또한, 수로를 통한 여행도 일반적이다. 그 이유는 식료품 매장, 식당, 숙소가 작은 섬들(islets)내(內)에 소재하고 있는 경우가 많으며, 이러한 섬에는 보트로 가지 않으면 안되기 때문이다.

■ 주요 명소

그림 3-161 빙롱성 지역의 바다[230)]

빈롱성 지역의 대표적인 관광지로서 안빈섬까지 배로 가는 크루즈 코스가 있다. 약 60 km²의 이 섬에는 길고 짧은 60여개의 수로망이 그물처럼 펼쳐져있다.

그밖에 응우옌 왕조(Nguyen Dynasty)시대였던 1864년부터 1866년 사이에 지어진 문묘(文廟, Temple of Literature)가 유명하다.

이곳은 베트남 문화 · 정보부에서 국가유산(Nationl Heritage)으로 지정된바 있다.

그림 3-162 빈롱 문묘[231)]

제2부 일반 환경

제4장

자연 환경

이 장에서는 베트남의 자연 환경, 즉 지리 환경, 기후 환경, 식물 환경, 동물 환경 및 자원 환경 등을 고찰하기로 한다.

제1절 지리 환경 (Geography)

여기서는 베트남의 면적, 위치, 지형 등을 살펴보기로 하자

1. 면적

(1) 개황[1]

베트남의 국토 총면적은 331.689km^{2}이며, 이 중 내륙수면(호수, 저수지, 강)의 면적이 4,200km^{2}이다. 베트남의 영토 면적은 한반도의 약 1.5배에 해당하며, 세계에서 67번째로 넓다. 또 해수(海水) 면적은 1,000,000km^{2}이며, 약 4,000여개의 크고 작은 섬들로 구성되어 있다. 표 4-1은 세계 주요 각국의 면적을 순위별로 정리한 것이다. 이 면적은 육지와 내륙수면을 합한 것이다.

표 4-1 국가별 국토 면적과 순위

순 위	국 가	면 적(km^2)	
-	전 세계	510,065,284	(지구 전체 표면의 70.8%는 물이고, 29.2%는 육지(148,939,063km^2)이다.
1	러시아(Russia)	17,098,242	
2	캐나다(Canada)	9,970,610	
3	미국(United States)	9,629,091	
4	중국(People's Republic of China)	9,596,961	
5	브라질(Brazil)	8,514,877	
6	오스트리아(Australia)	7,741,220	
7	인도(India)	3,287,253	
8	아르헨티나(Argentina)	2,780,400	
9	카자흐스탄(Kazakhstan)	2,724,900	
10	수단(Sudan)	2,505,813	
13	사우디아라비아(Saudi Arabia)	2,149,690	
14	멕시코(Mexico)	1,958,201	
15	인도네시아(Indonesia)	1,904,569	
17	이란(Iran)	1,648,195	
29	이집트(Egypt)	1,001,449	
34	파키스탄(Pakistan)	796,095	
49	프랑스(France)	551,500	
52	스페인(Spain)	505,992	
56	스웨덴(Sweden)	449,964	
62	노르웨이(Norway)	385,155	
63	일본(Japan)	377,873	
64	독일(Germany)	357,022	
66	핀란드(Finland)	338,145	
67	베트남(Vietnam)	331,689	
68	말레이시아(Malaysia)	329,847	
71	이탈리아(Italy)	301,318	
73	필리핀(Philippines)	300,000	
76	뉴질랜드(New Zealand)	270,534	
80	영국(United Kingdom)	242,900	
94	네팔(Nepal)	147,181	
95	방글라데시(Bangladesh)	143,998	
97	그리스(Greece)	131,957	
100	북한(North Korea)	120,538	
110	남한(South Korea)	99,538	
137	대만(Taiwan)	35,980	
153	이스라엘(Israel)	20,770	
194	모나코(Monaco)	1.95	
195	바티칸시티(Vatican City)	0.44	

그림 4-1 베트남과 인접국가[3]

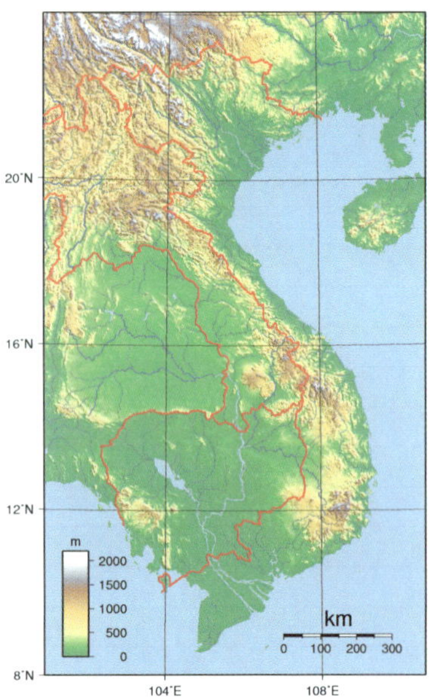

그림 4-2 베트남의 지형도[5]

2. 베트남과 주변국가[2]

베트남은 동경 102° 09′~109° 30′, 북위 8° 10′~23° 24′의 인도차이나(Indochina) 반도의 동해안을 따라 자리 잡고 있는 동남아시아의 국가이다. 북쪽은 중국, 서쪽은 라오스 및 캄보디아와 국경을 접하고 있고, 남서쪽은 타일랜드만(Gulf of Thailand), 동쪽은 북쪽으로부터 내려오면서 통킹만(Gulf of Tonkin)과 남중국해(South China Sea)에 각각 접해 있다.

베트남과 인접하고 있는 국가들과 국경선 길이는 캄보디아 1,228km, 중국 1,281km, 라오스 2,130km이다.

베트남 최북단과 최남단간의 직선거리는 약 1,650km에 이르고, 동서간의 최대너비는 북부 550km, 남부 340km 정도이다. 또 남북으로 기다란 해안선은 3,444km에 달한다.

3. 지형(Terrain)

(1) 개황[4]

베트남은 중국과의 북쪽 국경에서 남쪽의 타일랜드 만까지 S자 형태를 이루며 남북으로 좁고 길게 뻗어 있다. 또한 북쪽과 남쪽은 넓고, 중간 지역은 좁은 형태를 이루고 있다. 베트남의 지형을 요약하면, 북쪽과 남쪽은 낮고 평탄한 삼각주(delta) 평야지대, 중부는 고원지대, 북쪽 끝과 북서쪽은 산악지대라고 할 수 있다. 이를 좀더 구체적으로 보면 아래와 같다.

베트남은 열대지방에 있는 나라로서, 저지대(低地帶), 구릉, 산림이 조밀한 고지대(高地帶)로 이루어져 있으며, 해수면과 동등한 지대는 전체국토의 20% 정도밖에 되지 않는다. 베트남 지형은 크게 북부의 홍강 삼각주(Red River Delta), 고지대(Highlands), 중부 고지대(Central Highlands), 해안 저지대(Coastal Lowlands) 및 메콩강 삼각주(Mekong River Delta) 등 5개 부분으로 나누어진다. 아래에서는 이들에 대하여 간략하게 고찰하기로 한다.

(2) 홍강 삼각주(Red River Delta)[6)]

베트남어로는 동방쏭홍(Đồng Bằng Sông Hồng)이라고 불리는 홍강(紅江 또는 紅河, Red River) 삼각주는 홍강에 의해 형성된 삼각형 모양의 평평한 평야지대로서, 면적은 15,000km^2 정도 된다. 후술하는 메콩강 삼각주와 더불어 베트남의 2대 곡창지대의 하나인 홍강 삼각주는 메콩강 삼각주보다는 면적이 좁지만 인구는 더 조밀하다.

홍강이라는 이름은 철분이 많아서 붉은색을 띠고 있기 때문에 붙여졌으며, '쏭코이 강'이라고도 불린다. 홍강의 지류(支流)는 북부 베트남의 타이빙강(Thai Binh River)과 만난다.

통킹만과 인접해 있는 홍강 삼각주는 수천년 동안에 걸쳐 충적된 지대이며, 홍강과 그 지류들은 대규모로 범람하는 경우가 많고, 또 매년 100m씩 통킹만 쪽으로 면적을 넓혀 가고 있다.

그림 4-3에는 홍강 삼각주(Red River Delta)의 여러 모습들이 나타나 있다.

그림 3-3 홍강 삼각주의 모습들[7)]

홍강 삼각주는 고대(古代) 베트남인들이 살았던 지역으로서, 이곳 삼각주는 1975년 이전에는 북부 베트남 농업의 거의 70%, 그리고 산업의 80%를 차지했었다.

홍강은 중국의 윈난(雲南) 성(省)에서 발원(發源)하며, 그 길이가 약 1,200km이다(베트남 내의 통과구간은 475km임). 이 강의 두 개 주요 지류(支流)는 쏭로(Sông Lô)와 쏭자(Sông Da)강이다(베트남어로 '쏭(Sông)'이란 '강'을 뜻한다.). 이들 두 개의 지류는 홍강의 수량(水量)을 보유하며 흘러가는데, 우기(雨期) 때는 이 수량이 60배 이상 더 많아진다.

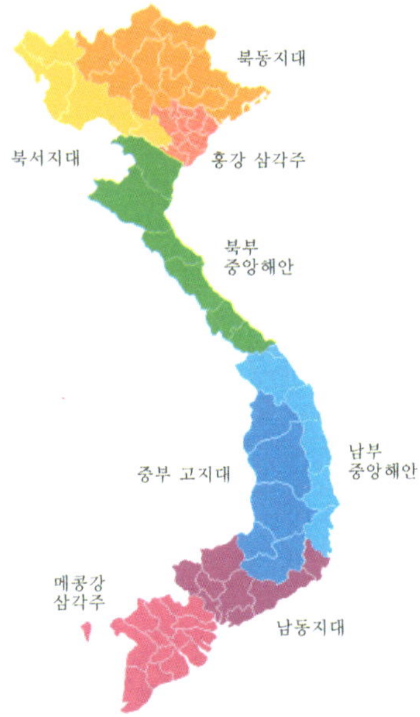

그림 4-4 홍강 삼각주의 위치[8)]

홍강 삼각주의 전체 지역은 해수면(sea level)보다 3m이상 높지 않으며, 또 대부분의 지역은 1m 이하이다. 이 삼각주는 범람하는 일이 많다. 어떤 곳에서는 홍수로 범람하는 최대높이가 인근 토지높이의 14m이상이 되는 경우도 있다.

수세기 동안에 걸쳐 이곳의 홍수를 통제하는 일은 이 삼각주의 경작과 경제의 가장 중요한 부분이 되어 왔다. 오늘날은 홍강의 범람을 억제하고 쌀 경작을 원활하게 하기 위해서 제방(dikes)과 운하(canals)가 축조 되었다. 홍강 삼각주의 주요 작물은 쌀인데, 1년에 2모작 이상이 가능하다.

그림 4-4는 홍강 삼각주를 비롯한 다른 지형을 보여 주고 있다.

(3) 고지대(Highlands)[9)]

고지대와 산악 고원지대에는 주로 소수민족들이 부락을 형성해서 살고 있다. 이 지역은 산림이 빽빽하고 바위투성이인 안남산맥(Annamite Range, 자이쯔엉썬, Giai Truong Son)으로 되어 있으며, 베트남 전체 국토의 약 2/3를 차지한다.

안남산맥은 중국 남서부의 티베트와 윈난(雲南) 고원의 남쪽 연장부분이며, 베트남의 중서부를 통과하면서 남북으로 길게 뻗어 라오스와 캄보디아와의 국경선을 형성한다. 안남산맥의 남쪽 끝은 호찌밍시(과거의 사이곤)의 메콩강 삼각주 북쪽이다.

그림 4-5에는 안남산맥(Annam Mountains)의 모습이 나타나 있다.

그림 4-5 안남산맥[10)]

북반부의 서북~동남 방향으로 나란히 뻗은 산맥들에는 해발고도 1,839m가 넘는 봉우리가 여러개 있고, 심하게 침식된 세로로 뻗은 일련의 고원들(평균고도 760~1,500m)이 남반부로 뻗어 내리고 있다. 산맥 경사면에는 고무와 차(茶)를 재배하는 광대한 농장이 펼쳐져 있다.

특히 북부지역은 좁고 매우 울퉁불퉁하나, 남부지역은 산맥의 수많은 지맥(支脈)들이 연안지역(Coastal Strip)을 여러 부분으로 분할하고 있다. 이러한 지형학적 특성으로 인해 한편으로는 이 지역은 수세기 동안 북동부지역의 왕래를 어렵게 만들었고, 다른 한편으로는 이 지역 사람들을 적군의 침입으로부터 보호해 주는 천혜의 자연적 요새가 되어 주었다.

(4) 중부 고지대(Central Highlands)[11)]

베트남 남부지대는 '중부 고지대' (Central Highlands, 따이 응우옌, Tay Nguyen)라고 알려져 있는 고원지대로서, 약 51,800km^2의 험난한 바위산, 울창한 삼림, 그리고 비옥한 토지로 이루어져 있다. 현무암 토양(basalt soil)으로 이루어진 비교적 평평한 다섯 개의 고원이 '닥락' (Đắk Lắk), 자라이(Gia Lai), 꼰뚬(Kon Tum) 성(省)들을 가로지르며 퍼져있고, 베트남 총 경작면적의 16%, 그리고 총 산림면적의 22%를 차지하고 있다.

1975년 이전까지 북베트남은 '중부 고지대'와 '안남산맥'(자이쯔엉썬)을 남베트남뿐만 아니라 인도차이나(Indochina)의 남부지역을 지배하기 위해서 중요한 전략적 요충지로 관리해 왔다. 1975년 이후에는, 이러한 '중부 고지대'를 인구밀도가 조밀한 저지대로부터 사람들을 재배치시키는 곳으로 이용하고 있다.

(5) 해안 저지대(Coastal Lowlands)[12)]

좁고 평평한 해안 저지대는 홍강 삼각주의 남쪽지대부터 메콩강 유역까지 이르고 있다. 육지 쪽으로는 안남산맥이 해안선 위로 가파르게 솟아 있어서 군데군데 바다 쪽으로 돌출해 있다. 일반적으로 이들 해안 저지대는 비옥하며, 벼농사가 집중적으로 이루어지고 있다.

(6) 메콩강 삼각주(Mekong River Delta)[13)]

베트남 남부를 흐르는 메콩강은 인도차이나반도 최대의 하천으로 총 길이가 4,220km에 달하는 세계에서 12번째로 긴 강이다. 메콩강은 중국의 시짱(西藏, 티베트) 자치구에서 발원해 중국, 미얀마, 라오스, 캄보디아 등 여러 나라를 거치며 베트남에 이르러 삼각주를 형성하고 있다. 메콩강은 베트남의 영내에서 200km를 흐른 뒤 9개의 지류로 갈라져 광대한 메콩강 삼각주를 형성하면서 남중국해로 유입된다.

메콩강 삼각주지역의 총면적은 40,000km^2에 달하며, 상류에서 운반된 비옥한 흙으로 벼농사에 적합해 곡창지대가 되고 있다. 오늘날에는 메콩강 유역 개발에 국제적인 관심이 집중되고 있다.

베트남 메콩강 삼각주의 위치는 앞 페이지의 그림 4-4에 나타나 있다. 그림 4-6에는 우주에서 촬영한 메콩강 삼각주의 모습이, 그림 4-7에는 2005년 2월에 촬영한 메콩강 삼각주의 모습이 나타나 있다.

그림 4-6 우주에서 촬영한 메콩강 삼각주의 모습

그림 4-7 메콩강 삼각주의 모습

(7) 기타[14)]

그 밖에 베트남에는 500km 길이의 동나이(Dong Nai)강, 426km의 마(Ma)강 등이 있다. 또 베트남에는 높이 2,400m 이상의 산이 11개 있으며, 가장 높은 판시판(Fan Si Pan, 3,143m)산을 비롯해, 푸르엉(Pu Luong, 2,985m)산, 랑꿍(Lang Cung, 2,193m)산 등이 있다.

베트남 동쪽의 바다는 일반적으로 'South China Sea' (남중국해)로 표기되어 있지만 베트남은 '동해(East Sea)'라고 부르고 있다.

동해에는 중국 등 인근 국가들과 영토분쟁의 대상이 되고 있는 호앙사(Hoang Sa) 군도(Paracel 군도 또는 西沙群島, 서사군도)와 쯔엉사(Truong Sa) 군도(Spartley 군도 또는 南沙群島, 남사군도)가 있는데, 특히 쯔엉사 군도(南沙群島)는 원유와 구리, 망간, 주석, 알루미늄 등 많은 천연자원이 매장되어 있어 베트남, 중국, 필리핀, 말레이시아 등 주변 여러 나라들이 영유권을 주장하고 있는 상황이다.

제2절 기후 환경(Climate)

1. 개황[15)]

베트남은 열대계절풍(tropical monsoon) 기후이며, 습도가 연중 평균 84%로 상당히 높다. 그러나 위도(latitude)의 차이가 크고 또 지형학적으로 큰 편차를 보이고 있기 때문에, 기후는 지역에 따라 다르다. 대체로 5~10월이 우기(雨期), 11월에서 이듬해 4월까지가 건기이다. 겨울이나 건기에는, 계절풍이 대개 중국 해안선을 따라 통킹만을 거쳐 북동부 쪽에서 불어오므로, 이 시기에도 상당히 습도가 높다. 따라서 겨울이나 건기는 우기(雨期) 혹은 여름에 비해서만 건조할 뿐이다. 5월에서 10월까지는 여름 계절풍이 바다 남서쪽으로부터 습도를 싣고 내륙지방을 거쳐 북쪽으로 불어와 대단히 많은 비를 내리게 한다.

연간 강우량은 전 지역에 걸쳐 많은 편이며, 일부 지역은 1,200~3,000mm에 이르는 폭우가 쏟아지기도 한다. 이를 좀 더 구체적으로 설명하면, 북부에서는 6~7월, 중부와 남부에서는 8~9월에 강우량이 많다. 연평균 강우량은 1,500~2,000mm로서, 한국보다 2.4배 높다. 이를 지역적으로 나누어 살펴보면, 남부는 2,330mm, 북부의 산악지역은 3,000mm이며, 평야지역은 2,000mm 정도이다. 이러한 강우량의 90%는 여름에 집중된다.

연간 평균기온은 평야지역이 산악지역이나 고원지역보다 높다. 즉, 남부의 평균기온은 26.5도이고 북부의 산악지역은 23도이다. 계절별로 보면, 12월과 1월의 가장 추운 겨울에는 평균기온이 5도이고, 가장 더운 4월에는 37도를 넘는다.

2. 도시별 기후 상황[16)]

이러한 기후 상황을 도시별로 살펴보면 다음과 같다.

하노이는 춘하추동이 비교적 뚜렷한데, 연평균기온이 겨울에는 10~16도, 여름에는 37~38도 정도이며 평균 강우량은 1,678mm이다.

호찌밍시와 메콩삼각주 지역의 연평균 기온은 26.9도이고 우기와 건기로 나누어지는데, 우기는 5~10월, 건기는 1~3월이며, 우기의 강우량은 1,800mm에 달한다.

하노이를 비롯한 북부 및 중부 지역은 태풍의 영향권에 있어서 매년 피해가 발생하고, 연중 기온차가 심하다. 남부 메콩강삼각주 지역도 태풍이나 침수 피해를 당하는데, 고도가 매우 낮아 강 수위가 조금만 올라가도 피해가 커진다.

그러나 호찌밍시는 연중 기온 변화가 심하지 않고(평균 26~29도), 태풍의 피해가 거의 없는 편이다. 그림 4-8은 지난 2001년 베트남 해안에 상륙한 태풍의 모습을 항공촬영한 것이다.

그림 4-8 2001년 베트남 해안에 상륙한 태풍 링링(Lingling)[17)]

제3절 식물 환경(Flora)

1. 개황[18)]

베트남의 토양은 염분이 함유된 토양(salted soil), 충적층(alluvium), 진흙지대(muddy land), 토탄(土炭, peat), 회색토양(grey soil) 등과 같은 5가지 부류로 나누어진다.

전체적으로 보면, 베트남의 토양은 두꺼운 층(stratum)을 형성하고 또 매우 비옥해서 농업과 산림업에 유리한 조건을 갖추고 있다.

열대계절풍 기후, 강렬한 햇빛, 그리고 풍부한 강우량 때문에 베트남에는 풍부하고 다양한 종류의 식물이 자라고 있다. 베트남 국토는 대기흐름(atmospheric currents)이 집중되는 지대에 놓여 있으며, 북쪽으로부터 서쪽과 남쪽에 걸쳐 수많은 종자(種字)들이 번식하는 덕분에 숲속의 나무종류도 매우 다양하다.

베트남 관광잡지 "Du Lich Viet Nam"(주릭 베트남, '베트남 관광')의 팜쭝루옹(Pham Trung Luong) 연구원의 보고에 의하면, 베트남에는 최소한 5천여 종의 식물이 분포되어 있는데, 그중 상당수가 희귀종으로 분류되어 보호받고 있다.[19)]

2. 나무 (Woods)[20)]

베트남에는 800여 종의 나무가 자라고 있는데, 이들은 높은 경도(硬度, hardness)와 견고성 (solidity), 아름다운 나뭇결과 색상 등으로 인하여 매우 값어치가 높다. 유명한 나무 종류로는 경질성 (硬質性) 나무 (iron wood), 오크 (oak; 떡갈나무 · 참나무 · 가시나무 무리), 티크 나무 (teak), 석회석 산악지역의 티트카 (thitka) 등이 있다.

또 마호가니 (mahogany), 흑단 (calamander), 바리언 킹우드 (barian kingwood), 아낄라리아 (aguilaria), 퓨머 (peumou), 페도 까르푸스 플루리 (pedo-carpus fleuryi) 및 꼼폴르 (compjor) 등과 같은 나뭇결이 아름다운 나무들도 많이 있다.

이를 지역별로 살펴보면, 전 국토의 1/3은 열대 상록수림과 참나무 · 너도밤나무 · 밤나무 · 소나무 · 티크 · 흑단 등의 아열대 낙엽수림으로 덮여 있다. 대나무는 주로 숲속의 나무 그늘이나 강 연안지대에 널리 퍼져 있다. 간만의 차가 있는 해안 평원에서는 망그로브 숲을 많이 볼 수 있고, 사바나형 목초와 관목이 남서부의 산악지방과 고원을 뒤덮고 있다.

많은 임야가 화전식 경작 및 1960년대 말 베트남전쟁 당시 미군의 폭격과 고엽제 살포로 손상되었지만, 전쟁으로 황폐해진 지역은 1980년대 이후 회복되었다. 국토 총면적의 약 1/5이 경작지이다.

3. 꽃 (Flowers)

(1) 개론[21)]

베트남은 국토가 꽃밭이라 할 수 있는 나라이다. 앞에서 설명한 바와 같이, 베트남은 열대계절풍 기후에 속하여 1년 내내 꽃을 볼 수 있다. 지형적으로 보면, 북부 평원과 남부 평원에도 꽃들이 고르게 분포되어 있지만, 특히 중부 고원지대와 홍강 (Red River) 및 메콩강 (Mokong River) 주변 토양은 매우 비옥하여 꽃들이 살기에 최적이라고 할 수 있다.

홍강 유역의 복숭아꽃, 메콩강 유역의 동방평원과 동탑의 대규모 연꽃단지, 달랏 (Dalat)의 함수초 (mimosa), 하이퐁의 봉황초 (Hoa Phượng) 등 지방이나 마을마다 고유의 꽃마을, 꽃동산, 꽃공원이 있다. 베트남 정부는 앞으로 5년 이내에 천혜의 자연조건을 이용하여 국토 전체를 아름다운 꽃 정원으로 만들려는 계획을 구상하고 있다. 참고로 '꽃'은 베트남어로 '호아 (hoa, 花)'라고 한다.

(2) 유명한 꽃[22)]

베트남인들의 사랑을 받는 유명한 꽃들을 몇 가지 소개하면 다음과 같다. 베트남인들은 사계절을 상징하는 꽃으로 난초 (봄), 연꽃 (여름), 국화 (가을), 매화 (겨울)를 꼽고 있으므로 이 꽃들 중심으로 설명하기로 한다. 그 밖에도 장미와 복숭아꽃 및 수련에 대해서도 살펴보기로 한다.

1) 난초(Hoa Lan, 란, 蘭)

베트남의 난초는 우아함과 청렴의 상징으로 여겨진다. 베트남 토종의 난초에는 박껍 (bach cap), 막란 (mac lan), 또떰 (to tam), 호앙부 (hoang vu), 아인 낌 (anh kim), 학딘 (hac dinh), 로안디엠 (loan diem) 등 다양한 종류가 있다. 베트남의 난초는 특히 그 향기가 뛰어나며, 베트남에서 꽃마을로 유명한 곳에는 거의 어김없이 난초가 자라고 있다.

그림 4-9 난초(Hoa Lan)[23]

2) 연꽃(Hoa Sen, 호아쎈, Lotus, 蓮)

베트남의 대표적인 꽃이라 할 수 있는 연꽃은 더러운 물속에서 자라나 깨끗한 꽃을 피우기 때문에, 베트남 사람들은 예로부터 이 꽃을 청정함의 상징으로 여겨 왔다.

베트남의 연꽃은 매우 다양하게 활용되고 있는데, 제단에 바칠 때 쓰이는 것은 물론, 차 (茶)의 감미료가 되기도 하고, 한약 재료로도 쓰인다. 또 말린 연꽃잎은 신경안정제로도 쓰이고, 연꽃 씨는 베트남식 팥빙수인 쩨 (Che)를 만들 때도 쓰인다.

그림 4-10 연꽃(Hoa Sen, Lotus)[24]

3)국화(Hoa Cúc, 호아 꾹)

베트남에서 국화 (菊花)는 부귀공명을 초월한 '고귀한 성품'의 상징으로 여겨지고 있다. 베트남 토종의 국화에는 꾹검 (Cuc gam), 꾹다이도아 (Cuc Dai Doa), 꾹몽롱 (Cuc mong rong) 등이 있다.

그림 4-11 국화(Hoa Cúc)[25]

4) 매화(Hoa Mai, 호아 마이)

춥고 혹독한 날씨를 견뎌내고 2월까지 꽃을 피우는 매화는 정절과 탁월함의 상징으로 여겨진다. 매화 중에서는 남부지방 특산 식물인 호아마이방(Hoa Mai Vang, 노란 매화)이 특히 유명하다. 이 꽃은 야생화의 일종으로 숲속에서 자란다. 베트남의 학자들과 문학가들의 매화에 대한 열정은 대단한데, 예컨대 19~20세기 인물인 까오바꾸앗(Cao Ba Quat)은 살아있는 동안 그 누구에게도 고개를 숙이지 않았고 오직 매화 앞에서만 예를 갖추었다고 한다.

그림 4-12 매화(Hoa Mai)[26]

5) 장미 (Hoa Hồng, 호아 홍, 花紅 또는 봉 흐엉[bông hường]이라고도 함)

베트남인들은 장미를 애정과 사랑의 상징으로 여긴다. 유명한 수도승이었던 틱낫하잉(Thich Nhat Hanh)의 "봉흐엉아오(bông hường Áo, 옷에 달린 장미)"라는 소설에서는 부모님에 대한 애정과 사랑을 표현하기 위해 자신의 옷에 장미를 달고 다닌다는 내용이 나온다. 그래서 베트남인들은 전쟁에서 조국을 위해 목숨을 던진 무수한 젊은이들의 넋을 기리기 위해, 부모들이 어린 자녀들의 손을 잡고 나와 깊은 애정의 상징인 붉은색 장미로 그들의 묘를 장식하며 이름 없는 영웅들의 헌신을 추모한다.

6) 복숭아꽃(Hoa đào, 호아 다오, 桃)

복숭아꽃은 북부지역 사람들의 사랑을 가장 많이 받는 꽃이다. 하노이 사람들은 붉은색의 복숭아꽃을 집안에 장식해 놓으면 1년 내내 행운이 찾아온다고 여겨서 이 꽃을 집안에 꽂아둔다.

베트남 토종의 복숭아꽃에는 다오빅(Đao Bich), 다오파이(Đao Phai), 다오박(Đao Bach) 및 다오탓톤(Đao that thon) 등이 있다.

그림 4-13 복숭아꽃(Hoa đào)[27]

7) 수련(水蓮, Súng, water lily)[28]

베트남에서 쑹(Súng)은 두 가지 의미를 지니고 있다. 하나는 총(銃, gun)이고 다른 하나는 아름다운 수련(꽃) (water lily)이다.

수련은 오랫동안 살아가는 꽃이며, 베트남 전 지역에 걸쳐 주로 연못, 수로(水路, 운하) 혹은 호수에 피어 있다. 그중에서도 메콩강 삼각주의 동탑므어이(Dong Tap Muoi) 지역이 수련꽃으로 가장 유명한 곳이다.

베트남에는 여러 종류의 수련이 있는데, 그 대표적인 것이 쑹람(Súng lam, 진한 푸른색 수련), 쑹홍(Súng hong, 붉은색 수련), 그리고 쑹짱(Súng trang, 흰색 수련)이다.

그림 4-14 수련(Súng, water lily)[29)]

현장정보

■ 베트남의 꽃 축제(Flower Festival)[30)]

중부 고원지대에는 아름다운 수많은 꽃들이 자라고 있는데, 이 중에서도 럼동성(Lam Dong Province)의 달랏시(Dalat city)는 꽃축제로 가장 유명한 도시 중의 하나이다. 달랏 시에서는 지난 2005년 제1회 세계 꽃축제를 개최한 데 이어 2007년에는 제2회 꽃축제를 12월 15일부터 22일까지 개최하였다.

이 꽃축제에는 꽃춤 축제의 밤(Flower Dance Step Festival Night)이 음악과 패션쇼와 함께 개최되었으며, 꽃결혼식(Flower Wedding), 특히 신혼부부들을 위한 장미와 초콜릿 축제의 밤(Rose and Chocolate Festival Night)이 열렸다.

달랏 꽃축제의 표어는 "달랏 꽃, 나는 너를 사랑해!"(Dalat Flowers, I Love You!) 였다.

그림 4-15 달랏 꽃 축제(Dalat Flower Festival)[31)]

제 4 절 동물 환경 (Fauna)[32)]

베트남의 동물들은 식물들만큼이나 다양하고 풍부하다. 베트남에는 약 200여 종의 동물, 800여 종의 새, 100여 종의 양서류 (兩棲類, amphibians) 및 150여 종이 넘는 파충류 (reptiles) 들이 살고 있다.

하늘이 덮일 정도로 빽빽하게 우거진 산림과 숲속에는 수많은 종류의 원숭이 (긴꼬리원숭이, 긴팔원숭이, 흰머리원숭이, 검은원숭이 등), 야생 고양이 및 다람쥐 등이 서식하고 있다. 또 꿩, 페이나르디아 오셀라타 (pheinardia ocellata) 등과 새 종류도 많이 있다. 보아 (boa, 구렁이), 이구아나 (iguanas, 초식성 큰도마뱀), 카멜레온 (chameleons), 지네 (centipede), 뱀 등의 파충류도 서식하고 있다.

북쪽의 높은 산악지대에는 셀레나토 (selenartos), 작은곰, 검정색 큰 다람쥐 (big black squirrels), 영우, 수달 (otters), 사향고양이 (civet cats), 싸올라 (saola) 등과 같은 털이 많은 동물들이 살고 있다.

민물에는 250여 종의 물고기가 살고 있고, 염분이 함유되어 있는 물과 해안지역에는 1,000여 종의 물고기, 300여 종의 게 (crabs), 40여 종의 새우와 가재, 300여 종의 굴 (oysters) 및 뱀장어들이 서식하고 있다.

그 밖에도 대합조개 (clams), 해삼 (seaslugs), 바다거북, 진주조개 (pearl oysters), 300여 종의 해초 (seaweeds) 등이 살고 있다. 또 섬의 바위산에서는 샐렁게인 (salanganes, 칼새의 일종, 둥지는 식용이 됨)이 살고 있다

이렇게 비록 베트남의 동물은 그 종류가 많고 또 값이 비싼 희귀종도 있지만, 이것들을 모두 대량으로 얻을 수는 없는 상황이다.

그림 4-16 싸올라(saola)[33)]

제 5 절 천연자원 환경 (Natural Resources)

1. 서론[34)]

베트남은 광물자원이 풍부하고, 해저 (seabed)에도 많은 자원이 매장되어 있다. 베트남 북부는 특히 광물자원이 풍부한데, 이들 가운데 가장 중요한 것은 대규모로 매장되어 있는 무연탄 · 갈탄이며 철광석 · 납 · 아연 · 구리 · 보크사이트 · 주석 · 텅스텐 등의 광물도 상당량이 매장되어 있는 것으로 파악되고 있다. 해저에는 원유와 가스도 많이 매장되어 있는 것으로 확인되었으며, 이들 중 일부는 개발이 진행중이다.

베트남은 현재 60종 이상의 광물자원 및 5,000개 이상의 광산을 보유하고 있다. 일반적으로 베트남 광물자원은 부존량이 많고, 경제적으로도 가치가 큰 것으로 알려져 있다. 아래에서 이러한 베트남의 광물자원에 대해 좀 더 구체적으로 살펴보기로 한다.

2. 베트남의 광물자원

베트남에 매장되어 있는 광물자원의 추정 부존량을 비금속 광물과 금속 광물로 구분하여 제시하면 표 4-2와 같다.

표 4-2 베트남 광물자원의 부존 추정량[35)]

연 번	광물명	단 위	보존량(백만)
I. 비금속 광물			
1	석탄	톤	3,880
2	석유 및 가스	톤	2,300
		m^3	2,714,000
3	카올린(고령토)	톤	11
4	인회석	톤	915.7
5	황철석	톤	373.6
6	흑연	톤	35.2
7	사문석	톤	8
8	벤토나이트	톤	397
9	중정석	톤	2.2
10	시멘트 석회석	km^2	0.03
11	건축 석재	m^3	41.8
12	유리	톤	750

II. 금속 광물			
1	철	톤	1,100
2	망간	톤	3
3	크롬 철강	톤	20
4	티탄 철광	톤	11
5	보크사이트	톤	3,804
6	구리 - 니켈	톤	구리 76.6톤, 니켈 0.2톤
7	아연 납	톤	8
8	주석 및 텅스텐	톤	0.4
9	금	톤	0.00031
10	희토산화물	톤	20.006
11	티타늄	톤	18

* 자료원 : KOTRA, 주요국의 자원현황 및 개발동향(호주, 필리핀, 베트남, 말레이시아, 미얀마 편)

제 6 절 베트남 자연 환경의 문제점[36)]

베트남의 자연 환경에는 부정적 요소도 존재하고 있다. 열대계절풍기후(monsoon climate)인 관계로 날씨가 불안정하다. 예컨대, 어느 해에는 겨울이 아주 일찍 찾아오기도 하고, 어느 해에는 아주 늦게 오기도 한다. 어떤 해에는 비가 너무 많이 와서 거대한 홍수가 나기도 하고, 어떤 해에는 오랜 기간 동안 가뭄이 계속되기도 한다.

또한 습기 차고 눅눅한 해양성기후(maritime climate)인 관계로 세균과 벌레가 쉽게 번식하며, 기계 · 장비가 쉽게 녹슨다. 가파른 경사지가 많고 또 강(江)이 많기 때문에 통신망(communication networks)을 설치하기가 어려운 실정이다. 공장이나 집을 건축할 때는 지반침식(land erosion)의 위험을 첫 번째로 점검해야 한다.

식물과 동물 종류가 다양하기는 하지만 국토 전반에 걸쳐 산재해 있고 또 양(量)이 적은 경우가 많기 때문에 체계적 · 집단적으로 사육하고 양식하기가 어렵다.

특히 오늘날은 베트남의 경제발전으로 인해서 자연을 파괴시키는 경우가 많고, 그에 수반하여 공해(公害) 문제도 점점 심각한 사회문제가 되어가고 있다.

제5장
역사 환경

이 장에서는 베트남의 역사 환경을 선사시대, 고대국가 발생기, 중국 복속시대, 베트남 왕조시대, 프랑스령 식민시대, 대미(對美) 항쟁시대, 통일 이후 베트남사회주의 공화국시대 등으로 구분하여 고찰하기로 한다.

제1절 서론 : 베트남 역사 개관[1]

여기서는 베트남 역사를 개략적으로 살펴봄으로써 베트남 수천년 역사의 윤곽을 잡아 보고자 한다.

전설에 의하면 베트남의 역사는 약 4,000년 전 이상으로 거슬러 올라간다. 그러나 믿을 만한 자료에 의하면 베트남의 역사는 약 2,700여 년 전부터 시작되었다고 한다. BC. 111년부터 10세기 초까지 오랜기간 동안 베트남은 중국의 여러 왕조의 직접적인 지배하에 놓여 있었다. 베트남은 10세기초 독립을 다시 획득했으며, AD. 938년 완전히 독립을 쟁취하였다.

이 기간 동안, 베트남은 강대국 중국에 조공을 바치는 속국(tributary state)으로 머물러 있었으나, 중국 왕조들이 베트남을 자신들의 직접 지배하에 놓으려는 여러 차례의 시도를 퇴각시켰다. 나아가서 몽골족이 세운 원(元) 왕조 기간 동안 몽골족이 베트남에 세 차례 침공해 들어 왔으나, 베트남은 이를 격퇴시켰다. 그러나 당시 베트남의 쩐년통(Trần Nhấn Tông) 왕(王)은 원나라와 갈등관계를 더 이상 증폭시키지 않기 위해 원나라에 조공을 바치는 선에서 외교적으로 복속하기로 했다.

베트남의 독립국가 시대는 19세기 프랑스에 의해 식민지화되었을 때 종료되었다. 제2차 세계대전 기간 동안에는 일본이 프랑스군을 물리치고 베트남을 점령했으나, 일본은 점령기간 중에 프랑스 관리들로 하여금 베트남을 계속 통치하도록 했다. 전쟁이 끝난 후, 프랑스는 베트남을 다시 식민지로 만들려고 시도했으나 결국은 실패하고 말았다. 제네바 협정(Geneva Accords)에 의해 베트남은 남과 북 2개의 지역으로 분리되었으며, 협정문에는 이후 국가를 통일시키기 위해 민주적 선거를 실시해야 한다고 되어 있었다.

그러나 분리된 베트남의 평화적 재통일은 이루어지지 않았고, 과거의 이념적 갈등(ideological conflict)과 냉전시대에 소위 베트남전쟁(Vietnam War)이 발발하게 되었다. 이 전쟁기간 중, 북부지역은 중국과 구(舊)소련(Soviet Union)의 지원을 받았으며, 남부지역은 미국의 지원을 받았다. 수백만명의 베트남 국민이 사망하고, 또 미국이 1973년 3월 베트남에서 철군하면서, 1975년 4월 사이곤은 북부 베트남군(軍)에 의해 함락되었다.

재통일된 베트남은 냉전(Cold War)시대 동안 국제적으로 고립되었으며 이 무렵 캄보디아를 침공하였다. 1986년 베트남공산당은 경제정책을 바꾸어 개혁·개방을 추진하는 조치를 내렸으며, 중국을 본받아 민간부문 개혁을 시작하였다. 1980년 중반 이후 베트남은 대단히 높은 경제 성장률을 계속해 오고 있으며, 또 정치적 억압을 줄여나가고 있지만, 부패 문제는 아직도 해결되지 않고 있는 것으로 알려지고 있다.

아래에서는 이러한 베트남의 역사를 시대구분을 통하여 구체적으로 살펴보기로 한다.

제2절 고대국가 발생기(BC. 2876~BC. 111)

1. 반랑국(Van Lang Nation, BC. 2876~BC. 258)[2)]

청동기시대 초기에 비엣족(Viet tribe groups)이 베트남의 북부지역과 중북부지역(North of Central Vietnam)에서 정착해 살고 있었다. 비엣족은 크게 두 부류로 나뉜다. 하나는 주로 북부 고원지대와 삼각주지역에서 살고 있던 15개 종족으로 이루어져 있는 락비엣족(Lac Viet) 무리였고, 다른 하나는 주로 옛 베트남의 북쪽지역에서 살고 있던 10여개 종족으로 이루어져 있는 어우비엣족(Au Viet) 무리였다.

이 당시, 락비엣족과 어우비엣족은 여러 지역에서 다른 종족들과 함께 어울려 살았다. 함께 홍수를 막고, 침략자들과 싸우고 문화와 물자를 교환해야 할 필요성이 증가하였으므로, 이 종족들은 서로 가깝게 살면서 점점 더 큰 집단으로 합쳐져 갔다.

락비엣족 중에서 가장 강력한 종족은 반랑족(Van Lang)이었다. 반랑족의 지도자는 락비엣족의 다른 모든 종족들을 통합하여 반랑국(Van Lang Nation)을 세웠으며, 자신을 훙왕(King Hùng)이라고 불렀다.

훙왕의 아들과 그 후손들이 아버지의 칭호를 이어가며 왕국을 유지해 갔다. 반랑국은 현재의 베트남 북부지역과 중북부지역 및 중국의 꾸앙시(廣西, 광시) 남쪽지역에 걸쳐 있었다. 반랑국은 BC. 2876년부터 BC 3세기경까지 존재했다.

2. 어우락국(Au Lac Nation, BC. 257~BC. 207)[3]

BC. 221년 중국 진나라의 진시황제가 파견한 딴투이호앙(Tan Thuy Hoang) 장군이 비엣족의 나라에 침략해 왔다. 어우비엣족(Au Viet tribes)의 동맹군 지휘자였던 툭판(Thuc Phan)이 딴투이호앙 장군에 대항하여 전쟁을 수행했으며, 결국 딴투이호앙은 퇴각할 수 밖에 없었다.

그 이후 툭판은 자신을 안즈엉브엉 왕(King An Duong Vuong, 安陽王)이라 칭하고, 어우비엣족과 락비엣족을 통합하여 어우락국(Au Lac Nation)을 건국하였다. 툭판은 꼬로아(Co Loa, 현재 하노이시 동아잉현)에 요새를 건설하여 도읍으로 삼았다.

그림 5-1은 꼬로아(Co Loa)라고 알려져 있는 대규모 성채(citadel)의 모습을 보여 준다.

전설에 의하면, 왕은 자신의 힘을 키우고 성채를 건설할 때 황금거북(golden turtle)의 도움을 받았다고 전해진다. 일꾼들이 온종일 힘들여 성벽을 쌓아 놓으면, 밖에는 전왕(前王)의 왕자의 혼령이 1천년 묵은 흰 닭과 함께 나타나 성벽을 모두 무너뜨려 버렸다.

황금거북은 흰 닭을 물리치고 안즈엉 왕을 도왔다. 그 후 거북은 성채가 완성되자 자신의 발톱 한 개를 남기고 사라졌다. 그 발톱은 왕의 활의 격발장치(trigger)가 되었으며, 왕에게 무적(無敵)의 막강한 힘을 주었다고 한다.

그림 5-1 꼬로아 성채 (Co-Loa citadel)[4]

그림 5-2는 이러한 전설을 그린 그림들이다.

그림 5-2 흰 닭과 황금거북의 전설[5)]

그림 5-3에는 BC 3세기경 어우락국의 지배자였던 안즈엉브엉 왕을 위해 건축된 하노이 사원(Hanoi Temple)의 모습이 나타나 있다.

그림 5-3 안즈엉브엉 왕(王)을 위해 건축된 하노이 사원(Hanoi Temple)[6)]

BC. 207년 (중국의) 남비엣(Nam Viet)의 왕이었던 찌에우자(Trieu Da)가 어우락국을 침략해 왔다. 안즈엉브엉은 이 침략을 막아내지 못해 멸망하고 말았다. 찌에우자는 중국 남부와 베트남 북부를 영역으로 하는 남비엣국(Nam Viet Nation)을 건설하고, 국가를 여러 개의 생소한 이름의 행정단위로 나누고 중국식 봉건제도를 가혹하게 시행하였다. 그러나 '어우락'이라고 하는 이름은 사람들의 일상생활에서 지워질 수 없었다.

제3절 중국 복속시대(BC. 111~AD. 938)

1. 중국의 지배와 영향[7)]

기원전 111년 남비엣국은 중국 한나라에 의해 멸망하였고, 한나라는 베트남 북부지역에 3개 군(群)을 설치하여 식민 지배를 개시하였다.

이 시기에 베트남은 중국에 조공을 바치는 대신 새로운 교육제도, 한자 및 서적, 행정제도, 제방축조술, 벼농사기술, 토지개발방법 등을 전수받았고, 유교, 도교, 불교 등의 종교를 수용했다. 한무제의 남월 정복이후 중앙에서 관리가 파견되었으나 이는 토착지배층의 통제에 그치고, 토착사회 내부에까지는 중국의 지배력이 미치지 못했다. 따라서 토착지배세력은 현실적으로 거의 독립적인 상태에서 주민을 지배하였으며, 중국 왕실에 대해서는 정기적으로 남방 특산물을 조공으로 바쳤다.

베트남의 기후와 지리적인 조건 때문에 중국으로부터 대개 수준이 낮은 관리들이 파견되어 개인적인 부를 축적하기 위해 가혹한 수탈을 일삼고, 토착관습을 무시하면서 중국의 관습과 제도를 강제로 관철시킴으로써 반란이 빈발하였다. 반면, 선량한 관리가 부임하여 토착관습을 존중하고 농민을 위한 시책을 펴는 경우에는, 오히려 중국의 제도와 문화가 토착지배층에 점진적으로 수용되는 경향도 보였다.

2. 저항[8)]

이러한 중국의 지배에 대하여 쫑 자매(Trung Trac, Trung Nhi, 40~43), 찌우에어우(Chieu Au 또는 Ba Chieu, 248), 리비(Ly Bi 또는 Ly Nam De, 544~547), 마이툭로안(Mai Thuc Loa, 722), 풍흥(Phung Hung, 782~789) 등이 봉기를 통해 줄기차게 저항하였다.

쫑 자매는 오늘날까지 민족운동의 선구자로서 베트남 사람들의 추앙의 대상이 되고 있다. 쫑 자매, 즉 쫑짝(Trung Trac)과 쫑니(Trung Nhi) 두 자매는 하노이 북서부에 있는 메린(Me Linh) 지역의 군인 가정에서 태어났다. AD 40~43년 사이에 쫑 자매는 여러 지역에서 대규모 봉기를 일으켰다. 쫑짝은 '여왕'이 되었고, 마침내 중국이 지배하는 왕실은 붕괴되었다. 중국의 한(Han) 황제는 마위엔(Ma Yuan) 대장을 파견하여 봉기를 진압하고 말았다. 그러나 쫑 자매는 오늘날까지 민족운동의 선구자로서 베트남인들에게 추앙 대상이 되고 있다.

베트남전쟁(Vietnam War)에서 베트남 여자들이 중요한 역할을 수행했는데, 학자들은 이것이 1세기경에 쫑 자매가 보여준 애국심에서 영향을 받은 것이라고 말하고 있다.

■ 쭝 자매(Trung Sisters)[9)]

아래에는 AD. 20년경 태어나 AD. 40년 중국에 맞서 저항운동을 일으킨 쭝 자매, 즉 언니 쭝짝(Trung Trac)과 동생 쭝니(Trung Nhi)를 기념하는 여러 가지 그림과 기념품들의 모습이 나타나 있다.

제 4 절 베트남 왕조시대(Time of the Dynasties)

1. 바익당 전투와 응오 왕조 성립(939~944)

(1) 바익당 강 전투(Battle of Bạch Đằng River) (938)[10]

931년 애국자 드엉딘응에(Dương Dinh Nghe)가 저항군 사령관이 되어 중국 지배군(軍)에 대항하여 전투를 벌였다. 그러나 드엉딘응에가 살해당하게 되자, 응오꾸옌(Ngô Quyen)이 그 전투를 이끌었다.

그림 5-4 베트남 국가 영웅-응오 꾸옌[11]

이러한 사태를 진압하기 위해 938년 중국 남한(南漢) 왕조는 바다를 통하여 전투함대를 파견했다. 남한군의 전함(戰艦, fleet)은 하롱베이(Halong Bay)로 흘러들어 가는 강(江)의 입구, 즉 바익당(Bạch Đằng) 강(江)의 내포(內浦, estuary)를 경유해서 베트남에 진입해 왔다.

응오꾸옌은 하상(河床, 하천의 바닥)에 쇠말뚝(iron-tipped stakes)들을 박아 놓았다. 이 쇠말뚝들은 만조(high-tide) 동안에는 겉으로 보이지 않았다. 바닷물이 만조가 되자, 베트남의 소형 전투선(flotilla) 한 대가 남한군 전함을 공격하고 나서 도망치는 것처럼 후퇴하며 적군을 유인했다. 그러자 남한군 전함들이 아직은 물에 가려져 있는 쇠말뚝 위쪽으로 다가오기 시작했다. 드디어 썰물이 되어 남한군 전함은 거의가 강 밑바닥에 박혀있는 쇠말뚝 끝에 찔려 꼼짝달싹 못하고 있을 때, 베트남의 전체 함대들이 반격을 개시하여 남한군 전함 거의 대부분을 침몰시키고 말았다.

그림 5-5에는 낭히엔(Năng Hiên)이 비단에 그린 바익당강 전투 장면이 나타나 있다.

그림 5-5 바익당강 전투(Battle of Bạch Đằng River)[12]

역사정보

■ 응오꾸엔 왕(Ngo Quyen) (899~944)[13)]

아래에는 938년 바익당강 전투에서 중국 군함을 격파함으로써, 베트남을 1,000년의 중국 지배로부터 최초로 해방시킨 응오꾸엔 왕(王)의 모습이 나타나 있다.

(2) 응오 왕조(Ngo Dynasty : 939~965)[14)]

베트남의 응오꾸엔이 938년 바익당강 전투에서 승리함으로써 중국 황실의 지배는 종지부를 찍게 되었다. 939년 응오꾸엔은 자신을 왕(王)이라 칭하고 수도를 BC 3세기경 도읍이었던 꼬로아(Co Loa)로 다시 옮기고 중앙 집권적인 국가인 응오(Ngô, 吳) 왕조를 수립했다. 이 나라가 실제 의미에서 최초의 독립적인 베트남 국가이다. 응오꾸엔이 944년 세상을 떠나자, 12명의 장군들이 나라를 분할했으며, 각 지방을 근거로 하여 서로 간에 싸우기 시작했다.

2. 딩 왕조(Dinh Dynasty, 丁왕조 : 968~979)[15)]

딩보린(Dinh Bo Linh)은 현재의 닌빙(Ninh Binh)인 호아루(Hoa Lu)에서 시작하여 지방을 근거로 할거하는 12명의 장군들을 하나씩 모두 쳐부수고, 967년 국가를 통일하였다. 다음해 그는 자신을 딩 띠엔호앙(Dinh Tien Hoang) 황제라 칭하고, 나라 이름을 다이꼬비엣(Dai Co Viet)이라고 정한 다음, 수도를 호아루(Hoa Lu)로 옮겼다.

그는 군대와 행정조직을 재편성했으며, 유명한 불교 승려들을 정치 자문으로 임명했다. 또 970년에는 타이빙(Thai Binh 太平)이라는 연호를 사용했다.

딩보린이 979년 살해당하자, 당시 6살이었던 그의 아들이 왕좌를 계승했다. 그러는 동안, 중국에서는 송(宋)나라가 등장하였다. 송나라 황실은 군대를 보내 베트남을 다시 정복하려 했지만, 실패하고 말았다.

3. 전기(前期) 레 왕조 (Pre-Le Dynasty : 980~1009)[16)]

980년 침입한 송(宋)나라 군대를 물리치기 위해 딩왕조는 유능한 군인이었던 레호안(Le Hoan)을 군대의 사령관으로 임명했다. 그는 981년 육지와 해상 모두에서 송군(宋軍)을 물리치고 국가를 위기에서 구해내었다. 다음 해 레호안이 이끄는 원정대가 짬빠 왕국(Kingdom of Champa)을 침략해서, 그 수도인 인드라푸라(Indrapura, 현재의 꾸앙남성)를 정복함으로써, 오랜 기간 동안 딩왕조를 괴롭혔던 남쪽의 위험을 제거해 버렸다.

역사정보

■ 짬빠(Champa) 왕조[17)]

짬빠 왕조는 2세기 말~17세기 말에 존재했던 왕조로써, 현재의 베트남 남부에서 중부지역에 걸쳐 인도네시아 계(系)인 짬족(Cham)이 세운 나라이다.

짬족은 오래전부터 인도문화의 영향을 많이 받아 인도에서 전래된 힌두교를 숭배하였으며, 192년 중국 후한(後漢)의 지배로부터 독립해서 짬빠 왕국을 세웠다. 짬빠 왕조는 현재의 빈딩(Bin Dinh), 다낭(Da Nang) 성 부근에 분포하였으며, 제2왕조 시대에 매우 번성하였다. 그러나 중국 송(宋) 나라와 수(隋) 나라의 침략을 받아 국력이 위축되었고, 남방의 부족들로부터 끊임없는 침략을 받았다.

10세기 이후에는 중국에서 독립한 베트남 왕조들이 남진정책을 추진하며 침략해 왔으나 이를 막지 못했다. 짬빠 제8왕조는 전기 레(pre Le, 前黎) 왕조의 공격으로 수도 인드라푸르(현재의 다낭성 부근)를 포기하고 더 남쪽에 위치한 비자야로 천도했다. 또 제9왕조는 리(Ly, 李) 왕조에게 현재의 빈딩성 북부를 잃었고, 제13왕조는 쩐(Tran, 陳) 왕조에게 다낭성 부근을 잃었다.

그림 5-6 짬빠 왕조 전성기의 영역[18)]

제15왕조는 베트남의 레(Le, 黎) 왕조와의 전쟁에서 패하여 수도 비자야를 점령당함으로써 옛 왕국의 모습은 사라지고 다이비엣(Dai Viet, 大越)의 보호령이 되었다. 17세기 말 베트남인들이 남부의 메콩강 삼각주로 진출하면서 짬족의 거점도 모두 베트남인에게 빼앗겨 짬빠 왕국은 완전히 멸망하였다.

그림 5-6은 짬빠 왕조 전성기의 지도를 보여주고 있다.

이로써 한때는 크메르족의 앙코르 왕조를 지배할 정도로 강성했던 천년왕국 짬빠 왕조는 어느날 역사에서 사라지고, 그 유적들만이 쓸쓸하게 남아 있다. 짬빠 유적지는 베트남을 지배했던 프랑스인이 1898년 발굴해 세계에 알렸다.

그 후 프랑스인들이 유적지의 주요 부조물을 떼 내어 프랑스로 반출해 갔고, 미국인은 베트남전쟁 때 '호찌밍

루트'라는 이유로 이곳을 폭격했다. 게다가 이곳의 기후가 습기가 많은 탓에 오랜 시기에 걸쳐 사원들은 점차 파괴되어 갔다.

짬빠 유적지는 2km^2 정도의 밀림 속에 파묻혀 있다. 붉은 벽돌로 된 탑과 중심부에 세워진 사원들이 파괴된 채 관광객을 맞는다. 힌두교 시바신을 새긴 부조물은 바닥에 뒹굴고 있다. 신전에는 악기를 연주하는 남자 음악가, 춤추는 여자 무용수, 원숭이와 코끼리를 의인화한 부조가 새겨져 있다.

현재 짬족은 베트남 54개 소수민족 중의 하나를 형성하고 있으며, 약 10만명 정도가 그 명맥을 유지하고 있다.

레호안은 딩왕조로부터 왕위를 물려받아 전기 레(Pre-Le) 왕조를 세웠으며, 자신을 레다이 하잉(Le Dai Hanh) 왕이라 칭하고 국가를 다스렸다(980~1005). 그 후 레왕조는 레쭝통(Le Trung Tong : 1005) 및 레롱딩(Le Long Dinh : 1005~1009)에 의해 다스려 졌다.

전기 레왕조는 티엔푹(Thien Phuc : 980~988), 훙통(Hung Thong : 989~993), 웅티엔(Ung Thien : 994~1005)이라는 연호를 사용했다.

이러한 전기 레왕조는 중앙 집권적인 정부를 건설하고 불교문화를 번창시켰으며, 교육의 질을 개선함으로써 국민의 생활수준을 향상시키고자 노력했다.

4. 리 왕조(Ly Dynasty : 1010~1225)

(1) 왕조의 설립과 치국(治國)[19)]

전기 레왕조 말기(末期), 리꽁우안(Ly Cong Uan)이 관리와 승려들의 지지를 받아 왕위에 올랐다. 그는 자신을 리타이토(Ly Thai To, 李太祖)라 칭하고, 수도를 탕롱(Thang Long : 현재의 하노이)으로 옮겼다(탕롱은 19세기경까지 수도로 남아 있게 된다).

베트남은 그동안 오랜 세월에 걸쳐 중국으로부터 수많은 침략을 받아왔지만 결국은 중국 군대를 물리치고 독립을 쟁취하는 과정에서, 베트남 내부의 안정을 도모하는데 국력을 쏟기가 어려웠다. 리왕조는 역사상 최초로 장기적으로 대내외 안정을 이룩한 국가라고 할 수 있다.

리타이토는 죄수들을 전면적으로 사면했고, 모든 고문도구들을 파괴해 버렸다. 그리고 불교를 장려하고, 조세제도 및 행정제도를 개선하는 등 중앙집권화를 이룩하였다. 또 교육을 강화하여 과거제도를 실시하였고(1075), 국자감을 설치했다(1076). 그 밖에 중국에서 전수받은 관개기술을 활용하여 수로(水路)를 건설함으로써 광대한 농토를 개간했다.

또 1075년 송나라의 침입을 격퇴하면서 리왕조의 병사들이 노래한 "남국강산 남제거(南國江山 南帝居)"라는 싯귀는 베트남 역사상 최초로 독립을 선언한 것으로 높이 평가되고 있다.

(2) 리 왕조의 역대 왕[20)]

리 왕조를 다스린 왕들의 이름은 다음과 같다.

① 리 타이 토(Ly Thai To : 1010~1028)
② 리 타이 통(Ly Thai Tong : 1028~1054)
③ 리 타잉 통(Ly Thanh Tong : 1054~1072)
④ 리 냔 통(Ly Nhan Tong : 1072~1127)
⑤ 리 탄 통(Ly Than Tong : 1128~1138)
⑥ 리 아인 통(Ly Anh Tong : 1138~1175)
⑦ 리 까오 통(Ly Cao Tong : 1176~1210)
⑧ 리 후에 통(Ly Hue Tong : 1211~1224)
⑨ 리 찌에우 호앙(Ly Chieu Hoang : 1225)

그림 5-7에는 리왕조에 의해 다스려지던 1100년대 베트남의 영역이 나타나 있다.

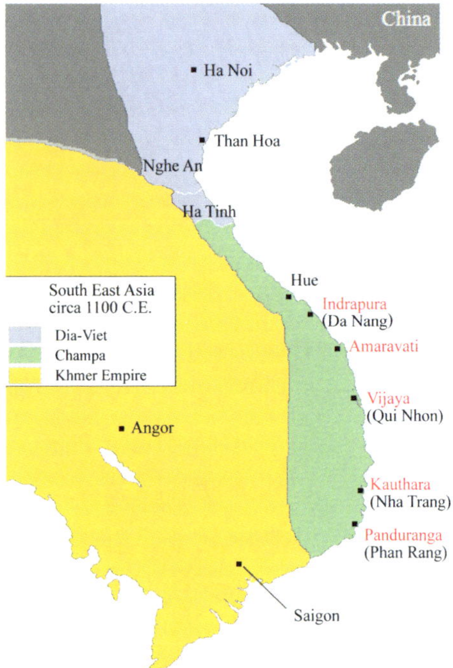

그림 5-7 1100년대의 베트남[21)]

5. 쩐 왕조(Tran Dynasty, 陳 : 1225-1400)

(1) 왕조의 설립과 경영[22)]

리 왕조의 뒤를 이어 쩐 타이 통(Tran Thai Tong)이 1225년 쩐 왕조를 건국하였다. 쩐왕조는 강력한 정치제도와 군사조직을 편성해서 국가를 대내외적(對內外的)으로 강화시켜 나갔다. 13세기 초, 몽골을 통일시킨 징기스칸(Gengis Khan)이 중국에 대한 정복전쟁을 시작했다. 1253년 쿠빌라이는 다이리 왕국(Dai Ly Kingdom : 현재의 윈난성, Yunnan Province)을 정복하면서, 베트남 국경지역에 근접해 왔다.

1257년 몽골군은 남쪽에서 송(宋)나라를 공격하겠다는 명분으로 다이비엣(Dai Viet)을 통과하도록 길을 내달라는 요구를 해왔다. 그러나 쩐왕조는 이를 거절하였다. 이에 몽골군은 다이비엣을 침략하여 방어벽을 뚫고서 수도 탕롱을 점령한 후, 주민들을 대학살하고 도시 전체를 불바다로 만들어 버렸다. 쩐왕은 수도를 버리고 피난을 할 수밖에 없었다.

그러나 몽골군은 열대기후 속에서 식량을 구할 수가 없어서 큰 어려움을 겪게 되었는데, 이때 쩐왕조의 군사들이 대반격을 가하여 몽골군을 수도에서 몰아냈다.

몽골군은 퇴각하는 도중 푸토(Phu Tho) 지역에 살고 있던 소수민족들로 구성된 유격병들로부터 공격을 받고 큰 타격을 입었다. 이것이 몽골군을 물리친 첫 번째 전투였다.

그 후에도 몽골군이 수차례 공격해 왔지만, 쩐흥다오(Tran Hung Dao) 장군의 지휘를 받는 쩐왕조의 군사들은 이를 격퇴하였다.

■ 쩐흥다오 장군(Tran Hung Dao : 1213~1300)[23]

쩐흥다오는 13세기 몽골군의 침략을 두 차례나 물리친 베트남의 장군이다. 1284년 몽골의 쿠빌라이칸(Kubilai Khan)이 50만명의 군사를 이끌고 쳐들어 와서 자신에게 항복하라고 요구하자, 그는 "나의 조상들이 물려준 내 조국과 사원(寺院)들을 적군에게 넘겨주느니 나는 차라리 죽음을 택하겠다." 고 말하며 전투를 감행했으며, 몽골군을 대파시켰다.

쩐흥다오장군 기념관은 사이곤강(Saigon River)에서 가까운 광장에 자리잡고 있다.

그림 5-8 쩐흥다오 장군의 모습[24)]

그림 5-9 쩐흥다오 장군 기념관[25)]

이렇게 몽골의 침입을 받는 과정에서 베트남 민족정신과 애국정신이 더욱 고양되었다. 쩐왕조시대에는 중국식 한자를 베트남식으로 독특하게 표기한 쯔놈(Chữ Nôm)으로 쓰여진 국어시(國語詩)가 발전하였다. 또 리왕조시대 못지않게 불교가 융성하였으나, 후기에는 승려들의 정치적 영향력은 점차 후퇴하고 과거제도에 의해 선발된 유교적 소양을 갖춘 문인층에 의해 정치가 주도되었다.

(2) 쩐 왕조의 역대 왕[26)]

쩐왕조를 다스린 왕들의 이름은 다음과 같다.

① 쩐 타이 통(Tran Thai Tong : 1225~1258)
② 쩐 타잉 통(Tran Thanh Tong : 1258~1272)
③ 쩐 냔 통(Tran Nhan Tong : 1279~1293)
④ 쩐 아잉 통(Tran Anh Tong : 1293~1314)
⑤ 쩐 아잉 통(Tran Anh Tong : 1314~1329)
⑥ 쩐 히엔 통(Tran Hien Tong : 1329~1341)
⑦ 쩐 두 통(Tran Du Tong : 1314~1369)

⑧ 쩐 응에 통(Tran Nghe Tong : 1370~1372)
⑨ 쩐 두에 통(Tran Due Tong : 1372~1377)
⑩ 쩐 페 데(Tran Phe De : 1377~1388)
⑪ 쩐 투안 통(Tran Thuan Tong : 1388~1398)
⑫ 쩐 티에누 데(Tran Thieu De : 1398~1400)

6. 호 왕조(Ho Dynasty : 1400~1407)[27)]

쩐왕조의 인척으로 실권을 장악한 호꾸이리(Ho Quy Ly)는 1400년 왕위를 찬탈하고 호왕조를 세웠다. 그러나 호왕조는 1400년부터 1407년까지 불과 7년 동안 존속하였으며, 호꾸이리(Ho Quy Ly : 1400)와 호한트엉(Ho Han Thuong : 1401~1407) 두 명의 왕에 의해 다스려졌다.

호왕조는 조세제도를 개혁하고, 한전법(限田法)을 제정하여 왕실과 귀족의 토지소유를 제한하는 등 농민의 부담을 경감시키려고 노력했다. 그리고 교육제도를 개혁하고 쯔놈을 장려함으로써 민족문화를 건설하려고 노력하였으며, 중앙집권을 강화하기 위해 행정제도를 개편하였다.

7. 후기 쩐 왕조(Later Tran Dynasty)[28)]

호꾸이리가 왕위를 찬탈하자, 전국에서 격렬한 반란이 일어났다. 쩐왕조의 후손이 1407년 자신을 잔딩(Gian Dinh)왕이라 칭하고, 본부를 응에안(Nghe An) 성(省)에 설치했다. 1408년 그는 군사를 이끌고 수도로 진격하는 도중 자신에게 열광하는 많은 군중들을 규합하며 세력을 키워 갔다.

이렇게 혼란스러운 기간중 중국의 명(明)나라가 침략해 오자, 잔딩은 남딩성(Nam Dinh Province)의 보꼬(Bo Co)에서 명군(明軍)과 싸웠다.

그러나 내부갈등이 생겨 잔딩이 당탓(Dang Tat)과 응우옌까잉찬(Nguyen Canh Chan)을 살해하자, 그들의 아들과 추종자들이 쩐왕조의 또다른 왕자, 즉 꾸이코앙(Quy Khoang)의 주위에 몰려들어 1409년 세력을 규합했다. 하띵(Ha Tinh)에서 시작된 이러한 운동은 다른 성(省)으로 확대되었다.

그러는 동안 명나라 장수 쯔엉푸(Trung Phn)가 47,000명의 원군을 지원받아 응에안성(省)에 다시 쳐들어 왔다. 1410년 명나라 왕실과 몽골족들 간에 불화가 생기자, 이 틈을 타서 호앙은 타잉호아를 재점령하였다. 그러나 1411년 몽골족을 격파한 명나라 왕실은 1413년 다시 군대를 보내어 쳐들어 왔고, 호이꾸앙은 이에 잘 저항하지 못하고 명나라의 지배를 받게 되었다. 그러다가 결국 후술하는 바와 같이 레러이(Le Loi)의 지휘하에 명군을 무찌르게 되었다.

8. 후기 레 왕조(Later Le Dynasty : 1428~1788)[29)]

타잉호아(Thanh Hoa) 성(省) 람썬(Lam Son) 지방의 지주였던 레러이(Le Loi)는 10여 년간 중국 명나라와 투쟁 끝에 1426년 뚜이동(Tuy Dong)과 찌랑(Chi Lang) 지역에서 명나라 군대를 격파하고 후기 레 왕조를 세웠다. 레러이는 왕위에 올라 국호를 다이비엣(Đai Viet, 위대한 베트남, Great Vietnam)이라고 칭했으니 이가 바로 레타이또(Le Thai To, 黎太祖)이다.

1428년 응우엔짜이가 레타이또(Le Thai To)의 명을 받아, 명과의 전투 경과를 회고하고 베트남이 중국의 속방이 아닌 오랜 전통과 문화를 가진 독립국임을 천명하는 '평오대고(平吳大誥)'를 지었는바, 이는 역사상 두 번째의 독립선언으로 높이 평가받고 있다.

레타이또는 전쟁으로 피폐된 사회를 재건하고 자신의 권력기반을 확고히 구축하기 위하여 행정조직과 형법체계를 재정비하고 아울러 토지제도를 정비해서 농민과 공신들에게 토지를 분배함으로써 정치적인 안정을 도모하고 생산과 세수를 증대시켰다.

후기 레왕조는 오랜 전란으로 피폐된 사회를 재건하기 위해 행정체제의 확립과 토지제도의 개혁을 위한 노력을 경주하였으며, 학문과 교육을 장려하고 동남아에서 가장 발달된 법전인 '여조형률(黎朝刑律)'을 편찬하였다.

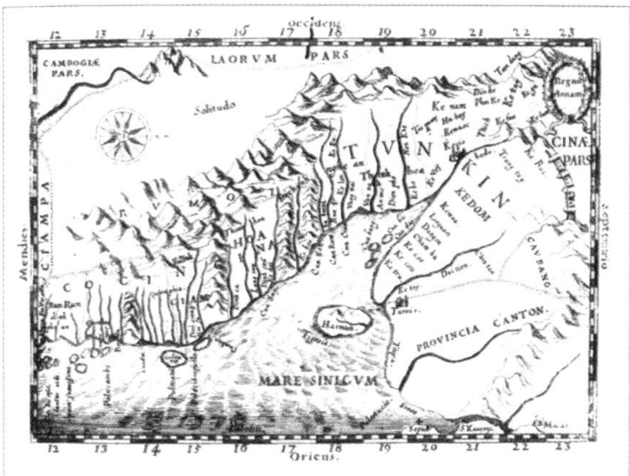

그림 5-10 1651년 알렉산더 드 로드(Alexandre de Rhodes)에 의해 발행된 초기의 베트남 지도[30)]

레왕조의 타잉통(Le Thanh Tong, 聖宗 : 1460~1497)은 응오시리엔(Ngo Si Lien)으로 하여금 "대월사기전서(大越史記全書)"를 편찬(1479)하도록 하여 베트남의 문화창달에 크게 기여했다.

타잉통황제는 또한 꾸앙투언(Quang Thuan : 1460~1469)과 홍득(Hong Duc : 1470~1497)이라는 2개의 연호를 사용했으며, 홍득 반도(Hong Duc Ban Do, 洪德版圖)라는 지도를 제작하도록 하여 국가관리에 활용했다.

9. 막 왕조(Mac Dynasty, 莫 : 1527~1592)[31]

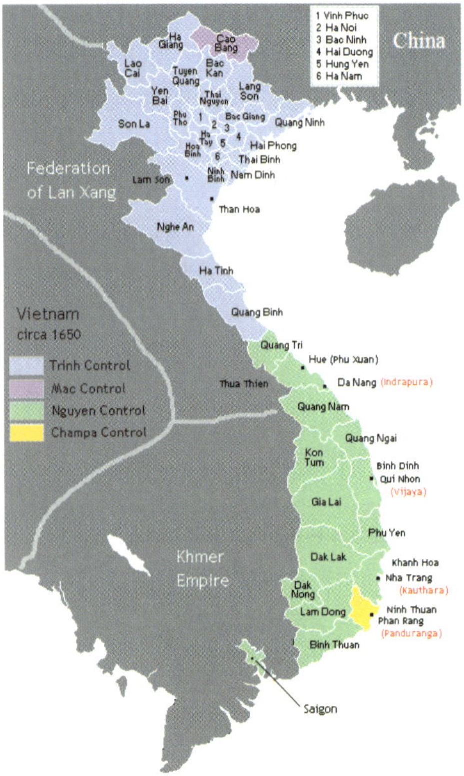

그림 5-11 찡, 응우엔, 막 왕조가 지배하던 1640년경의 베트남[33]

후기 레(Later Le)왕조가 수립된 지 약 100년이 흐르자 왕권이 약화되면서 권신이 반란을 일으켜 1527년 막당증(Mac Dang Dung)이 왕위를 찬탈하였다. 막당증은 레(Le)왕조의 전통과 제도를 그대로 계승하면서 군사제도를 개혁하여 자신의 권력을 보다 강화시켰다.

그러나 응우엔(Nguyen), 찡(Thinh) 씨(氏)에 의한 레(Le)왕조의 부흥운동이 결실을 맺어, 1592년에는 막씨를 까오방(Cao Bang) 지방으로 축출하고 레왕조를 재건하였다. 이후 막씨는 1677년까지 중국 청조의 보호하에 지방정권으로 명맥을 유지하였다.

10. 남·북 분립기(1593~1770) : 찡(Thinh, 鄭), 응우엔(nguyen, 院) 가문과의 대결[32]

막씨가 축출된 다음, 일시적으로 베트남이 통일되었으나 북부에서는 찡씨가 레왕조를 받들고, 중남부에서는 응우엔씨가 권력을 잡고 서로 주도권을 다투었다.

재건된 레왕조의 황제는 부어(Vua)라 불리는 합법적인 지배자로 인정되었지만, 실권은 쭈어(Chua)라 불리는 찡씨와 응우엔씨가 장악하였다.

11. 떠이썬 왕조(Tay Son : 1771~1802)[34]

1771년대 중부지방 빈딩(Binh Dinh)에서 응우엔(Nguyen) 씨 3형제, 즉 응우엔반냑(Nguyen Van Nhac), 응우엔반르(Nguyen Van Le) 및 응우엔후에(Nguyen Hue)는 당시 남부지역을 관할하고 있던 응우엔 가문 조정의 권신 쯔엉푹로안(Truong Phuc Loan)의 전횡에 대항하여 1771년 떠이썬(Tay Son, 西山) 마을에서 의병을 모아 베트남 최대의 농민 반란을 일으켰다. 이들이 부유한 세도가의 재물을 탈취하여 가난한 사람들에게 나누어 주자, 의병들의 세력은 날로 강대해져 갔다. 결국 응우엔후에 3형제와 의병군은 관리들의 부패와 토지수탈에

분노한 농민들 사이에서 광범위한 지지를 받아 응우엔씨 가문을 축출하고 떠이썬 왕조를 수립했다.

이후 남부를 정벌한 응우엔후에 3형제는 찡(Trinh) 씨를 공격했고, 레(Le) 왕조하에서 북부지역의 주인 노릇을 해 온 찡씨 세력을 물리치고 베트남의 통일을 이루었다.

이에 레왕조의 마지막 왕(王)인 찌에우통(Chien Thong)이 청(淸)나라에 구원병을 요청했으며, 1788년 청나라의 건륭황제가 '똔시응이'를 원정군 대장으로 삼고 20여만명의 병력을 동원하여 베트남을 공격해 왔다. 이에 응우엔후에는 10만여명의 군사를 이끌고 나가 탕롱 근교에서 청군(淸軍) 기지를 기습하여 패퇴시켰다. 이 전투는 베트남 역사상 가장 위대한 승리의 하나로 꼽히고 있다.

중부 '후에'를 정복한 떠이썬의 맏형인 응우엔반냑(Nguyen Van Nhac)은 남부와 중부의 통치자로 군림하였다.

떠이썬의 막내 응우엔반후에(Nguyen Van Hue)는 북부에서 중국 군대를 물리쳐 찡(Thinh)가(家)의 지배를 종식시키고 꾸앙쭝(Quang Trung) 황제로 즉위하여 농민들을 위한 개혁정책과 봉건영주제 폐지 등을 시도했다. 그러나 꾸앙쭝 황제가 39세의 젊은 나이에 사망함으로써 떠이썬 왕조는 붕괴되었다.

12. 응우엔 왕조(Nguyen, 阮 : 1802~1859)[35)]

프랑스 선교사의 도움으로 떠이썬 반란군으로부터 생명을 보전한 응우엔푹아잉(Nguyễn Phúc Ánh)이 프랑스 용병(300명)의 도움과 의병들의 호응을 받아 떠이썬 세력을 격파하고, 1802년 응우엔 왕조를 수립한 후, '후에'에 자리 잡았다.

응우엔 왕조는 중국 청왕조로부터 왕위를 인정받는 대신 조공을 바치고, 강력한 중앙집권체제를 구축하였으며, 왕조 수립에 공로가 큰 프랑스 상인들에게 여러 가지 이권을 제공하였다. 또 몇몇 서양인들을 궁정안에 있게 하고 자신의 고문으로 삼았다. 그러나 자신의 후계자들은 서구화에 반대하는 보수적인 유교주의자(Confucians)였다. 응우엔 왕조 2대 황제인 밍망(Minh Mạng), 티에우찌(Thiệu Trị), 및 뜨득(Tự Đức) 황제는 자신들의 통치에 곤란을 초래하고 있는 각 지방의 반란을 외국인들이 사주하고 있다고 의심하기 시작했다. 그리하여 그들은 서양인들을 위협으로 인식하고 '쇄국정책'(Closed door policy)을 채택했다. 이 기간 동안 수십만명의 베트남인과 서양 기독교도들이 박해를 받았고, 서구와의 교역은 위축되었다. 이러한 조치는 중국내륙의 풍부한 자원을 선점하기 위한 통로로 베트남을 이용하고 싶어 하던 프랑스로 하여금 베트남을 무력 침략할 구실을 주었다.

실제로 초기의 응우엔 왕조는 베트남 초기의 어떤 왕조들 못지않게 국가적 중요 사업을 완수했다. 예를 들면, 도로를 건설하고 운하를 축조했으며, 법률을 만들고 과거제도를 실시하였다. 또한 병자나 장애인을 위한 보호시설을 만들고 지도 및 역사책을 편찬하였으며, 캄보디아 및 라오스 등에 대한 영향력을 행사하였다. 그러나 새로운 시대에 적합한 과학, 기술, 산업화, 국제무역 및 국제정치 분야에서는 충분한 역량을 발휘하지 못했다. 오늘날 응우옌 왕조는 국가를 현대화시키지 못함으로써, 19세기 후반 프랑스 식민지화를 막지 못했다는 비난을 받고 있다.

제 5 절 19세기 및 프랑스 식민시대(1859~1954)

1. 프랑스의 침공[36)]

1858년 프랑스 나폴레옹 3세의 명령에 따라 '리졸트 드 주노일리' (Rigault de Genouilly) 장군의 프랑스 군함이 다낭(Đà Nẵng) 항구를 침공하고 심각한 피해를 입혔으나 상륙하지는 못했다. 드 주노일리는 남쪽으로 항해해 내려가서 방어가 허술한 자딩(Gia Định, 현재의 사이곤)을 점령하였다.

1859년부터 1867년까지, 프랑스 군대는 메콩강 삼각주(Mekong delta) 지역에 6개의 성(省)에 대한 완전한 통제권을 확보했으며, '코친차이나' (Cochin China)라고 불리는 프랑스 식민지를 구축하였다. 1874년에는 프랑스는 사이곤 조약을 체결하고, 코친차이나 전(全) 지역을 직할식민지로 만들었다.

몇년후 프랑스군은 북부베트남(그들은 이곳을 통킹 Tonkin이라고 불렀다)에 진격하여 1873년과 1882년 두 차례에 걸쳐 하노이를 점령했다. 그 동안 프랑스군의 '프랑시느 가니어'와 '헨리 리베르' 두 사령관이 베트남 저항세력에 의해 살해되었지만, 프랑스는 통킹에 대한 장악력을 계속 유지해 갔다.

1883년 프랑스의 위협에 따라 응우엔왕조와 프랑스 사이에 '아르망 조약'이 체결되었으며, 이에 따라 베트남은 프랑스의 보호국으로 전락하고 말았다.

2. 프랑스 식민지배 시작[37)]

프랑스–중국 전쟁(Franco-Chinese War : 1884~1885) 이후 프랑스는 베트남 전체를 장악했다. 1887년 10월 안남(Annam : Trung Kỳ (쭝끼), 중부 베트남), 통킹(Tonkin : Bắc Kỳ [박끼], 북부 베트남), 코친차이나(Cochin China : Nam Kỳ [남끼], 남부 베트남)를 통활하는 프랑스령 인도차이나(French Indochina)가 성립되었으며, 1893년에는 여기에 캄보디아와 라오스가

그림 5-12 안남 프랑스 식민지의 국기[38)]

추가되었다. 프랑스령 인도차이나에서 '코친차이나'는 프랑스 식민지가 되었고, '안남'은 섭정지역(Protectorate)이 되어 응우엔 왕조는 이름뿐인 왕조로 전락했으며, '통킹'은 프랑스 총독이 지배하게 되었다. 이렇게 사태가 급박하게 전개되는 동안 1890년 호찌밍이 응에안(Nghe An) 성에서 탄생하였다.

3. 베트남 저항운동의 시작[39)]

'자딩'이 프랑스군에게 함락된 이후, 점령지역에서 수많은 베트남 저항운동이 일어났다. 이 중에는 쯔엉딩(Trương Định) 같은 왕궁에서 근무하던 관료, 그리고 응우엔쭝쯕(Nguyễn Trung Trực) 같은 농부도 있었는데, 응우엔쭝쯕은 게릴라 전법으로 프랑스 군함 레스페란스(L'Esperance)를 침몰시켰다.

북부 지역에서는 대부분의 저항운동이 전직(前職) 왕궁 관료들에 의해 주도되었으며, 상당히 오랜 기간동안 계속되었다. 예컨대 판딩풍(Phan Đình Phùng)은 1895년까지, 또 호앙호아탐(Hoàng Hoa Thám)은 1911년까지 투쟁하였다. 심지어 응우엔 왕조의 10대(代) 황제였던 함응이(Hàm Nghi)는 후에(Huế)에 있는 왕궁을 떠나서 프랑스에 저항하기 위해 민중을 재편성하여 껀브엉(Cần Vương)운동, 즉 '황제를 구하라(Save the King)' 운동을 시작하였다. 그는 1888년 체포되어 프랑스령 알제리아로 추방되었다. 수십년이 지난 후, 두 명의 응우엔 황제들, 즉 타잉타이(Thành Thái)와 주이떤(Duy Tân) 역시 프랑스에 반대한다고 하여 아프리카로 추방되었다.

4. 베트남 애국자들의 이념과 저항운동[40)]

20세기 초, 베트남의 애국자들은 조국을 근대화시키지 않고서는 프랑스군을 물리칠 수 없다는 것을 깨달았다. 또한 그들은 '껀브엉'운동 등과 같은 황제에 충성하는 감성적인 면에서 벗어나 독립공화국(republic upon independence)을 세워야만 서구의 침략에 대항할 수 있다고 느꼈다. 근대화를 통해 일본이 강력한 유럽제국을 물리친 것이 좋은 사례였다. 그리하여 두 가지 방향에서 저항운동이 일어났다.

(1) 판보이쩌우(Phan Bội Châu)

첫 번째 운동은 판보이쩌우가 시작한 '동주'(Đông Du)운동, 즉 "동쪽으로 가라(Go East)" 운동이었다. 판보이의 계획은 베트남 학생들을 일본에 보내 근대적 기술을 배우게 함으로써, 장차 프랑스에 대항하는 성공적인 무장봉기(armed revolt)를 이끄는 것이었다. 판보이는 끄엉데(Cường Để) 왕자와 함께 일본에서 주이 떤 호이(Duy Tân Hội) 및 베트남 꽁 히엔 호이(Việt Nam Công Hiến

그림 4-11 판 보이 쩌우(Phan Bội Châu)[67)]

Hội)라는 2개의 조직을 결성했다. 그러나 프랑스의 압력에 의해 일본은 나중에 판보이쩌우를 중국으로 추방하였다.

(2) 판쭈찡(Phan Chu Trinh)

그림 5-14 판 쭈 찡(Phan Chu Trinh)[42)]

두 번째 운동은 판쭈찡이 주도한 '주이떤' (Duy Tân)운동, 즉 '근대화(Modernization)'운동이었다. 그는 독립을 쟁취하기 위해서 평화적이고 비폭력적인 투쟁을 선호하였다. 그는 대중을 교육시키고 조국을 근대화하면서 프랑스와 베트남 간의 이해와 관용을 증진시킬 필요가 있다는 것을 강조했다.

20세기 초반, 로마자로 표기된 '꾸옥 응으' (Quốc Ngữ), 즉 베트남 국어(國語)가 점점 많이 쓰이게 되었다. 전통적인 중국 한자(漢字)는 너무 복잡해서 배우기 어려웠는데, 베트남 애국자들은 이러한 꾸옥 응으가 대중들을 교육시키고 문맹률을 빠르게 낮출 수 있는 유용한 도구라고 생각했다.

(3) 저항운동의 탄압

그러나 프랑스가 이들 두 가지 운동을 억누르기 시작했고, 또 중국과 러시아에서 혁명을 목격한 베트남 애국자들은 투쟁운동을 과격한 방향으로 전환하면서 양상이 바뀌기 시작했다. 판보이 쩌우는 중국 광조우(廣州)에서 베트남 꾸앙 푹 호이(Vietnam Quang Phục Hội)를 결성해서 프랑스에 대한 무장 투쟁계획을 수립했다. 그는 1925년 상하이에서 프랑스 첩보원에게 체포되어 베트남으로 끌려갔지만 그에 대한 민중적 지지가 워낙 강력했으므로, 사형을 면하고 1940년 사망할 때까지 자신의 집에 연금(軟禁)되었다.

(4) 베트남 국민당의 등장과 소멸

1927년에는 중국의 국민당을 모델로 하여, '베트남 꾸옥전당' (Vietnam Quốc Dân Đảng, 베트남 국민당)이 결성되었다. 1930년 베트남 국민당은 통낑에서 옌바이 폭동(Yên Bái Uprising)을 일으켰다. 이로 인해 베트남 국민당의 당수(黨首) 응우엔 타이 혹(Nguyễn Thái Học)과 12명의 다른 지도자들이 체포되어 길로틴으로 처형당했다.

5. 베트남 공산당의 등장[43)]

베트남에 별도의 3개 공산당 조직, 즉, 인도차이나 공산당(Indochinese Communist Pary), 안남 공산당(Annamese Communist Party), 인도차이나 공산주의 연합(Indochinese Communist Union)이 등장함에 따라 막스주의(Marxism) 역시 도입되었다. 코민테른(Comintern : Comintern International, 국제공산당)은 응우엔 아이 꾸옥(Nguyễn Ái Quốc : 호찌밍)을 파견

하여 1930년 홍콩에서 세 개의 공산당을 베트남 공산당(Vietnamese Communist Party)으로 통합시켰다. 그리고 초대 당수(黨首)로는 쩐푸(Trần Phú)가 선출되었다. 그 후 이 당은 코민테른의 지시에 따라 당명을 인도차이나 공산당(Indochinese Communist Party)으로 바꾸었다.

응우엔아이꾸옥은 1911년부터 프랑스에 살고 있던 극좌파 혁명주의자였다. 그는 프랑스 공산당(French Communist Party)의 창당에 참가하였으며, 1924년에는 소련 연방으로 가서 코민테른에 합류하였다. 1920년대 후반기 동안 그는 코민테른 요원이 되어 동남아시아에서 공산주의운동을 구축하기 위해 노력했다.

1930년대에 베트남의 공산당 활동은 프랑스의 탄압을 받아 거의 소멸되었고, 쩐푸(Trần Phú), 레홍퐁(Lê Hồng Phong), 응우엔반끄(Nguyễn Văn Cừ) 같은 지도자들은 모두 형장의 이슬로 사라졌다.

6. 일본군의 베트남 진주

1940년 제2차 세계대전 중에 일본은 인도차이나를 침공하였고, 그해 9월 일본군이 베트남에 진주하였다. 일본은 프랑스 식민정부 비찌(Vichy)가 베트남을 그대로 통치하는 것을 허용했으나, 이 정부는 실제로는 허수아비에 불과했다.

7. 호찌밍의 베트밍 전선 구축

1941년 응우엔 아이 꾸옥(Nguyễn Ái Quốc)이라는 이름으로 알려져 있다가 이름을 바꾼 호찌밍(Hồ Chí Minh)이 북부 베트남에 도착하여 베트밍 전선(Việt Minh Front)을 구축했다. 베트밍은 'Việt Nam Độc Lập Đồng Minh Hội'(비엣남 독럽 동밍 호이, 베트남 독립동맹회)의 약자이다.

베트밍 전선은 베트남 독립을 위해 투쟁하는 모든 단체들의 보호집단(umbrella group)으로 간주되었다. 베트남에서 베트밍은 매우 현대적인 무기를 지니고 있었다. 중국으로부터 또 다른 비(非)공산당 조직들이 베트밍에 합류했으며, 베트밍은 중국 국민당의 지원을 받는 무장세력을 편성했다.

8. 제1차 인도차이나 전쟁(1945~1954)[44]

1945년초 일본의 약탈과 심한 가뭄으로 인해 통킹에서는 기근(饑饉)이 발생하여 약 200만 명이 사망했다. 1945년 3월 일본군은 인도차이나에서 프랑스 식민정부를 축출하고 베트남을 직접 지배하기 시작했다. 응우엔 왕조의 바오다이 황제(Emperor Bảo Đại)는 베트남 독립을 선언했으나, 실권은 여전히 일본군의 수중에 남아 있었다.

1945년 8월 일본이 연합국에 항복하자, 베트남에는 힘의 공백이 발생했다. 베트밍은 정부 관리들을 체포하기 위해 전국적으로 "8월 혁명(August Revolution)"을 일으켰다. 1945년 8월 25일 바이다이 황제가 퇴위(退位)함으로써 응우엔 왕조시대는 막을 내리게 되었다.

1945년 9월 2일, 호찌밍은 베트남 민주공화국(Democratic Republic of Vietnam; DRV)이라는 새로운 이름으로 베트남의 독립을 선언했으며, 최고지도자, 즉 주석(主席, Chủ Tịch)의 지위에 올랐다.

베트남 남부에서는, 영국군이 사이곤에 상륙하여 일본군을 무장해제시켰고, 프랑스군은 다시 베트남을 장악하려고 시도하였다. 베트남 북부에서는 중국의 장개석 군대가 베트남에 진격해 들어와 역시 일본군을 무장해제시켰다. 또한 베트남 국민당(Vietnam Quốc Dân Đảng, 베트남 꾸옥전당) 및 베트남혁명 동맹회(Vietnam Cách Mạng Đồng Minh Hội) 등과 같은 비(非)공산당들도 베트남에 들어왔다.

1946년 베트남은 제1차 국회의원선거를 실시하여 제1차 헌법을 통과시켰으나, 국내 및 국제 정세는 매우 불안정했다. 즉, 프랑스는 다시 무력으로 권력을 장악하려 했고, 몇몇 정치가들은 별도의 코친차이나(Cochin China, Nam Kỳ Quốc, 남기국, 南圻國)를 수립했다. 비(非)공산주의 세력과 공산주의 세력들은 서로를 살해했고, 종교집단과 저항집단들은 자신의 의용군(시민군)을 조직했다.

공산주의자들이 결국은 비(非)공산주의자들을 모두 진압했지만, 프랑스군과의 평화적 교섭에는 실패했다. 그러던 중, 1946년 1월 영국군은 프랑스군에게 북위 16도선 이남의 전권(全權)을 이양하였고, 1946년 2월 '프랑스-중국협정'에 의거하여 프랑스는 북위 16선 이북에 대한 관리권마저 획득하였다.

1947년 베트밍이 하노이에서 일제히 봉기하면서 프랑스군과 전면적인 전쟁, 즉 제1차 인도차이나 전쟁이 발발했다. 프랑스는 전(全) 세계적으로 식민주의가 종료되어 감을 깨닫고 베트남에 반(半)독립적인 국가를 세우고 바오다이(Bảo Đại)를 국가수반으로 앉혔다. 이 기간 동안, 중국에서는 마오쩌둥(모택동)이 중국을 장악했고, 베트밍은 중국으로부터 군사원조를 받기 시작했다.

그림 5-15 디엔 비엔 푸의 프랑스 군사기지 공격작전을 짜고 있는 호찌밍과 보 응우엔 잡 장군[71]

미국은 호찌밍에 강력히 반대하기 시작했다. 1950년대(代) '바오다이' 정부는 미국과 영국 정부로부터 인정받는 정부가 되었다.

1954년 무렵 베트밍은 중국의 지원을 받아 더욱 강력해 졌으며, 보응우엔잡(Võ Nguyên Giáp) 장군이 디엔비엔푸(Điện Biên Phủ)에 있는 프랑스 군사기지를 포위 공격했다. 베트밍 군인들은 디엔비엔푸 군사기지를 둘러싸고 있는 산악지역 정상 부근까지 대포와 무기를 옮겨와 결정적인 우위를 점했다. 1954년 7월 '크리스찬 드 까스뜨리'(Christian de Castries) 장군의 지휘하에 있던 프랑스 군대는 베트밍에 항복하고 말았다.

프랑스와 베트밍 사이에는 제네바 협정(Geneva Accord)이 조인되었으며, 프랑스는 베트남에서 물러가게 되었다.

그림 5-16 1954년 7월 디엔비엔푸에서 크리스찬 드 까스뜨리 장군의 프랑스 군대를 격파하고 승리의 깃발을 휘두르고 있는 베트밍 군인[46)]

역사정보

▪ 디엔비엔푸 전투(Battle of Dien Bien Phu)[47)]

디엔비엔푸 전투는 현대사에서 베트남역사를 결정하는 매우 중요한 전투 중의 하나였다. 디엔비엔푸는 하노이에서 서쪽으로 약 30km에 있으며(베트남 북부), 라오스와 접해 있다. 주위는 해발 고도 2,000m에 달하는 산악과 울창한 밀림으로 둘러싸여 있으며, 예로 부터 라오스와 교류하면서 교통 및 군사상 요충지를 이루고 있었다.

1953년 11월 인도차이나에 진주한 프랑스군 총사령관 까스트리와 미국 군사고문단은 북부 라오스와 베트남 북서부에서 활약하고 있던 베트밍(Vietminh, 越盟軍) 세력을 소탕하기 위해 프랑스군(軍) 낙하산 부대를 디엔비엔푸에 투하시켰다. 프랑스군은 무기와 장비의 우수성만 믿고 분지 지형의 디엔비엔푸에 폭 13km에 달하는 요새를 구축하고 정예부대 요원 1만 6천여명을 주둔시켰다.

그러나 호찌밍과 그의 제자 보응우엔잡이 지휘하는 베트밍군(軍)은 밀림을 헤치고 총공세를 취하며 포위망을 좁혀 들어갔다. 당시 중국 군사고문관은 '조기공격, 신속승리' 전술을 주장하고 있었다. 그러나 군사전문가도 아닌 일개 교사출신에 불과한 보응우엔잡은 '조기공격, 신속승리' 전술이 커다란 오류임을 즉시 발견했다. 즉, 프랑스군의 무기와 장비가 베트밍군을 압도하고 있었고, 포병과 공군까지도 확보하고 있었으며, 또 우기(雨期)가 다가오고 있었던 것이다.

그는 '조기공격, 신속승리' 전술을 '철저한 준비, 완벽한 승리' 전술로 바꾸자고 제안하고, 이에 반발하는 중국 군사고문관과 다른 군 지휘관들을 인내심을 가지고 끝까지 설득하여 공격을 연기했다. 그런 후 병력을 대거 보충하고, 대포를 맨손으로 산꼭대기까지 끌어 올렸으며, 한치의 오류도 없는 작전계획을 진행해 나갔다.

이러한 철저한 전투준비를 갖춘 베트밍군은 1953년 겨울부터 이듬해 4월까지 3회에 걸쳐 분지에 고립되어 있는 프랑스군을 총공격하였다.

포위된 프랑스군은 공수보급 작전에 실패하면서 탄약과 보급품이 떨어져 고전 끝에 1954년 5월 7일 마침내 항복하였다. 이 전투에서 프랑스군은 약 1만명이 항복하고, 약 5,000명이 전사하였다. 이 패배는 프랑스의 인도차이나 지배에 종결을 가져오는 결과가 되었다.

포병 3개 대대, 공병 1개 대대와 기갑중대, 200대의 트럭을 보유한 수송부대, 그리고 70대의 항공기를 보유한 상설 비행중대를 포함한 16,200명의 병력으로 3개 기지 47개 방어거점과 지하참호로 이중 삼중의 방어망을 갖춘 '난공불락'의 요새가 항공기 한 대 없는 베트밍군대에게 궤멸당한 것이다. 식민지군대가 제국주의 본국과 싸워 이긴 최초의 전면적인 승리였다. 디엔비엔푸 전투에서 베트밍군의 승리는 기적이었다.

프랑스군 사령부를 최종적으로 장악하고 사령관 까스트리를 포로로 잡은 보응우엔잡 장군은 승전 1보를 호찌밍에게 타전했고, 호찌밍은 대답했다.

"작은 식민지 국가가 역사상 처음으로 식민주의 본국을 무찔렀다. 이것은 베트남 인민의 영광스러운 승리이자 세계 민주주의, 그리고 사회주의를 수호하고 있는 세력의 승리이다."

제 6 절 제2차 인도차이나 전쟁과 대미(對美) 항전시대 (1954~1975)

1. 남·북 베트남의 분단[48]

1954년 제네바 협정에 의해 베트남에서 프랑스 식민지배는 종언(終焉)을 고하게 되었고, 베트남은 북위 17도선을 잠정 분계선으로 하여 남과 북 2개의 국가로 분할되었다. 기독교와 유교주의자 모두로부터 강력한 지지를 받고 있던 전직(前職) 관료 응오딘지엠(Ngô Đình Diệm)이 베트남 바오다이(Bảo Đại) 정부의 총리로 선출되었다.

지엠이 남부지역의 다양한 군대세력들 간의 갈등을 해결하려고 시도하는 동안, 바오다이는 점차 세력을 잃어 갔다. 1955년 지엠은 총선거를 실시하여 바오다이를 축출한 후, 자신이 베트남 공화국(남부 베트남, 월남)의 초대 대통령임을 선포했다.

1955년 10월 22일 사이곤에서 베트남 공화국(Republic of Vietnam; RVN)이 포고(布告)

되었다. 미국은 RVN에 군사 및 경제지원을 하기 시작했다. 고문을 파견하여 RVN 군인들을 훈련시키고, 신정부를 위한 기반시설을 건설하는 것을 도와주었다.

베트밍 세력 역시 1954년 제네바 협정에 따라 북부 베트남(North Vietnam)을 장악했다. 수백만명의 베트남 주민들이 공산주의 체제를 피하여 남부 베트남(South Vietnam)으로 이동하여 왔지만 이와 동시에 남부 베트남에 있던 베트밍 무장세력 역시 제네바 협정에서 지시한 대로 북부 베트남으로 이동하여 갔다.

2. 남베트남과 미국의 통일선거 실시 거부[49)]

제네바 협정은 통일된 베트남 정부를 결정하기 위해 총선거를 실시할 것을 약속하였다. 그래서 북베트남은 남베트남에 대해서 통일선거 실시 협의를 제의했다. 그러나 오직 프랑스와 베트밍(베트남 민주공화국)만이 이 조약에 서명했기 때문에, 미국과 응오딘지엠 정부는 이 협정 준수를 거부했다. 통일선거를 실시하자는 북베트남의 제의도 거부했다. 이는 전쟁 영웅 호찌밍이 선거에서 승리하여 베트남에 공산주의 정권을 수립할 것을 두려워했기 때문이다.

이후 1960년 1월 북베트남은 신(新)헌법을 공포하였다. 그리고 당시에는 호찌밍이 연로하였으므로 레주언(Lê Duân)이 공산당 서기장으로 선출되었고 남베트남의 지엠정권을 타도하고 베트남을 통일시키기 위한 무력 사용을 천명(闡名)했다. 이를 위한 첫 번째 조치로 1960년 12월 민족해방전선(National Front for the Liberation of South Vietnam; NLF, 속칭 베트콩)이 결성되었다.

처음에는 북베트남에 대한 원조가 주로 중국에 의해 이뤄졌으나, 소련의 '레오니트 브레즈네프'(Leonid Brezhnev)가 집권하자, 소련은 북베트남에 T-54 탱크, 대포, MIG 전투기, SA 미사일 등과 같은 막강한 무기를 공급해 주었다.

3. 남베트남 지엠 정부의 붕괴[50)]

북베트남의 위협이 커지는 동안, 남베트남(월남)의 응오딘지엠 대통령이 개인적으로는 유교주의자들과 기독교들도 존경을 받고 있었지만, 많은 관리들은 권력을 남용하였고 특히 기독교를 장려한 그의 정책이 반발을 불러 일으켰다. 이것은 불교가 널리 퍼져있던 베트남 사회에서 종교탄압으로 여겨졌고 반정부운동에 불을 지폈다.

가장 유명한 사건은 성직자 틱꾸앙득(Venerable Thích Quảng Đức)이 저항운동의 일환으로 분신자살한 사건이었다. 그러나 지엠 정부는 이 문제를 소홀히 취급하였고, 이에 분격한 저항운동이 전국적으로 발생했다. 결국 1963년 11월 남베트남의 응오딘지엠 정권은 쿠데타로 붕괴되고 말았다.

1963년에서 1967년까지 남베트남 정세는 극히 불안했으며, 어떤 정권도 장기간 권력을 장악하지 못했다. 공산주의자가 이끄는 NLF (민족해방전선)는 작전 범위를 확대해 나갔으며, 몇 군데에서는 군사적으로 중요한 승리를 거두기도 했다.

4. 미군의 베트남 파병[51)]

1965년 미국의 린든존슨(Lyndon Johnson) 대통령은 베트남에서 만일 공산주의자들이 득세하면 동남아시아 국가들에 공산주의가 도미노 현상처럼 번져 나갈 것을 우려하여 남부 베트남에 미군을 파병하기로 결정했다. 그리고 1965년 2월 미군이 베트남에 포격을 개시함으로써 제2차 인도차이나 전쟁이 발발했다. 미국뿐만 아니라 미국의 요청에 따라 호주, 뉴질랜드, 남한, 타일랜드, 필리핀 및 대만도 남베트남에 군대를 파병했다.

비록 미군이 주도하는 군대가 공산주의 군대를 대상으로 성공적으로 전투를 수행하고 있었으나, 외국 군대의 베트남 내(內) 주둔, 베트남의 광범위한 지역에 대한 폭탄 투하, 그리고 미군 부대 주변에 우후죽순처럼 등장한 많은 사회적 해악(害惡) 등으로 인해 수많은 베트남 국민들은 남부지역에서건 북부지역에서건 민주적 자존심이 손상됨을 느끼고, 이들은 점차 북베트남과 NLF (민족해방전선)에 대해 동정심과 연민의 정을 갖게 되었다.

역사정보

■ 베트남전쟁에 참전했던 여의사의 '전쟁일기'[52)]

1967~1970년 첫사랑을 찾아 군의관으로 베트남전(Vietnam War)에 참전했다가 미군과 교전 중에 27세에 전사한 젊은 베트남 여의사(女醫師)가 남긴 전쟁일기가 오늘날 베트남 국민의 심금을 울리고 있다.

이 일기에는 여전사(女戰士)의 조국에 대한 사랑과 사회주의에 대한 열망, 민족통일에 대한 갈망, 애인에 대한 그리움 그리고 전쟁의 처절함 등이 가득차 있는데, 현재 베트남 전역에서 30만 부 이상 판매되면서 베스트셀러가 되었다.

인터내셔널 헤럴드 트리뷴(IHT)은 지난해 말 발간된 "당투이쩜(Đặng Thùy Trâm)의 일기"란 책이 베트남 국민들의 가슴을 울리며 베스트셀러가 된 사연을 '호찌밍 루트의 사랑과 혁명'이란 제목으로 보도했다. 이 보도에 따르면, 당투이쩜이라는 여전사가 참전기간 중 기록해 간 이 일기는 1970년 쩜의 사망 직후, 이를 수거해 수십년 동안 보관하고 있던 베트남 참전군인 프레드 화이트 허스트 씨가 지난해 미국 텍사스공과대학에 기증함으로써 세상에 알려지게 됐다. 전쟁 당시 불온선전물 수거 등을 담당했던 화이트 허스트씨는 이 일기를 수거한 직후 태우기 위해 기름까지 준비했으나, 일기의 번역자가 된 베트남 통역관 응우옌쩡히에우씨(氏)의 만류로 태우지 않고 보관해 왔다.

쩜은 어린 시절 연인이 베트남전에 참전한 후, 그 연인의 사랑을 되찾기 위해, 민족을 살리기 위해, 또 사회주의의 꿈을 이루기 위해 23살의 어린 나이에 전선에 뛰어들었다.

그녀는 이후 3년여간에 걸쳐 총성이 빗발치는 전장을 누비며 1970년 미군의 공격으로 전사할 때까지 겪은 연인에 대한 그리움과 전쟁의 고독, 그리고 사회주의에 대한 열망을 3권의 일기장에 고스란히 담았다.

그녀는 비정한 전쟁의 와중에서도 연인에 대한 사무친 감정을 숨기지 않았다. 쩜은 이 일기에서 자신의 연인을 'M'이란 이니셜로 표기하고 있다. "M, 당신은 지금 어디에 있나요? 정말로 우리는 서로 만날 수 없을 만큼 멀리 떨어져 있는 건가요? 왜 나는 지금도 당신을 생각하면 심장에서 뜨거운 피가 솟구치는 것이 느끼지는 걸까요?"

그러나 그녀는 곧바로 자신을 향해 "하지만 나는 내 마음속에 타오르는 사랑의 감정을 모두 잊어야 한다. (미군의) 총공세의 시작을 알리는 저 총성이 들리지 않는가"라며 개인적 감정으로 나약해지려는 자신을 다잡으려는 결의를 보이며, 미군을 극도로 증오하고 있다.

그녀는 또 "사회주의가 꽃피는 아름다운 태양 아래서 살기위해서는 희생이 필요하다. 그리하여 먼 훗날, 당신들이 사회주의라는 아름다운 꽃과 햇빛 아래에 살 수 있게 된다면, 그 목표를 위해 피를 흘렸던 사람들을 기억하라"면서 전사(戰士)로서 사회주의에 대한 강한 열망을 표현했다.

또한 그녀는 의료장비가 부족해 죽어가는 전우를 지켜봐야 했던 의사로서의 고뇌도 표출하고 있다. "바로 어제 중상을 입은 21살의 어린 동생 같은 군인은 내가 도와줄 수 있을 것으로 생각하고 내 이름을 불러댔다. 하지만 나는 아무것도 할 수 없고, 쓸모없는 내 손 안에서 죽어가는 그를 보면서 눈에서 하염없니 눈물이 흘러 내렸다."

그녀는 "전쟁은 결코 누구도 보호해주지 않는다."며 전쟁의 참혹함과 고뇌를 쏟아냈다.

그녀는 죽기 이틀 전에 어머니를 부르며 "어머니, 내가 이렇게 외로울 때 제발 나에게 와서 내 손을 잡아줘요. 나를 사랑해주고, 내 앞길에 놓인 어려운 길을 지나갈 수 있도록 나에게 힘을 줘요. 어머니의 따뜻한 손길이 그리워요."라며 외로움을 호소하고 있다.

그녀는 어느 날 밤 동료들이 의약품을 구하러 마을로 내려갔을 때 100명이 넘는 미군이 다가오는 것을 보고 야전병원을 지키기 위해 혼자서 총을 쏘며 맞서다가 죽어갔다. 그녀가 병원을 사수하는 동안 부상당한 그녀의 동료들은 피신해 목숨을 구했고, 이제 그녀의 일기를 통해 그녀를 기억하고 있다.

이 일기는 텍사스 공대로부터 다시 하노이에 살고 있는 어머니 도안응옥쩜(81)과 그의 3자매에게 전달돼 베트남 언론에 공개되기 시작했다. 지난해 베트남 신문에 연재되면서 인기를 모았던 그녀의 일기는 결국 단행본으로 엮어져 출판되었으며, 지금은 베트남에서 가장 많이 읽히는 책이 되었다. 또 이 일기는 지난해 베트남의 10대 뉴스로 선정되기도 했다.

뿐만 아니라 쩜이 의사로 근무하던 병원이 있던 꾸앙찌성(省)에는 그녀를 기념하는 병원이 들어섰고 '당투이쩜을 따르자'는 운동이 청소년들 사이에서 일어나 그녀가 생활했던 곳을 찾는 여행까지 생기고 있다. 또 하노이 외곽에 있는 그녀의 무덤에는 매일 수백 명이 다녀가고, 동상이 세워지는 등 국가 영웅으로 떠오르고 있다.

쩜은 이제 베트남의 많은 전쟁 영웅 중의 한 사람으로 당당히 자리를 잡았다. 그러나 그녀의 일기는 불행히도 초반에 썼던 두 권이 분실돼 얘기는 중도에서 시작되고 있다.

이렇게 당투이쩜의 일기가 세상에 공개될 수 있도록 해준 화이트 허스트 씨는 지난해 하노이를 방문하였고, 쩜의 가족들로부터 환대를 받은 뒤 "나는 인간적으로 당투이쩜의 가족이 되었다."고 말했다.

인터내셔널 헤럴드 트리뷴 신문은 "실제 삶이 픽션보다 더욱 잔인할 수 있다는 것을 보여주는 그녀의 일기는 전쟁을 모르는 세대가 3분의 2를 차지하고 있는 베트남 사회에 젊은 여자가 겪은 사회주의혁명 이데올로기와 사랑의 감정이 어떠했을까를 진솔하게 보여 주고 있다"고 전했다.

그림 5-17 당 투이 쩜의 일기 (nhật k ặng Th y Tr m)[53]

그림 5-18 젊은 시절의 당 투이 쩜[54]

1968년 1월, 구정 (음력설)을 맞아 NLF는 일제히 공세를 가하면서 후에 (Huế) 시 (市)를 초토화시켰다. 몇 달 뒤에는 미군이 베트남 중부의 미라이 (My Lai)지역에서 NLF 게릴라, 즉 베트콩 (Viet Cong)으로 의심되는 민간인들에 대한 대학살이 시작되었고, 이로 인해 전(全) 세계적으로 미군과 베트남전쟁에 반대하는 운동이 들불처럼 일어났다.

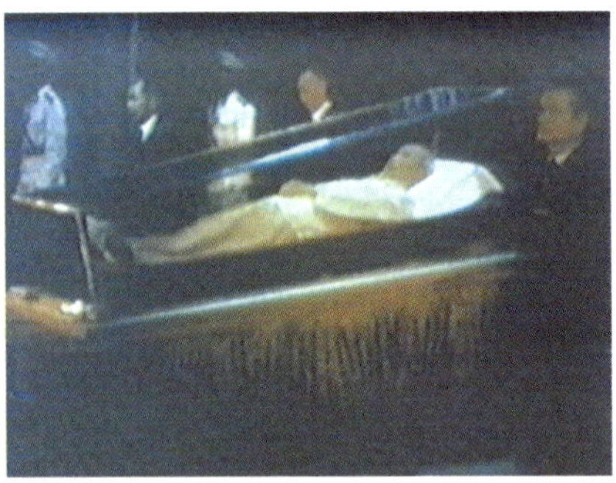

그림 5-19 호찌밍 영묘의 전시관 속에 있는 호찌밍시신[55]

1969년 호찌밍은 세상을 떠나면서 자신을 화장시켜 줄 것을 원했다. 그러나 공산당은 시신을 방부처리 (embalm)하여 대중에게 전시하기로 결정했으며, 하노이에 있는 바딩 광장 (Ba Đình Square)에 모스크바에 있는 레닌의 영안실 형태로 호찌밍 영묘 (Ho Chi Minh's Mausoleum)를 만들었다.

5. 파리 휴전 협정과 미군 철수[56]

전쟁 기간 동안 엄청난 파괴와 인명 손실을 겪은 후, 1973년 1월 27일 미국, 북베트남, 남베트남 혁명 정부는 파리에서 휴전 협정을 조인하였다. 협정 조항에 따라 모든 미군은 남베트남 정부에 무기를 양도하고 1973년 3월 29일까지 철군하였다.

그 후에도 남 · 북 베트남군대 간에는 제한된 범위 내에서 전투가 있었다. 그러나 1975년 4월 30일 북베트남이 남베트남에 다시 대규모 병력을 파견하여 전면 공격을 개시하여 사이곤을 함락시키자 남베트남 정부는 붕괴하고 공산주의 정권이 들어섰다. 베트남 전국이 공산주의화(化)된 것이다.

제 7 절 베트남 사회주의공화국 수립과 전후(戰後)시대 (1976~1985)

1. 베트남 사회주의 공화국 수립[57)]

1976년 4월 26일 남 · 북 베트남에서 총선거가 실시되었고, 1976년 7월 2일 마침내 베트남 사회주의 공화국(The Socialist Republic of Vietnam)이 수립됨으로써 남 · 북 베트남은 마침내 통일되었다.

정권을 장악한 베트남 공산주의자들은 공산당 이외의 다른 모든 정당(政黨)을 금지하고 과거 남부 베트남 정부의 요직을 맡았던 관료와 군인들을 체포하여 이들을 수용소로 보냈다. 이러한 과정에서 수백만명의 사람들이 조잡하게 만들어진 보트나 뗏목을 타고 베트남을 탈출했으며, 국제적으로 심각한 인권 문제를 야기시켰다.

2. 중국-베트남전쟁(중월 전쟁)과 캄보디아 침공[58)]

통일 베트남 정부는 30여년 간에 걸친 전쟁을 겪은 황폐된 국토를 재건하기 위해, 1978년 남베트남 개조(改造) 사업에 본격적으로 착수했다. 구체적으로는 농장과 공장 및 일반 상점들의 집단화 · 공영화(collectivization), 즉 사회주의화(化)시키고, 통화개혁 등의 조치가 단행되었다. 그러나 이러한 일련의 조치는 호찌밍시(市)의 경제적 실권을 잡고 있는 화교(華僑)의 대량 귀국사태를 야기하였다.

그 결과 대(對) 중국 관계가 악화됐고, 군사 · 경제 양면에 걸친 중국원조의 전면 중지라는 사태로 발전하였다. 그리하여 베트남은 같은 해 6월 소련 · 동구권의 COMECON (Council for Mutual Economic Assistance : 경제 상호원조 회의)에 가맹하는 한편, 미국이나 동남아시아 제국 등 서방측 진영에의 접근도 시도하였다. 1977년 베트남은 UN에 가입했다.

그런데 1977년 가을부터 격화한 캄보디아와 국경분쟁이 1978년에 들어서서 더욱 악화할 조짐을 보였다. 1979년 1월 베트남군의 지원을 받은 캄보디아 구국 민족통일전선이 캄보디아 전(全) 국토를 제압하기에 이르자, 캄보디아와 우호관계를 맺은 중국은 무력으로 이를 응징할 것을 결정하였다. 그리하여 1979년 2월 17일 중 · 월 국경지대에서 베트남에 대하여 선전포고 없이 대규모 군사행동을 개시하였다.

베트남도 철저히 항전한 결과, 쌍방 간에 다수의 사상자가 발생했다. 1979년 3월 6일 중국이 제안한 외무차관급 회의를 베트남이 수락하면서 전투는 일단 종식되고, 5월 21일에는 제1차 포로교환이 이루어졌다. 1989년 9월에는 캄보디아 주둔 베트남군의 철수가 완료되었다.

이러한 일련의 사건들로 인해 베트남과 중국의 관계가 악화되었고, 소련연방으로부터 경제적 · 군사적 지원을 더욱 많이 받지 않으면 안 되었다.

제 8 절 도이 머이 (Đổi Mới, 혁신 · 쇄신 정책)[59)]

경제재건과 국가발전을 위해서는 공산주의 이론만으로는 한계가 있음을 인식한 베트남공산당은 1986년 제6차 전당대회에서 (제1장에서 설명한 것과 같이) 개혁 · 개방 정책인 '도이 머이'정책을 시행하게 되었다. 이 정책은 국가권위는 그대로 유지한 채 자유시장 개혁(free-market reforms)을 이루려는 것으로서, 농장과 회사에 대한 개인소유 허용, 규제 완화, 외국인 투자촉진 등을 주요 내용으로 하고 있다.

그 후 베트남은 1992년 12월 22일 한국과 수교, 1995년 7월 12일 미국과 수교, 1995년 7월 15일 ASEAN 가입, 1998년 11월 APEC 가입 등 개방정책을 계속 추진하며 과거의 적대적인 관계를 개선하고 국제기구에 적극적으로 가입하고 있다. 또 2007년 10월에는 UN 안전보장이사회 비상임이사국으로 선출되었다.

이러한 개방 · 개혁 정책의 추진 이후, 베트남경제는 농업과 산업 생산, 건축과 건설, 수출 및 외국인 투자 등에서 높은 성장세를 보이고 있다. 현재 베트남은 세계에서 가장 빠르게 경제가 성장하는 국가들 중의 하나가 되었다.

제6장 인구 환경

이 장에서는 베트남의 인구 환경으로서 인구 통계, 민족, 및 언어와 문자를 고찰하기로 한다.

제1절 인구 통계(Demographics)

먼저 베트남의 인구 통계에 관한 기본적인 자료를 제시하면 다음과 같다.

1. 인구수(population)

최근의 조사 자료에 의하면 베트남의 인구는 약 8,737만명으로 보도되었는데, 이는 세계에서 13번째로 많은 인구수(人口數)이다.[1] 참고로 표 6-1에는 세계 주요 각국의 인구수가 순위별로 나타나 있다.

표 6-1 세계 주요 국가의 인구수(2008)[2)]

순 위	국 가	인구수(명)
-	월드(World)	6,671,226,000
1	중국(People's Republic of China)	1,321,460,000
2	인도(India)	1,169,016,000
-	EU(European Union)	492,964,961
3	미국(United States)	303,203,004
4	인도네시아(Indonesia)	231,627,000
5	브라질(Brazil)	187,434,000
6	파키스탄(Pakistan)	161,598,500
7	방글라데시(Bangladesh)	158,665,000
8	나이지리아(Nigeria)	148,093,000
9	러시아(Russia)	142,499,000
10	일본(Japan)	127,750,000
11	멕시코(Mexico)	106,535,000
12	필리핀(Philippines)	88,706,300
13	베트남(Vietnam)	87,375,000
14	독일(Germany)	82,314,900
15	에티오피아(Ethiopia)	77,127,000
16	이집트(Egypt)	75,498,000
17	터키(Turkey)	74,877,000
18	이란(Iran)	71,208,000
19	프랑스(France)	64,102,140
20	타일랜드(Thailand)	62,828,706
21	콩고 민주 공화국(Democratic Republic of Congo)	62,636,000
22	영국(United Kingdom)	60,587,300
23	이탈리아(Italy)	59,131,287
26	남한(South Korea)	48,512,000
28	스페인(Spain)	45,116,894
31	아르헨티나(Argentina)	39,531,000
36	캐나다(Canada)	33,052,864
40	네팔(Nepal)	28,196,000
44	말레이사아(Malaysia)	27,329,000
46	사우디아라비아(Saudi Arabia)	24,735,000
47	북한(North Korea)	23,790,000
49	대만(Taiwan)	22,925,000
53	호주(Australia)	21,101,000
56	스리랑카(Sri Lanka)	19,299,000
74	그리스(Greece)	11,147,000
88	스웨덴(Sweden)	9,150,000
114	노르웨이(Norway)	4,721,300
117	싱가포르(Singapore)	4,436,000
122	뉴질랜드(New Zealand)	4,239,600
205	모나코(Monaco)	33,000
220	바티칸시티(Vatican City)	800
221	핏케언(Pitcairn Islands)	50

2. 주요 인구 지표[3)]

베트남의 인구 통계학적 특성을 연령구조, 중간연령, 인구 증가율, 출생률, 사망률, 이민자 순(純) 유입률, 성별 비율, 유아 사망률, 출생시(時) 기대수명, 총출산율 등으로 나누어 요약하면 다음과 같다.

① 연령 구조(Age Structure)

- 0~14세 : 27.9% (남자 약 52%, 여자 약 48%)
- 15~64세 : 66.4% (남자 약 49%, 여자 약 51%)
- 65세 이상 : 5.7% (남자 약 38%, 여자 약 62%)

② 중간 연령(Median age)

- 전체 중간값 : 25.51세
- 남자 중간값 : 24.47세
- 여자 중간값 : 26.68세

③ 인구 증가율(Population growth rate) : 연평균 1.04%

④ 출생률(Birth rate) : 인구 1,000명당 17.07명 출생

⑤ 사망률(Death rate) : 인구 1,000명당 6.2명 사망

⑥ 순수 이민자 순(純) 유입률(Net migration rate) : 인구 1,000명당 -0.43명(즉, 해외에서 베트남으로 이주해 들어오는 숫자가 베트남에서 해외로 이주해 나가는 숫자보다 적다.)

⑦ 성별 비율(Sex ratio)

- 출생시 : 남자 1.08명/여자 1명
- 15세 미만 : 남자 1.08명/여자 1명
- 15~64세 : 남자 0.98명/여자 1명
- 65세 이상 : 남자 0.64명/여자 1명
- 전체 인구 : 남자 0.98명/여자 1명

⑧ 유아 사망률(Infant mortality rate)

- 전체 : 25.95 (출생아 1,000명당 25.95명 사망)
- 남자 : 26.35 (출생아 1,000명당 26.35명 사망)
- 여자 : 25.52 (출생아 1,000명당 25.52명 사망)

⑨ 출생시 기대수명(Life expectancy at birth)

- 전체 인구 : 70.61년
- 남자 : 67.82년
- 여자 : 73.6년

⑩ 총출산율(Total fertility rate) : 여자 1명당 1.94명 출산

3. 베트남 인구 특성[4)]

베트남의 인구 특성을 지역 중심으로 요약하면 다음과 같다.

① 수도인 하노이에는 약 300만명, 호찌밍에 약 573만명, 하이퐁에 약 177만명, 다낭에 약 76만명 등이 살고 있다.

② 베트남 인구구조는 거의 완벽한 피라미드 형태로, 24세 이하의 젊은 층이 약 4천 3백만명에 달해, 적어도 향후 20~30년간 경제발전에 필요한 풍부한 인력공급이 가능하고, 노동력의 질도 매우 높은 것으로 평가되고 있다.

③ 전체 국민의 74%(약 6천만명)가 농촌에 거주하고 있어, 앞으로 농촌인구의 도시 유입이 매우 급속히 이뤄질 것으로 보이며, 이는 사회 · 정치적 문제로 등장할 가능성이 있다.

베트남은 거주이전의 자유가 없으며, 이주하려면 지역 경찰에 등록신고를 거쳐 주민등록부를 발급받아야 한다. 특히 농촌에서 도시로 이주하려면 거주승인을 받기가 매우 어려워, 대도시에는 상당수의 불법 이주민들이 살고 있다(하노이와 호찌밍시 등 대도시에는 수많은 불법 이주민들이 살고 있다).

제 2 절 민족(民族, ethnic groups)

1. 베트남 건국 신화와 민족[5)]

베트남은 수많은 민족으로 이루어져 있는 나라이다. 베트남내에 살고 있는 종족을 이해하기 위해서는 먼저 이 나라의 건국 신화를 살펴 볼 필요가 있다.

베트남 신화에 따르면, 강력한 힘을 가진 바다 신(海神) '락롱꾸안' (Lạc Long Quân)과 아름다운 산신(山神) '어우꺼' (Âu Cơ)의 결합으로 100명의 아들이 태어났다. 이들 중 50명은 아버지를 따라 바다로 내려갔고, 나머지 50명은 어머니를 따라 산으로 올라갔다. 이들은 서로 힘을 모아 세 개의 산맥, 동해(Eastern sea)를 비롯한 네 개의 바다(four seas), 울창한 숲과, 광활한 평야, 그리고 사람들에게 생명수(生命水)를 공급하는 강(江)을 창조했다.

이렇게 창조된 대륙은 북쪽으로는 픽룽꾸(Peak Lung Cu), 남쪽으로는 라익타우 마을(Rach Tau Village), 서쪽으로는 쯔엉썬 산맥(Truong Son Range), 그리고 동쪽으로는 쯔엉싸 군도(Truong Sa Archipelago, 群島)에 이른다.

이와 같이 베트남 신화는 베트남 민족이 다양한 많은 종족으로 구성되어 있음과 더불어 모두 하나의 뿌리를 갖고 있음을 상징하고 있다. 수많은 세월을 살아오면서 이들 종족들은 자연재난을 극복하는 데 있어서, 또 사회적 곤란을 이겨내는 데 있어서 애국심을 발휘하고 협력해왔던 전통을 갖고 있으며, 오랜 역사동안 국가를 건립하고 발전시켜왔다.

이렇게 베트남은 건국신화에서 다양한 종족과 그들의 애국심과 협력정신을 강조하고 또 인정하고 있는 것이다.

2. 민족에 관한 베트남 헌법 규정

이러한 건국신화 정신을 바탕으로, 그리고 역사적으로 많은 민족들이 서로 협력하며 살아온 애국심을 바탕으로, 베트남 헌법은 제5조에서 다음과 같은 규정을 두고 있다.[6)]

"베트남 사회주의공화국은 베트남 영토에서 함께 사는 각 민족의 통일국가이다. 국가는 각 민족간의 평등, 단결, 상부상조 정책을 실현하고 민족을 차별하고 분열하는 모든 행위를 엄금한다. 각 민족은 그들의 언어와 문자를 사용할 권리를 가지며 민족 본색 유지, 자신의 아름다운 풍속, 습관, 전통 및 문화를 발휘할 권리를 가진다. 국가는 모든 면에서 소수민족 동포의 물질적, 정신적 생활을 점진적으로 향상시키기 위한 발전정책을 실시한다."

3. 베트남의 민족 구성

(1) 개론[7)]

베트남은 54개의 다민족(多民族)으로 구성된 국가(multi-nationality country)이다.

비엣족(Viet)은 낑족(Kinh)이라고도 불리는데, 전체 국민의 약 86.2%를 차지하고 있으며, 주로 홍강 삼각주(Red River Delta), 중부해안 삼각주(Central Coastal Delta), 메콩강 삼각주(Mekong River Delta) 및 주요 도시에서 살고 있다.

그밖에 모두 1,200만명으로 추산되는 나머지 53개 소수민족은 북쪽부터 남쪽에 걸쳐 국토의 2/3를 차지하는 산악지대에 흩어져 살고 있다.

소수민족들 중에서는 따이족(Tay), 타이족(Thai), 므엉족(Mường), 호아족(Hoa), 크메르족(Khmer, Khơ-me Crộm, 코메끄롬족), 눙족(Nùng), 허몽족(Hmong) 등이 각각 100만명 정도의 인구를 지니고 있다. 반면에 브러우족(Brâu), 러맘족(Rơ-măm), 어두족(Ơ đu) 등은 인구가 각각 수백명 정도밖에 되지 않는다.

주요 민족 비율을 보면, 낑족 86.2%, 따이족 1.9%, 타이족 1.7%, 므엉족 1.5%, 크메르족 1.4%, 호아족 1.1%, 눙족 1.1%, 허몽족 1%, 기타 4.1%이다.

비엣족은 10세기경 중앙집권적인 왕국을 건설하는 데 성공했다. 짬족(Chăm)은 베트남 초기 역사에서 풍요로운 문화를 창조해 냈다. 따이족(Tay), 눙족(Nùng) 및 크메르족(Khmer)은 다양한 사회계층에서 높은 직위에 올랐다. 므엉족(Mường), 자오족(Dao), 타이족(Thai) 사람들은 지역 부족장의 지도하에 어울려 살았다.

(2) 민족들의 협력[8)]

많은 소수민족들은 농업 기술을 익혀서 늪지대의 평야에서 벼농사를 짓는 기술과 관개(irrigation) 기술을 터득했다. 다른 종족들은 사냥이나 낚시를 하면서, 반(半) 유목민 같은 생활을 하기도 했다. 각각의 종족들은 자신들만의 고유하고 다양하고 특이한 문화적 전통을 가지고 있고 또 고유한 언어와 생활습관을 가지고 있다. 베트남 소수민족들의 신념과 종교는 다른 종족들과 자신을 구분해 준다.

그러나 수세기에 걸쳐 다양한 민족들은 베트남 국토를 개발하고 지켜오는 과정에서 상호간에 협력을 했기 때문에, 각 민족의 고유한 특성을 넘어서서 국가전체를 위한 기본적인 단결력을 유지해 오고 있다.

역사상 초기부터 저지대 민족들(lowland people)과 산악지대 민족들(mountainous people) 간에 상호 보완적이고 지원적인 경제적 유대관계가 형성되었다. 이러한 단결력은 국토를 지키기 위해 외국군대와 투쟁하는 기간동안에 끊임없이 증대하여 왔다. 이렇게 국토를 건설하고 지키기 위해 공동으로 투쟁하고 또 공존(共存)과 발전을 위해 서로 협력해 왔기 때문에 비엣족 주민들과 그 밖의 소수민족들 간에 공동체(common community)가 형성되었으며, 이러한 공동체의식은 끊임없이 강화되고 발전할 수 있었다.

(3) 정부의 소수민족 지원정책[9)]

그럼에도 불구하고, 삼각주(deltas) 지대에 살고 있는 사람들과 산악지대에 살고 있는 사람들 간에는 물질생활 및 정신생활에서 분명한 차이를 보여 주고 있고, 또 소수민족 사람들 간에도 이러한 차이가 현저하게 드러난다. 베트남 정부는 산악지대 사람들이 풍요로운 저지대(lowland) 사람들과 동일한 생활수준을 영위할 수 있도록 하기 위해 이들을 돕는 특별한 정책을 수립해서 지원하고 있다. 또한 베트남 정부는 각각의 소수민족들이 지니고 있는 전통적인 문화적 고유성(traditional cultural identity)을 유지하고 개발시키기 위해 상당히 많은 노력을 하고 있다.

오늘날 베트남 정부는 외딴 마을에 요오드 처리된 소금(iodized salt)을 보내주고, 마을에 건강관리소와 보건소를 세워주고 있다. 말라리아 퇴치를 위해 의약품을 공급하고 소수민족 어린이들을 위해 무료학교를 건축하며 소수민족 사람들의 고유한 문자를 만들어 내는 프로그램을 수립하는가 하면, 각 소수민족의 전통적 문화를 연구하고 개발하는 노력을 하고 있는 바, 이러한 노력은 현재 상당한 성과를 거두고 있다.

4. 베트남 민족 명단과 각 민족의 특성

베트남 정부에서 인정하는 베트남 54개 민족의 명단을 인구 순서에 따라 제시하면 표 6-2와 같다.

표 6-2 베트남 54개 민족 명단[10)]

1	낑(Kinh)	비엣족 viet이라고도 불리며, 베트남 최다 민족 : 86.2%
2	따이(Tày : Tay)	베트남 소수민족 중 가장 최다 민족 : 1.9%
3	타이(Thái : Thai)	Tho, 혹은 Tai Tho라고도 함 : 1.7%
4	므엉(Mường)	1.5%
5	크메르(Khmer)	Khmer Krom, Khơ Me Crộm이라고도 함 : 1.4%
6	호아(Hoa)	1.1%
7	눙(Nùng)	1.1%
8	허몽(H'Mông)	Hmong, Hơ-mông, Mong, Mèo라고도 함 : 1%
9	야오(Dao)	Yao라고도 함
10	자라이(Jarai)	Gia Rai 혹은 J'rai라고도 함
11	에데(Ê Đê)	Rhade라고도 함
12	바나(Ba Na)	Bahnar라고도 함
13	싼짜이(Sán Chay)	Cao Lan이라고도 함
14	짬(Chăm)	
15	써당(Xơ Đăng)	Sedang 혹은 Xo Dang이라고도 함
16	싼지우(Sán Dìu : San Diu)	
17	흐레(Hrê : H're)	Cham Re, Chom Kre라고도 함
18	꺼호(Cờ Ho)	
19	라글라이(Ra Glai)	Rai 혹은 La Vang이라고도 함
20	머농(M'Nông)	
21	토(Thổ : Tho)	Keo, Mon, Cuoi 혹은 Ho이라고도 함
22	씨띠엥(Xtiêng)	Stieng 혹은 Xa Dieng이라고도 함
23	커무(Khơ Mú)	Khmu라고도 함
24	브루-번끼에우(Bru-Vân Kiều)	
25	자이(Giáy)	
26	꺼뚜(Cơ Tu)	Ca Tu, 혹은 Ca Tang이라고도 함
27	지에찌엥(Giẻ Triêng)	
28	따어이(Tà Ôi)	Toi Oi라고도 함
29	마(Mạ)	

30	꼬(Co)	Cor, Col, 혹은 Cua리고도 함
31	쩌로(Chơ Ro)	Do Ro라고도 함
32	하니(Hà Nhì)	Hani, U Ni, 혹은 Xa U Ni라고도 함
33	씽문(Xinh Mun)	Con Pua라고도 함
34	쭈루(Chu Ru)	Chru 혹은 Cho Ru라고도 함
35	라오(Lao)	라오스에서 온 사람들
36	라찌(La Chí)	La Qua 혹은 Cu Te라고도 함
37	푸라(Phù Lá)	
38	라후(La Hủ)	
39	캉(Kháng)	
40	르(Lự)	
41	빠텐(Pà Thẻn)	Pa Hung이라고도 함
42	로로(Lô Lô : Lo Lo, Yi)	Yi라고도 함
43	쯧(Chứt)	
44	망(Mảng)	
45	꺼라오(Cờ Lao)	Ke Lao라고도 함
46	보이(Bố Y)	Buyei라고도 함
47	라하(La Ha)	
48	꽁(Cống)	Xam Khong라고도 함
49	응아이(Ngái)	
50	씨라(Si La)	
51	뿌뻬오(Pu Péo)	
52	브러우(Brâu)	Bru라고도 함
53	러맘(Rơ Măm)	
54	어두(Ơ Đu)	

그림 6-1에는 베트남 정부가 공식적으로 인정한 54개 모든 민족을 표시하는 기념우표가 나타나 있다.

그림 6-1 베트남 54개 민족 기념우표[11]

아래에서는 이들 54개 민족을 인구수, 거주지역, 전통, 문화, 경제 등의 측면에서 가나다 순서로 자세히 고찰하기로 하자.

(1) 꺼뚜족(Co Tu ethnic group)[12)]

그림 6-2 꺼뚜족[13)]

■ 인구 : 약 51,000명

■ 거주지역 : 꺼뚜족은 꾸앙남성(省), 다낭시(市), 그리고 트어티엔 후에성(省)의 아르어이(A Luoi) 지역과 푸록(Phu Loc) 지역에서 살고 있다.

■ 전통 : 꺼뚜족은 집을 타원형의 형태로 짓는다. 마을의 중앙에는 "롱(Rong)"이라 불리는 마을회관이 자리잡고 있는데, 이 건물에서는 손님을 접대하거나 회의를 개최할 때, 혹은 각종 의식(儀式)과 문화 공연을 할 때 사용된다.

꺼뚜족은 조상을 숭배하며, 부모가 세상을 떠나면 독특한 양식으로 지어진 무덤을 세운다. 꺼뚜족 아이들은 아버지의 성(姓)을 따르며, 상속권은 오직 아들에게만 주어진다.

그림 6-3 꺼뚜족 마을[14)]

그림 6-4 꺼뚜족의 무덤[15)]

■ 문화 : 꺼뚜족 언어는 몬-크메르 계통(Mon-khmer)에 속한다.

꺼뚜족은 춤을 즐기는데, 여자들이 추는 춤을 "뚱뚱(tung tung)"이라 부르고, 남자들이 추는 춤을 "야야(ya ya)"라고 부른다. 꺼뚜족 남자들은 로인클로스(loincloths) 즉, 허리에 두르는 간단한 옷을 입으며, 상체는 알몸이다. 여자들은 치마와 짧은 저고리를 입으며, 목걸이, 팔찌, 귀걸이 등을 즐겨 착용한다.

그림 6-5 꺼뚜족의 전통 춤[16)]

그림 6-6 꺼뚜 학생들의 전통문화 활동[17)]

(2) 꺼라오족(Co Lao ethnic group)[18)]

그림 6-7 꺼라오족[19)]

■ 인구 : 약 1,500명

■ 거주지역 : 주로 하장성(省)의 동반(Dong Van) 및 호앙수피(Hoang su phi) 지역에 거주 한다.

■ 전통 : 꺼라오족의 각 마을에는 약 15채내지 20채 정도의 가구(家口)가 있다. 꺼라오족 들의 주택은 평지 혹은 지역에 따라서는 수상(水上)에 지어진다. 가부장제도(家父長制度, patriarchal system)가 유지되고 있다. 이들은 새로 태어난 아기의 태반을 태워서 재로 만든다. 그리고 아이가 태어난 3일 후, 남자 아기들은 그들의 부모가 세례를 해준다.

■ 문화 : 꺼라오 언어는 카다이(Kadai)계통에 속해있다. 각종 행사와 축제가 음력 3월 3일, 5월 5일, 7월 15일, 그리고 9월 9일날 열린다. 음력 설날은 1년 중 가장 큰 축제이다.

■ 경제 : 꺼라오족은 계단식 경작지에서 농사를 지으며, 산에서는 옥수수를 재배한다. 꺼라오족이 만드는 바구니 세공품과 대나무 돗자리 그리고 책상이나 의자 등의 목재 제품은 인기를 끌고 있다.

그림 6-8 꺼라오족의 수상가옥[20]

그림 6-9 꺼라오족의 전통 악기 삐레 (Pi Le)[21]

(3) 꺼호족(Co Ho 혹은 K'Ho ethnic group)[22]

그림 6-10 꺼호족[23]

■ 인구 : 약 100,000명

■ 거주지역 : 꺼호족은 베트남 중앙고원지대인 럼동성(省)에 무리를 지어 살고 있다. 꺼호족의 집단인 락(Lach) 사람들은 럼동(Lam Dong)의 토착민들이다. 럼동성의 성도(省都)인 달랏(Dalat)은 '다락(Da Lach)', 즉 '락 사람들의 강(江)' (River of the Lach People)에서 유래되었다.

그림 6-11 꺼호족의 등산 축제[24]

■ 전통 : 꺼호족의 젊은 여자들은 결혼생활에서 적극적인 역할을 담당하고 있다. 꺼호족 사회는 일부일처(一夫一妻)제도가 유지되고 있다. 결혼식을 한 후, 남편은 아내의 집에 와서 산다.

꺼호족은 태양, 달 , 산, 강, 땅, 및 쌀(rice) 등을 포함하여 많은 신(神)들을 숭배한다.

■ 문화 : 꺼호족 언어는 몬-크메르(Mon Khmer)계통에 속한다. 꺼호족은 풍부하고 다양한 민속과 문화를 소유하고 있다. 그들의 시(詩)는 땀쁠라(Tampla)라고 불리는데, 매우 낭만적인 소재를 지니고 있다. 또한 그들은 많은 축제와 행사를 수행하기 위한 다양한 전통춤을 보유하고 있다.

그들이 사용하는 악기에는 징(gongs), 사슴가죽으로 만든 북(drums), 대나무 피리(bamboo flute), 및 팬파이프(box pan-pipes), 깜 보우트(Kam boat) 등이 있다.

그림 6-12 꺼호족 여인[25]

■ 경제 : 꺼호족은 물에 잠긴 논이나 화전(火田)에서 쌀을 경작한다.

(4) 꼬족(Cor ethnic group)[26)]

그림 6-13 꼬족2[27)]

■ 인구 : 약 23,000명

■ 거주지역 : 꼬족은 베트남 남부 중앙 해안지대에 있는 꾸앙남성(省)의 짜미(Tra My) 지역, 다낭시(市), 그리고 꾸앙응아이성(省)의 짜봉(Tra Bong) 지역에서 살고 있다.

■ 전통 : 꼬족은 전에는 기둥(지주, 支柱, stilts) 위에 세운 집에서 살았으나, 요즘은 평지위에 집을 짓는다. 마을의 촌장은 지식, 경험, 행동 및 마을 사람들의 신뢰를 바탕으로 선출된다. 과거에 꼬족 사람들은 개별 이름이 없었고, 가족의 성(姓)인 딩(Dinh)만 가지고 있었다. 그러나 지금의 그들은 자신들이 존경하는 호찌밍 주석의 성(姓)을 따라 호(Ho)라는 성을 가지게 되었다.

꼬족은 영혼(souls)을 가진 모든 것들을 믿고 있으며, 특히 쌀의 영혼(souls of rice grains)을 숭배한다.

그림 6-16에는 꼬족이 소를 죽여 제물로 바치는 축제(Buffalo-stabbing festival)의 모습이 나타나 있다.

그림 6-14 소를 제물로 바치는 축제[28)]

■ 문화 : 꼬족 언어는 몬-크메르 계통(Mon-khmer Group)에 속한다.

꼬족은 노래하고, 춤추고, 북과 징을 치는 것을 좋아한다. 쓰루(Xru), 끌루(Klu), 그리고 아조이(Agioi) 등과 같은 대중음악은 매우 인기가 높다.

꼬족 남자들은 주로 로인클로스(loincloths)를 걸치고, 여자들은 긴치마와 짧은 소매의 윗옷을 입고, 허리 주위를 다채롭게 장식한다.

■ 경제 : 꼬족은 주로 화전(火田) 경작지에서 농사를 짓는다. 주요 작물로는 쌀, 옥수수, 카사버(cassava), 계피 등과 같은 것을 재배한다.

(5) 꽁족(Cong ethnic group)[29]

그림 6-15 꽁족[30)]

■ 인구 : 약 1,700명

■ 거주지역 : 꽁족은 주로 라이쩌우성(省)의 므엉떼(Muong Te) 지역에 살고 있다.

■ 전통 : 꽁족은 기둥위에 집을 짓고 산다. 꽁족의 각 혈족의 지도자들은 구성원들로 하여금 사회적 규율을 지키게 하며, 제사를 수행하는 책임을 진다.

젊은 남녀는 결혼결정에서 주도권을 행사할 수 있으나, 친족 간에는 7촌 이상 떨어져 있어야만 결혼할 수 있다. 남자측 가정에서 청혼을 하며, 식을 거행한 이후에는 약혼자는 약혼녀의 집에서 몇 년동안 살아야 한다. 부부가 자식을 낳게 되면, 결혼식을 한번 더 하는 경우가 자주 있다.

■ 문화 : 꽁족 언어는 티벳-버마(Tibet-Burman)계통에 속한다. 그들은 자신들만의 달력을 사용한다.

꽁족은 다양한 민속예술을 가지고 있다. 그들 노래의 특징은 부드러운 멜로디로 되어 있으며, 마을 행사 때는 많은 사람들이 참여하여 함께 노래를 부른다는 점이다. 특히 이들은 매년 풍작을 기원하는 축제를 성대히 개최한다.

그림 6-16 꽁족의 문화 활동[31)]

■ 경제 : 꽁족은 주로 화전(火田) 농업을 통해 작물과 목화를 생산한다. 그들은 또한 바구니, 빨간색으로 염색한 돗자리, 지팡이 등과 같이 다양한 수공예품을 만든다.

(6) 낑족(Kinh, 혹은 Viet ethnic group)[32)]

그림 6-17 낑족[33)]

■ 인구 : 약 6,500만명

■ 거주지역 : 베트남 전체 지역에 걸쳐 거주하고 있으나, 특히 삼각주지역과 도시지역에 밀집해 있다.

■ 전통 : 낑족이 사는 마을은 대개 작은 대나무 숲에 둘러싸여 있다. 이들은 진흙으로 만든 집에서도 살고 있다.

남편은 가족의 책임자로 간주되며, 가족의 모든 일상적인 업무를 처리한다. 자녀들은 아버지의 성(姓)을 따르며, 장남은 부모와 조부모의 제사를 지낼 책임을 가지고 있다. 각각의 혈족은 자신의 조상을 숭배하는 사찰(temple)을 보유하고 있다.

낑족은 결혼 후 일부일처(一夫一妻, monogamy)제도를 지키고 있다. 아들측 가족이 결혼을 승인하며, 아들을 위해 결혼 준비를 한다. 결혼식 후에는, 신부는 남편 가족들과 함께 살게 된다. 낑족은 신부의 정절과 미덕을 크게 중요시 여긴다.

낑족은 자신들의 조상을 숭배할 뿐만 아니라, 불교, 유교, 도교(道交), 기독교 등과 같은 다양한 종교를 가지고 있다.

■ 문화 : 낑족은 옛날부터 전해오는 이야기(Old tales), 민요(folk ballads), 시(詩), 소설, 및 격언 등과 같은 풍부한 문학작품을 가지고 있다. 그밖에 노래, 음악, 조각, 회화(painting), 무용과 공연 등도 매우 발달되어 있고 인기도 많다.

그림 6-18 낑족의 마을 축제[34)]

그림 6-19 낑족의 전통 문화 놀이[35)]

■ 경제 : 낑족은 쌀을 재배하는 것이 주요 경제활동이다. 그들은 쌀, 원예, 양잠업을 진흥하는데 도움을 받기 위해 댐과 운하를 건설했다. 그들은 또 젖소와 닭을 많이 기르고 있으며, 오래 전부터 도자기를 생산해 왔다.

(7) 눙족(Nung ethnic group)[36)]

그림 6-20 눙족[37)]

■ 인구 : 약 706,000명

■ 거주지역 : 눙족은 주로 베트남 북동부 지대인 박장성, 박깐성, 까오방성, 랑썬성, 및 뚜옌꾸앙성(省) 지역에서 살고 있다.

■ 전통 : 눙족의 집은 보통 언덕의 경사면에 지어진다. 대개 집의 앞쪽에 경작지가 있고, 뒤쪽에는 정원이 있다. 눙족의 주택은 항상 기둥위에 짓는다. 눙족은 주로 그들의 조상을 숭배하며, 영혼, 성인(聖人), 및 공자(公子) 등을 위해 제사를 지낸다.

■ 문화 : 능족 언어는 따이-타이 계통(Tay-Thai Group) 언어이다. 능족은 놈능(Nom Nung)이라 불리는 글자를 가지고 있는데, 이 글자는 17세기경에 만들어져 전해 내려오고 있다.

그림 6-21 능족의 축제[38)]

능족은 "슬리(Sli)"라 불리는 민요와 더불어 다양한 대중음악을 지니고 있다. "슬리"는 자연과 함께 조화된 숲과 산(山)의 노래로써 부드러운 멜로디를 가지고 있다. 그밖에도 이들은 이야기, 동요, 자장가 등과 같은 민속 문화를 잘 보존하고 있다.

또 매년 음력 1월에는 "들판으로 나가자(Going to the Field)"라는 뜻을 갖고 있는 "룽뚱(Lung Tung)" 축제가 열리는데, 이것은 능족의 축제 중 가장 유명한 축제이며, 모든 연령대의 사람들이 참가한다.

이들은 술을 마실 때는 상대방에 대한 신뢰를 보여 주기 위해, 상대방으로부터 받은 잔으로 술을 마신다.

능족의 전통의상은 신의(信義, faithfulness)를 상징하는 남색(indio)으로 만들어져 있는데, 이 옷은 1941년 호찌밍이 베트남에 돌아왔을 때 입어서 유명해졌다.

그림 6-22 능족의 전통 의상[39)]

그림 6-23 능족의 삶[40)]

■ 경제 : 능족은 언덕위의 계단식 경작지에서 농사를 지으며 살아간다. 주요 농작물은 쌀과 옥수수이고, 감나무와 귤나무를 많이 재배한다. 또 이들은 대나무와 등나무(rattan)로 만든 수공예품으로 유명하며, 옷감을 만들기도 한다.

(8) 따어이족(Ta Oi ethnic group)[41]

그림 6-24 따어이족[42]

■ 인구 : 약 35,000명

■ 거주지역 : 따어이족은 트어티엔 후에성(省)의 아르어이(A Luoi) 지역과, 꾸앙찌성(省)의 흐엉호아(Huong Hoa) 지역에서 살고 있다.

■ 전통 : 따어이족의 마을회관을 "롱(Rong)"이라 부르는데, 이것은 마을 중심지에 세워져 있고 또 길다랗게 지어져 있다. 마을 촌장은 마을 업무를 처리하는데 있어서 중요한 역할을 담당한다.

아이들은 아버지의 성(姓)을 따르며, 오직 아들만이 가족 재산을 상속할 권리를 갖는다. 젊은 남녀는 자유롭게 자신의 배우자를 선택할 수 있다.

따어이족은 물활론(物活論, animism)을 믿고 있다.

이들은 사람이 죽으면 시신을 땅에 매장하며, 매장한 후 몇 년이 지나면, 고인(故人)의 혈족은 고인의 시체를 발굴하는 의식(儀式)을 갖고 정교한 장식으로 꾸며진 추모관을 세운다. 추모관의 주위에는 고인의 조상(彫像)을 세운다.

■ 문화 : 따어이족 언어는 몬-크메르 계통(Mon-khmer Group)에 속한며, 브루-번끼에우어(語)와 비슷하다.

따어이족은 오래전부터 내려오는 민요, 옛 이야기, 격언들을 잘 보존하고 있다. 인기있는 대중음악에는 까-로이(Ka-loi), 바-보이(Ba-boih), 로-인(Ro-in) 등이 있고, 낭만적인 짜짭 노래(Cha Chap song)는 특히 사람들이 즐겨 부른다.

따어이족들은 징, 줄달린 치터(string zithers), 피리, 트럼펫, 북, 팬파이프(pan-pipe) 등과 같은 다양한 악기를 가지고 있다.

그림 6-25 따어이족 마을 촌장[43]

■ 경제 : 따어이족은 화전(火田) 경작지에서 쌀농사를 지으며 살아간다. 또 그들은 원예 기술이 좋아 과일·채소·꽃 등을 많이 재배하고, 저수지에서 물고기를 기르기도 한다.

(9) 따이족(Tay ethnic Group)[44)]

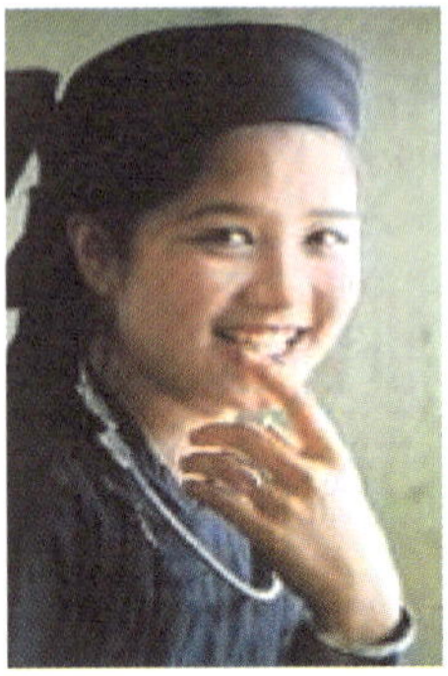

그림 6-26 따이족[45)]

■ 인구 : 약 1,500,000명. 이는 낑족(Kinh) 즉, 비엣(Viet)족 다음으로 많은 인구수이다.

■ 거주지역 : 따이족은 주로 베트남 북부의 까오방성, 랑썬성, 및 꾸앙닌성(省) 지역에서 계곡을 따라 살고 있다.

■ 전통 : 따이족의 마을은 대개 산(山) 아래쪽에 자리잡고 있으며, 산 · 들 · 강(江)의 이름을 따라 마을 이름을 짓는 경우가 많다. 각 마을에는 약 15~20호(戶)정도의 집이 있다.

따이족은 주로 조상과 영혼을 숭배한다. 조상을 위한 제단(祭壇)은 집의 중앙에 위치하며, 신성하게 여겨지고 있기 때문에 아이를 낳은 여자나 손님들은 제단 앞에 앉지 못한다.

■ 문화 : 따이족은 따이 방언의 일종인 따이담(Tai Dam)을 사용하는데, 이 언어는 따이-타이 계통(Tay-Thai Group)에 속한다.

따이족은 시(詩), 노래, 춤, 무용 등과 같은 풍부한 전통문화를 가지고 있다. 특히 따이 노래에는 연인들이 함께 부르는 "핫루온(Hat Luon)", 결혼식 노래, 및 자장가 등이 있다.

■ 경제 : 따이족은 비옥한 토지에서 농사를 지으며 살아간다. 주요 농작물은 쌀, 옥수수, 고구마 등이다.

■ 따이족의 유명인사 : 따이족 출신의 저명 인사들에는 다음과 같은 사람들이 있다.

그림 6-27 따이족 여인[46)]

- 호앙반투(Hoang Van Thu) : 인도차이나 공산당 서기(General Secretary)
- 농득마잉(Nong Duc Manh) : 베트남 공산당 서기장
- 호앙득찌에우(Hoang Duc Trieu) : 호찌밍과 함께 일했던, 공산주의자 겸 시인
- 레테카잉(Le The Khanh) : "꼬흐엉뜨(Co Huong Tu)"라는 시(詩)를 한자로 쓴 베트남 최초의 시인
- 라반꺼우(La Van Cau) : 프랑스 식민지군대와 싸웠던 전쟁 영웅
- 베반단(Be Van Dan) : 프랑스 식민지군대와 싸웠던 전쟁 영웅

(10) 라글라이족(Raglai ethnic group)[49]

그림 6-28 라글라이족[48]

■ 인구 : 약 97,000명

■ 거주지역 : 라글라이족은 베트남남부 중앙 해안지대에 있는 카잉호아성(省)과 남동부지대에 있는 닝투언성(省)에서 살고 있다.

■ 전통 : 라글라이족은 전통적으로 기둥위에 집을 짓는다. 이들이 사는 마을 촌장을 "뽀빠라이(po pa-lay)"라고 부르며, 마을의 여러가지 업무를 처리하는 책임을 지고 있다.

라글라이족 사회는 모계사회(母系社會)이며, 아이들은 어머니의 성(姓)을 따른다. 만일 젊은 여자가 어느 젊은 남자와 결혼하기를 원한다면, 그녀는 자신의 부모님께 결혼식 준비를 해도 좋은지 물어본다. 결혼 과정에 있어서, 신부의 남동생이 의사결정에서 중요한 역할을 한다.

라글라이족은 선(善)의 힘과 악(惡)의 힘 모두를 갖고 있는 "장(Giang)"이라 불리는 영적 세계(Spiritual World)가 존재하고 있다고 믿고 있다. 쌀의 수확 계절이 끝나면, 모든 마을 사람들이 모여 "장"에게 감사드리고, 풍요로운 햅쌀 수확을 즐긴다.

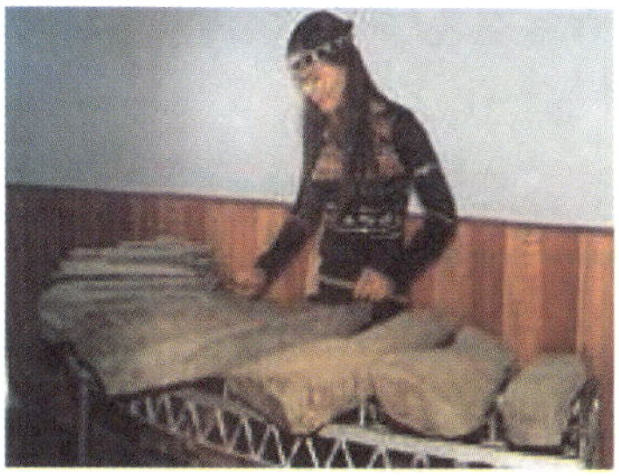

그림 6-29 라글라이족 여인[49]

■ 문화 : 라글라이족 언어는 말레이-폴리네시아 계통(Malayo-polynesian Group)에 속한다. 라글라이족 사람들은 아끄하 주끄하(Akha Jukha)라는 노래를 부르고, 싸라껜(Saraken)과 짜삐(Chapi)를 연주한다.

■ 경제 : 예전에 라글라이족은 화전(火田) 경작지에서 벼농사를 지었지만, 오늘날은 물이 차있는 논에서도 벼농사를 짓는다. 그들은 또한 사냥, 과일 채취, 각종 수공예품을 만들어서 소득을 올리기도 한다.

(11) 라오족(Lao ethnic group)[50]

그림 6-30 라오족[51]

■ 인구 : 약 12,000명

■ 거주지역 : 대다수의 라오족은 라오스(약 4백만명)와 타일랜드(약 1900만명)에 거주하고 있다. 베트남에서는 주로 디엔비엔성, 라이쩌우성의 퐁토(Phong Tho) 지역, 썬라성의 송마(Song Ma) 지역, 그리고 라오까이성(省)의 탄우옌(Than Uyen) 지역에서 살고 있다.

■ 전통 : 라오족은 조상을 숭배하며, 불교의 영향을 많이 받고 있다. 라오족의 성(姓)에 "로(Lo)", "루옹(Luong)", 혹은 "비(Vi)" 씨가 많다. 자식은 아버지의 성(姓)을 따른다. 사람이 죽으면 장례식이 엄숙하게 거행되며, 매장된다. 고인(故人)이 "무옹(muong)" 혹은 "반(ban)"이라 불리는 마을의 촌장일 경우에만 화장(火葬)이 행해 진다.

■ 문화 : 라오족의 언어는 따이-타이 계통(Tay-Thai Group) 언어이다.

라오족은 옛 설화, 민요, 시(詩), 등과 같은 문화를 잘 보존하고 있다. 축제와 마을 행사 때는 라오족의 전통 춤인 "람봉(Lam Vong)이 펼쳐진다.

라오족이 즐겨 연주하는 전통악기들중 대표적인 것으로는 "켄(Khene)"이라 불리는 일종의 팬파이프(pan-pipe)이다.

여자들은 앞에 매듭이 있고 가슴까지 올라오는 검정색 치마를 즐겨 입는다. 남자들은 허벅지와 다리에 동물 모양과 문자(文字)로 문신을 하는 경우가 많다.

그림 6-31 켄을 연주하는 라오족[52)]

■ 경제 : 라오족은 쟁기질, 써래질, 관개기술 등을 이용해서 주로 침수된 논에서 쌀을 재배 한다. 그밖에도 직물, 철기제품, 도자기 및 은(銀)을 생산해서 부수입을 올리기도 한다.

(12) 라찌족(La Chi ethnic group)[53)]

그림 6-32 라찌족[54)]

■ 인구 : 약 11,000명

■ 거주지역 : 라찌족은 하장성(省)의 씬만(Xin Man) 지역, 그리고 라오까이성(省)의 므엉쿠옹(Muong Khuong)지역 및 박하(Bac Ha) 지역에 거주하고 있다.

■ 전통 : 라찌족의 전형적인 주택은 기둥위에 짓고, 3개의 방, 그리고 조상에게 제사드리는 제단으로 이루어져 있다. 각각의 혈족들은 의식(儀式)을 행할 때 사용하는 고유한 징(gongs)과 북(drums)을 가지고 있다. 자녀들은 아버지의 성(姓)을 따르게 된다.

■ 문화 : 라찌족의 언어는 까다이 계통(Kadai Group)언어이다. 라찌족은 많은 축제를 기념하며 즐기는데, 그중 대표적인 것이 음력 7월에 열리는 축제이다. 이 축제는 "쿠꾸떼 축제(Khu Cu Te Festival)"라고 불린다.

쿠꾸떼 축제를 비롯하여 많은 축제 때, 어린 소년과 소녀들은 "니까(Nica)"라는 노래를 즐겨 부른다. 라찌족의 전통 악기에는 북, 징, 3현(絃)으로 된 치터(zither)(단띵, dan tinh), 및 나뭇잎으로 만든 입술 오르간(lip-organ) 등이 있다. 이들은 축제 때 그네타기를 즐기기도 한다.

그림 6-33 악기를 연주하는 라찌족[55)]

■ 경제 : 라찌족은 계단식 농경지에서 쌀을 경작한다. 여자들은 방직기술과 염색기술을 가지고 있다.

(13) 라하족(La Ha ethnic group)[58)]

그림 6-34 라하족[57)]

■ 인구 : 약 6,000명

■ 거주지역 : 라하족은 베트남 북부에 있는 썬라성(省) 지역에서 주로 살고 있다.

■ 전통 : 라하족의 집은 기둥위에 지어지며, 입구가 두 개 있고, 집의 양쪽 끝에는 사다리가 놓여 있다.

젊은 남녀는 배우자를 자유롭게 찾을 수 있다. 청혼을 한 후에, 신랑은 신부의 집에서 약 4~8년동안 살게 되며, 그 후에 결혼식을 한다. 신부는 남편의 가족이 되고, 남편의 성(姓)을 따른다.

임종을 앞둔 사람은 돈과 쌀을 자신과 함께 묻어 주기를 소망한다.

라하족은 숲, 물, 안개, 집에는 영혼이 있으며, 이들에게는 초자연적인 힘이 있다고 믿는다. 라하족은 아버지가 세상을 떠나면, 아버지의 영혼이 집의 영혼으로 변한다고 생각하며 이를 숭배한다.

■ 문화 : 라하족 언어는 까다이 계통(Kadai Group) 언어이다.

라하족은 매년 자신들의 부모를 공경하기 위한 기념식을 개최한다.

그림 6-35 라하족의 주택[58)]

또 라하족은 자신의 병을 치료해주는 의사들을 공경하기 위해 빵아눈반 축제(Pang A Nun Ban Festival)를 연다. 이들은 의사에게 쓴 맛을 내는 대나무(bitter bamboo)와 마레 꽃(Ma Re flower)을 선물하는데, 이들 두 가지는 널리 쓰이는 약초(藥草)이다.

■ 경제 : 라하족은 화전(火田) 경작지에서 쌀을 재배하며 살아간다. 그밖에 목화를 재배하기도 하고, 다양한 수공예품을 만들기도 한다.

(14) 라후족(La Hu ethnic group)[59]

그림 6-36 라후족[60]

■ 인구 : 약 5,300명

■ 거주지역 : 라후족은 베트남에서는 주로 라이쩌우성(省)의 므엉떼(Moung Te)지역에 살고 있다. 그밖에도 이들은 중국의 윈난성에 약 450,000명, 타일랜드에 약 100,000명, 라오스에 약 10,000명이 살고 있다.

■ 전통 : 라후족은 산의 비탈면에 마을을 이루어 살고 있다. 그들은 평지에 집을 지으며, 대나무 울타리로 경계를 구분한다.

상속권은 아들만이 가지고 있다. 젊은 남녀는 자유롭게 자신의 배우자를 선택할 수 있다. 결혼식 후에 신랑은 신부의 가족과 몇 년 동안 살게 되며, 그 후에는 아내를 자신의 집으로 데리고 와서 평생을 살아간다.

태어난 아기는 3일 후에 이름이 지어지는데, 이 기간 동안 예상치 못한 손님이 방문하게 되면, 그 손님은 아기의 이름을 지어줄 영광을 누리게 된다.

라후족은 조상을 숭배하며, 매년 땅의 신(神)과 평화를 기원하는 축제를 연다. 파종(播種)과 수확이 끝나면 그들은 옥수수와 쌀의 정령(精靈)에게 축원과 감사의 축제를 개최한다.

■ 문화 : 라후족의 언어는 티베트-버마(Tibeto-Burman) 계통에 속한다..

라후족의 문화에는 "켄(khen)"이라 불리는 팬파이프(pan-pipes)로 연주되는 춤이 많이 있다. 노래를 부를 때는 하니(Ha Nhi)언어로 부르지만, 라후족은 자신들만의 리듬을 간직하고 있다.

라후족은 옛 설화를 잘 유지하고 있으며, 자신들만의 달력과, 십이지지(十二地支)에 대응하는 12마리의 동물 – 쥐, 소, 호랑이, 토끼, 용, 뱀, 말, 양, 원숭이, 닭, 개, 돼지 – 까지도 가지고 있다.

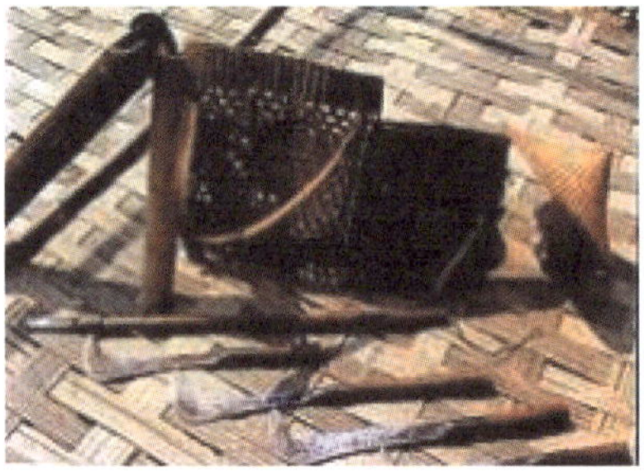

그림 6-37 라후족의 생산 및 생활도구[61]

■ 경제 : 라후족은 화전(火田)경작과 사냥으로 살아간다. 남자들은 대장장이 일을 능숙하게 하며, 등나무 의자, 쟁반, 돗자리 등의 수공예품을 만들어 물물교환하기도 한다.

(15) 러맘족(Ro Mam ethnic group)[62]

그림 6-38 러맘족[63]

■ 인구 : 약 400명

■ 거주지역 : 러맘족은 베트남 중앙 고원지대에 있는 꼰뚬성(省)의 싸터이(Sa Thay) 지역의 레 마을(Le Village)에서 살고 있다.

■ 전통 : 러맘족의 마을을 "데(De)"라고 부른다. 이 마을은 원로(元老)인 촌장이 다스린다. 각 가족은 같은 혈족의 다양한 세대로 이루어지며, 10~20명이 한 지붕 아래에 산다. 각각의 핵가족은 독립적인 경제단위(economic unit)를 형성하고 있다.

러맘족의 결혼식은 2 단계, 즉 약혼 단계와 결혼식 단계로 나누어 거행된다. 결혼식을 올린 후 며칠 지나지 않은 신혼부부는 이혼할 수 있다. 그러나 그들이 일단 오랜 기간을 산 이후에는 이혼이 허용되지 않는다.

사람이 죽으면, 시신은 공동묘지에 안치된다. 공동묘지는 항상 마을의 서쪽 끝에 자리 잡고 있다.

■ 문화 : 러맘족 언어는 몬-크메르 계통(Mon-khmer)에 속한다.

러맘족은 밭을 경작할 때부터 농작물을 수확할 때까지 풍년을 기원하는 여러 차례의 의식(儀式)을 갖는다.

■ 경제 : 러맘족은 주로 화전(火田) 경작지에서 농사를 짓고, 숲에서 사냥을 하며 살아간다. 주요 농작물로는 쌀을 재배한다.

그림 6-39 러맘족 어린이들[64]

(16) 로로족(Lo Lo, 혹은 Yi ethnic group)[65]

■ 인구 : 약 3,300명

■ 거주지역 : 로로족(Lo Lo) 혹은 이족(Yi)은 중국, 타일랜드, 베트남에 있는 소수민족이다. 중국에서의 인구는 약 800만명으로서 중국의 소수민족 중 7번째로 많은 인구를 보유하고 있다. 이들은 중국에서는 주로 산악지역인 윈난성, 꾸이저우성 및 구앙씨성의 외곽지역에서 살고 있다.

베트남에서는 북동쪽에 위치한 하장성(省)의 동반(Dong Van) 및 매오박(Meo Bac)

그림 6-40 로로족[66)]

지역, 까오방성(省)의 바오락(Bao Lac) 지역, 그리고 라오까이성(省)의 므엉쿠옹(Muong Khuong) 지역에서 주로 거주하고 있다.

■ 전통 : 로로족은 기둥위, 혹은 기둥위 중간지점과 땅위의 중간지점, 혹은 땅위에 집을 짓는다. 약 20~25가구가 하나의 마을을 형성하는 것이 일반적이다. 이러한 마을은 산비탈의 물 가까이에 자리 잡고 있다.

로로족은 주로 조상을 숭배하며, 그밖에도 나무 · 바위 · 물 · 땅 · 하늘 · 바람 · 숲의 정령을 섬기는 물활론자(物活論者, animist)이다. 또한 병의 치료, 귀신을 물리치는 주문(呪文, exorcism), 기우(祈雨, asking for rain), 원수에 대한 저주(cursing enemies), 점(占), 영혼들과의 관계 등과 같은 주술(呪術, magic)이 그들의 일상생활에 큰 영향을 미치고 있다. 또 그들은 질병을 초래하는 귀신을 용(龍)이 막아 준다고 생각하고 있다.

어떤 사람이 죽으면, 그들은 죽은 혼령과의 관계를 유지하기 위해 문간에서 돼나 양을 잡아 바친다.

로로족들은 같은 혈족들끼리 한 마을에서 살고 있다. 이들 혈족의 지도자를 "타우쭈(Thau Chu)"라고 부르는데, 이러한 지도자는 종족의 관습에 따라 일상적인 행사를 주관하며, 전통을 보존하는 책임을 지니고 있다.

로로족은 일부일처제(一夫一妻制)를 준수하며, 신부는 결혼을 하게 되면 남편 집에서 함께 살게 된다.

■ 문화 : 로로족 언어는 티벳-버마 계통(Tibeto-Burman Group) 언어이다. 그들의 글자는 상형문자 형식으로 되어있는데, 현재는 거의 사용되지 않고 있다. 로로족의 달력은 1년을 11개월로 나누고 있으며, 각각의 달에는 이에 해당하는 동물들의 이름이 부여되어 있다.

그림 6-41 농사일을 하는 로로족 사람들[67)]

로로족은 춤, 노래, 옛 이야기 등과 같은 다양한 민속 문화를 지니고 있다. 이들은 교육 수준이 높은 편인데, 많은 사람들이 대학을 졸업했거나 적어도 중등교육 수준 이상은 마치고 있다.

■ 경제 : 로로족은 주로 옥수수나 쌀 등을 경작하며 살아간다.

(17) 르족(Lu ethnic group)[68)]

그림 6-42 르족[69)]

■ 인구 : 약 5,000명

■ 거주지역 : 르족은 베트남, 중국, 타일랜드에 사는 소수민족인데, 베트남에서는 라이쩌우성(省) 지역에서 주로 거주하고 있다.

■ 전통 : 르족은 기둥위에 두 개의 지붕이 있고, 동서향(東西向) 쪽으로 향한 집을 짓는다. 르족의 젊은 남녀는 자유롭게 배우자를 선택할 수 있다. 그러나 결혼을 하려면 첫째는 부모의 승낙을 얻어야 하며, 둘째는 점술가로부터 그들의 나이(age)와 궁합이 잘 맞는가를 검토 받아야 한다. 만일 이들의 나이가 서로 잘 맞는다는 판정을 받으면, 그들은 비로소 결혼준비를 할 수 있다. 르족 사회에서 이혼은 매우 드물다.

자녀들은 아버지의 성(姓)을 따른다. 남자아이는 공통적으로 이름 중간에 "바(Ba)"라는 이름을 가지고 있고, 여자아이는 "이(Yi)"라는 이름을 가지고 있다.

르족 사람들은 매우 친절하고 성실하다는 평가를 받으며, 가정의 행복과 화목을 중요시한다.

르족은 불교를 숭상한다. 사람이 죽으면 매장하며, 죽은 사람의 영혼을 사찰(pagoda)로 모셔오는 의식을 행한다.

■ 문화 : 르족 언어는 따이-타이 계통(Tay-Thai Group)에 속한다. 그들은 "캅르(Khap lu)"라 불리는 노래를 부르고, 옛 설화와 속담과 시(詩)를 낭송하기를 좋아한다. 그들은 "삐매룩(pi me luk)"이라 불리는 북을 치는 것을 좋아한다.

■ 경제 : 르족은 오랜 기간동안 농업에 종사해 왔다. 그들은 화전(火田)을 이용해서 옥수수, 땅콩, 쪽(indigo), 및 목화를 재배한다.

그림 6-43 르족의 쏘애 춤(Xoe dance)[70)]

그림 6-44 르족의 삶[71)]

(18) 마족(Ma ethnic group)[72)]

그림 6-45 마족[73)]

■ 인구 : 약 35,000명

■ 거주지역 : 마족은 베트남 중앙 고원지대에 있는 럼동성(省)에서 살고 있다.

■ 전통 : 마족은 "본(bons)"이라 불리는 마을에서 산다. 각각의 "본"은 5~10개의 주택으로 구성되어 있다. "본"의 우두머리를 "꾸앙본(guang bon)"이라 부른다.

젊은 남자가 청혼을 하고, 결혼식을 거행한 후에는, 신랑은 신부의 집에 가서 산다. 신랑이 신부 가족에게 결혼 선물을 충분히 준 경우에만 그는 신부를 자신의 집으로 데려 갈 수 있다. 마족은 강(江)과 산(山)과 논(rice field)에 영혼이 존재한다고 믿는다.

■ 문화 : 마족 언어는 몬-크메르 계통(Mon-khmer)에 속한다. 마족은 옛 설화, 신화 및 전설 등과 같은 풍요로운 민속 문화를 보존하고 있다. 그들의 악기에는 대나무 줄로 만든 치터(bamboo string zither), 및 구멍이 세 개있는 대나무 피리 등이 있다.

■ 경제 : 마족은 쌀, 옥수수, 목화를 재배한다. 마족 여자들은 옷을 만드는 솜씨가 좋으며, 남자들은 대장간에서 쇠를 불려 농기구 등을 만드는 솜씨가 좋다.

그림 6-46 마족 마을 촌장[74)]

(19) 망족(Mang ethnic group)[75)]

그림 6-47 망족[76)]

■ 인구 : 약 2,200명

■ 거주지역 : 망족은 베트남 북서쪽에 있는 라이쩌우성(省)의 씬호(Sin Ho), 므엉떼(Muong Te), 퐁토(Phong Tho), 및 므엉라이(Muong Lay) 지역에서 살고 있다.

■ 전통 : 망족은 집을 기둥위에 짓는다. 마을의 촌장은 자기 마을의 일상업무에 관한 책임을 지고 있다.

망족의 젊은 남녀들은 자신의 배우자를 자유롭게 선택할 수 있다.

■ 문화 : 망족 언어는 몬-크메르 계통(Mon-khmer)에 속한다. 망족 남자는 자신이 성인(成人)으로 성숙했다는 상징으로 턱에 문신(chin tattooing)을 하는 경우도 많다.

■ 경제 : 망족은 화전(火田) 경작지에서, 자신들이 만든 기본적인 농기구로 농사를 짓는다. 이들은 계단식 농지에서 쌀을 경작하며, 부업으로 바구니를 만들어 팔기도 한다.

그림 6-48 집안일을 하는 망족 여인[77)]

그림 6-49 망족의 삶[78)]

(20) 머농족(Mnong ethnic group)[79)]

그림 6-50 머농족[80)]

■ 인구: 약 93,000명

■ 거주지역 : 머농족은 주로 중앙 고원지대에 있는 닥락성(省)과 럼동성(省)에서 살고 있다. 머농족은 캄보디아에서도 거주하고 있다.

■ 전통 : 머농족은 기둥위에 길다란 형태로 집을 짓고 살기도 하고, 평지위에 집을 짓기도 한다. 각 마을에는 대개 수십 채의 집이 모여 있으며, 마을의 촌장이 마을을 관리하는데 필요한 중요한 규칙을 정한다.

머농족은 모계사회(母系社會)의 전통을 지켜오고 있으며, 아이들은 어머니의 성(姓)을 따른다. 아내는 집안에서 중요한 역할을 한다. 머농족은 자식을 많이 낳고 싶어하며, 특히 딸을 좋아한다. 아기가 태어난 후 1년이 지나며, 부모는 아이의 이름을 지어준다.

장례식 때, 사람들은 노래를 부르고 징과 북을 치며 고인을 애도한다. 시신을 묘지에 묻은 후에는, 풀과 나뭇잎으로 무덤을 덮어준다. 고인(故人)을 위한 추모 행사는 7일동안 계속된다.

머농족은 쌀, 토지, 하늘 등에 영혼이 존재한다고 믿으며, 이러한 영혼은 자신들의 생활에 밀접하게 관련되어 있다고 생각한다.

그림 6-51에는 베트남 고원지대인 부온준(Buon Jun) 마을에 있는 머농족의 길다란 집(longhouse)의 모습이 나타나 있다.

그림 6-51 머농족의 주택[81)]

그림 6-52 머농족의 삶[82)]

■ 문화 : 머농족 언어는 몬-크메르 계통(Mon-khmer)에 속한다. 남자들은 일반적으로 로인클로스(loincloths, 허리에 두르는 간단한 옷)를 입으며, 상체는 아무것도 입지 않고 알몸으로 남겨둔다. 여자들은 자신들의 발목까지 내려오는 치마를 입으며, 옷에는 빨강색 장신구로 장식한다.

■ 경제 : 머농족은 화전(火田) 경작지에서 농사를 짓는다. 반돈(Ban Don) 지역에 사는 머농족들은 코끼리 사냥을 잘하고, 코끼리를 잘 길들인다. 여자들은 옷감을 잘 짜고, 남자들은 바구니를 잘 만든다.

(21) 므엉족(Muong ethnic group)[83)]

그림 6-53 므엉족[84)]

■ 인구 : 약 120만명, 베트남 전체인구의 약 1.5%, 베트남에서 6번째로 많은 민족.

■ 거주지역 : 므엉족의 대부분은 호아빙성(省)과 타잉호앙성(省)의 산악지역에 거주하고 있다.

■ 전통 : 여자가 아이를 출산하는 경우, 가족들은 집으로 통하는 사닥다리를 대나무 울타리로 둘러싼다. 아이가 1살이 될 때, 부모는 이름을 지어준다. 므엉족은 사람이 죽으면 엄격한 규율에 따라 장례식을 치른다. 그들은 다신교(多神敎)를 믿으며, 조상을 숭배한다.

■ 문화 : 므엉족의 문학작품에는 '떼딱떼닥(Te tac te dac, 땅과 물에 생명을 부여하다)' 등과 같은 다양한 서사시(므엉족 말로는 '모'(mo)라고 부름)가 있으며, 그밖에도 민요, 중창곡, 격언, 자장가 및 동요 등이 있다.

징(gong)은 므엉족들에게 가장 인기있는 악기인데, 이들은 두 줄이 있는 바이올린, 플루트, 북 및 팬파이프(pan pipes) 등과 함께 연주된다.

그림 6-54 므엉족 마을축제[85)]

그림 6-55 농사일을 하는므엉족[86)]

므엉족들은 많은 축제를 거행하는데, 그중 대표적인 것으로는 쿠옹므어(Khuong Mua, 논밭에서 거행하는 축제), 음력 4월에 행하는 기우제(祈雨祭, Praying for Rain Ceremony), 음력 7월과 8월에 열리는 수확 축제(Washing Rice Leaves Ceremony) 및 햅쌀 축제(New Rice Ritual) 등을 들 수 있다.

■ 경제 : 므엉족들은 오랫동안 농사를 지어왔다. 쌀이 그들의 주식(主食)이다. 그들은 소득을 높이기 위해 버섯, 암모니움(ammonium), 스틱락(sticklac) 등과 같은 작물을 숲에서 재배한다. 또 그들은 수공예품으로서 의류, 바구니, 비단 제품, 바나나 술 등을 생산하다.

(22) 바나족(Ba Na 혹은 Bahnar ethnic group)[87)]

그림 6-56 바나족[88)]

■ 인구 : 약 174,000명

■ 거주지역 : 바나족은 주로 자라이성과 꼰뚬성(省)의 중부 고원지대에 살고 있으며, 그밖에도 빈딩성과 푸옌성(省)에도 거주하고 있다.

■ 전통 : 바나 사람들은 기둥위에 지어진 집에서 산다. 각 마을에는 '롱(Rong)'이라 불리는 마을 회관(communal house)이 있다.

결혼관습을 보면, 젊은 남녀가 결혼 결정에서 주도권을 가지고 있으며, 부모들은 이들이 전통적인 규율을 지키는지 여부에만 개입한다. 첫번째 아이가 출생하면, 부부는 자신들만의 가족을 꾸려 나갈 수 있다. 바나족은 인간성(人間性)과 관련된 정신과 가치를 존중한다.

베트남 중부 고원지대의 다른 소수민족들과 마찬가지로, 바나족은 많은 전통 악기를 연주한다.

■ 문화 : 바나족 언어는 몬-크메르(Mon-Khmer) 계통에 속한다. 이들이 사용하는 악기에는 다양한 종류의 징(gong), 실로폰(t'rung xylophones), 브로(bro), 끌롱풋(klong put), 꼬니(ko ni), 킹쿵(khinh khung), 및 또띠엡 트럼펫(to tiep trumpets) 등 많은 종류가 있다.

또 바나족은 바나 사람들의 오랜 세월에 걸친 소망을 나타낸 담노이(Dam Noi)등과 같은 서사시를 보존하고 있다.

바나족의 예술은 독특한 목재조각 및 특이하게 장식된 공예품으로 표현되고 있다. 신(Yang, God)에게 감사드리는 축제인 꼬꼬프(Koh Kop)가 주요 축제이며, 이때는 물소를 제물로 바친다.

남자들은 로인클로스(loincloth, 허리에 두르는 간단한 옷)을 입고, 여자들은 싸롱(sarong, 허리 두르개)을 즐겨 입는다.

■ 경제 : 바나족의 주요 소득은 화전(火田) 경작지에서 행해지는 농업 및 가축 사육이다. 거의 모든 마을에는 철기제품을 만들기 위한 대장간이 있다. 여자들은 가족을 위한 옷을 만들고, 남자들은 바구니와 돗자리를 짜서 다른 상품과 교환하기도 한다.

그림 6-57 바나족의 마을회관[89)]

(23) 보이족(Bo Y, 혹은 Buyei ethnic group)[90)]

그림 6-58 보이족[91)]

■ 인구 : 약 1,500명

■ 거주지역 : 보이족은 원래 중국의 남부지역에 살고 있는 민족으로서, 중국의 소수민족 중 11번째로 많은 약 250만명의 보이족이 중국에서 살고 있다. 베트남에서는 약 1,500여명이 라오까이성, 옌바이성, 하장성, 및 뚜옌꾸앙성(省)에 거주하고 있다.

■ 전통 : 보이족은 평지에 지어진 집에서 산다. 이러한 집에는 항상 여분의 방이 한 개 있는데, 이 방은 아직 결혼하지 않은 자식들을 위해서 혹은 저장창고로 이용된다. 보이족들의 결혼식은 매우 복잡하고 또 비용이 많이 드는 행사이다. 이 결혼식의 독특한 특징은 신랑이 결혼식에 참석하지 않는다는 점이다. 대신

그림 6-59 보이족의 주택[92)]

에, 신랑은 그의 여동생을 분홍색으로 장식한 말에 태워 신부의 집에 보낸다.

부모님이 세상을 떠나게 되면, 자식들은 엄격한 장례의식을 행해야 한다. 어머니가 돌아가신 경우에는 90일 동안 애도해야 하고, 아버지가 돌아가셨을 경우에는 120일 동안 애도해야 한다.

■ 문화 : 보이족 언어는 따이-타이 계통(Tay-Thai Group) 언어이다.

■ 경제 : 보이족들은 대개 화전(火田) 경작지에서 농사를 짓는다. 매년 우기(雨期)가 되면, 보이족들은 강(江)으로 가서 물고기 알(spawn)과 물고기를 잡아서 자신의 집 연못이나 저수지에 풀어 놓는다.

(24) 브러우족(Brau ethnic group)[93)]

그림 6-60 브러우족[94)]

■ 인구 : 약 400명

■ 거주지역 : 브러우족은 라오스, 캄보디아, 및 베트남에서 살고 있다. 베트남에서는 중앙 고원지대에 있는 꼰뚬성(省)에서 거주하고 있다.

■ 전통 : 브러우족은 기둥위에 집을 짓는다.

브러우족의 젊은 남녀는 자신의 배우자를 자유롭게 결정한다. 결혼식은 신부의 집에서 준비하고, 신랑은 신부의 집에서 몇 년 동안 산다. 아이가 출생하면, 남편은 아내와 아이를 자신의 집으로 데리고 와서 살게 된다.

브라우족은 오직 두 개의 성(姓)만을 가지고 있는데, 남자는 타오(Thao)이고, 여자는 낭(Nang)이다.

브러우족은 얼굴과 몸에 문신을 하는 관습을 지니고 있다.

■ 문화 : 브러우족 언어는 몬-크메르 계통(Mon-khmer)에 속한다.

브러우족은 징(gongs)을 치고 전통악기를 연주하는 것을 좋아한다. 특히 두 개가 한 벌로 되어 있는 찌엥타(Chieng Tha)는 그들의 문화에서 큰 가치를 지니고 있다. 어린 소녀들은 가끔 끄롱뿟(Krong Put)을 연주하는데, 이것은 5~7개의 길고 짧은 대나무 줄기를 합쳐서 만든 악기이다. 이것을 입으로 불면서 손을 움직이면 소리가 난다.

그림 6-61 브러우족의 전통의상[95)]

■ 경제 : 브러우족은 오랫동안 유목생활을 해오고 있다. 그러나 현재는 화전(火田) 경작지에서 쌀, 옥수수, 카사버(cassava) 등을 경작하고 있다.

(25) 브루-번끼에우족(Bru-Van Kieu ethnic group)[96]

그림 6-62 브루-번끼에우족[97]

■ 인구 : 약 40,000명

■ 거주지역 : 브루-번끼에우족은 대부분이 라오스, 타일랜드, 및 베트남에 살고 있으며, 그들의 총 인구는 대략 13만명이다. 베트남에서는 북부 중앙 해안지대에 있는 꾸앙빙성, 꾸앙찌성, 및 트어티엔 후에성(省)에서 살고 있다.

■ 전통 : 브루-번끼에우족은 기둥위에 세운 작은 집에서 거주한다. 이들의 마을은 대개 강물 가까이에 자리 잡고 있고, 마을의 집들은 원형으로 배치되어 있으며, 중앙에는 마을회관이 자리 잡고 있다.

젊은 남녀는 자유롭게 배우자를 선택할 수 있으며, 외삼촌이 조카나 질녀의 결혼 결정권을 갖고 있다. 그는 또 집을 짓는 문제에 대해서도 결정권을 갖고 있다.

브루-번끼에우족은 조상을 숭배하며, 특히 칼(sword)과 불(fire)을 신성시한다.

■ 문화 : 브루-번끼에우 언어는 몬-크메르 계통(Mon-khmer) 언어이다.

브루-번끼에우 사람들은 창조적인 예술을 사랑하며, 전통적인 문화와 예술을 잘 보존하고 있다. 그들은 북, 캐스터네츠, 징, 나팔, 치터(zithers) 등과 같은 많은 악기를 가지고 있다. 또 짜짭(Cha Chap)이나 씸(Sim) 같은 연가는 젊은이들 사이에 인기가 좋다. 그밖에도 그들은 민요, 옛 이야기, 속담 등과 같은 오래된 문화도 잘 유지하고 있다.

■ 경제 : 브루-번끼에우족은 화전(火田) 경작지와 물이 잠긴 논에서 쌀을 재배하며 살아간다. 그들은 또 사냥, 낚시를 하고, 가축을 기른다. 부업(副業)으로는 바구니와 돗자리 등을 만들어 팔기도 한다.

그림 6-63 바구니를 제작하는 브루-번끼에우족[98]

(26) 빠텐족(Pa Then ethnic group)[99]

그림 6-64 빠텐족[100]

■ 인구 : 약 5,500명

■ 거주지역 : 빠텐족은 주로 베트남 북부의 하장성(省)과 뚜옌꾸앙성(省) 지역에 살고 있다.

■ 전통 : 빠텐족은 기둥위에 집을 짓거나, 혹은 기둥위 중간지점과 땅의 중간지점에 집을 짓는다.

이들은 조상을 숭배하며, 땅의 신(神)과 곡식의 신(神)을 추앙하고 기우제(祈雨祭)를 올리며, 죽은자의 영혼을 위로하는 제사를 지낸다.

빠텐족 사람들은 같은 혈족내에서의 결혼을 엄격하게 금지하고 있다. 결혼을 하게 되면, 남편은 아내의 가족들과 일정한 기간을 함께 보낸다. 아이들의 절반은 아버지의 성(姓)을 따르게 되고, 나머지는 어머니의 성(姓)을 따르게 된다.

■ 문화 : 빠텐족 언어는 허모-미엔 계통(Hmong-Mien Group) 언어이다. 그들은 풍부한 문화유산을 이어 받고 있으며, 전설 · 민요 · 자장가 · 춤 등을 잘 보존하고 있다. 또 그들은 "따이냐이(tay nhay)"라 불리는 현악기, 팬파이프(pan pipes), 및 대나무 피리 등과 같은 많은 전통악기를 가지고 있다.

빠텐족의 복장은 매우 화려한데, 남자들은 셔츠 · 남색바지 · 길다란 스카프를 흔히 착용하며, 머리에는 다채로운 장식의 터번을 쓰는 것을 좋아 한다. 여자들은 대개 긴 치마와 셔츠를 입는다.

■ 경제 : 빠텐족은 주로 화전(火田) 경작을 하며 살아간다. 쌀과 옥수수가 그들의 주식(主食)이다.

그림 6-65 빠텐족의 삶[101]

그림 6-66 일하는 빠텐족[102]

(27) 뿌뻬오족(Pu Peo, Ka Beo, Pent, Qabiao ethnic group)[103]

■ 인구 : 약 700명

■ 거주지역 : 대부분의 뿌뻬오족은 중국과 베트남의 국경지대인 하장성(省)의 동반(Dong Van)지역에서 살고 있다.

■ 전통 : 뿌뻬오족은 자신들만의 중간이름(middle name)을 가지고 있다. 이들은 가부장제도(patriarchal system)를 유지하고 있으며, 아버지 혹은 남편이 집을 소유할 권리를 갖는다. 뿌뻬오족은 조상숭배를 대단히 중요시하며, 각 세대를 상징하는 흙으로 만든 작은 항아리가 제단(祭壇)에 놓여 있다.

그림 6-67 뿌뻬오족[104]

■ 문화 : 뿌뻬오족은 음력 설날부터 보름동안 평화와 소원성취를 기원하는 축제를 개최한다. 이들은 청동 북(bronze drums)을 여전히 사용하는 소수민족들 중의 하나이다. 이러한 청동 북은 남자와 여자를 위한 별도의 것들이 마련되어 있다.

그림 6-68 조상의 묘를 방문하는 뿌빼오족 사람들[105)]

■ 경제 : 뿌뻬오족들은 화전(火田)농지(burned land)와 계단식 농경지(terraced fields)에서 쌀, 옥수수, 호밀, 콩 농사를 짓는다. 이들은 농사도구로서 주로 쟁기와 써레를 사용하며, 물소와 황소를 이용해 땅을 갈아엎는다. 이들의 주식(主食)은 옥수수 가루를 쪄서 먹는 것이다.

(28) 싼지우족(San Diu ehtnic group)[106)]

그림 6-69 싼지우족[107)]

■ 인구 : 약 130,000명

■ 거주지역 : 싼지우족은 1000년경 중국 광동성에서 베트남으로 이주해 왔으며, 베트남의 꾸앙닌성 및 뚜옌꾸앙성(省)의 중부지대에 살고 있다.

■ 전통 : 싼지우족은 집을 평지위 땅바닥에 붙여서 짓는다. 지붕은 대개 억새풀이나 기와로 덮고, 벽은 벽돌로 쌓는다. 집들은 서로 밀집하게 모여있다. 남편(아버지)이 가족의 책임자이다. 자식들은 아버지의 성(姓)을 따르며, 오직 아들만이 상속권을 가지고 있다. 부모는 자식들이 결혼할 시기를 결정한다.

싼지우족은 조상을 숭배하며, 특히 풍년을 기원한다. 그들은 농작물을 심기 전(前)과 심은 후(後) 농작물이 잘 자라기를 기원하는 제례(祭禮)를 드리고, 비가 오지 않을 때는 기우제(祈雨祭)를 올리며, 수확이 끝났을 때는 감사의 축제를 개최한다.

■ 문화 : 싼지우 언어는 한족 계통(Han Group) 언어이다. 싼지우족 사람들은 문화행사를 하거나 축제 때는 "쏭꼬(Soong Co)"라는 노래를 즐겨 부른다. 그들은 뿔나팔(horn), 클라리넷, 북, 피리, 심벌즈, 및 캐스터넷츠 등과 같은 많은 악기를 가지고 있다.

그림 6-70 싼지우족의 농기구[108)]

또한 그들은 높은 막대기를 이용한 걷기, 막대기를 이용한 게임, 싼지우식(式) 베드민턴, 및 줄다리기 등과 같은 다양한 시합을 하며 즐긴다.

■ 경제 : 싼지우족들은 물에 잠긴 논에서 벼농사를 주로 지으며 살아간다. 그밖에도 이들은 사냥, 낚시, 벽돌제작, 가축사육, 바구니 수공예 등을 부업으로 하고 있다. 이들은 또 물소가 끄는 "꾸엣(quet)"이라는 운반도구를 이용하여 물자를 수송한다.

(29) 싼짜이족(San Chay ethnic group)[109]

그림 6-71 싼짜이족[110]

■ 인구 : 약 114,000명

■ 거주지역 : 싼짜이족은 주로 북부 베트남의 뚜옌꾸앙성에 많이 살며, 꾸앙닝성, 옌바이성, 랑썬성, 및 빙푹성(省)에도 흩어져 살고 있다.

■ 전통 : 싼짜이족은 널리 조상숭배 사상을 가지고 있으며, 불교·도교(道交)·유교도 상당한 영향력을 가지고 있다. 주택은 대개 평지에 짓는다. 싼짜이 사람들의 집은 "물소의 신(Buffalo Genie)"을 닮았다고 말해진다. 즉, 집의 4개 기둥은 물소의 4개의 다리, 또 집 주변의 도로들은 물소의 갈비뼈를, 지붕은 등뼈를 상징한다. 지붕 끝 모서리 처마는 2개가 있는데, 한 개는 조상을 위한 제단으로 사용하며, 집에서 가장 성스러운 부분으로 간주되고 있다.

싼짜이 주민들은 다양한 가계(家系, lineage)로 이루어져 있으며, 각각의 가계는 몇몇 분파로 나누어진다. 아버지가 가족의 책임자이다. 여자는 결혼을 하게 되면, 그녀의 부모 곁을 떠나 영원히 남편의 집에 정착하게 된다.

그림 6-72에는 멩껜(Menh Kenh)이라 불리는 장례식을 싼짜이족 사람들이 거행하고 있는 모습이 나타나 있다.

■ 문화 : 싼짜이 언어는 따이-타이(Tay-Thai)그룹에 속한다.

싼짜이족은 많은 옛 설화, 민요, 속담과 격언 등을 지니고 있다. 특히 인기가 있는 문화 활동은 "씽까(Sinh Ca)"인데, 이것은 '사랑의 노래'이다. 이들이 사용하는 악기에는 캐스터네츠(castanets), 작은 구리 종(copper bells), 심벌즈(cymbals), 및 북(drums) 등이 있다.

그림 6-72 싼짜이족의 장례[111]

■ 경제 : 싼짜이족은 농업을 주로 하는데, 쌀농사가 가장 중요하다.

30) 써당족(Xo Dang ethnic group)[112)]

그림 6-73 써당족[113)]

■ 인구 : 약 97,000명

■ 거주지역 : 써당족은 베트남 중앙 고원지대에 있는 꼰뚬성(省) 지역에서 집중적으로 살고 있으며, 또 남부 중앙 해안지대에 있는 꾸앙응아이성(省), 꾸앙남성(省), 및 다낭시(市)의 산악지역에 흩어져 살고 있다.

■ 전통 : 써당족은 물활론(物活論, animism)을 믿고 있으며, 식량생산과 삶에 관련된 많은 영혼을 숭배하고 있다.

각 마을에는 "롱(Rong)"이라 불리는 회관이 자리잡고 있는데, 그 건물의 지붕은 도끼처럼 경사가 급한 두 개의 표면을 갖고 있다. 마을 촌장은 써당족 사회에서 가장 존경받는 사람이며, 그는 마을의 모든 중요한 일을 처리하는 책임을 진다.

그림 6-74 써당족의 마을회관[116)]

써당족 사람들은 성(姓)을 가지고 있지 않다. 그들의 이름은 오직 한 단어로만 되어 있으며, 이름에서 성별을 알 수 있다. 즉 "A"는 남자를 위한 이름이고 "Y"는 여자를 위한 이름이다.

써당족 젊은 남녀는 자신의 배우자를 자유롭게 찾을 수 있다. 써당족의 결혼식은 매우 간단하다. 결혼식이 끝나면, 부부는 몇 년씩 돌아가면서 각자의 가족과 함께 산다.

■ 문화 : 써당족 언어는 몬-크메르 계통(Mon-Khmer)에 속한다.

써당족은 노래하고, 춤추고, 징을 치고, 옛 이야기를 하는 것을 좋아한다. 남자는 특히 건축, 조각, 그림 분야에서 높은 수준의 기술을 간직하고 있다.

■ 경제 : 농사가 소득의 주요 원천이다. 그밖에 이들은 소와 닭을 기르고, 사냥, 낚시, 바구니세공, 옷감짜기 등을 부업(副業)으로 하고 있다.

그림 6-75 써당족의 삶[117)]

(31) 씨띠엥족(Xtieng, 혹은 Stieng ethnic group)[118]

그림 6-76 씨띠엥족[117]

■ 인구 : 약 50,000명

■ 거주지역 : 씨띠엥족은 캄보디아와 베트남에서 살고 있다. 베트남에서는 남동지대에 있는 빙즈엉성(省)과 동나이성(省) 및 떠이닝성(省) 지역에서 거주하고 있다.

■ 전통 : 씨띠엥 각 가족은 자신들만을 위한 집을 짓는다. 마을에서 경험이 많고, 신뢰받는 원로(元老)가 촌장이 되어 마을의 중요한 일을 처리한다.

씨띠엥족은 같은 혈족내에서는 결혼할 수 없다. 결혼식이 끝나면, 신부는 신랑의 집으로 와서 살게 된다.

씨띠엥족은 물활론(物活論, animism)을 믿으며, 천둥, 번개, 하늘, 및 땅이 신비한 힘을 지니고 있다고 생각한다. 씨띠엥족은 추수한 횟수에 따라 자신들이 나이를 계산한다.

■ 문화 : 씨띠엥족 언어는 몬-크메르 계통(Mon-khmer Group)에 속한다.

이들은 음악을 즐기며, 6벌로 되어 있는 징(gong)을 치며 노래한다. 이러한 징은 대나무 줄기를 이용해 만들어져 있다.

■ 경제 : 씨띠엥족은 물에 잠긴 논에서 쌀을 재배한다. 논밭을 일굴 때는 황소와 물소를 이용한다.

그림 6-77 씨띠엥족의 삶[118]

(32) 씨라족(Si La ethnic group)[119]

그림 6-78 씨라족[122]

■ 인구 : 약 900명

■ 거주지역 : 씨라족은 약 1,800명이 라오스 북부지대에서 살고 있고, 베트남에서는 북부의 라이쩌우성(省)에서 약 900명이 살고 있다.

■ 전통 : 씨라족은 평지에 집을 짓는다. 집의 중심에는 부엌이 자리잡고 있다. 혈족들의 구성원들간의 관계는 매우 친밀하며, 가장 나이든 남자가 혈족의 책임자이다. 그는 지도자로서 혈족내부의 문제를 해결하며, 특히 제사를 담당한다.

씨라족의 결혼식은 1년 간격을 두고 두 차례에 걸쳐 시행된다. 죽은 자의 무덤은 마을의 끝에 놓이며, 같은 혈족들의 무덤은 집단을 이루고 있다. 자식들은 돌아가 신 부모를 위해 3년동안 추모하는 전통을 지니고 있다. 그들은 또한 조상과 마을의 영혼을 숭배한다.

씨라족의 독특한 전통 중의 하나는 치아 색칠(tooth painting)이다. 남자들은 대개 자신의 치아를 빨간색으로 칠하고, 여자들은 검은색으로 칠한다. 그러나 이러한 관습은 현재는 젊은 세대로 갈수록 찾아보기 힘들어지고 있다.

여자들의 의상은 아주 독특한데, 상이한 색상과 동전 등으로 장식되어 있다. 모자는 연령에 따라 다르다.

■ 경제 : 주요 소득원(所得源)은 쌀과 옥수수 경작이다. 사냥과 목축 활동 역시 삶의 중요한 부분을 차지한다.

그림 6-79 씨라족의 전통의상[121)]

(33) 씽문족(Xinh Mun ethnic group)[122)]

그림 6-80 씽문족[123)]

■ 인구 : 약 19,000명

■ 거주지역 : 씽문족은 베트남 북서쪽에 있는 썬라성(省)과 라이쩌우성(省) 지역의 베트남과 라오스의 경계 부근에서 살고 있다.

■ 전통 : 씽문족은 기둥위에 집을 지으며, 지붕은 거북이 등딱지 같은 둥근 모양을 하고 있고, 집의 양쪽 끝에는 계단이 있다.

자식은 아버지의 성(姓)을 따른다. 아버지가 세상을 떠나면, 장남이 가족의 책임자가 된다.

결혼후에는 일단 남편은 부인의 가족과 함께 산다. 몇년후 아이를 낳게 되면, 부인은 환영을 받으며 남편의 집으로 가서 살게 된다. 부부는 자신들의 이름을 바꾸고 새로운 이름을 가져야 하는데, 이 이름은 시어머니의 남동생이 지어 준다.

씽문족은(후추과에 속하는 식물인) 구장(betel)의 열매를 씹고, 자신의 치아를 검은색으로 물들이는 관습을 가지고 있다.

■ 문화 : 씽문족의 언어는 몬-크메르 계통(Mon-khmer Group) 언어이다.

씽문족은 쌀을 경작하고 생산하는 과정에서 많은 행사를 개최한다. 이들은 또 므엉아마(Muong A Ma), 끄사이사띱(Ksaisatip), 마마(Ma Ma) 등과 같은 많은 축제를 연다. 또 마을의 영혼에 제사를 드리는 행사도 매년 성대히 거행된다.

그림 6-81 씽문족의 전통 춤[124)]

■ 경제 : 씽문족은 화전(火田)과 계단식 경작지에서 쌀과 옥수수를 재배한다. 그들은 또 사냥을 하고, 가축을 기르며, 바구니를 제작하기도 한다.

(34) 야오족(Dao 혹은 Yao ethnic group)[125]

그림 6-82 야오족[126]

■ 인구 : 약 470,000명

■ 거주지역 : 야오족은 원래 중국의 소수민족 중의 하나로서 중국에 약 260만명이 살고 있다. 그밖에도 야오족은 타일랜드, 캄보디아, 라오스 등에 널리 흩어져 살고 있으며, 베트남에서는 북부 베트남의 해안선을 따라 약 47만여 명이 거주하고 있다.

■ 전통 : 야오족은 기둥위, 평지위, 혹은 절반은 기둥위에 나머지 절반은 지하에 집을 짓는다. 그들의 전형적인 집의 모습은 직사각형으로 되어 있고, 목재와 대나무를 많이 이용한다. 두가지 형태의 처가살이(matrilocals)가 있는데, 하나는 임시적 처가살이(temporary matrilocal)이고 다른 하나는 영구적 처가살이(permanent matrilocal)이다.

이들의 장례식은 옛날부터 내려오는 전통을 따르며, 12살 이전에 사망한 어린이와 노인들은 화장을 한다. 야오족의 종교는 중세 중국의 도교(道交)에 바탕을 두고 있으며, 오늘날은 불교를 많이 믿는다.

그림 6-83 야오족의 주택[127]

그림 6-84 야오족 여인[128]

■ 문화 : 야호족 언어는 몽-야오 계통(Mong-Dao) 언어이다. 야오족은 오랫동안 놈 야오(Nom Dao)라고 불리는 중국식 한자를 사용해 왔는데, 발음은 야오식(式)으로 읽는다.

야오족 남자들은 바지와 짧은 조끼를 입으며, 머리에는 검은색 또는 빨간색의 터번을 두른다. 야오족 여자들 중에는 이러한 터번을 스카프 대신으로 사용하는 경우도 많다. 여자들의 복장은 매우 다양하며, 여러 가지 전통적인 장식물이 달려 있다.

■ 경제 : 야오족은 주로 쌀을 경작하며, 보조적으로 옥수수를 재배하며 살아가고 있다. 부업으로는 옷감짜기, 목공, 대장장이, 제지(製紙), 및 식물성 기름을 만드는 일을 한다.

(35) 어두족(O Du ethnic group)[129)]

그림 6-85 어두족[130)]

■ 인구 : 약 300명

■ 거주지역 : 어두족은 북부 중앙 해안지대에 있는 응에안성(省)의 뜨엉즈엉(Tuong Duong)에서 주로 살고 있으며, 나머지 약 200명은 라오스에서 살고 있다.

■ 전통 : 어두족은 소가족(小家族)을 이루어 살고 있다. 결혼 후 신랑은 일단 신부의 집에서 몇 년간 살다가, 아내가 아이를 낳게 되면, 아내와 아이를 데리고 자신의 집으로 돌아와 평생을 살게 된다.

어두족은 사람은 영혼을 가지고 있으며, 사람이 죽은 후에는 집의 영혼이 되어 가족의 모든 활동을 돌보아 준다고 믿고 있다.

그림 6-86 어두 가족[131)]

■ 문화 : 어두족 언어는 몬-크메르 계통(Mon-khmer Group) 언어인데, 현재는 거의 사용되지 않는다. 그들은 현재는 타이족(Thai) 언어와 커무족(Kho Mu) 언어를 사용하고 있다. 그 결과, 그들의 문화적 정체성(正體性, identity)이 흐릿해져 가고 있다.

■ 경제 : 어두족은 화전(火田) 경작지에서 쌀과 옥수수 등을 재배하며 살아간다. 그들은 또 가축을 기르고 사냥을 하며, 옷감을 짜기도 한다.

그림 6-87 에데족[133)]

(36) 에데족(E De ethnic group)[132)]

■ 인구 : 약 271,000명

■ 거주지역 : 에데족은 중앙 고원지대에 있는 닥락성(省)과 자라이성, 남부 중앙 해안지대에 있는 카잉호아성(省)과 푸옌성(省) 지역에 많이 거주하고 있다.

■ 전통 : 에데족은 기둥위에 집을 짓고 사는데, 이런 집들은 대개 길다랗다. 집의 내부는 두 부분으로 나누어져 있다. 주요 부분은 "가(Gah)"라고 불리는데, 손님을 대접하는데 사용된다. 나머지 부분은 "오끄(Ok)"라고 불리며, 부엌과 거실로 사용된다. 각 집의 옆에는 정원이 있으며, 출입구 쪽의 앞마당을 손님마당(guest yard)이라고 부른다.

에데족 사회는 일반적으로 모계사회(母系社會) 전통을 따르고 있다. 가족의 책임자는 어머니이다. 자식들은 어머니의 성(姓)을 따른다. 상속권은 오직 딸들만이 갖게 된다. 결혼후, 남편은 아내의 집으로 와서 산다. 만약 아내가 죽고 아내의 자리를 대신할 아내의 친척이 아무도 없을 때는, 남편은 자신의 집으로 돌아가서 자기의 여자 형제들과 함께 살게 된다.

에데족은 다신교(多神敎)를 믿는다.

■ 문화 : 에데족 언어는 말레이-폴리네시아 계통(Malay- Polynesian) 언어이다. 에데족은 1920년경부터 자신들만의 글자를 만들어서 쓰고 있다.

그림 6-88 에데족의 주택3[134)]

에데족은 신화, 전설, 서정시, 서사시, 속담 등과 같은 독특한 문화유산을 많이 가지고 있다. 에데족의 서사시는 "칸(Khan)"이라 불리며, 대표적인 서사시에는 끄담싼(Kdam San), 허비아믈린(H'Bia Mlin), 담끄떼믈란(Dam Kreh Mlan) 등이 있다. 또 그들은 징, 북, 피리, 팬파이프(pan-pipe), 그리고 다양한 현악기를 많이 보유하고 있다. 특히 딩남(Ding Nam)은 에데 사람들이 좋아하는 아주 인기 있는 악기이다.

에데족 남자들은 간단한 로인클로스(loincloths)를 입고, 여자들은 치마와 다채로운 색상의 저고리를 입는다. 이들은 금, 은, 구슬 모양의 장식으로 옷치장을 하는 것을 좋아한다.

■ 경제 : 에데족은 화전(火田) 경작지에서 농사를 지으며 살아간다. 주요 작물로는 쌀을 재배하며, 경작 이외에도 사냥, 낚시, 가축사육, 바구니 제작, 옷감짜기 등을 하며 생활한다.

그림 6-89 에데족 집안의 모습[135)]

(37) 응아이족(Ngai ethnic group)[136)]

그림 6-90 응아이족[137)]

■ 인구 : 약 1,200명

■ 거주지역 : 응아이족은 꾸앙닝성, 랑썬성, 까오방성(省), 및 호찌밍시(市)에 흩어져 살고 있다.

■ 전통 : 응아이족의 전형적인 주택은 3개의 방으로 구성되어 있다.

응아이 젊은이들은 결혼할 때 그들의 부모님이 정하는 배우자와 결혼을 해야 한다.

응아이족은 자신의 조상을 숭배하며, 영혼이 존재한다고 믿고 있다. 모든 가족들은 조상을 위한 제단(祭壇)을 가지고 있으며, 마을에는 사자(死者)들의 명예를 기리는 사찰과 탑을 세워 놓고 있다.

그림 6-93에는 응아이 사람들이 조상에게 제사드리는 제단(祭壇)의 모습이 나타나 있다.

그림 6-91 응아이족의 제단[138)]

■ 문화 : 응아이족 언어는 한족계통(Han Group) 언어이다. 응아이 사람들은 오래전부터 전해 내려오는 "쑤옹꼬(Suong Co)"라 불리는 2중창을 즐겨 부른다. 이들의 문화 전통에는 사자춤(lion dance)이나 막대춤(stick dance) 같은 것도 있다.

■ 경제 : 응아이족은 주로 쌀을 경작하고, 낚시를 하며 살아간다. 그들은 운하, 저수지와 댐, 바다 제방(堤防) 등과 같은 매우 정교한 관개시스템을 가지고 있다. 그들은 또한 돗자리, 대나무 세공품, 기와벽돌, 및 빵을 만들어 팔아 부수입을 얻기도 한다.

(38) 자라이족(Jarai, 또는 Gia Rai ethnic group)[139)]

그림 6-92 자라이족[140)]

■ 인구: 약 24,000명

■ 거주지역 : 자라이족은 베트남 중부 고원지대에 있는 자라이성(省)에 집중적으로 살고 있으며, 그밖에도 꼰뚬성(省)의 일부와 닥락성(省)의 북부지역에서 살고 있다.

■ 전통 : 자라이족은 기둥위에 집을 지으며, 지붕을 높게 올리는 특징을 가지고 있다. 집의 재료는 전통적으로는 대나무를 많이 이용했지만, 최근에 들어서는 양철 지붕으로 된 나무 집이 내구성이 좋아 인기를 끌고 있다.

전통적으로 자라이족 사람들은 50~500명씩 모여 마을을 이루어 살고 있다. 이러한 마을을 "쁠로이 (ploi)" 혹은 "본 (bon)"이라 부른다. 마을 촌장과 원로들은 자라이 사회에서 큰 존경을 받고 있으며, 집단을 이끌어 가는데 필요한 규칙을 제정한다.

그림 6-93 자라이족의 마을 회관[141)]

마을 중앙에는 "롱 (Rong)"이라 불리는 마을 회관이 자리잡고 있으며, 여기에서는 공동 종교생활을 하고, 방아를 찧고, 운동경기를 하기도 한다.

자라이족 사회에서는 모계사회 (母系社會)가 형성되어 있다. 여자들은 자유롭게 배우자를 선택할 수 있고 결혼여부를 결정할 수 있다. 남편은 그의 아내의 집에서 함께 살며, 상속권은 없다. 결혼 후, 딸은 더 이상 그녀의 부모와 함께 살지 않고, 나중에 부모가 세상을 떠나면 상속을 받는다. 아이들은 어머니의 성 (姓)을 따른다.

자라이족들은 대부분 물활론자 (物活論者, animists)이다. 그들은 모든 생명체에는 악마가 깃들어 있다고 믿는다. 그래서 그들은 돼지나 소를 정기적으로 잡아 그러한 악마를 쫓아내려는 의식 (儀式)을 갖는다.

■ 문화 : 자라이족 언어는 마레이-폴리네시아 계통 (Malayo-Plynesian Group)에 속한다.

그들에게는 "딤디디싼 (Dam Di Di San, 담디가 사냥을 가다)" 또는 "씽야 (Xinh Nha)"같은 서사시와 옛 설화를 많이 보존하고 있다.

그림 6-94 자라이족의 삶[142)]

자라이족은 징, 실로폰, 비파, 쭝 (Trung), 또-눙 (To-Nung), 및 끄롱-뿟 (Krong-Put) 등과 같은 다양한 전통악기를 사용하여 자신들의 전통 음악을 연주 한다.

■ 경제 : 자라이족은 화전 (火田) 경작지와 계단식 농토에서 쌀을 재배하며 살아간다. 또한 그들은 사냥 및 낚시를 하고 코끼리를 기른다. 남자들은 바구니 수공예를 잘하고, 여자들은 옷감 짜기를 잘한다.

(39) 자이족(Giay ethnic group)[143]

그림 6-95 자이족[144)]

■ 인구 : 약 50,000명

■ 주거지역 : 자이족은 베트남 북부지역인 라오까이성, 하장성, 라이쩌우성, 및 까오방성(省)에 살고 있다.

■ 전통 : 자이족은 자신의 조상들뿐만 아니라 하늘의 신, 땅의 신, 및 출산의 여신(Goddess of Childbirth)을 숭배한다. 자이족의 마을은 매우 번화하며, 수백채의 집이 지어져 있다. 주택은 기둥위에 짓기도 하고, 평지위에 짓기도 한다. 집의 중앙은 손님을 맞는 장소이며, 또 조상에게 제사를 지내는 제단이 있는 곳이다.

아이들은 아버지의 성(姓)을 따른다. 집안의 어른들은 결혼적령기에 달한 자식들을 위한 배우자를 찾는다.

■ 문화 : 자이족 언어는 따이-타이(Tay-Thai) 계통에 속한다. 자이족의 문화유산에는 풍부한 옛 설화, 시(詩), 격언, 노래 등이 있다. 남자는 바지와 짧은 조끼를 입고, 머리에는 터번을 쓴다. 여자들은 대개 바지를 입고 모자를 쓰는 경우가 많다.

■ 경제 : 자이족은 물에 잠긴 논에서 쌀농사를 지으며, 가축을 사육하는 경우가 많다. 또 수송수단으로 사용하기 위해 여러 필의 말을 보유하고 있다.

그림 6-96 악기를 연주하는 자이족[145)]

(40) 지에찌엥족(Gie Trieng ethnic group)[146)]

그림 6-97 지에찌엥족[147)]

■ 인구 : 약 31,000명

■ 거주지역 : 지에찌엥족은 베트남 중앙 고원지대에 있는 꼰뚬성(省), 그리고 남부 중앙 해안지대에 있는 꾸앙남성(省)과 다낭시(市)에서 살고 있다.

■ 전통 : 지에찌엥족은 기둥위에 집을 짓고 산다. 마을의 주택은 마을 공동회관인 롱(Rong)을 중심으로 둥글게 배열되어 있다. 젊은 여자는 자신이 주도하여 결혼을 한다.

지에찌엥족은 모든 사물은 "영혼(soul)"과 "정신(spirit)"을 가지고 있다고 믿는다. 그들은 제사를 지낼 때 일반적으로 소(buffaloes)를 희생시켜 제물로 바친다. 이들은 사람이 죽으면, 관을 나무에 매달아 장례를 치르는 독특한 풍습을 가지고 있다.

■ 문화 : 지에찌엥족 언어는 몬-크메르 계통(Mon-khmer)에 속한다. 그들은 축제를 즐기며, 축제 때는 큰 징(gongs)을 울리며 흥을 돋운다.

그림 6-98 지에찌엥족의 풍년 축제[148)]

그림 6-99 지에찌엥족의 삶[149)]

■ 경제 : 지에찌엥족은 쌀을 비롯한 여러 농작물을 경작하며, 사냥과 낚시 등을 하면서 살아간다.

(41) 짬족(Cham ethnic group)[150)]

그림 6-100 짬족[151)]

■ 인구 : 약 100,000명

■ 거주지역 : 짬족은 주로 캄보디아, 타일랜드, 및 베트남에 거주하는 소수민족이다. 캄보디아에는 약 50~100만명의 짬족이 살고 있고, 타일랜드에는 약 4,000명이 살고 있다. 베트남에서는 남동부 쪽에 있는 메콩강 삼각주 부근의 닝투언성(省)과 빙투언성(省)에 집중적으로 살고 있으며, 그밖에도 안장성, 떠이닝성, 동나이성(省), 및 호찌밍시(市)에 흩어져 살고 있다.

■ 전통 : 짬족은 이슬람교(Islam)와 브라만교(Brahmanism)의 교리를 신봉한다. 특히 닝투언성(省)과 빙투언성(省) 지역에 거주하는 짬족의 약 5분의 3은 브라만 교리를 따르고 있다. 짬족 사회에서는 모계사회(母系社會, matriarchy)가 여전히 유지되고 있으며, 딸은 어머니의 성(姓)을 따른다. 신랑은 결혼을 한 후 신부의 집에서 살게 되며, 상속권은 오직 딸만이 가지고 있다. 그리고 가장 나이 어린 딸이 연로(年老)한 부모를 돌봐야 한다.

■ 문화 : 짬족 언어는 말레이-폴리네시아 계통(Malayo-Polynesian Group) 언어이다. 짬족들은 노래와 춤을 즐기는데, 짬족의 춤은 전국적으로 유명하다. 짬족의 역사 유물은 다낭시(市)에 있는 짬족 박물관(Cham Museum)에 많이 보관되어 있다.

짬족의 전설에 따르면, 여신(女新) 뽀나가르(Po Nagar)가 농사짓는 기술을 가르쳐 주었다고 한다. 그래서 이들은 이를 기념하는 뽀나가르 축제(Ponagar Festival)를 성대히 거행한다. 그림 6-105에는 카잉호아성(省)에서 5월 8일 개최된 뽀나가르 여신 축제의 모습이 나타나 있다.

그림 6-101 짬족의 조각상[152)]

그림 6-102 뽀나가르 여신 축제[153)]

■ 경제 : 짬족은 주로 논에서 쌀농사를 지으며 살아간다. 부업(副業)으로는 도자기를 만들고 옷감을 짜는 일을 한다.

(42) 쩌로족(Cho Ro, 혹은 Do Ro ethnic group)[154)]

그림 6-103 쩌로족[155)]

■ 인구 : 약 23,000명

■ 거주지역 : 대부분의 쩌로족은 베트남 남동부지대에 있는 동나이성, 빙즈엉성, 빙프억성, 빙투언성, 및 바리아-붕따우성(省) 지역에서 살고 있다.

■ 전통 : 쩌로족은 기둥위에 집을 짓거나, 평지위에 집을 지어 산다.

이들은 부계사회(父系社會)와 모계사회(母系社會)의 전통 모두를 갖고 있다.

쩌로족은 모든 사물에는 영혼(souls)과 정신(spirits)이 있다고 믿는다. 이러한 믿음으로 인해 그들은 종교적인 의식(儀式)을 행하며 또 그것들에 대해서는 많은 금기(禁忌, taboos)사항을 두어 특별히 조심한다. 가장 중요하게 여겨지는 의식(儀式)은 숲(forest)과 벼(rice plant)의 영혼에 대해 존경심을 표현하는 것이다.

■ 문화 : 쩌로족 언어는 몬-크메르 계통(Mon-khmer Group)에 속하며, 마족(Ma) 언어 및 씨띠엥족(Xtieng) 언어와 비슷하다. 그들의 악기에는 7개 종류의 징(gongs), 대나무 상자로 만들어진 현악기 등이 있다.

그림 6-104 쩌로족의 주택[156)]

■ 경제 : 쩌로족의 주요 경제활동은 화전(火田) 경작지에서 농사를 짓는 것이다. 어떤 장소에서는, 침수된 논에서 쌀농사를 짓기도 한다. 부업(副業)으로는 가축을 기르고, 사냥과 낚시를 하고, 열매나 버섯 등을 채취하고, 바구니를 만들고, 또 나무 조각을 하기도 한다.

(43) 쭈루족(Chu Ru ethnic group)[157)]

그림 6-105 쭈루족[158)]

■ 인구 : 약 15,000명

■ 거주지역 : 쭈루족은 베트남 중앙 고원지대에 있는 럼동성(省)과 , 남동부지대에 있는 빙투언성(省)에서 살고 있다.

■ 전통 : 쭈루족은 자신들의 조상을 숭배하며, 이러한 숭배의식은 공동 묘지(cemetery)에서 거행된다.

쭈루족 사회는 일부일처제(一夫一妻制)이며, 모계사회(母系社會) 전통을 지니고 있다. 젊은 여자는 자신의 배우자를 선택하며, 결혼과정에서 주도적 역할을 한다. 결혼후 남편은 아내의 집에서 산다.

쭈루족의 마을은 "쁠레이(play)"라 불리며, 여기에는 많은 혈족들이 함께 산다. 마을 촌장은 "뽀쁠레이(Poplay)"라 불리는데, 마을의 주민들로부터 선출된다.

■ 문화 : 쭈루족 언어는 말레이-폴리네시아 계통(Malayo-polynesian)에 속한다.

그들은 대중 음악, 민요, 격언 등과 같은 풍부한 구전문학(口傳文學)을 보유하고 있다.

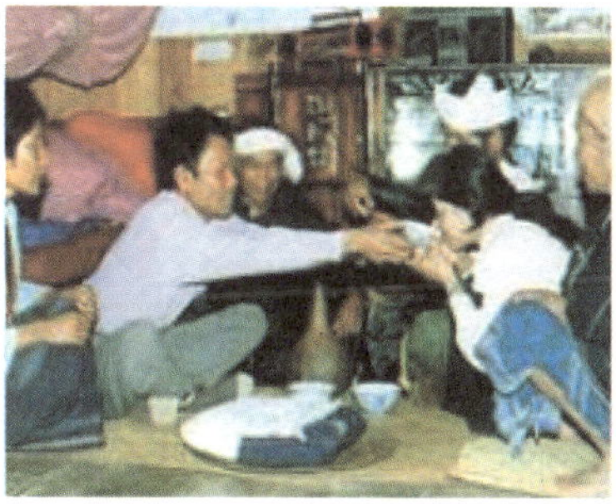

그림 6-106 쭈루 가족[159)]

■ 경제 : 쭈루족은 오랜 기간동안 농장을 개척해 왔다. 그들은 또한 농사를 짓고, 가축을 키우고, 대나무와 등나무를 이용해 각종 수공예품을 만들며, 도자기를 제조한다. 부업(副業)으로는 사냥을 하고 과일이나 버섯, 약초 등을 채취한다.

(44) 쯧족(Chut ethnic group)[160]

그림 6-107 쯧족[161]

■ 인구 : 약 3,900명

■ 거주지역 : 쯧족은 북부 중앙해안지대인 꾸앙빙성(省)의 밍호아(Minh Hoa)와 뚜옌호아(Tuyen Hoa) 지역에서 주로 거주한다.

■ 전통 : 대부분의 쯧족들은 정착생활을 하지만, 그들의 마을은 떨어져 있고 집은 임시로 지어져 있다. 각각의 혈족은 자신들의 지도자를 가지고 있고, 또 조상들을 숭배하기 위한 제단(祭壇)을 가지고 있다. 혈족들의 여러 지도자들 중에서 최고의 권위를 갖고 있는 사람이 마을의 촌장(村長)으로 지명된다.

결혼식은 성대히 거행되며, 장례식은 간소하게 치러진다.

■ 언어 : 쯧족은 매우 풍요로운 민속 예술과 문화를 지켜오고 있다. 전통 민요는 까뚬(Ka-tum) 및 까렝(Ka-lenh)이라고 불리는데, 이러한 노래는 사람들 사이에 인기가 아주 높다. 쯧족의 고대 이야기는 다양하며 주제(主題) 역시 여러 분야를 다루고 있다. 이들은 팬파이프(pan-pipes)와 구멍이 여섯 개인 플루트를 연주한다.

■ 경제 : 쯧족은 주로 농사일을 하고 있으며, 화전(火田)경작을 하는 경우가 많다. 그들은 또한 사냥과 낚시를 하기도 하고, 가축을 키우며, 목공예품을 비롯한 수공예업에도 종사하고 있다.

그림 6-108에는 산으로 사냥을 가기 위해서 큰 활(arbalest)을 만들고 있는 쯧족의 모습이 나타나 있다.

그림 6-108 활을 만들고 있는 쯧족[162]

(45) 캉족(Khang ethnic group)[163]

그림 6-109 캉족[164]

■ 인구 : 약 11,000명

■ 거주지역 : 캉족은 주로 베트남 북서쪽에 있는 썬라성(省)과 라우쩌우성(省) 지역에서 살고 있다.

■ 전통 : 캉족은 기둥위에 집을 짓고 살며, 방은 보통 3개이다. 각각의 집에는 두 개의 주방이 있는데, 한 개는 매일 음식을 요리하는데 사용되고, 다른 한 개는 돌아가신 부모님을 숭배하기 위해 음식을 데우고 요리하는데 사용된다. 캉족의 결혼은 3단계를 거쳐 이루어진다. 첫 번째는 청혼을 하는 단계이다.

다음은 부모가 결혼 승낙을 하며, 마지막은 결혼식을 거행하는 단계이다.

결혼식은 2번 열리는데, 첫 번째는 신랑을 위해 열리고, 두 번째는 신부를 신랑의 집에 데려가기 위해 열린다.

그림 6-110 캉족의 주택[165]

■ 문화 : 캉족 언어는 몬-크메르 계통 (Mon-khmer Group) 언어이다.

캉족의 요리는 맵고 신 요리로 알려져 있으며, 술을 코로 마시는 이상한 풍습을 지니고 있다.

이들은 쎈빵아 (Xen Pang A) 축제를 경축한다.

■ 경제 : 캉족은 화전 (火田) 경작지에 농사를 지으며 살아간다. 주요 작물은 쌀과 옥수수이다. 그밖에 그들은 목화를 재배하여 옷감과 옷으로 교환하기도 한다. 부업으로는 의자, 배낭, 가방, 바구니, 나무 보트 등을 만들어 판다.

(46) 커무족(Kho Mu, 혹은 Khmu ethnic group)[166]

그림 6-111 커무족[167]

■ 인구 : 약 43,000명

■ 거주지역 : 커무족은 베트남의 응에안성, 라이쩌우성, 썬라성, 타잉호아성, 및 옌바이성 (省) 지역에서 주로 살고 있다. 커무족은 또한 라오스에 450,000명, 타일랜드에 10,000명, 중국에 10,000명 정도가 살고 있다.

그림 6-112 커무족의 주택[168]

■ 전통 : 커무족은 여전히 유목민 생활 (nomadic life style)을 영위하고 있다. 그들의 집은 기초적인 재료를 이용하며 임시로 지어져 있으며, 집안의 가구 (家具)도 매우 적은 편이다.

남편은 결혼 후 1년 이상 아내의 가족과 함께 살아야 한다. 같은 혈족간의 결혼은 엄격히 금지되어 있다.

커무족은 영혼의 존재를 믿는데, 하늘, 천둥소리, 땅, 수풀 및 들판 등이 모두 영혼을 갖고 있다고 생각하고 있다. 마을의 수호신과 조상숭배는 매우 일반적이며, 풍성한 곡물 수확과 가축의 번식을 위해서도 기원한다.

■ 문화 : 커무족 언어는 몬-크메르(Mon-Khmer Group) 계통에 속한다. 커무족은 풍부한 문화유산과 전통문화를 잘 지켜가고 있다.

■ 경제 : 커무족은 화전(火田)경작을 통해 작물을 재배하며, 그밖에도 사냥과 목축으로 살아간다. 바구니 수공예품은 널리 알려져 있는 상품이다.

그림 6-113 커무족의 삶[169)]

(47) 크메르족(Khmer 혹은 Kho' Me Crom ethnic group)[170)]

그림 6-114 크메르족[171)]

■ 인구 : 약 1,000,000명

■ 거주지역 : 남부 지역, 특히 메콩강 삼각주지역에 많이 거주한다. 구체적으로는 쏙짱성(省), 빙롱성, 짜빙성, 끼엔장성, 안장성 등에 많이 분포되어 있다.

■ 전통 : 크메르족은 주로 브라만교(Brahmanism)와 소승불교(Hinayana Buddhism)를 신봉한다. 성인(成人)이 되기 전에는, 크메르 젊은이들은 사찰에 들어가 공부하면서 자신들의 덕(德)과 지혜를 증진시키는 경우가 많다.

■ 문화 : 크메르족은 자신들만의 언어와 글자를 보존시키려고 노력하고 있다. 크메르족의 주요 축제에는 쫀쪼남토마이(Chon Cho Nam Tho May, 신년축제), 석가탄신일 축제, 돈따(Don Ta, 죽은 사람의 죄를 용서하는 의식), 및 옥봄복(Ooc Bom Booc, 달(月) 숭배의식) 등이 있다.

크메르 사람들은 커다란 호롱등(lantern)을 만들어 하늘에 날려 올리거나 강물에 띄우는 전통을 갖고 있는데, 그들은 이러한 호롱등이 마을에서 암흑을 제거하고, 불순한 사물을 깨끗이 정화시켜주며, 또 슬픔을 없애준다고 믿고 있다. 이 호롱등은 골격은 단단한 대나무로 만들고, 표면은 비단이나 종이로 붙이며, 아래쪽에 불을 점화하면 가스가 타면서 하늘로 올라간다.

그림 6-115 크메르 사원[172)]

그림 6-110 날으는 호롱등(flying lantern)[173)]

■ 경제 : 크메르족은 오랫동안 쌀을 경작해 왔다. 그 밖에 양계 · 낙농업, 편물업, 도자기업, '톳놋(Thot Not)' 나무로 만드는 설탕제조업 등에도 종사하고 있다.

그림 6-111 도자기를 만드는 크메르족[174)]

(48) 타이족(Thai ethnic group)[175)]

그림 6-1118 타이족[176)]

■ 인구 : 약 1,000,000명

■ 거주지역 : 타이족은 타일랜드의 주된 민족으로서 타일랜드와 중국 남서부에서 많이 살고 있다. 베트남에서는 주로 라이쩌우성, 호아빙성, 및 응에안성(省) 지역에 거주하고 있다.

■ 전통 : 타이족은 기둥위에 세운 집에서 산다. 그들은 '카우컷(Khau Cuts)'이라 불리는 거북이 등딱지 모양으로 장식된 지붕을 좋아한다.

이들은 조상, 하늘과 땅을 숭배하며, 풍년을 기원하는 제사를 올린다.

타이족의 신랑은 첫 번째 아이가 출산될 때까지 신부집에서 함께 살다가, 아이가 태어나면 남편의 가족이 있는 집으로 이사간다.

이들은 장례식을 사자(死者)가 다른 세계로 떠나는 것을 배웅하기 위한 작별행사로 여기며 의식(儀式)을 치른다.

■ 문화 : 타이족 언어는 따이-타이 계통(Tay-Thai Group)에 속한 언어이다. 타이족 사람들은 귀중한 신화, 전설, 옛 이야기, 민요 등과 같은 풍요로운 유산을 많이 보유하고 있다. 그들은 악기 반주에 맞춰 노래 부르고, 춤을 추는 것을 좋아한다. '쏘애(Xoe)', '한쿠옹(Han Khuong)' 및 '콘(Khon)' 등과 같은 그들의 민속 무용은 독특한 문화적 특성을 지니고 있다.

그림 6-122에는 독일 프랑크푸르트에서 공연된 '콘'춤의 모습이 나타나 있다.

그림 6-119 타이족의 콘 춤(Khon dance) 공연[177)]

■ 경제 : 타이족들은 주로 쌀과 과일을 경작하며 생활한다. 그들은 또한 소, 닭을 기르며, 대나무를 이용해 각종 수공예품을 만들며, 옷을 짜고 도자기를 생산한다.

(49) 토족(Tho ethnic group)[178]

그림 6-120 토족[179]

■ 인구 : 약 68,000명

■ 거주지역 : 토족은 주로 북부 베트남, 특히 하노이의 남서쪽에 위치한 응에안성(省)의 서부 산악지역에 살고 있다.

■ 전통 : 예전에 토족들은 높은 기둥위에 지어진 집에 살았으나, 이제 그들은 땅위에 지어진 집을 선호한다. 이들은 친족들간에 긴밀한 관계를 맺기 원하며, 서로 도우려는 성향이 오랫동안 내려오고 있다.

젊은 토족 소년과 소녀들은 '응우마이(Ngu Mai)'라 불리는 야간 축제(nocturnal parties)를 통하여 대화하고 교제하며, 서로 사랑하는 사람을 찾게 된다.

토족들은 많은 신(神)과 조상을 숭배한다. 그들은 또한 마을의 땅을 개척하고 건물을 짓는데 큰 공헌을 한 사람들과 수많은 전쟁영웅들을 받들고 있다. 토족들은 매년 가장 중요한 축제라고 할 수 있는 '들판으로 나가자(Going to the Field)'라는 축제를 개최하고 있다.

그림 6-121 토족의 삶[180]

■ 문화 : 토족의 언어는 비엣-므엉(Viet-Muong) 계통에 속한다. 토족들의 의상은 낑족 농부들이 입는 의상과 비슷하다.

■ 경제 : 토족 사람들은 주로 쌀과 삼(hemp)을 재배한다. 숲에서는 많은 종류의 야채를 재배하기도 한다.

(50) 푸라족(Phu La ethnic group)[181]

그림 6-122 푸라족[182]

■ 인구 : 약 6,500명

■ 거주지역 : 푸라족은 대개 라이쩌우성, 썬라성, 라오까이성, 및 하장성(省)에 거주하고 있으나, 가장 큰 정착촌은 라오까이성(省)에 있다.

■ 전통 : 푸라족은 자신들의 조상을 숭배하며, 또 애니미즘(animism, 물활론, 物活論)을 믿고 있다. 그들은 여러 마을에 살고 있는데, 각 마을에는 약 10~15개 정도의 가구(家口)가 있다. 집은 3개의 방과 초가지붕으로 매우 간단하게 지어진다.

가장 나이든 남자, 마을의 촌장과 혈족의 최고령자는 공공(公共)의 업무를 관리하는데 중요한 역할을 한다.

젊은이들은 결혼을 강요받지 않는다. 약혼을 하게되면, 신부는 신랑의 집에서 신랑측 가족들과 함께 살게 된다. 그러나 결혼식은 1년 혹은 2년 후에 거행된다.

그림 6-123 푸라족의 삶[183)]

■ 문화 : 푸라족의 언어는 티베트-버마(Tibeto-Burman) 계통에 속한다. 남자들이 입는 의상은 많은 유리구슬로 장식되어 있고, 여자들의 의상은 화려한 장식으로 수 놓아져 있다.

■ 경제 : 푸라족은 화전(火田)경작을 주로 하며, 계단식 논밭에서 작물을 재배한다. 또 그들은 물소 · 말 · 돼지 등을 기른다. 이들은 또 수공예품도 만드는데, 아름답게 장식된 대나무 제품과 등나무 제품은 널리 알려져 있다.

푸라족은 다른 소수민족들에게 자신의 물건을 팔거나 생활필수품과 물물교환을 하기도 한다.

(51) 하니족(Ha Nhi ethnic group)[184)]

그림 6-124 하니족[185)]

■ 인구 : 약 12,500명

■ 거주지역 : 하니족은 베트남의 라이쩌우성(省)과 라오까이성(省) 지역에서 살고 있다.

하니족은 또한 중국의 공식적인 56개 소수민족 중의 하나로서, 중국의 남쪽 지방인 윈난성에 살고 있다.

■ 전통 : 하니족은 일찍부터 정착생활을 해왔다. 하니족의 집은 대나무, 진흙, 돌과 나무를 이용해서 평평하게 2~3개 동(棟)을 짓는다.

매년 음력설날에는 같은 혈족의 사람들은 가족 중 가장 어른의 집에 찾아가 인사를 드리고 자신들의 조상에 관한 이야기를 전해 듣는다.

젊은 남녀는 배우자 선택이 자유롭다. 결혼은 두 단계를 거쳐 확립된다. 첫단계는 젊은 남자와 젊은 여자가 남편과 아내가 되는 것이며, 아내는 남편의 성(姓)을 따른다. 두번째 단계는 이들 부부가 아이를 낳았을 때 독립적인 가정으로 인정받게 된다.

■ 문화 : 하니족 언어는 티벳-버마(Tibet-Burman) 계통에 속한다. 하니족은 많은 옛 설화와 장편 이야기를 많이 갖고 있다. 젊은 남자와 여자들은 춤을 즐긴다. 젊은이들은 풀피리를 불면서 사랑을 표현한다. 젊은 여자들은 '암바(am ba)'와 '멧주(met du)'라는 악기를 불기 좋아하고, 젊은 남자들은 '라쿠(la khu)'를 불기 좋아한다.

그림 6-125 하니족의 전통 악기[186)]

하니족 사회에는 자장가, 중창(重唱), 결혼식 음악, 장례식 음악, 새로운 집을 지었을 때 부르는 음악, 손님맞이 음악, 및 축제를 환영하는 음악 등 다양한 종류의 음악이 있다.

하니족의 전통의상은 진한 파랑색 직물로 주로 만든다. 남자들은 특히 흰색 혹은 검정색 터번을 쓴다. 여자들도 머리에 천을 두르는 경우가 많다.

■ 경제 : 하니족은 대개 화전(火田) 경작으로 농작물을 재배한다. 또 옷감 짜기와 바구니 짜기 등과 같은 수공예업과 가축을 키우는 일도 함께 한다.

(52) 허몽족(Hmong, 혹은 Mong ethnic group)[187)]

그림 6-126 허몽족[188)]

■ 인구 약 558,000명

■ 거주지역 : 허몽족(Hmong) 혹은 몽족(Mong)은 원래 중국 남부의 산악지대에 거주하던 민족을 일컫는다. 18세기 초 허몽족은 정치적·경제적 이유로 동남아시아로 대규 모 이주를 하였다. 그 결과, 허몽족은 현재는 베트남, 라오스, 타일랜드, 미얀마 등의 동남아시아 여러나라에서 살고 있다.

베트남에서는 특히, 하장성, 뚜옌꾸앙성, 라오까이성, 옌바이성, 라이쩌우성, 썬라성, 까오방성, 및 응에안성(省) 지역에 많이 거주하고 있다.

■ 전통 : 각 혈족은 한 집단내에 모여서 산다. 마을의 촌장(村長)이 혈족에 대한 일반적인 업무를 책임지고 있다. 허몽족의 젊은 남녀는 자유롭게 자신의 배우자를 선택한다. 같은 혈족에 속하는 남자와 여자는 절대 결혼할 수 없다. 허몽족의 삶은 조화를 매우 잘 이루고 있으며, 이혼하는 경우는 아주 드물다.

■ 문화 : 전통적인 설날은 매년 12월에 있다. 그들은 3일동안의 설날연휴 기간 중에는 녹색채소(green vegetables)를 먹는 것을 금하고 있다.

허몽족의 악기에는 많은 종류의 '켄(Khen)' (팬 파이프, pan-pipes)과 입술로 부는 오르간(lip organs)이 있다. 봄축제 때는 젊은 남녀들은 '켄'과 입술 오르간으로 상대방에 대한 감정을 표현하기도 한다.

그림 6-127 허몽족의 삶[189)]

■ 경제 : 허몽족은 주로 화전(火田) 경작지에서 살고 있다. 그들은 계단식 경작지(terraced fields)에서 쌀과 옥수수, 호밀 등을 재배한다. 그밖에도 그들은 약초(藥草)와 옷을 짜는데 필요한 목화 등을 재배하기도 한다.

(53) 호아족(Hoa ethnic group)[190)]

그림 6-128 호아[191)]

■ 인구 : 약 900,000명, 베트남 전체 인구의 약 1.1%, 베트남에서 6번째로 많은 민족.

■ 거주지역 : 베트남 북부에서 남부지역, 또 도시와 시골지역에 걸쳐 고루 분포되어 있다. 특히 호찌밍시의 쪼론(Cholon), 껀토성, 다낭, 하노이, 하이퐁, 끼엔장성(省), 꾸앙닝성(省)에 집중적으로 거주한다.

■ 전통 : 호아족은 대개 서로 가까이에 거주하며, 특히 같은 직계가족(same linege)들은 항상 같이 산다. 호아 가정에서는 남편이 가장(家長)이다. 아들만이 상속권을 가지며, 장남(長男)이 상속재산 중 가장 큰 몫을 받는다.

부모가 자식의 결혼 결정권을 가지며, 조혼(早婚)이 일반적이다. 사위나 며느리를 선택할 때, 가족들은 사회적 신분이 서로 같은지 혹은 종사하는 사업이 서로 같은지 등을 고려한다.

그림 6-129 호찌밍시(市) 쪼론 지역에 지어진 호아족들의 건물[192)]

■ 문화 : 호아족의 언어는 중국의 한족(漢族), 즉 화교(華僑) 언어에 속한다.

■ 직업 : 호아족은 농업, 수공예업, 무역업, 어업, 및 염전업 등에 종사하고 있다. 또 그들은 노동자 혹은 교사로서도 활동하고 있다.

■ 유명인사

- 쑤이 하크 (Tsui Hark) (홍콩 영화 제작자)
- 루이 레웅웨이 (Lui Leung-Wai) (홍콩 영화배우)
- 크리스티 쭝 (Christy Chung) (홍콩 여자 영화배우)

그림 6-130 호아족의 전통 문화 놀이[193)]

(54) 흐레족(Hre ethnic group)[194)]

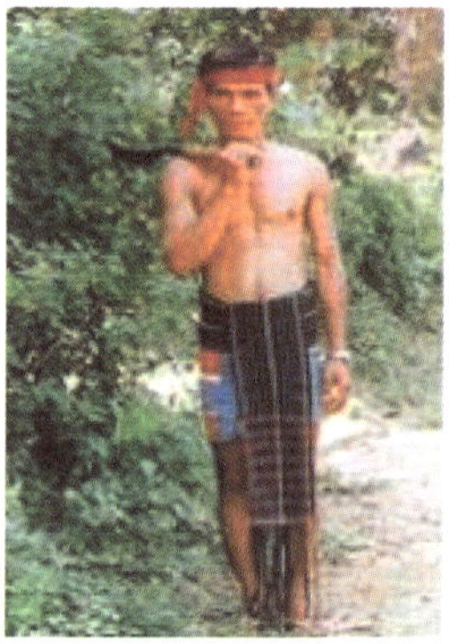

그림 6-131 흐레족[195)]

■ 인구 : 약 114,000명

■ 거주지역 : 흐레족은 주로 베트남 남부 중앙 해안지대에 있는 꾸앙응아이성(省)과 빈딩성(省)에서 살고 있다.

■ 전통 : 흐레족은 기둥위에 지어진 집에서 산다. 마을 촌장은 가장 큰 존경을 받으며, 그는 마을의 생활에 있어서 중요한 일을 담당한다.

■ 문화 : 흐레족 언어는 몬-크메르 계통 (Mon-khmer Group)에 속한다.

까쪼이 (Ka-choi)와 까레우 (Ka-leu)는 아주 인기 있는 대중음악이다. 그들의 악기로는 브룩 (Brook), 찡까라 (Chin ka-la), 링아 (Ling-I, 피리의 일종), 및 따리아 (Ta-lia, 피리의 일종) 등과 같은 것이 있다.

■ 경제 : 흐레족은 쌀농사를 지으며, 농장을 운영한다. 바구니를 만들고 옷감을 짜는 일을 하기도 한다.

그림 6-132 흐레족의 주택[196)]

그림 6-133 옷감을 짜고 있는 흐레족[197)]

5. 베트남 민족들의 인구수

이상에서 살펴본 54개 베트남 민족들의 인구수는 그림 6-134에 나타나 있다.

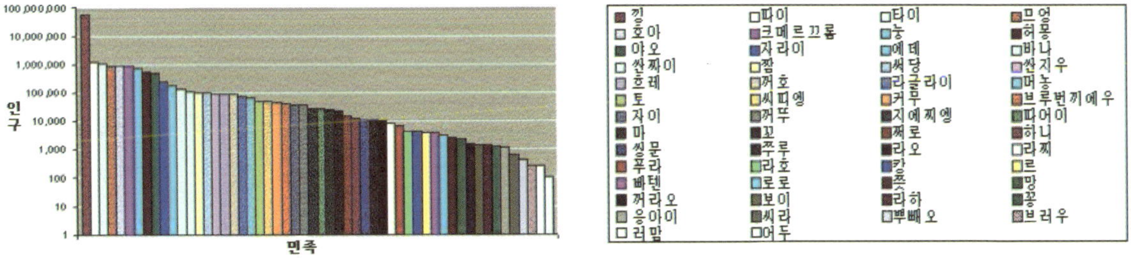

그림 6-134 베트남 민족들의 인구 구성[198)]

6. 베트남 소수민족들의 주요 거주 지역 분포도[199)]

그림 6-135에는 베트남 소수민족들이 주로 거주하는 지역이 나타나 있다.

1) 북부 삼각주 및 고원지대(The Northen Delta and Uplands)

① 낑 (Kinh, 즉 Viet)
② 므엉 (Muong)
③ 토 (Tho)
④ 쯧 (Chut)

2) 북동부지대(The North East)

⑤ 따이 (Tay)
⑥ 눙 (Nung)
⑦ 싼짜이 (San Chay)
⑧ 자이 (Giay)
⑨ 보이 (Bo Y)
⑩ 싼찌우 (San Diu)
⑪ 응아이 (Ngai)
⑫ 라찌 (La Chi)
⑬ 꺼라오 (Co Lao)
⑭ 뿌빼오 (Pu Peo)
⑮ 허몽 (Hmong)

⑯ 야오 (Dao)
⑰ 빠텐 (Pa Then)
⑱ 로로 (Lo Lo)

3) 북서부지대(The North West)

⑲ 타이 (Thai)
⑳ 라오 (Lao)
㉑ 르 (Lu)
㉒ 커무 (Kho-mu)
㉓ 씽문 (Xinh-mun)
㉔ 캉 (Khang)
㉕ 망 (Mang)
㉖ 어두 (O-du)
㉗ 라하 (La-Ha)
㉘ 하니 (Ha Nhi)
㉙ 푸라 (Phu La)
㉚ 라후 (La Hu)
㉛ 꽁 (Cong)
㉜ 씨라 (Si La)

4) 쯔옹썬/따이 응우옌 고원지대(The Truong-Son/Tay Nguyen)

㉝ 브루 번끼에우 (Bru-Van Kieu)
㉞ 꺼뚜 (Co-tu)
㉟ 따어이 (Ta-oi)
㊱ 바나 (Ba Na)
㊲ 써당 (Xo-dang)
㊳ 흐레 (Hre)
㊴ 꼬 (Co)
㊵ 제찌엥 (Gie-Trieng)
㊶ 러맘 (Ro-mam)
㊷ 브러우 (Brau)
㊸ 에데 (E-de)
㊹ 자라이 (Gia-rai)

그림 6-135 베트남 민족들의 거주 지역[200)]

㊺ 머농 (Mnong)
㊻ 꺼호 (Co-ho)
㊼ 씨띠엥 (Xtieng)
㊽ 마 (Ma)
㊾ 쩌로 (Cho-ro)

5) 남주 중앙 해안지대(South-Central Coast Region)

㊿ 짬 (Cham)
51 라글라이 (Ra-glai)
52 쭈루 (Chu-ru)

6) 남보 평야지대(The Plain of Nam-Bo)

53 크메르 (Khmer)
54 호아 (Hoa)

7. 베트남 민족의 민족별 성씨의 종류[201)]

베트남의 산악지대에 산재해 있는 소수민족들에 대한 조사가 완전히 이루어져 있지 않아 정확한 통계는 나와 있지 않다. 잠정 집계된 자료에 의하면, 현재 전국적으로 769개의 성씨가 있다. 이들 중 상위 3개 성씨는 응우엔 (Nguyễn), 쩐 (Tran), 레 (Le)이다.

이들 응우엔, 쩐, 레 씨는 베트남 전체 성씨의 약 60%를 차지하고 있다. 그 밖에 구성원이 많은 성씨에는 후잉 (Huỳng), 팜 (Phạm), 판 (Phan), 부 (Vũ) 및 당 (Đang) 등이 있다.

또 각 종족들 내에는 적게는 1개부터 많게는 165개에 이르는 성씨가 있다.

베트남인의 성명 순서는 한국과 비슷하고 서양과는 다르다. 예를 들어 응우엔 홍 응으 (Nguyễn Hồng Ngữ)라는 사람이 있다고 하자. 여기서 응우엔 (Nguyễn)이 성 (姓, family name)으로서 맨 처음에 오고, 다음에 중간 이름 홍 (Hồng)이며, 맨 나중에 자신의 이름 응으 (Ngữ)가 온다. 중간 이름 (middle name)은 때로는 남 · 녀 성별을 암시 (gender-specific)하는 경우가 있다.

예를 들면 티 (Thị : 한자로는 市, 是, 示, 氏 등을 뜻한다.)라는 중간 이름은 흔히 여자의 이름 사이에 붙는 말이다. 또 반 (Văn : 한자로는 文, 紋, 門 등을 말한다.)이라는 중간 이름은 남자 이름에 많이 붙는다. 이름 (given name)은 의미를 가지는 경우도 있고, 남 · 녀 성별을 암시하는 경우도 있다.

제3절 언어와 문자(Languages)

1. 서론[202)]

앞에서 설명한 바와 같이, 비록 베트남 민족은 수많은 종족으로 구성되어 있고 각각 자신의 고유한 문화와 언어를 가지고 있지만, 낑족(Khin)이라고도 불리는 비엣(Viet)족의 말, 즉 베트남어(Vietnamese)가 베트남 내(內) 모든 종족들 간의 의사소통을 위한 공용어로 사용되고 있다. 글자는 국가 전체를 통하여 동일하지만, 그 발음은 북부와 남부에서 차이가 있다. 베트남의 공용어인 '베트남어' 외에도 4종의 소수민족 언어가 법률상 허용되고 있다.

2. 베트남어의 변천 역사[203)]

중국의 지배를 받거나 베트남의 전통 왕조시대를 거치는 1천여 년의 기간 동안 베트남의 공식 언어는 중국 한자(漢字)였으나, 베트남인들은 자신들의 고유함을 보존하고 개발하기 위해 노력해 왔다.

제5장 '역사 환경'에서 고찰한 바와 같이, 10세기 이전에 중국은 베트남을 통치하였으며, 그들의 발음에 따라 베트남인들에게 한자를 가르쳤다. 베트남이 중국으로부터 독립을 쟁취한 후에도 계속 한자를 사용했지만, 베트남인들은 중국 한자를 당나라 시대의 한자 발음법과는 매우 다르게 베트남식으로 발음했는데, 이것을 한-비엣(Han-Viet)식 읽기 방식이라고 부른다. 또 베트남인들은 베트남 문자를 만들어 내기 위해 한자를 여러 가지 방식으로 베트남어화(Vietnamize)시키려고 노력했다.

13세기부터 베트남인들은 그들의 고유한 언어를 표기하기 위해서, 한자에 기초한 자신의 문자를 만들어 냈는데, 이 문자를 쯔놈(Chữ Nôm)이라고 부른다. 베트남인들은 쯔놈을 베트남어로 창작된 시가(詩歌)를 기록하기 위해 사용하였지만, 행정부서와 교육기관에서는 사용되지 않았다.

16세기 말 서양인들이 베트남에 들어오면서 베트남어를 표기하기 위해 로마자를 이용하기 시작했다. 베트남어의 로마자 표기에 가장 공로가 큰 사람은 프랑스 아비뇽에서 출생하여 스페인 귀족가문에서 성장한 알렉산드르 드 로데스(Alexandre de Rhodes : 1591~1660) 주교였다.

1624년 베트남에 입국한 그는 1651년 베트남어-포르투갈어-라틴어 사전을 로마에서 출판함으로써 현재 쓰이고 있는 로마식 표기 역사의 첫발을 내디디게 되었다. 그러나 이 사전은 널리 보급되지 않았다.

이 문자는 상당한 기간이 지난 다음 여러 차례에 걸쳐 수정 · 보완을 거치게 되었으며, 프랑스가 베트남을 지배하기 시작하자, 프랑스 정부는 베트남인들에게 이 문자의 사용을 강요했다.

그들은 19세기에 이 글자를 배우도록 하였고, 한자를 대신하여 행정관서에서 사용하도록 하였다. 20세기에 이르러 베트남 해방을 위해 싸우던 베트남의 애국지사들은 이 문자가 쉽게 배울 수 있어서, 국민들에게 지식을 보급시키고 개화시키는 데 매우 유익하다는 것을 인식했다. 그 후부터 이 문자는 베트남인들에게 자연스럽게 받아들여졌으며, 그것을 자신들의 문자로 여기게 되었고, 이것을 쯔 꾸옥 응으(Chữ Quốc Ngữ), 즉 국어자(國語字)라고 부르게 되었다['쯔'(Chữ)는 '자'(字), '꾸옥 응으'(Quốc Ngữ)는 '국어'(國語)를 뜻한다.

3. 현대 베트남어의 문자

이렇게 만들어진 베트남어의 문자는 표 6-3에 나타나 있다.

표 6-3 베트남어 문자[204)]

I. 모음		II. 자음			
대문자	소문자	대문자	소문자	대문자	소문자
A	a	B	b	Q	q
Ă	ă	C	c	R	r
Â	â	Ch	ch	S	s
E	e	D	d	T	t
Ê	ê	Đ	đ	Th	th
I	i	G	g	Tr	tr
O	o	Gh	gh	V	v
Ô	ô	Gi	gi	X	x
Ơ	ơ	K	k		
U	u	Kh	kh		
Ư	ư	L	l		
Y	y	M	m		
		N	n		
		Ng	ng		
		Ngh	ngh		
		Nh	nh		
		P	p		

4. 베트남어의 성조(聲調)[205)]

베트남어는 중국의 4성조보다 많은 6성조를 가지고 있기 때문에 발음의 장단, 고저에 따라 그 의미가 다르다. 베트남의 6성조를 a 글자를 통해 설명하면 표 6-4와 같다.

표 6-4 베트남어의 성조(Dấu, 저우)

	성조 기호	기호 설명	발음 방법	표기 예
1	기호표기 없음	오름 · 내림 없고, 변화 없고 단조로움	평성으로 음의 기준이 되며 한국어의 평상 소리보다 약간 높다.	a
2	ˊ	길게 올림	평성에서 급속히 소리를 상승시킨다.	á
3	ˋ	길게 내림	중간 음에서 천천히 낮게 발음한다.	à
4	̉	내렸다 올림, 자연스런 굴곡	중간 음에서 아래로 낮춘 다음 다시 중간 음까지 올린다.	ả
5	~	내렸다 올림, 성대 긴장	중간 음에서 약간 상승하다가 음을 멈춘 다음 다시 급격히 높인다.	ã
6	.	낮은 데서 급격히 내림, 성대 긴장	급격히 음을 낮추고 끊는다.	ạ

ma, má, mà, mả, mã, mạ 단어를 예로 들어 이들 6성조를 고 · 저 · 장 · 단에 따라 표시하면 그림 6-136과 같다.[206)]

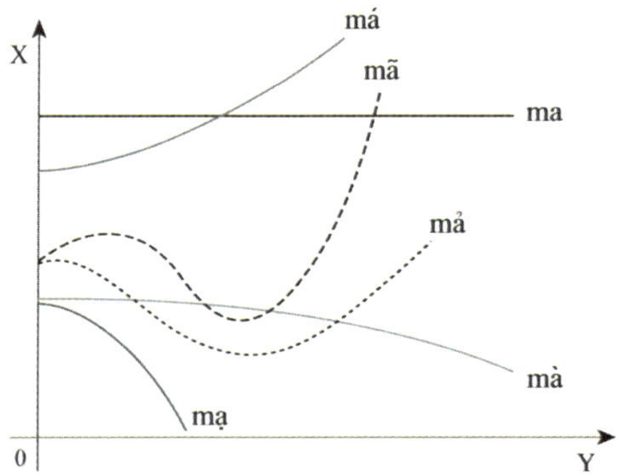

그림 6-136 베트남의 6성조 모습

4. 언어군(言語群)에 따른 베트남 민족의 분류[207)]

앞에서는 베트남 민족을 역사적 · 전통적 특징에 따라 살펴보았다. 베트남 민족을 언어군에 따라 다음과 같이 분류할 수도 있다.

① 비엣 므엉(Viet-Muong) 어군 : 베트남 전체 인구의 90% 정도를 차지하고 있으며, 이 어군에 속하는 민족은 비엣(Viet), 므엉(Muong), 토(Tho), 쯧(Chut) 등 4개 민족이다.

② 몬 크메르(Mon-Khome) 어군 : 21개의 소수민족이 속한다. 주로 메콩강 유역의 각 지방, 동남부 지방, 쯔엉썬 산맥 서부 고원지대, 응에안 성 북쪽 서부와 베트남 서북

쪽 각 성에 근거지를 두고 있으며, 주로 산기슭에 거주하며 화전으로 밭농사를 지으며 살고 있다.

③ 따이 타이(Tay-Thai) 어군 : 8개 민족이 속하며, 베트남 북부의 산간지방에 주로 거주하는 민족이다.

④ 흐몽 야오(H'mong-Dao) 어군 : 중국 각 지방에서 베트남으로 이주해 온 민족들로 북부지역 해발 1,000m 내외의 산악지역에 거주하고 있다.

⑤ 까다이(Kadai) 어군 : 북부지방에 거주하며, 인구는 10,000여 명에 불과하다.

⑥ 말레이 폴리네시아(Malayo-Polinesian) 어군 : 짬(Cham), 에데(Ede), 쭈루(Churu)족 등이 속하며, 짬(Cham)족은 발달된 짬족 문명을 바탕으로 고대국가를 형성하기도 했다.

⑦ 땅 미얀마(Tang-Mianma) 어군 : 하니(Ha Nhi), 푸라(Phu La), 꽁(Cong)족 등이 속하며, 북부지역에 주로 거주한다.

⑧ 한(Han, 漢) 어군 : 호아(Hoa, 華僑), 응아이(Ngai), 산지우(San Diu)족 등이며, 화교들은 중국의 광동성 · 광서성 · 복건성에서 이주해 와 현재 약 1백만명이 거주하고 있는 것으로 알려져 있다.

제7장

사회 환경

이 장에서는 베트남의 사회환경, 즉 철학과 이념, 종교와 신앙, 교육, 대중매체, 민족성, 건강 및 사회문제 등을 고찰하기로 한다.

제1절 철학과 이념(Philosophy and Ideologies)

1. 역사적 변천 과정

(1) 건국 초기[1)]

건국 초기부터 베트남은 농경문화 생활을 주로 해 왔기 때문에, 유목민들과 달리, 이동(movement)보다는 안정성(stillness)을 중시하였고, 또 자연현상(natural phenomena)과 밀접히 관련된 철학이 발전되었다.

그 결과(중국의 것과 완전히 같지는 않은) 음양오행설(陰陽五行說, doctrine of yin and yang and the five basic elements), 즉 일체 만물은 음양 2기(二氣)에 의해 생장(生長)·소멸(消滅)하고, 오행(목·화는 양에, 금·수는 음에, 토는 그 중간에 있음)의 소장(消長)으로 천지의 변화·재복·길흉이 얽힌다는 설에서 상징하는 '관계성' (relations)에 특별히 주목해 왔으며, 또 '조화' (harmony)를 강조하는 생활을 지향하였다.

그 후 불교, 유교 및 도교(道敎 : 노자가 제창)의 영향을 받았는데, 이것들은 모두 베트남화(化)되어서 베트남의 사회와 문화의 발달에 공헌하였다. 특히 쩐(Tran)왕조 시대의 선불교(禪佛敎)는 원래의 불교에서 강조하는 '삶과 죽음'의 문제에 대한 대부분의 철학적 문제를 독특한 방식으로 해석하였다.

그 후 유교(儒敎, Confucianism)가 융성했지만, 맹목적으로 유교를 따르지는 않았다. 즉 불교와 유교의 정신을 받아들이기는 하였지만, 이들을 사람과 더욱 가깝고 또 자연과 조화를 이루는 베트남화된 철학과 이념으로 만들었다.

(2) 전제 왕조시대[2)]

전제 왕조시대에는 봉건주의 이념이 농부들에게 강요되었지만, 자급자족(自給自足)적인 농업문화의 기반 위에서 촌락 민주주의와 원시 공동체주의(Primitive Community)가 여전히 존속하였다. 베트남 농업사회에 깊숙이 배어들어 있던 농부들의 사상(思想)은 전통적으로 긍정적이라는 전형적인 특징을 갖고 있었다.

농부들은 외국의 침략군에 저항하고 봉기하는 핵심세력이었다. 많은 유명한 전사(戰士)들이 농부 출신이었는데, 18세기 농민 출신으로 가장 유명한 사람은 농민 반란을 일으킨 꾸앙 쭝 응우엔 후에(Quang Trung Nguyen Hue)였다.

응우엔 왕조(Nguyen Dynasty)시대에는 농업이 장려되고 상업과 무역이 억제되었는데, 이것은 도시 거주자들의 의식(意識) 발달을 억제하는 작용을 했다. 과거에 베트남인들은 직업계층을 생각할 때 농민을 제1순위, 교직자를 제2순위로 생각하였고, 장사하는 사람들을 가장 낮게 여겼다.

(3) 서양문명 침투시대[3)]

19세기 베트남 봉건제도가 약해지면서 서양 군대의 뒤를 따라 서양문명이 베트남에 침투하기 시작했다. 20세기 초반에는 식민지 약탈 프로그램의 결과로 노동자 계급이 형성되었다. 이 무렵 막스-레닌주의(Marxism-Leninism)가 베트남에 들어 왔으며, 이 이념은 애국주의와 결합하여 역사적 변동의 계기가 되었으며, 베트남을 독립국가, 그리고 민주주의 및 사회주의로 이끌어 갔다. 이 시기를 대표하는 사람이 호찌밍(Ho Chi Minh)이며, 그는 베트남을 해방으로 이끈 위대한 인물로 평가받고 있다.

2. 베트남 철학과 이념의 특징

(1) 개론[4)]

베트남인들이 자신만의 철학과 이념적 이론체계를 갖지 않고 또 베트남에서 세계적인 철학자가 나오지 않았다고 해서, 이들이 자신의 국가에 적합한 생활 방식과 이념을 갖고 있지 않았음을 의미하는 것은 아니다.

농업사회였던 베트남은 오랜 기간에 걸쳐 형성된 마을공동체(Village Community) 의식에 의해 특징지워 진다. 이것은 합리주의(rationalism)보다는 감정적 경험(emotional experience)에, 또 개념(Concepts)보다는 심상(心象, image)에 더 기울어져 있었다.

그러나 이러한 공동체 의식에는 융통성과 적응력이 있으며, 또 협조적인 사고방식이 깃들어 있었다. 즉, 감정적 유대관계(emotional ties)에 대하여 또 친족과 공동체 사회에 대한 애착에 대하여 큰 가치를 부여하는 삶의 방식이었던 것이다.

이러한 태도는 "조국을 잃어버리면 우리가 살 집이 없어질 것(there would be no home in a lost country)"이고, 또 "홍수가 발생하면 한 채의 집만 휩쓸려 가는 것이 아니라 마을 전체가 휩쓸려 가게 될 것(the whole village rather than a sole roof would be engulfed by flood)"이라는 말에서도 엿볼 수 있다.

(2) 협조성, 균형성, 관계성, 자비심, 올바름[5)]

베트남인은 갈등과 분쟁에 대하여 협조적이고 균형적이며 또 관계성에 기반을 두고 행동하려는 태도를 지니고 있다. 이러한 태도는 역사적으로 강대국과 투쟁할 때 견고함이나 나약함보다는 유연함을 보이면서 상황에 대처할 수 있도록 해주는 베트남인들의 삶의 방식이었다.

정신적 가치면에서 보자면, 베트남인들은 '자비심'(Benevolence, 박애정신)을 가장 중시했으며, 또 이것을 올바름(Righteousness, 정의) 및 덕(Virtues)과 밀접하게 결합시켰다. '자비심'과 '올바름'이 없다면 '덕'도 없다는 것이다. 응우옌짜이(Nguyen Trai)는 베트남인들의 '자비심'과 '올바름'의 개념을 '흉포한 폭력(fierce violence)'에 반대되는 개념으로 서술한 바 있다. 이러한 사고방식은 국가의 지도원리뿐만 아니라 국가를 구원하는 기초를 제공해 주었다.

베트남인들은 충성심(Loyalty)을 '지배자(ruler)에 대한 충성심'보다도 훨씬 높은 곳에 있는 '국가(nation)에 대한 충성심'으로 이해하고 있으며, 또 효심(Piety)을 존중하고 있다. '행복(Happiness)' 역시 사회적 가치들 중에서 높은 자리를 차지하고 있다. 사람들은 흔히 부(富, wealth)와 사회적 지위보다는 가정의 행복을 더 중시한다.

(3) 단점[6)]

산업화, 근대화 및 국제사회와 통합과정을 걸어가고 있는 베트남은 자신들이 전통적으로 가졌던 문화, 즉 보수주의(conservatism), 지방 편협성(parochialism), 인류 평등주의(egalitarism) 등이 갖는 약간의 단점을 앞으로 극복해야 하는 숙제를 안고 있다.

제2절 종교와 신앙(Religions and Beliefs)

1. 서론[7)]

베트남은 다양한 종교가 널리 퍼져 있는 나라이다. 여기에는 민간신앙(popular beliefs)에 기반을 둔 종교, 외국으로부터 베트남에 들어온 종교, 그리고 몇몇 토착 종교집단(indigenous religions groups)들이 포함된다.

다른 나라들에서처럼, 베트남인들은 물활주의(物活主義, animism), 즉 목석(木石) 같은 것에도 영혼이 있다고 생각하는 신앙 및 조상숭배주의(ancestor-worship) 등과 같이 민간신앙에 기반을 둔 종교를 가지고 있다. 특히 조상숭배주의는 베트남인들 사이에 가장 널리 퍼져 있는 민간 신앙이다.

불교 등과 같은 세계적인 주요 종교에 관하여 살펴보면, 베트남은 2,000만명의 신도와 30,000개의 참배 장소(places of worship)를 갖고 있는 다종교(多宗教, multi-religions) 국가이다.

2. 베트남의 종교 현황[8)]

베트남인들이 신봉하고 있는 종교 현황을 요약하면 다음과 같다.

① 불교(Buddhism) : 85%

② 로마카톨릭교 : 7%

③ 신교 : 1%

④ 까오 다이 교(Cao Dai) : 3%

⑤ 호이 히오 교(Hoa Hao) : 2%

⑥ 토속 물활론 신앙(indigenous animistic beliefs) : 1.92%

⑦ 이슬람교(Muslim) : 0.08%

3. 종교 자유에 관한 헌법규정

베트남의 종교 현황을 구체적으로 고찰하기에 앞서, 베트남 헌법에서는 종교에 관하여 어떻게 규정하고 있는가를 살펴볼 필요가 있다. 헌법 제70조는 종교에 관하여 다음과 같이 규정하고 있다.

> "공민은 신앙, 종교의 자유를 가진다. 모든 종교는 법률앞에 평등하다. 종교의 숭배 장소와 종교는 법률로 보호받는다. 아무도 국가의 법률과 정책에 반하여 신앙, 종교의 자유를 침해하거나 또는 신앙, 종교를 이용할 수 없다."

아래에서는 베트남의 종교 환경에 대해 구체적으로 살펴보기로 한다.

4. 불교(佛敎, Buddhism)[9]

불교는 베트남에 가장 널리 퍼져 있는 종교이다. 신자수가 약 1천만명이며, 도시나 지방을 막론하고 전국적으로 사찰이 많이 산재되어 있다. 불교는 외국에서 가장 먼저 베트남에 들어온 종교인데, 2세기경 인도로부터 두 가지 방향으로 베트남에 전파되었다. 하나는 중국을 통하여 들어온 대승불교(Mahayana sect)이고, 다른 하나는 타일랜드 · 캄보디아 · 라오스 등을 통하여 들어온 소승불교(Hinayana sect)이다. 10세기 베트남 봉건 왕조시대에는, 불교는 국교(國敎, state religion)로 여겨졌다.

현재, 베트남에는 석가모니를 숭배하는 20,000개의 사찰과 탑과 정자가 있으며, 지금도 많은 사찰들이 신축되거나 개축되고 있다. 그림 7-1은 하노이에 있는 "쩐꾸옥 탑"(Trấn Quốc Pagoda)의 모습을 보여 준다. 또 그림 7-2는 "도 사찰 축제"(Đo Temple Festival)의 모습을 보여 준다.

그림 7-1 쩐꾸옥 탑[10]

그림 7-2 도 사찰 축제[11]

5. 천주교[12)]

베트남에서 두 번째로 큰 외래 종교는 천주교(Catholicism)이며, 16세기경부터 스페인·포르투갈·프랑스 사제들에 의해 베트남에 들어왔다. 현재 신자는 약 550만명이며, 전국에 걸쳐 6,000여 개의 성당이 있다. 이들 중 500개 이상의 성당이 베트남전쟁 때 미국 공군의 폭격에 의해 파괴되었으나, 현재 재건 중에 있다.

6. 신교 및 이슬람교[13)]

신교(Protestantism)는 1911년 베트남에 들어왔으며, 1920년경에는 널리 퍼졌으나, 베트남에서 신교도 숫자는 별로 많지 않다. 이슬람교(Islam)는 베트남에 오래전에 전해 왔으나 널리 융성하지 못했다.

7. 토착 종교(Indigenous Religions)

위와 같은 외래 종교 이외에도, 베트남에는 '까오다이'(Cao Dai)·'호아하오'(Hoa Hao) 등의 토착 종교가 있다. 이들 두 종교는 19세기경 메콩강 삼각주 지역에서 발생하였다.

(1) 까오다이교(Cao Dai)[14)]

까오다이교는 1925년 프랑스 식민지 시대의 관료였던 응어반찌에우(Ngo Van Chieu)가 유교·도교·기독교의 교리에서 추출된 원리를 불교와 결합시켜 세운 종교로서, 남부 따이닝(Tay Ninh) 시(市)에 교단 본부를 두고 있다. 이 종교는 남부 삼각주 지역의 농촌지역에서 널리 퍼졌다.

까오다이교는 일본과 협력해 프랑스에 저항하는 항불(抗佛)운동을 벌였다. 현재 베트남 국민 중에는 약 240만명이 까오다이교를 믿고 있으며, 교당 건물에 커다란 눈('하늘의 눈'이라 불림)을 그려 놓아 '외눈교'라고 불리기도 한다.

(2) 호아하오교(Hoa Hao)[15)]

호아하오교는 1939년 쩌우독(Chau Doc) 지방의 호아하오 촌락의 후인푸소(Huynh Phu So)가 사원과 승려라는 중재자를 없애고 종교의식과 절차를 간소화하는 등 불교 교리를 단순화시켜 만든 종교로서, 전통불교에 좀 더 가까운 종교이다.

호아하오교는 메콩강 삼각주에 있는 쩌우독(Chau Doc)과 안장(An Ging) 성(省)에 교단 본부를 두고 있다. 호아하오교는 민족주의적 종교로서 프랑스 세력을 물리치는 데 공헌했으며, 남부지방에 신도가 몰려 있는데 약 130만명이 믿고 있다.

8. 토속 신앙[16)]

베트남의 토속신앙은 불교와 유교, 도교의 영향을 많이 받으며, 일상생활 속에 깊숙이 자리 잡고 있다.

이들 중 가장 널리 퍼져 있는 것은 조상숭배의식(custom of worshiping ancestors)이며, 베트남인들에게는 하나의 종교로 되어 있다. 베트남인들은 돌아가신 조상을 기리기 위해 매년 제사를 지낸다.

모든 가정에서는 집을 지켜주고 가족들을 축복해 주는 '토꽁'(Tho Cong), 즉 '가정의 신(God of Home)'을 숭배한다.

모든 마을에서는 전체 마을을 지켜주고 인도해 주는 '타잉 호앙'(Thanh Hoang), 즉 '마을의 신(God of the Village)'을 숭배한다. 마을에서 태어나거나 죽은 사람들로서 마을을 위해 각별한 봉사를 한 사람들, 혹은 국가적 영웅이 된 사람들을 베트남인들은 언제나 존경하고 기린다.

베트남 전(全) 국민은 자신들의 공통 조상이라고 생각하는 베트남 최초의 왕(王)들을 기린다. 이러한 제식(際式)은 훙 사찰 제식(Ritual of Hung Temple)에서 행해진다.

특히, '뚜밭뚜'(Tu Bat Tu), 즉 '네 명의 불후(不朽, 불멸, 영원)의 신'(Four Immortal Gods)들을 기리는데, 네 명의 신은 가장 고귀하고 아름다운 국가적 가치(national values)로 간주되고 있다. 이들은 구체적으로 다음과 같다.

① 딴 비엔(God Tan Vien) : 홍수를 막아주는 신

② 종(God Gióng) : 외국 침략자들에게 저항하고 이들을 물리치는 신

③ 쭈 동 뚜(God Chu Dong Tu) : 가난을 물리치고 부(富)를 쌓아주는 신

④ 리에우 하잉(Goddess Lieu Hanh) : 행복을 동경하여 하늘을 떠나 땅으로 내려온 여신

그림 7-3 성(聖) 종(Saint Gióng)[17)]

그림 7-3에는 종(Gióng) 신, 즉 성(聖) 종(Gióng Saint)의 모습이 제시되어 있다.

제3절 교 육

1. 서론[18)]

비록 베트남은 1인당 국민소득이 낮고 또 오랜 기간 동안 전쟁을 겪은 나라이지만, 교육열이 대단히 높고 정부의 교육정책도 적극적으로 수립·시행되고 있다.

현재 베트남에는 전국적으로 약 2,200만명의 학생들이 재학하고 있는데, 이 중에는 초등학교 학생이 약 1,320만명 (전체의 약 58%), 중등학교 학생이 약 430만명, 나머지는 고등학교 및 대학교 재학생들이다.

베트남인의 문자 해독률 (文字解讀率, Literacy Late), 즉 15세 이상인 사람 중에서 언어를 읽을 수 있고 또 쓸 수 있는 능력 모두를 갖춘 사람 (문자 해독자, literate)의 비율이 총인구 중 평균 92%이며, 이 중 남자의 문자 해독률은 93.9%, 여자는 86.9%이다. 따라서 문자 해독 불능자 (illiterate), 즉 문맹자 (文盲者)의 비율은 8%인데, 이 중 80%는 외딴 지역에서 살고 있으며, 60%가 여자들이다.

2. 교육에 관한 헌법규정[19)]

베트남 헌법은 제3장 (문화, 교육, 과학, 기술)에서 교육에 관한 여러 가지 규정을 두고 있는데, 이들을 살펴보면 다음과 같다.

(1) 국가의 교육발전 환경 조성의 의무(제31조)

국가는 인민들이 교육을 받을 수 있도록 유리한 조건을 조성해야 하며, 인민이 헌법과 법률에 따라 생활하고 일하도록, 또 문화적이고 행복한 가정을 이루도록 교육시켜야 한다. 나아가서 애국정신과 사회주의정신을 사랑하며 세계 모든 국가와 우의 및 협력정신을 고취함으로써 세계인의 정신 (internationalist spirit)을 갖도록 교육발전 환경을 조성해야 한다.

(2) 교육과 훈련정책(제35조)

교육과 훈련은 최우선 정책이다. 국가는 인민의 교육수준을 향상시키고 인력을 양성하고 인재를 육성하기 위해 교육을 발전시켜야 한다.

교육의 목표는 인민의 인격적·도덕적 소양 및 능력을 배양하고 노동자에게 직업교육을 시켜 그들의 기술을 증진시키며 이들이 역동성 (dynamism)·창의성 (creativeness)·민족적 긍지와 높은 도덕심을 갖추도록 하는 것이다. 또 이들이 국가 발전에 이바지하고 조국건설과 국토방위의 요구에 부응하도록 해야 한다.

(3) 국가의 교육관리와 책임(제36조)

국가는 교육의 목표, 계획, 교원기준, 고시제도, 학위 등에 관해 국민교육체계를 통일 관리한다. 국가는 유아교육, 보통교육, 직업교육, 대학교육을 균형있게 발전시킨다. 국가는 문맹을 퇴치하며 국립·사립학교와 그 밖의 학교설립을 장려한다. 국가는 우선적으로 교육에 투자하며 그밖의 투자를 장려한다.

국가는 특별한 어려움을 겪고 있는 산악지대 및 기타 소수민족 주거지역의 교육발전 정책을 실시한다. 각종 단체, 특히 호찌밍 공산당 청년동맹, 사회단체, 경제조직과 가정은 학교와 함께 청소년교육에 대한 책임이 있다.

3. 교육제도(Education System)

베트남의 교육제도를 요약하면 표 7-1과 같다.

표 7-1 베트남 교육제도[20]

학교 구분		입학연령 및 교육기간
유아원(Nha tre)		1세~2세, 2년
유치원(Mau giao)		3세~6세, 3년
초등학교(Truong tieu hoc)		6세~11세, 5년(1~5학년)
중학교(Truong trung hoc co so)		11세~14세, 4년(6~9학년)
고등학교(Truong trung hoc pho thong)		15세~17세, 3년(10~12학년)
기술학교(Truong hoc Ky huat)		중학교 혹은 고등학교를 마친 13~15세의 학생들이 입학하고, 3~4년간 교육을 받은 후 '기술사(Vocational Degree)' 학위를 받는다. 전국에 기술고등학교 270개, 직업학교 242개, 직업훈련센터 200개가 있다.
대학교(Trung Dai hoc)	전문대학과정	18세, 3년 전문대학은 전국에 137개 있다.
	대학교과정	18세, 4~7년, 학사과정(4년), 약대(5년) 의대·치대(6~7년), 대학교는 전국에 93개가 있다.
	석사과정	제한 없음, 2년
	박사과정	제한 없음, 4년

4. 교육에 관한 일반적 특성[21]

베트남 교육현장에서 나타나고 있는 몇 가지 특징을 소개하면 다음과 같다.

① 사회주의 국가인 베트남은 맞벌이 부부가 많기 때문에 유아원, 유치원제도가 잘 갖춰져 있다. 유아원, 유치원에서는 급식은 물론 낮 취침도 실시한다. 출근시간인 아침 7시에 아이를 데려다 주고 퇴근 시간인 5시쯤 집으로 데리고 온다.

② 베트남의 모든 교육과정은 남녀공학이다. 그리고 초, 중, 고등학생은 반드시 교복을 입어야 한다. 초등학생은 파란 바지에 흰 와이셔츠, 빨간 머플러를 두른다. 중 · 고등학생 교복은 머플러를 두르지 않고 바지와 흰 셔츠 차림이다. 그러나 여학생들은 고등학생이 되면 베트남 전통 복장인 흰색 아오자이(Ao dai)를 입는다.

③ 베트남의 학급당 인원수는 다소 차이가 있으나 평균적으로 약 40~50명 정도로 많은 편이다. 사회주의 체제를 유지하고 있는 베트남에서는 교사에게 주어진 권한이 크고 또한 교사의 말에 순종하는 문화가 형성되어 학급당 인원이 많음에도 불구하고 학생들의 학습 태도는 매우 좋은 편이다. 모든 학생이 교사가 교실에 들어오면 기립하여 인사하는 것이 예의로 되어 있다.

④ 원칙적으로 선생님들의 학생 체벌은 금지되어 있다. 한국같은 체벌은 전혀 찾아 볼 수 없는 반면 냉정하게 문제학생을 수업에서 쫓아낸다. 처음에는 주의를 주고, 두 번째는 발을 오므리고 걸상 위에 올려놓는 벌을 주고 세 번째는 교실에서 쫓아내 버린다.

⑤ 아직까지 열악한 환경 속에서 학교교육이 실시되고 있는 형편이다. 베트남에서 제일 큰 도시인 호찌밍시에서도 2부제 수업이 일반화되어 있다. 베트남 정부에서 고민하고 있는 것이 바로 열악한 교육환경의 개선문제이다.

⑥ 베트남에서 학부모의 자녀교육에 대한 관심은 대단하다. 자녀가 성공할 수 있는 길이 교육에 있다는 확신을 가지고 있으며, 영어와 같은 외국어에 투자하는 교육비가 매우 높다. 실제로 소득의 절반 이상을 교육비로 투자하는 경우도 많다.

5. 베트남 정부의 교육목표[22)]

베트남 정부의 교육발전과 교육개혁에 대한 의지는 높으며, 급변하는 사회에 적합한 인재를 양성하기 위해 교육개혁을 추진하고 있다.

교육개혁의 목표를 보면, 10년 이내에 국제 수준의 교육의 질을 달성하는 것이다. 특히 과학 분야에 대한 인력자원 개발을 중시하며, 교과내용, 교수방법, 다양한 교육프로그램 개발, 체계적인 유치원제도 개혁을 통해 모든 아이들이 제도권 교육의 혜택을 받을 수 있도록 추진하고 있다. 초 · 중등학교에서는 교양교육 수준을 높이고 고등학교에서는 산업기술 습득 및 대학교육을 받을 수 있는 기초지식 습득을 목표로 하고 있다.

열악한 교육환경을 개선하기 위해 재정을 확충하고, 교육투자를 증진시키며 사립학교설립을 적극 추진하고, 사회 전반의 교육에 대한 기부문화를 촉진시키기 위해 노력하고 있다. 또한, 특히 과학분야의 경우에는 국제 교육기관과 협력체계를 구축하고 연구세미나 등 적극적인 교류활동을 추진하고 있다.

■ 엘리트 양성에 힘쓰는 베트남 교육정책[23)]

베트남이 사회주의적 '평등'의 가치를 중요시하고 있지만, 교육정책만큼은 결코 '평등'을 강조하지 않는다. 오히려 치열한 '경쟁'을 통해 우수한 인재를 선발해서 사회 엘리트로 양성한다.

이러한 교육이념에 따라 베트남의 초 · 중 · 고등학교는 모두가 우열반을 운영하고 있다. 일반적으로 한 학년은 보통반 10개 반(班)에 우등반 1~2개 반 정도로 구성되어 있다. 보통반과 우등반은 교과내용, 교사진이 다른 것은 물론이고, 우등반 학생들은 정규수업이 끝난 뒤에는 가장 실력 있는 교사들의 지도하에 특별학습을 받는다.

아래에서는 이러한 경쟁과 차이를 강조하는 학생들과 교육 관계자들의 발언을 소개하고자 한다.

다낭 출신으로 하노이법대를 졸업한 응우옌 티뚜옛 마이 씨는 "처음부터 시험을 봐서 반을 나누고 마지막 학기에 다시 시험을 봐서 반 배정을 한다. 가르치는 선생님 수준이 다르다."고 설명했다.

이 같은 우열반 운영에 대해 하노이 인문사회대 관광학과 학생인 끼예우 아잉 씨는 "반 편성 때는 똑같이 시험을 치를 수 있는 기회를 준다. 평등이란 결과가 똑같아야 하는 게 아니라 기회를 공평하게 주는 것"이라고 단호하게 말했다.

따프엄호아 하노이공대 교수도 "가난한 사람이나 부자나 상관없이 똑같은 시험을 본다. 우열반은 능력에 대한 보상"이라고 강조했다.

레 칵 히엔(Le Khac Hien) 교육부 선전국장은 "인민들이 고르게 교육을 받아야 하는 것은 당연하지만 인재양성을 위해서는 차이를 인정해야 한다. 학습능력의 차이가 분명 있는데 무조건 똑같이 가르치고 배우는 것은 바람직하지 않다. 우열반제도는 인민, 즉 학부모와 학생들이 희망해서 만들어진 제도이다. 학교마다 전통과 역사가 있어 (획일적인) 평준화는 불가능하다. 이는 하노이는 물론 중부 · 남부에 손꼽히는 명문 중 · 고등학교들이 있는 이유이다."라고 설명했다.

그는 또 "베트남 교육의 목적은 표준화 · 대중화 · 인재양성이며, 엘리트를 기르기 위해 각 지방마다 명문 인재양성 학교가 있다. 좋은 학교의 세 가지 조건은 교과서 · 시설 · 교수진"이라고 정의하였다.

히엔 국장은 사회주의적 평등과 우등반제도운영의 양면성에 대해 "예로부터 베트남은 국자감에서 나라를 이끌 인재를 양성해온 오래된 교육철학을 갖고 있다. 인재를 우선시하는 것은 호찌밍 전(前) 주석의 교육관이기도 하다."고 지적했다.

호찌밍은 베트남전쟁 시기 이렇게 양성된 엘리트 수만여 명을 전쟁터로 보내는 대신, 소련 · 중국 · 북한 등에 유학시켰다. 이들이 전후 베트남을 재건하고 '도이 머이'를 추진하며 미래를 향해 베트남을 도약시키고 있는 주역들이다.

또 지난 2007년 베트남 최고 지도자로는 베트남 전쟁이 끝난 후 32년 만에 처음으로 미국을 방문했던 응우옌 민 찌엣 베트남 국가주석은 교육문제를 정상회담의 중요한 의제로 삼고, '베트남 고등교육 개혁 포럼'에 참가하여 다음과 같은 기조연설을 했다.

"세계적으로 권위 있는 과학상(科學賞)의 대부분을 미국 과학자들과 미국 대학이 가져간다. 우리가 미국 대학과 협력을 강화하려는 이유가 바로 여기에 있다. 교육은 미국과 베트남을 더욱 가깝게 만드는 가장 강력한 연결고리라고 생각한다."

그는 기조연설에서 베트남이 의욕적으로 추진 중인 '2020 교육비전'을 설명하면서 미국 기업 및 대학과 협조 필요성을 강조했다.

'2020 교육비전'은 개혁 · 개방을 통해 경제발전을 추진하는 베트남 정부의 최우선 정책 목표 중 하나이다. 여기에는 2020년까지 미국 박사 2,500명을 포함해 매년 2만명의 박사를 배출하겠다는 내용도 포함되어 있다. 미국 이외에도 베트남은 매년 수백 명의 최우수 학생들을 선발하여 프랑스, 영국 등에 국비 유학시키고 있다. 1인당 국내총생산(GDP)는 726달러에 불과하지만, 베트남은 '교육'에 국가의 미래를 걸고 있는 것이다.

제 4 절 대중매체 (Mass media)

1. 서론[24)]

1925년 6월 21일은 '베트남 혁명출판사' (Vietnam Revolution of Press)가 응우엔 아이 꾸옥 (Nguyen Ai Quoc, 즉 호찌밍)이 지도하는 '청년혁명조합' (Young Revolution Association)의 기관지 '청년' (Youth Newspaper)을 최초로 발행한 날이다. 공산당의 지휘하에 베트남 혁명출판사 및 대중매체들은 외국군대와 투쟁하며 조국을 해방시키고 방위하는 과정에서 커다란 공헌을 했다.

오늘날 베트남의 대중매체는 신문, 방송, 라디오, 텔레비전, 통신사, 기타 전자통신 (electronic communication) 등의 형태를 갖추고 있는 강력한 세력이며, 공산당의 지도이념을 따르도록 정부의 통제를 받고 있다.

2. 대중매체에 관한 헌법규정[25)]

베트남 헌법은 대중매체에 관하여 다음과 같이 규정하고 있다.

(1) 대중매체의 발전(제33조)

국가는 통신, 신문, 라디오, 텔레비전, 영화, 출판, 도서관 및 기타 대중통신 (mass communication) 수단을 발전시킨다. 국가의 이익을 손상시키고 베트남 사람의 인격, 도덕과 아름다운 생활양식을 파괴하는 문화 및 정보통신 활동 (culture and information)을 엄금한다.

(2) 언론, 출판의 자유(제69조)

공민은 언론 · 출판의 자유와 법률의 규정에 따라 집회 · 결사의 자유를 갖는다.

3. 베트남 뉴스 에이전시 (Vietnam New Agency)[26)]

베트남 뉴스 에이전시, 즉 VNA는 베트남 정부의 공식 기관지이다. 본사 이외에도, 61개 도시와 성(省)에 통신망을 가지고 있으며, 해외에는 18개의 지사를 두고 있다. 해외지사의 소재 국가는 라오스, 캄보디아, 타일랜드, 말레이시아, 일본, 한국, 중국, 대만, 홍콩, 러시아, 독일, 체코 공화국, 프랑스, 뉴욕, 워싱턴, 알제리아, 이집트 등이다.

'베트남 뉴스 에이전시'는 또한 국내공보, 세계뉴스, 현장뉴스, 특별뉴스, 일요일판 뉴스, 월간 특별잡지 등과 같은 공보(公報, bulletins)와 함께 영어, 프랑스어, 스페인어 등으로 기록한 외국판도 발행하고 있다.

4. 신문[27)]

신문은 전국지(全國紙) 150여 개 외에도 수많은 지방지(地方紙, local newspapers)가 발행되고 있다. 다루는 주제별로 분류해 보면, 정치 · 사회(33개), 청소년(4개), 국제 관계(10개), 예술 · 문화(19개), 과학 · 기술 · 특수분야(23개)가 있다. 또한 각 성(省)과 시(市)에서 발행되는 신문이 61종 있다.

베트남의 주요 신문으로는 "인민일보"(The People's Daily), "뉴 하노이"(New Hanoi), "해방 사이곤"(Saigon Liberation), "노동"(Labour) 등을 들 수 있다.

5. 라디오[28)]

"보이스 어브 베트남"(Voice of Vietnam, 베트남 소리)이 베트남 정부의 공식 방송사이다. 이 라디오 방송은 4개의 국내방송과 1개의 해외방송(12개의 외국어로 방송)을 내보내는 5개 전파 시스템(wave systems)을 갖추고 있다.

4개의 국내방송은 다음과 같다.

(1) H1과 H2 방송 : 매일 아침 5시부터 밤 11시까지 방송한다.

(2) FM 방송 : 하루 24시간 동안 방송한다.

(3) 소수민족 언어 방송(Ethnic minority language system) :

① 허몽언어(H'mong language) : 하루에 135분씩 4회 방송

② 크메르 언어(Khmer language) : 하루에 90분씩 3회 방송

③ 에데 언어(Ede language) : 하루에 90분씩 3회 방송

④ 자라이 언어(Gia Lai language) : 하루에 90분씩 3회 방송

⑤ 바나 언어(Bana language) : 하루에 90분씩 3회 방송

해외방송은 영어, 프랑스어, 러시아어, 스페인어, 중국어, 인도네시아어, 일본어, 태국어 등

총 12개 언어 외에 해외거주 베트남 교민을 위한 베트남어 방송이 있다.

그 밖에도 시(市) 및 성(省)에서 운영하는 61개의 방송국이 있으며, 구(區, District)에서 운영하는 28개의 방송국이 있다. 예를 들면, 하노이 라디오 방송국(Hanoi Radio Station)에서는 매일 18시간씩 방송을 내보내는데, FM 방송은 아침 5시부터 밤 11시까지, AM 방송은 매일 3시간씩 3회 방송된다.

6. 텔레비전[29)]

'베트남 텔레비전'(Vietnamese Television; VTV) 역시 국영 방송국이며, 4개 채널을 보유하고 있다.

(1) VTV1 : 오후 7시부터 밤 11시까지 방송하며, 마지막에는 영어와 프랑스어 뉴스가 방송된다.

(2) VTV2 : 오전 6시부터 10시까지, 오후 7시부터 밤 9시 30분까지, 밤 11시 이후 방송된다.

(3) VTV3 : 오후 2시부터 밤 7시까지 방송된다. 이 채널은 음악, 예술, 스포츠 및 광고 등을 내보낸다.

(4) VTV4 : 밤 9시 45분부터 밤 10시 45분까지 방영되는 특별 프로그램이며, 10~15분간 영어로 방송된다.

VTV 이외에도, 하노이, 호찌밍, 껀터, 후에, 다낭에는 5개의 지역 방송국(Regional Television)이 있다. 또 전국을 통하여 61개 시(市) 및 성(省)에는 독자적인 텔레비전 방송국이 있다. 특히 껀터에는 크메르어로 방송되는 특별 채널이 있다.

7. 인터넷[30)]

베트남에서는 항공사, 은행, 정부기관 등과 같은 특정한 분야뿐만 아니라, 예술, 스포츠, 패션, 광고 분야 등에서도 사람들의 필요를 충족시키기 위해 FPT회사의 TTVN, 상업 정보센터(Commercial Information Center)의 VITRANET, 과학부(Ministry of Science)의 VINET, 문화정보부(Ministry of Culture and Information)의 CINET 등과 같은 특정한 인터넷 망을 제공하고 있다.

베트남 정부는 인터넷을 관리하기 위해 국가조정위원회(National Coordinating Board)를 설치했으며, 여기서는 지역망을 국제적 인터넷망과 연결시키는 것을 촉진하고 관리하는 일을 수행하고 있다.

제 5 절 민족성[31)]

베트남인들의 민족성을 간략히 몇 가지 제시하면 다음과 같다.

베트남인들은 스스로 근면 · 성실 · 인내 · 친절 · 용감성 등의 국민성을 지니고 있다고 생각하고 있다. 즉, "오랜 세월 동안 끊임없는 외국침략에 저항하며 외국군을 성공적으로 물리친 국민"으로 자신들을 표현하고자 하며, 무엇보다 '강대국의 압력과 침략에 굴복하지 않은 역사를 지닌 국가'라는 자부심이 매우 강하다.

북부지역 출신 사람들은 근면형으로 인내심이 강하다. 호찌밍 주석 등 베트남 혁명가의 대부분이 북부 출신인 반면, 남부지역의 사람들은 풍부한 농산물 등 자연조건의 영향을 받아 개방적이고 낙천적이며 자유분방한 성격을 지닌 사람들이 많다.

디엔비엔푸 전투(1954년) 이후 북쪽의 공산정권을 피해서 이주해 온 사람 외에도 대미(對美)전쟁 승리(1975년) 이후에 많은 수의 북쪽 사람들이 남쪽으로 이주하여 와서 정부기관의 고위직을 차지하였다.

또한 하노이와 호찌밍시 간에는 인구(하노이 약 3백만명, 호찌밍시 약 6백만명)와 소득(하노이 약 8백 달러, 호찌밍시 약 1천4백 달러)에서 상당한 차이를 보이고 있다.

이런 사실 등이 바탕이 되어 오늘날 베트남에는 남북 지역간에 지역감정이 존재한다.

제 6 절 건 강(Heath)

1. 서론[32)]

1975년 나라가 다시 통일된 후, 베트남인의 건강은 다음과 같은 심각한 어려움에 당면하게 되었다. 즉, 거의 모든 병원과 보건소가 파괴되었고, 전염병이 만연했으며, 결핵이나 성병(性病), 마약중독 같은 각종 사회병(social disease)이 남부 베트남 지역을 중심으로 전국적으로 퍼져 갔다.

여기에 대처하기 위해 베트남 정부는 사람들을 동원하고 또 국제보건기구(WHO)와 자선단체 등의 지원을 받아, 각 성(省)마다 300~500 병상 규모의 병원 1개 이상, 각 구(區)마다 50~100 병상 규모의 건강센터 1개, 그리고 각 마을마다 1개의 보건소(health station)를 짓기로 결정했다. 여기에는 전국에 걸쳐 있는 수천 개의 개인병원은 포함되지 않는다.

그림 7-4는 베트남 보건소에서 진료하는 모습을 보여 준다.

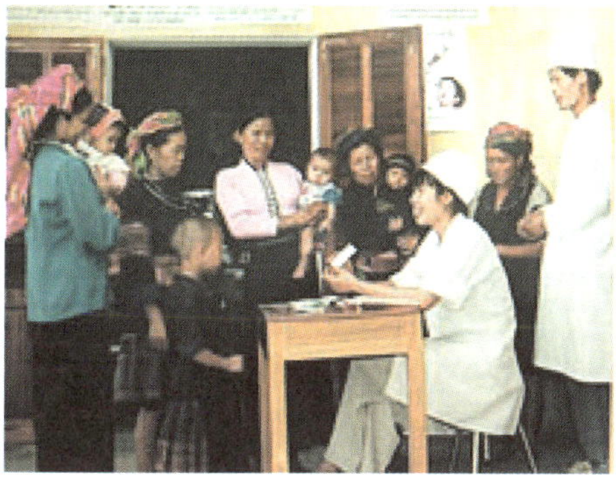

그림 7-4 베트남 보건소의 진료 모습[33)]

그림 7-5 20세기 초에 설립된 인도차이나 의과대학
(현재는 하노이 의과대학)[34)]

이와 함께 의과대학 및 약학대학을 신설하고, 의료 종사자들을 훈련시키는 기관도 계속 늘려갔다.

특히, 전통적 동양의학, 침술, 지압 등을 촉진하였고, 개인들이 스스로 건강관리를 잘하도록 하는 치료목적운동 등을 장려하였다. 또 국가 및 사회단체들은 가족계획 프로그램, AIDS 퇴치운동, 마약복용 억제 등과 캠페인을 적극적으로 추진하고 있다.

또한 경제적으로 곤란한 사람들을 위해 베트남 정부는 가난한 가장(家長) 및 산악지역에 살고 있는 주민들을 위하여 의료비를 면제하기로 결정하였고, 극빈자, 전쟁 부상자 및 군인들이 의료보험에 가입할 수 있도록 지원을 확대해 가고 있다.

그림 7-5에는 20세기 초 설립된 인도차이나 의과대학(Indochina Medical College : 현재는 하노이 의과대학, Hanoi, Medical University)의 모습이 나타나 있다.

2. 질병 현황[35)]

현재 베트남인의 질병 감염에 관한 자료를 몇 가지 요약하면 다음과 같다.

(1) HIV/AIDS 감염율 : 0.4%

(2) HIV/AIDS에 감염된 사람과 함께 살고 있는 주민들 : 220,000명

(3) HIV/AIDS 사망자 : 9,000명

(4) 주요 감염 질병

① 음식 및 수인성(水因性) 질병(food or waterborne diseases) : 세균성 설사, (음식물 속의 바이러스에 의해 일어나는) A형(전염성) 간염(hepatitis A), 장티푸스

② 매개곤충 (동물)에 의한 질병(vectorborne diseases) : 뎅기열(dengue fever), 말라리아, 일본뇌염, 흑사병

③ 동물접촉에 의한 질병(animal contact diseases) : 광견병

④ 물접촉에 의한 질병(water contact diseases) : 렙토스피라증(症)(leptospirosis)

3. 의료기관 및 의료시설 현황[36)]

최근에는 많이 개선되고 있지만 의료수준은 아직도 낙후되어 있으며, 전체국민 대비 의사비율은 여타 개발도상국에 비해 높은 편이나 의료시설 · 의약품 · 의료기술 등이 전반적으로 뒤떨어져 있고, 특히 위생소독 처리 등이 국제수준에 미달하는 실정이다. 현재 의사수는 50,100명, 병원수는 13,149개, 병상수는 196,311베드이다.

제7절 사회문제[37)]

베트남은 현재(매춘 등의) 풍기문란, 공직자들의 부정부패, 마약, 밀수, 심각한 빈부격차 등의 사회문제에 당면해 있다.

높은 낙태율도 사회문제로 지적되고 있다. 베트남 사회연구소의 조사결과에 따르면 전체 임신중 약 40%가 낙태되는 것으로 나타나고 있다. 베트남에서는 낙태비용이 저렴하고 수술 과정도 손쉬울 뿐 아니라 법적으로도 문제가 되지 않는 상황이다. 이 조사에 의하면 베트남 여자들은 평생 동안 평균 2.5회의 낙태 경험을 갖고 있으며, 낙태를 원하는 여자들의 80%가 중산층 이상으로 분석되었다.

최근에는 AIDS 환자수가 급격히 증가하여, 정부에서 심각한 고민을 하고 있으며, 이에 대한 계몽에 앞장서고 있다.

제8장
문화 환경

이 장에서는 베트남의 문화 환경인 역사적 문화 변천, 건축술, 행위예술(음악, 전통춤, 전통가극), 문학, 의상, 축제 및 문화유산 등을 고찰하기로 한다.

제1절 서론 : 역사적 문화 변천

1. 문화의 시대적 전개[1)]

베트남은 오랜 세월에 걸쳐 국가의 건설과 발전에 밀접하게 연관되어 있는 고유한 문화를 자랑한다. 외국의 침략과 영향에·도 불구하고, 베트남인들은 일상생활에 영향을 미치는 토종의 관습과 문화를 유지하려고 천년의 기간에 걸쳐 노력해 왔다.

아래에는 베트남 문화의 발전을 시대순에 따라 정리해 보고자 한다.

2. 구석기 문화[2)]

1965년 랑썬(Lang Son) 성(省)에서 약 50만년전 전기 구석기시대로 추정되는 베이징 원인(Sinanthropus)과 유사한 유골화석 2구가 발견되었다. 또 같은 해, 타잉호아(Thanh Hoa)성 도썬(Do Son)에서 약 30만년전의 슐리앙(Chellean)형 손도끼를 포함한 석기 수천 점이 발견되었다. 그 밖에도 구석기 유적과 유물이 여러 곳에서 출토되었다.

또 8,000여년전의 석기시대에 만들어진 것으로 추정되는 도자기가 베트남의 박썬(Bac Son) 지역에서 출토되었다. 이 도자기는 진흙으로 만들어졌으며, 어떠한 예술적 기교도 없이 단순히 구워진 것이다.

3. 신석기 문화[3)]

7천년전 신석기시대 초기 단계에는 원시적인 농경이 시작되었으며, 토기가 제작되었다. 박썬(Bac Son) 지역에 이어, 다붓(Da But) 지역과 꾸잉반(Quynh Van) 지역, 그리고 하롱(Ha long) 지역에서는 6,000년~5,000년 전, 또 동나이(Dong Nai) 지역에서는 4,000년 전의 토기와 도자기가 북부, 중부, 남부에서 계속 발굴되었는데, 이 토기와 도자기들은 장식이 발전해 가는 모습을 보여 준다.

3. 청동기 문화[4)]

기원전 7세기, 베트남 최초의 국가인 반랑(Van Lang)국이 창건되었는데, 이 시기에는 자연재난 및 외국의 침략과 싸우면서 청동기 문화(Bronze Age art, BC 1,000~BC 4세기)가 발전하게 되었다. 이 시기에 고대 북부 베트남에서는 동썬(Dông Son)문화라고 불리는 청동기 기술이 절정에 달했으며, 이때 제작된 것 중의 하나가 세계적으로 유명한 '동썬 북'(Dông Sơn drum)이다. 그림 8-1에는 동썬 북의 모습이 나타나 있다.

이 '동썬 북'은 초기 베트남인들의 생활을 보여 준다. 이 북에는 농부, 깃털 달린 모자를 쓰고 있는 전사(戰士), 음악가의 모습과 함께 배(ship)의 제조 모습이 새겨져 있다. 또 이 북에 새겨진 사람들은 정교하게 만들어진 의복을 입고 있다.

그림 8-1 동썬 북(Dông Sơn drum)[5)]

역사정보

■ 베트남 동썬(Dong Sơn)의 청동기시대 문화유물

아래에는 베트남에서 출토(出土)된 청동기 시대 동썬문화를 보여주는 여러 유물들의 모습이 나타나 있다.[6)]

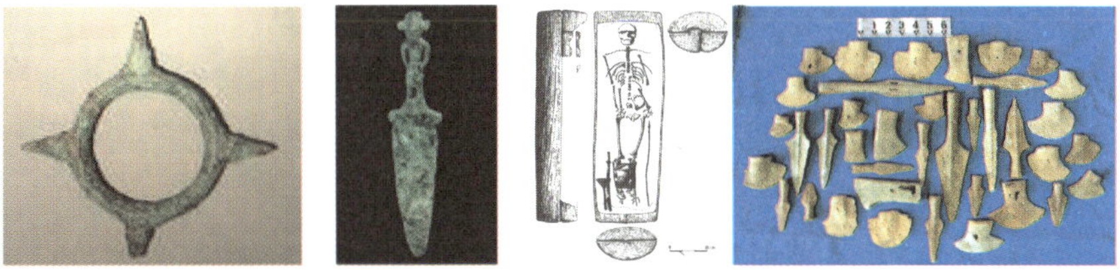

이와 같은 청동기시대의 '동썬 문화'는 반랑(Văn Lang)국 18명의 훙(Hung)왕 시대를 거쳐 '어우락'(Âu Lạc)국을 거치는 동안 그 정점을 이루며 발전하게 되었다.

4. 중국 지배 이후 시대(BC. 111~AD. 939)[7)]

중국의 지배를 받은 기간 동안의 베트남 문화의 특징은 두 가지 방향에서 나타난다. 하나는 한(漢)나라에 동화되어 가면서(Han assimilation) 도자기 등과 같은 분야에서 한나라 예술기술을 새롭게 배워가는 것이었고, 다른 하나는 한(漢)나라에 동화되길 거부하면서(anti-Han assimilation) 자신들만의 고유한 방식에 기본을 두고 예술을 지속적으로 발전시키는 것이었다. 다이비엣(Đai Viet, 위대한 베트남) 시대는 베트남 문화의 두 번째 특징이 정점에 이른 것으로 평가된다.

리(Ly) 왕조와 쩐(Tran) 왕조를 거쳐 레(Le) 왕조에 이르는 봉건왕조 시대에는 불교와 도교(Taoism)의 영향을 받으며 베트남 고유의 문화를 복원하는 노력을 계속하였다.

리(Ly) 왕조 시대에는 '한 기둥 정자'(One Pillar Pagoda) 및 '꾸잉람 탑'(Quynh Lam Pagoda) 같은 기념비적인 건축물이 많이 지어졌다.

5. 남·북 분열기 시대 이후 문화[8)]

막(Mac) 왕조와 찡-응우옌(Trinh-Nguyen) 왕조를 거치며 나라가 남·북으로 분열되고 그 후 떠이썬(Tay Son) 왕조가 나라를 다시 통일시킨 이래, 응우옌(Nguyen) 왕조는 유교문화를 복원시키려고 노력했다. 그러나 이때 베트남에는 이미 유교가 쇠퇴해 가고 있었고 또 서양 문화가 침투해 들어오고 있었기 때문에 이러한 노력은 실패했다.

응우엔 왕조 시대에는 새로운 양식이 적용된 자기(磁器, porcelain) 제품과 도기(陶器, ceramic) 제품이 만들어졌으며, 또 왕궁음악과 춤 등과 같은 행위예술(performing art)이 발전하였다.

6. 현대 예술[9)]

19세기 초부터 프랑스 문화가 베트남 전체에 걸쳐 영향을 주었다. 특히 20세기 초에는 인도차이나 예술대학(Fine Arts College of Indochina; FACI) 등과 같은 교육기관이 베트남에 설립되어 유럽의 예술기법을 가르쳤으며, 프랑스의 영향을 받은 현대적 건축물이 하노이시(市)와 호찌밍시(市)에 많이 지어졌다.

현대 베트남 예술가들은 비단 · 칠(lacguer) 등과 같은 전통적인 재료들에 프랑스 예술기법을 적용하여 활용하기 시작했으며, 따라서 동양문화와 서양문화가 혼합되는 독특한 모습을 창조해 냈다.

이상에서 베트남 문화를 시대구분에 따라 그 변천과정과 특징 등을 살펴보았다. 아래에서는 예술분야별로 나누어 건축술, 행위예술(음악, 전통 가극), 문학, 의상, 축제 및 문화유산에 대해서 살펴보기로 하자.

제 2 절 건축술(Architecture)

1. 서론[10)]

청동(bronze) 동썬 북(Dông Sơn drum)에 그려져 있듯이, 선사(先史)시대에 베트남인들은 기둥(支柱, 지주)이 받쳐주는 가옥(stilt-houses)에서 거주한 것으로 알려져 있다. 이와 비슷한 종류의 가옥들이 지금도 베트남에서 발견되고 있다.

중국 문화가 베트남에 영향을 끼치기 시작하자, 중국 건축술이 탑 · 사찰 · 정자(亭子) · 공공건물 · 학교 · 왕궁 등과 같은 베트남 건물에 큰 영향을 주었다. 그럼에도 불구하고, 이러한 건축물들에는 중국의 영향과 베트남 고유양식이 결합되어 있다. 즉, 베트남 건축물은 중국 건축물과는 다른 색깔과 재료를 사용하여, 중국 건축물보다 일반적으로 더 어두침침하고 수수한 모습을 보여 준다.

19세기 프랑스가 베트남을 식민지배하게 되자, 장원(莊園) · 정부빌딩 · 오페라 하우스 등과 같은 건물들이 프랑스양식으로 지어졌다. 이 건축물들은 프랑스 식민지배의 유물 중의 하나로 지금도 베트남에 많이 남아 있다.

2. 유명한 건축물[11)]

베트남의 유명한 건축물 몇 가지를 소개하면 다음과 같다.

(1) 문묘(文廟, Temple of Literature, Vă Miếu, 반 미에우 : Văn은 '문(文)', Miếu는 '묘(廟), 신전'을 뜻함)

'문묘'는 북부 베트남의 하노이에 자리잡고 있다. 이 건축물은 리왕조(Ly Dynasty)가 지배하던 1070년에 지어졌으며, 여기서는 주공 · 공자(孔子) · 안자 · 증자 · 자사 · 맹자 등의 상을 만들어 제사를 지냈다. 이것은 '리 왕조' 시대 건축물의 우아함을 보여주는 훌륭한 예라고 할 수 있다.

문묘에는 안마당, 건물, 누각 (정자)들이 이어져 있으며, 문묘 내부에는 거북비석이 세워져 있는데, 여기에는 과거시험에 합격한 진사들의 명단이 새겨져 있다.

그림 8-2 문묘(The Văn Miếu, Temple of Literature))[12)]

또한 문묘 내부에는 그 이듬해인 1071년에 세워진 최초의 국립대학인 '국자감' (Quốc Tử Giám, 꾸옥 뜨 잠)이 설립되어 있다. 국자감은 1076년부터 1779년까지 약 700여 년에 걸쳐 문신관료의 선발과 인재양성의 기틀이 되었다.

이곳에는 82개의 비석이 세워져 있으며, 과거시험에 합격한 진사 1,306명의 이름이 기록되어 있다. 리왕조는 유교적인 중앙집권적 통제체제를 확립하기 위해 이러한 국자감을 기반으로 공교육체제를 수립하고자 했던 것이다.

(2) 후에의 왕궁성채(Imperial Citadel, Huế)[13)]

응우엔 왕조 (Nguyen Dynasty) 기간 동안, 중국 북경의 자금성(紫禁城, Forbidden City)을 참조하여 후에 (Huế)에 왕궁성채가 건축되었다. 그러나 왕궁성채의 디자인은 베트남 특성을 많이 채택하고 있다. 왕궁성채로 들어가는 '눈 게이트' (Noon Gate)의 모습은 그림 8-3에 나타나 있다. 또 왕궁성채 내에는 훨씬 나중에 프랑스 건축양식으로 지어진 '카이딩' (Khai Dinh)왕의 왕릉이 자리 잡고 있다.

그림 8-3 응우엔 왕조 시대의 대표적인 건축물인 후에(Huế)의 왕궁성채로 들어가는 '눈 게이트' (Noon Gate)[14)]

성채내의 넓은 연꽃 연못(lotus pond) 가까이에 있는 밍망(Minh Mạng) 왕의 왕릉은 베트남에서 가장 아름다운 건축물 중의 하나로 꼽힌다.

그림 8-4 왕궁성채 내 건물의 복도와 장식[15)]

그림 8-5 후에(Huế)에 있는 밍망 왕(Emperor Minh Mạng)의 왕릉[16)]

(3) 한 기둥 정자(亭子 ; One pillar pagoda)[17)]

하노이에 있는 '한 기둥 정자'는 레왕조(Le Dynasty)의 레타이또(Le Thai To) 황제 시대에 지어진 대표적인 고대 건축물이다. 이 건물이 지어진 유래를 살펴보자. 황제는 아들을 얻기를 바라고 있었는데, 어느 날 꽃 속에서 자비의 여신(Goddess of Mercy)이 연꽃 위에 앉아 아들을 자기에게 건네주는 꿈을 꾸었다.

그림 8-6 한 기둥 정자(One pillar pagoda)[18)]

꿈에서 깨어난 왕은 이 꿈이 자신에게 아들을 점지해 주는 상서로운 꿈일 것이라 여기고, 연꽃 연못이 내려다보이는 곳에 연꽃 형태로 작은 건물을 짓도록 명령했다. 그에 따라 지어진 건물이 '한 기둥 정자'이다.

(4) 향기 정자(香氣亭子, Perfume Pagoda)와 그 주변[19)]

하떠이(Ha Tay) 성의 향기 산(Perfume Mountain)에 자리 잡고 있는 '향기 정자'는 베트남 고대의 대표적인 건축물이며, 매년 수십만명의 베트남인들이 이곳에 몰려와 축제를 벌인다. 이곳 내부에는 일련의 사찰과 동굴(grotto)들이 있는데, 동굴 속으로는 두 개의 계단, 즉 '천국의 문' (Heaven's gate)과 '지옥의 문' (Hell's gate)을 통해 들어간다. 동굴 속으로 깊이 들어가면 그 안쪽에 사찰(Inner Temple)이 자리 잡고 있다.

그림 8-7 북부 베트남에 있는 향기 정자
(Perfume Pagoda)[20)]

그림 8-8 하노이 오페라 하우스
(Hanoi Opera House)[22)]

(5) 하노이 오페라 하우스
(Hanoi Opera House)[21)]

그 밖에 베트남의 현대적인 건축물로 대표적인 것으로는 프랑스 식민지배 시대에 건축된 '하노이 오페라 하우스'가 있다.

제3절 행위예술(Performing Arts)[23)]

여기서는 행위예술로서 음악, 전통춤 및 전통가극 등을 살펴보기로 하자.

1. 음악

(1) 전통음악(Traditional Music)

베트남 전통음악은 토착적인 요소와 외래적인 요소가 혼합되어 있으며, 또 지역에 따라서 아주 상이한 특징을 보이고 있다. 역사적으로 볼 때는, 중국음악이 가장 큰 영향을 미쳤으며, 어떤 학자들은 몽골, 일본음악과 유사한 점이 많다고 주장하기도 한다.

아래에서 베트남 전통음악을 몇 가지 대표적인 부류로 나누어 고찰해 보기로 하자.

1) 왕궁음악(Imperial Court Music)[24)]

아악(雅樂, Nhã nhạc, 냐냑)은 베트남 궁정음악을 대표하는 음악이다. 아악은 쩐왕조(Trần Dynasty) 시대부터 마지막 응우엔 왕조(Nguyễn Dynasty) 시대까지 번창하였다. 아악의 주제는 황제들의 영원함과 나라의 부강함을 기원하는 것들이다.

2) 대중음악(Folk Music)[25)]

베트남의 전통 대중음악은 형식과 멜로디가 매우 다양한데, 이들 중 가장 널리 알려져 있는 대표적인 장르(genres)에는 다음과 같은 것이 있다.

① 꾸안호(Quan họ)[26)]

'꾸안호'는 일종의 즉흥음악(improvisational music)으로서, 아카펠라(acapella : 반주 없는 음악) 형식으로 되어 있으며, 베트남에서 오랜 전통을 갖고 있다. 이 음악은 주로 구애(求愛)할 때 많이 불렸다.

② 핫쩌우반(Hát chầu văn)[27)]

'핫쩌우반' 혹은 '핫반(hát văn)'은 제사지낼 때 신을 찬양하고 영혼을 위로하기 위해 부른 영적 형식(spiritual form)의 음악이다. 이 음악은 매우 율동적(rhythmic)이어서 듣는 이를 몽환(夢幻)의 경지(trance-oriented)에 이르게 한다. 1986년 이전까지 베트남 정부는 '핫쩌우반'과 그 밖의 종교적 형식의 음악을 억눌렀다. 그후 이 음악은 팜반띠(Phạm Văn Ty) 등과 같은 음악가들에 의해 다시 불리고 있다.

③ 냑전똑 까이비엔(Nhạc dân tộc cải biên)[28)]

'냑전똑 까이비엔'은 1956년 하노이 국립음악학교(Hanoi Conservatoire Music)가 세워진 이후 널리 불려지게 된 현대적 형식의 베트남 대중음악이다. 베트남 전통음악을 서양악보를 이용하여 작곡한 이 음악에는 서구 스타일의 화성(和聲, harmony)과 악기가 추가되어 있다. 순수 음악가들은 이 음악이 전통음악을 희석시켰다고 비난하기도 한다.

베트남어로 냑(Nhạc)은 음악(樂), 전똑(dân tộc)은 민족(民族), 까이비엔(cải biên)은 개변(改變, 개편하다, 바꾸다)을 각각 뜻한다. 즉, '냑전똑 까이비엔'을 번역하면 '개편된 민족음악'이라는 뜻이 된다.

④ 까쭈(Ca trù)[29)]

'까쭈'는 원래 고대 왕궁에서 제례나 축전에 사용하기 위해 시작된 궁정 음악이었다. 그 후 유명한 여자 가수인 아다오(Ả Đào)에 의해 불려지며 널리 퍼졌다. 까쭈를 부르는 가수들은 거의 모두가 여자들이다. 베트남 정부는 이 형태의 음악이 매춘을 조장하는 듯하다면서 억압하였으나, 1980년부터는 그 억압수위를 낮추었다.

그림 8-9 까쭈를 공연하는 가수와 악사[30)]

현재 베트남 정부는 '까쭈' 를 유네스코(UNESCO)의 무형문화유산(Intangible Cultural Heritage)에 등록시키기 위해 서류작성을 완료한 상태이다.

베트남어로 '까' (Ca)는 '노래하다' (哥, 가)를 뜻하고 '쭈' (trù)는 '주문을 외다' (呪, 주)를 뜻한다.

'까쭈' 공연은 대체로 여자 가수와 목이 기다란 현악기를 연주할 남자 악사가 1개 조로 이루어진다.

⑤ 기타[31)]

베트남의 전통음악은 그 밖에도 시(詩)를 암송하는 형식의 응암토(ngam tho), 자장가 형식의 핫루(hat ru), 선원들이 공동으로 작업하며 부르는 뱃노래 형식의 호(ho) 그리고 쏘안(xoan), 둠(dum), 비잠(vi giam), 까후에(Ca Hue), 바이쪼이(bai choi), 리(ly), 핫쌈(hat xam) 등 지역에 따라 그 종류가 매우 다양하다.

(2) 현대음악(Modern music)[32)]

베트남 현대음악은 떤냑(Tân nhạc)이라고 불리는데, 이것은 '신악' (新樂, 근대 음악)이라는 의미이다. 떤냑은 1930년대 서구악기와 작곡기법들이 들어오면서 전통형식과는 다른 형태로 발전해 왔다. 이러한 떤냑의 창시자로는 응우엔 쑤안 코앗(Nguyen Xuan Khoat)이 꼽힌다.

떤냑음악의 유명한 작곡자로는 지엡밍뚜엔(Diệp Minh Tuyền), 타잉뚱(Thanh Tùng), 팜주이(Pham Duy), 찡꽁썬(Trịnh Công Sơn), 반까오(Văn Cao) 등을 꼽을 수 있다. 이들은 젊은이들을 겨냥한 사랑 노래로 크게 성공을 거둔 사람들이다.

오늘날에는 미오떰(Myõ Taâm), 타잉타오(Thanh Thao), 럼찌카잉(Lâm Chí Khanh), 응오어타잉번(Ngoâ Thanh Vân), 밍꾸언(Minh Quaân) 같은 가수들이 미래를 이끌어 갈 대중가수로서 떠오르고 있다.

(3) 전통악기[33)]

베트남에는 약 50여개의 전통악기가 있다. 이 중 대표적인 것을 몇 가지 소개하면 다음과 같다.

① 단바우(Đàn bầu) : 외줄로 된 고전악기

그림 8-10 단바우(Đàn bầu)를 연주하고 있는 악사[34)]

② 단자오(Đàn gáo) : 코코야자 열매(coconut)의 몸통으로 만든, 2줄로 된 제금(提琴, 2-stribged fiddle)

③ 단응우엣(Đàn nguyệt) : 2줄로 된 현악기(fretted moon lute)

그림 8-11 단 응우엣(Đàn nguyệt)[35)]

④ 단니(Đàn nhị) : 딱딱한 몸체에 만든, 2줄로 된 제금

그림 8-12 단니(Đàn nhị)를 연주하고 있는 악사[36)]

⑤ 단쎈(Đàn sến) : 2줄로 된 현악기

⑥ 단땀(Đàn tam) : 뱀 모양으로 되어 있고, 3개의 줄로 만들어진 현악기(fretless lute with snakeskin-covered body and three strings)

⑦ 단땀텁룩(Đàn tam thập lục) : 금속현을 때려 소리내는 악기

⑧ 단뜨라잉(Đàn tranh) : 길다란 치터(현, 鉉)가 30~40개 있는 기타 비슷한 악기

⑨ 단띠바(Đàn tỳ bà) : 배(과일의 일종, pear) 모양으로, 4개의 현이 있는 현악기

그림 8-13 단띠바(Đàn tỳ bà)를 연주하고 있는 악사[37]

⑩ 껜버우(Kèn bầu) : 오보에(oboe)

⑪ 쯔응(T'rưng) : 대나무 실로폰

⑫ 쫑동(Trong đong) : 청동으로 만든 북

⑬ 파라능(Paranung) : 북

⑭ 기낭(Ghinang) : 북의 일종

⑮ 싸라나이(Saranai) : 나팔

⑯ 꽁찌엥(Cong Chieng) : 징(gongs)

현장정보

■ 징 문화 축제(Gong Cultural Festival)[38]

중부 고원지대의 징 문화(Gong Cultural)는 UNECO가 무형문화유산(Masterpiece of the Oral and Intangible Heritages of Humanity)으로 지정한 바 있다.

중부 고원지대(Central Highlands)의 징들은 다양한 모양과 크기를 지니고 있다. 예를 들면, 꽁(cong)은 접속용 파이프(nipple)를 갖고 있으며 똑같은 소리를 내는 징인 반면, 찌엥(chieng)은 평평하게 생겼고 넓은 범위의 음 높이를 낼 수 있다. 또 이러한 징은 어머니, 아버지, 큰 누나 등과 같은 가족 이름에 따라 특징지워진다. 징은 손으로 칠 수도 있고 헝겊으로 감긴 막대로 칠 수도 있다.

이러한 중부 고원지대의 징은 음악을 위한 수단일 뿐만 아니라 20여개 소수민족들의 문화 전통을 이어주는 도구로서 자리 잡고 있으며, 소수민족들의 각종 축제나 전통의식 때 중요한 역할을 하며 연주된다.

그림 8-14에는 닥락(Dak Lak) 성(省)에서 개최된 떠이 응우옌(Tay Nguyen) 징축제(Gong Festival)의 모습이 나타나 있다.

그림 8-15에는 중부 고원지대의 부온마투옷(Buon Ma Thuot) 시(市)에서 열린 징문화 축제(Gong Cultural Festival)의 모습이 나타나 있다. 이 축제에는 라오스, 캄보디아 및 말레이시아의 예술 징악단(art gong troupes)들이 참가했다.

그림 8-14 떠이 응우옌 징 축제 (Tay Nguyen Gong Festival)[39]

그림 8-15 부온마투옷(Buon Ma Thuot City)에서 개최된 징 문화 축제[40]

---

⑰ 단다이(Đan đay)

그림 8-16 단 다이(Đan đay)를 연주하고 있는 악사[41]

⑱ 끄니(K'ni)

그림 8-17 끄니(K'ni)[42]

⑲ 싸오(Sao) : 대나무 피리

그림 8-18에는 베트남의 전통악기를 연주하는 악사들의 모습이 나타나 있다.

그림 8-18 베트남의 전통악기를 연주하는 악사들[43)]

2. 전통춤(Traditional Dance)

(1) 서론[44)]

베트남에는 54개의 민족이 있으며, 이들은 각각 자신들만의 고유한 전통춤을 보유하고 있다. 이러한 춤이 '동썬 북'(Dong Son drums)에 새겨져 있는 데서 볼 수 있듯이 고대(古代) 이래로 춤은 베트남인들의 생활의 중요한 부분이 되어 왔다.

(2) 베트남 전통춤의 종류[45)]

베트남 전통춤은 다음과 같은 종류로 나누어 볼 수 있다.

1) 베트남 가극에서 추는 춤

핫뚜옹(Hát tuồng, 베트남 전통고전극), 핫쩨오(Hát chèo, 노를 저으며 부르는 뱃노래), 까이르엉(Cải lương) 등과 같은 춤이 대중가극에서 펼쳐진다.

2) 축제 혹은 중요한 계기 때 추는 춤

그림 8-19 용춤(Dragon Dances)[46)]

음력 설날(Tết, 뗏)이나 뗏쭝투(Tết trung thu, 8월 중순 축제) 같은 전통축제나 새로운 사업을 시작한 개업일 같은 중요한 행사에서는 중국에서 건너왔지만 베트남식으로 개편된 사자춤(lion dances)이나 용춤(dragon dances) 등이 펼쳐진다.

그림 8-19에는 용춤을 추는 행렬의 모습이 나타나 있다.

3) 궁중춤(Imperial court dances)

그림 8-20 축제 때 베트남 궁중춤을 추는 무용수들[47)]

쩐 왕조(Tran Dynasty)부터 응우엔 왕조(Nguyen Dynasty)까지의 궁중음악이었던 아악(雅樂, Nhã nhạc, 냐냑)의 연주와 더불어 궁중에서는 궁중춤이 펼쳐졌다.

오늘날까지도 잘 보존되어 있는 형식은 응우엔 왕조시대 형식으로서, 이러한 '궁중춤'은 '아악'과 더불어 무형문화유산으로 지정되었다. 그림 8-20에는 축제 때 베트남 궁중춤을 추고 있는 무용수들의 모습이 나타나 있다.

4) 소수민족들의 전통춤

소수민족들이 전통적으로 추는 춤에는 다음과 같은 것들이 대표적이다.[48)]

① 무어짬(Mua Chăm) : 이 춤은 짬Chăm)족의 전통춤으로서 베트남의 중남부를 대표하는 춤이다. 짬족은 거의 1년 내내 계속되는 짬족의 의식과 제례 및 축제 때 무어짬 춤을 춘다. 이 춤을 출때면 파라눙(Paranung, 북)과 기낭(Ghinang, 북의 일종) 및 싸라나이(Saranai, 나팔)가 오묘한 조화를 이루며 짬족 청춘남녀들을 춤의 세계 속으로 끌어들인다. 무어짬은 의식이나 축제의 성격에 따라 다음과 같이 나뉘어진다.
- 무어 단 잔(Mua Dan Gian) : 집단으로 추는 민속춤
- 무어 꿍 딩(Mua Cung Dinh) : 궁전에서 추는 왕궁춤
- 무어 똔 자오(Mua Ton Giao) : 엄숙한 종교 행사나 제식 때 거행되는 춤

② 무어쌉(Mua Sap)과 무어쏘애(Mua Xoe) : 타이(Thái)족, 르(Lư)족, 라오(Lao)족의 전통춤으로서, '무어쌉'은 대나무 춤이고, '무어쏘애'는 둥글게 원을 그리며 추는 춤이다.

③ 무어켄(Mua Khen)과 무어오(Mua O) : 허몽(H'Mông)족의 전통춤으로서, 무어켄은 나팔 춤이고, 무어오는 우산 춤이다.

④ 무어스트(Mua Su Tu) : 호아(Hoa)족의 전통춤으로서, 사자춤(lion dance)을 뜻한다.

⑤ 무어쭈옹(Mua Chuomg)과 무어쫑(Mua Trong) : 야오(Dao)족의 전통춤으로서, 무어쭈옹은 종(鍾) 춤이고, 무어쫑은 북 춤이다.

3. 전통가극(Traditional theatre)

베트남 가극은 중국 가극(Chinese opera)의 영향 및 그 밖의 외래문화의 영향을 많이 받았으며, 다음과 같은 장르가 있다.

(1) 핫쩨오(hát chèo)[49]

핫쩨오는 가장 오래된 베트남 가극(Vietnamese opera)이며, 홍강 삼각주(Red River Delta) 지역에서 11세기 이래 시작되었다. 줄거리는 대개 전설을 기반으로 하고 있으며, 여러 가지 악기를 동원하며 춤과 함께 펼쳐진다.

(2) 핫보이(hát bội) 또는 뚜옹(tuồng)[50]

'핫보이'는 13세기 중국에서 수입되어 발전한 전통가극으로, 북부지방에서는 '뚜옹'이라 불린다. 핫보이의 줄거리를 보면, 대개 역사적 사건을 다루고 있고 때로는 사회적 예법(禮法, decorum)에 초점을 맞추는 경우도 있다.

그림 8-21 1800년대 핫보이 가극 배우들[51]

핫보이는 공연 중 베트남의 전통 무용과 악기 연주가 함께 이루어지며, 현재까지 희극, 비극, 풍자극 등 약 600여 편이 전해지고 있다. 핫보이가 봉건주의 색채를 띠고 있다 하여 1945년 이후에는 정부에서 이의 공연을 금지하였으나, 1975년 통일 이후에는 규제가 완화되었고, 특히 중부 베트남지역에서 널리 공연되고 있다.

그림 8-21은 1800년대에 핫 보이를 공연하고 있는 가극 배우들의 모습을 보여 준다.

(3) 까이르엉(Cải lương)[52]

까이르엉은 현대적 대중가극(modern folk opera)으로서 오늘날 베트남에서 널리 유행하고 있다. 까이르엉은 20세기초에 등장했으며, 역사적 · 현대적 주제를 모두 포함하고 있다. 까이르엉이 공연될 때는 전자기타(electric guitar) 등과 같은 현대적 악기를 사용해서 반주하고, 노래를 부를 때는 특히 비브라도(vibrato, 떨어서 내는 음성)를 많이 사용한다.

(4) 로이 느억(Rối nước) : 수상(水上)인형극[53]

로이느억은 12세기 홍강 삼각주에서 시작된 베트남 특유의 예술 장르인 수상인형극을 뜻한다. 수상인형극은 농부들이 자연 환경 속에서 찾을 수 있는 재료를 이용하여 만든 인형극으로서, 원래 수확을 끝낸 뒤의 논둑과 연못이 무대였다.

그러나 오늘날에는 물이 고인 무대 위에서 행하여진다. 수상인형극을 상연할 때는 대나무를 가늘게 쪼개서 엮은 가리개(발)로 물위에 서있는 인형들을 흐릿하게 가리고서, 무대 뒤쪽에서 인형 조종 배우들이 물속으로 연결된 기다란 막대와 수면 아래에 숨겨진 끈을 이용하여 쉬지 않고 팔을 움직이며 인형을 움직인다. 수상 무대 뒤 어두운 장막 안에는 인형을 조종하는 배우들이 허리까지 차는 물속에 숨어 있다.

내용은 농민의 삶과 애환, 시골생활의 소박한 모습, 베트남역사와 관련된 신화와 전설들을 주로 다루는데, 여기에 풍자와 위트가 섞여 있고, 또 악사들이 배경음악으로 베트남 민속악기를 연주하며 부르는 노래와 인형극이 어우러지면서 진행된다.

수상인형극은 20세기에는 거의 사라질 뻔 했으나, 보존 노력에 힘입어 복원되었으며, 세계 각지의 여러 인형극제에서 수상(受賞)할 정도로 그 가치를 인정받고 있다.

그림 8-22 수상인형극에 등장하는 인형들 (Water puppets)[54]

그림 8-23 수상인형극에서 연주하는 악단[55]

현장정보

■ 베트남 수상인형극(water puppetry)

아래에서는 베트남 수상인형극이 세계무대에서 공연된 예를 몇 가지 제시하고자 한다.

1. 영국 런던 공연

그림 8-24는 2006년 9월 26일 영국 런던의 Regent Park에서 공연된 베트남의 수상인형극 중의 한 장면이다.

그림 8-24 런던 공연[56]

2. 이스라엘 예루살렘 공연

그림 8-25는 이스라엘의 예루살렘에서 개최된 제16회 국제인형극제에 참가한 베트남 수상인형극 포스터이다.

그림 8-25 예루살렘 인형극제에 참가한 베트남 수상인형극 포스터[57)]

3. 포르투갈 리스본 공연

그림 8-26은 포르투갈의 리스본(Lisbon)에서 개최된 제24회 알마다 인형극 축제(Almada Puppetry Festival)에서 공연된 베트남 수상인형극 중의 한 장면이다.

그림 8-26 리스본 공연[58)]

4. 네델란드 공연

수상인형극은 그밖에도 네델란드에서 'Music Beat Poverty'라는 주제로 한 달간 개최된 국제예술축제(International Arts Festival)에서 각도시를 순회하며 공연된 바 있다.[59)]

제 4 절 문학 (Literature)

1. 서론[60)]

베트남은 역사적으로 오랜 기간 동안 중국의 영향을 받았기 때문에 이 기간 동안 쓰여진 베트남 문학작품은 대부분 한문(漢文)으로 되어 있다. 그 후 10세기경 쯔놈(Chữ nôm)이 고안되자 베트남 문학가들은 이러한 변형된 한자(漢字)를 이용하여 작품을 저술할 수 있게 되었다. 비록 한자보다는 열악했지만, 쯔놈은 점점 널리 퍼져 갔다. 16세기에 이르자 쯔놈은 더욱 융성해져서 베트남의 많은 작가들과 시인들은 이 글자를 이용해서 다양하고 풍부한 작품을 썼고, 쯔놈은 공식 문자(公式文字)로서 자리잡아 갔다.

17세기에 쯔 꾸옥 응으(Chữ Quốc Ngữ, 국어자, 國語字)가 창안되었으나, 이 글자는 19세기까지는 프랑스 사제들 이외에는 널리 보급되지 못했다. 그러나 20세기초 베트남이 프랑스 식민지화(化)되자, 프랑스 식민당국은 프랑스령(領) 인도차이나에서 이 글자를 사용하도록 강요했다. 그 후 20세기 중반부터는 거의 모든 베트남 문학가들은 '쯔 꾸옥 응으'를 이용해서 작품을 발표하고 있다.

2. 베트남 문학작품의 종류

오랜 기간 동안 창작되어 온 베트남 문학작품은 다음과 같은 종류로 나누어 볼 수 있다.

(1) 민속 문학(民俗文學, folk literature)[61)]

문자(文字)로 쓰여진 문학작품과 달리, 베트남 초기의 구전문학(口傳文學, oral literature)은 베트남어로 작성되었으며, 오늘날에도 그 작품을 찾아볼 수 있다. 베트남 민속 문학은 여러 가지 형태가 혼합되어 있다. 여기에는 구전문학뿐만 아니라 민속작가들의 기억 속에만 남아 있는 작품, 문자로 쓰여진(written) 작품, 행위로 보여지는(performed) 작품 등이 포함된다. 민속문학은 대개 여러 가지 판(版, version)으로 되어 있는 경우가 많으며, 구전(口傳)되어 후세에 전해지거나 또는 작가를 알 수 없는 경우도 많다.

민속문학은 장르별로 신화(神話, myths), 서사시(敍事詩, epics), 전설(傳說, legends), 해학(諧謔, stories), 수수께끼(riddles), 속담(proverbs), 민중음악(folk songs), 동화(fairy tales) 등으로 구분할 수 있다.

이와 같은 민속문학은 베트남에서 커다란 중요성을 갖고 있으며, 사람들의 정신을 풍요롭게 했을 뿐만 아니라 나랏말의 보존과 발전에도 대단한 공헌을 했다.

(2) 문자로 쓰여진 문학작품[62)]

문자로 쓰여진 문학작품에는 소설, 시(詩), 산문 등이 있다. 이들이 주제로 하는 것은 결코 굴복하지 않는 애국심의 고취, 사회악(社會惡)에 대한 비난, 따뜻한 인간미(人間味)의 강조 등이다.

유명한 문학작품으로는 응우엔두(Nguyen Du)의 쭈이엔 끼에우(Truyen Kieu, 끼에우 설화, Tale of Kieu), 응우엔 딘 찌에우(Nguyen Dinh Chieu)의 룩 반 띠엔(Luc Van Tien), 응우엔 자 티에우(Nguyen Gia Thieu)의 꿍 오안 응암 쿡(Cung oan ngam khuc), 당 짠 꼰(Dang Tran Con)의 찡 푸 응암(Chinh phu ngam), 응우엔 짜이(Nguyen Trai)의 꾸옥 암 티 땁(Quoc am thi tap) 등이 있다.

(3) 주요 문학 작가[63)]

위에서 소개한 작가 이외에도, 호 쑤안 후옹(Ho Xuan Huong), 도안 티 디엠(Doan Thi Diem) 및 바 후엔 타잉 꾸안(Ba Huyen Thanh Quan) 등도 유명하다.

또 현대적인 산문작가에는 응우엔 꽁 호안(Nguyen Cong Hoan), 부쫑풍(Vu Trong Phung), 응오 땃 또(Ngo Tat To), 응우엔 홍(Nguyen Hong), 응우엔 뚜안(Nguyen Tuan) 및 남까오(Nam Cao) 등이 있다.

유명한 시인(詩人)으로는 쑤안 디에우(Xuan Dieu), 후이깐(Huy Can), 한막뚜(Han Mac Tu) 및 응우엔 빙(Nguyen Binh) 등을 꼽을 수 있다.

제5절 의상(Clothing)

1. 서론[64)]

베트남 봉건왕조 시대에는, 의상(衣裳, 의복, 옷, clothing)이 사회적 지위를 나타내는 가장 중요한 상징 중의 하나였으며, 의복의 착용에 엄격한 규율이 적용되었다.

황제만이 금색 옷을 입을 수 있는 권리가 있었고, 귀족들은 붉은색 혹은 자줏빛 색깔의 옷을 입을 수 있었다. 왕궁의 신하들이 공식적으로 입는 의복은 의식이나 특별한 일이 있을 때마다 상이했다. 왕궁의 의상을 규율하는 이러한 규칙은 왕조에 따라 변해 갔으며, 베트남의 궁중 의상을 상당히 다양하게 발전시켰다.

그림 8-27은 궁정에서 황실 예복을 입고 있는 남푸옹(Nam Phuong) 왕비의 모습이 나타나 있다.

평민들이 일상생활에서 입는 의복은 비슷비슷하게 평범하였으며, 그들의 선택에는 한계가 있었다. 상당히 오랜 기간 동안, 평민들은 축제 같은 특별한 경우를 제외하고는 검정색, 갈색, 혹은 흰색 이외에 다른 색깔의 옷을 입을 수 없었다. 그러나 실제로는 당시 지도자의 기분에 따라서 이러한 규율이 변동될 수 있는 여지는 있었다.

그림 8-27 황실 예복을 입고 있는 남푸옹 왕비[65]

2. 의상(衣裳)의 변천사와 역사[66]

베트남 의상이 변천해 온 역사와 의상의 종류를 살펴보면 다음과 같다.

(1) 아오 트 탄(Áo tứ thân)과 아오 엠(Áo yếm)

먼저 베트남어 '아오 트 탄'을 풀어보면, 아오(Áo)는 '의복', 트(tứ)는 '4', 탄(thân)은 '재단한 옷감의 한겹'을 나타낸다. 따라서 아오 트 탄은 '4폭으로 된 옷'(4-part dress)을 의미한다. 이러한 '아노 트 탄'은 평민 여자들이 입던 고대(古代) 의상들 중의 하나였다.

또 여자들은 이 옷뿐만 아니라 아오엠(Áo yếm)을 입었는데, 엠(yếm)은 '앞치마, 배 가리개' 등을 뜻한다, 후술하는 아오자이가 유행하기 전에는 '아오 트 탄'이나 '아오엠'이 가장 대표적인 여성 복식이었다. 즉, 아오엠은 얼마 전까지만 하더라도 상위계층 사람부터 하위계층 사람에 이르기까지 모든 여자들이 즐겨 입었던 전형적인 옷으로, 특히 음력 설날이나 결혼식, 각종 축제때는 노소, 귀천을 불문하고 거의 모두 아오엠을 차려입고 나갈 정도로 대단히 인기 있는 복장이었다.

(2) 아오 카잉(Áo cánh) 또는 아오 바 바(Áo bà ba), 논 라(Nón lá)[67]

농부들은 파자마 비슷한 옷을 입었는데, 이것은 북부에서는 '아오 카잉', 남부에서는 '아오 바 바'라고 불렀다. 농부들은 또한 칸동(Khăn đống)이라고 불리는 모자를 썼는데, 이것을 흔히 논라(Nón lá)라고 부른다. '논'(Nón)은 '월남식 삿갓 모자', '라'(lá)는 '잎'을 뜻한다. 즉, '논라'는 '야자 나뭇잎으로 만든 모자'를 의미하며, 비가 올때는 우산으로, 햇볕이 내리 쬘 때는 양산이 되며, 더울 때는 부채로 쓰인다. 이러한 논라는 13~15세기경 쩐(Tran) 왕조 시대부터 유행하기 시작했다.

(3) 아오자이(Áo dài)[68]

베트남에서 오늘날 가장 널리 유행하고 또 베트남을 대표하는 복장으로 자리 매김한 옷은

'아오자이' (Áo dài)이다. '아오' (Áo)는 '옷', '자이' (dài)는 '길다'를 뜻한다. 즉, 아오자이는 '무릎까지 오는 긴 윗옷'을 의미한다. 오늘날 아오자이는 거의 모든 여자들이 입고 있지만, 남자들도 결혼식이나 장례식 같은 특별한 경우에는 아오자이를 입는다.

아오자이를 처음 디자인해서 선보인 사람은 1935년 디자이너 깟뜨엉 (Cat Tuong)인데, 그는 당시 베트남에서 유행하던 유럽 패션 의상에 베트남 전통미를 가미하여 이 옷을 새롭게 재창조했다. 그 이후 여러 차례 그 디자인에 부분적인 수정이 가해지다가 1940년대 중반에 이르러 아오자이의 원형이 정착되었다. 그리고 1950년대에는 사이곤의 유명한 아오자이 전문점이었던 티엣럽 (Thiet Lap)과 융 (Dung)에서 외투 및 머리 장식을 포함하는 예복형 아오자이를 제작하기 시작한 후 현재와 같은 모습의 아오자이가 완성되었다.

그 후 아오자이는 베트남 여인들의 보편적인 복장으로 자리 잡게 되었고, 재료와 색상에 따라 예복, 근무복, 일상복, 여학생 교복 등으로 폭 넓게 채택되었다.

그림 8-28에는 패션쇼에서 전통 아오자이를 입고 있는 모델들의 모습이 나타나 있다. 그림 8-29에는 논 바이 토[non bai tho, 야자모자 (palm hat)]와 아오자이 정장차림의 여자 모습이 나타나 있다. 그림 8-30은 아오자이를 교복으로 입고 있는 베트남 여학생의 모습이다.

그림 8-28 전통 아오자이 패션쇼[69]

그림 8-29 논 바이 토와 아오자이 정장차림[70]

그림 8-30 아오자이를 입고 있는 베트남 여학생[71]

제 6 절 축제 (Festivals)[72]

베트남의 축제는 대부분 음력 (lunar year)에 맞춰져 있다. 이것을 중심으로 베트남의 각 지역에서 열리는 주요 축제를 정리해 보면 다음과 같다.

1. 음력 1월 축제

① 전년 말일~새해 3일 : 뗏 축제(Tết Festival : Tết은 '축제일, 명절, 설날, 구정월'이라는 뜻임)

② 2일 : 끄아옹 사원 축제(Cửa Ông temple Festival)

③ 5일 : 동다 축제(Đống Đa Festival)

④ 5~10일 : 리에우 도이 레슬링 축제(Liễu Đôi wrestle Festival)

⑤ 6일 : 흐엉 파고다 축제(Hương pagoda Festival)

⑥ 6~10일 : 꼬로아 사원 축제(Cổ Loa temple Festival)

⑦ 9~10일 : 바베 호수 축제(Ba Bể Lake Festival)

⑧ 9~11일 : 찌에누쿡 마을 축제(Triều Khúc village Festival)

⑨ 10일 : 싱마을 축제(Sình village Festival)

⑩ 10일~3월 말일 : 옌뜨 축제(Yên Tử Festival)

⑪ 13일 : 림 축제(Lim Festival)

⑫ 13~15일 : 바티엔허우 파고다 축제(Bà Thiên Hậu Pagoda Festival)

⑬ 15일 : 트엉 사원 축제(Thượng temple Festival)

⑭ 18~19일 : 바덴 산 축제(Bà Đen Mountain Festival)

2. 음력 2월 축제

① 1월 10일~3월 말일 : 옌뜨 축제(Yên Tử Festival)

② 3~6일 : 동년 사원 축제(Đồng Nhân temple Festival)

③ 14~16일 : 꾸옹 사원 축제(Cuông temple Festival)

④ 18~20일 : 꾸안테엄 축제(Quán Thế Âm Festival)

3. 음력 3월 축제

① 1월 10일~3월 말일 : 옌뜨 축제(Yên Tử Festival)

② 3일 : 중부 고지대 코끼리 축제(Central Highland Elephant Racing)

③ 3~8일 : 푸자이 축제(Phủ Dày Festival).

④ 4~7일 : 타이 파고다 축제(Thầy pagoda Festival)

⑤ 10일 : 조또훙브옹 축제(Giỗ Tổ Hùng Vương)

⑥ 10일 : 쯔엉옌 축제(Trường Yên Festival)

⑦ 10~12일 : 쯔동뜨 사원 축제(Chử Đồng Tử temple Festival)

⑧ 15일 : 도 사원 축제(Đô temple Festival)

⑨ 23일 : 레멋 마을 축제(Lệ Mật village Festival)

4. 음력 4월 축제

① 9일 : 종 사원 축제[Gióng temple Festival : 외국 침략군을 무찌르고 조국을 구한 전설적인 어린 영웅 성(聖) 종(Saint Giong)을 기리는 축제]

② 23~25일 : 바쭈아쓰 축제(Bà Chúa Xứ Festival)

5. 음력 5월 축제

① 5일 : 냐짱 해변 축제(Nha Trang Water Festival)

6. 음력 6월 축제

① 16일 : 닝인옹 축제(Nghinh Ong Festival)

7. 음력 7월 축제

① 30일 : 랑옹 축제(Lang Ong Festival)

8. 음력 8월 축제

① 9일 : 도썬 버팔로 싸움 축제(Đồ Sơn buffalo fight Festival : 그림 8-32에는 버팔로 싸움 축제의 모습이 나타나 있다.)

② 10~20일 : 끼엡박 사원 축제(Kiếp Bạc temple Festival)

9. 음력 9월 축제

① 13일 : 께오 파고나 축제(Keo pagoda Festival)

10. 음력 11월 축제

동꾸안 파고다 축제 (Dong Quan Pagoda Festival)

11. 현대적 축제

① 후에 축제(Huế Festival)

② 달랏 꽃 축제(Đà Lạt Flower Festival)

③ 8월, 냐짱 랑데부 축제(August, Nha Trang-Rendevouz Festival)

그림 8-31 베트남에서 열리는 축제의 모습[73)]

그림 8-32 버팔로 싸움 축제 (Buffalo Fight Festival)[74)]

제7절 문화유산(Heritage)[75)]

1. 서론

베트남에는 UNESCO(국제연합 교육과학문화기구, United Nations Educational, Scientific and Cultural Organization)에서 지정한 세계문화유산 지역(World Heritage Sites)이 자리잡고 있을 뿐만 아니라 다양한 문화적 유물들이 무형유산(Intangible heritage)으로 보호되고 있다. 이를 분야별로 나누어 정리하면 다음과 같다.

(1) 문화유산 지역(Cultural Heritage Sites)

① 후에 기념물 집중지대(Complex of Huế Monuments) : 고대(古代) 왕국의 수도 후에(Huế)에 있는 기념물들의 집합체

② 호이안 고대 마을(Hoi An Ancient Town) : 옛 도시 및 무역항

③ 미썬 성지(Mỹ Sơn Holy Land) : 옛 짬빠(Champa) 왕국의 사찰 집합지

(2) 자연유산 지역(Natural Sites)

① 퐁냐-께방 국립공원(Phong Nha-Ke Bang National Park)

② 하롱 베이(Ha Long Bay)

(3) 무형문화유산(Intangible Cultural Heritage)

① 냐냑(Nhã nhạc) : 베트남의 궁중음악, 즉 아악(雅樂)

베트남 정부는 세계문화유산 지정을 받을 수 있도록, 그밖의 중요한 지역이나 무형문화를 선정하여 UNESCO에 제출할 서류작업을 완료한 상황이다.

아래에서는 후에 기념물 집중지대, 호이안 고대 마을, 미썬 성지, 퐁냐-께방 국립공원, 하롱 베이 및 냐냑 등에 대해 살펴보기로 하자.

2. 후에 기념물 집중지대(Complex of Huế Monuments)[76]

후에 고대 수도는 트어티엔후에(Thừa Thiên Huế) 성(省)에 자리 잡고 있으며, 1993 세계 문화유산으로 지정되었다.

1802년부터 1945년까지 140여 년간 베트남 최후의 왕조인 응우엔 왕조의 수도였던 후에는 정치적 · 문화적 중심지로서 변영을 누렸으며, 뛰어난 자연경관을 자랑한다.

그림 8-33 후에 기념물 집중지대
(Complex of Huế Monuments)[77]

3. 호이안 고대(古代) 마을(Hoi An Ancient Town)

그림 8-34 호이안 고대 마을
(Hoi An Ancient Town)[78]

호이안 고대 마을은 꾸안남성(Quang Nam Province)의 호이안 마을(Hoi An Town)에 자리 잡고 있으며, 1999년 세계문화유산으로 지정되었다. 호이안 마을은 15~19세기에 번성했던 동남아시아의 무역항이었다. 이곳에서는 베트남 고유의 토착문화와 외래문화가 혼재되면서 특유한 분위기와 멋을 자아내고 있다.

4. 미썬 성지(Mỹ Sơn Holy Land)[79]

미썬 성지는 꾸앙남성에 자리잡고 있으며, 1999년 세계문화유산으로 지정되었다. 미썬 성지(聖地)는 인도 힌두교에 불교가 일부 가미된 사원과 탑들이 어우러져 독특한 문화가 서려 있는 지역으로, 짬빠(Champa) 왕조의 정신적 · 종교적 수도였다.

짬(Cham)족은 8세기경 비엣족의 압력에 의해 남쪽 지역으로 이동했었으며, 15세기까지 왕조를 이끌었다. 이곳은 짬족이 비엣족에게 멸망한 후 정글 속에 묻혀 있다가 19세기에 발굴되었다. 미썬 성지에는 약 70여개의 유적이 있으며, 높이 솟은 성스러운 산(山)인 마하파르바타 산 아래에 있다.

그림 8-35 미썬 성지(Mỹ Sơn Holy Land)[80]

5. 퐁냐-께방 국립공원(Phong Nha-Ke Bang National Park)[81]

퐁냐-께방 국립공원은 꾸앙빈성(Quang Binh Province)에 자리잡고 있으며, 1998년 세계문화유산으로 지정되었다. 이 공원은 857.54km^{2}의 면적으로 이루어져 있으며, '절대보호 구역'(strictly protected zone : 648.94km^2), '생태복원 구역'(ecological recovery zone : 174.49km^2) 및 '행정서비스 구역'(administrative service zone : 34.11km^2) 등 3개 구역으로 나누어져 있다.

이 국립공원에는 수많은 동굴(grottoes caves)들이 있는데, 현재까지 조사된 바에 의하면, 그 수는 20개이고 전체 길이는 70km에 달한다.

그림 8-36 퐁냐-께방 국립공원의 퐁냐 동굴(Phong Nha Cave)[82]

이 동굴들 중에서 17개는 퐁냐(Phong Nha) 지역에 있고 3개는 께방(Ke Bang) 지역에 있다. 이 국립공원에서 높은 고봉으로는 1,213m 높이의 꼬프레누 고봉(Peak Co Preu)과 1,128m 높이의 꼬릴라타 고봉(Peak Co Rilata)이 있다.

6. 하롱 베이(Ha Long Bay, Vịnh Hạ Long, 빈 하롱, 하롱만(灣))[83]

하롱베이는 꾸앙닌(Quảng Ninh) 성에 자리잡고 있으며, 1994년 세계문화유산으로 지정되었다. 하롱베이는 120km에 이르는 긴 해안선과 약 1,553km^{2}의 면적, 1,969개의 섬으로 이루어져 있다.

'하롱'은 '하룡'(下龍)의 베트남 발음으로, 용이 내려와 앉았다는 전설을 가지고 있다. 하롱베이는 독특한 지형으로도 유명한데, 석회암 카르스트 지형이 만들어내는 모양은 원근에 따라 섬들의 변화에 따라 운치를 더해 주며, 영화 "인도차이나"의 배경이 되기도 했었다.

하롱베이의 섬들 중에는 동굴을 가지고 있는 섬들이 많다. 그중에서 가장 웅장하고 아름다운 곳은 항하잉(Hang Hanh)으로 길이가 2km를 넘는다. 또 이곳에서 가까운 곳인 항다우고(Hang Dau Go)는 쩐흥다오 장군이 1288년 침략해 온 몽고군을 맞아 싸울 때 전투에서 사용했던 나무 말뚝을 저장했던 곳이다. 또 항티엔꿍(Hang Thien Cung)은 해발 50m의 동굴로 커다란 종유석을 자랑 한다.

하롱 베이의 모습은 그림 8-37에 나타나 있다.

그림 8-37 하롱 베이(Ha Long Bay)

7. 냐냑(Nha Nhac)

냐냑, 즉 베트남 궁중음악(court music)인 아악(雅樂)은 13세기부터 시작되었으나, 응우엔 왕조(Nguyen Dynasty) 시대 후에(Hue) 궁중에서 그 절정기를 이루었다. 왕(王)은 냐냑을 너무 애호하였기 때문에 이 음악을 궁중의 공식음악(official music)으로 지정하였고, 왕조의 권력과 영속(永續)의 상징으로 삼았다.

냐냑은 정신적이고 영혼적인 요소가 가득차 있으며, 신(神)과 왕(王)에 대한 경건함을 표현함과 아울러, 베트남인들의 철학과 우주창조(cosmonony)에 대한 사상도 담겨 있다.

그림 8-38 프랑스 국제대중음악축제에서 공연된 냐냑[85]

2003년 UNESCO는 냐냑을 세계문화유산(Masterpieces of the Oral and Intangible Heritage of Humanity)으로 지정하였다.

그림 8-39 후에왕립예술극단이 유럽에서 공연한 냐냑 장면[80)]

이러한 냐냑의 대표적 악단으로 유명한 것은 후에왕립예술극단(Hue Royal Art Theatre)인데, 이 극단은 최근 프랑스, 벨기에, 스위스 등을 순회하며 약 7주간 냐냑을 공연했다.[84)]

그림 8-38은 프랑스 Montoire-Sur-Le Loir City에서 개최된 제35회 국제대중음악축제(International folk music festival)에서 공연된 냐냑의 한 장면이다.

그림 8-39는 후에왕립예술극단이 유럽을 순회하며 공연한 60분짜리 냐냑 공연의 한 장면이다.

제9장

베트남의 통치기구

이 장에서는 베트남의 통치기구인 베트남 국가주석, 베트남공산당, 국회, 정부 및 사법기관 등을 고찰하기로 한다.

제1절 서 론[1]

베트남 사회주의공화국(The Socialist Republic of Vietnam)은 단일 정당(單一政黨, single-party state)이다. 베트남은 1975년 제정된 헌법을 1992년 개정하여 시행하고 있다. 공산당(Communist Party)의 중심적 역할은 정부조직, 정치 및 사회의 모든 분야에 걸쳐 거듭 강조되고 있다. 공산당과 연대하거나 공산당의 지원을 받는 정치조직 – 예컨대 베트남 조국전선(Vietnamese Fatherland Front) – 만이 선거에 참여할 수 있도록 허용되고 있다.

비록 베트남이 공식적으로는 사회주의(socialism)를 표방하고 있지만, 1990년 이후에는 그러한 이념이 상당히 퇴색하고 있다.

베트남의 국가주석(主席, President of Vietnam)은 명목상의 국가원수(元首, 수반)이고, 또 국방위원회의 의장으로서 명목상 베트남군대의 사령관이다.

베트남의 총리(Prime Minister of Vietnam)는 정부의 수반이고, 각료회의를 주관하며 장관들로 구성되는 내각의 수반이다.

국회(National Assembly of Vietnam)는 단원제(單院制, unicameral legislature)이며, 498명의 국회의원으로 구성된다. 국회는 행정부와 사법부의 우위에 있다. 모든 장관들은 국회에서 선임된다. 베트남의 최고 법원인 최고인민법원(Supreme People's Court of Vietnam)도 국회에 대하여 책임이 있다. 최고인민법원 아래에는 지방인민법원, 군사법원 등이 있다.

베트남 정부의 모든 기관들은 공산당의 통제를 받는다. 정부관료로 임명되는 사람들은 대부분 공산당원들이다. 공산당 서기장(General Secretary of the Communist Party)은 아마도 베트남에서 가장 중요한 지도자이며, 공산당의 전국 조직과 장관들을 통제하고, 또 국가정책을 수립한다.

제 2 절 국가주석(The Country's President)

1. 서론[2)]

베트남의 국가주석(國家主席, Chủ tịch nước Việt Nam, 쭈띡 느억 비에트남, President of Vietnam)은 베트남의 국가원수(元首)로서 대내외적으로 국가를 대표한다. 국가주석이 국가원수(국가수반)이기는 하지만 실제로는 주로 외교·군사권을 행사하는 의례상(儀禮上, ceremonial)의 역할을 수행하며, 실제로 최고 실권자는 공산당의 당서기장이다. 행정부의 총리는 정치·경제 전반을 관장한다.

국가주석은 총리와 장관의 임명과 해임을 국회에 건의하는 권한을 가지고 있으며, 베트남 군대의 최고 사령관이자, 국방위원회(Council on National Defence and Security)의 최고 책임자를 겸하고 있다.

국가주석은 국회의원 중에서 선출되며, 5년의 임기를 갖는다.

국가주석이라는 직위는 1976년 7월 2일 베트남 사회주의공화국(Socialist Republic of Vietnam)이 창설되었을 때 만들어졌다. 1981년 7월 4일에는 그 칭호가 '국가주석' (Country's President)에서 '국가위원회 의장' (Chairman of the State)으로 바뀌었지만, 1992년 9월 22일부터 다시 '국가주석'으로 불리게 되었다.

2. 국가주석에 관한 헌법 규정[3)]

헌법은 제7장 (제101~108조)에서 국가주석에 관한 규정을 두고 있는데, 그 내용을 아래에서 구체적으로 살펴보기로 하자

(1) 국가주석의 지위(제101조)

국가주석은 국가의 원수이며 대내외에 대하여 베트남 사회주의공화국을 대표한다.

(2) 국가주석의 선출과 임기(제102조)

국가주석은 국회의원 중에서 국회가 선출한다. 국가주석은 국회에 대하여 책임을 지고 보고한다. 국가주석의 임기는 국회의원 임기에 따른다. 임기가 끝나도 국가주석은 새로운 국회가 새로운 국가주석을 선출할 때까지 계속 임무를 수행한다.

(3) 국가주석의 임무와 권한(제103조)

국가주석은 다음의 임무와 권한을 가진다.

① 헌법, 법률 공포
② 인민군을 통솔하고 국방위원회의 의장직을 맡는다.
③ 국가부주석, 총리, 최고인민법원 원장, 최고인민검찰청의 검찰총장의 임명과 해임을 국회에 건의한다.
④ 국회 또는 국회상임위원회 의결에 근거하여 부총리, 장관과 정부의 기타 인사를 임명, 해임한다.
⑤ 국회 또는 국회상임위원회의 의결에 근거하여 전쟁상태 선포결정을 공포하고 대특사 결정을 공포한다.
⑥ 국회 또는 국회상임위원회의 의결에 근거하여 총동원령 또는 국부동원령을 내리고 전국 또는 일부지방에 긴급사태를 선포한다.
⑦ 제8조, 제9조, 제91조에 규정된 문제에 관해 국회상임위원회가 통과시킨 상임위원회의 법령의결에 대해 통과일로부터 10일 이내에 재검토를 건의할 수 있다. 만약 그 법령과 의결이 상임위원회에서 재찬성 표결되고 국가주석이 이에 찬성하지 아니한 때에는 국가주석은 차기 국회 회기에 제출한다.
⑧ 최고인민법원 부원장, 판사, 최고인민검찰청 부총장, 위원을 임명하고 해임한다.
⑨ 인민군 고급 장교, 대사급 외교관, 정부 지위의 서열을 결정하고 훈장, 휘장과 국가명예훈장 수여를 결정한다.
⑩ 베트남 특명전권대사의 파견 및 소환, 외국 특명전권대사 접수, 외국 국가원수와 베트남 사회주의 국가 명의로 회담 진행, 국제조약 체결, 국회의 결정이 필요한 경우를 제

외하고 국제조약 비준 또는 조약 참가를 결정한다.

⑪ 베트남 국적 입적, 정지 또는 박탈을 결정한다.

(4) 국방위원회(National Defence and Security Council) (제104조)

국방위원회는 의장, 부의장, 각 위원으로 구성한다. 의장은 국방위원회의 구성원 명단을 국회에 제출, 비준을 받는다. 국방위원회 구성원은 전원 국회의원으로 하지 않는다. 국방위원회는 조국을 방위하기 위해 국가의 모든 역량을 동원하며, 전시에는 국회는 특별한 임무와 권한을 국방위원회에 부여할 수 있다. 국방위원회는 집단다수결제도로 운영한다.

(5) 국가주석의 회의 참여 권한(제105조)

국가주석은 국회상임위원회의 회의에 참여할 권한을 가진다. 필요한 경우 국가주석은 정부의 각 회의에 참여할 권한을 가진다.

(6) 주석령을 내릴 수 있는 권한(제106조)

국가주석은 자신의 임무와 권한 수행을 위해 영, 결정을 내린다.

(7) 국가 부주석의 선출과 임무(제107조)

국가 부주석은 국회의원 중에서 국회에서 선출한다. 국가 부주석은 주석을 보좌하며 주석이 위임한 일부 임무를 주석을 대리하여 수행할 수 있다.

(8) 부주석의 주석 대행권(제108조)

국가주석이 장기간 집무를 수행할 수 없으면 부주석이 주석 대행권을 가진다. 국가주석이 공석인 경우에 부주석이 국회에서 새로운 주석을 선출할 때까지 주석의 권한을 행사한다.

3. 역대 국가주석 명단[4)]

역대 국가주석의 명칭을 소개하면 다음과 같다.

(1) 베트남 민주 공화국 주석(Presidents of the Democratic Republic of Vietnam 〈North Vietnam, 1945~1976〉)

① 호찌밍(Hồ Chí Minh : 1945. 9. 2~1969. 9. 2)

② 똔 득 탕(Tôn Đức Thắng : 1969. 9. 3~1976. 7. 2) : 1969년 9월 23일까지는 대행

(2) 베트남사회주의공화국 주석(Presidents of the Socialist Republic of Vietnam : 1976~1981)

③ 똔 득 탕(Tôn Đức Thắng : 1976. 7. 2~1980. 3. 30)

④ 응우엔 흐우 토(Nguyễn Hữu Thọ : 1980. 3. 30~1981. 7. 4) : 대행

(3) 베트남사회주의공화국 국가위원회 의장(Chairmen of the State Council of the Socialist Republic of Vietnam : 1981~1992)

⑤ 쯔엉 찡(Trường Chinh : 1981. 7. 4~1987. 7. 18)

⑥ 보 찌 꽁(Võ Chí Công : 1987. 7. 18~1992. 9. 22)

(4) 베트남사회주의공화국 주석(Presidents of the Socialist Republic of Vietnam : 1992 ~)

⑦ 레 득 아잉(Lê Đức Anh : 1992. 9. 23~1997. 9. 24)

⑧ 쩐 득 르엉(Trần Đức Lương : 1997. 2. 24~2006. 6. 27)

⑨ 응우엔 밍 찌엣(Nguyễn Minh Triết : 2006. 6. 27~현재)

그림 9-1 호찌밍 초대 국가주석

제3절 베트남 공산당(Communist Party of Vietnam)

1. 서론[5)]

베트남 공산당(Đảng cộng sản Việt Nam, 당 꽁 산 비엣남, Communist Party of Vietnam)은 현재 베트남을 이끌고 있는 정당일 뿐만 아니라 유일한 합법적 정당(legal political party)이다. 이 조직은 베트남 조국전선(Mặt Trận Tổ Quốc Việt Nam, 맏 쩐 또 꾸옥 비엣남, Vietnamese Fatherland Front)의 지원을 받고 있고 또 그 일부가 되어 있으며, 마르크스-레닌주의 공산당(Marxist Leninist Communist Party)의 성격을 지니고 있다.

그림 9-2 베트남공산당 당기(黨旗)[6)]

베트남공산당은 1930년 2월 3일 창당되었으며, 본부는 하노이 바딩(Ba Đình district, Hà Nội)에 두고 있다. 공산당 당기(黨旗)는 그림 9-2에 나타나 있다.

2. 베트남공산당에 관한 헌법 규정

(1) 헌법 전문(前文)의 서술[7)]

"수천년 역사가 지나는 동안 베트남 인민은 국가를 건설하고 지키기 위해 창조적으로 열심히 일하고 용감히 싸우면서 민족의 전통적인 단결, 인의(仁義), 불굴의 강인성을 키워 왔다. 1930년부터 호찌밍 주석에 의해 창당되고 연마된 베트남공산당의 영도하에 우리 인민은 오랜 기간 고난과 희생 속에서 혁명투쟁을 진행하여 8월 혁명을 성공시켰다…"라고 공산당의 공로를 치하(致賀)하고 있다.

(2) 헌법 제4조의 규정[8)]

"베트남공산당은 베트남 노동자의 선봉대이고 노동자, 농민계급 및 전(全) 민족의 권리에 충성하는 대표로서 마르크스-레닌주의와 호찌밍 사상을 신봉하는 국가 및 사회의 영도세력이다. 당의 모든 조직은 헌법과 법률의 테두리 내에서 활동한다."고 규정하고 있다.

3. 베트남공산당의 역사[9)]

베트남공산당은 프랑스 식민 치하에 있던 1930년 2월 3일 홍콩에서 호찌밍(Hồ Chí Minh)에 의해 창당되었다. 호찌밍은 당시 존재하고 있던 3개의 공산주의 세력인 인도차이나공산당(Đông Dương cộng sản đảng, 동 드옹 꽁산당, Indochinese Communist Party), 안남공산당(An Nam cộng sản Đảng, 안남 꽁산당, Communist Party of Annam) 그리고 인도차이나 공산주의 연맹(Đông Dương cộng sản liên đoàn, 동 드옹 꽁산 리엔 도안, Indochinese Communist League)을 통합하여 베트남 공산당(Đảng cộng sản Việt Nam, 당 꽁산 비엣남, Communist Party of Vietnam)이라는 이름으로 공산당을 창립하였다.

창립 당시 당원수는 약 200명이었고, 9명의 위원으로 임시 중앙집행위원회(Provisional Central Committee)를 발족시켰다. 이들 9명의 위원은 출신별로 통킹(Tonkin) 3명, 안남(Annam) 2명, 남보(Nam Bo) 2명, 그리고 중국공산당 2명 등이었다.

1930년 10월 홍콩에서 개최된 제1회 당중앙위원회 회의에서 코민테른(Comintern, 국제공산당 : Communist International, 1919~1943 활동)의 지령에 의해 당명을 인도차이나 공산당(Đảng cộng sản Đông Dương, 당 꽁산 동 드엉, Communist Party of Indochina)으로 개명했고, 1951년 2월 제2차 전당대회에서는 당명을 베트남 노동당(Đảng lao động Việt Nam, Vietnam Workers' Party)으로 변경했다.

베트남전쟁이 종료되고 베트남이 다시 통일된 후 1976년 12월 제4차 전당대회에서 다시 베트남 공산당(Communist Party of Vietnam)으로 개칭하여 현재에 이르고 있다.

4. 베트남 공산당의 이념과 조직

(1) 이념[10)]

베트남 공산당의 궁극적 목표는 마르크스-레닌주의와 호찌밍 사상에 입각한 사회주의 건설이다. 베트남공산당이 비록 마르크스-레닌주의를 표방하고 있기는 하지만, 1986년 개최된 제6차 전당대회에서 경제발전을 위한 시장개혁을 추진하려는 의도로 도이 머이(Đổi Mới, 혁신, 개혁, 쇄신정책)를 취하였으며, 민간부문의 발전을 허용하였다. 그러나 공산당은 여전히 독점적인 권력을 행사하고 있다.

(2) 공산당의 조직원칙[11)]

제8차 전당대회에서 채택한 당규약에서는 민주적 중앙집권주의(democratic centralist lines) 원칙에 따라 베트남 공산당을 조직한다는 원칙을 천명하고 있다. 그 원칙의 기본 내용은 다음과 같다.

① 당의 각급 영도기관은 선거로 설립하며, 집단이 영도하고 개인이 담당한다. 즉, 개인이 업무를 담당하지만 집단지도체제를 유지한다.

② 당의 최고영도기관은 전국대표대회(전당대회)이다. 각급의 영도기관은 대표대회 또는 당원대회이다. 전기와 후기의 두 전당대회 기간 동안의 당의 영도기관은 당 중앙집행위원회, 각급 당부, 지부 집행위원회(위원회급이라 약칭)이다.

③ 각급 위원회급은 자기의 활동에 관해 동급대회, 그리고 상급 및 하급 위원회급에 대해서 책임을 지며, 자기의 활동상황에 관해 정기적으로 당조직에 통보하고 자아비판을 한다.

④ 당조직과 당원은 당의 의결을 집행해야 한다. 그리고 소수는 다수에, 하급은 상급에 복종하고 개인은 조직에, 당내 각 조직은 전국대표대회와 중앙집행위원회에 복종해야 한다.

⑤ 당의 각 영도기관의 의결은 그 기관 구성원의 과반수 이상의 찬성이 있어야 시행효력이 있다. 표결을 하기 전에 각 구성원은 자기의 의견을 발표한다. 소수에 속한 의견을 가진 당원은 자신의 의견을 보류할 수 있고 전당대회까지 상급 위원회에 보고할 권리를 가진다. 그러나 결정된 의결은 엄정히 집행해야 하며 당의 의결에 위배되는 의견을 전파할 수 없다. 소수에 속한 의견을 가진 당원을 차별대우하지 않는다.

⑥ 당조직은 자기의 권한과 조직에 속한 문제점을 해결하기 위해 각종 결정을 한다. 그러나 당의 원칙, 노선, 정책과 국가의 법률 및 상급의 의결을 위반해서는 안된다.

(3) 공산당 기구[12)]

1) 구성단위

당기구는 전국, 지방, 기초 등 3개의 단위로 구성되며, 각 단위별 대표대회가 의사결정기관이며 최고기관은 전국대표대회이다.

지방단위 공산당은 지방행정 단위와 일치하고 기초단위는 생산, 노동 등의 단위에 따라 설치된다.

현재 이러한 모든 단위에 소속되어 있는 공산당원수는 약 310만명이며, 95,486개의 당지부와 34,545개의 당조직이 있다.

인민군 내부의 당조직은 당중앙위원회의 직속하에 놓여 있다.

2) 대표기관

① 기본 규칙

최고 의사결정기관은 전국대표대회이고 5년에 한 번씩 전당대회(National Congress)를 개최하도록 되어 있다. 전당대회에서 선출된 중앙위원회가 권력집행을 담당하고 필요에 의해 임시 전당대회를 소집할 수도 있다.

지방기관은 행정단위, 즉 성(省) 및 중앙직할시에 따라 2년에 한번 소집되는 각급 대표대회가 결정기관이 되고, 여기서 선출된 각 당위원회가 실질적인 권력을 담당하고 있다.

기초단위 집행부로 기업, 광산, 건설현장, 공장, 국영농장, 촌락, 구, 상업단위, 정부기관, 병원, 학교, 군대 중대급 등의 기초단위 대표대회 또는 당원대회(6개월 또는 1년에 한번씩 소집)가 있으며, 대회 폐회기간 중에는 기초단위 집행위원회가 대표기관이 된다.

현재 대의원(delegates)수는 1,176명이다.

② 역대 주요 전당대회 요약

- 창당대회 : 국내 3개 공산당을 통합해 베트남공산당을 창당, 프랑스 식민통치하에서 독립운동 전개, 프랑스 공산당 및 국제 공산당과 연계활동
- 1차 대회(1935, 마카오) : 국제 공산당과 연계하여 국내외에서 활동
- 2차 대회(1951, 뚜옌꾸앙 성) : 1945. 9. 2 독립선언, 베트남 민주공화국 수립, 항불투쟁 전개. 1954. 7. 제네바협정 체결, 프랑스군 베트남에서 철수, 북부 베트남에서 사회주의 건설, 개조사업 착수
- 3차 대회(1960, 하노이) : 대미(對美)구국투쟁 전개, 통일정책 본격 추진, 1975. 4. 30 무력 통일 달성

• 4차 대회(1976, 하노이) : 대(對) 중국 관계 소원, 친소련정책 추진, 1978. 12. 캄보디아 침공, 1979. 1. 중국과 무력 충돌
• 5차 대회(1982, 하노이) : 미국의 대베트남 고립화 정책, 금수조치 등으로 경제 악화
• 6차 대회(1986, 하노이) : 개방 · 개혁정책(Đổi Mới, 도이 머이, 즉 혁신 · 쇄신정책) 채택, 서방국가와 외교관계 강화
• 7차 대회(1991, 하노이) : 개혁 · 개방정책 지속 추진. 시장경제 추진
• 8차 대회(1996, 하노이) : 1997. 12. 중앙집행위원회 4차회의에서 도므어이(Do Muoi) 퇴임, 레카피에우(Le Kha Phieu)를 당 총서기로 선출
• 9차 대회(2001, 하노이)
• 10차 대회(2006, 하노이) : 개혁 · 개방정책 추진방침 천명(2020년까지 근대화 · 산업화된 국가 건설)

그림 9-3 베트남공산당 전당대회 모습[13)]

3) 당 중앙위원회(Central Committee)

중앙위원은 전국대표대회에서 선출되며 임기는 4년이다. 당의 실질적인 권력집행부로서 당의 강령, 규약 및 전국대표대회에서 결의된 사항 등을 수행한다.

정기전당대회 및 임시전당대회를 준비하며, 중앙집행위원회의 정기회의(6개월 1회) 또는 임시회의를 소집한다.

• 정치국원을 선출하고 정치국원 중에서 당 서기장을 선출한다. 중앙감사위원을 선출하고 감사위원 중에서 위원장을 선출한다.
• 당중앙위원회는 통상 6개월에 한번 회의를 열고 당 활동의 성과 및 일반 정세를 하급조직에 진달힌다.
• 현재 중앙위원은 약 160명이다(후보위원 : 21명).

4) 당 정치국(Politburo : Political Bureau)

당 정치국은 최고의 실권을 가지며, 당내 최고정책결정기구이다. 즉, 정책은 당서기장 · 국가주석 · 총리 · 국회의장 등이 포함된 정치국에서 결정된다. 중앙위원회 전체회의에서 선출된 19명으로 구성되며 당과 국가의 고위임원 임명권을 가진다. 당 정치국의 최고 책임자는 당서기(General Secretary)이다.

5) 군부대 및 경찰 내의 당조직

군대 및 경찰은 정치, 사상 및 조직 등 모든 면에서 당의 영향을 받는다.

군대와 경찰 내 당조직은 당의 정치강령, 당규약, 당 의결, 지시 및 국가의 법률에 따라 활동한다. 당위원회급의 각 위원회는 직능에 따라 군부대 및 경찰 내(內) 위원회급의 당 건설사업과 군중사업을 지도, 감시, 지원한다.

6) 중앙군사위원회

① 구성

위원장, 제1부위원장, 부위원장 및 5명의 위원으로 구성된다. 제1부위원장은 국가주석이고, 제2부위원장은 국방장관이다.

② 기능 및 업무

군(軍)에 대한 업무를 관장하고 당 중앙위원회 허락 없이는 군사령관이 임의로 군작전권을 행사할 수 없도록 군부에 통제권을 행사한다. 위원들은 중앙위원회에서 선출되고, 군의 행정업무를 관장한다. 또한 국방정책을 입안하며 군대의 예산, 훈련, 인사이동, 정치교육 등을 담당한다.

③ 구성, 선출 및 임무

- 인민군 내부의 당조직은 당중앙군사위원회의 직속하에 놓여 있다.
- 중앙군사위원회는 정치국이 선임하며 군 내에서 근무하는 중앙집행위원과 군 밖에서 근무하는 일부 중앙집행위원으로 구성한다.
- 중앙군사위원회는 중앙집행위원회 영도하에 둔다. 그러나 실제적으로는 정치국이 중앙군사위원회를 영도한다.
- 중앙군사위원회는 군사노선, 임무 및 국방에 관한 문제를 연구하여 중앙집행위원회가 결정하도록 제출한다.
- 주력부대 및 국경선 부대내(內) 당위원회급은 해당 급 당대회에서 선출하며 자기 급에 속한 각 단위를 영도한다.
- 군구(軍區) 단위는 동급 대회가 선출한다.
- 각급에서 지방군사 당조직은 모든 면에서 그 급 지방위원회급의 영도하에 둔다. 동시에 전체 군사 임무와 지방 군사사업에 관한 상위급 군사 당위원회의 의결을 실행한다.

7) 중앙경찰 당위원회

- 중앙경찰 당위원회는 정치국이 지정한다.
- 경찰내에서 근무하는 일부 중앙집행위원과 경찰밖에서 근무하는 일부 중앙집행위원, 그리고 중앙경찰 당부 내에 속한 사업을 하는 일부 사람으로 구성된다.
- 중앙경찰 당위원회는 노선, 정책, 정치안보, 사회안전, 질서보장에 관한 문제를 연구하여 중앙집행위원회에 제출한다.
- 중앙경찰 당위원회는 경찰 내의 모든 사업을 영도한다. 성, 시, 구, 현, 읍 경찰 당위원회는 동급 대회에서 선출한다.

8) 당 감사위원회

- 감사는 당의 영향력을 발휘하는 직능 중의 하나이다.
- 당조직과 당원은 당의 감사를 받아야 한다.
- 각 당위원회급은 감사업무를 수행하고 당원의 당 정치강령, 당규약, 당의 결의 및 지시 수행을 감사할 임무가 있다.
- 중앙에 당 중앙감사위원회를 두며 지방에도 감사위원회를 둔다.
- 각급 감사위원회는 동급 위원회급이 선출하며 위원회급 내의 일부 당원과 위원회 밖에서 근무하는 일부 당원으로 구성한다.
- 하위급의 감사위원회 위원과 위원장 임명은 차상급 위원회급의 승인을 받아야 한다.

9) 민족 조국전선(National Fatherland Front)

베트남 조국전선은 공산당의 전위기구로서 청년, 농민, 여자, 문화, 종교 등 모든 사회단체를 관할한다. 남부의 민족해방전선(National Liberation Front) 및 북부의 베트밍(Vietminh Froent)을 계승한 단체이다.

조국전선은 국회의원 후보 추천(사실상 지명), 전 국가기관에 대한 감사 등 광범위한 권한을 가지고 있다.

10) 노동조합 총연맹

노동조합 총연맹은 노동자 계급에 대한 광범위한 대중조직으로서 산하 직능별 노동조합 간 갈등 및 분쟁의 조정역할을 담당한다.

11) 청년동맹

청년동맹은 호찌밍 공산청년당, 전위소년단, 소년단으로 구성된다. 이러한 청년난은 25세 이후 자격을 상실하지만 곧바로 공산당원으로 가입하며, 새로운 청년들이 충원된다.

(4) 베트남 공산당의 구조[14)]

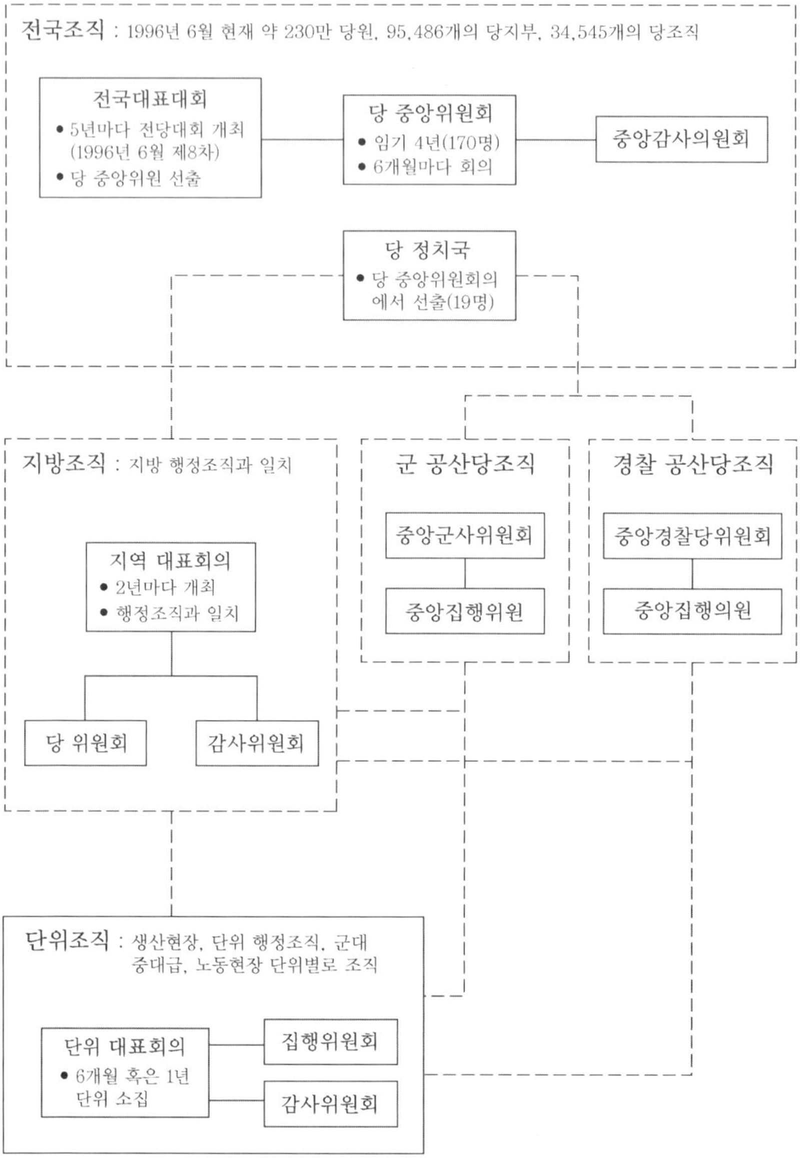

그림 9-4 베트남 공산당의 구조

(5) 역대 공산당 당서기장 명단[15)]

① 쩐 푸(Trần Phú : 1930~1931)

② 레 홍 퐁(Lê Hồng Phong : 1935~1936)

③ 하 루이 떱(Hà Huy Tập : (1936~1938)

④ 응우엔 반 끄(Nguyễn Văn Cừ : 1938~1940)
⑤ 쯔엉 찡(Trường Chinh : 1941~1956 and 1986)
⑥ 레 주언(Lê Duẩn : 1960-1986)
⑦ 응우엔 반 링(Nguyễn Văn Linh : 1986~1991)
⑧ 도 므어이(Đỗ Mười : 1991~1997)
⑨ 레 카 피에우(Lê Khả Phiêu : 1997~2001)
⑩ 농 득 마잉(Nông Đức Mạnh : 2001~ 현재)
⑪ 응우엔 밍 찌엣(2006~)

제 4 절 베트남 국회(Quốc Hội, 꾸옥 호이)

1. 서론[16)]

베트남 국회(Quốc Hội, National Assembly)는 헌법에 '인민의 최고 대표기관이며, 베트남 사회주의 공화국의 국가 최고 권력기관'이라고 규정되어 있다. 베트남 국회는 단원제(單院制, single-party system)이다. 이 말은 베트남에는 정당이 '베트남공산당'(Communist Party of Vietnam) 단 1개 밖에 없으며, 이러한 공산당이 국가권력을 강력하게 장악하고 있다는 것을 뜻한다.

헌법 제82조에서는 "국회는 국가의 모든 활동에 대한 최고 감독권을 행사한다."고 규정하고 있지만, 실질적으로는 국회가 독자적으로 국가정책을 입안하지는 못하며, 당의 정치노선과 주장, 정책을 그대로 수행해야 한다.

그림 9-4 베트남의 국회의사당[17)]

기본적으로 국회의 의견은 당의 노선과 다를 수 없다. 그러나 만일 세부적인 사안에 대해서 의견이 다를 경우에는 정치국에 국회의 의견을 제시하여, 협의를 통해 해결할 수 있다.

국회의원의 임기는 5년이고 재적의원 2/3 이상이 찬성하면 임기의 연장 또는 단축이 가능하다. (12대 국회의 경우에는 공산당 전당대회와 국회의원 선거연도를 일치시키기 위하여 2007~2011년으로 1년 단축시켰다.)

국회는 임기만료 2개월 전에 새로운 국회를 구성하도록 되어 있다.

정기국회는 1년에 2번(5월, 10월) 개최하도록 되어 있고, 국회 상무위원 또는 국회의원 1/3 이상이 찬성하면, 임시국회를 개원할 수 있다.

국회의원 선거권자는 18세 이상이다.

국회의원 피선거권자는 21세 이상으로서 원칙적으로 베트남 조국전선(Mặt Trận Tổ Quốc Việt Nam, 맡 쩐 또 꾸옥 비엣남, Vietnamese Fatherland Front)의 추천을 받은 자여야 한다.

1992년 개헌후 비(非)공산당원도 국회의원 출마가 가능하게 되었다. 그 결과 2007년 5월 20일, 12대 총선거에서는 총 493명의 국회의원이 선출되었는바, 이 중 베트남 민족전선의 추천을 받은 비공산당 후보자(non-party candidates) 42명이 당선되었다. 또 베트남 민족전선의 추천을 받은 공산당 후보자는 450명이었고, 베트남 민족전선의 추천을 받지 않고 무소속(self-nominated candidates)으로 출마한 사람 1명도 당선되었다.

베트남 국회는 일부 극소수의 무소속 의원이 있으나, 1당에 의한 국회이기 때문에 여야의 개념이 없다. 그리고 정기국회는 일 년에 두번 열리도록 되어 있기 때문에 평상시에 국회의 기능을 수행할 수 있는 기구가 필요하다. 그래서 베트남 국회에는 상임위원회(상무위원회, Standing of the National Assembly)라는 기구가 있다. 이 상무위원회는 사실상 베트남 국회의 모든 활동을 주관하는 기구로, 국회의장과 부의장이 각각 상무위원장과 부위원장이 되고, 몇 명의 위원으로 구성된다.

2. 국회에 관한 헌법 규정[18)]

헌법은 제6장(제83~100조)에서 국회에 관한 여러 규정을 두고 있다. 아래에서 이들을 구체적으로 살펴보기로 하자.

(1) 최고 대표기관 · 최고 권력기관 · 최고 감독권자로서의 국회(제83조)

국회는 인민의 최고 대표기관(the highest representative organ of the people)이며 베트남 사회주의공화국의 국가 최고권력기관(the highest organ of the state power)이다. 국회는 유일한 입헌 · 입법기관(the only organ with constitutional and legislative powers)으로서, 국가의 대내외 기본정책, 경제 · 사회, 국방, 안녕 임무를 담당하며, 국가기관의 조직과 활동은 물론 공민의 사회 관계와 활동에 관한 주요 원칙을 결정한다. 국회는 모든 활동에 대하여 최고 감독권(supreme control over all activities of the state)을 행사한다.

(2) 국회의 임무와 권한(제84조)

국회는 다음과 같은 임무와 권한을 가진다.

① 헌법 제정과 개정, 법률 제정과 개정, 법, 법령 입안 및 결정

② 헌법, 법과 국회의 의결 준수에 대한 최고감찰권 행사, 국가주석 · 국회상임위원 · 정부 · 최고인민법원 및 최고인민검찰청의 활동보고 심의

③ 국가의 경제·사회 발전계획 결정

④ 국가의 재정 · 화폐 · 금융정책 결정, 국가의 예산안과 예산지출안 결정, 국가예산 · 결산 비준, 각종 세법 수정 및 폐기

⑤ 국가의 민족정책 결정

⑥ 국회, 국가주석, 정부, 인민법원, 인민검찰청과 지방정권의 조직과 활동에 대해 규정

⑦ 국가주석, 국가부주석, 국회의장, 국회부의장과 국회 상임위원회, 각 위원, 총리, 최고인민법원 법원장, 최고인민검찰총장의 선출, 면식, 정직

⑧ 국방위원회 구성에 관한 국가주석의 건의 비준, 부총리 · 장관 및 기타 정부인사 임명 · 면직에 관한 총리의 건의 비준

⑨ 정부의 부 및 기관 신설과 해체 결정, 성(省), 중앙직속시(市)의 경계선 설정, 행정 · 경제특구 신설 및 해체 결정

⑩ 헌법, 법률과 국회의 의결에 위배되는 국가주석, 국회상임위원회, 정부, 총리, 최고인민법원과 최고인민검찰청의 공문 폐지

⑪ 특사 결정

⑫ 군 · 외교 · 외국에 대한 영전 수여, 국가명예, 훠장 수여 결정

⑬ 전쟁 및 긴급사태, 국가국방과 안녕 보장을 위한 기타 특별한 방법 결정

⑭ 대외 기술정책 결정, 국가주도의 건의에 따라 체결 또는 참가한 국제조약의 비준 또는 폐지

⑮ 국민투표 결정

(3) 국회의 임기(제85조)

국회의 임기는 5년이다. 국회 임기만료 2개월 전에 새로운 국회 구성을 위한 선거를 완료하여야 한다. 국회선거법 및 국회의원수는 법률로 정한다. 특별한 경우, 최소한 국회의원 총수의 3분의 2 이상이 찬성하면 국회는 임기를 연장하거나 단축할 수 있다.

(4) 국회의 소집(제86조)

국회는 국회상임위원회의 소집으로 매년 2회 소집된다. 총리, 또는 국회의원의 3분의 1 이상의 요구가 있는 경우 또는 국회상임위원회가 결정한 때에는 임시국회를 소집한다. 새로운 국회의 첫 회기는 국회대표 선거일로부터 2개월 이내에 소집하고 전 국회의 의장은 새로운 국회의장이 선출될 때까지 국회를 개회하고 회의를 주재한다.

(5) 법률안 상정(제87조)

국가주석, 국회상임위원회, 민족회의와 국회 각위원회 위원장, 정부, 최고인민법원, 최고인민검찰청, 베트남 조국전선과 전선의 구성원인 조직들은 국회에 법률안을 상정할 수 있다.

국회의원은 국회에 법률안에 관한 의견과 법률안을 국회에 제출할 수 있다. 국회에 관한 법률안과 건의제출은 법률로 정한다.

(6) 국회의 표결(제88조)

법률과 국회의 의결은 국회의원 과반수의 찬성으로 의결한다. 제7조에 규정된 국회의원의 해임, 제85조에 규정된 국회임기의 연장 단축, 제147조에 규정된 헌법의 개정의 경우에는 국회의원 총수의 3분의 2 이상의 찬성으로 의결한다. 법이나 국회 의결은 통과된 날로부터 15일 이내에 공포되어야 한다.

(7) 국회의원 자격 확인(제89조)

국회는 국회의원자격조사위원회를 구성하고 위원회의 보고를 근거로 국회의원의 자격확인을 결정한다.

(8) 국회상임위원회(제90조)

국회상임위원회 (Standing Committee of the National Assembly)는 국회의 상임기관이다. 국회상임위원회는 국회의장, 국회부의장, 위원으로 구성된다.

국회상임위원회 구성원 수는 국회가 결정한다. 국회상임위원회의 구성원은 정부의 구성원이 될 수 없다. 매기(每期) 국회상임위원회는 새로운 국회가 새로운 국회상임위원회를 선출할 때까지 임무와 권한을 수행한다.

국회상임위원회는 다음과 같은 임무와 권한을 가진다. (제91조)

① 국회의원 선거 공포와 선거를 주재한다.
② 국회 회기를 준비하고, 국회를 소집 및 주재한다.
③ 헌법, 법, 법령을 유권해석한다.
④ 국회로부터 부여받은 문제에 관한 법령을 공포한다.
⑤ 헌법, 법, 국회의결, 국회 상임위원회의 의결사항 시행을 감독하고 정부, 최고인민법원, 최고인민검찰청의 활동을 감찰하며 헌법, 법령, 국회의결에 위배된 정부, 총리, 최고인민법원, 최고인민검찰청의 문서 시행을 정지시키고 그 문서의 폐지를 결정한다. 또한 국회상임위원회의 법령, 의결에 위배된 정부, 총리, 최고인민법원, 최고인민검찰청의 문서를 폐지한다.
⑥ 인민의회 활동을 감독 · 지도하고 성, 중앙직속시 인민의회의 위배된 의결사항을 폐지하며, 성, 중앙직속시 인민의회가 인민의 이익에 대해 심각한 손해를 끼쳤을 경우에는 해당 인민의회를 해산시킨다.
⑦ 민족회의와 국회 각 위원회의 활동을 지도 · 조화 · 배합시키며, 국회의원의 활동을 지도하고 보장한다.

⑧ 국회가 회기 중이 아닌 때 총리와 부총리, 장관과 기타 정부인사의 임명과 해임건의를 비준하고 차기 국회 회기 동안 보고한다.
⑨ 국회가 회기 중이 아닌 때 외국으로부터 침략을 받았을 때 전쟁상태를 선포하고 사후에 국회의 비준을 받는다.
⑩ 총동원령 또는 국부동원령, 전국 또는 일부 지방에 긴급사태 선포를 결정한다.
⑪ 국회의 대외관계 업무를 수행한다.
⑫ 국회의 결정에 따라 국민투표를 실시한다.

(9) 국회의장과 국회부의장(제92조)

국회의장은 국회 회의를 주재하고 국회의 결정과 법에 서명하며, 국회상임위원회 사업 지도, 국회의 대외 관련 업무를 수행, 국회의원 관리 등의 임무를 수행한다. 국회 각 부의장들은 의장의 업무분배에 따라 업무를 수행하고 국회의장을 보좌한다.

(10) 법령 및 결정에 대한 국회 상임위원회의 표결(제93조)

법령 및 국회상임위원회의 결정은 국회상임위원회 재적의원 과반수의 찬성으로 표결한다. 이 법령 및 결정들은 국가주석이 재검토를 국회에 제출하는 경우를 제외하고 통과된 날로부터 늦어도 15일 내에 공포하여야 한다.

(11) 민족회의(Nationalities Council) 선출(제94조)

국회는 의장 (Chairman), 각 부의장 (Vice-Chairman)과 위원 (Members)으로 구성한 민족회의 (Nationalities Council)를 선출한다. 민족회의는 민족문제에 관해 연구하고 국회에 건의하며 산악지대의 경제 · 사회발전계획과 소수민족이 사는 지역에 관한 민족정책 시행업무를 감독한다.

민족정책에 관한 결정을 시행하기 전에 정부는 민족회의의 의견을 참고하여야 한다. 민족회의 의장은 국회상임위원회 회의와 정부의 민족정책 시행업무 회의에 참가한다. 민족회의는 이 밖에도 제95조에 규정된 국회의 각 위원회와 같은 임무와 권한을 가진다. 민족회의는 전임제도에 따라 약간 명의 전문위원을 둔다.

(12) 각 위원회의 선출(제95조)

국회는 국회의 각 위원회 (Committes)를 선출한다. 국회의 각 위원회는 법안의 연구, 심사, 법, 법령안과 기타 안에 관한 건의를 하며 국회 또는 국회상임위원회로부터 부여받은 사항을 보고한다. 그 밖에 국회, 국회상임위원회에 법과 법령 제정계획에 관한 의견을 제출하며 소관 위원회에 활동범위에 속한 문제들을 건의한다. 각 위원회는 전문위원 약간 명을 둔다

(13) 민족회의 및 위원회의 권한(제96조)

국회의 민족회의와 각 위원회는 정부구성원, 최고인민법원 법원장, 최고인민검찰총장과 기타 국가 관련 요인에게 필요한 자료의 제출을 요구할 권리가 있다. 요구받은 자는 그 요구에 응할 책임이 있다. 정부기관은 국회 민족회의와 각 위원회의 건의를 연구하고 답변할 책임이 있다.

(14) 국회의원(Deputy of the National Assembly)의 지위와 임무(제97조)

국회의원은 인민의 의지와 소원을 대변하는 자이며 자신을 선출한 선거구 인민만을 대표하는 것이 아니라 전(全) 인민을 대변하는 자이다. 국회의원은 유권자와 긴밀한 관계를 유지해야 하며 유권자의 감독을 받아야 한다. 또한 유권자들의 의견과 소원을 청취하여 국회와 국가관련 기관에 반영하고 자신과 국회의 활동을 유권자들에 보고하여야 하며, 유권들의 질문과 건의에 답변하고 공민의 청원 · 고발사건 해결에 힘쓰는 등 공민의 공민권을 행사를 지원해야 한다. 국회의원은 헌법, 법과 국회의 의결을 인민에게 널리 알리고 인민이 실행하도록 지원해야 한다.

(15) 국회의원의 권리(제98조)

국회의원은 국가주석, 총리, 정부의 장관과 기타 요원, 최고인민법원장, 최고인민검찰총장에게 질의할 수 있는 권리를 가진다. 질의를 받은 자는 국회 회기 내에 답변을 해야 한다. 조사가 필요한 경우, 국회는 국회상임위원회 또는 국회 차기 회기에 보고하거나 또는 문서로 답변하도록 결정할 수 있다. 국회의원은 국가기관, 사회조직, 군부대에 국회의원이 관심을 가지고 있는 사항에 관해 질의할 수 있는 권한을 가진다. 질의를 받은 기관, 조직, 부대의 책임자는 법률이 정한 시한 내에, 그리고 국회 회기 내에 답변을 해야 한다.

(16) 국회의원의 체포와 소추(訴追)(제99조)

국회의 동의 없이, 국회가 회기가 아닌 경우에는 국회상임위원회의 동의 없이는 국회의원을 체포하거나 소추할 수 없다. 국회의원이 현행범으로 구금된 때에는 구금기관은 국회 또는 국회상임위원회가 검토, 결정하도록 즉시 보고하여야 한다.

(17) 국회의원 임무수행에 필요한 자료제공과 활동경비제공(제100조)

국회의원은 의원의 임무수행을 위해 필요한 시간을 가져야 한다. 국회상임위원회, 총리, 각 부장관, 정부의 기타 요원과 국가의 기타 관련기관은 의원이 요구하는 자료의 제공과 국회의원이 임무를 수행할 수 있는 환경을 조성할 책임이 있다. 국가는 국회의원의 활동경비를 보장한다.

제5절 정 부(Government)

1. 서론

(1) 정부 개관[19)]

정부는 국회의 집행기관이며, 베트남 사회주의공화국의 최고 국가행정기관이다.

정부는 총리(Prime Minister), 부총리(Deputy Prime Minister), 내각(Cabinet Ministers, 각료회의, 즉 각 부의 장관) 및 기타 인사들(other members)로 구성된다. 현재 총리는 1명, 부총리 5명, 부(部) 18개, 그리고 부급(部級) 기관 8개이다. 구(舊) 헌법에서는 내각(각료회의)이 국회의원이어야 했으나, 신(新) 헌법에서는 총리만 국회의원일 것을 요하고 있다.

정부는 법률 및 법령안을 국회 및 국회상임위원회에 제출하고 자체적으로 법령(Decrees) 및 결정(Decision)을 공포할 수 있으며, 총리령(Decision 및 Directives) 및 부령(Circular 혹은 Directives 형식)을 공포할 수 있다.

(2) 정부에 관한 일반적인 헌법 규정[20)]

헌법은 제8장(제109조~제117조)에서 정부에 관한 여러 규정을 두고 있다. 아래에서 이들 규정 중 일반적인 규정들을 살펴보기로 하자.

1) 정부의 지위(제109조)

정부는 국회의 집행기관이며 베트남 사회주의공화국의 최고 국가행정기관이다. 정부는 국가의 정치, 경제, 문화, 사회, 국방, 안녕 그리고 대외임무 수행을 관리하고 중앙부터 지방까지 국가기구의 효력을 보장하며, 헌법과 법률의 집행을 보장하고 조국건설과 방위사업에서 인민이 주인의식을 발휘케 한다. 또한 인민의 물질적 · 문화적 생활 안정과 향상을 보장한다. 정부는 국회에 대하여 책임을 지며 국회, 국회상임위원회, 국가주석에게 보고한다.

2) 정부의 구성(제110조)

정부는 총리, 부총리, 내각(각부 장관) 및 기타 인사로 구성된다. 총리 이외에 다른 정부의 구성원이 반드시 국회의원일 필요는 없다. 총리는 국회에 대하여 책임을 지며 국회, 국회상임위원회, 국가주석에게 보고한다. 부총리는 총리의 업무 분담에 따라 총리를 돕고 임무를 수행하며, 총리 부재 시(不在時) 한 명의 부총리가 총리로부터 위임을 받아 정부 업무를 영도한다.

3) 정부의 임무와 권한(제112조)

정부는 다음의 임무와 권한을 가진다.

① 각 부(部), 부와 동등한 각 기관과 정부 소속기관, 각급 인민위원회의 사업을 영도하고 중앙부터 하부기관까지 국가행정기구를 구축하여 통일체계를 견고히 하며, 인민의회와 국가 상급기관 공문서 이행을 지도·감시하고 인민의회가 법률에 따라 임무와 권한을 수행할 수 있는 조건을 조성한다. 또한 공무원을 양성하여 우수한 국가공무원 집단을 사용한다.

② 국가기관, 경제조직, 사회조직, 군부대와 공민의 헌법, 법률 시행을 보장하며, 인민에게 헌법과 법률 교육, 선전사업을 조직하고 지도한다.

③ 법, 법령안과 기타 안을 국회와 국회상임위원회에 제출한다.

④ 국민경제 발전을 통일 관리하며 국가재정 금융정책을 실현하며 전(全) 인민 소유에 속하는 재산을 효과적으로 관리하며 문화, 교육, 보건, 과학과 공업을 발전시켜 국가경제·사회 발전계획을 실현한다.

⑤ 공민의 합법적인 권리와 이익을 보장하고 공민이 자신의 권리와 의무를 다 할 수 있는 조건을 조성하며, 국가와 사회의 재산, 이익을 보호하고 환경을 보호한다.

⑥ 전 인민의 국방, 인민의 안녕을 공고히 하고 강화시키고 국가안녕과 질서, 사회안전을 보장하며, 인민군을 육성하고 국토방위를 위해 동원령, 긴급사태 선포와 기타 모든 방법을 시행한다.

⑦ 국가의 통계사업, 국가 감독과 통제 사업을 조직하고 영도하고, 국가 기구내 관료부패를 배격하며 공민의 고소, 고발을 해결한다.

⑧ 정부 이름으로 국제조약 체결, 참가 비준 등 국가의 대외사업을 통일관리하고, 베트남 사회주의공화국이 체결 또는 참가한 국제조약 이행을 지도하며, 외국에서 베트남 조직과 공민의 정당한 이익, 국가의 이익을 보호한다.

⑨ 사회정책, 민족정책, 종교정책을 실현한다.

⑩ 성(省, province), 중앙직할시(the city under direct central control) 이하의 행정단위의 경계를 조정한다.

⑪ 인민단체들은 자신의 임무와 권한을 수행함에 있어 그들 조직의 활동이 효과를 거둘 수 있도록 조국전선과 연계한다.

4) 정부의 임기(제113조)

정부의 임기는 국회의 임기에 따른다. 국회의 임기가 끝나도 정부는 새로운 국회가 새로운 정부를 수립할 때까지 임무를 계속 수행한다.

2. 총리 (Prime Minister of Vietnam)

(1) 서론[21)]

베트남 총리 (Thủ tướng Việt Nam, 투 뜨엉 비엣남, Prime Minister of Vietnam)는 베트남 정부의 행정부 수반 (首班, head of the executive branch)이다. 총리는 베트남 내각 (cabinet, 국무회의)을 주재 (主宰)하며, 국회에 각부 (部)장관 (ministers)들을 임명해임 건의 등을 하는 책임을 지고 있다. 총리는 국회의원 중에서 국가주석의 추천으로 선출된다.

(2) 총리의 임무와 권한

헌법은 제114조에서 총리의 임무와 권한을 다음과 같이 규정하고 있다.[22)]

총리는 다음과 같은 임무와 권한을 갖는다.

① 정부, 정부구성원, 각급 인민위원회의 사업을 영도하고 정부 회의를 주재한다.

② 부(部) 및 부와 동등한 기관수립 또는 해체를 국회에 건의하며 부총리, 장관, 기타 정부 구성원의 임명, 해임안을 국회에 제출해서 비준받는다.

③ 차관과 차관급의 임명과 해임, 성(省), 중앙직할시의 인민위원장, 부위원장 선거를 비준하고, 임명 및 해임한다.

④ 헌법 · 법률과 국가 상급기관의 문서에 위배되는 장관의 지시 및 통첩, 성 · 중앙직할시 인민위원회와 인민위원장의 결정 및 지시의 시행을 정지 또는 폐지한다.

⑤ 헌법 · 법률과 상급 국가기관의 문서와 위배되는 성 · 중앙직할시 인민의회 의결사항의 시행을 정지시키고 국회상임위원회에 폐지를 건의한다.

⑥ 정부가 해결해야 할 중요한 문제에 관해 대중통신을 통해 인민에게 직접 보고하는 제도를 실현한다.

(3) 역대 총리 명단[23)]

역대 총리의 명단을 소개하면 다음과 같다.

① 호 찌 밍 (Hồ Chí Minh : 1945. 9. 2~1955. 9. 20)

② 팜 반 동 (Phạm Văn Đồng : 1955. 9. 20~1976. 7. 2)

③ 팜 반 동 (Phạm Văn Đồng : 1976. 7. 2~1987. 6. 18)

④ 팜 훙 (Phạm Hùng : 1987. 6. 18~1988. 3. 10)

⑤ 보 반 끼에트 (Võ Văn Kiệt : 1988. 3. 10~1988. 6. 22) : 첫 번째는 대행(代行)

⑥ 도 므어이 (Đỗ Mười : 1988. 6. 22~1991. 8. 8)

⑦ 보 반 끼에트 (Võ Văn Kiệt : 1991. 8. 8~1992. 9. 24) (두번째)

⑧ 보 반 끼에트 (Võ Văn Kiệt : 1992. 9. 24~1997. 9. 25)

⑨ 판 반 카이 (Phan Văn Khải : 1997. 9. 25~2006. 6. 27)

⑩ 응우엔 떤 중 (Nguyễn Tấn Dũng : 2006. 6. 27~ 현재)

3. 각 부(部) 장관과 기타 구성원에 관한 헌법 규정

(1) 각 부 장관과 기타 구성원의 임무(제116조)[24)]

정부의 장관과 기타 구성원은 전국적인 범위에서 자신이 맡은 부문에 대해서 국가관리의 책임을 져야 하며 법률의 규정에 따라 경영, 생산활동에서 자주권이 보장된다. 헌법, 법과 국회의 의결, 국회상임위원회의 법령 · 의결, 국가주석의 영 · 결정, 정부와 총리의 공문 등에 근거하여 장관과 기타 정부 구성원, 정부 소속 기관장은 결정 · 지시 · 통첩을 발하고 각 분야 및 단위에서 그 공문의 시행을 감사한다.

(2) 장관과 기타 구성원의 책임(제117조)[25)]

장관과 정부의 기타 구성원은 자신이 맡은 분야에 대해서 총리와 국회에 대하여 책임을 진다

(3) 정부 부처[26)]

현재 베트남 정부에는 다음과 같은 부(部)와 부급(部級) 조직이 있다.

① 부처(部處) : 장관

- 국방부 (Defence)
- 내무부 (Interior)
- 외무부 (Foriegn Affairs)
- 법무부 (Justice)
- 재무부 (Finance)
- 상무부 (Trade)
- 과학기술환경부 (Science, Technology & Environment)
- 노동원호사회부 (Labour, War Invalids & Social Affair)
- 교통통신부 (Transport & Communication)
- 기획투자부 (Planning & Investment)
- 산업무역부 (Industry and Trade))
- 농업 · 농촌개발부 (Agriculture & Rural Development)
- 보건부 (Public Heallth)
- 문화정보부 (Culture & Information)
- 수산부 (Marine Products)
- 교육부 (Education & Training)

• 건설부 (Construction)

② 부급(部級) 조직 (장관급 조직)

• 소수민족 및 산간지역위원회 (Ethnic Minorities & Moutain Regions Committee)
• 감사원 (Inspector General)
• 중앙은행 (State Bank Governor)
• 정부인사위원회 (Government's Personnel Board)
• 정부행정실 (Office of Government) (Cabinet Secretary)
• 메콩강 홍수방지위원회 (National Mekong Committee & Flood Protection)
• 청소년 보호위원회
• 가족계획위원회

4. 행정단위

(1) 서론

베트남의 행정단위에는 이상에서 살펴 본 바와 같은 중앙정부 이외에도 지방정부가 있다. 그리고 지방정부에는 그 정부의 국가권력기관인 인민회의 (People's Council)와 인민회의 대표 (Deputy to the People's Council), 그리고 인민위원회 (People's Committee) 등이 있다.

(2) 행정단위에 대한 헌법 규정[27)]

헌법은 제9장 (인민의회와 인민위원회) 제118~125조에서 행정단위, 인민의회, 인민의회대표, 그리고 인민위원회 등에 관하여 다음과 같이 규정하고 있다.

1) 행정단위의 구성(제118조)

베트남 사회주의공화국의 행정단위는 다음과 같이 정한다. 국가를 성 (省, provinces) 및 중앙직할시 (cities under direct central rule)로 나눈다.

2) 인민의회(제119조)

인민의회는 해당 지방의 국가권력기관이며 인민의 의지 · 소망을 대변한다. 또한 인민이 주권을 행사하며 선출하는 인민의회는 지방인민과 상급 국가기관에 대하여 책임을 진다.

3) 인민의회의 의무(제120조)

헌법, 법, 상급 국가기관의 공문에 근거하여 인민의회는 지방에서 헌법과 법률을 엄정히 시행하고 경제 · 사회 발전계획, 예산, 지방의 국방과 안녕, 인민의 생활 안정과 향상에 관해 상부에서 부여한 모든 임무를 완수하여 국가에 대한 의무를 완수한다.

4) 인민의회대표의 지위와 의무(제121조)

인민의회대표는 지방 인민의 의지와 소망을 대변하는 대표이며 유권자와 긴밀한 유대관계를 가진다. 유권자의 감독을 받으며 자신과 인민의회의 활동을 접촉과 보고를 통해 유권자에 알리며 유권자의 요구와 건의에 답변해야 하고, 인민의 고소 · 고발을 검토 · 해결한다. 인민의회대표는 인민이 국가의 법률과 정책, 인민의회의 의결을 실현하고 국가관리에 참가하도록 동원할 의무가 있다.

5) 인민의회대표의 권리와 책임(제122조)

인민의회대표는 인민의회의 의장, 인민위원회 위원장과 구성원, 인민법원장, 인민검찰총장과 인민위원회 소속기관장에게 질문할 권리가 있다. 질문을 받은 자는 법률이 정한 시한 내에 인민의회에 대하여 답변해야 한다. 또한 인민의회대표는 지방 국가기관에 대하여 건의할 권리가 있다. 이때 기관 책임자는 대표를 만나 대표의 건의를 해결할 책임을 지닌다.

6) 인민위원회의 지위(제123조)

인민위원회는 인민의회가 선출한 인민의회의 집행기관이며 지방의 국가행정기관으로서 헌법, 법, 상급 국가기관의 공문과 인민의회의 의결을 집행할 책임이 있다.

7) 인민위원회의 권한(제124조)

인민위원회는 법률이 정한 임무와 권한 범위 내에서 결정 · 지시를 내리고 그 시행을 감독한다. 인민위원회 위원장은 인민위원회를 영도하고 활동을 관리한다. 중요한 지방문제는 집단토론을 통해 다수결로 결정하여야 한다. 인민위원회 위원장은 인민위원회 소속기관의 위반 공문과 하급 인민위원회의 위반 공문의 시행을 중지시키거나 폐지할 권한을 가지며 동시에 인민의회에 그러한 의결을 폐지할 것을 제의한다.

(3) 베트남의 행정단위 수(數)[28]

현재 베트남에는 1개의 수도(하노이), 59개의 성(省)과 4개의 중앙직할시가 있다. 자세한 내용은 제3장 '베트남의 행정단위'를 참조하기 바란다.

제6절 사법부

1. 서론[29]

베트남에서 '사법'(司法)은 입법 및 행정과 함께 3권(權)이라고 표현되고 있으나 이들 3권은 국가권력의 각 측면을 의미할 뿐이고, 권력이라기보다는 단순한 작용이나 임무로 이해되고 있다.

따라서 국가권력은 입법, 행정, 사법의 세 개의 권력으로 분리되어 존재하는 것이 아니라, 통일성을 지닌 단 하나의 권력일 뿐이다. 권력분립에 기초한 '사법' 관념은 1959년 소련식 법제도를 도입하면서 사라졌고, 단지 국가권력의 행사를 분담하는 분업적인 개념으로 이해되고 있다.

베트남사회주의공화국의 사법부, 즉 재판기관은 크게 최고인민법원(Supreme People's Court), 지방인민법원(Local People's Court), 군사법원(Military Tribunals) 및 기타 법원(Other Tribunals)으로 구성되어 있다. 또 특별한 상황에서는, 국회 특수법원(Special Tribunals) 구성을 결정할 수 있다.

또한 정부기관, 경제조직, 사회조직, 인민군 부대와 인민(人民)의 법률 준수를 감독하고 공소권을 행사하며 법률이 엄정히 그리고 통일적으로 집행됨을 보장하기 위한 조직으로는 인민검찰청을 두고 있다. 인민검찰청(People's Procuracy)은 최고인민검찰청(Supreme People's Procuracy), 지방인민검찰청(Local Offices of Supreme People's Procuracy), 군사검찰청(Military Offices of Procuracy)으로 구성되어 있다.

2. 사법부에 관한 헌법 규정[30)]

헌법은 제10장(제126~140조)에서 사법부에 관한 규정을 두고 있다. 아래에서 이들을 구체적으로 살펴보기로 한다.

(1) 인민법원의 지위와 설치(제127)

최고인민법원, 지방인민법원, 군사법원과 기타 법률이 정한 법원은 베트남 사회주의공화국의 사법기관을 구성한다. 특별한 상황에서는 국회 내에 특별법원을 설치할 수 있다. 또한 조직 내에 인민의 사소한 법률위반과 분쟁을 해결하기 위해 법률이 정하는 바에 따라 적합한 조직을 설치할 수 있다.

(2) 최고인민법원장의 임기(제128조)

최고인민법원장의 임기는 국회의 임기에 따른다. 판사의 임명과 해임, 각급 인민법원 내 인민배심원의 선출과 임기는 법률로 정한다.

(3) 재판과 배심원(제129조)

인민법원의 재판은 법률이 정하는 바에 따라 인민배심원(people's assessors)의 참여하에, 군사법원의 재판은 군인배심원(military assessors)의 참여하에 이뤄진다. 재판과정에서 배심원은 판사(judges)와 대등한 권한을 갖는다.

(4) 판사와 배심원의 독립성(제130조)

재판에서 판사와 배심원은 독립적이며 법률만을 준수한다.

(5) 공개 재판의 원칙과 다수결(제131조)

인민법원은 법률이 정한 경우를 제외하고는 공개재판을 한다. 인민법원은 집단판결을 하며 다수결로 형량을 결정한다.

(6) 피고인의 변호권(제132조)

피고의 변호권은 보장된다. 피고는 자신이 변호하거나 또는 다른 사람의 변호를 받을 수 있다. 피고와 기타 당사자들의 합법적인 권리와 이익을 보호해 주고 사회주의 법제를 보호하기 위해 법조인 단체를 구성한다.

인민법원은 베트남 사회주의공화국의 모든 민족이 법정에서 그들 고유의 말과 문자를 사용할 권리를 보장한다.

(7) 최고인민법원의 지위와 감독권(제134조)

최고인민법원은 베트남 사회주의공화국의 최고사법기관이다. 최고인민법원은 지방인민법원과 군사법원의 재판업무를 감독한다. 최고인민법원은 국회가 다른 규정을 두는 경우를 제외하고 특별법원과 기타 법원의 재판업무를 감독한다.

(8) 최고인민법원장의 책임(제135조)

최고인민법원장은 국회에 대해 책임을 지며 업무를 보고하여야 한다. 국회가 회기 중이 아닐 때에는 국회 상임위원회와 국가주석에게 보고할 책임이 있다. 지방인민법원장은 인민의회에 업무를 보고할 책임이 있다.

(9) 판결과 결정의 집행(제136조)

법적 효력이 있는 인민법원의 판결(sentences)과 결정(decisions)에 대해서는 국가기관, 경제조직, 사회조직, 인민군부대 및 모든 공민은 이를 존중해야 하며, 관련 당사자 및 단체는 이를 엄정히 집행해야 한다.

(10) 인민검찰청의 권한(제137조)

최고인민검찰청은 각부, 부와 동등한 기관, 정부에 속한 기타 기관, 지방권력기관, 경제조직, 사회조직, 인민군부대와 공민의 법률 준수를 감독하고, 공소권을 행사하여 법률이 엄정하면서도 통일적으로 집행되도록 한다. 지방인민검찰청, 군사검찰청은 법률준수를 감독하고 법률이 정한 범위 내에서 공소권을 행사한다.

(11) 인민검찰청의 지휘체계(제138조)

인민검찰청은 검찰총장이 지휘한다. 하급 인민검찰청의 청장은 상급 인민검찰청의 청장의 지휘를 받으며 지방인민검찰청의 청장, 각급 군사인민검찰청의 청장은 최고인민검찰청 검찰총장의 통일적인 지도를 받는다. 인민검찰청 총장은 검찰위원회 설치를 결정할 권한을 가지며, 검찰위원회는 법률에 따라 토론주제를 다수결로 결정한다. 총장, 부총장, 지방인민검찰청과 군구의 군 검찰청의 검사는 최고인민검찰청 검찰총장이 임명하고 해임한다.

(12) 최고인민검찰총장(Head of the Supreme People's Office of Supervision and Control)의 책임(제139조)

최고인민검찰총장은 국회에 대하여 책임을 지며 업무를 보고하여야 한다. 국회가 회기 중이 아닌 때에는 국회상임위원회와 국가주석에 대해 책임을 지고 업무를 보고하여야 한다.

(13) 지방인민검찰총장(Head of the local People's Office of Supervision and Control)의 책임(제140조)

지방인민검찰청의 청장들은 지방에서 법률시행 상황에 관해 인민의회에 보고할 책임이 있으며 인민의회대표의 질문에 답변해야 한다.

3. 법률 문건의 체계[31)]

베트남에서 법률문건(Legal Documents)의 체계는 크게 헌법(Constitution), 법률(Code/Law), 의결(Resolution), 결정(Decision), 지시(Instruction) 및 통지(Legal Notice)로 나누어 볼 수 있다. 이들 중 의결, 결정, 지시, 통지에 대해 구체적으로 살펴보면 다음과 같다.

의결(Resolution)은 법률이 정한 절차에 따라 토론과 표결을 거친, 즉 회의제도를 통해 기관이 내린 결정이다. 다수결 혹은 절대 다수결로 표결하는데, 국회와 국회 상무위원회는 과반수 찬성으로 국회의원의 제명 · 국회의 임기단축이나 연장을 결정한다. 헌법의 개정은 정원의 2/3 이상의 찬성으로 가결되며, 신문지상에서 자주 보게 되는 내용은 주로 의결과 관련된 것들이다.

결정(Decision)은 각 기관 및 그 기관 직속단위의 활동과 조직에 관하여 해당 분야의 경제적 · 기술적 한계와 기준을 규정하고, 자신의 관리기능 혹은 정부가 위임한 문제를 실현하기 위한 방법을 규정한 법률 문건이다. 지시(Instruction)는 해당기관과 상급기관의 법률 · 규범 문건을 실현하기 위하여, 자신이 관리하는 분야에 속한 기관과 단위의 활동을 감사하고 협의하고 독촉하고 시도하는 방법을 규정한 문건이다.

통지(Legal Notice)는 상급기관(국회, 국회상무위원회, 국가주석, 총리)의 법규범에서 해당 분야의 관리를 위임한 경우 혹은 자신의 관리영역에 속한 규정을 실현하려는 경우에 각부 장관, 부와 동등한 기관의 기관장, 정부 직속 기관장이 공포하는 법률 문건을 말한다.

제10장

외교·군사 환경

이 장에서는 베트남의 외교와 군사 환경을 이해하기 위해 정치상황, 아세안 · 러시아 · 중국 · 일본 · 미국 · 한국 등과의 외교관계, 그리고 육군 · 해군 · 공군 등과 같은 군사 환경을 고찰하기로 한다.

제1절 외교 환경

여기서는 베트남전쟁 후 베트남의 국제관계 및 대외정책을 비롯해서 미국, 중국, 일본, 러시아, 캄보디아, ASEAN 및 한국 등 주요 국가와 베트남의 외교관계를 살펴보고자 한다.

1. 서론

(1) 소련연방 시절[1)]

제2차 인도차이나 전쟁(The Second Indochina War : 1954~75) 기간 동안 북 베트남(North Vietnam)은 2개의 주요 동맹국인 소련연방(Soviet Union) 및 중국(People's Republic of china; PRC)과 돈독한 관계를 유지했다. 1975년 중국정부가 베트남을 소련이 중국을 포위하려는 수단으로 여기게 되면서, 중국과 베트남간에는 긴장관계가 형성되기 시작했다. 그러는 동안, 중국이 캄보디아의 크메르루즈(Khmer Rouge)를 더욱 지원하게 되자, 베트남은 중국의 의도를 의심하기 시작했다.

1978년 3월 베트남이 중국과 무역을 금지시키자, 베트남과 중국의 관계는 급속히 악화되었다. 1978년 12월 베트남 군대가 캄보디아를 침공하자, 중국은 이에 대한 보복으로 베트남의 북부 국경지대를 공격해 들어갔다. 중국과 국교단절 및 국제관계 악화 등 사태가 심각해질 것을 우려한 베트남은 소련연방에 더욱 가까이 다가갔으며, COMECON (Council for Mutual Economic Assistance, 동유럽 경제 상호회의)에도 가입했다. 1980년대에 베트남은 소련연방으로부터 30억달러의 경제원조를 받았고 또 소련연방 및 기타 '코메콘' 국가들과 무역을 증진시켰다. 그러나 소련연방이 붕괴되자 '코메콘'의 원조가 중단되었다.

(2) 도이 머이(Đổi Mới, 혁신 · 개혁) 이후[2)]

베트남은 1989년 캄보디아에서 군대를 철수하면서 국제적 고립으로부터 점차 벗어나기 시작했다. 1991년 파리협정(Paris Agreement)이 조인된 후 몇달뒤 베트남은 ASEAN(Association of South-East Nations, 동남아시아 국가 연합)을 비롯해 유럽 및 동북아시아 국가들과 외교관계를 수립했다. 중국은 1991년 베트남과 외교관계를 완전히 복원했으며, 양국은 1999년 국경선 설정에 합의했다.

지난 10여년 동안, 베트남은 세계 국가들간의 경제가 더욱 밀접하게 상호연결되어 가고 있음을 인식하기 시작했으며, 동남아시아의 국제경제 및 정치상황에 조화롭게 적응할 필요가 있음을 깨달았다. 이때부터 베트남은 동남아시아 지역경제 및 세계경제의 구성원이 되기 위해 여러 국제기구에 가입하기 시작했다.

베트남은 서구국가들의 자본을 유치하려고 노력했으며, 세계적인 금융기관과 관계를 증진시켜 나갔다. 1990년대에 들어서자, 베트남은 세계은행(World Bank) 및 국제통화기금 (International Monetary Fund; IMF)의 회원국으로 가입했다.

베트남은 동아시아 국가들뿐만 아니라 서유럽 및 북미 국가들과 무역을 확대해 나갔다. 특히 1995년 7월 베트남은 ASEAN의 7번째 회원국으로 가입했다. 1998년 11월 베트남은 APEC(Asia-Pacific Economic Cooperation forum, 아시아-태평양 경제협력 포럼)에 가입했으며, 12월에는 ASEAN 회의의 주최국이 되기도 했다.

2005년 베트남은 동아시아 정상회의(East Asia Summit)에 참가했고, 2006년에는 APEC 주최국이 되었다. 2006년 11월 베트남은 WTO(World Trade Organization, 세계무역기구)의 정식 회원국으로 가입했고 2007년에는 UN 안전보장이사회 비상임 이사국으로 선출되었다.

(3) 현재의 주요 문제[3)]

캄보디아 사태 이후 베트남은 인접국들, 특히 중국과 비교적 큰 갈등 없이 지내고 있다. 그러나 베트남과 중국 양국은 '스프랄티 군도' (Spralty Islands, 南沙群島, 남사군도)의 영유권을 서로 주장하고 있는데, 그것은 남중국해 (South China Sea)에 있는 이 군도 (群島)가 거대한 원유 매장량을 보유하고 있는 것으로 파악되고 있기 때문이다.

이 지역에서는 지난 수년 동안 소규모의 무력충돌이 발생했고, 1988년에는 중국과 베트남 간의 대결로 70여명 이상이 사망했다. 중국이 스프랄티 군도 및 남중국해 전체의 영유권을 주장하자, 베트남 및 인근의 동남아시아 국가들은 반발하고 있다.

베트남과 중국 간의 육상 국경선은 1999년에 서명된 육상 국경 획정조약 (Land Border Agreement) 및 2000년에 서명된 통킹만 경계 획정조약 (Agreement of Borders in the Gulf of TonKin)에 따라 명확하게 설정 되었다.

베트남은 러시아와 전통적 우호관계를 이어가고 있다. 2001년 3월 러시아 대통령이 하노이를 방문했을 때 전략적 동맹관계 (strategic partnership)를 맺는 등 동남아시아에서 점차 증가하고 있는 중국의 영향력에 맞서려는 노력을 하고 있다.

(4) 기타 주요 문제[4)]

그 밖에 중요한 국제문제에는 다음과 같은 것이 있다.

① 캄보디아와의 해상 경계선(maritime boundary)이 결정되지 않고 있다.
② 중국, 말레이시아, 필리핀, 대만, 브루나이 국가들의 '스프랄티 군도'에 대한 영유권 주장은 매우 복잡한 문제로 남아 있다.
③ 타일랜드와 해상 경계선 분쟁은 1997년 8월 해결되었다.
④ 통킹만에서의 베트남과 중국의 해상 경계선 분쟁이 아직도 해결되지 않고 있다.
⑤ 중국이 '파라셀 군도'(Paracel Islands, 西沙群島, 서사군도)를 점령하고 있지만, 베트남과 대만은 이를 인정하지 않고 있다.
⑥ 베트남과 중국 간의 내륙 국경선은 위에서 살펴본 바와 같이 1999년에 합의되었지만, 구체적인 내용은 아직 공표되지 않고 있다.

2. 베트남 외교정책에 관한 헌법상 규정[5)]

베트남의 외교정책은 헌법의 테두리 내에서 이루어져야 하므로, 여기서는 먼저 베트남의 헌법 규정을 살펴보기로 한다.

베트남 헌법 제14조는 "베트남 사회주의공화국 (The Socialist Republic of Vietnam)은 서로 다른 정치와 사회제도의 구별 없이 세계 모든 나라와 평화, 우의, 교류, 협력확대 정책을 실현하며, 상호독립, 주권, 영토의 존중하에 내부문제에 불간섭하고 평등과 상호이익을 추구한다.

사회주의 국가 및 인접 국가들과 우호단결 및 협력을 강화하며, 평화 · 민족독립 · 민주와 사회진보를 위한 세계 인민의 공동투쟁을 적극적으로 옹호하고 지원한다."고 규정하고 있다.

다음은 이러한 헌법정신에 따라 베트남 정부가 취하고 있는 외교정책 기조를 정리해 보자.

3. 베트남의 외교정책 기조[6)]

오늘날 베트남의 외교정책의 기조(基調)를 요약하면 다음과 같다.

(1) 실리적이고 능동적인 경제외교를 통해 개혁 · 개방 지원

① 현재 추진 중인 다부문에 걸친 시장경제체제 활성화 정책에 상응하는 효율적인 대외정책을 추진한다.

② 세계화, 지역화, 다양화, 다차원화되고 있는 세계정세에 대처하기 위한 적극적 · 능동적인 외교관계를 구축한다.

③ 교역을 확대하고 외국인 투자를 촉진한다.

(2) '독립 · 주권존중 · 평화'와 '다양화 · 다변화'라는 기본 이념하에 모든 국가와 선린 우호관계 추구

① 미국 · 일본 · EU 등 선진국들과 관계강화를 통해 교역증진, 투자 및 원조유치를 도모한다.

② 중국 · 북한 · 쿠바 · 러시아 및 CIS국가 등 구(舊)사회주의권 국가들과 전통적 우호관계를 유지하는 한편 세계화의 부정적 영향에 대응한다.

③ 영토분쟁 등 주변국과의 현안문제는 대화를 통한 평화적 해결을 도모한다.

(3) 국제문제에 대한 전통적 원칙 견지

① 54개 민족으로 구성된 베트남의 일체성 확보 차원에서 해외 소수민족 분쟁의 국내확산 가능성을 경계한다.

② 미국 · EU 등의 인권문제 제기에 내정불간섭 원칙으로 대응한다.

③ 국제분쟁 해결에 있어 유엔의 역할, 주권존중 및 국제법 원칙을 강조한다.

④ 어떤 형태의 테러에도 반대하며 국제사회의 반테러노력을 지지한다. 그러나 반테러활동이 주권침해나 국내문제 간섭 구실로 이용되거나 문명간 충돌로 발전되어서는 안된다는 입장을 견지한다.

(4) 적극적인 다자외교 전개

① 각종 국제회의를 개최하고 또 각종 국제기구에 적극적으로 가입함으로써 국제무대의 외교역량을 확대한다.

이를 위해 베트남은 불어권 정상회담(1997년), ASEAN 및 ASEAN+3 정상회담(1998년), ASEM 정상회담(2004년)에 이어, 2006년 11월 APEC 정상회의(하노이)를 개최했고, 2007년에는 WTO 회원국이 되었다.

② IMF · IBRD · ADB 등 세계금융기관과 쌍무적인 협력관계 구축을 통해 원조 및 차관 유치 노력을 지속한다.

4. 베트남의 주요 대외관계

(1) 베트남-미국 관계[7)]

① 1975년 베트남 공산화 이후 양국의 외교관계가 단절되었고, 미국은 대(對) 베트남경제 제재 조치를 실시하였다.

② 베트남은 미국과 수교를 위해 1989년 캄보디아에 주둔하던 자국군을 철수하였다. 또 구 월남(舊越南, South Vietnam) 정치범의 미국 정착 허용 등의 조치를 실시하고, 실종미군 문제 해결에 적극적인 태도를 보였다.

③ 20여년간의 양국 국교가 단절된 이후 미국의 클린턴 대통령은 1995년 7월 11일 양국간의 공식적 외교관계가 정상화되었음을 공표했다. 1995년 8월 양국은 1995년 1월 상대국에 설치했던 연락사무소(Liaison Offices)를 대사관 지위로 격상시켰다. 그 후 양국간의 외교관계가 더욱 긴밀해짐에 따라, 미국은 호찌밍시에 영사관을 설치했고, 베트남은 샌프란시스코에 영사관을 설치했다.

④ 2000년 양국간 무역협정 체결에 이어, 클린턴 대통령이 베트남을 방문하여 양국의 미래지향적 협력관계 구축에 합의했다.

⑤ 2002년 고엽제 및 다이옥신 영향에 대한 공동조사 양해각서에 서명하고 전문가 회의를 개최하였다(그러나 미국 측은 아직도 책임을 인정하고 있지 않음).

⑥ 2003년에는 미국 함정이 호찌밍시(市)에 기항하고, 베트남 국방장관이 미국을 방문하는 등 양국의 교류 분야가 군사 분야까지 확대되었다.

⑦ 2004년에는 호찌밍시와 샌프란시스코간에 직항로가 개설되었다.

⑧ 2005년 베트남 · 미국 수교 10주년을 계기로 판 반 카이 총리가 미국을 방문하였으였고 2006년 11월 하노이에서 APEC 정상회의가 개최되었을 때는 부시 대통령이 베트남을 공식 방문했다.

⑨ 2006년 12월 8일 미국 의회는 베트남에 대한 항구적 정상무역관계(PNTR)를 승인했다. 이로써 베트남전(戰)에서 10년 동안 전쟁을 치렀던 미국과 베트남은 정치 · 경제 등의 분야에서 모든 제약을 풀고 종전(終戰) 32년 만에 완전히 정상적인 관계를 이루게 되었다.

베트남이 미국의회로부터 PNTR 승인을 받음에 따라 2006년 11월 7일 스위스 제네바에서 개최된 WTO(세계무역기구) 총회에서 150번째 회원국으로 승인받은 데 이어, 가장 중요한 무역 상대국인 미국과의 정상무역관계까지 회복함으로써 무역장벽을 한꺼번에 제거하는 성과를 올렸다.[8)]

⑩ 한편 미국은 베트남의 인권문제(종교탄압 · 언론자유 침해 · 소수민족 차별 등)를 지속적으로 제기하고 있으며 베트남측은 이에 대해 내정간섭이라고 비난하고 있다.

⑪ 2007년 6월에는 베트남 응웬밍 찌엣 주석이 미국을 방문함으로써 미국과 정치적 관계가 완전히 정상화되는 길로 접어들었다.

(2) 베트남-일본 관계[9)]

① 1973년 파리협정이 체결되고 미군이 베트남에서 철군을 개시하자, 일본은 베트남과 외교관계를 수립하고, 베트남 전후(戰後) 복구를 지원했으나, 1978년 베트남이 캄보디아를 침공하면서 지원을 중단했다.

② 1989년 베트남군이 캄보디아에서 철수하자, 일본은 1992년 11월부터 대(對) 베트남경제개발 원조를 재개하고, 투자 · 교역확대 등 경제 분야를 중심으로 긴밀한 관계를 쌓아가기 시작했다. 일본은 베트남에 대한 최대 원조국이며, 베트남 전체 공적개발원조(Official Development Assistance)의 약 30%를 제공하고 있다.

③ 일본은 1993년 1월 인도차이나 개발 포럼을 제안하였고, 베트남을 포함한 인도차이나 지역에 대하여 경제적으로 진출할 때 서방 국가들 중 가장 적극적인 태도를 보였다.

④ 1994년에는 일본의 무라야마 수상이 베트남을 방문하였고, 1995년 5월에는 베트남의 도므어이(Do Muoi) 당서기장이 일본을 방문하였다. 1997년에는 일본의 하시모토 수상이 베트남을 방문하였다. 또 2006년 10월에는 베트남의 응우엔떤중 총리가 일본을 방문하여, 베트남-일본 관계를 전략적 동반자 관계로 발전시켜 나가기로 합의했다.

(3) 베트남-중국 관계[10)]

① 베트남전쟁기간(1954~75) 동안 군사 및 경제원조 제공 등으로 중국과 베트남은 우호관계를 유지하였다.

② 1978년 베트남은 소련연방과 우호협력협정을 조인하고 캄보디아를 침공하였고, 1979년 2월 중월(中越)국경 전쟁이 발발하면서 중국과 베트남의 관계가 단절되었다.

③ 1991년 10월 캄보디아에 대한 파리 협정을 계기로, 1991년 11월 베트남의 도므어이 서기장과 보반끼에트 총리가 중국을 방문하여, 양국 간 정상회담을 통해 관계가 정상화되었다.

④ 양국간 국경분쟁과 관련해서, 육상과 해상문제는 해결되었다. 즉, 육상은 육상국경획정조약(1999년)과 경계표식물 설치(2001년)로, 해상은 통킹만 경계획정조약과 어업협정 발효(2004년 6월)로 갈등관계를 종식시켰다.

⑤ 그러나 스프랄티 군도(Spralty Tslands) 및 파라셀 군도(Paracel Islands) 분쟁은 여전히 해결되지 않고 있다. 양 군도에 대해서 2003년 통과된 베트남 국경법은 자국영토라

는 입장을 견지하고 있다.

⑥ 중국은 1979년 이전에 발생한 베트남의 대(對) 중국 채무 약 5천만달러를 전액 탕감해 주는 등 베트남에 대해 적극적 원조를 하고 있다. 현재 중국은 베트남의 최대 교역국이다.

⑦ 1999년 레카피에우 당서기장이 중국을 방문하여, 양국간 전면적 협력동반자 관계 설정에 합의한 후, 16자 원칙에 따라 현안 해결을 도모하고 있다(16자 원칙이란, '장기안정, 미래지향, 선린우호, 전면협력'을 뜻한다.).

⑧ 베트남은 하나의 중국 원칙을 견지하면서도 대만과 경제 분야에서 긴밀한 관계를 유지하고 있다.

(4) 베트남-러시아 관계[11)]

① 구(舊)소련, 즉 소련연방은 1950년 북 베트남(North Vietnam), 즉 월맹(越盟))을 승인하고 1960년대초 대(對) 베트남 지원을 본격화한 데 이어 베트남전쟁 때는 군사원조를 제공했다.

② 1978년 양국간에 우호협력조약이 체결되었고, 베트남이 캄란만 군사기지를 소련연방에 임대하여, 소련연방의 함정 및 항공기 등이 베트남 내에서 자국 군사시설을 사용할 수 있게 함으로써 양국 간에는 긴밀한 관계가 형성되었다. 그러나 1991년 소련연방이 붕괴되고, 2002년 7월에는 캄란만 기지에서 소련군이 철수하였다.

③ 소련연방이 붕괴된 후 1994년 베트남의 보반끼에트 총리가 러시아를 방문하여, 냉전붕괴후 새로운 협력관계 조성을 위한 기반을 마련하였다. 1995년 7월에는 코지레프 러시아 외무장관, 그리고 1997년 11월에는 체르노미르딘 수상의 베트남 방문을 계기로 양국간에는 새로운 협력관계가 구축되었다.

④ 2001년 러시아의 푸틴 대통령이 베트남을 방문하여, 양국간의 전통적 우호관계를 전략적 동반자 관계로 전환시켰다.

⑤ 최근 양국은 부총리급 경제 · 과학 · 기술 공동위를 운영하고 특히 원유 · 가스 탐사 및 개발 분야에서 긴밀한 관계를 유지하고 있다.

(5) 베트남-라오스 및 캄보디아 관계[12)]

① 베트남은 1930년 인도차이나 공산당 결성 후 라오스 및 캄보디아 양국과 항불(抗佛) 투쟁과정에서 밀접한 관계를 유지했다.

② 베트남은 1975년 라오스 공산세력을 지원함으로써, 인민공화국을 수립하여 영향력을 확대하였다. 1978년에는 캄보디아를 침공하여 친(親)중국 폴포트 정권을 축출한 후 15~16만명의 군대를 주둔시켰다(1989년 철수).

③ 1990년대 이후 3국은 정상을 포함한 각급 인사교류 및 경제협력 등 긴밀한 관계를 유지하고 '3각지대 개발' 구상을 추진하고 있다.

'3각지대 개발' 구상을 실현하기 위해 3국은 7개주(성) 간 도로연결, 전력 · 관광 · 교역증진을 중점적으로 추진하고, 또 경제 · 과학기술 공동위원회를 매년 개최하여 경제 분야에서의 협력방안을 논의하고 있다.

특히, 베트남은 캄보디아와 1985년 국경 획정조약을 체결하고, 2005년 12월 부속 조약 의정서를 교환하여 국경 표식 작업을 2008년까지 완료키로 합의했다.

(6) 베트남-ASEAN 관계[13)]

① 베트남은 1992년 7월 '동남아 우호협력 조약'(Baly Treaty)에 가입하여 ASEAN 옵저버 자격을 취득하였다.

② 1993년 7월 싱가폴에서 개최된 ASEAN 외상회의에 CAM 베트남 외무장관의 ARF(아세안지역 안보포럼) 참가 등으로 ASEAN 가입 기반을 조성하고 과거 30년간에 걸친 아세안 국가와의 대립 구도를 해소하였다.

③ 1993년 10월부터 1994년까지는 베트남과 ASEAN 국가 정부 고위인사들이 상호 교환 방문함으로써 ASEAN 가입을 위한 교두보를 마련했다.

④ 1995년 7월 28일 베트남은 브루나이 BANDAR BERI BEGAWWAN의 제28차 아세안 외상회의에서 7번째 회원국으로 ASEAN에 공식 가입했다.

⑤ 베트남은 1998년 ASEAN 및 ASEAN+3 정상회의를 개최하였고 2000년 7월~2001년 7월까지 ASEAN 의장국을 수임함으로써, ASEAN 내에서의 위상이 제고되었다.

⑥ 베트남은 경제외교 추구 및 인접국가와 우호관계 강화정책에 따라 ASEAN 및 회원국과 협력강화를 매우 중시하고 있으며, 회원국 정상 간 상호방문 및 회담을 수시로 개최하고 있다.

⑦ 아세안은 현재 거대한 공동체로 거듭 태어나고 있다. 1967년 8월 8일 태국 방콕에서 창설된 아세안은 오는 2015년까지 유럽연합(EU)과 맞먹는 정치·경제 통합체를 지향하고 있다. 10개 회원국의 총 인구가 5억 7,000만명인 아세안은 지난해 말 현재 국내총생산(GDP)이 1조 728억달러를 기록하는 등 성장가도를 달리고 있다.
아세안은 유럽연합과 비슷한 역내 공동시장 형성을 위해 한국 · 중국 · 호주 · 뉴질랜드 · 인도 등과 자유무역협정(FTA) 체결을 목표로 하고 있다. 아세안은 또 일본과 FTA보다 더 포괄적 개념인 경제연대협정(EPA) 체결에 합의했고, EU와도 FTA를 추진할 계획이다. 특히 아세안과 중국의 관계는 경제 분야를 넘어서 정치 · 군사 분야까지 확대되고 있다.[14)]

(7) 베트남-인도 관계[15)]

2007년 7월 6일, 베트남의 응우엔떤중(Nguyen Tan Dung) 총리는 인도 뉴델리를 방문해서 인도의 만모한싱 총리와 회담을 가졌다. 양국 총리는 경제 · 무역관계, 정치, 안전 보장, 에너지, 과학기술 등의 분야에서 협력 촉진에 대해 서로 논의했으며, 무역면에서 양국 기업의 협력을 장려하고 유리한 환경을 조성해 양국간 무역액을 2010년 20억달러, 2015년 50억달러로 확대하자는 데 의견의 일치를 보았다.

또 양국은 전략적 동반자 관계(strategic partnership)를 구축하기로 합의했다. 그 밖에도 양국은 해운협정, 베트남 과학기술성(省)과 인도 원자력성(省)의 핵에너지의 평화적 이용에 관한 협력 · 협정을 맺기 위한 각서, 어업 · 수산 양식 분야에서의 협력에 관한 각서, 문화 · 교육 분야에서 교류 증진, 농업 분야에서의 협력 등 8개의 협정 · 각서를 교환했다.

인도의 대기업들도 베트남에 대한 투자와 베트남 기업과의 협력계획을 발표했다. 그중 대표적인 것으로는 인도 Tata 그룹과 베트남의 '철강 총공사'의 협력 합의, 인도 Athena Projests의 베트남에서의 발전소 건설계획, 인도 IT산업의 대기업인 NIIT의 베트남 IT 분야 육성 · 건설 지원발표 등이 있다.

(8) 베트남-한국 관계[16)]

1) 역사상 베트남 · 한국의 특수 관계

① 고려시대

1226년 베트남 리(Ly, 李) 왕조의 이용상 왕자(王子)는 쩐(Tran)이 왕위를 찬탈하여 왕조가 멸망하자 일가족을 이끌고 표류하다가 황해도 웅진에 정착하였다.

이후 고려 고종 때 황해도 지역에 침입한 몽골군을 물리치는 데 공을 세워 화산군이라는 봉작을 받고 한국 화산 이씨의 시조가 되었다.

② 조선시대

조선시대에는 중국 연경(燕京)을 중심으로 양국 사신 간 접촉 · 학문 교류 등이 활발히 이루어졌던 것으로 확인되었다. 예를 들면, 15세기 조선 사신 조신이 연경에서 베트남 후기 레왕조의 사신 레티꺼(Le Thi Cu)와 더불어 한시(漢詩)를 주고받은 일이 어숙권의 「패관잡기」에 수록되어 있다. 또 1598년 조선 사신 이수광과 베트남 사신 풍칵코안(Phung Khac Khoan)이 연경에서 만나 한시(漢詩)와 필담을 주고 받았으며, 이때 이수광이 풍 칵 코안이 명(明)의 신종에게 바치는 "만수경하시집"의 서문을 써 주었다는 사실이 "조선 사기"에 기록되어 있다.

또, 베트남의 대학자 레꾸이돈(Le Quy Don)이 1760년부터 1762년 사이에 중국에 갔다가 조선 사신과 만나 시(詩)를 주고받은 사실이 "박삭통룩"(Bac Su Thong Luc)에 수록되어 있다.

또 조선 선비 조완벽이 베트남을 왕래한 것도 기록으로 남아 있다 즉, 진주 출신의 조선 선비 조완벽이 정유왜란(1598) 때에 포로로 일본으로 잡혀가 일본 상인의 서기로 1605년부터 3차례 베트남을 왕래한 후 조선으로 귀환하였다.

이수광의 '지봉유설', 정사신의 '매창집'에 조완벽의 베트남 방문 경험이 수록되어 있다.

조선 숙종 때, 제주도민 24인이 베트남의 호이안(Hoi An) 근처에 표류 끝에 도착하였는데, 당시 중남부의 베트남 지배자인 응우엔 푹 떤(Nguyen Phuc Tan)을 알현하고 응우엔씨(氏)와 중국 상인의 도움으로 1686년 21명이 생환한 일도 있었다.

1940년대에는 조선의 이용문 장군이 호찌밍 군대를 지원한 다음과 같은 기록이 남아 있다.

일본군은 1940년 9월 인도차이나 반도에 진주하여 베트남을 점령하고 행정은 프랑스 식민당국이 계속 수행하고 있었다. 1945년 5월 남양군도에서 미군에 밀리자 일본군은 프랑스 식민당국의 이반을 두려워하여 전격적으로 프랑스 식민 행정당국을 축출하고 직접 통치하였다. 일본군은 베트남 농민들에게 전쟁물자 공출을 위해 주곡인 쌀 대신 피마자, 황마 재배를 강요하여 약 2백만명의 아사자가 발생하였다. 일본군에 징발되어온 조선인 장교 이용문 등이 1945년 9월 철군할 때 다량의 무기를 호찌밍이 주도하는 베트밍군에 인계하였다.

2) 구(舊) 남 베트남(월남) 정부와 관계

한국은 1955년 10월 월남공화국을 승인하고, 1956년 5월에는 월남과 외교관계를 수립했다. 1964년 9월부터 1973년 3월까지 한국은 베트남전쟁(월남전)에 참전하였으며, 6차에 걸쳐 총 31만여명을 파병하였다. 월남패망 직전인 1975년 4월 30일 한국 대사관이 베트남으로부터 철수하였다.

3) 현 정부와의 관계

1983년 민간차원의 간접교류 형태의 경제교류가 재개되었고, 1988년에는 대(對) 베트남 직접 교역이 개시되었다. 1991년 7월 한국정부는 대(對) 베트남 투자를 제한적으로 허용하였다. 1992년 12월 22일 한국과 베트남은 수교(修交)를 개시하였고, 대사관을 설치하였다.

1996년 11월에는 김영삼 대통령, 1998년에는 김대중 대통령이 베트남을 방문했다.

2001년 8월 쩐득르엉(Tran Duc Luong) 베트남 국가주석이 한국을 방문했을 때, 양국 관계를 "21세기 포괄적 동반자 관계"로 발전시켜 나가기로 합의했다. 2003년 9월에는 판반카이(Phan Van Khai) 총리가 한국을 방문했다.

2004년 10월 노무현 대통령이 베트남을 방문하여 양국 관계를 더욱 강화시키는 전기가 마련되었고, 2006년 11월 APEC 정상회의 때 노무현 대통령은 베트남을 재방문하였다.

2005년 11월에는 쩐득르엉 국가주석이 부산 APEC 정상회의에 참석했다.

4) 양국의 경제통상 관계[17)]

현재 베트남 측에서 볼 때, 한국은 중국, 일본, 미국, 싱가포르, 대만, 호주에 이은 제7위의 교역상대국의 위치를 차지하고 있다.

한국 측에서 볼 때, 베트남은 제29위의 교역상대국이다. 수교 당시(1992년) 교역액이 4.9억달러였던 것에 비해 현재는 교역액이 약 10배 증가하였고, 무역흑자 규모도 매년 확대되고 있다.

한국이 베트남에 수출하는 품목은 석유제품, 편직물, 무선통신기기, 합성수지, 기타 직물, 철강판, 섬유 및 화학기계, 자동차, 레일 및 철구조물 등이다.

한국이 베트남으로부터 수입하는 품목은 신발, 의류, 기호식품, 수산 가공품, 임산(林産) 부산물, 석탄, 천연섬유사, 인조섬유방적사 등이다.

5) 베트남-한국 주요 협정 체결 현황[18)]

베트남이 한국과 체결한 주요 협정은 1993년 2월 '경제기술협력 협정'을 체결한 것을 시작으로 하여 다음과 같은 협정을 체결하였다.

- 무역협정/투자보장협정/항공협정, 상사중재협정, 이중과세방지협정, 문화협정, 세관협력협정, 해운협정 / 과학기술 협정, 통신협력 양해각서, 체육교류 협정, 원자력 협정, 교통분야 협력에 관한 MOU, 외교관 · 관용여권 비자면제 협정, 환경분야 협력에 관한 MOU, 수산물 검사소간 업무협력약정, 산림분야 협력에 관한 MOU, 동물검역기관 간 업무협력약정, 건설분야 협력양해각서, 관광협정, 식물검역기관 간 협력약정, 한-베 자원 및 에너지협력 MOU, 베트남 원전인력훈련 MOU, 표준 · 적합성평가분야 협력에 관한 MOU, 투자기관 간의 상호협력을 위한 기관협력 MOU, 한국금감위–베트남 중앙은행 MOU, 베트남 인력의 송출 · 도입을 위한 외국인 고용허가제 양해각서, 한국–베트남 원자력개발 협력약정, 베트남 원전기술 자립화 MOU, 해운항만 협력에 관한 MOU, 한국-베트남 방사선의학협력 MOU, 한국–베트남 민관경제협력 태스크포스 설치에 관한 MOU

6) 한국이 베트남에 지원하고 있는 공적 개발 원조(Official Development Assistance; ODA) 현황[19)]

① 지난 15년간 프로젝트(33건), 개발조사(9건), 연수생 초청(1,933명), 전문가 파견(50명) 등 총 약 7천만달러 상당의 무상원조를 실시하고 있으며, 한국이 지원하는 대상국 중 베트남이 1~2위를 차지하고 있다.

주요 프로젝트 사례로는 중부지역 병원, 학교건축 지원사업, 한국 · 베트남 산업기술학교 지원사업, 증권거래소 설립 지원사업, 직업훈련원 지원사업, 한국 · 베트남 과학기술센터 건립사업 등을 들 수 있다.

2006년 11월 APEC 정상회의를 계기로 베트남 중부지역 종합병원 건립사업을 위한 시행약정을 체결하였는바, 이것은 우리나라 무상원조 역사상 단일사업으로 최대 규모(3천 5백만달러)이다.

② 경협자금(EDCF) 지원

지난 15년간 총 3억달러 상당의 12개 사업을 지원함으로써 한국이 지원하는 대상국 중 1위를 차지하고 있다. 주요 프로젝트 사례로는 18번 국도 정비(2,400만달러), 티엔땅 상수도(3,300만달러), 바리아 화력발전소(5,600만달러), 백신공장(2,850만달러), 닌빙성 고체폐기물 처리장(2,100만달러) 등을 들 수 있다.

7) 베트남의 대(對)한반도 정책기조[20)]

베트남은 한국에 대해서는 실질적 협력관계 발전을 매우 중시하면서 북한에 대해서는 전통적 우호협력관계를 유지하려고 노력하고 있다. 즉 북한 핵문제 등 남·북한 간의 문제에 대하여 중립적 태도를 견지하고 있으며, 한반도 통일문제에 대해서는 외세의 간섭없이 한민족이 주체가 되는 통일노력이 중요하다는 입장을 보이고 있다.

또 베트남이 한국을 중시하는 것은 중국을 견제하려는 전략적 이해관계 때문이기도 하다.

5. 베트남과 외교관계를 맺은 국가들[21)]

베트남은 현재 총 167개국과 외교관계를 맺고 있다. 이를 지역별로 보면, 아시아 국가 43개국, 오세아니아주 국가 9개국, 미주 26개국, 유럽 41개국, 아프리카 48개국이다.

제2절 군사(국방) 환경

외교와 국방, 즉 군사력은 상호간에 밀접한 관계가 있다. 여기에서는 베트남의 군사환경에 관한 내용을 정리하고자 한다. 군사환경을 이해하기 위해서는 먼저 헌법상 규정을 고찰할 필요가 있다. 그 다음에 베트남 인민군과 그 하부 구성을 간략히 살펴보기로 하자.

1. 국토방위에 관한 헌법 규정[22)]

베트남 헌법은 국토방위에 관하여 제4장 '사회주의 베트남 조국방위' (Defence of the Socialist Vietnamese Motherland) 제44~48조에서 규정하고 있다. 이 규정들을 소개하면 다음과 같다.

(1) 인민의 국가방위 의무(제44조)

모든 인민은 사회주의 베트남을 방위하고, 국가 안녕을 위하여 노력해야 한다. 국가는 모든 인민의 국방과 안녕의 핵심인 인민군(people's armed forces)을 강화하며, 조국을 유지하기 위해 국가의 총체적인 힘을 공고히 해야 한다. 국가기관, 경제조직, 사회조직 및 인민은 법률규정에 따라 국방과 안녕 임무를 충실히 수행하여야 한다.

(2) 인민군의 책무(제45조)

인민군은 조국과 인민에게 절대적으로 충성해야 하며 독립, 주권, 통일, 조국의 전(全) 영토 유지를 위해 투쟁하고 국가안녕과 사회질서 유지, 사회주의 제도와 혁명성과를 지킬 의무가 있으며 모든 인민과 더불어 국가를 건설한다.

(3) 국가의 군대 구축 의미(제46조)

국가는 조국건설과 조국방위의 결합, 인민군 및 모든 인민의 힘의 결합, 외국의 침략에 대항하는 전통적 단결의 힘과 사회주의제도의 결합에 입각하여 정규군(regular army)으로 구성된 인민혁명군(revolutionary people's army)을 구축해야 하며, 또한 강력한 예비군(reserves)과 민병대(self-defence militia)를 육성해야 한다.

(4) 경찰의 육성과 책임(제47조)

국가는 인민혁명경찰(revolutionary people's police)을 육성하여 국가안녕, 사회안전과 질서 유지를 위한 인민운동의 핵심으로 만들며, 경찰(공안, 公安)들은 정치안정과 공민의 자유, 민주권을 지키고 인민의 생명과 재산, 사회주의 재산을 보호하며 각종 범죄예방과 퇴치를 위해 투쟁한다.

(5) 병역제도(제48조)

국가는 인민의 애국정신과 혁명영웅주의를 발휘하여 인민에게 국방, 안보교육을 실시하며 병역의무제도, 후방지역정책(rear-area policies), 국방 · 공업 건설정책을 실현한다. 국방과 경제를 결합하여 군장비를 보장하며 경제와 국방을 결합하여 병사, 간부, 노동자, 국방 종사자들의 물질적 · 정신적 생활을 보장한다.

2. 베트남 인민군 개황[23)]

베트남 군대의 공식 명칭은 '베트남 인민군' (Quân Đội Nhân Dân Việt Nam, 꾸안 도이 년전 비엣남, Vietnam People's Army; VPA)이다. 제2차 인도차이나 전쟁(the Second Indochinese War), 즉 베트남전쟁(1957~1975) 중에 미국은 이 군대를 북부베트남군(North Vietnamese Army; NVA) 혹은 베트콩(Việt Cộng)이라고 불렀으며, 이 명칭은 베트남전쟁 관련 문헌에 흔히 등장하고 있다.

프랑스에 저항하는 전쟁(제1차 인도차이나 전쟁 : 1946~1954) 동안에는, 베트남 인민군(VPA)을 '베트밍' (Việt Minh)이라고도 부르기도 했다. 그러나 베트밍은 1945년 베트남민주공화국(the Democratic Republic of Vietnam)이 수립되기까지 활동했던 전국적인 독립운동을 가리킨다.

베트남 인민군(VPA)에는 베트남 육군, 베트남 해군, 베트남 공군 및 해안경비대(Coast Guard)가 포함된다. 아래 그림은 베트남 인민군의 군기(軍旗)와 베트남 인민군 창군 40주년을 기념하여 1984년에 발행된 기념우표이다.

그림 10-1 베트남 인민군의 군기(軍旗)[24)]

그림 10-2 베트남 인민군 창군 40주년 기념우표[25)]

3. 베트남 인민군의 역사[26)]

베트남 인민군(VPA)의 전신(前身)은 전임(前任) 주석(主席) 호찌밍이 프랑스군과 일본 점령군을 베트남에서 몰아내기 위하여 1944년 12월 22일 결성한 국가 해방 무장 선전대(Armed Propaganda Unit for National Liberation)이다.

VPA의 제1대 사령관은 보응우엔잡(Võ Nguyên Giáp) 대장이며, 그는 나중에(쭈반딴, 판아잉, 따꾸앙브우에 이어) 제4대 국방장관을 역임하였다. 이 군대는 많은 전투를 수행했으며, 소위 베트남전쟁(Vietnam War)이라고 부르는 전쟁에서도 용맹을 떨쳤다. 1968년과 1972년에 남부 베트남(월남)을 침공했을 때는 VPA는 상당한 피해를 입혔다.

1975년 VPA는 결국 남부 베트남 정부를 멸망시켰다.

이 군대는 또한 캄보디아를 침공하여 크메르루즈(Khmer Rouge)를 와해시키기도 했다.

평화가 찾아오면, VPA는 베트남의 국방과 경제를 조화시키기 위해 경제발전에 필요한 인력지원에 적극적으로 동원되었다. 국토가 홍수 혹은 산사태 등과 같은 자연재난을 입으면 VPA는 항상 현지에서 지원하였다. VPA는 또한 공업, 농업, 산림, 어업 및 통신 등과 같은 분야에도 관여하고 있다.

VPA는 수많은 회사들을 운영하고 있는데, 이 회사들의 수익성은 최근에 매우 높아졌다. 그러나 최근의 법규는 군대를 상업화하는 것을 금지시켰다.

4. 베트남 인민군의 조직[27)]

국방장관은 VPA의 운영을 감독하며 또 그는 최고사령관이다. 그러나 국방전쟁은 궁극적으로는 베트남공산당의 중앙군사위원회(Central Military Commission)의 지시를 받는다.

VPA는 전국부대와 지역부대로 구성되어 있다. 또 다른 대부분의 국가들처럼 정규군과 예비군으로 편성되어 있다. 현재 전국부대의 정규군(regular soldiers)은 약 45만명이고, 지역부대는 3~4백만명의 비상근군(part-time soldiers)으로 구성되어 있다. 동원 가능한 예비군의 병력은 약 400~500만명이다.

5. 베트남 인민군의 주요 지표[28)]

(1) 입대연령 : 의무복무 대상이 되는 연령은 18~27세이고, 의무복무 기간은 18개월

(2) 병력 자원 : 15~49세의 남자(약 2,200만명)

(3) 입대 가능 연령에 도달하는 남자수 : 매년 약 92만명

(4) 병력으로 활용되는 총 인원수 : 약 950만명(세계에서 두 번째)

(5) 국방비 지출 : 1년간 약 10억달러

(6) 국방비 지출(GDP에서 차지하는 비중) : 약 0.5%

6. 베트남 인민군의 하부 구성[29)]

베트남 인민군(VPA)은 크게 다음과 같이 분류된다.

① 베트남 육군(Lục quân, 룩 꾸안, Vietnam Ground Force)

② 베트남 국경수비대(Lực lượng Biên phòng, 륵 르엉 비엔 퐁, Vietnam Border Defense Force)

③ 베트남 해군(Hải quân Nhân dân Việt Nam, Vietnam People's Navy)

④ 베트남 공군(Phòng không-Không quân nhân dân Việt Nam, 퐁 콩-콩 꾸안 년전 비엣남, Vietnam People's Air Defense and Air Force)

STRATEGIC MANAGEMENT in VIETNAM

제3부 경제 환경

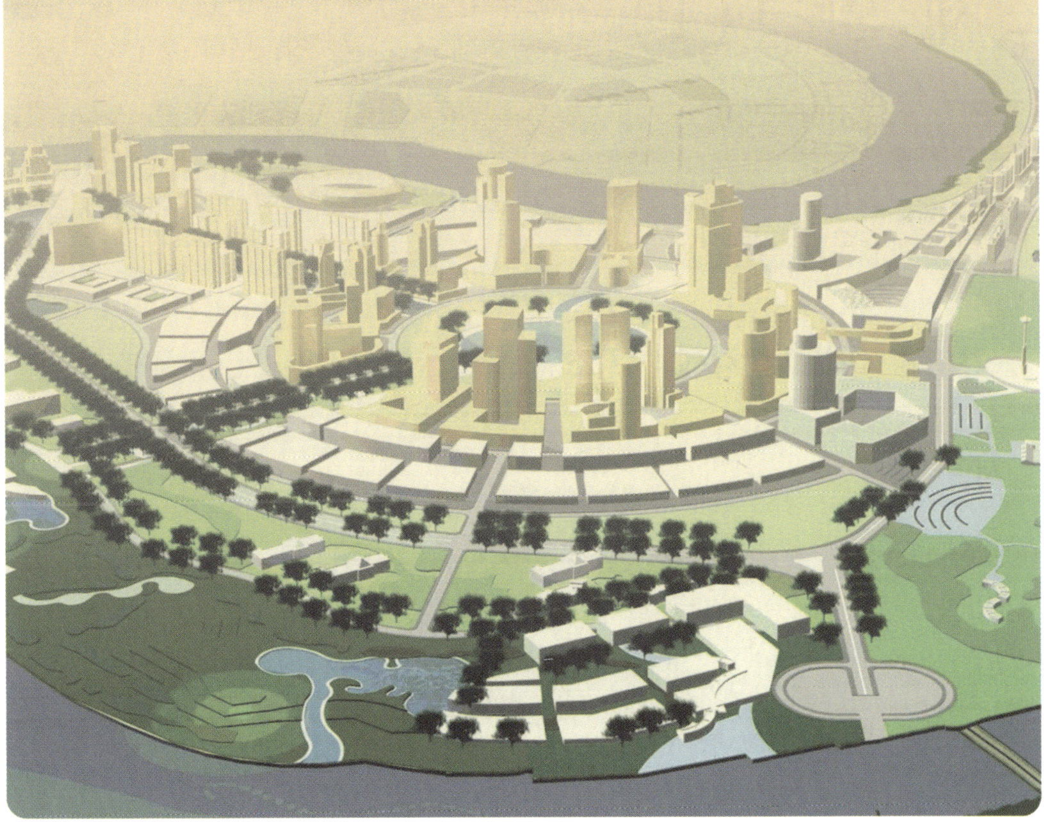

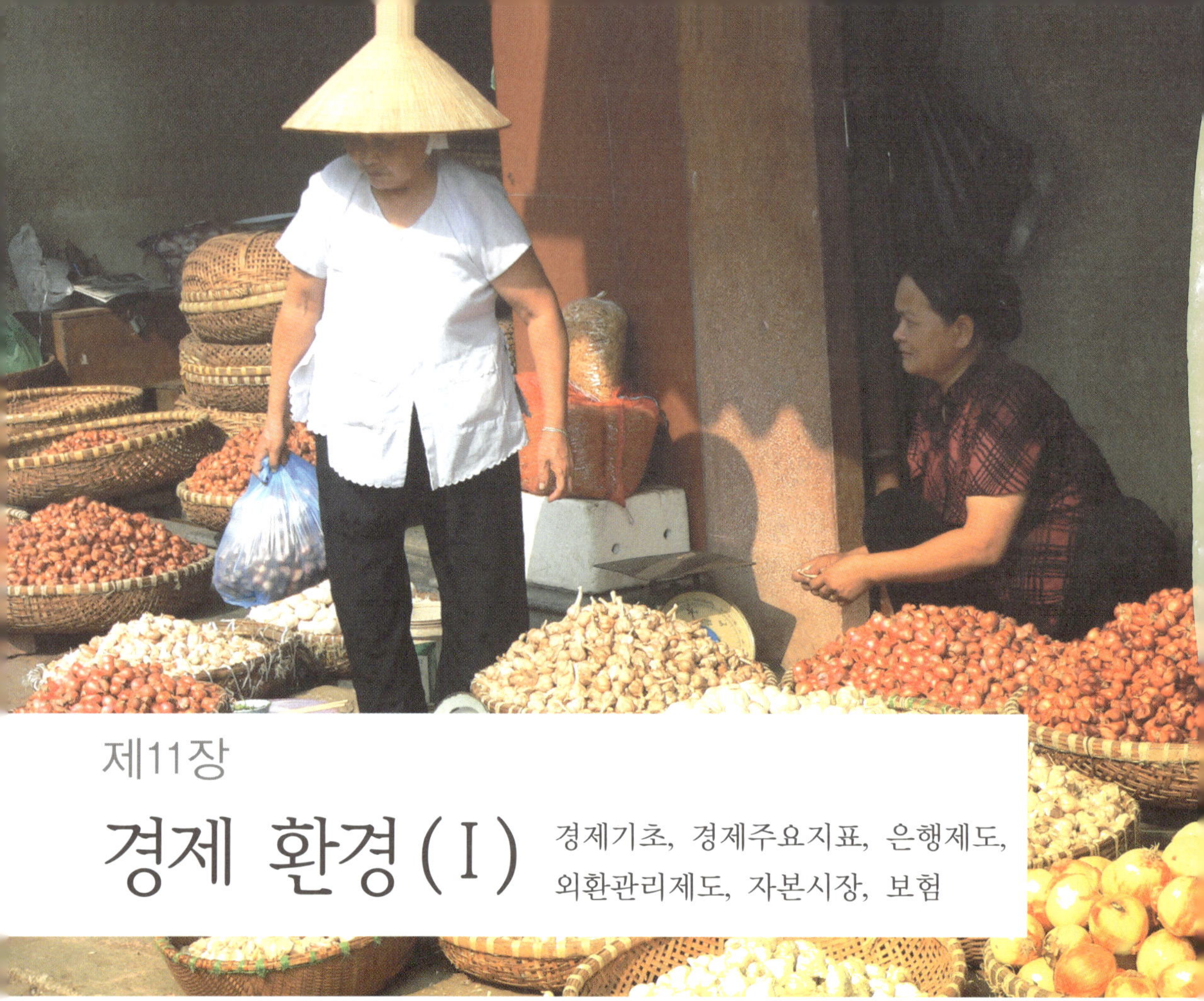

제11장

경제 환경(Ⅰ)

경제기초, 경제주요지표, 은행제도, 외환관리제도, 자본시장, 보험

이 장에서는 베트남의 경제 환경을 이루는 경제기초, 경제 주요지표, 은행제도, 외환관리제도, 자본시장 (증권시장) 및 보험 등을 고찰하기로 한다.

제1절 베트남 경제의 기초

1. 서론

(1) 도이 머이 정책[1]

베트남은 오랜 세월에 걸친 조국통일 전쟁과 그 후유증으로 1975년 재통일된 이후부터 1985년까지 많은 경제적 어려움을 겪었고, 경제의 비효율이 여러 분야에서 드러났다. 그러나 1986년 제6차 베트남 전국 공산당대회에서 대내(對內) 개혁과 대외(對外) 개방을 근간으로 하는 개혁 · 개방정책, 즉 도이 머이(Đổi Mới, 쇄신정책)를 채택한 이후, 개방을 통해 외국 자본 및 기술을 도입하여 국내투자를 확대하고 수출을 늘리는 등 대외지향적 경제성장정책을 추진하여 온 결과, 최근에는 괄목할 만한 경제성장과 안정을 동시에 달성하고 있다.

(2) BTA 체결 및 조건부 NTR 지위 획득[2)]

지난 2001년 12월 10일, 베트남은 미국과 쌍무적 무역협정(雙務的貿易協定, Bilateral Trade Agreement; BTA)을 체결하였는바, 이것은 베트남경제발전과 베트남–미국 간의 관계 정상화를 위한 획기적인 전환점이었다. 이 협정은 양국간에 상품교역, 서비스교역, 지적재산권(intellectual property rights), 투자보호 및 투명성(transparency) 등에 관한 규정을 포함하고 있다.

이러한 협정을 양국이 상호 이행함으로써, 특히 베트남은 무역 관리방식(trade regime)이 바뀌었고 또 경제자유화가 진전되었다. 또 이와 같은 BTA와 더불어 미국은 베트남에 조건부(conditional basis)로 정상 무역관계(Normal Trade Relations; NTR) 지위를 부여했다. 이로 인해 양국간의 교역은 극적으로 확대되었으며, 그 후 5년 동안 교역금액이 96억달러로 5배 이상 증가하였다.

(3) WTO 가입과 UNTR 지위 획득[3)]

BTA는 베트남에게 교역(무역)과 투자관리 제도를 개선할 것을 요구하였는바, 이는 베트남이 다음 단계로는 세계경제에 편입, 즉 WTO 회원국에 가입할 수 있도록 해주는 중요한 계기가 되었다.

베트남이 자국과 이해관계를 가지고 있는 WTO 회원국들과 쌍무협상(bilateral negotiations)을 완결하고 2006년 다자간 협상(多者間協商, multilateral negotiations)을 체결한 이후, WTO 총회는 2006년 11월 7일 베트남이 WTO 회원국이 되는 것을 승인하였으며, 2007년 1월 11일 베트남은 WTO의 150번째 정식 회원국이 되었다. 또 베트남은 2006년 12월 29일, 미국의 부시 대통령이 서명한 대통령 포고(布告, Presidential Proclamation)에 의해 미국으로부터 무조건적(항구적) 정상무역관계(Unconditional Normal Trade Relations; UNTR) 지위를 획득했다.

WTO 회원국으로서의 의무를 이행하기 위해서 베트남은 무역 및 투자법을 비롯해 거의 모든 분야의 각종 규제 법률을 개정하였다. 그 결과 투자와 관련된 법률환경이 많이 개선되었고 투자장벽이 낮아지게 되었다.

이에 따라 외국인 직접투자 및 수출입 규모가 크게 증가하고 있다. 반면에, 그동안 정부로부터 각종 혜택을 받아오던 베트남 내국(內國) 기업들은 이제는 세계적 기업들과 경쟁해야 하는 환경에 처하게 되었다.

(4) 베트남 정부의 사회 · 경제개발계획[4)]

베트남 정부는 격변하는 환경 속에서 도이 머이 정책을 성공적으로 수행하기 위하여 많은 정책을 수립 · 실천하고 있는데, 이러한 실천 계획 중의 하나가 '10개년 사회 · 경제개발계획' 이다. 베트남 정부는 이를 다시 5개년 계획으로 나누어 구체적인 실행전략을 추진하고 있다.

이와 같은 사회 · 경제개발계획의 기본 목표를 요약하면 다음과 같다.

① 높고 지속 가능한 경제성장률 달성
② 경제 및 노동구조의 개조
③ 산업화 및 근대화 달성
④ 경제효율성과 경쟁력 강화
⑤ 무역 및 투자기회의 확대
⑥ 교육, 훈련, 과학 및 기술 분야의 개혁과 인적자원 이용 극대화
⑦ 고용 확대
⑧ 빈곤 감축
⑨ 사회악 제거
⑩ 사회 · 경제 기반시설(Infra Structure) 강화
⑪ 사회주의에 입각한 시장경제 개발
⑫ 사회 · 정치적 안정 유지
⑬ 국가주권과 독립, 영토 수호

2. 경제에 관한 헌법 규정

베트남에 투자하고 베트남에서 사업을 성공적으로 경영하기 위해서는 먼저 헌법의 경제 관련 규정을 숙지할 필요가 있다. 베트남 헌법은 제2장 (경제제도, Economic System) 제15~29조에서 경제에 관하여 규정하고 있는데 이 중 중요한 것은 다음과 같다.

(1) 사회주의 지향 및 시장에 기반을 둔 상품경제 촉진(제15조)[5)]

국가는 국가 관리하에서 사회주의를 지향하면서, 시장제도 (market mechanisms)에 부합하도록, 여러 구성원들의 상품경제 (multi-component commodity economy)를 촉진시킨다. 여러 구성원들의 경제구조는 전 (全)인민소유 (ownership by entire people), 집단소유 (ownership by collectives), 개인소유 (ownership by private individuals)에 입각하여 다양한 형태의 생산 (production) 및 교역 (trading)으로 구성되며, 이들 중 토대가 되는 것은 전인민소유와 집단소유이다.

(2) 경제정책의 목표(제16조)[6)]

국가의 경제정책 목표는 인민을 부유하게 하고 국가를 부강하게 하며, 나아가 모든 생산 잠재력을 자유롭게 하고 모든 경제 구성원들의 잠재력을 발휘하도록 함으로써 점진적으로 인민의 물질적 · 정신적 욕구를 충족시키고, 국영경제 (State sector) · 집단경제 (Collective sector) · 개인경제 (Private individual sector) · 개인자본경제 (Private capitalist sector) 및 국영자본경제 (State capitalist sector) 등과 같은 여러 형태로 물질적 · 기술적 시설을 건설하고 또 세계시장과 경제 · 과학 · 기술협력 및 교류를 확대하는 것이다.

(3) 국가 재산(제17조)

토지, 산림, 하천, 호수, 수자원 (water supplies), 광산, 대륙붕 자원, 영공, 경제 · 문화 · 사회 · 과학 · 기술 · 외교 · 국방 · 안보 분야 등에 속한 기업 및 시설에 국가가 투자한 자본 및 재산, 기타 법률이 규정한 재산은 국가의 재산이며 모두 전(全)인민소유에 속한다.

(4) 토지사용의 위탁과 양도(제18조)

국가는 계획과 법률에 따라 모든 토지를 관리하며, 올바른 목적을 위해 효과적으로 사용하는 것을 보장한다.

국가는 조직과 개인에게 토지의 안정적 장기사용을 위탁 (entrust)한다. 조직 및 개인은 토지를 합리적으로 보호, 개발할 책임이 있으며 법률이 정하는 바에 따라 국가로부터 위탁받은 토지 사용권을 양도 (transfer)할 수 있다.

(5) 소유권과 상속권의 보호(제58조)

공민은 합법적인 수입 · 저축 · 주택 · 생활자재 · 기업 및 그 밖의 경제조직 내의 생산자금 및 기타 재산에 대한 소유권을 갖는다. 국가로부터 위탁받은 토지에 대한 사용은 제17조와 제18조의 규정에 따른다.

국가는 공민의 합법적인 소유권 (ownership)과 상속권 (inheritance)을 보호한다.

(6) 국영경제와 국영기업(제19조)

국영경제 (State sector)는 특히 주요 산업분야에서 강화, 발전되어야 하며, 국민경제 (national economy)에서 선도적 역할을 수행해야 한다.

국영기업 (State-run enterprises)은 생산 및 교역에서 자율권을 가지며 또 효과적인 결과가 달성되도록 사업활동을 해야 한다.

(7) 집단경제(제20조)

집단경제 (Collective sector)는 공민의 출자를 통합하여 성장하며, 협동생산과 경영

(cooperative production and trading)은 자유의사에 의한 동의(同意) · 민주주의 · 상호이익의 원칙에 따라 다양한 형태로 조직되어야 한다. 국가는 협동조합(cooperatives)이 확대, 발전되고 효과적인 활동을 할 수 있는 조건을 조성한다.

(8) 개인경제와 개인자본경제(제21조)

개인경제(Private individual sector)와 개인자본경제(Private capitalist sector)는 생산 및 교역을 위한 조직형태를 선택할 수 있고, 기업을 설립할 수 있다. 국가와 인민에게 이로운 목적이라면 활동분야에 대한 제한을 받지 않는다.

국가는 가정경제(family economy) 발전을 장려한다.

(9) 국유화 금지 및 강제 징발(제22조)

합법적인 개인과 조직은 국유화(nationalised)되지 않는다.

국방, 안전 및 국익(國益)을 위해서 극히 필요한 경우에는, 국가는 개인 또는 조직의 재산을 시가(時價)를 감안해 강제로 매입(purchase) 또는 수용(requisition)할 수 있다.

강제매입 혹은 수용의 절차는 법률로 정한다.

(10) 외국인의 자본 · 기술투자 장려 및 외국 투자자 보호(제24조)

국가는 대외경제활동을 관리하고 확대시키며, 독립 · 주권과 상호이익 원칙하에서 모든 국가, 모든 국제조직과의 경제관계를 발전시키고 국내생산을 보호하고 촉진시킨다.

(11) 외국인의 자본 · 기술투자 장려 및 외국 투자자 보호(제25조)

국가는 베트남 법률 및 국제법과 관례에 부합되는 외국 개인 및 조직의 베트남에 대한 자본 · 기술투자를 장려하며, 외국의 개인 및 조직의 합법적인 자본 · 재산 소유권과 기타 권리를 보장한다. 외국인이 투자한 자본이 있는 기업은 국유화되지 않는다.

국가는 해외 거주 베트남 사람의 국가에 대한 투자에 유리한 조건을 조성한다.

(12) 생산자 및 소비자 보호(제28조)

모든 불법적인 생산, 경영활동, 국민경제를 파괴하고 국가이익에 손해를 끼치는 행위, 집단과 공민의 합법적인 권리와 이익을 침해하는 행위는 모두 법률에 따라 엄격히 처벌한다. 국가는 생산자와 소비자의 권리를 보호한다.

(13) 환경보호 의무(제29조)

국가기관, 군부대, 경제조직, 사회조직과 모든 개인은 천연자원의 합리적 사용과 환경보호에 관한 국가의 규정을 준수하여야 한다. 자원고갈과 환경을 파괴하는 행위는 엄금한다.

제2절 주요 경제지표[7)]

베트남경제를 이해하는 데 도움을 주는 최근의 주요 경제지표를 요약하면 다음과 같다.

1. GDP

(1) GDP 실질성장률(GDP real growth rate)

지난 5년간 베트남의 GDP 실질성장률을 연도별로 보면, 7.8%, 8.4%, 8.2%, 8.3%, 8.5%로서 상당한 고성장을 지속하고 있음을 알 수 있다.

(2) 분야별 성장률(GDP Growth by sector)

위의 GDP 종합성장률을 분야별로 나누어, 지난 5년간의 성장률을 연도별로 보면 다음과 같다.

① 농업(Agriculture) : 4.4%, 4.0%, 3.4%, 3.1%, 3.1%
② 산업(Industry) : 10.2%, 10.6%, 10.4%, 10.5%, 10.6%
③ 서비스업(Services) : 7.3%, 8.5%, 8.3%, 8.5%, 8.6%

(3) GDP의 구성 비율(Composition by sector)

최근 GDP의 분야별 구성 비율은 다음과 같다.

① 농업 : 20.1%
② 산업 : 41.8%
③ 서비스업 : 38.1%

2. 노동력(Labour force)

(1) 총 노동인구 : 4,458만명

(2) 분야별 비율

① 농업 : 56.8%
② 산업 : 37.0%
③ 서비스업 : 6.2%

(3) 지난 5년간 실업률 : 6%, 5.8%, 5.6%, 5.3%, 4.4%

3. 소득과 소비

(1) 빈곤선 이하 인구 비율(population below poverty line) : 18.7%

(2) 가계소득과 소비(Household Income or Consumption by percentage share)

① 하위 10% : 3.6%
② 상위 10% : 29.9%

(3) 가계소득 분포(Distribution of family income, 지니 계수, Gini index) : 36.1

4. 산업생산(Industrial Production)

(1) 주요 산업 생산품 : 식품가공, 의복, 신발, 기계, 광물, 시멘트, 화학비료, 유리, 타이어, 원유, 석탄, 철강, 종이

(2) 산업생산 성장률 : 16%

5. 농업 생산품(Agriculture Products)

쌀, 옥수수, 감자, 고무, 콩, 커피, 차(茶), 바나나, 닭, 돼지, 수산물, 면화, 사탕수수, 땅콩

6. 전력(Electricity)

(1) 생산 : 29,800GWh

(2) 생산 방식

① 화석연료(fossil fuel) : 12.95%
② 수력발전(Hydro) : 87.05%
③ 원자력발전(Nuclear) : 0%

(3) 소비 : 27,710GWh

7. 교통(Transportation)

(1) 철도(Railways)

① 총길이 : 2,600km
② 표준궤간(standard gauge) : 178km(1.435m 궤간)

③ 협궤(narrow gauge) : 2,169km(1.000m 궤간)

④ 이중궤간(dual gauge) : 253km(1.435m 궤간과 1.000m 궤간을 연결)

(2) 고속도로(Highways)

① 총길이 : 93,300km

② 포장 : 23,418km

③ 비(非)포장 : 69,882km

(3) 수로(Waterways) : 41,000km

(4) 배관(Pipelines) : 농축가스(condensate/gas) 432km, 가스 210km, 원유 3km, 정제된 석유 206km

(5) 항구(Ports) : 하이퐁, 호찌밍시(市)

(6) 상업용 선박 : 총 194척

① 벌크선(bulk carrier) : 18척

② 화물선(cargo) : 142척

③ 화학 탱크선(chemical tanker) : 3척

④ 컨테이너선(container) : 2척

⑤ 액화가스 운반선(liquefied gas) : 4척

⑥ 석유 운반선(petroleum tanker) : 22척

⑦ 냉동선(refrigerated cargo) : 2척

⑧ 기타 : 1척

(7) 공항(Airports) : 총 24개

1) 포장된 활주로 : 총 21개

① 3,047m 이상 : 6개

② 2,438~3,040m : 5개

③ 1,524~2,437m : 9개

④ 914~1,523m : 1개

2) 비포장된 활주로 : 총 3개

① 1,524~2,437m : 1개

② 914~1,523m : 1개

③ 914m 미만 : 1개

8. 통신 (Communications)

(1) 유선 전화 사용자 : 약 500만명

(2) 무선 전화 사용자 : 역 300만명

(3) 인터넷 사용자 : 약 400만명

9. 수출 (Exports)

(1) 지난 5년간 수출액 : 165억달러, 201억달러, 265 달러, 324억달러, 396억달러

(2) 주요 수출 상품 : 원유, 수산물, 쌀, 커피, 고무, 차(茶), 의복, 신발, 후추, 목제품

(3) 주요 수출 대상국 : 일본, 독일, 싱가포르, 대만, 홍콩, 프랑스, 한국, 미국, 중국

10. 수입 (Imports)

(1) 지난 5년간 수입액 : 193억달러, 252억달러, 319억달러, 369억달러, 444억달러

(2) 주요 수입 상품 : 기계 및 부품, 석유제품, 섬유 · 원단, 철강제품, 컴퓨터 및 전자 부품, 옷감, 플라스틱 재료

(3) 주요 수입국 : 영국, 싱가포르, 대만, 일본, 한국, 프랑스, 홍콩, 스페인

11. 통화 (Currency)

(1) 지난 5년간 소비자물가 상승률 : 3.8%, 3.1%, 7.7%, 8.3%, 7.5%

(2) 환율 : 미화 $1 대 16,050동(Đong)

12. 국가의 외화채무 (Debt) : 146억달러

13. 지난 5년간 외환 보유고 : 30억달러, 41억달러, 62억달러, 70억달러, 73억달러

14. 외국인 직접투자 (Foreign Direct Investment)

외국인 직접투자가 지난 5년 전부터 꾸준히 증가한 결과, FDI 집약형 규모는 아시아 개발도상국들 중 10위를 차지하고 있다.

외국인 투자유치 국가로는 한국이 1위를 차지하였고, 홍콩, 일본, 미국의 순서로 투자규모가 크다.

제3절 은행제도(Banking System)

1. 서론[8)]

베트남은 1990년 3월 23일 제정되어 그동안 은행 및 금융시장을 총괄했던 과거의 금융법을 전면 대체하는 새로운 두 개의 법, 즉 '베트남 중앙은행법' (Law on State Bank of Vietnam)과 '금융기관법' (Law on Credit Institutions)을 1997년 12월 12일 제정하여 실시하고 있다. 그리고 지난 2003년 6월 17일에는 '베트남 중앙은행법'을 개정하였다.

2. 베트남의 은행시스템[9)]

베트남의 은행시스템은 2 부류의 시스템(2-Tier Banking System)을 갖고 있다.

첫번째(Tier 1)는 베트남 중앙은행(State Bank of Vietnam ; SBVN)인데, 이 은행은 중앙은행으로서 통화정책(monetary policy)을 수립 · 집행하고 또 은행시스템에 대한 감독과 규제를 행하는 책임을 지고 있다.

두번째(Tier 2)는 시중은행(Operating System)인데, 여기에는 국영 상업은행 · 민영 상업은행 · 합작은행 · 외국은행 지점 그리고 외국은행 사무소 등이 포함된다.

아래에서는 이들 두 부류의 시스템에 대하여 먼저 고찰한 후, 베트남 은행시스템의 특징과 금융개혁 추진 방안 등에 대해서 살펴보기로 하자.

3. 베트남 중앙은행(State Bank of Vietnam ; SBVN)[10)]

금융 분야에서 서비스를 제공하는 모든 조직들은 '금융기관' (credit institution)이라 불리며, 반드시 베트남중앙은행(SBVN)의 인가를 받아야만 한다. SBVN의 권한과 의무는 'SBVN에 관한 법률'에 규정되어 있다. SBVN은 다음과 같은 기능을 수행하는 중앙은행(central bank)의 역할을 수행한다.

① 화폐 및 시중은행을 관리한다.

② 통화를 발행한다.

③ 금융기관을 위한 은행가(banker)로서 활동한다.
④ 정부에게 통화서비스(monetary services)를 제공한다.
⑤ 화폐가치를 유지하는 책임을 진다.
⑥ 은행 활동과 금융기관들의 안전을 보장한다.

SBVN은 주식 100%를 국가가 소유하고 있다.

4. 시중은행[11)]

베트남 시중은행은 다시 다음과 같이 구분된다.

(1) 국영 상업은행(state-run banks)

베트남에는 4대 국영 상업은행이 있는 데 이들은 다음과 같다.

① 대외무역은행(Bank for Foreign Trade of Vietnam ; Vietcom Bank) : 1963년 설립되었으며, 외환업무를 전담하고, 제조 및 무역업체를 지원
② 농업은행(Vietnam Bank for Agriculture ; Agri Bank) : 1988년 설립되었으며, 농촌 개발을 위한 자금조달과 공급
③ 공상은행(Industrial & Commerce Bank of Vietnam ; Incom Bank) : 베트남의 산업 발전을 위해 국내외로부터 자금조달 및 공급, 국내외 거래와 관련된 은행 간의 결제업무, 공업운수통신 상업금융업무
④ 투자개발은행(Bank for Investment & Development of Vietnam ; BIDV) : 1953년 설립되었으며, 공공투자를 위해 국영기업에 중장기자금 지원, 국가사업의 중장기금융 제공

이들 4대 국영 상업은행은 각 분야별 영업에 대한 제한은 없으나, 특정 분야에 대한 역할을 담당하고 있으며, 전국에 걸쳐서 약 1,200개의 점포를 보유하고 있다. 이 은행들은 과거보다는 상업적 기능(commercial function)이 향상되었으나, 여전히 공공정책 수단으로서의 역할을 수행하고 있다. 그러다 보니 과거 정책대출에 기인하여 부실여신 비율이 30%에 달하고 있는 실정이다.

(2) 민영 상업은행(joint banks)

민영 상업은행에는 다음과 같은 은행들이 있다.

① 아시아 상업은행(Asia Commercial Bank)
② 싸콤은행(Sacom Bank)
③ 엑심은행(Exim Bank)
④ 군사은행(Military Bank)

이들 상업은행은 기업 및 소매금융(retail) 서비스를 제공하고 있으며, 현재 활동하고 있는

주요 상업은행은 37개이다. 민영 상업은행은 민관(民官) 기관, 국영기업, 민간 그룹, 또는 개인 합작 형태의 다양한 소유구조를 보이고 있다.

민영 상업은행은 주식을 소유할 수는 있지만, SBVN에서 설정한 최대지분비율한계(maximum percentage of equity)를 넘지 못한다.

(3) 합작은행(joint venture banks)과 외국은행 지점(외국계 은행; foreign bank branches)

1) 합작은행

합작은행은 외국은행과 베트남 국내은행의 합작으로 설립된 은행이다. 합작은행의 베트남 측 파트너는 반드시 기존의 상업은행(Commercial Bank)이어야만 한다.

현재 베트남에는 신한비나은행(Shinhanvina Bank, 한국), VID공공은행(VID Public Bank, 말레이시아), 인도비나은행(Indivina Bank, 대만), 비나시암은행(Vinasiam Bank, 태국), 비엣응아은행(Viet Nga Bank, 러시아) 등과 같은 합작은행이 활동하고 있다.

2) 외국은행 지점

외국은행 지점(외국계 은행)은 100% 외국은행이 소유하고 자금을 제공한 은행이다. 외국은행 지점도 베트남에서 은행서비스를 제공하는 것이 허용되어 있다.

현재 베트남에서 성업하고 있는 한국계 은행지점에는 신한은행 호찌밍지점, 외한은행 하노이지점, 우리은행 하노이/호찌밍지점이 있으며, 기타 외국계 은행지점들도 많다.

3) 합작은행과 외국은행 지점의 차이점

합작은행과 외국은행 지점은 다음과 같은 점에서 차이가 있다.

① 최소자본금 : 합작은행은 2008년에는 6,300만달러였으나, 2010년부터는 187백만달러이고 외국은행 지점은 1,500만달러이다.

② 최장 인가기간 : 합작은행은 30년, 외국은행지점은 20년이다.

③ 대(對)베트남인 고객예금 수취한도 : 합작은행은 동화(đong貨) 예금은 제한이 없고 외화 예금은 납입자본금의 50%이며, 외국은행 지점의 동화 예금은 납입 자본금의 50%이고, 외화 예금은 수취 불가능하다.

④ 동일인(同一人) 여신 한도 : 합작은행은 자기자본의 15%이고, 외국은행 지점은 본점 자기자본의 15%이다.

⑤ 국별(國別) 한도 : 합작은행은 제한이 없으나, 외국은행 지점은 제한이 있다.

⑥ 점포 추가 개설 : 합작은행은 용이하며, 일정한 자격요건(2년 이상 흑자 등)을 충족시켰을 때 즉시 중앙은행 해당지역 지점의 인가를 받으면 된다. 그러나 외국은행 지점은 거의 불가능하며, 퇴출 지점이 있을 경우에만 중앙은행 본점의 인가를 받아야 한다.

4) 외국은행 사무소(foreign bank representative offices)

외국은행 사무소는 베트남 내에서 은행서비스를 제공하는 것이 허용되지 않는다. 이것은 베트남 내에서 외국은행을 대표하는 기관일 뿐이며, 시장조사(market research)를 한다거나 자신의 본사은행(parent bank)의 서비스를 지원하는 기능 등을 할 수 있을 뿐이다.

5. 베트남 은행시스템의 특징[12)]

베트남 은행시스템의 특징을 요약하면 다음과 같다.

① 전체 인구 중 은행을 이용하지 않는 인구 비율이 약 95%이고, 은행을 이용하는 인구는 5%에 불과하다.

② 독과점 체제로 인하여 금융산업의 경쟁력이 낮다. 즉, 4대 국영 상업은행의 시장점유율이 약 70%에 달한다. 최근 민영 상업은행이 빠른 성장세를 보이고 있기는 하지만, 아직은 국영 상업은행과 경쟁하기에는 한계가 있다.

③ 외국계 은행지점은 그 영업범위와 지점의 설치 및 확장, 그리고 새로운 상품과 서비스를 도입하는 데 있어서 중앙은행의 승인을 받아야 하는 등 한계가 있다.

④ 전체 인구의 80% 이상이 농촌에 거주하고 있으므로 정부는 이들을 돕기 위해 국영 상업은행에 정부보조금을 지급하고 있다. 이것은 결국 경쟁이 부재(不在)를 의미하고, 따라서 은행들은 경영을 혁신하려는 동인(動因)이 감소한다.

⑤ 국영 상업은행은 정책금융을 통하여 국영기업에 대해 무담보 신용대출을 해주고 있고, 민영 상업은행은 고위험 대출을 하고 있다. 그래서 은행대출의 부실자산 문제가 심각한 상황이다. 이러한 은행 부실자산은 전체 은행대출 잔액의 약 30% 수준으로 추정되고 있다. 그러나 현재 중앙은행은 국제기준의 대출자산 건전성 분류 기준을 도입하고 대손충당금 적립기준을 강화하는 등 개혁 조치를 마련해서 추진하고 있으므로, 부실자산 문제는 어느 정도 해소될 것으로 보인다.

기업사례

■ 베트남에 진출한 한국의 은행들

은행권의 베트남을 향한 관심이 증폭되고 있다. 베트남은 중국과 인도에 이어 떠오르는 시장으로, 현재 경제규모는 작지만 향후 말레이시아나 인도네시아보다 잠재성장률이 높은 지역으로 예상하고 있다. 이에 따라 은행들은 잇따라 베트남 시장진출이나 베트남과의 제휴 등을 통해 현지시장에 대한 선점채비를 하고 있다. 구체적으로는 지점 및 현지 사무소 개설, 현지 금융회사 인수 등을 통해 베트남의 금융시장 진출에 박차를 가하고 있다.

이와 같은 상황에서 베트남에 진출한 한국의 은행들을 소개하면 다음과 같다.

1. 신한비나(Shinhan Vina)[13)]

신한비나는 신한은행이 15년 전에 세운 베트남 현지법인으로서, 이제 자본금 3,000만달러의 현지은행으로 성장했다. 신한비나는 신한은행과 베트남대외무역은행이 지분을 50 대 50으로 투자하여 설립한 합작투자은행이다. 처음에는 50만달러씩 나눠 냈지만 1995년과 지난해에 각각 한번씩 증자해 모두 150만달러씩 출자한 셈이다. 베트남 대외무역은행(베트콤뱅크)은 1963년에 설립됐으며 총자산이 87억 1,800만달러이고 지점 67개를 보유한 베트남 대표은행이다.

베트남 대외무역은행과의 합자는 베트남에서의 신한비나 인지도를 크게 높였으며 1999년엔 비자카드 발급업무를 제휴했고, 2004년엔 ATM(자동화기기)업무까지 제휴한 바 있다.

그동안 신한비나은행은 호찌밍지점, 하노이지점 및 빈증지점 등 3개의 지점을 가지고 있었지만, 최근 동나이지점을 개점함으로써 4번째 지점을 갖게 되었다. 동나이는 베트남 중심 도시인 호찌밍시 동북쪽에 위치한 베트남 최대 산업공단 밀집지역으로 외국인 직접투자가 활발하며 한국 기업의 진출도 급속히 증가하고 있다.

신한은행 관계자는 "동나이지점 개점으로 베트남경제 중심지역인 호찌밍시를 포함, 베트남 남부지역에 점포망을 갖추게 되어 영업력을 강화할 수 있게 되었으며, 동나이지역에 진출한 한국 기업은 물론 현지 고객에게도 더욱 신속하고 밀착된 양질의 금융서비스를 제공할 수 있게 되었다."라고 말했다.

2. 우리은행[14)]

우리은행은 최근 베트남 호찌밍시에 호찌밍지점을 개설했다. 지난 1997년 개설한 하노이 지점에 이어 두 번째 베트남 현지 지점이다. 우리은행은 산매금융보다는 현지 지점을 통한 한국 기업들의 금융 업무를 지원하는 한편, 프로젝트 파이낸싱(PF)도 베트남에서 활발하게 진행 중이다. 하노이와 호찌밍시의 골프장과 아파트 건설을 위한 PF를 여러 곳 계획하고 있다.

이종휘 수석부행장은 호찌밍시 지점 개점식에서 "1992년 수교 이후 교역 및 투자가 지속적으로 증가하는데 힘입어 우리은행이 베트남에서도 하노이와 호찌밍시에 2개의 지점을 개설하는 등 글로벌 역량을 발휘하게 되어 기쁘다. 베트남 진출 국내기업 뿐만 아니라 현지기업 및 부동산 구입자금대출 등 현지화에도 박차를 가하겠다."고 전략을 밝혔다.

3. 국민은행[15)]

최근 글로벌 뱅크(global bank)로 도약한 국민은행이 처음 진출할 지역으로 결정한 국가는 베트남이다. 국민은행은 러시아 중국 등 10개국을 후보군으로 놓고 진출 가능성을 타진하도록 했는데, 이 중 베트남과 카자흐스탄을 최우선 진출국으로 선정한 것이다. 국민은행은 베트남과 카자흐스탄에 현지 사무소를 내고 시장을 타진해 본 뒤, 지점이나 법인으로 승격하는 등 점진적인 장식의 해외진출을 꾀한다는 전략이다. 나아가서 현지 은행을 인수하는 방식도 전략적으로 고려하고 있다.

제 4 절 외환관리제도 (Foreign Currency Regulation)

1. 적용 법규[16)]

외국환에 대한 통제는 2005년 12월 13일 국회 상임위원회에서 채택된 「외국환 관리에 관한 조례」 (Ordinance on Foreign Exchange) 및 2005년 11월 1일 명령 (Decree) NO 134 / 2005 / ND-CP와 함께 공표된 「외화 차입 및 상환 관리에 관한 규제」 (Regulations on Control of Foreign Loan and Loan Payment)에 의해 관리되고 있다.

2. 환율제도[17)]

2중 환율제도 (double exchange rate system)는 오래 전에 폐지되었으며, 현재는 시장에서 결정되는 단일 환율제도 (single rate)가 사용되고 있다. 그러나 중앙은행은 환율 충격을 방지하기 위해서 환율 (exchange rate)을 어느 정도는 여전히 관리하고 있다.

일반적으로, 외국 화폐 (foreign currency)가 베트남 내에 유입되어 오는 것은 정부의 환영을 받으며 최소한의 규제만 있을 뿐이고 세금도 면제된다. 외국 화폐를 베트남 밖으로 송금하는 것도 과거에 비하면 상당히 자유화되어 있다.

3. 외화의 구입과 지불[18)]

현행 법률 하에서는, 외국 화폐 (외화)를 구입하고 판매하고 지불하고 혹은 송금하는 일은 중앙은행에서 인가한 금융기관을 통해서만 이루어져야 한다.

상품이나 서비스를 수출하고 받은 모든 대금 (代金)은 베트남 내에 있는 은행계좌에 예치되어야만 한다.

베트남 거주자 (居住者)인 경제조직 (Resident economic organizations)으로서 해외에 지점이나 사무소를 갖고 있는 그러한 경제조직은, 외국인 거래 당사자와 계약을 체결하기 위해서, 또는 그 당사자로부터 차입을 하기 위해서 중앙은행으로부터 승인을 받고서 외국에 외화 계정 (foreign currency accounts)을 개설할 수 있다.

수입업자 (importers)는 수입대금을 지불하기 위해서 금융기관으로부터 외화를 구입할 수 있다.

4. 거래 화폐–베트남 동(đong)[19]

현행 법규에 따르면, 베트남 내에서 수행되는 모든 거래 · 지불 · 광고 및 외국인 간접투자(foreign indirect investment)는 반드시 베트남 화폐인 동(đong)으로 이루어져야 한다. 이러한 규칙에 대한 예외로는 금융기관과의 거래와 중개인을 통한 거래(예를 들면, 본인(principals)과 대리인(agents) 간의 수출과 수입) 및 기타 필요한 경우(예를 들면, 항공권 · 항공 및 해상 운임 · 보험료 지불)로서 총리의 승인을 받았을 때 등을 들 수 있다.

5. 외화 예금계좌 및 베트남 동 계좌의 개설[20]

거주자(resident) 및 비거주자(non-resident)인 개인은 베트남 내에서 외화를 보유할 수 있고, 또 인가받은 금융기관에 판매할 수 있으며, 그 밖의 다른 합법적인 목적을 위해서 외화를 사용할 수 있다.

베트남인 거주자(vietnamese residents)들은 베트남 내에 있는 인가받은 금융기관에 예금계좌를 개설하여 외화를 예치할 수 있으며, 이러한 외화예금에 대한 이자는 외화로 지불한다. 그들은 또한 원금과 이자를 외화로 인출할 수 있다.

베트남 동(đong)으로 합법적인 대금(代金)을 수령한 비거주자(非居住者)인 조직과 개인(Non-resident organizations and individuals)은 베트남 내에서 사용하기 위해서, 또는 해외로 송금할 목적으로 외화를 구입하기 위해서, 인가받은 금융기관에 베트남 동(vietnamese đong) 계좌를 개설하는 것이 허용된다.

6. 해외에서의 차입과 중앙은행에 대한 등록[21]

거주자(居住者)인 경제적 조직(Resident economic organizations)과 금융기관 및 개인은 해외에서 차입할 수 있으나, 차입금을 자신이 반드시 지불해야 할 책임이 있다. 차입자는 외국 채권자와 맺은 차입계약에 서명한 후에는 반드시 중앙은행에 등록해야 하고, 그 차입금을 인출하거나 사용하거나 상환했을 때는 중앙은행에 보고해야 한다.

중기(中期) 및 장기(長期) 차입금에 대해서는, 상업은행(commercial banks)은 위에서 설명한 바와 같이 차입금 등록이 될 때까지 차입금을 인출하거나 상환하는 것이 허용되지 않는다.

국영기업이 차입한 단기(短期) 차입금은 중기 및 장기투자를 위해서 사용되어서는 안 된다.

경우에 따라서는, 외화 차입금은 정부나 상업은행 혹은 기타 금융기관으로부터 보증을 받아야 한다.

제 5 절 자본시장 (Capital Market)

1. 서론[22)]

베트남의 자본시장은 지난 2000년 7월 호찌밍시(市)의 베트남 증권거래소가 문을 열며 시작되었다. 그리고 2005년 3월에는 하노이에도 새로운 증권거래소가 문을 열었다. 이들 증권거래소의 규모는 아직 작다. 지난해 말의 상장주식 시가총액이 GDP에서 차지하는 비중은 약 3% 정도였다. 베트남 정부는 앞으로 5년 이내에 상장주식 시가총액을 GDP의 10%가 되도록 증가시킬 전략을 수립해 놓고 있다. 현재 호찌밍 거래소에는 109개사(社)가 상장되어 있고, 하노이 거래소에는 86개사가 상장되어 있다.

2. 증권시장 육성정책[23)]

지난 2005년에 베트남 정부는 증권시장 육성을 위해 몇 가지 중요한 조치를 단행했는데, 예를 들면 외국인 투자회사(foreign invested companies)를 합작회사(joint stock companies)로 전환해서 이를 증권시장에 상장(上場)하도록 허용했으며, 정부가 많은 지분(持分)을 갖고 있는 합작회사로 하여금 증권시장에 상장하도록 지시했고, 무선통신회사 · 석유회사 · 전력회사 · 시멘트회사 등과 같이 영업실적이 좋은 공기업(公企業, state-owned enterprises)으로 하여금 보유 주식을 증권거래소에서 경매 방식으로 매각하도록 조치했다.

이러한 조치에 힘입어, 베트남 증권시장에서는 지난 1년 동안 154개의 공기업이 민영화 과정을 거쳐서 상장되었다. 베트남 공기업의 민영화는 주식화(株式化, equitization)의 형태로 이루어진다. 정부가 보유하고 있던 지분 중 최소한 30%를 주식시장에 내놓아서 매각하는 것이다. 앞으로도 비엣콤은행(Vietcom Bank, 대외무역은행) 등 초대형 기업을 비롯해서 80~100여개 기업의 기업공개가 예정되어 있다. 현재 베트남 국영기업은 총 5,000여 개인데, 그 중 약 3,200여개가 증권거래소와 장외시장(場外市場) 등에서 주식거래가 되고 있으며, 정부는 앞으로 5년 이내에 5,000개 공기업 전부를 상장시킬 예정이다.

3. 베트남의 자본시장

(1) 개황[24)]

현재 베트남의 자본시장(capital market)에는 15개의 증권회사(securites firms)를 비롯하여 1개의 펀드 관리회사(fund management company)와 3개의 신탁은행(custodial banks) 및 1개의 결재은행(settlement bank)이 활동하고 있다.

증권회사들 중에서 7개는 상업은행(commercial banks)들이 지분을 100% 보유하고 있으며, 1개는 공공(公共) 보험회사(state-owned insurance company)가 지분을 100% 보유하고 있다.

(2) 베트남 증권회사의 명단[25]

베트남에 있는 15개 증권사는 모두 현지 증권회사이며, 외국자본 100%의 증권회사는 아직 없는 상황이다. 이들 증권회사의 명단은 표 11-1에 제시되어 있다.

표 11-1 베트남 증권회사[26]

코드	증권회사명	계열
ACBS	ACB SECURITIES COMPANY Ltd.	ACB 은행
AGRISECO	AGRIBANK SECURITIES COMPANY Ltd.	농업은행
BSC	VIETNAM INVESTMENT & DEVELOPMENT BANK SECURITIES COMPANY Ltd.	투자개발은행
BVSC	BAOVIET SECURITIES JOINT STOCK COMPANY	바오비엣보험회사
DAS	EASTERN ASIA BANK SECURITIES COMPANY Ltd.	동아시아은행
DVSC	DAI VIET SECURITIES CORPORATION	다이비엣은행
FAC	FIRST SECURITIES JOINT STOCK COMPANY	
HASECO	HAIPHONG SECURITIES JOINT STOCK COMPANY	허브은행
	HABUBANK SECURITIES COMPANY Ltd.	
HSC	HOCHIMINH CITY SECURITIES CORPORATION	
IBS	INCOMBANK SECURITIES COMPANY Ltd.	인콤은행
MSC	MEKONG SECURITIES CORPORATION	
SSI	SAIGON SECURITIES CORPORATION	
TSC	THANGLONG SECURITIES COMPANY Ltd.	
VCBS	VIETCOMBANK SECURITIES COMPANY Ltd.	비엣콤은행

기업사례

■ 베트남에 진출한 한국 증권회사들

한국 증권회사들의 베트남 진출 열기가 뜨겁다. 그 이유는 베트남이 빠른 속도로 본격적인 경제성장이 이루어지고 있고 이에 따라 증권시장이 성장기(成長期)로 접어들 것으로 기대되기 때문이다. 여기에 더하여 증권회사들은 세계적 투자은행(Investment Bank, IB) 보다도 앞서 진출해서 시장점유율을 높이고 실적을 올리지 않으면, 순식간에 베트남에서의 성장과 발전기회를 상실할 수 있다는 조바심도 작용한 것으로 보인다.

이러한 분위기 속에서 베트남에 진출하고 있는 한국의 증권회사들을 소개하면 다음과 같다.

1. 동양종합금융증권[27)]

동양종합금융증권은 베트남 호찌밍 사무소를 개소하고 본격적인 운영에 들어갔다.

동양증권은 이번 사무소 개소를 계기로 베트남 현지(現地) 자산운용사와 협력을 통해 주식·부동산 등 다양한 펀드설정, 부동산 개발사업 관련 프로젝트 파이낸싱, 주식위탁 및 투자업무 등을 수행할 계획이다. 호찌밍 사무소는 또 인도, 인도네시아, 캄보디아 등 동남아 자본시장에 진출하기 위한 전초기지의 역할을 수행할 예정이다.

현재현 동양그룹 회장은 "호찌밍 사무소 개소(開所)는 베트남시장 진출뿐만 아니라 동양종합금융증권의 본격적인 해외사업의 시발점이 될 것이라는 점에서 의미가 매우 크다"고 밝혔다.

2. 한국투자증권[28)]

한국투자증권은 지난 2006년부터 베트남에 투자하는 적립식 펀드를 판매해 왔다. 이 펀드는 상장주식과 상장이 승인된 장외주식에 투자하는 펀드였다. 이러한 경험을 바탕으로 한국투자증권은 최근 '베트남 호찌밍 사무소 개소식'을 열고 베트남 금융시장에 대한 현지 진출을 통해 적극적인 신규사업 기회 모색 및 발굴에 박차를 가하기로 했다.

유상호 대표는 기념사를 통해 "금융 실크로드의 핵심 축인 베트남 현지사무소 개소를 시작으로 몽골, 중국, 인도네시아, 인도, 카자흐스탄 등 신흥성장국가에 본격 진출해 2014년 '아시아 TOP 5 투자은행'이라는 목표를 달성하겠다."는 비전을 강조했다.

한국증권 베트남 호찌밍 사무소의 주요 업무는 마케팅활동, 시장 동향 및 정보조사 업무, 베트남 주요 정부기관 및 기업과의 협력관계 구축 등 적극적인 베트남 진출에 필요한 제반 업무 등이다. 또 민영화 과정에서 매각되는 베트남 국영기업에 투자헤 상장 후 이익을 기대할 수 있는 펀드도 선보이고, 향후 현지 자산운용사와 증권사 설립도 검토하고 있다.

3. 브릿지증권[29)]

브릿지증권은 최초에 기관투자가들을 상대로 베트남 투자펀드를 선보이며 베트남에 진출했다. 그 후 브릿지증권은 자사를 주간사로 하는 골든브릿지 컨소시엄(브릿지증권 외 7개사)이 베트남 하노이시 산하 국영기업인 인터서코 그룹과 구조조정(부실정리와 민영화, 합작투자, 공장이전, 부동산개발 및 증시 상장에까지 이르는 일련의 포괄적인 구조조정)을 위한 독점 양해각서(MOU)를 체결했다.

브릿지증권은 "국내 금융기관으로서 베트남 국영기업에 대한 구조조정 자문 및 투자를 맡게 된 것은 이번이 처음"이라며 "외환위기 이후 축적된 국내 금융시장의 구조조정과 인수합병 노하우를 바탕으로 해외시장에 본격적으로 진출하는 계기가 될 것"이라고 말했다.

4. 대우증권[30)]

대우증권은 베트남 1위 증권사인 바오비엣 증권과 포괄적 업무 제휴를 위한 양해각서(MOU)를 체결했다. 이들 두 회사는 베트남 국영기업 4~5곳의 민영화 컨설팅, 리서치 및 투자은행(IB) 부문의 인력교류, 국영기업 민영화 자문과 투자업무, 해외상장 및 해외증권 발행업무 등에 있어 공동 협력해 나갈 계획이다.

5. SK증권[5)]

SK증권은 베트남 호찌밍시에 사무소를 개설하고 베트남 사업을 본격화했다.

SK증권은 이를 통해 베트남 주식 브로커리지 업무, 베트남 사업진출 기업을 위한 PF(프로젝트 파이낸스), 기업 구조조정 관련 자문 및 전략적 투자사업 등을 조력하고, 새로운 사업기회 모색을 위한 정보 수집과 관련 정부 및 금융기관과 관계를 강화한다는 계획이다. SK증권 관계자는 "베트남은 경제규모가 아직 작지만 성장잠재력이 크고 시장 선점 효과를 기대할 수 있는 지역"이라고 말했다. 베트남 지역의 유망사업으로는 사회간접자본(SOC) 투자, 부동산, 주식시장과 연계된 국영기업 민영화사업 등을 꼽고 있다.

제 6 절 보험 (Insurance)

1. 서론[32)]

베트남의 개혁 · 개방 정책인 '도이 머이 (Đổi Mới)'가 실행되기 전에는, '바오 비엣 (Bao Viet)'이라는 유명한 베트남 보험회사가 보험시장을 독점하고 있었다. 이러한 독점은 합작 보험회사들이 등장하면서 무너지게 되었다. 1993년 훈령 (Decree) 100/CP가 발표된 이후, 이론적으로는 베트남 보험시장은 외국인 투자자들에게 개방되었다. 그러나 실제적으로는, 외국자본과의 첫번째 합작보험회사 (joint venture insurance firm)는 1996년에야 비로소 설립되었다.

2. 규제 법령[33)]

오늘날 베트남의 보험시장은 다음과 같은 법령에 의해 규제되고 있다.

① 보험시장에 관한 법률(Law on Insurance Business) : 2000년 12월 9일 공포되었고, 2001년 4월 1일부터 시행되고 있음
② 훈령(Decree) 43-2001-ND-CP : 위의 법률을 구체적으로 실행하기 위해서 2001년 8월 정부에서 공포
③ 명령(Circular) 98-2004-TT-BTC : 2004년 4월 12일 재무부에서 공포
④ 명령(Circular) 99-2004-TT-BTC : 2004년 10월 19일 재무부에서 공포

위와 같은 보험규제 법률에 의하면, 외국인 투자 보험회사 (foreign invested insurers)와 중개회사 (brokerage companies)들은 베트남 내에서 외국회사 소유지분 100% 형태의 회사를 설

립할 수도 있고 혹은 베트남측 회사와 합작회사를 설립할 수도 있다. 그러나 여전히 보험회사 설립인가 권한을 가진 정부기관의 규제를 받고 있으며, 시장의 상황과 요구에 따라 그때그때 인가를 받을 수 있는 상황이다. 그러나 베트남이 WTO에 공식 가입함에 따라 보험시장에 대한 개방이 확대되었으며 앞으로 5년 이내에 모든 보험상품 영업을 허용해야 한다. 또 외국 보험회사에 대한 차별도 점차 줄어들 예정이다.

베트남 법령에 따르면, 보험회사를 설립하고자 하는 외국회사와 베트남 회사는 베트남에서 영업하고 있는 어느 보험회사를 사들일 수 있다. 실무적으로는, 계약에서 별도로 정한 경우를 제외하고는 베트남 회사들은 베트남 보험회사를 구매하고 있고, 외국회사들은 베트남에서 영업하고 있는 외국 보험회사를 구매하고 있다. 그러나 베트남 국내 회사들은 아직 자금 능력이 부족하기 때문에 거래규모가 큰 경우에는 해외 보험회사에 재보험(reinsure)을 든다.

3. 베트남의 보험회사[34)]

현재 베트남에서는 국영 보험회사,(베트남 국내 주주들이 보유하고 있는) 합작회사, 외국회사와 베트남측 회사들로 설립된 합작회사, 외국 보험회사들이 완전히 소유하고 있는 지사(branches) 및 100% 외국인 소유의 보험회사 등이 활동하고 있다. 외국인들은 베트남에서 생명보험 및 비(非)생명보험(non-life insurance) 모두를 인가받을 수 있다.

구체적으로 베트남에서는 8개의 생명보험회사가 영업하고 있는 데 그 명단은 표 11-2에(매출액 순위로) 제시되어 있다.

표 11-2 베트남 생명보험회사[35)]

회사명	회사 형태
Prudential	100% 외국인 투자회사
Bao Biet Lifo	베트남 국영회사
Manulife	100% 외국인 투자회사
AIA	100% 외국인 투자회사
Dai-ichi-Life	100% 외국인 투자회사
Ace Life	100% 외국인 투자회사
Prevoir	100% 외국인 투자회사
Vietcombank-Cardif Life	합작회사

4. 보험 상품(insurance products)[36)]

베트남 보험규제법률이 허용하는 보험 상품에는 다음과 같은 것이 있다.

(1) 생명보험 상품(Life insurance products) : 여기에는 다음과 같은 상품이 포함된다.

① 종신보험(終身保險, whole insurance)
② 순수유증보험(純粹遺贈保險, pure endowments)
③ 조건부 보장(term assurance)
④ 유증보장(遺贈保障, endowments assurance)
⑤ 연금(年金, annuities)

(2) 비생명보험 상품(non-life insurance products) : 여기에는 다음과 같은 상품이 포함된다.

① 건강 및 재난보험(health and casualty insurance)
② 재산보험(property insurance)
③ 운송중(運送中) 상품보험(goods in transit insurance)
④ 항공보험(aviation insurance)
⑤ 자동차보험(motor vehicle insurance)
⑥ 화재보험(fire insurance)
⑦ 선박 소유자 책임보험(hull and ship owner liability insurance)
⑧ 책임보험(liability insurance)
⑨ 신용 및 재무 위험보험(credit and financial risk insurance)
⑩ 사업 손실보험(business loss insurance)
⑪ 농업보험(agriculture insurance)

참고로 이러한 비(非)생명보험 상품은 한계가 지워져 있지 않다.

5. 베트남 보험시장의 특성

베트남 보험시장이 지니고 있는 특징을 요약하면 다음과 같다.

(1) 낮은 보험 가입률과 시장 잠재력[37)]

베트남에서 '생명보험'이라는 용어는 아직 생소하며, 베트남의 전체 인구 중 보험가입률은 약 9% 정도로 추산되고 있다. 그러나 인구의 60%가 30세 미만이고 또 베트남 경제가 매년 8% 대의 고속성장을 하고 있는 것으로 볼 때, 보험시장의 잠재력은 매우 크다고 할 수 있다.

(2) 새로운 경쟁자의 등장

이러한 보험시장의 잠재력을 의식하고 현재 베트남에는 세계적인 보험회사들이 뛰어들고 있다. 이들은 다양한 보험 상품을 무기로 베트남인들에게 다가가고 있다. 베트남 보험산업에 진출하고 있는 외국 주요회사들을 몇 가지 살펴보면 다음과 같다.

① 영국의 HSBC Life International, 싱가폴의 Great Eastern, 중국의 Ping An 등이 베트남시장 진입을 위해 대표사무소를 개설하였다.

② 베트남 최대 국영은행인 Vietcombank도 프랑스의 Credif와 합작법인을 설립하고 방카슈랑스(Bancassurance) 상품을 개발해 은행 영업점을 통한 보험 상품판매를 계획하고 있다.

③ Prudential의 Prudential Balance Fund, Manulife의 Manulife Vietnam Fund Management 등 몇몇 보험회사들은 투자펀드를 조성해 주식이나 국공채 등에 투자할 계획이다.

기업정보

■ 베트남 보험시장 현황과 베트남에 진출하는 한국 기업들

1. 베트남 보험시장 현황[38)]

베트남의 WTO 가입에 따라 베트남 보험시장은 2008년 1월 1일부로 개방되었고, 이때부터 외국계 보험회사들은 베트남 시장에서 서비스를 개시할 수 있게 되었으며, 이에 따라 외국계 보험사들에 비해 자본 및 경험에서 열세에 놓인 베트남 보험회사들은 적지 않은 시련을 겪게 될 것으로 보인다.

베트남의 경제 일간지 Vneconomy에 따르면 Bao Viet, Bao Ninh, Vinare, PVI 같은 베트남 국영 보험회사들이 베트남 보험시장 개방에 앞서 경쟁력 강화을 위해 주식회사로의 전환과 외국계 보험회사들과의 전략적 제휴체결 등을 추진하고 있다. 구체적으로, 베트남 최대 보험회사인 Bao Viet은 HSBC와, Bao Minh은 악사(AXA)와 전략적 제휴를 맺었고, Vinare와 PVI도 각각 외국계 보험회사와 전략적 제휴를 위한 협상을 진행 중에 있다.

전(前) 베트남 재정부 보험관리부 부장이며 현 Bao Viet 회장인 레 꾸앙 빙은 "100% 외국자본 보험회사들이 진출할 것이며 이는 베트남 보험회사들에게 커다란 위협이 될 것이다"라고 말했다.

아래에서는 베트남 보험시장에 진출하고 있는 한국의 보험회사들을 소개하고자 한다.

2. 대한생명[39)]

국내 생명보험사 중에서는 대한생명이 하노이 사무소 개소식을 갖고 최초로 베트남 시장에 정식으로 진출했다. 베트남에는 현재 생명보험 수입료가 총 6억달러로 한국의 2%에 불과하지만, 최근 5년간 연평균 60%의 급성장을 보이고 있어, 2년 정도 후에는 15억달러 이상 커질 것으로 예상하고 있다.

현재 베트남에는 국영보험사인 바오비에트(Baoviet)사와 영국의 프루덴셜(Prudential), 캐나다의 매뉴라이프(Manulife) 등 외국계 생명보험 5개사가 영업중이다.

대한생명 관계자는 "아직 베트남 보험시장은 미미하지만 수년 후 본격적인 영업이 시작될 때 쯤 크게 성장해 있을 것"이라고 말했다.

대한생명은 베트남에서 영업중인 기존 보험사와는 차별적인 마케팅 전략과 서비스를 제공할 계획이다. 특히 영·미계 생보사들과 달리 아시아 문화의 동질성을 바탕으로 60년 전통의 보험경영 노하우를 접목해 베트남 시장을 공략한다는 구상이다.

3. 서울보증보험[40)]

서울보증보험은 최근 고속성장으로 주목받고 있는 베트남 시장의 보증보험제도 도입을 위해 현지에 대표사무소(representative office)를 개소했다. 서울보증은 이번 베트남 사무소 개소를 통해 자사의 해외진출 기반으로 삼을 계획이다.

제12장

경제 환경 (II)

노동시장, 토지제도, 기반시설

이 장에서는 베트남의 경제 환경으로서 노동시장과 토지제도 및 기반시설 등을 고찰하기로 한다.

제1절 노동시장 (Labour Market)

1. 베트남경제 활동 인구와 노동력[1]

베트남의 경제 활동 인구는 총인구 8,700만명 중 4,300만명으로 파악되고 있다. 또 경제 활동이 가능한 인구의 평균 문맹률은 5.1% 정도이다. 베트남은 전국민의 63%가 30세 이하인 젊은 나라이다.

이와 같이 베트남은 전반적으로 교육수준이 높으므로 노동력은 양질이고 풍부한 편이나, 지역별 편차가 매우 심하다. 특히 호찌밍시 인근 지역은 현재 심각한 인력부족 사태에 직면해 있으므로, 호찌밍시 부근에 진출하려는 기업은 이 사실을 심각하게 고려해야 한다.

또 숙련 노동자와 중간 관리자를 구하기가 어려운 실정이다. 앞으로는 외국투자 기업진출이 더욱 많아지고, 국내산업도 지속적으로 발전하고 있으므로 인력부족을 겪는 경우가 빈번하게 대두될 것으로 예상된다.

2. 베트남 산업구조 및 산업별 고용 현황[2)]

(1) 베트남 산업구조와 변화 추세

베트남의 산업구조를 보면 현재 1차산업(농림 · 수산 분야) 비중이 20.4%, 2차산업(공업 · 건설 분야) 비중이 41.52%, 3차산업(서비스 분야) 비중이 38.08%이다. 지난 10년동안 이러한 산업비중(연도별 GDP 구성 비율)의 변화추세를 보면 다음과 같다.

1차산업 비중은 25.78%에서 20.40%로 축소되고 있고,

2차산업 비중은 32.49%에서 41.52%로 상당히 증가하고 있으며,

3차산업 비중은 41.78%에서 38.08%로 약간 감소하고 있다.

여기에서 볼 수 있듯이 전통적으로 베트남은 3차산업(서비스 분야)의 비중이 높았으나 2003년에는 2차산업(공업 · 건설 분야)의 비중이 39.47%로 3차산업 비중 37.99%를 능가하기 시작했고, 이 추세는 지금도 더욱 확대되고 있다.

베트남 정부는 이러한 산업구조를 앞으로 5년 이내에는 1차산업 분야 15~16%, 2차산업 분야 43~44%, 3차산업 분야 40~41%로 편성할 목표를 세우고 있다.

따라서 앞으로는 2차산업인 공업 · 건설 분야의 비중과 3차산업인 서비스 분야의 비중이 현재보다 높아져서 경제구조가 고도화되어 감에 따라 인력 구하기가 더욱 어려워질 것으로 보인다.

(2) 베트남의 산업별 고용 추세

위와 같은 산업 비중 추세를 고려하면서 지만 5년 동안 베트남의 산업별 고용 추세를 살펴보면 다음과 같다.

① 1차산업 종사 근로자 : 2,448만명(65.1%) → 2,417만명(56%)
② 2차산업 종사 근로자 : 493만명(13.1%) → 829만명(19%)
③ 3차산업 종사 근로자 : 819만명(21.8%) → 1,096만명(25%)

3. 베트남의 노동력 공급 전망[3)]

이와 같은 베트남의 산업구조 고도화에 따른 인력 수요를 얼마나 효과적으로 확보할 수 있느냐 하는 문제는 경제발전에 매우 중요한 요소이다. 베트남 정부 역시 인력부족 문제가 경제성장의 걸림돌이 될 수 있다는 점을 심각하게 인식하고 있다.

베트남 정부는 현재 73%에 이르는 농촌 노동력을 어떻게 활용하느냐 하는 것이 관건이 될 것으로 판단하고 있다. 현재의 예상으로는 농촌지역 인구와 낙후된 중부지방 인구가 조만간 남부의 호찌밍시 부근과 북부의 하노이 부근으로 이동할 것으로 보고 있다.

이러한 예상의 근거는 지난 15년 동안의 추세를 봤을 때, 15년 전에는 농촌지역 인구비중이 80.5%였고 도시지역 인구비중이 19.5%였으나 최근에는 농촌지역 인구비중이 72.9%이고 도시지역 인구비중이 27.1%로 농촌지역 인구가 도시지역으로 상당히 이동하고 있는 것으로 나타났기 때문이다.

4. 지역별 노동력 부족 현황[4)]

위에서 언급한 것처럼 전반적으로는 노동력 공급에 큰 문제가 없을 것으로 보이지만, 지역별로는 노동력 문제가 편차가 매우 큰 상황이다. 예를 들면, 호찌밍시(市)뿐만 아니라 빈즈엉성 및 동나이성 등 주요 경제개발 지역에서도 인력 부족이 심각하다. 그 이유는 이들 지역에 외국 투자기업들이 몰려 들어옴으로써 다른 기업에서 임금을 약간만 더 주면 이직하는 현상이 빈발하기 때문이다. 더구나 미국이나 유럽 등의 대규모 기업들이 가속적으로 진출해 오고 있어서 노동력 부족사태는 더욱 심각해질 전망이다.

이에 대하여, 이전에는 지방에 공장들이 없어서 농촌지역 출신들이 도시로 이동해서 많이 취업했으나, 최근에는 지방에도 공업 단지 · 첨단산업 단지 · 수출가공 단지들이 조성됨에 따라 임금은 조금 적더라도 생활비가 적게 드는 고향 부근 회사에 취직하고 있다. 이에 따라 위의 호찌밍시 · 빈즈엉성 · 동나이성 같은 지역들은 인력부족 문제가 더욱 커질 것으로 보인다.

이렇게 노동력 부족현상이 심화되자, 인력확보에 어려움을 겪는 기업들은 기숙사 신축과 주택 수당 · 교통비 제공 및 임금인상을 실시할 수밖에 없는 실정이다. 이것은 곧 생산비용 상승으로 이어지고 있다. 또 근로자 이직으로 인한 잦은 인력교체로 품질과 생산성도 저하되는 이중고를 겪고 있다.

제 2 절 토지제도 (Land)

1. 서론

(1) 토지규제법규 제정 배경[5)]

베트남은 1986년 개혁 · 개방 정책(도이 머이 정책)을 채택함에 따라, 자본주의적인 시장경제 요소를 수용하는 새로운 법체계가 필요하게 되었다. 즉, 국가의 토지소유 원칙이라는 제약속에서도 시장경제에 부합하는 토지사용을 위한 법적 체제를 만들기 위해, 토지소유 및 사용과 관련하여 많은 법률과 규정을 지속적으로 제정하여 오고 있다. 이를 구체적으로 살펴보면 다음과 같다.

1987년 「토지법」을 신규로 제정하여 토지에 대한 소유권 및 사용권에 대한 법적 규제 및 토지 권리자(국가와 토지 사용자)에 대한 법적 권리와 의무를 규정하게 되었다.

그 후, 1993년 토지법을 대폭 개정하였고, 1998년과 2001년에 일부 개정하였다.

2003년 11월 26일에는 토지법이 전면 개정되었으며, 2004년 7월 1일부터 시행되고 있다.

(2) 헌법 규정과 재산권 관련 법령[6)]

위에서 소개한 「토지법」의 내용을 구체적으로 고찰하기에 앞서, 재산권에 관련된 헌법 규정을 살펴볼 필요가 있다. 재산권 제도에 관한 헌법의 규정은 다음과 같이 변해 왔다.

① 1946년 제헌헌법 : 종전의 다양한 생산수단 소유형식을 인정하고, 개인의 소유제도를 공인하였다.

② 1959년 개정헌법 : 사회주의 국가 구현을 위한 과도기적 소유형식으로서 국가소유 · 협동조합소유 · 개별노동자소유 · 민족자산가소유 등, 네가지 형태로 사회주의 집단소유제를 천명하였다.

③ 1980년 개정헌법 : 재산을 국유화하고, 경제주체를 국유기업과 협동조합으로 2원화하였다.

④ 1992년 개정헌법 : 개인소유를 허용하고 다양한 경제주체들의 시장경제 활성화를 도모하였으며, 또한 경제주체의 자본과 재산은 국가가 보호한다고 규정하였다.

(3) 재산 소유형태[7)]

전술한 제11장 제1절 2(경제에 관한 헌법 규정)에서 언급한 바와 같이, 베트남에서의 재산권 소유형태에는 다음과 같은 4가지가 있다.

① 전(全)인민소유(국가소유) : 토지 · 산림 · 하천 · 호수 · 수자원 · 광산 · 대륙붕 자원 등은 모든 전(全)인민의 소유이며, 그 소유주체는 국가이다. 국가는 소유재산을 집단 또는 개인이 사용하도록 교부한다.

② 집단소유 : 사회주의 고유의 소유형태로서, 생산경영 협동조합의 소유가 포함된다.

③ 개인소유 : 개인의 욕구를 충족시키는 주요 수단에 대한 개인소유를 뜻한다.

④ 사유(私有) : 개인소유가 가정단위에서의 소유형식이라면, 사유란 생산수단에 대한 사적 소유형태를 뜻한다.

2. 토지제도의 기본 원칙[8)]

위와 같은 헌법과 토지법에 나타나고 있는 베트남 토지제도의 기본원칙은 다음과 같은 4가지로 정리할 수 있다.

① 베트남은 사회주의 국가이므로 내 · 외국인을 불문하고 토지의 개인소유를 인정하지 않는다. 다만, 토지 이용자는 사용료를 지급하고 사용권만 행사할 수 있으며, 이 사용권은 관할관청의 사전허가를 받아서 상속 · 매매 · 임대 등이 가능하다.

② 토지 · 건물에 대한 권리는 토지위에 구축된 건물과 토지를 분리하여 토지소유권, 토지사용권, 건물소유권, 건물임대권 등의 네가지로 구분된다.

③ 건물에 대한 권리 중 주거용 건물 등에 대해서는 개인소유권을 인정하고 있으며, 외국인 투자자의 주택이나 투자사업에 소속된 사택, 임직원의 숙소 등에 대해서도 사업기간 내의 소유권을 인정한다.

④ 토지와 건물의 소유 및 임차 등과 관련된 분쟁에 대해서는, 토지 위의 건물이나 주택의 경우에는 인민법원이 담당하고, 토지의 경우는 인민위원회가 담당한다.

3. 토지제도의 주요 내용[9)]

전술한 바와 같이 2004년 7월 1일부터 개정되어 시행되고 있는 「토지법」을 중심으로 베트남 토지제도의 주요 내용을 아래와 같이 6가지로 요약할 수 있다.

(1) 토지 사용자

토지 사용자의 개념이 외국인과 재외(在外) 베트남인으로 넓어졌으며, 세부 정의가 명기되어 있다.

(2) 토지 사용자의 권리와 의무

외국인과 재외베트남인에게 토지사용권에 대한 양도 · 임대 · 저당 권리를 부여했고, 또한 토지사용권으로 임대기간 동안 자본출자도 가능하도록 했다. 이는 베트남 토지사용자에게 주는 권리와 유사하다.

(3) 토지 사용계획

토지사용 · 건설승인 후에 계획이 연기되고 중단되는 상황을 방지하기 위해 명확하고 적절하며 실현가능한 토지 사용계획(Master Plan for land use)이 제시되어야 한다.

(4) 정부에 의한 토지수용

정부가 토지를 수용할 수 있는 12가지 경우에 대한 세부사항을 명기했다. 또한, 토지수용의 경우에는 토지사용권자에 대한 정부보상방법(예를 들면, 새로운 토지 배정, 금전 보상 등)을 명료화했다.

(5) 토지가격 결정의 3가지 방법

토지가격 결정 방법에는 ① 정부(지방 시 · 성 인민위원회)에서 고시하는 정부 결정가격 ② 입찰에 의해 결정되는 가격 ③ 토지사용권자와 관련 당사자간에 결정되는 합의가격 등과 같은 3가지가 있는 바, 이를 구체적으로 살펴보면 다음과 같다.

① 정부결정가격 : 정부가 정한 토지가격 결정원칙(시장가격에 접근)에 따라 정부에 의해 규정된 토지가격 결정방법으로서 토지가격 분류체계에 근거하여 성급 인민위원회는 각 지역의 토지가격을 결정하고 매년 1월1일 공포한다.

② 입찰 : 매매 또는 임대용 주택 건설과 관련된 토지할당, 토지사용권 경매, 또는 토지사용에 관련된 프로젝트를 위한 입찰에서 결정된 가격이다.

③ 합의가격 : 토지사용자와 토지사용권의 이전과 임대 또는 토지사용권의 자본출자와 관련된 자(者) 사이의 합의에 따른 토지가격이다.

(6) 토지사용권의 종류[10)]

토지사용권은 국가소유 토지와 한시적 사용권 이양 토지 및 사실상 개인소유 토지 등과 같은 3가지 종류가 있다.

1) 국가소유 토지(Blue Book)

국가소유 토지는 최장(最長) 50년 동안 임대로 사용할 수 있는 토지로서 대부분의 토지(전체토지의 약 90%)가 이 유형에 속한다.

공공부문에서 공급하는 장기임대 아파트는 이러한 유형의 토지에 건설된다.

2) 한시적 사용권 이양 토지(Red Book)

주로 민간사업자가 정부로부터 주택건설 등 사업용 부지로 최장 50년까지 사용허가를 받아서 허가기간 동안 사용할 수 있는 토지이다. 이러한 토지는 일반적으로 양도가 가능하며, 사용기간 만료 시에 사용기간 연장이 가능하다.

한시적 사용권이양 토지는 주로 부동산개발 사업을 위해 외국인 사업자가 현지기업과 합작하는 경우, 현지기업이 합작기업에 출자(물납)하는 데 사용되고 있다.

3) 사실상 개인소유 토지(Pink Book)

사실상 개인소유 토지는 주로 1975년 통일 후에 정부가 개인에게 주거용으로 배분(공급)한 토지로서, 사실상 소유권과 유사한 권리(양도, 저당, 상속 가능)가 부여된 토지를 뜻한다.

전체 토지의 극히 일부분이 이 유형에 속하며, 최근에는 극히 예외적으로 국가유공자 등에게 배분되고 있다.

이러한 유형의 토지는 사실상 소유권과 유사한 반면, 면적이 매우 작아서 경제수준에 비해 토지가격이 매우 높다(예를 들면, 하노이 평균 5,500달러/㎡, 호찌밍시 평균 6,700달러/㎡이다.).

(7) 토지사용권의 이용과 등록

토지사용자가 토지사용권을 이전, 임대, 저당, 기업에 출자(물납)한 경우에는 거래대상이 된다.

토지사용권을 매매, 상속, 임대, 재임대, 저당, 기업에 자본으로 물납하는 경우에는 토지사용권 등록소에 등록하여야 한다.

(8) 토지사용료를 납부하지 않고 토지를 할당받은 기관

토지사용료를 납부하지 않고 국가로부터 토지를 할당받은 기관은 토지사용권의 교환, 이전, 임대, 저당, 자본금 납입을 할 수 없다.

(9) 토지사용료(임차료) 납부 방식에 따른 권리의 차이

① 임차료 연간 지불 방식

매년 임대료를 납부하고 토지를 임대받은 경우에는, 토지사용권 관련 "자산"의 저당 또는 자본 출자가 가능하다.

② 임차료 일시불 지불 방식

전체 임대기간 동안 일시불로 임대료를 납부한 경우에는, "자산"과 "임대된 토지"의 사용권리 이전 또는 재(再)임대가 가능하다.

다만, 2004년 10월 29일부터 시행되고 있는 「토지법 시행령(Decree 181)」에서는 부동산 개발업자들의 임대료 납부 및 분양에 관하여 다음과 같이 규정하고 있다.

① 부동산 개발사업 프로젝트에서 주거용지의 경우에는 임대기간 동안의 임대료를 일시에 전액 납부해야 한다.

② 부동산 개발사업자가 임대받은 토지에 아파트 등 주거용 건물을 건축하여 분양할 경우에는 그 동안의 토지사용료 상승분을 납부하여야 한다.

*토지사용료 상승분 = 분양시점의 토지사용료 – 최초 토지사용허가 시점의 토지사용료

③ 개발사업자는 사업용 토지에 건축물을 건축하지 않고 나대지 형태로 분할하여 판매할 수 없다.

(10) 거주지, 공동주택의 사용

거주지나 공동주택 등은 장기간 안정적으로 사용할 수 있다. 매수자도 장기간 안정적으로 사용가능하다(사실상 소유권과 유사).

(11) 기업이 토지를 할당 또는 임차할 수 있는 기간

기업이 투자 프로젝트 시행을 목적으로 토지를 할당 또는 임차할 수 있는 기간은 투자 프로젝트에 의하여 심사 결정되나, 50년을 초과할 수 없다. 다만, 자본회수에 장기간이 소요되는 대형투자 프로젝트 또는 특별히 경제여건이 어려운 지역의 프로젝트의 경우에는 70년까지 가능하다. 또한 기간이 만료된 경우에는 연장이 가능하다.

4. 개정 토지법의 「외국인과 관련된 새로운 조항」[11)]

과거의 토지법에 비해 개정 토지법은 내국인과 외국인의 토지 사용에 대한 권리와 의무에 관련하여 '동등한 법적 토대(Equal Legal Playing Field)'를 제시하고 있다. 예전보다 많은 권리를 부여하고 있으나, 여전히 외국인에게는 제한된 권리만을 부여하는 차별 조항이 남아 있는 것도 사실이다.

개정 토지법의 제4장은 토지사용자의 권리와 의무에 대해서 규정하고 있는데, 그 중 제118조~제121조에서는 외국인 토지 소유자의 권리와 의무를 다루고 있다. 그 주요 내용은 다음과 같다.

(1) 외국인 투자가에게는 아래의 권리가 부여된다.

토지법 105조에 명기된 6가지 기본 토지사용권리(즉 ① 토지사용권증명서를 받을 권리 ② 토지 내에서 일하고 투자한 것을 누릴 권리 ③ 농지 개간을 위한 정부 프로젝트로부터 이익을 얻을 권리 ④ 농지 개간 시에 정부로부터 지원받을 권리 ⑤ 토지사용권을 침해받았을 때에 정부로부터 보호받을 권리 ⑥ 토지사용권을 침해받은 경우에는 고소할 권리) 외에 아래의 추가적인 권리를 보장받는다.

① 임차한 토지사용권 및 토지에 맞물린 자산 양도

② 임차한 토지사용권 및 토지에 맞물린 자산을 베트남에 등록된 신용기관에 담보로 제공할 수 있는 권리

③ 임차한 토지 사용권 및 토지에 맞물린 자산(임차한 기간 동안)으로 자본출자

(2) 외국인 투자가는 투자에 따른 토지를 수용할 때에 거주자에게 보상 혹은 이주비를 지급할 의무가 없다. 만약, 보상이나 이주비를 지급한 경우는 토지사용권에서 감한다(예 : 놀이공원 투자시 투자지역에 이미 거주하고 있는 주민의 이주에 대한 보상은 외국인투자가가 아닌 정부 또는 임대인의 의무임).

이는 커다란 진전으로 평가되고 있는데, 예전에는 외국인투자가가 보상비 및 이주비도 지급하고 임차료도 지급해야 하는 2중부담이 있었다.

(3) 토지사용권 및 토지와 맞물린 자산을 담보로 자본을 조달하는 경우, 기존에는 베트남 신용기관만 가능했으나 현재는 외국은행지점을 포함한 베트남에 등록된 모든 신용기관으로 확대되었다.

5. 아직 남아있는 차별 조항

투자허가시, 제시된 계획과 달리, 12개월 연속 토지를 사용하지 않거나 승인받은 토지사용 시점보다 허가없이 2년이상 지체되는 경우에 정부는 임대한 토지를 환수할 수 있다.

외국인은 거주용 주택을 구입할 수 없다(단, 재외 베트남인은 주거목적으로 1채에 한해 구입가능하다.).

제3절 기반시설 (Infrastructure)

1. 서론[12)]

최근 몇년 동안 베트남에서는 기반시설(infrastructure, 산업기반시설) 분야에서 괄목할 만한 발전이 있어 왔다. 베트남은 현재 GDP의 1/3 이상을 투자하고 있는데, 약 9%가 산업기반시설을 개발 · 확충하는데 들어가고 있다. 이러한 노력의 결과, 베트남은 서비스의 이용가능성(availability)과 비용(cost) 면에서 주변 국가들을 빠르게 뒤쫓아가고 있다.

전력시설과 전화보급률이 눈에 띄게 개선되고 있으며, 도로망 역시 상당히 확장되고 있다. 그러나 베트남에 있는 기업들은 불충분한 산업기반시설, 특히 너무 비싼 전기요금과 전화요금에 여전히 불평을 토로하고 있다.

지난 1990년대 초부터 베트남의 산업기반시설 서비스는 상당히 높은 성장률을 보여 주고 있다. 베트남의 모든 도시지역에는 이제 전기(電氣)가 들어간다. 시골지역에서는 전기 보급률이 10년 전에는 51%였으나 이제는 88% 수준이다.

도로망 (road network)은 지난 15년 동안 96,100km에서 210,000km로 확장되었다. 도로망이 10년 전에는 37%에 불과했으나 이제는 45%로 양호하게 되었다.

깨끗한 물 비율 역시 12년 전에는 35%였으나 이제는 80%이다.

인구 100명당 유선전화 및 무선전화 가입자수는, 10년전에는 1.1명이었으나 이제는 9.2명으로 많아졌다. 베트남은 앞으로 5년이내에 총1천만 회선(回線)의 전화를 보급하여 전화보급률에서 가장 빨리 성장하겠다는 목표를 세워 놓고 있다.

2. 산업기반시설 투자 재원(財源)[13)]

베트남 정부가 산업기반시설을 개발하는 데 필요한 자금은 다음과 같은 원천에서 유입되고 있다.

① 중앙정부 및 지방정부의 예산
② 국제금융기관 및 외국 정부에서 빌려 주는 개발원조기금(Development Assistance Fund)
③ 산업기반시설 채권(infrastructure bond)의 발행
④ 국영 상업은행(state owned commercial banks)으로부터의 차입
⑤ 산업기반시설을 운영하면서 발생하는 자체 수익금(own-source revenues)
⑥ 민간부문과의 합작(partnership with the private sector) :에너지 및 원격통신(telecommunication)은 민간투자가 많이 유치되고 있는 가장 중요한 분야이다.

3. 주요 도시들 간의 산업기반시설 여건 비교

베트남의 산업기반시설 여건이 점차 개선되고 있다고는 하지만, 주변국들과 비교하면 아직도 열악한 점이 많다. 아래에서는 베트남의 기반시설을 다른 지역과 비교해 보기로 하자.

(1) 주요 도시들 간의 산업기반시설 이용[14)]

일본무역진흥회 (JETRO)는 하노이 · 호찌밍시 · 자카르타 · 마닐라 · 쿠알라룸푸르 6개 도시의 산업기반시설 이용에 필요한 비용을 산업 전력요금, 일본 요코하마까지 40피트 컨테이너로 운송하는 비용, 일본으로의 전화비용 및 ADSL (Asymmetric Digital Subscriber Lines, 비대칭 디지털 가입자 회선 : 디지털 정보를 전화선을 통해 고속으로 전송하는 방법) 이용료 등 4가지 비용으로 평가하였다.

평가결과는 표 12-1에 나타나 있다. 이 표를 보면, 일부 평가 항목을 제외하고는 하노이와 호찌밍시의 산업기반시설 여건이 인접국 도시들에 비해 크게 나쁘지 않음을 알 수 있다.

표 12-1 주요 도시별 산업기반시설 이용비용[15)]

	하노이	호찌밍시	방콕	자카르타	마닐라	쿠알라 룸푸르
산업 전력요금(센트/kw/h)	5.5	5.5	4.2	5.0	10.0	5.0
일본의 요코하마까지 40피트 컨테이너로 운송하는 비용	1630	1150	1300	990	950	725
일본까지의 통화료(달러/3분)	1.95	1.95	1.49	3.78	1.20	1.42
ADSL 이용료(달러/월(月))	76.3	76.3	14.6	782.1	25.4	162.6

(2) ASEAN 국가들의 물류기반시설 비교[16)]

항구 · 공항 · 철도 · 도로 · 교량 등과 같은 산업기반시설은 어느 회사가 투자지역을 선정하고 공장을 짓고 지사를 설치하고자 할 때에 매우 중요한 판단 요소가 된다. 즉, 이러한 산업기반시설이 잘 갖추어져 있어야만 투자유치가 잘 이루어질 수 있을 것이다.

표 12-2는 ASEAN 국가들의 물류기반시설(logistics infrastructure) 상황을 항구 · 공항 · 철도 · 도로의 4가지 항목으로 평가하고 있다.

표 12-2 ASEAN 국가들의 물류기반시설 비교[17)]

	항구	공항	철도	도로
캄보디아	열악	양호	열악	열악
인도네시아	열악	양호	우수	양호
라오스	(자료 없음)	열악	(자료 없음)	양호
말레이시아	우수	우수	우수	우수
필리핀	양호	양호	열악	양호
싱가포르	우수	우수	우수	우수
타일랜드	우수	우수	우수	우수
버마	열악	열악	열악	양호
베트남	양호	양호	양호	양호

4. 항구(Ports)[18)]

베트남에는 114개의 항구(sea ports)가 있으며, 이중 14개는 규모가 비교적 크다. 베트남 최대의 항구들은 전통적으로 정부가 '베트남 해양관리국'(Vietnam Maritime Administration; Vinamarine)을 통하여 개발하고 그것의 운영은 '베트남 국영 선박회사'(Vietnam National Shipping Lines)에 맡겨 왔다.

지방정부는 약 20개의 항구를 관리하고 있으며, 몇몇 국영공사(國營公社) 혹은 지방공사(地方公社)들이 특수한 항구들을 관리하고 있다.

베트남의 가장 주요 항구로는 남부의 사이곤항(Saigon Port)과 북부의 하이퐁항(Hai Phong Port), 그리고 중부의 다낭항(Da Nang Port)을 들 수 있다. 다낭은 하노이와 호찌밍시에서 약 900km의 중간에 있는 해안에 자리 잡고 있어서, 앞으로 베트남 교통의 요충지로서 또 공업단지로서, 하노이 근교 및 호찌밍시 근교와 함께 발전할 전망이다. 한편 하이퐁항 및 사이곤항 등의 항구는 하구에 형성된 항구(estuarine ports)이다. 즉, 이들은 모두 바다에서 30~90km씩 떨어져 있는 항구로서, 작은 배들만이 접근할 수 있다.

그 밖에도 깜라잉(Cam Ranh), 호찌밍시(Ho Chi Minh City), 홍가이(Hong Gai), 꾸이년(Qui Nhon), 냐짱(Nha Trang) 등에도 주요 항구들이 자리 잡고 있다.

그림 12-1은 다낭항의 모습을 보여주고 있다.

그림 12-1 다낭항(Da Nang Port)[19]

5. 공항(Airports)[20]

베트남의 민간항공 분야는 정부의 직접적 지휘를 받는 베트남 민간항공관리국(Civil Aviation Administration of Vietnam : CAAV)에 의해 관리되고 있다. 베트남에는 현재 총 24개의 공항이 있으며, 그중 21개는 활주로가 포장되어 있는 공항(airports with paved runways)이고, 3개는 비포장 활주로 공항(airports with unpaved runways)이다.

베트남에서 가장 중요한 국제공항은 하노이에 있는 노이바이 국제공항(Noi Bai International Airport)과 호찌밍시에 있는 떤썬냣 국제공항(Tan Son Nhat International Airport), 그리고 다낭에 있는 다낭 국제공항(Da Nang International Airport)이다.

그림 12-2는 수도 하노이의 노이바이 국제공항, 그림 12-3은 중부의 다낭 국제공항, 그림 12-4에는 떤썬냣 국제공항의 모습이 나타나 있다.

그림 12-2 하노이의 노이바이(Noi Bai) 국제공항[21)]

그림 12-3 중부 베트남의 다낭(Da Nang) 국제 공항[22)]

그림 12-4 호찌밍시의 떤썬냣(Tan Son Nhat) 국제공항[23)]

6. 도로 – 고속도로 및 지방도로

(1) 개황[24)]

베트남의 도로망(road network)은 210,000km이다. 그중 17,300km는 국도(國道, national roads)이고 16,450km는 성도(省道, provincial roads)이며, 36,400km는 구도(區道, district roads), 그리고 7,000km는 시골 도로이다. 아래에서는 베트남의 고속도로와 지방도로의 관점에서 살펴보기로 하자.

(2) 고속도로(Highways)[25)]

포장된 국도(paved national roads)의 비율은 어느 나라의 도로망에 대한 질을 평가하는 유용한 지표가 된다. 10년 전에 베트남의 포장비율이 61%였으나 지금은 84%이다. 이러한 국도 포장비율은 일반적인 기준에서 볼 때는 평균적인 수준이라고 할 수 있다.

그림 12-5 베트남의 고속도로[26)]

도로망의 상태 역시 좋아지고 있는데, 5년 전에는 양호의 도로의 비율이 37%였으나, 현재는 45%로 높아졌다. 도로망의 품질이 좋아지고 있는 것은 기존 도로를 보수하는 것보다 더 높은 비율로 신규 도로를 건설했기 때문이라고 보여진다.

(3) 지방도로(Local Roads)[27)]

베트남의 지방도로 83,000km의 약 1/4이 양호하거나 우수한 상태에 있고, 주요 국도에 연결되는 성도(省道, provincial roads)의 58%는 열악한 상태에 있는 것으로 평가되고 있다.

(4) 도로망의 관리체계[28)]

베트남의 도로망 관리체계는 상당히 복잡한데, 그 이유는 자금을 조달 · 집행하는 기관과 투자하고 관리하는 기관이 각각 다르기 때문이다. 국도의 경우에는, 투자 자금조달을 기획투자부(Ministry of Planning and Investment)에서 담당하고, 집행은 교통부의 사업관리국(Project Management Units of the Ministry of Transport)에서 책임지고 있으며, 유지보수는 베트남 도로관리국(Vietnam Roads Administration)에서 담당하고 있다. 지방도로의 경우에는 각 성(省)의 도로국까지 개입되기 때문에 문제가 더욱 복잡해진다.

7. 철도(Railways)[29)]

철도망은 6개 노선으로 구성되어 있으며, 전체 길이는 2,600km이다. 모든 철로는 단선(單線, single track)이다. 표준궤간 철로 178km, 협궤 철로 2,169km, 2중궤간 철로 253km의 3가지로 되어 있다. 철교는 모두 1,800개(57,044m)이고, 터널이 39개(11,513m)이며, 정거장이 281개이다.

베트남 철도공사(Vietnam Railway Cooperation)가 베트남에서 철도서비스를 공급하는 유일한 기관이다. 베트남 철도관리국(Vietnam Railway Administration)은 철도 개발계획 수립과 철도 신설 및 유지보수를 위한 자금 확보 등에 대해 책임을 진다.

8. 내륙수로(內陸水路, Inland Waterways)[31]

베트남에는 41,000km의 천연 수로(natural waterways)가 있으며, 이 중에서 8,000km가 상업용으로 이용되고 있다. 이러한 수로(水路) 중에서 6,000km는 베트남 내륙수로관리국(Vietnam Inland Waterways Administration)에서 관리하고, 상업용 수로의 나머지는 지방정부에서 관리한다.

그림 12-6 베트남 철도[30]

이러한 수로를 운행하기 위해서 보트와 바지선(barges)이 상당히 발전하고 있다. 5년 전에는 63,600척(170만톤의 용량)의 배가 197,000명의 승객용 좌석을 가지고 있었으나, 지금은 83,000척(370만톤 용량)의 배가 280,000명의 승객용 좌석을 보유하고 있다. 여기에 더하여 수만 척의 소형 보트와 페리보트(ferry boats)가 운행하고 있다.

이와 같은 수로에 비록 많은 투자는 이루어지고 있지 않지만, 수로는 석탄 · 쌀 · 모래 · 자갈 등과 같이 무게는 많이 나가면서 값이 싼 그러한 제품의 수송에 여전히 매력적인 운송로가 되고 있다. 특히 메콩강과 홍강(Red River)의 삼각주지역에서는 수로를 이용한 수송이 생계 및 개인적인 용도로도 매우 유용하게 활용되고 있다.

그림 12-7은 수로가 베트남인들의 중요한 생활수단임을 보여 주고 있다.

그림 12-7 베트남의 수로와 보트[32]

제4부 산업 환경

제13장

산업 환경(I)

농업 · 임업 · 수산업,
수공예산업,
플라스틱산업

이 장에서는 베트남의 산업 환경(I)으로서 산업 현황 및 산업 발전 목표, 농업 · 임업 · 수산업, 수공예 산업, 플라스틱 산업 등을 고찰하기로 한다.

제1절 서 론

1. 베트남의 산업 현황

베트남 통계청(General Statistical Office)에서 발표한 베트남의 주요 산업의 GDP에서 차지하는 비중과 산업부문별 성장률은 표 13-1과 표 13-2에 나타나 있다.

표 13-1 베트남 산업의 GDP 비중[1)]

영역별 구분	비중
농업 · 임업 · 수산업	20.1%
제조업(공업 · 건설업)	41.8%
서비스업	38.1%

표 13-2 베트남 산업의 분야별 성장률[2)]

영역	성장률
국영(정부) 부문	9.1%
민간 부문	23.9%
해외투자(FDI) 부문	18.8%
총계	17.0%

2. 베트남의 10대 수입품목 현황[3)]

베트남에 진출하려는 한국기업 입장에서는 베트남이 어떤 제품을 많이 수입하고 있는가를 파악함으로써 그 제품들이 속해 있는 산업에 진출하여 성공할 가능성을 높일 수 있을 것이다.

베트남의 10대 주요 수입품목은 기계 및 부품, 석유제품, 섬유 · 의류 및 가죽제품, 철강, 컴퓨터 및 부품, 플라스틱 제품, 자동차 및 부품, 비료, 오토바이 및 부품, 의약품 등이다. 이들 10대 품목 수입액이 전체 수입액에서 차지하는 비중은 지난 3년 동안 58%, 60%, 56%로 변화하고 있다.

표 13-3 베트남 10대 주요 수입품목 및 그 구성비[4)]

상품명	전체 수입액에서 차지하는 비중	3년 전과 비교했을 때의 증가율
기계 및 부품	28%	−12%
석유화학제품	20%	47%
섬유, 의류, 가죽제품	12%	11%
철강	14%	55%
컴퓨터 및 부품	5%	103%
플라스틱 제품	7%	52%
자동차 및 부품	5%	0%
비료	5%	31%
오토바이 및 부품	3%	38%
의약품	1%	−78%
10대 품목의 전체 수입액에서 차지하는 비중	56%	

3. 향후 10년 간의 발전 전략[5)]

(1) 서론

베트남은 앞으로도 높은 성장률을 유지하고 GDP에서의 공업부문 비중을 높이기 위해 2020년을 목표로 하는 베트남 5개년 산업발전 전략을 '결정서' (Decision 73/2003/QD-TTG)로 승인했다. 이 전략은 베트남의 국내산업 발전을 위한 주요목표 및 전략을 수립하는 것으로서, 베트남 정부는 향후 5년 이내에 전 국토를 6개 권역으로 구분하여 각 해당권역에 적합한 산업 및 발전목표를 설정하였다.

(2) 산업발전의 전반적 목표

이러한 산업발전의 전반적 목표는 앞으로 매년 연간 성장률 15~16%를 달성하고, 공업부문 및 건설부문 비중을 향후 5년 이내 43~44%, 2020년까지 45%를 달성하는 것이다. 또 공업제품이 국가 전체수출량의 85~90%를 차지하도록 계획을 세우고 있다.

산업 분야별로 달성하려는 성장률과 비중 목표는 표 13-4에 나타나 있다.

표 13-4 베트남 정부의 산업발전 목표[6)]

분야별 산업	향후 5년간 매년 목표 성장률(%)	비중(%)	
		현재	5년 이내
총 분야	15 ~ 16	100.00	100.00
자원개발 산업	5.5 ~ 6.5	10.5	6 ~ 7
기간산업	18.5 ~ 19.5	29.1	38 ~ 39
기계 산업	19.2 ~ 20.2	13.0	16 ~ 17
금속 제련 산업	18.0 ~ 19.0	3.4	4 ~ 5
전자 및 IT 산업	22.0 ~ 23.0	3.0	6.5 ~ 6.7
화학	16.5 ~ 17.5	9.0	11 ~ 12
농임수산물 가공	12.5 ~ 13.5	30.0	25.5 ~ 26.5
섬유, 봉제, 가죽 및 신발	14.5 ~ 15.5	12.7	13 ~ 14
건축자재 생산	13.5 ~ 14.5	9.8	8 ~ 9
전력 가스 등 에너지 산업	14.0 ~ 15.0	6.2	5.5 ~ 6
기타 산업	12.0 ~ 13.0	1.3	1 ~ 1.5

위의 표를 보면, 정부는 앞으로 기계 · 금속 · 전자 및 IT 산업 · 화학 등 기간산업에 대한 비중을 크게 늘리는 발전 전략을 추진하고 있음을 알 수 있다. 따라서 베트남에 투자하고자 하는 한국기업들은 이와 같은 베트남 정부의 발전전략을 주시하고 활용할 필요가 있다.

(3) 베트남의 권역별 산업발전 목표

표 13-5에는 베트남 정부가 설정한 6개 권역별 산업발전 목표가 제시되어 있다. 따라서 베트남에 진출하고자 하는 한국기업은 이들 지역별 산업개발 전략을 토대로 이들 지역에 집중 투자함으로써 최대한의 투자 인센티브 확보와 지방 성(省)의 지원을 확보하는 전략을 구사하는 것이 바람직할 것이다.

표 13-5 베트남 정부의 6개 권역별 산업발전 목표[7)]

구분	지 역	주요 산업부문	발전 목표
권역 1	북부산악지역 14개 성 : 박깐, 박장, 까오방, 디엔비엔, 호아빙, 하장, 라이쩌우, 랑썬, 라오까이, 푸토, 썬라, 타이응우옌, 뚜옌꾸앙, 옌바이	• 수력 발전소 • 농임가공 : 종이, 차, 원목, 식료품, 야채 • 자원 개발 산업 : 철광석, 인회석, 석탄, 구리, 납, 아연, 주석 • 화학, 비료 • 금속 제련, 건축자재 생산	• GDP 비중 : 23~24% • 연간성장률 : 14.5%~15.5%
권역 2	홍강 삼각주 및 북부 중심 지역 15개 성 : 박닝, 하노이, 하떠이, 하이즈엉, 하이퐁, 하남, 흥옌, 남딩, 닌빙, 응에안, 꾸앙닝, 타이빙, 타잉호아, 빈푹	• 기계공학(조선, 기기, 전기장비 운송수단) • 화력 발전소 • 자원 개발 산업 • 건축자재 생산 • 섬유, 봉제, 신발	• GDP비중 : 46~47% • 연간 성장률 : 14.5~15.5%
권역 3	해안 지역 10개 성 : 빈딩, 다낭, 카잉호아, 닝투언, 푸엔, 꾸앙빙, 꾸앙남, 꾸앙응아이, 꾸앙찌, 트어티엔후에	• 농림수산물 가공 • 정유 공장 및 석유화학 • 조선, 기계공학, 건축자재 생산 • 삼유, 봉제, 신발 • 전자 및 IT	• GDP비중 : 46~47% • 연간 성장률 : 15.5~16.5%
권역 4	고원 지대 4개 성 : 닥락, 닥농, 자라이, 꼰뚬	• 수력 발전소 • 농산물 가공 (커피, 천연고무, 종이, 설탕 등) • 광물 개발 및 가공(보크사이트)	• GDP비중 : 13~14% • 연간 성장률 : 17.8~18.7%
권역 5	동,남부 지역 8개 성 : 바리아-붕따우, 빙즈엉, 빈푹, 빙투언, 동나이, 럼동, 호찌밍시, 떠이닝	• 석유 가스 개발 • 전기 • 농림수산물 가공 • 기계 공학 • 전자 및 소프트웨어 개발 • 화학 제약 • 섬유, 봉제, 신발	• GDP비중 : 51%~52% • 연간 성장률 : 13.2%~14.2%
권역 6	메콩델타 지역 13개 성 : 안장, 박리에우, 벤쩨, 껀터, 동탑, 허우장, 끼엔장, 롱안, 까마우, 쏙짱, 띠엔장, 짜빙, 빙롱	• 수출용 농수산물 가공 • 농업 기계 공학, 특히 농수산물 가공 기기 • 조선	• GDP비중 : 26~27% • 연간 성장률 : 14.4~15.4%

제 2 절 농업 · 임업 · 수산업

(Agriculture, Wooden Products, Seafood)

1. 농업 (Agriculture)

(1) 쌀(Rice)[8)]

그림 13-1 벼농사를 짓고 있는 베트남 농부[9)]

베트남의 쌀 수출액은 전년도에 비해 약 47.3% 증가하였다. 베트남은 520만톤의 쌀을 세계시장에 공급하고 있는데, 주요 수출대상국은 아시아-태평양 지역과 아프리카 및 중앙아시아이다. 베트남은 지난해 733만 헥타르(hectares)에서 3,579만톤의 쌀을 생산하였는데, 이것은 전년도에 비해 각각 1.6% 및 1%씩 감소한 수치이다.

베트남 농업 · 지방개발부(Ministry of Agriculture and Rural Development)에 따르면, 베트남은 앞으로 1년 후에는 3,800~3,900만톤의 쌀을 생산해서 이중 400~420만톤을 수출할 계획이다. 무역부(Trade Ministry) 산하에 있는 무역정보센터(Trade Information Center)는, 중국과 인도의 쌀 생산량은 감소하는 반면에 인구는 계속 증가할 것으로 보이고 또 인도에서는 농부들이 쌀 경작을 줄이며 보다 값비싼 식물이나 나무를 경작하는 쪽으로 방향을 잡고 있기 때문에, 국제 쌀가격은 계속 인상될 것으로 예측하였다.

(2) 콩[10)]

베트남의 콩 생산량은, 지난 3년 간의 자료를 보면, 매년 2만톤 정도를 생산하고 있다. 이는 매년 평균 총소비량 50만~87만톤에 크게 부족하다. 그러므로 나머지 부족분, 즉 48만~85만톤은 전량 수입에 의존하고 있다.

(3) 밀(밀가루)[11)]

베트남에서는 그동안 밀생산량은 거의 없었다. 그 반면 밀(밀가루)의 소비량은 지난 3년간 74만~97만톤에 달하고 있기 때문에, 그 부족분 전량을 수입에 의존하여 왔다. 그러나 베트남 정부는 지난 4년동안 이 분야에 집중적으로 투자하여 밀 곡물에서부터 밀가루시장 전체의 규모가 급속히 확대되고 있다.

그 결과, 현재의 밀생산 능력은 연간 200만톤 이상이 되고 있다.

(4) 과일과 야채[12)]

베트남은 다양한 종류의 과일과 야채를 수입하고 있으며, 지난해 수입량은 300~400만톤이었다. 앞으로의 높은 경제성장과 낮은 세금, 그리고 건강식품에 대한 선호증가 등으로 인해, 과일과 야채의 수입수요는 더욱 증가할 것으로 예상된다.

(5) 가축류[13)]

지난해 베트남에서 사육되고 있는 가축류를 종류별로 보면, 젖소(6만 마리) · 소(422만 마리) · 돼지(2,380만 마리) · 닭(2억 4천만 마리) · 오리(6,423만 마리) 등이 있다. 베트남 정부는 동물성 단백질 섭취를 권장하는 등, 가축 생산확대에 적극적으로 나서고 있다.

가축류 및 사료 생산부문은 외국인 투자로 지원받고 있다. 베트남은 국내시장에서 우유의 생산증대가 주목받고 있는데, 현재상황으로는 90~95%가 수입되고 있다.

(6) 스낵류 통조림류 포장식품[14)]

소득증가로 인해 다양한 수입식품에 대한 수요도 증가하여 소매상이나 호텔 레스토랑을 통해 야채나 주스 통조림이 보급되는 가운데, 소매식품부문의 발달로 인해 앞으로의 전망도 밝은 편이다.

기업사례

■ 베트남의 식품사업에서 성공하고 있는 '대상' 그룹의 미원(味元) 베트남[15)]

대상은 지난 1994년 베트남 정부의 투자허가를 받아 '미원 베트남'(Mi Won Vietnam)을 설립하였고, 하노이시 인근 '비엣찌'에 공장을 설립하며 식품사업을 시작됐다. 이 당시에는 일본 '아지노모토'(Ajinomoto), '아원'(A-one) 등 글로벌 식품기업들이 이미 남부 호찌밍시 지역에 본사를 두고 활발한 활동을 전개하고 있던 시기였다.

현지 모델을 통한 브랜드 홍보와 직원들의 열정이 한류 열풍과 조화되면서 '미원'의 인기는 베트남에서 크게 높아졌다.

비엣찌공장은 사업 확장과 함께 지속적으로 설비를 증설해 갔으며, 현재 2만 5,000t의 MSG조미료 생산능력을 가진 대형 공장으로 성장했다. 현재 베찌공장은 생산품목을 다양화해 조미료 외에 국물용 복합조미료 '봇까인'(1998년), 튀김가루 '봇찌엔'(2002), 칠리소스(2002), 빵가루(2003), 간장(2004)을 출시, 베트남 최고의 종합식품업체로 꾸준히 발전하고 있으며, 지금까지 계속 흑자를 기록하고 있다.

그림 13-2 미원 베트남

기업사례

■ 베트남에 진출한 한국의 제과·제빵 회사들

1. 오리온[16)]

1996년 호찌밍시에 사무소를 개설하며 베트남에 진출했던 '오리온'은 지난해 베트남 현지법인(現地法人)인 오리온 식품 베트남 유한공사(Orion Food Vina. Co. Ltd)를 설립한 후, 즉각 생산공장 건설에 착수하였다. 그 후 1년만에 빈즈엉성(省) 미푹 공단에서 연산 5,000만달러 규모의 종합제과공장 준공식을 갖고 초코파이를 비롯한 제과류를 생산하고 있다.

동남아시장의 교두보 역할을 담당한 베트남지역에서 오리온의 성장은 눈부시다. 각 가정에서 제사음식으로 쓰일 정도로 명품대접을 받는 '오리온 초코파이'는 현재 베트남 파이시장 점유율 60%를 기록하고 있다. 지난해 베트남 시장에서 오리온의 매출액은 1,050만달러를 기록하며 빠르게 성장하고 있다.

현재 베트남에는 오리온 영업소가 50여개에 달한다. 조만간 60개를 채운다는 목표이다. 베트남에서는 이른바 짝퉁 초코파이가 계속 등장하고 있는 실정이다. 짝퉁 제품들은 그러나 더운 베트남 날씨 탓에 곰팡이가 금방 생겨 곰팡이를 방지하는 오리온 기술의 벽을 넘지 못하고 하나둘씩 시장에서 퇴출되고 있다.

주병식 부사장은 "베트남에서 오리온은 경쟁상대가 없을 정도로 제과업계에서는 독보적인 위상을 차지하고 있다. 호찌밍시 인근 빈즈엉성 공장을 근거로 베트남, 말레이시아, 싱가폴, 타일랜드 등 8억 명 인구의 아세안(ASEAN) 시장 공략에 나서겠다."고 말했다.

2. 뚜레쥬르(Tous Les Joure)[17)]

CJ푸드빌이 운영하는 베이커리 전문점 뚜레쥬르가 베이커리 업계 최초로 호찌밍시에 1호점을 개점하면서 베트남에 진출했다. 베트남 호찌밍시내에 입점한 뚜레쥬르는 총 120평 규모의 1, 2층 건물로 호찌밍시내 중심가에 위치한 하이바쫑 거리에 자리잡고 있다.

베트남 호찌밍 1호점은 국내 뚜레쥬르 매장과 거의 흡사한 분위기와 메뉴로 구성됐다고 회사측은 설명했다. 메뉴의 현지화 전략은 식빵의 경우 한국보다 소비가 적어 제품 종류를 4종류로 줄였으며, 케익 제품 중 파인애플 생크림 케익을 현지 상품으로 출시했다. 또한 커피 단맛을 좋아하는 현지인 기호에 따라 시럽 사용량을 늘려 현지고객 입맛을 공략해 나갈 예정이다.

뚜레쥬르는 앞으로 1년간 약 2~3개의 직영점을 더 개점한 후 가맹사업을 전개할 계획이며 매년 5~10개 점포를 꾸준히 늘려갈 방침이다.

박동호 CJ푸드빌 대표는 "뚜레쥬르가 베이커리 업계로는 최초로 베트남 시장에 진출하는 국내 토종 브랜드여서 자부심과 긍지심이 매우 크다.

뚜레쥬르의 선진 프랜차이즈 기법을 베트남에 전수해 줄 계획이며 앞으로 베트남 외식 문화를 한 단계 높여 나갈 계획"이라고 설명했다.

그림 13-3 뚜레쥬르 호찌밍시 1호점 매장 전경

---

(7) 기타 농산물[18)]

그 밖에도 차(茶), 타피오카, 후추, 참깨, 사탕수수, 면화, 황마, 담배, 커피, 야채, 양잠 등의 농산물도 점차 생산량이 증대해 가고 있다.

■ 베트남의 커피 문화주간(Coffee Culture Week)[19]

베트남 산(産) 커피를 홍보하기 위해서, 호찌밍시 따오단 문화공원(Tao Dan Cultural Park)과 하노이 통일공원(Unification Park)에서 지난해 11월 29일~12월 2일 그리고 12월 13~16일에 걸쳐 커피 문화주간(Coffee Culture Week) 행사가 열렸다.

이 행사는 총리, 산업무역부(Ministry of Industry and Trade), 문화 · 스포츠 · 관광부(Ministry of Culture, Sports and Tourism), 농업 · 농촌개발부(Ministry of Agriculture and Rural Development) 및 하노이시 및 호찌밍시 지방정부의 후원하에 개최되었다. 이 행사에는 자사(自社)의 커피상표를 홍보하려는 30여개의 커피회사들과 카페뿐만 아니라 수많은 베트남인들이 참여하며 큰 성황을 보였다.

이 문화주간 행사는 커피농장 모델, 커피에 관련된 토론과 상담, 전시회, 오락(entertainment) 및 예술공연 등과 같은 6가지 분야로 구성되었다.

방문객들은 커피의 재배(growing), 굽기(roasting), 갈기(grinding) 및 처리(processing), 포장(packaging) 등과 같은 활동을 현장에서 관찰할 수 있었을 뿐만 아니라, 자신들이 직접 참여해서 이러한 과정을 경험하고 자신들이 만든 커피를 마시기도 했다.

또 다른 중요한 행사로는 커피 애호가들과 경영 전문가들이 중심이 되어 커피사업(coffee business)에 관련된 질의와 응답이 이루어 졌으며, 커피사업이 나아갈 방향과 커피사업 성공을 위한 방안이 제시되었다.

이 행사의 개회식 때는 커피 모델들이 커피 잎과 각종 꽃으로 만든 옷을 입고 징(gongs)을 치며 도로를 행진하였고, 밤에는 예술공연과 록커피 대회(Rock Coffee Gala)가 열렸다.

이 행사의 주최측에서는 베트남의 커피문화행사가 독일의 맥주 축제(Beer Festival), 브라질의 카니발 축제(Carnival Festival), 텍사스의 장미 축제(Rose Festival) 등과 같이 세계적인 축제가 될 것으로 기대하고 있다.

그림 13-4에는 커피 문화주간 행사 때 등장한 한 모델의 모습이 나타나 있다.

그림 13-4 커피 문화주간(Coffee Culture Week) 행사와 모델[20]

(8) 베트남 농산물의 경쟁력[21]

까오 득 팥(Cao Duc Phat) 농업 · 농촌개발부 장관은 베트남이 쌀 · 커피 · 고무 · 캐슈넛 등에서는 높은 경쟁력이 있으나, 설탕 · 채소 · 축산 분야에서는 다른 나라에 비해 많이 뒤져 있다고 밝히고, 향후 이 분야에 대한 경쟁력 제고를 위해 정책적 노력을 기울일 예정이라고 말했다.

2. 임산물(林産物)[22)]

베트남은 전년도에 미국 15억2천만달러의 임산물을 수출하였으며, 이 금액은 1년전에 비해 33.2% 증가한 수치이다. 주요 수출 대상국은 EU · 미국 · 일본 및 타이완 등이다. 임산물 생산과 수출을 촉진하기 위해 베트남은 임산물 재배 면적뿐만 아니라 수출시장도 다변화하려는 노력을 하고 있다.

베트남에는 6억m^3의 산림이 보존되어 있으며, 이 중 매년 300m^3의 산림에서 임산물을 생산해 낼 수 있다. 현재 베트남에는 1,500여개의 목재 처리 회사들이 있다. 이들은 주로 호찌밍시, 빈즈엉(Binh Duong), 동나이(Dong Nai) 및 몇몇 중부 해안지역에 자리잡고 있다.

또 미국과 중국 및 몇몇 유럽 국가들은 임산물 생산시설을 최근에 베트남으로 옮겨오고 있다. 그 이유는 생산비를 낮출 수 있고, 또 베트남의 낮은 관세율 때문에 베트남에서 임산물을 생산하여 수출하는 것이 더 높은 수익성을 가져다 줄 수 있기 때문이다.

베트남의 임산물 분야에 투자하려는 기업에게는 코코넛, 야자나무, 고무나무, 대나무, 계피나무 생산 등이 유망해 보인다. 베트남 정부도 이 분야에 대한 투자를 권장하고 있는 바, 예컨데 1,000ha까지 30~50년 동안 삼림지를 대여 받을 수 있고, 대여기간 종료시까지 투자한 생산물의 30~70%를 처분할 권한을 부여받고 있다.

3. 수산물(Seafood)[23)]

지난해 베트남의 수산물 수출액은 전년보다 14.2% 증가한 27억4천만달러였다. 이렇게 수출액이 증가한 것은 베트남 수산물의 주요 수입국가들인 EU, 미국, 일본 및 중국 등에서의 수요가 많았기 때문이다. 여러 나라에서 조류독감(bird flu)이 끊임없이 발생하고 있기 때문에 그럴 때마다 소비자들은 수산물을 더 선호할 것으로 예상된다.

기업사례

▪ 베트남의 수산가공업회사 VilFood[24)]

베트남 수산가공업회사들은 그동안 저임금을 기반으로 성장해 왔다. 예를 들어, 남부 베트남의 중심도시 호찌밍시의 수산가공업체 VilFood 사(社)는 지난해 100개에 가까운 종류의 상품을 생산, 유럽과 아시아 각국, 미국 등에 수출해 400만달러의 매출을 기록했다. 이 회사의 생산라인에서는 흰색 위생작업복으로 온 몸을 감싼 종업원 400여명이 바쁜 손놀림 속에 식품 위해요소(危害要素) 중점관리기준(HACCP)과 유럽연합 식품안전성 인증(EU Code)을 받은 청결한 생산라인에서, 튀기거나 삶으면 곧바로 먹을 수 있는 수산 가공 식품들을 생산하고 있다.

이 회사 종업원의 월평균 임금은 한화 10만원가량이다. 베트남 수산물 2차 · 완제품 가공업체 중 기술만큼은 수준급에 속한다는 이 회사가 보유하고 있는 장비는 냉동기와 대형냉장고, 진공포장기계,

제빙기 정도에 불과하다. 선진국에 비해 몹시 낙후한 가공기술을 저임금에 기초한 풍부한 노동력으로 대체하고 있는 것이다.

르시후앙옌 판매 · 생산 담당이사는 "새로운 장비투자를 하지 않더라도 향후 5년정도는 성장세가 지속될 것으로 예상한다."며 자신감을 드러냈다. 호찌밍시에는 이런 회사가 60여 곳에 이르고 있으며, 대부분 유럽과 아시아시장에 대한 수출에 주력하고 있다.

앞으로 5년후에는 연간 수산물 수출액이 40억달러가 될 것으로 수산부(Fishery Ministry)는 예상하고 있다. 이러한 목적을 달성하기 위해서, 정부는 수산물 가격 및 수출시장에서의 수요를 예측하는 능력을 증진시키고, 중동 · 동유럽 · 아프리카 · 남아메리카 등과 같은 새로운 시장을 개척하며, 또 기존의 수출 국가들에 대해서는 수출을 더욱 강화하려는 노력을 하고 있다.

베트남은 또한 새우나 참치 등과 같은 핵심적인 수산물의 상표(trademarks)를 더욱 알리려는 노력과 함께, 수입업자들이 설정해 놓은 엄격한 위생 및 안전기준을 수산물 생산 회사들과 어부들이 준수할 수 있도록 이들을 지원하려는 노력을 하고 있다.

또한 베트남 정부는 최근 남획 등으로 어획량이 크게 줄고 있는 상황에서 향후 5년내에 양식으로 200만톤을 생산하는 '바다목장화 사업'을 추진하고 있다(하롱베이 등 북부지역을 중심으로 소규모 새우 · 가재 · 게 및 어류 양식장이 산재해 있으나, 기술이 부족하여 체계적인 대규모 양식장은 아직 없는 상황이다).

현재 러시아(Anhai 양식장, 200만달러 투자), 노르웨이(Marine Farm 양식장, 100만달러 투자) 등이 바다목장 사업에 진출해 있다.

현장정보

■ 수산 강국(水産强國)으로 다가가는 베트남[25)]

바다와 접해 있는 베트남은 3,000개 이상의 섬, 3,260km에 이르는 해변, 자연 그대로 남아 있는 100만km^2에 이르는 영해 바다를 보유하고 있어 수산산업 발전을 위한 천혜의 조건을 갖추고 있다. 최근들어 베트남이 이러한 수산자원 개발에 나서고 있다.

베트남은 전년도에 340만톤의 수산물을 수확했으며, 38조동(dong)의 수입을 가져왔다. 베트남에는 현재 원양어선 20만척이 활동 중이며, 지난 5년 동안 수산물 수출액은 연간 22억달러를 기록했다.

이와 같은 베트남 수산자원의 무궁무진한 잠재력에 비해, 개발의 속도가 다소 늦다는 지적을 받아왔다. 수산산업 발전의 중요성을 인식한 정부는 여러가지 조치들을 시행하기 시작했다. 그 중 하나는 세계 각국과의 수산업 교류 확대를 위해 베트남 수산업 국제전시회(VIETFISH)를 정기적으로 개최하기로 했다. 제1차 전시회는 호찌밍시 국제전시 컨벤션센터(HIECC)에서 열렸으며, 첫 해에는 이 행사에 참여한 수산식품업체가 39개에 불과했으나, 5년 후에는 68개로 늘었고 수산 기자재 · 부대 물품업체도 32개사에서 70여개사로 늘었다.

정부는 나아가서 베트남 조선(造船) 산업도 적극적으로 유치하기로 했다. 현재 대형급(大型級) 조선소가 건설되고 있고, 일부 조선소는 이미 세계 많은 국가로부터 수십만톤급 선박 향후 5년분의 주문을 받아 놓은 상태이다.

선박 · 해운 전문지 '트레이드 윈즈'(Trade Winds)에 따르면, 한국의 STX조선의 모기업인 STX는 베트남에 조선소 건설 프로젝트를 제안한 것으로 알려졌다.

현장정보

■ 어부들의 풍어(豊漁) 축제(Fish Worshipping Festival)[26)]

베트남은 해양국가이므로 수산업이 매우 큰 비중을 차지하고 있다. 이에 따라 전통적으로 어부들이 풍어를 기원하는 축제들이 빙투언(Binh Thuan) 성(省), 꾸앙빙(Quang Binh) 성, 끼엔장(Kien Giang) 성 및 카잉호아(Khanh Hoa) 성 등을 중심으로 해변도시 곳곳에서 열리고 있다.

이러한 풍어 축제 중 대표적인 것이 꺼우 응우(Câu Ngu) 축제이다. 이 축제는 남해(南海)의 신(Southern Sea God) 즉, 옹남하이(Ong Nam Hai)에게 바다를 잔잔하게 해주고, 많은 고기를 잡게 해주고, 또 어부들이 바다에서 조난을 당했을 때 구조해 달라는 것을 기원하는 것이다. 특히 베트남 어부들은 고래(Whale)를 옹남하이로 삼고 있다.

이러한 축제 때는 수백척의 크고 작은 어선들이 고래 신을 초대하는 행렬을 하고, 꽃으로 만든 수많은 화관(花冠, flower garlands)과 약 5,000개의 등불(lanterns)을 바닷물 위에 띄우며 풍어와 안전을 기원한다. 또 어부들은 보트 및 작은 배(coracle)를 타고 경주를 하며 자신들의 힘과 인내심을 겨룬다.

그림 13-5 풍어 축제(Fish Worshipping Festival)와 꺼우 응우(C u Ngu)[27)]

제3절 음료 산업

1. 음료시장 현황[28)]

베트남 음료시장은 소비의 꾸준한 증가에 힘입어서 견실한 성장세를 보이고 있다. 지난 5년 동안 탄산음료(Carbonated)는 연평균 7%, 과일주스는 34%, 건강음료(Energy Drink)는 14%, 우유는 9.6%, 두유는 7%의 성장률을 기록하고 있다. 이와 같은 추세로 나간다면, 앞으로 5년 동안 음료시장은 연평균 9%의 성장률이 예상된다.

한편, 탄산음료 : 비(非)탄산음료의 비율은 2년 전에는 61.33% : 38.7%로 탄산음료의 비중이 더 컸고, 전년도에도 58% : 42%로 탄산음료의 비중이 더 컸으나, 수치에서 알 수 있듯이 비탄산음료의 비중이 점차로 커져 가는 추세이다. 이러한 현상은 건강에 대한 소비자의 관심이 더 증가해 가고 있다는 것을 반영한다.

탄산음료시장은 코카콜라와 펩시가 전체시장의 약 90%(코카콜라 50%, 펩시40%)를 장악하고 있다. 이러한 현상은 이들 기업들이 베트남에 공장을 설립해 단가를 낮추고, 강력한 브랜드 파워와 풍부한 자금을 이용해 적극적인 마케팅을 실시하며, 또 효율적인 유통망을 확보했기 때문이다.

과일주스시장은 전년도에 비해 판매량은 30% 증가하고 판매액은 17% 증가하면서, 최근 가장 주목받는 분야가 되었다. 과일주스 생산업체는 5년 전에는 14개였으나 지금은 100여개 업체로 늘어났다. 이렇게 크게 증가한 이유는 베트남이 열대지방이기 때문에 거의 모든 종류의 과일을 주스로 만들 수 있는 환경을 갖추고 있는데다가, 베트남 소비자들이 건강 · 위생 · 영양을 중요한 구매요인으로 점차 인식해 가고 있기 때문이다.

생수(生水)도 판매가 꾸준히 증가하고 있는데, 전년도에 대비하여 판매량은 22% 증가하고 판매액은 17%가 증가하였다. 베트남 현지의 생수회사는 100여개가 있으며, 이들이 시장을 지배하고 있고, 현지 생산으로 생수수요가 대부분 충당되고 있기 때문에 수입생수의 시장점유율은 매우 낮다.

'베트남 맥주-술-음료협회'(Vietnam Association of Beer-Alcohol-Beverage; VBA)에 따르면, 베트남에는 400여 종류의 생수가 있는데, 이중 300여개가 인체에 적합한 것으로 나타났다.

건강음료(한국의 박카스, 마시는 비타민, 알로에 음료 등과 같은 종류) 역시, 꾸준한 성장세를 보이고 있으며, 탄산음료 제조회사인 코카콜라와 펩시도 이 시장에 진입하고 있다.

2. 향후 전망[29)]

향후 5년 동안 베트남 음료시장은 다음과 같은 이유때문에 급성장할 것으로 예상된다.

(1) 도시인구의 꾸준한 증가

음료제품의 주요 구매자는 도시인구라고 볼 수 있는데, 베트남 통계청에 따르면 1990년 도시인구가 전체의 19.5%에 불과했으나 2004년에는 25.9%로 증가했고, 2010년에는 26.4%가 될 것으로 예상된다.

(2) 경제 성장의 지속

베트남은 향후 5년 이상 GDP 성장률이 매년 7% 이상으로 예상되며, 음료시장의 연간 성장률은 과거의 추세로 보아서 10% 이상이 될 것으로 예상된다.

(3) 생활 여건의 변화

과거 1980년대 산업화가 되기 이전에는 베트남인에게 생수와 과일주스 등은 매우 생소한 것이었다. 그러나 개혁 · 개방조치 이후 도시화가 빠르게 진행되며, 높은 경제성장으로 인해 소득이 증가하게 되면서 건강 · 위생 · 영양에 대한 관심이 높아지고, 또 도시 맞벌이 부부가 증가하게 되면서 간편하게 구입할 수 있게 됨으로써 건강에 좋은 음료를 많이 찾게 되었다. 이러한 현상은 앞으로 더욱 촉진될 것으로 보이기 때문에 음료시장은 빠르게 성장할 것으로 예상된다.

제 4 절 섬유 · 의류 · 신발 산업

1. 섬유 · 의류 산업 (Garments and Textiles)

(1) 현황[30)]

베트남의 섬유 및 의류산업은 베트남 전체수출에서 가장 큰 비중을 차지하는 분야이며, 지속적인 성장세를 보이고 있다. 섬유 및 의류수출은 베트남의 최대 외화 수입원으로 이 산업 경기의 호불황(好不況)이 국가경제에 직접적인 영향을 미친다.

베트남은 전년도보다 9.6% 증가한 55억달러에 이르는 섬유 및 의류제품을 수출하였는 바, 이는 세계에서 16번째로 큰 수출국가이다. 의류(garments)만을 본다면 세계에서 10번째로 그 규모가 크다. 무역부(Trade Ministry)에 따르면, 베트남이 섬유 및 의류제품을 수출하고 있는 주요 대상국가와 그 비중은 일본 17%, EU 12%, 미국 6.1% 등이다.

'베트남 섬유 · 의류협회' (Vietnam Textile & Apparel Association; VITAS)에 따르면, 현재 베트남에는 약 2,000개의 섬유 및 의류업체가 있는데, 0.5%는 국영기업이고 25%는 외국인 투자기업이며 나머지는 민간기업 또는 합작회사이다.

(2) 목표[31)]

VITAS는 향후 5년이내에 섬유 및 의류의 총생산액을 150억달러로 늘리고, 이중 100억~120억달러 규모를 수출하겠다는 야심찬 계획을 발표했다. 이러한 목표를 달성하기 위해서 VITAS는 앞으로 5년이내에 현지산(現地産) 원부자재(原副資材) 비율을 50%로 높이고 부가가치도 50% 수준으로 높여야 한다고 강조했다. 또한 VITAS는 섬유 · 의류 산업의 생산능력을 향상시키고 국가 패션센터를 건립하는 등 전략 목표를 달성하기 위한 8개 핵심 프로그램을 지속적으로 추진할 계획이다.

VITAS는 회원사들이 국내 및 해외에서 보다 적극적으로 상표(trademarks)를 구축하고, 기존 시장에서는 시장을 더욱 세분화하여 특수한 제품을 제조하도록 다양화시키며, 또 아프리카 및 동유럽 등 새로운 수출지역을 개척하도록 강요하고 있다.

정부도 향후 5년 이내에 섬유 · 의류 산업의 경쟁력을 높여서 생산과 수출을 증대시키기 위해 매년 4억2천만달러를 섬유 · 의류 산업에 투자하고, 최대 섬유그룹인 국영 Vinatex(자회사 61개에 10만명을 고용하고 있음)의 구조조정을 단행해 계열사를 계속해서 민영화하고, 3년 이내에는 그룹 자체를 주식회사로 만들 예정이다.

(3) 문제점[32)]

호찌밍시의 경우에 섬유 · 의류부문 근로자들의 평균 임금이 약 90달러까지 상승했으나, 근로자 구하기는 더욱 어려워지고 있다. 즉, 현지 근로자들의 섬유 및 의류 산업부문 종사 선호도가 감소하고 있는 것이다.

Saigon Garment사 제2공장의 경우에는 미국의 바이어로부터 주문량이 급증하고 있으나, 노동력 부족으로 주문량을 충족시키지 못했다.

또 베트남 중부지역 꾸앙응아이(Quang Ngai)의 경우에도 7개의 의류공장 중 4개가 노동력 부족으로 가동을 중단했다.

(4) 전망[33)]

2005년부터 WTO 회원국들 간의 쿼터 폐지로 인해 비회원국인 베트남의 경쟁력이 약화됐으나, 2007년 초에 베트남이 WTO에 가입함에 따라 양적으로 빠른 성장이 예상되고 있다. 아울러 베트남은 저렴한 노동력, 시장개방에 따른 외국인 투자확대, 정부지원 정책 등에 힘입어서 건실한 성장을 지속할 것으로 보인다.

(5) 시사점[34)]

베트남은 한국의 대미(對美) 섬유 및 의류 우회수출을 위한 전진기지로서의 중요성이 매우 크다. KOTRA 무역관 설문조사 결과에 따르면, 베트남에 진출한 한국 투자기업 수의 약 68%가 제조업이고, 이러한 제조업 중에 섬유류가 차지하는 비중은 31.29%이다. 따라서 베트남에 섬유 · 의류 산업에 많이 진출할수록, 현지에 진출한 국내기업들의 수출확대로 이어지는 직접적인 효과뿐만 아니라, 한국산 원부자재의 대(對)베트남 수출확대라는 부수적 효과도 함께 얻을 수 있을 것이다.

(6) 한국기업들의 활동[35)]

섬유 · 의류산업 분야에서 베트남에 진출하여 활동하고 있는 한국기업은 약 200여개사(社)인데, 그 예를 들면 다음과 같다.

1986년에 임가공 형태의 섬유봉제 업체들이 진출하기 시작했으며, 공식투자 1호는 1991년에 한주통상(청바지 제조업체)이 기록하였다.

한솔그룹의 현지 합작회사인 '한솔비나'(2001년 설립)는 의류(니트류) 생산 및 수출 개시 2년 만에 4,200만달러의 매출실적으로 베트남 내(內) 1,000여개 의류공장 중 최우수 업체로 선정된 바 있다(베트남 근로자 수는 약 2,300명이다.).

2. 신발 산업(Footwear)

(1) 현황[36)]

신발산업은 베트남 제2의 수출제조업으로 연간 30억달러 수출을 기록하고 있으며, 연간 50만명을 고용하고 있는 산업이다. 이러한 수출액은 전년도보다 11.7% 증가한 수치이다. 베트남 신발의 주요 수출국가 및 구성 비중을 보면, EU 65% · 미국 20.1% · 일본 3.1% · 기타 11.8%이다.

신발 생산량은 품목별로 스포츠 슈즈 약 291백만족, 캔버스 슈즈 약 45백만족, 숙녀화 약 100만족, 기타 샌들 및 슬리퍼 84백만족 등이다. 신발을 생산하는 총 기업 수는 약 390개로 국영기업(37개사) · 민간기업(195개사) · 외국인 투자(145개사) · 합작회사(14개사) 등이다. 이들 중 대표적인 외국인 투자기업으로는 나이키(Nike) · 아디다스(Adidas) · 퓨마(Puma) 및 스케처스(Skechers) 등을 들 수 있다.

(2) 전략 방안[37)]

많은 신발무역 전문가들은, 베트남의 국내 신발 제조업체, 특히 소규모 및 중간규모 기업들이 지속적으로 성장 · 발전하기 위해서는 제품모델을 보다 창조적으로 디자인해야 하고, 또 보다 적극적으로 자신의 제품브랜드를 구축하는 노력을 해야 하며, 정부는 이러한 측면에서 지원해야 할 것이라고, 지적한다.

(3) 시사점[38)]

한국에서는 사양산업으로 인식되고 있는 신발산업이 베트남에는 유망산업이며, 베트남에 진출해 성공적인 활동을 하고 있는 한국기업들도 많이 있다. 이 기업들은 직접 수출은 물론이고 소요 원부자재 가운데 상당 부분을 한국에서 들여오고 있으므로 한국경제에 이바지하는 바가 적지 않다. 또한 베트남 신발산업의 성장은 베트남만의 성장으로 그치지 않고, 베트남에 진출하여 활동 중인 한국기업의 성장으로도 이어질 것이다.

제5절 수공예 산업 (Handicraft Industry)

1. 서론[39)]

베트남은 전통적으로 상당히 많은 양의 수공예품(手工藝品, hand-made products)을 생산해 왔다. 이러한 수공예품은 매우 예술적이고 또 사회를 사랑하는 문화적인 요소를 갖추고 있다. 베트남 정부는 수공예 산업을 신속히 발전시키려고 많은 노력을 하고 있는데, 그 이유는 전국에 걸쳐서 경제 개발을 촉진하고, 특히 시골 지역에서 실업률을 낮추며, 또 수출을 증대시키기 위해서이다. 현재 베트남에는 1,500개의 고대(古代) 수공예 마을이 있다.

베트남 수공예 산업은 이제 점차 그 잠재력을 깨워가고 있으며, 광범위한 범위의 수공예품을 국제 수공예품시장에 등장시키고 있다.

그림 13-2 베트남의 수공예품[40)]

2. 수공예품 생산지역[41)]

대부분의 수공예품 제작마을(handicraft village)은 베트남 북부와 남부의 홍강(Red River)과 메콩강 삼각주 주변에 자리잡고 있지만, 중부베트남 역시 자연재료(natural materials)가 풍부해서 주요한 생산중심지가 되어 왔다.

수공예 산업은 지역 근로자들에게 수백만 개의 일자리를 창출함으로써 그들의 생활수준을 높여 줌과 아울러 옛 전통을 유지하는 데도 도움을 주고 있다. 수공예품 제작마을들은 또한 관광목적지(tourism destinations)가 되고 있어서 매년 점점 더 많은 관광객들이 그곳을 찾고 있다.

3. 수공예품의 종류와 수출액 규모[42)]

수천년 역사를 가지고 있는 동양 국가들 중의 하나로서, 베트남은 수공예품의 종류가 놀랄 정도로 많고 또 남 · 여 수공예품 제작자들의 기술 역시 대단하다는 평가를 받고 있다. 베트남에서 제작되는 수공예품에는 목재가구(wooden furniture), 자기(磁器, porcelains), 칠기(漆器, 옻칠 같이 검은 잿물로 된 도자기, lacquers), 자수품(embroidery), 양초공예(candles), 보석, 조화(造花, imitation flowers), 유리공예품(glass products) 등이 있다.

수공예품 산업의 수출액을 원유나 가스 및 섬유같은 다른 산업 분야의 수출액과 비교할 수는 없지만, 수공예품의 전반적인 제조원가가 낮기때문에(제조원가는 수출단가의 35% 수준임) 높은 수익률을 가져다주고 있다.

그림 13-7 다낭(Danang)의 소규모 가구공장과 제품[43)]

지난해 수공예품 수출액은 5억6,500만달러였다. 무역부(Ministry of Trade)는 수공예품 수출액이 향후 5년 이내에 15억달러가 될 것으로 예측하고 있다.

그림 13-7에는 다낭(Danang)에 있는 소규모 가구공장의 제품이 나타나 있다.

기업사례

■ 리바트가구, 베트남 진출[44)]

종합가구(家具)업체인 리바트가 한국 내 유명 가구업체 중 최초로 총 330만달러를 투자해 베트남에 현지공장을 설립했다.

일반가구와 주방가구를 주로 생산하게 될 베트남 공장은 동나이성(省) 비엔호아시 아마타 공업단지에 자리잡고 있다. 일반 가정용 가구와 주방가구를 주로 생산하게 될 베트남 공장은 약 25,000m^{2}의 대지에 6,000여m^2 규모로 건설된다. 공장동(棟)과 사무실, 기숙사 및 식당, 전시장으로 꾸며지게 된다. 이를 위해 리바트는 지난해 '리바트 비나'(livart Vina) 현지법인을 설립했었다.

리바트 관계자는 "베트남 현지에 진출한 국내 건설업체 및 베트남 현지 건설업체를 대상으로 부엌가구 등을 공급하고, 일반인 대상 가구판매 사업도 추진할 계획이다. 현지 법인을 향후 해외 생산을 위한 거점기지로 활용할 예정이다. 또 베트남 시장 파악을 위해 최근 현지 건설업체인 비텍스코와 주방가구에 대해 기술지도를 제공키로 하는 엔지니어링 서비스 계약도 체결했다."고 말했다.

한편 리바트는 대원건설과 하노이 외곽에 건설 중인 아파트 3개동 102m^2~105m^2 등 390가구에 주방가구를 공급하기로 하고 현장 납품을 시작하였다. 계약금액은 7억 5천만원이다.

---

4. 수공예품의 주요 수출대상국[45)]

베트남 수공예품이 주로 수출되는 국가는 미국과 일본 및 EU이다. 미국 정부는 수공예품 수입(輸入)에 대해서 관세(tariffs)를 부과하고 있지 않기 때문에, 수공예품 산업은 베트남과 미국 간의 무역이 증진될 수 있는 잠재력을 지니고 있다. 베트남은 이러한 사실을 잘 이용해 왔고, 미국은 베트남에서 만든 가정용 장식물(home decorations)과 수공예품 수입을 지난 3년 동안 계속 늘려 왔다.

베트남 이코노미뉴스 온라인(Vietnam Economy News Online)의 보도에 따르면, 매년 더 많은 미국기업들이 미국에서 증대되고 있는 가구제품(furniture) 수요량을 맞추기 위해 베트남 가구기업(furniture enterprises)들과 합작회사를 설립하고자 노력하고 있다. EU와 일본 역시 자국 내에서 마케팅을 확대하면서 베트남 수공예품 수입을 증대시키고 있다.

5. 수공예품 산업의 당면 문제[46)]

베트남 국내와 수출품시장이 갖는 이러한 양호한 여건에도 불구하고, 베트남 수공예품 산업은 현재 중국·타일랜드 등과 같은 다른 나라들과 치열한 경쟁에 당면해 있다. 나아가서, 베트남 수공예품 생산자들은 생산설비가 제한되어 있고, 또 이들에게 시장수요에 관한 최신 정보가 결여되어 있어서 낡은 디자인과 모양의 제품을 만들고 있다는 비난을 외국 고객들로부터 받고 있다. 그러나 베트남은 심지어 산골 오지까지도 이제는 새로운 기술을 도입하고 있어서, 이러한 문제들은 해결될 수 있을 것으로 보인다.

제6절 플라스틱(합성수지) 산업

1. 서론[47)]

베트남에서 플라스틱 산업은 약 50년 전에 시작되었으나, 최근에 이르기까지는 그 생산량이 작고 생산 공장도 소규모였다. 즉, 베트남의 플라스틱 산업은 말레이시아 · 싱가폴 · 타일랜드 및 중국 등과 비교해 볼 때에 아직 걸음마 수준에 있다. 이러한 상황을 수치를 통해서 비교해 보면, 베트남의 10년전 플라스틱 생산량은 1인당 9.4kg이었고 지난해에는 1인당 25kg이었으며, 앞으로 5년 후에는 1인당 40kg이 될 것으로 예상된다.

그러나 말레이시아는 10년전 1인당 플라스틱 생산량이 49kg으로서 베트남의 5배를 초과한 상태였다. 같은 기간 동안 1인당 플라스틱 생산량이 싱가폴은 베트남보다 10배가 많았고 타일랜드는 3배가 많았으며 심지어 인도네시아도 2배가 더 많았다.

2. 베트남의 플라스틱 회사[48)]

오늘날 베트남에는 약 2,700개의 플라스틱 회사들이 있는데, 이 중 80%는 중소규모의 회사이며 또 개인회사들이다. 6%만이 국영기업들인데, 이 회사들은 플라스틱 산업에 투자된 총자본의 20%를 차지하고 있다. 국영기업들은 규모가 점점 더 커져 가고 있으며, 더 많은 근로자를 채용하고 있고, 중소규모의 개인회사들보다 훨씬 더 많은 투자를 하고 있다. 나머지 14%는 외국인 투자기업들로서, 플라스틱 산업에 투자된 총 자본의 약 30%를 차지하고 있다.

3. 성장 산업으로서의 플라스틱 산업[49)]

이와 같이 베트남 플라스틱 산업은 그 경쟁국들인 중국과 타일랜드 및 말레이시아보다도 작은 규모이지만, 이 산업은 최근 연평균 약 30%씩 성장하면서 베트남의 성장산업으로 자리 잡고 있다. 이러한 성장세에 힘입어 플라스틱제품은 베트남의 주요 수출품이 되고 있다. 지난해의 경우, 플라스틱제품은 그 원재료가 되는 석유와 합성수지(plastic resins)의 가격이 급등하였음에도 불구하고, 석탄과 쌀에 이어 세번째로 빠르게 성장하였다.

이러한 성장세는 말레이시아 같은 인접 경쟁국들의 플라스틱 제조회사들이 새로운 시장을 개발하기 위하여 베트남에 대한 투자를 늘렸기 때문으로 보인다.

그 예를 들면, Poly Tower Ventures Bhd사(社)와 Tong Guan Industries Berhad사는 베트남 국내시장 점유율을 높임과 동시에 EU나 미국으로부터 더 많은 주문을 받기 위해 베트남에 공장을 설립하였다.

그림 13-8 플라스틱 공장과 그 제품[50)]

4. 플라스틱 제품 생산지역 및 제품용도[51)]

베트남에서 플라스틱 산업은 호찌밍시와 주변 성(省), 그리고 빈즈엉(Binh Duong)과 동나이(Dong Nai) 및 롱안(Long An) 등과 같은 지역들을 중심으로 이루어지고 있으며, 이들 지역에서 생산되는 제품은 플라스틱 전체 생산품의 80%를 차지한다. 호찌밍시는 또한 제품 생산뿐만 아니라 공급망 지원(supply chain support), 기술개발, 배송(distribution) 및 국제무역의 중심지로서의 역할을 수행하고 있다.

이들 지역을 비롯하여 베트남에서 생산된 플라스틱 제품들은 다양한 산업분야에서 소비되고 있는데, 그림 13-9에는 이에 관하여 아세안 플라스틱 산업협회(ASEAN Federation of Plastics Industries; AFPI)에서 발표한 자료가 소개되어 있다.

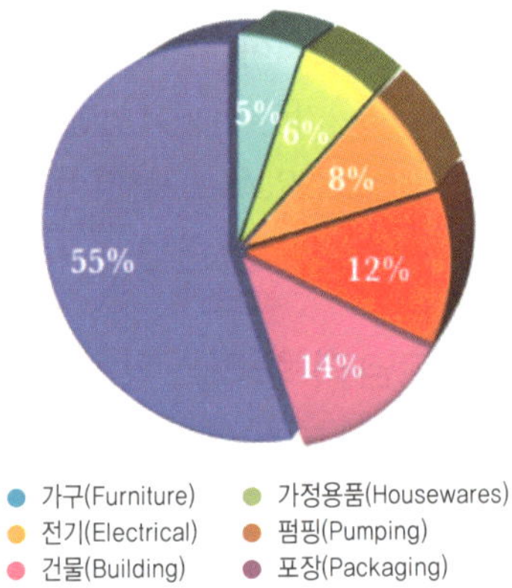

그림 13-9 플라스틱 제품의 용도[52)]

5. 플라스틱 원부자재 수입과 수출[53)]

오늘날은 고급기술 플라스틱 제품(hi-tech plastics products)에 대한 수요가 늘어나고 있다. 이러한 수요에 부응하기 위해 베트남 정부는 플라스틱 원부자재(原副資材)에 대한 수입을 허용했으며, 현재에 베트남은 아시아에서 두번째로 큰 플라스틱 원부자재 수입국이다.

베트남은 지난해 11억 9천만달러의 플라스틱 원부자재 및 합성수지를 수입하였다. 이 제품 시장에서 한국은 1억9,700만달러를 수출하여 17%의 시장점유율을 보이며 공급 1위 국가로 부상하였다. 표 13-6은 베트남 플라스틱 원부자재 수입현황을 보여 주고 있다.

베트남은 생산된 플라스틱 제품을 주로 캄보디아, 라오스, 인도, 스리랑카, 일본, 중국, EU, 대만, 미국 등에 수출하고 있다.

표 13-6 베트남 플라스틱 원부자재 수입현황[54)]

(단위 : 1,000$)

공급 순위	국가	금액	점유율
1	한국	197,923	17%
2	대만	194,964	16%
3	싱가폴	182,453	15%
4	타일랜드	178,008	15%
5	일본	89,281	7%
6	말레이시아	63,122	5%
7	미국	47,812	4%
8	홍콩	29,252	2%
9	중국	22,368	2%
10	독일	15,785	1%

6. 베트남 플라스틱 산업의 특징[55)]

베트남 플라스틱 산업은 지나치게 노동집약적(labor intensive)이다. 또 이 산업에 종사하는 노동자들 중의 70%가 미숙련공들인데, 이 수치는 다른 산업의 미숙련노동자 평균비율보다 7배나 많다. 대부분의 플라스틱 회사들은 10~50명의 노동자를 고용하고 있다.

이 산업은 또한 자본투자가 적고 기술력이 부족한 실정이다. 베트남 플라스틱 공장에서 사용되는 대부분의 설비는 중국 · 한국 · 대만 등에서 수입해 온 노후된 것들이다. 플라스틱 산업에서 사용되는 대부분의 주요 장비는 수입되고 있다. 앞으로 5년 동안 플라스틱 기계설비에 대해 25억~30억달러의 투자가 예상되고 있다.

제14장

산업 환경(II)

철강산업, 전력산업, 석유가스 산업, 부동산개발 · 건설산업

이 장에서는 베트남의 산업 환경으로서 철강산업, 전력산업, 석유가스산업, 부동산개발 · 건설산업을 고찰하기로 한다.

제1절 철강 산업(Steel Industry)

1. 베트남 철강 산업의 현황

(1) 철강 산업 경쟁력 현황[1)]

메콩강 삼각주 경제포럼(Mekong Delta Economic Forum)에서 무역산업부(Ministry of Trade and Industry)는 비록 베트남 철강산업이 지난 몇년 동안 연간 18%의 성장률을 보이고 있지만, 생산은 소규모로 이루어지고 있고 또 사용되는 생산설비와 기술은 현대적이지 못하다고 밝혔다.

따라서 베트남 철강산업은 높은 생산비 및 평범한 품질때문에 경쟁력을 갖출 수 없으며, 효율성과 품질을 높이는 것이 필수적이라는 것이다. 전문가들은 정책입안자들이 철강산업의 모든 측면을 상세히 파악한 후에야 철강산업 발전계획을 수립해야 할 것이라는 의견을 내놓았다.

또한 베트남에는 일괄공정을 가진 대규모의 철강판 제조공장(steel billet places)이 없다는 것이 철강산업의 한계가 되고 있다. 베트남 철강협회(Vietnam Steel Association)는 '지난 1년 동안 베트남에서 140만톤의 철강판이 생산되었으나, 이는 수요의 40%를 충족시켰을 뿐이다.'라고 밝혔다.

그림 14-1 베트남에서 생산된 철강판(steel billet)[2)]

국내 투자자들은 자신들의 자본을 합하여 대규모 철강판 제조공장을 설립하는 것보다는 각각 독자적으로 운영하는 것을 더 선호하고 있다. 그러나 그들의 자금 능력에 한계가 있기 때문에 생산공장은 소규모를 벗어나지 못하고 있다.

(2) 철강 수입 현황[3)]

베트남에서 사용되는 철강판의 60%가 수입되고 있다. 따라서 이렇게 수입되는 철강판의 국제가격이 상승하면 베트남에서 생산되는 철강판도 상승할 수밖에 없다. 이로 인해 소비자 및 생산자 모두가 피해를 입게 되고, 소비자 물가지수(Consumer Price Index : CPI)도 올라가게 된다.

베트남의 철강을 수입하는 주요 국가와 베트남 내에서의 시장점유율은 일본(17%), 중국(16%), 러시아(13%), 대만(10%), 한국(8%), 말레이시아(7%), 타일랜드(3.5%), 싱가폴(3%) 등이다.[4)]

2. 베트남 철강공장 현황

(1) 개황[5)]

현재 베트남에는 총 40개의 철강공장이 있으며, 베트남 철강공사(VSC) 산하에 14개 자회사 및 14개 합작회사(7개는 외국기업과 합작사)가 운영되고 있다. 그리고 베트남의 철강생산을 담당하고 있는 생산주체별 비중을 보면, 국영기업 34%이고 민간기업 43%이며 외국 투자기업 24%이다.

현재 베트남에서는 4개의 철강판 공장이 건설 중에 있는데, 한개는 하이퐁(Hai Phong), 한개는 하띵(Ha Tinh), 그리고 2개는 박깐(Bac Kan)에 있다. 그리고 또 다른 한개의 공장이 하이퐁에 세워질 예정이다. 또 세계에서 6번째로 큰 타타그룹(Tata Group)은 35억달러를 투자하여 하띵 철강소(Ha Tinh Steel Complex)를 건설하기로 했으며, 이 공장이 건설되면 매년 450만톤의 철강이 생산될 것이다. 이렇게 되면 베트남 철강산업은 새로운 시대를 여는 출발점이 될 것으로 보인다.

또 대만의 Tycoons Steel International은 5억5,600만달러를 투자하여 꾸앙 응아이(Quang Ngai) 성(省)에 향후 3년 이내에 200만톤의 철강을 생산할 수 있는 공장을 설립하기로 했다. 또 Tycoons Worldwide Steel Vietnam(TWS)는 10억달러를 투자하여 둥꾸앗(Dung Quat) 공업단지에 있는 철강공장의 생산량을 연간 500만톤까지 증대시키기로 했다.

(2) 한국 철강공장[6)]

포스코가 호찌밍시(市) 남부 붕따우 투비 2공단에 대규모 철강공장 설립을 추진하고 있다. 이에 관한 자세한 내용은 아래 [기업사례]를 참조하기 바란다.

기업사례

■ POSCO, 베트남에 11억달러 투자하여 냉연공장 및 전기로 건설[7)]

베트남 철강협회는 "한국의 세계적인 철강회사인 포스코(POSCO)가 총 11억 3천만달러를 투자하여 대규모 제철소를 건설하기로 했으며, 포스코는 호찌밍시 인근에 있는 석유가 많이 나오는 바리아 붕따우(Ba Ria-Vung Tau) 성(省)의 푸이 공단에 제철소 부지를 선정했다."고 밝혔다.

포스코는 이 제철소를 냉연과 열연으로 나눠 2단계에 걸쳐 건설할 계획인데 2012년 2단계공사가 완료되면, 총 생산량은 300만톤에 이르게 되고 10,000명의 근로자를 고용할 예정이다. 포스코는 이 사업을 가능하면 현지기업과 합작하지 않고 100% 투자해서 운영할 계획인데 1단계로 3억 5천만달러를 들여 냉연 70만톤을 생산하고 2단계로 2012년까지 6억 5천만달러를 추가해 냉연 150만톤, 열연 150만톤 등 모두 300만톤을 생산할 방침이다.

POSCO는 이와 동시에, 하노이 인근에 전기로를 신설하는 방안을 동시 추진하고 있다. 포스코의 베트남 하노이 합작법인인 VPS(VSC-Posco Steel)에 따르면, VPS는 포스코특수강과 함께 베트남 현지에 전기로 공장을 신설하는 프로젝트를 추진 중이다. 또한 제조원가의 대부분을 차지하는 빌릿(철근이나 선재를 만드는 소재) 구입비용을 최소화하기 위해 빌릿을 직접 생산하는 공장을 건설하는 방안도 검토 중이다. VPS가 새로 세우려는 전기로는 연산 50만~60만톤 규모(현재 20만톤)로 알려졌으며, 부지는 공장이 입주해 있는 하노이 인근 하이퐁시(市)에 마련할 예정이다.

제2절 전력 산업(Electricity Industry)

1. 전력 산업 현황[8)]

베트남 전력공사(Electricity of Vietnam : EVN) 자료에 의하면, 베트남의 발전설비는 현재 약 11,340MW이고, 발전량은 46,201MWh이며 판매량은 39,696MWh를 기록하고 있다. 이것을 분야별로 보면, 현재 28개 주요 발전소가 운영되고 있으며, 현재 전력생산 비율은 수력 41% · 석탄 40% · 천연가스 38% · 중유 9%이며, 주요 발전소는 수력(8개) · 석탄(8개) · 천연가스(8개) · 중유(4개)이다.

이와 같은 베트남 전력 성장률은 지난 10년 동안 연평균 15.7%의 높은 성장률을 기록하고 있다. 그러나 베트남의 전력 수요량 역시 매년 평균 13~14%씩 증가함으로써 국내총생산(GDP)보다 빠르게 증가해 2010년까지 950억~1,000억kWh가 되고 2020년까지 2,000억~2,300억kWh에 달할 것으로 예상되고 있다.

이에 따라 향후 5년 이내에 베트남은 심각한 전력난에 직면할 것으로 전망된다. 즉, 현재 소비상황으로 볼 때, 매년 2,000MW의 전력이 추가적으로 필요하다. 이는 베트남에서 가장 큰 발전소인 Hoa Binh 수력 발전소의 용량에 상응하는 엄청난 것이다.

2. 베트남 정부의 전력난 해결방안[9)]

정부는 이러한 전력부족 문제를 해결하기 위해 중국으로부터 전력 수입, 새로운 전력 발전소 건설, 생산량 증가 및 자본 동원을 위한 보조금 지원, 진행중인 전력사업 건설 가속화, 그리고 가정 · 기업 · 정부기관 전반에 걸친 전력절약 강화 등을 포함하는 계획을 수립했다. 이들 중 중요한 몇 가지를 구체적으로 살펴보면 다음과 같다.

(1) 베트남 정부는 급증하는 전력수요(과거 10년간 연평균 15.71% 증가)에 대처하기 위해 2020년까지 약 28,000MW 규모의 화력 및 수력 발전소를 확충하기 위한 '장기 전원(長期電源) 개발계획'을 수립 · 시행 중에 있다. 또 2015~2020년에는 베트남 최초로 약 2,000MW 규모의 원자력 · 발전소를 도입함으로써 상업운전을 통한 안정적인 전력공급을 계획하고 있다.

표 14-1에는 베트남 정부가 시행하고 있는 전력산업 프로젝트가 제시되어 있다.

표 14-1 베트남 정부의 전력 산업 프로젝트

프로젝트명	용량(MW)	시행 연도
Tuyen Quang 수력	342	2007
Dai Ninh 수력	300	2007~2008
A Vuong 수력	170	2008
Quang Tri 수력	70	2008
Dak Rinh 수력	100	2008
Pleirong 수력	110	2008
Ba Ha강 수력	250	2008
Buon Kuop 수력	280	2008
Thac Mo 수력 확장	75	2008~2009
Ban Ve (Nghe An 1) 수력	300	2008~2009
An Khe-Ka Nak 수력	173	2009
Buon Tua Srah 수력	85	2009
Dong Nai 3-4 수력	510	2010
Song Tranh 2 수력	120	2010 이후
Song Con 2 수력	70	2010 이후
Ttuonh Kon Tum 수력	220	2010 이후
Sre Pok 3 수력	180	2009~2010
Se San 4 수력	330	2010 이후
Ban Chat 수력	200	2011
Son La 수력	2400	1010 이후
Song Rung 4 수력	200	2013
Huoi Quang 수력	460	2015
O Mon 1 석유 /가스 화학	600	2007~2008
Hai Phong 석탄 화학	600	2008
Quang Ninh 화학	600	2008~2009
Ninh Binh 석탄 화학	300	2009
Uong Bi 석탄 화학 확장	300	2009
Nhon Trach 가스 화학	600	2010
O Mon 2 석유 /가스 화학	750	2010 이후
Nghi Son 석탄 화학	600	2011~2012
O Mon 3 가스 화학	400	2012
Nhon Trach 3-4 가스 화학	340	2013
O Mon 4 석유 /가스 화학	742	2015

(자료원 : 베트남 전력 (Electricity of Vietnam))

(2) 빈번하게 반복되는 베트남 중북부지역의 심한 가뭄으로 북부지역 주(主) 발전설비인 수력 발전소 댐들의 수위(水位)가 현저하게 낮아지면서 전력부족을 초래하고 있으며, 수도 하노이를 비롯한 주변 성(省)지역에 빈번한 정전사태를 경험한 바 있다. 이에 따라 향후 발전설비 확충은 수력발전소 위주에서 화력발전소 비중을 높이는 한편, 원자력 발전소 건설에도 보다 박차를 가할 것으로 예상된다.

기업사례

■ 베트남 원자력 발전 사업에 진출하는 한국수력원자력[10)]

베트남 총리는 '2020년까지 평화적 목적을 위한 원자력에너지 이용전략'을 승인했다. 이 전략에 따르면, 베트남은 2020년까지 2,000~4,000㎿의 원자력발전소를 가동해 5~9%의 점유율을 목표로 하고 있다. 또 베트남은 오는 2050년에는 원자력발전의 점유율을 30%선까지 확대할 계획이다.

이러한 계획에 따라 베트남은 2017년 원자력발전소 2기(基) 도입을 추진중이며, 2050년에는 모두 8기 가량이 건설될 전망이다.

이와 같은 베트남 원자력발전사업 분야에서는 일본, 프랑스, 러시아 등 원자력발전 분야에서 막강한 경쟁력을 갖춘 나라들이 뛰어 들고 있다. 워낙 대규모 사업이기 때문에 기술력이나 경제력뿐만 아니라 정치적인 요소가 개입될 소지가 있다.

한국 기업으로서는 한전(韓電)의 자회사인 '한국수력원자력'이 국내 최초의 원자력발전 수출을 베트남에서 이루기 위하여 기회를 찾고 있다. 한수원 유승봉 해외사업처장은 "베트남은 남동쪽 펙징 또는 빙하이 부지에 오는 2017년과 2018년 각각 1기씩을 지을 계획인 것으로 알고 있다."면서 "1,000㎿급 원전 2기 건설에 대한 예비타당성 조사보고서를 이미 총리에게 제출했고 곧 의회 승인을 받을 것으로 알고 있다."고 말했다.

1,000㎿급 2기만 해도 최소 공사금액이 30억달러(약 3조원)에 이를 것으로 예상되고 특히 첫번째 공사를 수주할 경우, 향후 추가 공사 수주에서도 유리한 고지를 점령할 것으로 예상된다.

---

(3) 베트남 정부는 '장기전원(長期電源) 개발계획'을 적극적으로 추진하기 위하여 법령 제정 등 여러 가지 투자 유인제도(인센티브)를 부여하는 제도적 장치를 마련했다. 그 내용을 살펴보면 다음과 같다.

① EVN(베트남 전력공사)은 새로운 발전소 개발을 위한 국내 투자가들과 해외 투자가들의 공동 협력사업에 중점을 두고, 연간 16억5,000만달러의 투자 자본이 예상되는 2,300MW의 전력 발전소를 건설할 계획이다.
(현재 16개의 발전소가 건설 중에 있는데, 국내 및 해외은행에 의해 자금지원을 받고 있음에도 불구하고 심각한 자금 부족에 직면하고 있는 상태이다.)

② 산업부는 BOT(Build-Operate-Transfer Contract : 건설 · 운영 · 양도계약) 방식의 전력 발전소 건설을 위해 해외 투자가들과의 합자사업을 EVN에 권장하였다. 즉, 투자가들을 끌어들이기 위해서는 정부가 현행 규정들을 수정하고, 투자가들이 당면한 문제를 해결하기 위해 전력사업 발전에 있어서 동등한 활동을 허가하도록 해야 하며, 또한 은행의 대출기간 동안 투자가들이 정부로부터 보장받을 수 있도록 해야 한다고 지적했다. 이러한 조치가 실현되면, 베트남 전력사업 부문에의 민간부문 참여 및 외국인 투자가 크게 확대될 것으로 전망된다.

제3절 석유 · 가스 산업(Oil, Gas Industry)

1. 석유 · 가스 산업의 현황[11)]

베트남의 석유 · 가스 산업은 생산과 수출에 있어서 동남아시아에서 제3위 산유국의 지위를 차지하고 있다. 지난해에는 1,808만톤(73억 9천만달러)의 원유를 수출하였다. 주요 수출대상국은 중국, 싱가폴, 일본, 미국 등이다. 베트남은 완전한 원유 생산국이라고 하기에는 무리가 있으나, 원유사업이 시작 15년만에 국가사업으로 발전하였다.

현재 베트남의 석유 · 가스 산업의 생산력은 원유 50,000톤에 가스 630만m^3이다. 원유 매장량은 50억톤 규모로 추산된다.

그러나 현재 베트남은 자체 정유시설 미비로 원유 생산량 거의 전량(全量)을 수출하고, 석유를 전량 수입하고 있다(연간 약 700~800만톤). 석유 수입은 5년전 30억달러(1,000톤)에서 매년 11.1%씩의 증가세를 보이고 있다.

베트남의 연간 원유생산량은 향후 5년간 매년 2,700~3,000만톤에 달하고, 석유의 국내 수요는 앞으로 매년 1,600~1,700만톤씩 증가할 것으로 예상된다.

베트남 정부는 천연가스 매장량이 10조m^3에 달할 것으로 추정하고 있다. 이러한 천연가스는 아직 개발 초기단계에 있지만, 정부는 천연가스의 생산과 비축에 관한 중요성이 증대하고 있음을 인식하고 개발계획을 수립하고 있다. 천연가스 생산은 현재 69억m^3에 불과하지만, 앞으로 5년 이후부터는 매년 100억m^3를 기록하고 10년 후부터는 매년 200억m^3를 초과할 것으로 예상된다.

그동안 베트남에서 생산된 천연가스는 0.6%는 국내시장에 다양한 윤활유의 형태로 공급되고, 화학생산에 17% · 액화 농축으로 25% · LPG로 48.4%로 나뉘어 소비되고 있다.

2. 석유 · 가스 산업의 향후 전망[12)]

지금까지 베트남은 47건의 생산공유계약(Production Sharing Contracts) 혹은 합작경영계약(Joint Operating Contracts)을 외국업체와 맺고 산유(産油) 작업을 진행하고 있으며, 산유 작업에 투자된 총 액수는 40억달러에 달한다. 예를 들면, 남꼰썬(Nam Con Son) 지역부터 420km의 가스 파이프라인을 설치하는 거대한 공사에는 약 58,300만달러가 소요되며, 이 라인을 통해 현재 내륙지역으로 가스를 수송하기 시작했다.

이와 같은 베트남의 석유 · 가스의 탐사 및 개발 사업은 앞으로도 계속 진행될 것으로 예상된다. 특히, 정부는 정유능력 확보차원에서 외국자본(45억달러규모)과 기술을 도입하여 2020년까지 5개의 정유공장(정유능력 57만배럴)을 건설할 계획을 수립하였다.

3. 한국기업들의 활동[13)]

석유 · 가스 산업 분야에서 베트남에 진출하여 활동하고 있는 한국기업들의 예를 들면 다음과 같다.

① 한국석유공사(14.5%) · SK(9%)가 23.5%의 지분을 보유한 '15-1광구'에서 5년 전부터 1일 6.5만 배럴의 원유를 생산(2011년부터 20만배럴 예상)하고 있다.

② 한국석유공사 · LG · 대성 등은 컨소시엄(한국 75%, 베트남 25%)을 구성하여 베트남 남부 해상 11-2 광구에 위치한 가스전(田)(매장량 : 가스 1,900만톤, 초경질 원유 2,300만배럴)에서 최초 생산을 개시하였다. 이 가스전에서는 향후 23년간 1일 평균 가스 2,900톤과 원유 4,200배럴을 생산할 예정이다.

제 4 절 부동산 개발 · 건설 산업 (Realty Development, Construction Industry)

1. 부동산 시장 현황

(1) 서론[14)]

2000년부터 주택시장을 중심으로 부동산 경기가 활성화되면서 대도시 지역을 중심으로 주택이나 업무용 빌딩 등 부동산 개발사업이 본격적으로 진행되었다. 그러나 2004년 7월 1일부터 개정토지법이 시행되면서 부동산 경기가 침체되기 시작하였고, 특히 경제력이 취약한 중도도시의 경우에 주택 미분양 등 경기가 더욱 침체되고 있다. 개정토지법에서 현지 기업에 대해 토지사용권을 입찰 또는 경매를 통해 부여함으로써 토지사용권 가격이 시장가격 수준으로 상승하였고, 개발사업자가 주택건설용 부지에 건축물을 건설하지 않고 나대지 형태로 일반인에게 판매하는 것을 금지한 데 주된 원인이 있는 것으로 보인다.

현재 부동산 개발사업자 등록건수는 약 1,500개에 이르는 바, 대부분 하노이와 호찌밍시에서 활동하고 있다.

지난 10년 동안 국내외 기업에 허가된 사업은 모두 1,400개이다. 예를 들면, 하노이 180개, 호찌밍시 800개, 하이퐁 80개, 다낭 50개로 대부분 4개 대도시지역에서 사업이 추진되고 있다. 또 특히 외국인이 참여한 대규모 개발사업은 10건에 달하는데, 대표적인 사업은 하노이의 끼뿌짜(Ciputra) 단지(365ha)나 호찌밍시의 푸미흐엉(Phu My Huong) 신도시(600ha) 등이다.

(2) 주택 현황

1) 주택 공급[15)]

현재 주택공급은 외국계업체가 공급하는 고급 아파트와 현지업체가 공급하는 저급한 아파트 단지가 주류를 이루고 있으며, 임대용 서비스아파트도 많이 공급되고 있다. 임대용 서비스아파트에 대한 수요층은 외국회사 주재원 등 외국이다.

최근에는 마노르(Manor) 단지에서 볼 수 있듯이, 단지형 빌라와 분양용 아파트를 하나의 단지 형태로 공급하는 복합단지 개발사례가 증가하고 있다.

2) 주택선호 형태[16)]

주택선호 형태를 보면 근무여건과 교육여건을 감안하여 위치를 가장 중요시하며, 최근에는 외국인 사업자의 분양아파트에 대한 선호도가 높다. 특히 부유층은 유럽풍 외관과 개인정원을 갖춘 빌라를 선호하는데, 아파트에 비해 1㎡당 가격이 2배 정도 비싸다.

3) 주택가격[17)]

주택가격은 하노이의 경우에 1m^{2}당 680달러이고 호찌밍시는 1m^{2}당 670달러 수준이다(주거용 토지가격은 하노이 경우에 1m^{2}당 5,500달러, 호찌밍시는 1m^{2}당 6,700달러 수준이다.).

분양용 아파트 가격은 하노이의 경우에 A급 고급아파트는 1m^{2}당 1300~1800달러 수준이고, 중산층용 B급 아파트는 1m^{2}당 300~700달러 수준이다. 호찌밍시의 경우에 A급 고급아파트는 1m^{2}당 1,300~2,200달러 수준이고, 중산층용 B급 아파트는 1m^{2}당 800달러이며, 저소득층용 C급 아파트는 1m^{2}당 400~500달러 수준이다(마감/자재 수준은 A급의 경우에는 한국과 유사하나, B급 이하는 골조만 완공된 상태에서 분양되므로 마감공사는 피분양자가 직접 시행한다.).

임대용 서비스 아파트의 월 평균 임대료(100m^2 규모)는 2,500달러 수준이다.

최근 토지법 개정에 따른 토지가격 상승과 개인주택 가격의 상승으로 아파트 분양가격이 급격히 상승하는 추세이다.

4) 업무용 시설[18]

지난해 말 기준, 하노이의 총 업무용 공간은 52개 빌딩에 총 271,000m^{2}이다. 이중 A급은 9개 빌딩에 82,333m^{2}이고 B급은 15개 빌딩에 114,554m^{2}이며, C급은 28개 빌딩에 74,539m^{2}이다. 현재 이들 업무용 공간의 임대율은 평균 96%에 달하며, 평균 월 임대료는 1m^{2}당 18.29달러이다.

지난해 말 기준, 호찌밍시의 업무용 공간은 총 795,000m^{2}이다. 도심지역의 업무용 공간은 38개 빌딩에 100,000m^{2}인데, 이중 A급이 30%이고 B급이 53%이며 C급이 17%이다. 이들 업무용 공간의 평균 임대율은 85%이며, 도심의 A급 빌딩은 98%에 달한다.

2. 정부의 주택정책 방향[19]

베트남 정부가 발표한 '2020년까지의 주택발전 방향'에 의하면, 도시지역의 경우, 1인당 주거면적을 5년 후 15m^{2}로, 2020년에는 20m^{2}로 개선할 계획이다. 농촌지역의 경우에 1인당 주거면적을 5년 후 14m^{2}로, 2020년에는 18m^{2}로 개선할 계획이다.

이러한 정책에 따르면, 현재 전체 주거용 연면적은 8억 2,200만m^{2}에 불과한데, 5년 후에는 12억 6,500만m^{2}로 증가할 것으로 예상된다. 따라서 향후 5년 후에는 4억 4,300만m^2 주거용 건축 연면적을 추가로 건설할 필요가 있으며, 이중 도시지역에서 2억 1,400만m^{2}를 건설하고 농촌지역에서 2억2,900만m^{2}를 건설해야 한다. 특히 하노이에서는 연간 200만m^2, 호찌밍시에서 연간 400만m^{2}의 주거시설을 건설해야 한다.

앞으로 5년 동안 이러한 계획을 실행하는 데 필요한 평균 투자 소요액은 약 250억달러에 달한다.

3. 2020년까지 정부의 주요 주택개발사업 계획[20]

(1) 사회주택 건설 투자사업

① 주거문제로 어려움을 겪고 있는 사무직 종사자, 공무원, 공업지역의 근로자가 할부 또는 임대로 주택을 구입할 수 있도록 사회주택을 건설하는 사업에 투자한다.

② 특히 저소득층을 위한 주택을 공급하는 외국인 투자자에게 토지임대료 면제나 5년간 법인세 면제 등 여러 가지 혜택을 부여하되, 주택가격 및 1세대당 주택면적을 제한한다.

(2) 주택 개량사업

도시지역에서 안전에 문제가 있는 아파트를 개량하고, 도로 및 상수도 등 물적(物的) 기반시설이 부족한 지역을 개선한다.

(3) 슬럼가 주택 · 임시주택 · 강변에 있는 주택 등의 철거, 메콩강 삼각주지역 등 홍수에 취약한 지역에서 홍수에 견딜 수 있는 주택을 건설한다.

(4) 주택과 관련된 정부 정책의 관리 효율성을 향상시키기 위해 주택법과 부동산사업법을 제정하고, 건축기준이나 주택 설계기준 등 각종 제도를 개선한다. 특히 부동산 사업법 제정을 통해, 부동산 거래 사업자로 등록된 자에게 부동산 거래를 등록하여 공개하도록 함으로써, 부동산 거래를 투명화한다.

4. 한국기업들의 활동[21)]

부동산 개발 · 건설 산업분야에서 베트남에 진출하여 활동하고 있는 한국기업들에 대해서는 대우건설, 금호아시아나그룹, GS건설, 경남기업 등을 들 수 있는데, 구체적인 내용은 아래의 [기업사례]를 참고하기 바란다.

기업사례

■ 베트남 건설시장에 진출한 한국 기업들

현재 베트남에는 많은 한국의 건설회사들이 활약하고 있는데, 그 중 몇 회사를 소개하면 다음과 같다.

1. 대우건설[22)]

대우건설이 베트남에 첫발을 내디딘 것은 1986년이었다. 5년간의 준비를 거쳐 한국과 베트남 간의 수교가 이뤄지기 전인 1991년 하노이에 지사를 설립했다. 이때부터 대우가 베트남에서 가장 먼저 시행한 것은 호텔과 비즈니스 센터 건립이었다. 개방화에 따라 수도인 하노이로 몰려드는 사업가와 관광객들을 편히 머무르게 할 수 있는 특급호텔이 필요했기 때문이다. 다음으로는 해외에서 온 주재원들이 근무할 사무실과 아파트가 필요했다.

대우건설과 베트남 현지 파트너인 하넬은 7대3의 지분으로 구성되어 있는 대단위 프로젝트 계약을 수교가 되기 전인 1992년 5월 체결했다. 일사천리로 진행된 비즈니스 센터 건립사업은 하노이 중심부 툴레주 파크라는 호수 일부를 메워 그 위에 호텔과 사무용 빌딩, 아파트 등을 건설했다. 이 비즈니스 센터는 대하(대우-하노이)라는 이름을 갖게 됐으며 1996년 10월 개장하여 하노이에서 최고 호텔로 꼽힌다.

지난 2006년도에는 대우건설을 주간사로 하여 코오롱건설, 대원, 동일하이빌, 경남기업 등 5개 건설업체로 구성된 컨소시엄이 베트남 하노이의 따이호따이 지구 신도시 개발 사업권을 베트남 정부로부터 승인 받았다.

이 사업은 하노이시 서호(西湖) 주변 63만평에 택지를 조성한 뒤 아파트 등 주거용 주택과 상업 시설 등이 들어설 신도시를 조성하는 것으로 사업규모는 10억달러로 추산된다. 대우건설 등은 연말까지 토지보상과 이주를 끝낸 뒤 내년부터 4단계로 나눠 조성사업에 착수할 예정이다.

2. 금호아시아나그룹[23)]

옛 대우그룹 계열사들 가운데 가장 규모가 큰 '대우건설'을 인수한 금호아시아나그룹은 베트남에서 옛 대우건설의 신화를 재현하려고 노력하고 있다. 그 예로, 금호아시아나그룹은 호찌밍시 중심의 재래시장 '사이곤 스퀘어'(Saigon Square)의 대지 약 13,000m^{2}에 약 2억 6,000만달러를 투자해 '금호아시아나 플라자'를 짓고 있다. 여기에는 21층 규모의 호텔과 오피스텔, 32층 높이의 아파트가 들어선다.

이곳은 과거 미국대사관이 있던 바로 건너편 땅으로서, 금호아시아나그룹은 이 땅의 장기 임대권을 획득했다.

박삼구 회장은 "베트남은 풍부한 천연 및 인적자원, 동남북 아시아를 연결하는 지정학적 위치 등 많은 장점을 갖춘 데다 한국과의 지리적 근접성 및 문화적 유대감 등 역사적으로 긴밀한 관계였다."며 "금호아시아나 플라자는 한국의 베트남 진출을 상징하는 건물로 양국의 상호 경제협력과 발전에 크게 기여하게 될 것"이라고 말했다.

그림 14-2 금호아시아나 플라자 조감도[24)]

3. GS건설[25)]

GS건설은 호찌밍시 남쪽에 있는 냐베에 330만 m^{2}의 '냐베 신도시' 건설 투자허가 승인서를 응우엔 휴 띤 호찌밍시 부위원장으로부터 전달받았다.

냐베 신도시에는 68,000여명의 인구를 수용할 수 있는 총 17,000여 가구의 아파트와 빌라, 연립주택 등의 주거단지와 상업시설, 업무단지, 학교, 병원 등의 공공시설, 공원 등이 들어서게 돼 호찌밍시의 영향을 받지 않고 호찌밍시 남부의 부도심(副都心) 기능을 수행하는, 즉 자체적으로 모든 것을 해결할 수 있는 자급자족 도시로 개발될 예정이다.

GS건설 사업본부 임충희 본부장은 "이번 투자허가 승인으로 내년 중 부지 성토공사를 시작하게 되며, 2019년까지 4단계로 나누어 공사를 진행할 계획"이라고 말했다. 1, 2단계 사업 부지에는 고급 빌라와 연립주택 단지 등 현지 부유층을 겨냥한 '베트남판 베벌리 힐스'가 건설될 예정이다. 3단계 사업부지에는 고층 주상복합촌과 함께 중심 상업시설이 건설된다.

그림 14-3 GS건설이 수주한 냐베 신도시 조감도[26)]

주상복합 사업 중 '엑사이 파크 타워'는 지상 54층 높이(연면적 15만m^2)로 지어질 계획이다. 3단계 사업부지에는 부지 중심을 관통하고 있는 100m 폭의 하천 등 주변 자연 환경을 그대로 살린 강변 중앙공원도 조성된다. 가장 남쪽인 4단계 사업부지는 일반 아파트 중심의 대단지로 건설된다.

4. 경남기업[27)]

경남기업은 베트남의 하노이 국립회의센터 부근 팜흥 스트리트 약 4만6,000m^2 부지에 10억 5천만 달러(약 1조원)를 투자해 70층 높이의 첨단 초고층 빌딩인 규모의 랜드마크타워 개발 사업을 승인 받았다.

2010년 하노이 천도 1,000년을 기념해 추진되는 지하 2층~지상 70층 규모의 338m에 달하는 '경남 하노이 랜드마크타워'에는 호텔 372실, 임대용 주거 건물(serviced residence) 364실이 들어서고, 나머지 36개층 사무실로 사용된다. 또 주위에는 47층짜리 아파트 2개 동(棟)이 같이 들어선다. 연면적은 총 57만 8,957m^{2}로 서울 63빌딩(16만 6,298m^2)의 3.5배, 스타타워빌딩(21만 2,379m^2)의 2.7배에 달한다.

그림14-4 경남기업, 베트남 랜드마크 타워 조감도[28)]

이 복합단지가 들어서는 팜흥 스트리트는 공항으로부터 22.5km 떨어진 하노이의 신도심으로 인근에 중앙정부 및 시정부 청사와 정부투자기관 건물, 국제 회의장 등이 위치하고 있다.

경남기업은 복합단지내 호텔은 현재 베트남에서 건축허가를 받은 사업 중 가장 높은 건물이라고 밝혔다. 한편 경남기업은 이 사업을 위해 우리은행과 부국증권을 주간사로 PF(프로젝트 파이낸싱) 조인식을 체결할 예정이다. 이 PF는 은행권 3,000억원, 보험 증권 1,000억원, 후순위 대출 1,000억원 등 5,000억원 규모이다.

제15장 산업 환경 (III)

자동차 산업, 오토바이 · 자전거 산업, 정보기술 산업

이 장에서는 베트남의 산업 환경으로서 자동차 산업과 오토바이 · 자전거 산업 및 정보기술 산업 등을 고찰하기로 한다.

제1절 자동차 산업

1. 서론[1)]

베트남 자동차 사업이 활기를 띠기 시작한 것은 베트남 정부가 지난해 수입자동차에 대한 관세를 낮추면서 비롯되었다. 여기에 더하여, 중고 자동차의 수입에 대한 관세도 낮아져서 베트남에 있는 자동차 제조회사들 간에 치열한 경쟁이 촉발되었다. 이들 회사는 정부의 새로운 조치에 대하여 즉각 자동차 가격을 낮추는 반응을 보였다.

예를 들면, 국내 조립된 도요타 (Toyota)자동차는 한 대당 가격을 2,000달러 내지 2,500달러씩 낮추었고, 미쓰비시 (Mitsubishi)자동차는 4,000달러 내지 12,000달러씩 인하했다.

대우(Daewoo)자동차 역시 1,000달러 내지 2,000달러씩 낮추었다.

더구나, 베트남이 2007년에 WTO에 가입함으로써 앞으로 자동차시장 개방이 더욱 확대될 것이므로, 베트남 자동차 산업은 더욱 경쟁이 치열해지고 자동차 가격은 더욱 인하될 압박을 받게 될 것으로 보인다.

2. 베트남 자동차시장 현황

(1) 자동차 가격과 1인당 국민소득 및 연평균 구매량[2)]

베트남은 자국 자동차 산업을 보호하겠다는 취지 및 그렇지 않아도 열악한 도로사정에 혼잡을 가중시킨다는 이유로 고율의 세금(특별소비세 50%, 부가가치세 10% 등)을 부과하고 있다. 그 때문에 수입자동차 가격은 5인승 신형 자동차를 기준으로 할 때, 예컨대 GM Daewoo의 Lacetti EX1.8의 한국에서의 판매가격이 12,500달러인데 비해 베트남에서의 판매가격은 22,600달러이다. 또 현대자동차의 SantaFe 2.2 판매가격이 한국에서는 24,750달러이고 베트남에서는 51,900달러인 것처럼, 수입차량의 가격이 주변국에 비해 지나치게 높게 책정되고 있다.

이에 반해, 베트남의 1인당 국민소득은 전년도 718달러에 불과하기 때문에, 현지에서 판매되는 차량을 구매할 수 없는 수준이며, 대부분의 차량 구매는 정부 또는 기업 단위에서 이루어지고, 개인 단위에서의 구매는 현지에 체류하는 외국인에 의해 이루어지고 있다.

그러다 보니 베트남(인구 8,800만명)의 1년 평균 자동차 구매량은 5만대로서, 주변 국가들인 타일랜드(인구 6,400만명, 자동차 연간 구매량 100만대)나 말레이시아(인구 2,400만명, 자동차 연간 구매량 40만대) 등과 비교해 볼 때에 너무 작은 편이다.

(2) 자동차 운행 현황[3)]

현재 베트남에는 약 65만대의 차량이 운행되고 있다. 그 구성 내용은 승용차가 34.9%, 버스가 13%, 트럭이 37.9%, 특수 목적차량이 9.2%, 기타 운반구가 4.7%로 되어있다.

무역부(Ministry of Trade)에 따르면 지난해 수입된 차량이 17,346대(약 33%)였고, 자국 내에서 생산된 차량이 35,264대(약 67%)였다. 또 베트남에 수입된 차량 중 가장 큰 비중을 차지하는 것은 트럭으로서 수입자동차 중 평균 72%를 기록하고 있으며, 수입된 트럭 중 대부분은 중고차였다.

또 베트남에서는 전년도에 총 64,033대의 자동차가 생산되었다. 그 구성내용을 보면, 국영기업이 13,388대(20%), 민간기업이 6,542대(10%), 외국계기업이 44,103대(70%)를 생산하였다.

그림 15-1은 호앙짜(Hoanf Tra) 자동차회사에서 생산하는 FAW트럭의 모습을 보여준다.

그림 15-1 Hoanf Tra Company의 FAW트럭 모델[4)]

(3) 한국기업 현황[5)]

베트남 자동차 산업부문에서는 GM 대우가 투자한 'Vidamco' 사(社)의 '젠트라' 등이 시장 점유율 2~3위를 유지하고 있는 가운데, 기아자동차가 베트남 국영기업인 VMC를 통해 '프라이드'와 '스펙트라'를 조립생산하고 있다.

또 현대자동차는 베트남 'VINA 모터' 사(社)와 합작사업을 위한 양해각서(MOU)를 체결 하고 승합차 '카운티'와 소형화물차 '마이티' 조립생산을 개시하였다.

3. 베트남 자동차 산업 전망[6)]

베트남의 자동차 시장은 WTO 가입의 영향으로 보다 개방의 범위가 커질 것으로 기대된다.

특히, 외국인의 경우는 2009년 1월 1일부터 그동안 내국인에게만 허용되던 자동차 수입 및 유통을 위한 회사설립이 가능하게 됐으며, 아울러 모든 차량 운반구(트렉터, 오토바이, 자동차, 특수 목적차량)의 도소매유통이 가능하게 되었다.

자동차 수입 관세의 경우에도 종전의 90%, 25%,15%, 10% 로 적용되던 것이 앞으로는 70%, 52%, 47%, 25%, 20%와 같이 5개로 구분되어 적용된다. 이들 각각은 일정한 기간 내에 하향 조정될 예정이다(70% : 2017년, 47% : 2019년, 25% : 2012년, 20% : 2009년 실행 완료).

베트남 산업부는 향후 5년 이내에 국산화율 100%를 달성하고, 2010년~2015년에는 자동차 부품 및 중저가 자동차에 대한 수출 능력을 보유하겠다는 목표를 수립하였다. 또 이를 위해서 자국산 자동차 엔진 · 트랜스미션 · 기어 개발 등에 향후 5년 동안 11억달러를 투자하고 2020년까지 26억달러를 투자할 계획을 세웠다.

제2절 오토바이 · 자전거 산업

1. 오토바이 산업

(1) 베트남 오토바이 시장 현황[7)]

베트남 오토바이협회(Vietnam Motorbike Association : VMA)에 따르면, 지난 5년 동안 오토바이 등록대수가 매년 200만대 이상씩 증가하여 현재는 1,800만대를 기록하고 있으며, 100명당 오토바이 보유대수도 5년 전 12.4대에서 현재는 22.2대로 증가하고 있다. VMA는 앞으로는 오토바이 등록대수가 매년 300만 대 이상씩 증가할 것으로 예상하고, 2015년경에는 베트남 오토바이 시장이 2배 이상 확대되어 현재의 1,800만대의 시장규모에서 3,100만~3,500만대의 초대형 오토바이 시장으로 급부상할 것이라고 전망했다.

베트남 내의 오토바이 생산기업은 총 20여개사(社)로, 이중 대기업인 Honda, Yamaha, SYM, Suzuki, Lifan 5개사가 전체 오토바이 시장의 80% 이상을 점유하고 있으며, 지난 1년 동안 250만대가 생산 조립되어 연간 25%의 성장세를 보였다.

현장정보

■ 베트남의 오토바이[8)]

현재 베트남에는 승용차가 50만대 그리고 오토바이가 1,800만대가 운행하고 있는 것으로 추정되고 있다. 베트남에서 오토바이는 가장 보편화된 교통수단의 하나로, 하노이의 경우 인구가 350만명인데 오토바이대수는 벌써 150만대를 넘어섰다. 거의 두 명에 한대 꼴로, 한 집에 한대 이상 오토바이를 소유하고 있는 셈이다.

거대한 오토바이 무리는 마치 물결처럼 비슷한 속도로 도로를 흘러 다닌다. 오토바이에 비해 숫자가 훨씬 적은 자동차들은 오토바이 숲 사이에 갇힌 채 제대로 달리지 못할 정도이며, 자동차들이 오토바이를 피해 갈 정도이다.

그림 15-2 오토바이 무리 속에 갇혀있는 것처럼 보이는 자동차[9)]

베트남에서 오토바이는 단순한 교통수단을 넘어 삶의 동반자이자 생활필수품이다. 오토바이 용도는 무궁무진하다. 직장인은 출퇴근용으로 쓰고, 학부모는 아이들을 태워 학교로 데려다 주는데 쓴다. 자영업자는 무거운 물건을 나르거나 배달하는데 사용한다. 남녀가 다정하게 타고 다니며 데이트 하는 모습은 흔하게 볼 수 있다. 바쁜 직장인을 상대로 한 영업용 '택시 오토바이'도 많다. 한 가족 4~5명이 곡예를 하듯 아슬아슬하게 한꺼번에 타고 가는 풍경도 가끔 볼 수 있다. 오토바이가 없으면 취업도 하기 힘들다는 말이 나올 정도이다.

오토바이 증가 속도는 연 200만대 정도이다. 베트남 무역부 산하 산업정책전략연구소의 전망에 따르면 2010년 2,500만대, 2015년 3,100만대, 2020년 3,500만대로 늘어날 전망이다. 반면 자동차의 증가 속도는 연간 5만 대 수준에 그치고 있다.

오토바이 위력이 이 정도이다 보니, 호찌밍시 같은 경우 승용차 주차장보다 오토바이 주차장이 더 많은 실정이다. 또 베트남은 한 해 12,000명이 교통사고로 사망한다는 통계가 있지만, 실제 사망자는 2~3배 이상 될 것으로 추정되고 있다. 교통사고 대부분은 오토바이와 관련되어 있다.

또 관광회사들은 외국인 관광객들을 상대로, 베트남 남부 지역에서부터 북쪽지역까지를 통과하는 오토바이 관광여행 상품을 개발해 큰 호응을 얻고 있다. 이들 관광회사는 "오토바이 여행이야 말로 베트남의 구석구석과 문화를 이해할 수 있는 가장 좋은 방법"이라고 광고하고 있다.

그림 15-3 오토바이 관광 여행[10)]

한편 오토바이는 헬멧 보관 방법이 문제다. 헬멧 맡아주는 서비스는 적고, 가지고 다니려면 불편하다. 업계는 이것에 눈높이를 맞춰 스쿠터 수입을 늘리고 있다. 또 지난해부터는 고교생의 오토바이 통학이 행정처분 및 90일간의 차량 몰수 대상이 되었는바, 이로 인해 자전거점에서 통학용 자전거나 전동 자전거의 구입객이 증가하고 있다.

(2) 오토바이에 대한 소비형태 변화[11)]

현재 베트남 오토바이 산업에서는 신규 젊은 수요층의 소비형태가 변화되고 있으며, 또 소득 증가로 인한 제품고급화 추세가 나타나고 있다. 즉, 전통적인 단순 운송수단인 오토바이에 대한 소비자의 인식이 소득향상에 따른 소비패턴의 변화와 함께 제품 수요 세분화와 함께 고급화가 진행되고 있는 것이다.

5년 전에는 1,200달러 미만의 저가모델 위주의 시장이었으나, 지금은 연령별 · 직업별 · 계층별로 다양하게 수요계층이 나뉘어졌고, 가격대도 1,000달러의 저가모델에서부터 15,000달러의 최고급 모델에 이르게 다양한 오토바이 제품이 출시되고 있는 상황이다. 또 오토바이가 단순 운송도구로서 여겨지는 데 그치지 않고 젊은층의 패션상품(fashion item)으로 인식되는 등 오토바이에 대한 소비자 인식 및 수요패턴이 크게 변화하고 있다.

(3) 베트남 정부의 오토바이 산업 육성정책[12)]

베트남 산업무역부 장관은 베트남을 2020년까지 동남아시아 오토바이 생산과 수출거점으로 육성하기 위한 마스터플랜을 적극 추진하겠다는 의지를 밝혔다.

이 마스터플랜에는 2010년까지 3억달러, 2015년 5억달러, 2020년 10억달러의 수출목표를 달성하기 위한 생산설비 확대 및 연구개발(R&D) 지원계획이 포함되어 있다.

일부 전문가들은 위의 수출목표는 지난해 오토바이 수출액 1억달러를 크게 상회하는 목표수치로 현실성이 낮을 것으로 전망하고 있으나, 베트남 정부의 정책의지가 확고하고 또 외국투자기업들이 투자를 계속 확대할 움직임을 보이고 있어서 목표 달성이 가능할 수도 있다고 판단된다.

현재 베트남에서 생산 · 조립된 오토바이는 Honda, VMEP, Yamaha, Suzuki, Lifan 등 5개사에 의해 주로 동남아시아로 수출되고 있다. 또 Honda사(社)의 경우는 지난 5년 동안 Wave Alpha라는 브랜드로 47,000대의 오토바이 엔진과 121,000개의 부품을 수출하였다.

베트남 정부는 현재의 단순부품 수출에서 앞으로는 국내부품 기준을 엄격하게 적용하고, 자국 내의 생산부품에 대한 수출비중을 대폭 확대함으로써 국내 오토바이 부품산업 경쟁력을 강화할 정책 목표를 세우고 있다. 세부 목표를 살펴보면, 2015년까지 도시지역 전체 오토바이 수요의 90% 이상을 국내생산을 통해 충족시키고, 주요 외국투자기업인 생산업체의 국내부품 활용을 장려하기 위해 국내부품 비중을 Scooter 60%에 Motobike 90%로 상향조정했다.

(4) 오토바이 산업의 향후 전망[13)]

베트남에서 오토바이는 교통수단을 넘어서 삶의 수단이다. 즉, 한국의 교통수단이 자동차라면 베트남에서 오토바이는 교통수단을 넘어 삶의 필수적인 요소이다. 예를 들면, 긴 머리를 휘날리며 한 손으로 오토바이 핸들을 잡고 질주하는 10대 소녀나 아오자이를 입고 무심한 표정으로 오토바이를 타고 가는 60대 할머니 등을 흔히 볼 수 있다.

이러한 분위기에서 베트남 오토바이 시장은 멈출 수 없는 성장을 지속할 것으로 보이며, 정부의 오토바이 산업 육성정책까지 시행되면서 오토바이 산업은 더욱 성장할 것으로 예상된다.

(5) 오토바이 산업에서 활동하고 있는 기업들[14)]

베트남의 오토바이 산업에서는 일본의 Honda · Yamaha · Suzuki 및 대만의 SYM이 현지 생산 체제를 갖추고 전체 판매량의 약 73%를 점유하고 있다. 특히 현지 브랜드로 자리매김을 하고 있는 Honda는 1대당 750달러의 신(新)모델 'Wave'를 출시하면서 돌풍을 일으키고 있다.

한국의 '대림'과 중국제품들은 틈새시장에서 경합을 벌이고 있다.

한편, 저가(低價)위주의 마케팅 전략으로 서민층 수요자를 겨냥해 왔던 베트남 영세 제조업체들은 가격보다는 품질을 선호하는 수요계층 변화에 대응하지 못해 도산위기에 봉착해 있다. 이는 제품가격이 1대당 250달러에 불과하므로, 생산단가를 맞추기 위해 대부분 원산지가 불분명한 부품을 수입하여 사용한 결과에서 비롯된 것으로 보인다.

기업정보

■ 혼다(Honda) 오토바이 : 퓨쳐(Future)[15)]

현재 베트남에는 일본브랜드인 혼다, 야마하, 스즈키, 대만브랜드인 SYM이 현지에서 생산 되고 있으며, 한국의 대림(大林)을 비롯해 수많은 브랜드가 수입, 판매되고 있다. 이 중 혼다의 경우 베트남 내에서 오토바이시장을 주도하고 있는 기업 및 브랜드로써 1990년대 중반까지는 베트남에서 '오토바이는 혼다'라고 통칭해 부를 정도로 베트남 내에서의 혼다의 인지도는 높다.

그러나 1990년대 중반 이후 스즈키, 야마하, SYM 등이 현지에서 생산됨에 따라 1990년대 중반까지 시장점유율 80% 이상을 자랑하던 혼다제품의 시장점유율이 50%이하로 추락하면서 베트남에서 오토바이 시장은 심한 경쟁양상을 보여 왔다. 특히 스즈키사가 디스크 브레이크 시스템 방식을 사용하고 현대적인 디자인을 강조한 VIVA라는 브랜드를 생산하면서 돌풍을 일으키며 오토바이 시장을 주도하게 되자, 혼다의 브랜드 이미지는 크게 낮아지는 상황에 접어들게 되었다.

이에 혼다베트남은 베트남 오토바이 시장에서 추락하고 있는 자사제품의 시장 점유율을 끌 어 올리기 위해 1999년 'Future'라는 제품을 시판하여 젊은층들 사이에서 높은 인기를 끌며 다시 혼다의 이미지를 부각시켜 가고 있다.

Future는 시판한 후 현재까지 약 100,000대가 판매되었으며, 단일 브랜드로는 1년 동안 베트남 오토바이 판매역사상 가장 많이 팔린 오토바이로 기록될 정도로 선풍적인 인기를 끌고 있다. 이러한 Future의 성공요인을 요약하면 다음과 같다.

첫째, 특정 연령층을 겨냥해서 제품을 디자인했다. 즉, Future는 20대에서 30대 연령층을 고객 대상으로 초점을 맞추고, 현대적인 디자인으로 마치 경주용 오토바이처럼 단순하면서도 날렵한 디자인을 채택했다. 색상에서도 다른 오토바이가 20대부터 50대에 이르기까지 부담이 없는 주로 밤색계통을 사용하여 왔으나, Future는 진한 남색과 진한 초록색 제품을 시판함으로써 젊은층들의 구매동기를 자극하였다.

둘째, Future는 위에서 설명한 스즈키사(社)의 디스크 브레이크 시스템보다 더 개선된 디스크 브레이크 시스템을 사용하여 운전자의 안전성을 크게 높였다.

셋째, 혼다베트남은 Future 판매시 제품에 대한 보장 및 A/S를 크게 강화했다. 기존 오토바이의 경우 구입시 6개월까지 무료서비스를 해주는 것이 대부분이었으나 Future의 경우에는 1년 내지는 12,0000㎢ 이내에 고장이 날 경우 무료 수리서비스를 제공 하고 있으며 고장이 심할 경우에는 오토바이를 교환해주는 보장을 하고 있다.

혼다는 최근에도 베트남 현지 법인 '혼다베트남'(Honda Vietnam)이 이륜차 제2공장을 착공하며 생산능력을 확장해 가고 있다. 제2공장은 북부 빙푹성(省)에 있는 이 회사의 기존 공장에 인접해 건설되며, 투자액은 약 6,500만달러이다. 이 공장이 가동하게 되면 연생산 능력은 50만대로서 기존 공장과 합하면 베트남에서의 연생산 능력은 150만대가 된다. 신규 고용은 1,400명 정도가 될 전망이다.

2. 자전거 산업

(1) 자전거 산업 현황[16)]

전술한 바와 같이, 지난 수년 동안 오토바이 산업이 활성화를 보이면서 베트남 자전거 산업은 그동안 침체기를 겪어 왔다. 그러나 다음과 같은 요인들 때문에 자전거 수요가 증가하며 베트남 자전거 시장이 회복기에 접어들고 있다.

첫째, 최근 국제 석유가격이 급등함에 따라 베트남 국내 유가도 영향을 받게 되었으며, 오토바이 운전자들 가운데 경제력이 취약한 사람들이 오토바이 대신에 자전거를 사용하고 있다. 오토바이의 경우에는 연료비가 하루 약 8,000동(원화 약 480원)이 소요되지만, 전기(電氣)자전거의 경우에는 충전 비용이 하루 약 2,000동으로 오토바이의 1/4에 불과하다. 또 이러한 고유가 추세는 앞으로도 계속될 것으로 예상됨으로써 자전거의 수요는 더욱 증대될 것으로 보인다.

둘째, 오토바이는 운행시에 안전 헬멧 착용이 의무화되어 있으나, 자전거는 전기 자전거의 경우에도 헬멧 착용 의무화 규정을 적용 받지 않는다.

(2) 자전거 선호 형태[17)]

과거 베트남의 남학생들은 페달 자전거를 선호했으며, 특히 62~190달러 수준의 산악 자전거를 가장 좋아했다. 그 반면에 여학생 및 공무원들은 200~1,000달러 수준의 전기 자전거를 선호했다.

최근에도 페달 자전거 구매자는 대부분이 학생들이고, 전기 자전거 구매자는 공무원들이 많다.

(3) 자전거 시장의 향후 전망[18)]

베트남 자전거 시장은 저가품 위주의 시장이기 때문에, 중국 · 대만산 및 현지산(現地産) 제품들이 시장을 주도하고 있다. 이들 업체들은 자전거의 이점(건강관리, 저렴한 유지비, 보관 및 운행의 편리함 등)을 집중 홍보하고 있어서 자전거 수요는 더욱 증대할 것으로 보인다. 또 전술한 바와 같이 국제유류가격이 상승세를 지속할 경우, 자전거 판매량은 더욱 늘어날 것으로 보이며, 판매가격도 인상될 전망이다.

또한 최근에는 베트남 정부가 도시지역 오토바이 사용자 증가로 인한 대기오염의 심각성을 인식하고 자전거 사용을 유도하고 있으므로, 자전거 사용자가 증가세를 보일 전망이다. 예컨대 하노이 정부는 지난해부터 자전거 타기 캠페인을 벌이고 있다.

그럼에도 불구하고 오토바이는 베트남인들이 가장 선호하는 교통수단으로서 그 위상에는 변화가 없을 것으로 보인다.

제3절 정보기술(IT) 산업(Information Technology Industry)

1. IT 산업 현황[19)]

International Data Group(IDG)에 따르면, 베트남의 IT 산업은 지난 5년 동안 연간 25%씩 성장해 왔으며, 향후에도 상당기간 이 성장세를 유지할 것으로 보인다.

베트남 정부는 과거 5년간 하드웨어 시장을 중심적으로 육성해 왔으며, 실제로 이 기간 동안 컴퓨터 하드웨어는 IT 소비의 약 80%를 차지했었다. 그러나 이제 베트남 정부는 IT 산업에서 컴퓨터 하드웨어뿐만 아니라 소프트웨어, 인터넷 기반시설구축, IT 교육, IT 인적 자원관리 분야를 육성하기 위한 전략을 수립하여 집행하고 있다. 이러한 정책에 힘입어 최근 들어 소프트웨어와 인터넷 부문의 비중이 증가하는 추세를 보이고 있다. IT 시장은 2대 대도시인 호찌밍시(전체 시장의 60.5%)와 하노이시(29.8%)에 집중되어 있다.

아래에서는 베트남 IT 시장을 컴퓨터 하드웨어 및 부품, 소프트웨어, 인터넷 시장, 전자상거래 시장으로 구분하여 살펴보기로 하자.

2. 컴퓨터 하드웨어 및 부품

(1) 주요 기업[20)]

베트남에서 컴퓨터 및 부품시장에서의 주력업체에는 휴렛팩커드, 컴팩, 델, IBM 등이 있다. 또 영세조립업자가 해외에서 부품을 구매한 후에 단순 조립하여 생산하는 데스크 탑 PC가 총 시장의 70%를 점하고 있으며, 나머지 22% 정도를 FPT나 CMS CO 및 G6 등 베트남 유명브랜드 제품이 차지하고 있다.

베트남은 여전히 PC와 컴퓨터 부품의 대규모 수입국이다. 이러한 컴퓨터 및 부품 수입시장에서 일본은 후지쓰 등 조립공장이 진출해 있는 관계로 약 3,600만달러를 수출하여 시장점유율 40%로 1위를 차지하고 있다. 다음으로 싱가폴이 2위(26%)이고 홍콩이 3위(7%)이며, 중국이 및 말레이시아가 5%로 공동 5위를 차지하고 있다.

한국은 과거에는 평균 8%의 시장점유율을 보여 일본과 싱가폴에 이은 3위 공급국이었으나, 최근에는 1%로 급락하여 시장지배력을 거의 상실한 것으로 보인다.

반면, 일본은 5년전 29%의 시장점유율이 최근에는 40%로 급증하여 여전히 최대 수출국으로서의 위상을 유지하고 있으며, 싱가폴도 23%에서 26%로 상승하여 점점 높은 시장지배력을 보이고 있다.

(2) 주요 수요층[21)]

베트남 정부는 현재 첨단기술산업 개발을 위해 노력 중이며, 특히 도시 및 농촌지역 전반에 걸친 컴퓨터 사용 대중화에 박차를 가하고 있다.

최근 발표된 Vietnam ICT Index에 따르면, 작년 말의 기준으로 베트남 전체 가구의 13.7%가 컴퓨터를 보유하고 있고, 6.5%가 인터넷에 연결돼 있는 것으로 나타났다. 현재 베트남은 동남아에서 말레이시아와 태국 다음으로 컴퓨터 소비규모가 큰 시장이다.

컴퓨터 시장의 주요 수요층은 중고생과 대학생으로서 전체 시장의 60~70%를 차지하고 있으며, 나머지는 교사 · 사무실 직원 · 사업가 등으로 나타났다.

일반적으로 컴퓨터 소비는 대도시 지역에 집중돼 있으며, 하노이와 호찌밍시에서 전체의 80%가 소비되고 있다.

과거 컴퓨터 구매의 주된 결정 요인은 가격이었으나, 최근 소비자의 성향은 무조건 싼 가격의 제품보다는 적당한 가격의 다소 품질이 좋고 장비의 네트워크 연결망이 좋은 제품을 선호하고 있다.

3. 소프트웨어 산업

(1) 서론[22)]

베트남 소프트웨어협회(Vietnam Software Association; Vinasa)에 따르면, 베트남 소프트웨어 산업은 지난 5년동안 연평균 30~40%의 높은 성장률을 보이고 있으며, 이러한 추세는 베트남 정부가 이 산업의 육성 · 지원 의지를 강력히 피력하고 있는 점을 감안하면 앞으로도 계속될 것으로 예상된다.

(2) 정부 정책[23)]

베트남 이코노믹 뉴스 온라인(Vietnam Economics News Online)의 보도에 의하면, 소프트웨어 산업은 베트남에서 가장 많은 정부 보조금을 받고 있는 분야이다. 이 분야는 낮은 법인세율, 부가가치세 면제, 소프트웨어 제품을 만드는 데 직접 사용되는 수입물품에 대한 관세 면제 등과 같이 세금 및 투자유인 제도(tax and investment incentives)에서 다른 분야와는 비교할 수 없을 만큼 많은 특전을 받고 있다.

예를 들면, 소프트웨어 제조와 서비스에 종사하는 국내기업 및 외국인 투자기업은 회사에 첫번째로 이익(taxable income)이 발생한 날로부터 4년 동안 법인세(28%)가 면제된다. 소프트웨어 제품은 0%의 부가가치세(Value Added Tax; VAT)를 적용받으며, 수출세(export tax)도 면제된다. 또 최근에는 중요한 소프트웨어 프로젝트를 개발하는 데 필요한 인력 교육비를 지원하려는 계획도 수립하고 있는 중이다.

(3) 소프트웨어 개발회사[24)]

현재 베트남에 있는 대부분의 소프트웨어 회사들은 그림 15-2에 나타나 있는 바와 같이, 몇몇 중간규모 회사를 제외하고는 거의가 소규모 회사들이다.

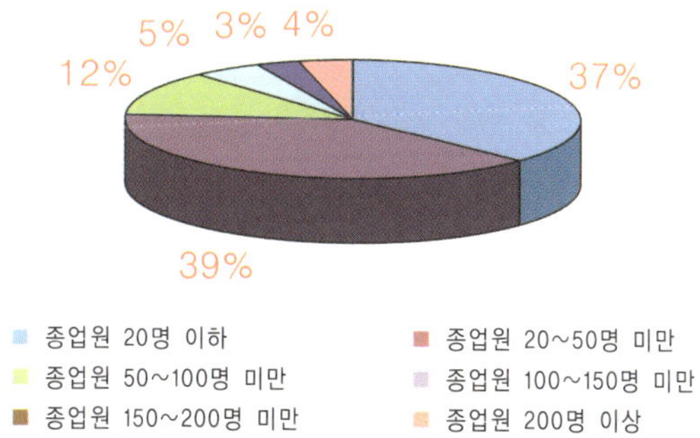

자료원 : IT Industry Department, Ministry of Posts and Telematics of Vietnam

그림 15-2 종업원 수(數)로 분류한 소프트웨어 회사들의 구성 비율[25)]

그럼에도 불구하고, 베트남은 외국의 수많은 유명 대기업들을 베트남 소프트웨어 산업에 끌어들이는 데 성공하고 있다. 그 예로서는 Anheuser Busch, Bayer, BMG, BP, Cisco, Critical Path, Daiwa, Fuji, IBM, Merrill Lynch, Nortel Networks, NTT, Intel, Sony 등을 들 수 있다. 이들 회사는 베트남에 직접투자하거나 혹은 제3자 계약(third-party subcontracts)을 통하여 소프트웨어 프로젝트를 베트남에 외주(外注, outsource)하고 있다.

앞으로도 더 많은 외국인 투자자와 고객을 유치하기 위해서는, 베트남 소프트웨어 회사들은 ISO-9000이나 Capability Maturity Model (CMM)의 전체 5개 수준(all 5 levels) 등과 같은 국제적 인증서(international certifications)를 획득하도록 노력하지 않으면 안된다.

(4) 소프트웨어 단지(Software Parks)[26)]

베트남 정부와 관계 기관은 소프트웨어 단지를 건설해서 운영하고 있는데, 여기에는 베트남 소프트웨어 회사뿐만 아니라 합작회사 및 100% 외국인 소유 회사도 입주하고 있다.

현재 베트남에는 8개의 소프트웨어 단지가 있다. 이들 중 3개는 호찌밍시(市)에 있고 나머지는 하노이(Hanoi) · 하이퐁(Haiphong) · 다낭(Dan Nang) · 후에(Hue) 및 껀터(Can Tho)에 있다. 사이곤 소프트웨어 단지(Saigon Software Park : SSP)는 지난 2001년에 착공된 최초의 소프트웨어 단지로서 CISCO의 기술지원을 받아서 완공되었으며, 현재 베트남에서 가장 선진화된 단지이다. 꾸앙쭝 소프트웨어 단지(Quang Trung Software Park)는 지난 2004년에 승인된 또다른 주요 소프트웨어 단지로서 SSP와 마찬가지로 2005년부터 입주가 시작되었다.

꾸앙쭝 소프트웨어 단지는 43만m^2의 면적에 자리 잡고 있는데, 앞으로도 10ha를 확장할 수 있다. 이곳은 공원과 쾌적한 환경이 갖추어져 있으며, 떤썬낫(Tan Son Nhat) 국제공항에서 15분 거리에 자리잡고 있다. 나머지 소프트웨어 단지들은 아직 위의 두 단지만큼 효율적으로 운영되지 못하고 있다.

그림 15-3에는 사이곤 소프트웨어 단지에 있는 소프트웨어 공장들의 모습이 나타나 있다.

그림 15-3 사이곤 소프트웨어 단지(SSP) 내에 있는 공장(왼쪽)과 현재 건축 중에 있는 공장(오른쪽)[27)]

(5) 향후 전망[28)]

베트남에서의 소프트웨어 산업은 이제 개발이 시작된 초기단계에 있으나, 그 잠재력은 이미 분명해졌다. 나아가서, 정부는 이 분야에 대해서 전술한 바와 같이 보조금지급, 세금면제, 관세면제, 소프트웨어단지 신설 및 운영효율성 증진 등 적극적인 정책을 수립하고 또 지원을 아끼지 않고 있다.

예를 들면, 정부는 호찌밍 국립대학과 소프트웨어 개발 인력을 교육하기 위한 협조체계를 구축했다. 이러한 모든 점에 더하여, 베트남의 저렴한 인건비 등을 고려해 볼 때, 베트남의 소프트웨어 산업은 앞으로 상당한 발전을 이룰 것으로 기대된다.

기업사례

■ 동양시스템즈, 베트남 금융 IT 시장 진출[29)]

IT 서비스기업 동양시스템즈는 동양종합금융증권, 베트남 IT 서비스기업 HPT와 함께 조인트벤처사 '동양-HPT 하이테크'(Tong Yang-HPT High Tech. Inc)를 설립키로 양해각서(MOU)를 체결했다. 이 조인트벤처는 베트남 현지에 주식회사 형태로 설립될 예정이며, 동양시스템즈와 동양종합금융증권이 총 지분의 70%를 그리고 나머지 30%는 HPT가 출자하게 된다. 또한 이번 조인트벤처는 베트남 현지 증권, 은행 등 금융기관을 대상으로 각종 IT 어플리케이션과 솔루션을 제공하고, 그에 따른 IT 인프라 구축 및 유지보수 사업을 하게 된다.

동양시스템즈는 이번 조인트벤처 설립으로 그동안 국내 금융SI 시장에서 축적해온 탁월한 IT 기술력과 금융 솔루션을 기반으로 베트남 금융시장에 본격적으로 진출하는 계기를 마련할 수 있을 것으로 기대하고 있다.

유준열 동양시스템즈 대표는 "이 계약을 시작으로 말레이시아, 싱가포르, 타일랜드 등 동남아 금융 IT 시장에 본격적으로 진출 하겠다."고 말했다.

4. 인터넷 시장

(1) 인터넷 시장 현황[30)]

베트남에서 인터넷 서비스가 합법화된 것은 1997년이지만, 2002년까지는 민간영역에서의 인터넷 서비스 활동이 허가받지 못했다. 2002년 이후에 인터넷 공급 활동이 민간영역으로까지 확대되면서 인터넷 사용이 대중화되었다.

Vietnam Internet Center의 보도 자료에 의하면, 전년도 베트남의 인터넷 사용자는 약 1,800만명으로, 전체 인구의 20% 정도를 차지하고 있다. 이러한 수치는 2002년 인터넷 사용자 150만명의 약 12배가 된다.

인터넷 가입자도 400만명을 넘어섰으며, 브로드밴드 가입수도 현재 4만5366 가구로 1년 전보다 2배 이상 증가하면서 브로드밴드의 보급 및 사용률이 확대되고 있다. 베트남 인터넷 시장은 총 인터넷 가입자의 73%가 호찌밍시와 하노이 거주자로 양대 도시에 편중돼 있으며, 베트남 전체 인터넷 사용자 가운데 45%가 하노이 거주자이고, 39%가 호찌밍시 거주자이며, 나머지 16%가 그 밖에는 기타지역에 거주하고 있다.

(2) 인터넷 사용자 분석

ACNielsen Omnibus와 Vietnam Internet Center에서 발표한 자료를 요약하면, 베트남 인터넷 사용자들의 특성은 표 15-1과 같이 나타낼 수 있다.

표 15-1 베트남 인터넷 사용자들의 특성[31)]

구분	비율
연령	
15~20세	7.8%
21~30세	36.6%
31~50세	45.9%
50세 이상	9.7%
접근 장소(Access Point)	
인터넷 카페에서	3%
직장에서	15%
집에서	31%
인터넷 서비스	50%
기타	1%
1주일 동안 사용시간	
30분 미만	13%
30분~1시간	40%
1~2시간	22%
2~3시간	15%
3~4시간	4%
4~5시간	1%
기타	5%

표 15-2 베트남인들이 인터넷을 사용하는 목적[32)]

목적	비율
새로운 뉴스 검색	80%
잡담	66%
E-mail	65%
온라인 음악 청취	56%
광고 검색	40%
게임	36%
영화	32%
작업(work)	20%
공부 혹은 숙제	18%
주식시장의 최근 정보 검색	16%
직업 탐색	14%
날씨 검색	12%
블로깅(Blogging)	7%
온라인 데이트	6%
온라인 쇼핑	5%
온라인 뱅킹	4%
국제전화	2%

또 표 15-2에는 ACNielsen Omnibus가 분석한 인터넷 사용목적이 제시되어 있다.

(3) 향후 전망[33)]

인터넷 서비스 공급가격 인하 및 ADSL 등의 초고속 인터넷 서비스 공급과 더불어 인터넷 보급 속도가 빠르게 확산되고 있고, 또 인터넷 서비스 공급확대가 가정으로 이어지면서 일반 가정에서의 컴퓨터 수요량이 증가하고 있다. 그와 더불어서 컴퓨터 가격이 계속 하락하고 있으므로 그 수요가 더 많아져서 인터넷 사용자가 증가하는 선순환이 되고 있음을 감안하면, 앞으로 5년 후에는 인터넷 사용인구가 총인구 8,800만명 중 35%가 사용하게 될 것으로 전망된다.

베트남 정부도 정보통신 산업이 가장 중요한 경제분야임을 명확히 하고, 이에 관련된 법률체계 정비 및 투자 확대 등을 통해 인터넷 산업의 지속적인 발전계획을 발표하였다.

5. 전자상거래 시장(E-Commerce)

(1) 전자상거래 시장 현황[34)]

베트남 인터넷 사용자가 현재 1,800만명에서 5년 후에는 3,000만명으로 확대가 전망되면서, 미래 유망 온라인 시장으로서 베트남에 대한 투자가치가 높아지고 있다. 전자상거래 산업의 발전에 가장 앞서고 있는 분야는 베트남 국내 및 외국계 은행들이다. 이들 은행들이 활동하는 모습을 보면, 베트남 전자상거래 시장의 현황을 짐작할 수 있을 것이다.

베트남 Techcombank는 베트남 최초로 2007년 최초의 인터넷뱅킹 F@st iBank 서비스 상용화에 나서면서 베트남 전자상거래 시장의 새로운 도약의 계기를 마련하였다. Sacombank사는 베트남 최대 통신업체인 Vinaphone, Telemoney사와 공동으로 최초의 모바일 m-Payment 결제시스템을 도입함으로써 고객들의 큰 호응을 얻고 있다. Tan Viet Securities Incorporation 사는 베트남 최초로 100만달러의 개발자금을 투자해 온라인 주식거래 시스템을 개발하고, 그 상용화에 성공했으며, iTrade Pro (전문가용)와 iTrade Home (일반투자가용)으로 개발하여 시판 중에 있다.

베트남에 진출한 외국계 은행들 또한 기업고객을 대상으로 다양한 기업 대(對) 기업(B to B, B2B) 온라인서비스를 계획하는 중이며 HSBC은행은 E-Paylist를 통해 직원 급여 자동이체나 총괄전표 결제처리 등이 가능한 경리자동화 프로그램을 보급하고 온라인뱅킹 서비스를 제공하고 있다.

(2) 베트남에 진출한 다국적 인터넷 기업 및 여기에 맞서는 베트남 기업들[35)]

베트남에서 전자상거래의 발전 현상을 주목한 야후 · 마이크로소프트 · 이베이 · 구글 등 다국적 인터넷 기업들이 베트남 투자진출 계획을 발표하며, 전자상거래 시장의 발전을 더욱 촉진시키고 있다. 이들 기업의 활동상황을 소개하면 다음과 같다.

① 야후 베트남은 현지진출 이후에 서버망 교체 및 협력업체의 시스템 업그레이드 지원 등 인프라 구축은 물론이고 베트남 최대 투자그룹인 DFJ Vina Capital의 투자를 유치하며 블로그 및 뉴스 검색 분야에서 독보적인 선두기업으로 부상하고 있다.

② 마이크로소프트사는 베트남 국내 4개 협력업체(Vietnam Television, The Labor Newspaper, VDC, VIP Wiress)와 공동 컨텐츠 제공 및 현지 투자 확대를 추진하고 있다.

③ 이베이사는 베트남에서 가장 성공적인 전자상거래 사이트로, 소비자들의 인지도를 확대하는 데 성공했다.

이러한 외국의 다국적 IT기업들의 베트남 진출에 맞서 베트남 인터넷 관련 기업들 역시 투자유치를 확대하고, 베트남 인터넷 사용자들의 개별수요를 반영하는 다양한 서비스를 제공하는 등 서비스 강화 움직임을 보이고 있다. 이러한 베트남 기업들의 활동 상황을 소개하면 다음과 같다.

① 베트남 국내기업인 Vegasofts의 www.clip.vn은 구글의 YouTube와 유사한 비디오 및 화일 공유 사이트를 개설함으로써 현지 인터넷 사용자들에게 큰 인기를 끌고 있다.

② 통합 포털인 Tinh Van사는 www.vinaseek.com에 100만달러 이상의 투자계획을 발표하면서 서비스 확대를 선언했다.

③ 최대 통신업체인 FPT사 역시 온라인 통합 포털 구축계획을 발표했다.

(3) 베트남 전자상거래 B2B 상황[36)]

1) 전자상거래국 조사

베트남 무역부의 전자상거래국(e-Commerce Dept, Ministry of Trade)은 최근 1,077개 기업에 대해 표본조사한 결과를 발표했는데, 표 15-3에는 그 내용이 소개되어 있다.

표 15-3 베트남 전자상거래 이용기업 운영현황

구분	내용	비고
평균 PC 보유대수	1대 / 6.3명	
PC 50대 이상 보유기업 비중	50%	
인터넷 접속 기능 보유기업 비중	92%	
ADSL 초고속 인터넷 가입기업 비중	81.5%	
초고속 전용선 보유기업	5.4%	
인터넷 미사용 기업 비중	8%	3%는 사용계획 보유
자사 웹사이트 보유기업 비중	31.3%	
B2B 포탈 가입기업 비중	7.9%	50%는 1개 이상 포털 가입
기업 결재수단중 온라인 비중	2%	
베트남 B2B 포털 수	30개	
B2C 포털기업 수	80개	
C2C 포털기업 수	없음	
포털별 가입자 수	1만명	
포털별 월별 상거래 기회	2만 건	
포털별 월별 계약건수	10만 건	
베트남-외국기업 간의 월평균 온라인 거래액	20만달러	

정보원 : 베트남 무역부 설문조사(1,077개 기업)

2) 베트남 무역부 선정 최고의 전자상거래 포털

한편, 베트남 무역부(Ministry of Trade)가 선정한 전년도 B2B 부문 최고의 전자상거래 인터넷 포털은 다음과 같으며, 대부분 무역부문 관련 포털인 것으로 나타났다.

① www.ecvn.gov.vn

② www.vnemart.com

③ www.gophatdat.com

④ e-vietnamlife.com

⑤ www.laocai.com.vn

3) ECVN 조사

베트남의 대표적 포털인 ECVN을 이용하는 181개사를 설문조사한 결과, 설문에 응답한 181개사 중 8.8%가 전자상거래를 통하여 계약한 실적이 있으며, 63.3%가 전자상거래 포털을 통해 새로운 거래선을 발굴했고, 실제 계약건수도 32건에 달한다고 분석되었다.

(4) 향후 전망[37)]

베트남 무역부 찬 탕 하이(Tran Thang Hai) 부국장은 베트남의 전자상거래 발전 속도는 개인 및 기업들의 낮은 인지도, 인터넷 보안의 취약성, 느린 인터넷 속도, 전자결제시스템의 부족 등으로 인해 장애를 받고 있다고 지적했다. 그러나 이들 중 인터넷 속도와 관련해서는, 다음과 같은 예에서도 볼 수 있듯이 개선 가능성이 크고 전자상거래 발전을 촉진시킬 것으로 예상된다.

즉, 베트남 전력공사 산하 EVN TELECOM사가 싱가포르 소재 기업에 2억달러를 투자해 통신용 해저 광케이블 설치를 추진하고 있기 때문에 조만간 속도장애는 없어질 것으로 보인다. 이 통신용 해저 광케이블 설치는 1차로 320Gbps에서 추후 5.6Tbps까지 업그레이드될 계획이며, 길이는 약 6,800km로 싱가포르 · 베트남 · 필리핀 · 홍콩 · 대만 · 중국 · 일본 · 괌을 연결할 예정이다.

제16장

산업 환경(IV)

통신산업, 전자산업, 광고산업,
유통산업, 프랜차이즈산업,
건강관리산업, 관광산업

이 장에서는 베트남의 산업 환경으로서 통신 산업, 전자 산업, 광고 산업, 유통 산업, 프랜차이즈 산업, 건강 관리 산업 및 관광 산업 등을 고찰하기로 한다.

제1절 통신 산업 (Telecommunication Industry)

1. 베트남 통신 산업 현황

(1) 유선통신 현황[1)]

베트남의 유선통신은 전년도 말의 기준 약 500만 회선으로 지난 8년 동안 연평균 15% 이상의 성장세를 보이고 있으나, 유선통신 보급률은 여전히 6%에 불과한 실정이다. 그 이유는 베트남이 지리적으로 동서(東西)로는 폭이 좁으나 남북으로는 약 1,650km에 이르고 있으므로 전국에 유선통신망을 구축하기 힘들기 때문이다.

따라서 유선통신보다 무선통신 산업이 더 급속한 발전을 보이고 있으며, 가입자 수도 유선통신이 무선통신의 1/4에도 미치지 못하고 있다.

현재 베트남에는 VNPT (Vietnam Posts and Telecommunications Corporation : 베트남우정통신공사), Viettel Corporation, SPT (Saigon Posts and Telecommunications), VPT (Vietnam Power Telecoms), Hanoi Telecom Company 등 5개의 유선통신 사업자가 있다. 그러나, VNPT가 독점적 지위를 누리고 있다.

VNPT는 1995년 7월 베트남우정통신청 (Department General Posts and Telecommunication : DGPT)에서 분리되었으며, 43개의 산하 기관과 61개의 지방통신기관을 관할하고 있는 베트남 제1위의 통신 사업자로 유선통신 시장의 대부분을 독점하고 있다.

주요 사업 분야는 우편 및 전기통신 서비스, 우편 및 전기통신 시설의 조사, 설계 및 건설, 관련 장비의 수입 · 수출 및 공급, 통신 관련 컨설팅 제공 등이다.

그림 16-1에는 VNPT가 베트남의 한 전시회 때에 설치해 놓은 칸막이 공간 (booth)이 나타나 있다.

그림 16-1 전시장에 차려 놓은 VNPT의 부스(booth)[2)]

(2) 무선통신 현황[3)]

유선통신 시장과 비교해 볼 때, 무선통신 (이동통신) 시장은 베트남에서 가장 역동적이고 성장 가능성이 큰 산업의 하나이다. 1986년에 이르러서야 경제개방정책을 실시하게 된 베트남은 국내 유선통신 인프라 구축에 소요되는 막대한 초기비용으로 인해 무선통신 기반시설이 더 빠르게 구축되었다. 지난해말 기준 유선통신 가입건수는 약 500만건 (회선)인 데 반해 무선통신 가입건수는 1,800만건에 이르고 있다. 이는 지난 10년 동안 연평균 23%가 넘는 성장세를 보이고 있는 것으로, 무선통신 서비스업체들의 경쟁이 심화되면서 성장세가 가속화될 것으로 전망하고 있다.

현재 베트남에는 MobiFone, Vinaphone, S-Fone, CallLink, VNPT, HTMobile, Viettel Corporation 등 7개의 무선통신 사업자가 있다. 이 중 MobiFone사는 Vinaphone사와 함께 베트남 무선통신 시장의 85% 이상을 장악하고 있다.

아래에서는 무선통신 시장에 대하여 좀더 고찰해 보기로 하자.

2. 무선통신 (이동통신)

(1) 2G 및 2.5G 이동통신 네트워크[4)]

현재 베트남은 2세대 통신시스템인 2G 및 2.5G 이동통신 네트워크가 도입 초기단계에 있다. 베트남 내의 이동통신 사용자 대부분이 통화 및 메시지 송수신만을 사용하고 있으므로 통신사업자들이 3세대 통신사업 도입을 주저하고 있다. 그러나 MobileFone사 등 일부 사업자는 화상송수신과 인터넷 접속이 가능한 3세대 통신서비스의 도입을 준비하고 있다. 우정통신부는 3세대 통신시스템인 3G IMT2000의 도입을 준비하고 있으며, 베트남 정부는 5년 후에는 전체 이동통신 사용자 수가 2,240만명에 이르고 이중 33%인 740만명이 3세대 통신사용자가 될 것으로 기대하고 있다.

(2) 베트남 정부, 3G (third-generation) 기술 자격취득 발표[5)]

최근 베트남 정부는 통신망 기반시설 및 자금능력이 충분한 기업들에게만 3G 기술 자격(license)을 부여할 것이라고 발표함에 따라 자격 취득을 위한 현지 이동통신 업체 간의 경쟁이 치열해질 전망이다. 전문가들에 따르면, 현지 이동통신 업체들 중 3~4개 회사만이 자격을 취득할 수 있는 조건을 갖춘 것으로 보인다.

이러한 정부 발표가 있은 직후, 현지 최대의 통신업체인 VNPT는 통신망을 대폭 확충하고 자금을 준비중이라고 밝혔다.

최근 VNPT는 차세대 통신망 구축을 위해 10억달러를 투자한 바 있는데, VNPT 관계자는 3G 기술은 초기에는 높은 투자비용과 가입자수 부족 등 어려움이 있지만 다양한 부가가치를 생산하기 때문에 결국은 큰 이익을 가져다 줄 것이라고 자신감을 피력했다.

Viettel · HTMobile · S-Fone 등 그 밖의 이동통신 업체들도 자격 취득 경쟁에 적극 참가할 것이라고 밝혔다.

3. 베트남 통신시장에 진출한 외국기업들[6)]

베트남 시장 진출을 일찍부터 서둘러 온 Frence Telecom은 현지 통신시장 진출에서 상대적으로 유리한 위치를 선점하고 있는 것으로 보인다(Frence Telecom은 현재 유럽 2위의 이동통신 정보 서비스 제공업체로 8800만명의 휴대폰 가입자를 보유하고 있다).

5,000만명의 휴대폰 가입자를 보유한 일본의 NTT-DoCoMo사도 세계 진출 전략의 일환으로 베트남 통신시장 진출을 적극 추진하고 있다.

노르웨이의 Telenor사는 아직 현지 인지도가 상대적으로 낮은 편이기는 하지만 베트남에 대표 사무소를 개설하고 현지 진출을 구체화시키고 있다.

한국의 KT가 알카텔 · 지멘스와 함께 제1차 ADSL 사업에 참여하였으며, 하이퐁 등 북부 4개 지역에 4,100회선의 초고속 통신망을 구축했다.

한국의 SK텔레콤은 LG전자 · 동아일렉콤 등과 합작법인 'SLD 텔레콤'을 설립하고 CDMA 방식 이동통신 서비스인 "S-Fone" 사업을 개시했다.

■ SK텔레콤[7)]

국내 이동통신사들이 좁은 국내시장을 벗어나 해외시장에 눈을 돌리고 있다. 지금까지는 소극적인 수준에서 해외 진출이 이뤄졌지만 이제는 적극적으로 해외시장 개척에 나선다는 전략이다. 해외 진출에 가장 적극적인 회사는 SK텔레콤이다. SK텔레콤은 아시아 시장의 전초기지로 베트남에서 이동통신 서비스를 제공하고 있다. 특히 베트남에선 자체망을 구축해 서비스를 제공하고 있다.

SK텔레콤은 호찌밍시 인민위원회가 대주주로 있는 사이곤포스텔(SPT)과 함께 시작한 베트남 합작법인(合作法人)인 SLD텔레컴의 부호분할 다중접속(CDMA) 이동통신 서비스인 에스폰(S-Fone) 이동전화 서비스의 가입자가, 베트남에서 이동통신 서비스를 시작한지 3년 3개월 만에 100만명을 넘어섰고, 그 후 1년 만에 280만명을 돌파했다고 밝혔다. SLD텔레콤은 앞으로 3년 이내에 800만명 가입자를 확보함으로써 시장점유율 20%를 목표로 하고 있다. 이를 위해 하노이, 호찌밍시 등 베트남 5대 도시에서 SK텔레콤 '준'과 같이 무선 인터넷이 되는 EVDO 서비스를 시작해서 한국 드라마, 영화, 실시간 TV 등을 주문형 비디오(VOD) 형태로 제공할 계획이다. S폰 사업은 베트남-한국간 IT협력의 결실로, 범 CDMA연합벨트를 동남아시아에 확대하는 전초기지로서의 의미를 지니고 있다.

김성봉 SK텔레콤 베트남 법인장은 "통신사업자 입장에서 보면 100만명 가입자는 의미있는 숫자다. GSM 사업자가 장악하고 있는 시장에서 CDMA 사업자가 성공할 수 있는 가능성을 보인 것이다. 가입자가 급속하게 증가한 큰 이유는 일부지역만 통화되던 것이 베트남 전 지역에서 통화가 가능하기 때문"이라고 말하고 "연말까지 890만개 기지국을 세울 예정이다. 이정도면 면적단위 53%, 인구비중 대비 70%를 커버하는 것이며, 타 사업자와 충분히 경쟁을 할 수 있다."고 자신감을 보였다.

또 SK텔레콤은 u-City 사업 협력을 위해 베트남 건설부 산하 국립도시농촌연구원과 공동협의체를 구성키로 하는 양해각서(MOU)를 체결했다.(u-City란 모든 사물과 사람이 센서와 네트워크로 연결돼 사람과 기기[機器]들이 물리적 공간과 사이버 공간을 통해 언제 어디서나 다양한 정보와 서비스를 제공받을 수 있도록 만든 도시를 말한다.)

그림 16-2 S-Fone 매장[8)]

이에 따라 양측은 베트남 u-City 사업을 촉진하기 위해 베트남에 적용 가능한 u-City 사업모델, 관련 법률과 제도, u-City사업 투자 및 운영방안 등에 대해 공동연구를 진행할 예정이다.

베트남 이동통신시장이 고성장세를 보임에 따라, 한국의 대형 통신업체의 현지 진출이 더욱 활발해질 전망이다. 또 이와 함께, 관련제품인 휴대전화시장 진출도 더욱 확대될 것으로 예상된다.

이미 베트남에서 확고한 지위를 차지하고 있는 노키아(Nokia)는 베트남 휴대전화 시장점유율이 50%에 달하며 시장을 주도하고 있고, 모토롤라(20%), 삼성(19%), 소니 에릭슨(5%) 등이 그 뒤를 따르고 있다. 그러나 최근 한국 및 한국제품에 대한 인지도가 높아감에 따라, 한국산 휴대전화의 시장점유율도 점점 높아질 것으로 전망된다.

제2절 전자산업(Electronic Industry)

1. 전자산업 현황[9)]

1994년 이전에는 베트남 전자제품은 극히 제한되어 있었다. 예컨대 약간의 음향기기(audio) 및 영상제품(video products)을 만드는 수준이었으며, 또 이러한 제품들은 수입부품으로 조립된 것들이었다. 그 당시 이름 있는 전자제품 회사들에는 Viettronics, Hanel 및 Tien Dat 등이 유명회사들이었는데, 이들은 확성기, 자석(magnets), 축전기 등 몇몇 제품을 만들었지만, 그 부품은 모두 수입된 것들이었다.

1994년 이후에 외국기업들이 베트남에 들어와서 공장을 세우기 시작했고, 여기에서 전자제품을 조립한 후 국내 시장에 판매하였다. 그 부품들은 여전히 수입되었다. 이러한 부품을 베트남 국내에서 만들 수 있는 회사는 다섯 손가락으로 셀 수 있을 정도였다. 그 중 두 회사를 들자면, Orion-Hanel(TV브라운관)과 Viettronics(회로판)가 있다. 외국회사들로서는 Fujitsu, Did Electronics Vietnam Co., Ltd, Nidec Copal Vietnam Co., Ltd(일본), Digisensor Co., Ltd(스위스) 및 FAB-9 Vietnam Co., Ltd(미국) 등이 베트남에서 전자부품을 생산했지만, 자신들이 생산한 제품의 거의 전부를 수출했다. 불합리한 세금정책 때문에, 전자부품 조립회사들은 베트남에서 생산한 부품을 수출한 후 다시 베트남으로 수입해 들여왔다.

그림 16-3 베트남산(産) 부품이 극히 적게 들어가는 전자제품 생산 공장[10)]

다양한 산업제품들 중에서, 전자제품(electronic products)은 그 내부에 들어가는 부품들 중 베트남에서 생산된 부품이 가장 적게 들어가는 제품이다. 수많은 가전제품(household appliances)들이 베트남에서 조립되고 있지만, 그 부품들 중의 20~30% 정도만이 베트남에서 제조된 것들이며, 국내 생산 부품들은 대개 포장용기 혹은 아주 기본적인 플라스틱 부품 혹은 기계부품 정도일 뿐이다. 컬러 TV 만이 예외여서 국내 생산 부품 비율이 60%인데, 그 이유는 베트남산(産) 컬러 브라운관이 사용되고 있기 때문이다.

그림 16-3에는 베트남의 전자제품 조립공장 모습이 나타나 있다.

2. 전자제품시장의 전망[11)]

베트남의 응우엔 떤 중(Nguyen Tan Dung) 총리는 전자산업 발전이 향후 베트남경제에 큰 영향을 미칠 것이라고 말하며, 과거의 불합리한 정책을 개선하고 향후 5년 동안 20~30%씩 성장하여 300,000개의 일자리를 창출하도록 전자산업 육성정책을 수립했다고 강조했다. 그는 또 정부의 육성정책이 순조롭게 진행되면, 5년 후에는 전자제품 수출액이 30~50억달러에 달할 것이라고 예상했다.

이러한 육성정책에 다르면, 2020년경에는 전자산업은 국가경제개발의 주요한 촉진제가 될 것이며, 또 500,000명의 근로자를 고용하고, 국제적 수준의 기술을 갖춘 엔지니어와 기술자를 보유하게 될 것으로 전망된다.

그러나 이와 같은 목표를 달성하기 위해서는 정부와 관련 기관들을 전자산업 분야의 투자 분위기를 개선하고, 행정기관을 혁신하고, 세금 · 관세 등을 포함한 모든 면에서 경영능력을 향상시키지 않으면 안될 것이다. 나아가서, 전자산업 분야에서는 산업재산권(industrial property rights)을 엄격히 보호해야하고, 국제협약에 적극적으로 가입해야 할 뿐만 아니라 산업기반시설(infrastructure facilities)을 구축하는데 더 많이 투자해야만 한다.

3. 베트남 전자산업에 진출한 외국기업들[12)]

최근에는 Canon이 베트남에서 프린터를 조립하기 시작했고, Intel은 반도체칩(semiconductor chips)을 만드는 공장을 세웠다. 또 일본의 Nidec Corporation은 호찌밍시(市)에 이미 1억 5,600만달러를 투자하여 4개의 공장을 운영하고 있는데, 이 회사는 투자를 더욱 확대할 것이라고 시게노부 나가모리(Shigenobu Nagamori) 사장이 밝혔다. Nidec Corporation은 하드디스크 드라이브(hard disk drives), 광학 드라이브(optical disk) 및 DC 모터 등의 분야에서 세계 굴지의 생산업체이다.

삼성전자는 베트남에서 1996년 컬러 TV를 생산한 이후 2001년부터 컬러 TV · 모니터 · DVD 플레이어 등의 판매에서 1위를 기록하고 있다. 즉, 현지 합작회사인 '삼성비나'(1995년 설립)는 TV · 냉장고 등 연간 3억 8천만달러의 매출실적을 올리고 있으며, 전국적 서비스망을 구축하고 사회봉사 활동을 통해 브랜드 인지도를 제고시켜 시장점유율 1위를 유지하고 있다.

LG전자는 북부 하이퐁시(市)에 냉장고 · 에어컨 · 세탁기 등을 생산하는 'LG 메카'를 설립하였으며, 연간 매출 1억 5천만달러를 기록하고 있다.

제3절 광고 산업(Advertising Industry)

1. 베트남 광고 산업 현황[13)]

현재 베트남에는 약 3,000개의 광고회사, 80개의 라디오 및 텔레비전 방송국 그리고 500여개의 신문사들이 있다.

호찌밍시(市)에만 547개의 광고회사가 있으며, 또 약 1,000여개의 기관들이 광고 분야에 필요한 재료와 기술을 제공하고 있다. 여기에 더하여 수십종의 신문, 잡지, 라디오 방송국 및 텔레비전 방송국에서 광고 서비스를 제공하고 있으며, 다른 성(省)에 본사를 두고 있는 수십개의 광고회사 지점들이 또한 광고 서비스를 공급하고 있다.

2006년 광고 산업에서 벌어들인 수입은 약 3억 7,500만달러였으나, 이 수치가 1년후에는 9억 3,750만달러로 약 2.5배 증가하는 폭증세를 보였다.

대부분의 광고 활동은 대중매체(mass media)와 연관되어 있다. 민중문화 및 정보기관(Grassroots Culture and Information Agency; GCIA)의 쩐민찐(Tran Minh Chinh) 부회장은 "27개의 대형 신문사들을 분석해 본 결과, 이들 신문의 발전은 광고에 의존하고 있었다. 대규모 라디오 방송국 및 텔레비전 방송국들의 광고 수입은 연간 6,250만달러였으며, 소규모 방송국들은 연간 625만달러였다."고 말했다.

2. 베트남 광고 산업에서의 경쟁[14)]

현재 베트남에는 전술한 바와 같이 3,000여 개에 달하는 국내 광고회사들이 있으나, 이들 회사 전부는 연간 약 10억달러에 이르는 광고 수입액 중 겨우 20%만을 차지하고 있고, 나머지 80%는 30개에 불과한 외국 회사들이 차지하고 있다.

특히, 막대한 광고비용이 소요되는 TV 광고가 전체 광고수입의 90%를 차지하고 있는데, 이러한 TV 광고는 거의 외국계 광고회사들이 독점하고 있는 상황이다. 반면 베트남 국내 광고회사들은 광고 간판이나 네온사인 등과 같은 옥외 광고(outdoor advertising)에 주력하고 있을 뿐이다.

Dat Viet, Vinaxad, D&D 및 Tu Van 등 몇 안되는 베트남 국내 광고회사들만이 컨설팅, 아이디어개발, 창조적 전략 및 실행 등과 같은 전체 광고서비스를 수행할 능력을 갖추고 있다. 나머지 대부분의 국내 광고회사들은 간판, 컴퓨터 그래픽 및 필름 제작 등의 개별적인 분야에서 광고 서비스를 제공하고 있으며, 또 많은 회사들은 외국계 광고회사들의 대리인(agents) 혹은 하청업자(sub-contractors)로서 활동하고 있다.

또한 베트남 국내 광고회사들 중 어떤 회사는 제품에 대하여 과장광고 혹은 허위광고를 하여 비난을 받고 있으며, 또 전문가와 전문적 기술이 부족하여 외국계 광고회사들에 밀리고 있는 실정이다.

더구나 베트남이 WTO에 가입함으로써 향후 광고시장을 반드시 WTO 회원국에게 개방하여야 한다. 그렇게 되면 막강한 자금과 강력한 기술을 가진 외국계 광고회사들은 베트남의 광고시장을 더욱 장악할 것으로 보인다. 이것은 그렇지 않아도 베트남 광고시장의 작은 몫 밖에 차지하지 못했던 베트남 국내 광고회사들의 입지는 더욱 위축될 것이라는 것을 의미한다.

3. 베트남 광고규제 법규의 비효율성

(1) 광고 허용의 필요성[15)]

현재 베트남 정부의 광고규제 법규는 지나치다는 비난을 많이 받고 있다. 광고는 시장경제의 산물(産物)이며, 그것의 목적은 수익을 창출하고 산업경쟁을 지원하는 것이다. 이에 더하여 광고는 경제를 더욱 동태적(動態的, dynamic)으로 만들어 준다고 하는 요소를 가지고 있다.

따라서 광고를 규제하는 법은 광고로 인하여 발생하는 상업적 분쟁(commercial disputes)과 부정적 영향(negative impacts)를 규제하는데 국한되어야 한다. 따라서 광고는 포스터 · TV · 라디오 · 필름 등과 같은 청각 및 시각(audio/video), 신문 · 책 · 잡지 · 소책자(brochures, 팜플렛) 등과 같은 인쇄매체(print media), 직접광고(direct advertising) 혹은 후원(sponsorship) 등과 같은 모든 분야에 자유롭게 허용되어야 한다.

(2) 광고의 황금법칙(Golden Rule)[16)]

광고규제 법규는 광고활동의 모든 측면을 규제해서도 안되고 또 규제할 수도 없으며, 단지 다른 사람 혹은 사회의 권리를 침해하는 활동을 제재(sanctioning)하는 방식을 규정해 놓으면 된다. 그리고 기업은 이러한 법률에 의해 금지되지 않는 한 어떠한 활동도 자유롭게 할 수 있어야 한다.

이러한 황금법칙은 많은 나라에서 적용되고 있다. 예를 들면, 독일에서는 광고나 경쟁을 규제하는 어떤 법률도 없으며, 단지 불건전한 경쟁(unhealthy competition)을 규제하는 법률만 있을 뿐이다.

독일법 제4조는 "만일 어떤 광고가 그것이 광고하는 제품 혹은 서비스의 제품 원산지(origin of goods), 가격, 상표, 혹은 그 밖의 본질적인 요소에 관하여 소비자를 오도(誤導, misleading) 하거나 허위(fraudulent, 사기)일 때에는, 광고주(advertise)는 행정적 제재 및 형사 처분을 받을 수 있다."고 규정하고 있다. 이러한 법률체제하에서 정부는 조정자(arbitrator, 중재자)로서의 역할을 수행할 뿐이다.

반면에, 베트남의 광고법규(Ordinance Advertising)는 9가지 형식과 수단에 의해서만 광고를 할 수 있도록 제한하고 있다. 즉, 모든 형태의 광고를 하려면 정부의 허가(licensing)를 요구함으로써, 베트남 정부는 광고산업을 철저히 통제하려 하고 있는 것이다.

하노이에 있는 쩨 광고회사(Tre Advertising Company)의 팜 훙 부(Pham Hung Vu) 이사는 "한 가지 예를 들면, 광고업주가 옥외에 광고판(billboards)을 설치하려면, 그는 문화부, 정보부, 건설부 및 통신부 등으로부터 허가를 받아야 한다."고 말했다.

4. 베트남 광고 산업의 전망[17)]

베트남 정부도 광고규제에 관련된 이러한 비판을 인식하고, 사회적 해악을 유발시키는 것 등과 같은 광고규제가 필수적인 분야를 제외하고는 광고규제법규를 점차적으로 완화해 나갈 것으로 보인다. 그렇게 되면 (열악한 자금 부족 때문에) 막대한 광고비가 소요되는 대중매체를 이용한 광고를 못하고 다른 광고 수단에 주로 의존했던 베트남 국내 광고회사들은 경쟁력이 상당히 회복될 것으로 전망된다.

또 시장조사 전문기관 AC Vielsen Vietnam에 따르면, 베트남의 인터넷 사용인구가 빠르게 증가하고 있기 때문에(예 : 현재 하노이와 호찌밍시 거주 인구의 30% 가량이 인터넷을 사용하고 있음), 앞으로는 인터넷 광고시장이 크게 증가할 것으로 보인다. 현재 온라인(online) 광고시장은 연평균 1% 정도씩 성장하고 있는데, 향후 5년 동안은 매년 5~6%씩 성장할 것으로 예상된다.

현장정보

■ 베트남 음란광고 게재 신문사에 벌금 vs 섹스관련 인터넷 웹사이트 개설 허용[11)]

국영 베트남통신의 보도에 따르면, 베트남 문화정보부(Ministry of Culture and Information)는 폰섹스(Phone Sex) 등 음란광고를 게재한 '베트남 스포츠'와 '호찌밍 법률신문'에 대해 벌금을 부과하며 단속을 강화하고 나섰다. 베트남 문화정보부는 이들 신문이 베트남의 전통과 정서를 해치는 음란광고를 실었다는 이유로 1,200만 동(약 750달러)과 1,000만 동(약 625달러)의 벌금을 두 신문사에 부과했다.

또 문화정보부는 비슷한 광고를 실은 '스포츠투데이'와 '사커' 지(紙)에 대해서도 벌금을 부과했으며, 아직도 상당수의 언론에 대해 음란광고와 관련된 조사를 하고 있다.

문화정보부의 관계자는 "베트남은 인터넷을 포함한 모든 언론이 국민정서를 해치는 음란광고나 기사를 게재할 수 없도록 엄격히 규정하고 있어 그동안 이러한 사례가 없었으나 최근 개방물결로 인한 전반적인 흥분상태를 이용, 이러한 광고가 나온 것 같다."고 지적했다.

이와 같이 베트남은 지금까지 성(性)에 관한 언론보도나 유사한 웹사이트 개설을 엄격히 금지해왔다. 위에서 소개한 바와 같이 베트남 정부 당국은 섹스 광고를 게재한 신문사들에게 벌금제재를 했으며, 성(性)과 관련된 웹사이트는 폐쇄하기도 했다.

그러한 사회주의 국가인 베트남이 오랜 금기(禁忌)를 깨고 처음으로 섹스관련 인터넷 웹사이트를 선보이도록 했다. 국영 베트남통신에 따르면, 하노이에 소재한 민간단체인 사회개발연구소는 청소년들의 건전한 성문화 개발을 위해 섹스 웹사이트를 개발하기로 했다고 밝혔다.

제4절 유통 산업

1. 유통 산업 현황[19]

베트남 무역부(Ministry of Trade)에 따르면, 베트남 유통시장은 지난 5년 동안 연평균 18%의 고성장률을 유지해 왔으며, 특히 지난 1년 동안은 20.9% 증가한 360억달러를 기록했다. 이러한 추세로라면, 5년 후에는 유통시장 규모가 530억달러에 이르는 초고속 성장을 기록하며 GDP성장률을 크게 상회할 것으로 전망된다(베트남 GDP는 최근 연평균 8.5%의 높은 성장률을 유지하고 있다.).

베트남 소비자들은 과거에는 전통적인 유통형태인 재래시장을 주로 이용했으나, 최근 급속한 경제성장과 소득향상으로 베트남 소비자들의 소비패턴이 서구화, 고급화되는 추세를 보이게 되자, 쇼핑 편의성 및 대량구매에 따른 가격할인에 대한 매력을 갖춘 백화점 · 슈퍼마켓 · 할인전문점 · 하이퍼마켓 등 다양하고 새로운 형태의 유통망(유통매장)이 구축되고 있다.

1995년말 베트남 전역에 2개의 쇼핑센터와 10개의 슈퍼마켓에 불과하던 매장수(賣場數)가 불과 10년 만에 전체 30개 쇼핑몰, 140개 슈퍼마켓으로 확대되고, 앞으로 1년 내에 35개의 쇼핑센터와 20개 이상의 슈퍼마켓이 추가로 완공 · 개점할 예정이다.

2. 베트남에 진출한 해외 대형 유통기업들[20]

현재 베트남에 진출한 해외 대형 유통기업은 2002년 최초로 진출한 독일 Metro Cash & Carry와 프랑스 Bourbon, 말레이시아 Parkson, 일본 Seiyu사가 대표적이며, 중소규모 유통기업으로는 Kieu Plaza, Super Bowl(대만), Saigon Centre(싱가포르), Diamond Plaza(한국), Zen Plaza(일본)가 시장진입에 성공한 상태이다. 또 세계 최대 유통기업인 월마트와 까르푸도 베트남 현지진출을 모색하고 있으며, 한국기업 롯데마트가 진출하는 등 신규 유통기업들이 추가로 대거 진출하고 있다. 또 Metro · Bourborn · Seiyu 등은 점포를 계속해서 추가해 나가며, 유통시장을 선점하기 위해 치열한 경쟁을 벌이고 있다.

■ 베트남에 진출한 유통 기업들

1. 홍콩 데일리펌(Hong Kong Daily Firm)[21]

홍콩 소매 대기업 데일리펌의 자회사 Giant South Asia Vietnam(자이언트 사우스 아시아 베트남)은 베트남에서 이 회사의 첫 슈퍼마켓 '웰컴' 1호점을 호찌밍시에서 개점했다. 이 회사는 다른 외국인 유통회사인 메트로 혹은 빅-C와 같이 자사에서 점포를 건설하는 것이 아니라, 기존의 슈퍼를 매수하는 방식을 채용하고 있다. 즉, 지난해 매수한 슈퍼마켓 체인 '시티 마트'의 사업을 재구축 해, '웰컴'이라고 하는 새로운 슈퍼마켓 체인을 전개하고 있다.

'웰컴'은 국내 제품을 고수준의 서비스로 베트남의 소비자에게 제공하는 것을 목적으로 하고 있기 때문에 취급상품 1만점 중 90%가 베트남제이다. 데일리펌은 향후 500만달러를 투자할 예정으로, 슈퍼마켓 체인의 운영과 함께 베트남 제품의 홍보 및 수출 활동도 전개할 계획이다.

2. 롯데마트[22]

롯데그룹이 국내 유통업체로는 처음으로 베트남에 할인점을 개설하고 300억달러(30조원) 규모에 달하는 현지 유통시장 공략에 나선다. 롯데쇼핑의 할인점 부문인 롯데마트(대표 이철우)는 국내 유통업체로는 처음으로 베트남 정부로부터 지난 3일 '소매업 투자허가'를 취득했다고 밝혔다. 이번 허가로 롯데마트는 베트남에 합작회사를 설립하고, 본격적으로 할인점 등 유통사업을 시작할 수 있는 자격을 취득하게 됐다.

롯데마트는 지난해 베트남에서 대형 마트 사업을 하기 위해 현지 기업인 '밍반 무역 제조사(Minh Van Manufacture Trade Private Enterprise)'와 합작계약을 체결했었다. 이번 허가에 따라 롯데는 자본금 1,500만달러 규모로 롯데가 80%의 지분을 갖는 합작법인 '롯데 베트남 쇼핑(Lotte Vietnam Shopping)'을 설립하고 호찌밍 1호점을 1년 이내에 출점할 예정이다. 또 이철우 롯데마트 대표는 "호찌밍 하노이 등 주요지역을 중심으로 15~20개 점포를 연쇄적으로 개설해 선점 효과를 키울 생각"이라고 말했다.

베트남은 연 7%대 성장하는 유망한 시장이지만 외국 기업에는 선별적으로 허가를 내주고 있어서 월마트 등 대형 유통업체들이 들어오지 못했고 현재 독일의 메트로, 프랑스의 빅-C가 5~6개 점포를 갖고 있을 뿐이라고 롯데마트는 전했다.

롯데마트는 베트남에서 현지 점장 채용, 베트남 상품 우선 판매 등을 통해 현지화를 꾀하고 볼링장, 푸드코트 등 편의시설이 포함된 할인점을 운영해 유통 선진화를 주도하는 한편 베트남 상품을 직접 조달해 판매할 계획이라고 덧붙였다.

---

3. 베트남 국내 유통기업들의 대응[23]

이러한 외국 대형 유통기업들의 진출에 맞서 베트남 국내 유통기업들도 투자를 확대하며 새로운 점포를 확장해 가고 있다. 몇 가지 예를 들면 다음과 같다.

Vietnam Garments & Textiles사는 현재 11개 슈퍼마켓, 6개 미니마트, 19개 패션점포를 운영 중에 있으며, 향후 5년 이내에 베트남 전역에 100여개 이상의 신규점포를 확대할 계획으로 있다.

Trung Nguyen coffee사는 G7이라는 미니마트(Convenience Store) 500개사를 설립했으며, 2015년까지 100개 물류센터와 10,000개의 미니마트를 베트남 전역으로 확대할 예정이다. 또 Hapro (Hanoi Trade Corp)사는 향후 5년 이내에 4개 물류센터와 25개 도매센터, 100개 슈퍼마켓, 220개 미니마트, 50개 이상의 레스토랑 체인을 설립할 예정이다.

4. WTO 가입과 베트남 정부 정책[24)]

베트남 정부는 2007년 1월 WTO 회원자격을 획득하면서 유통업 시장개방 일정(日程)을 약속한 바 있다. 이러한 유통시장 개방일정에서는 유통업을 도매서비스업, 소매서비스업, 커미션 에이전트업, 프랜차이즈 서비스업으로 구분하고 있으며, 분야별로 외국투자기업 설립조건과 취급 금지 품목과 해제 시기를 명시하고 있다.

그 주요 내용을 보면 다음과 같다.

① WTO 가입 직후에는 외국인 자본은 49% 이내에서 베트남 기업과 합작회사를 설립하는 것이 허용된다.

② 가입 1년 후부터는 외국인 자본비율 제한은 51%로 허용된다.

③ 가입 3년 후부터는 100% 외국인 투자 단독 회사 설립이 허용된다. 단, 소매서비스업에 있어서 직매점(outlet)의 설립 허가는 개별적으로 심사한 후 결정한다.

④ 프랜차이즈 서비스업은 2010년부터 지점설치(Branching)를 허용한다.

베트남 정부는 위와 같은 개방 일정이 확정됨에 따라 상대적으로 규모와 경영능력이 부족한 베트남 국내 유통기업을 보호하기 위해 향후 5년 동안 유통기업의 대형화 및 점포확대를 지원할 예정이며, 2020년까지 유통산업 선진화 계획을 수립하고 있는 중이다.

5. 향후 전망[25)]

AT Kearney사(컨설팅 회사)는 전세계 185개 국가를 대상으로 인구 · 소득 · 시장 잠재력 · 위험 · 유통침투 지수 등을 기초로 하여 2020년까지 유통시장 성장성이 높은 국가들을 선정했는데, 베트남은 1위 인도(92점), 2위 러시아(89점), 3위 중국(86점)에 이어 74점으로 4위를 차지했다. 즉, 베트남은 장기적으로 매우 유망한 유통시장이 될 것이라는 전망이다.

또 독일계 Metro Cash & Carry 사 는 베트남에서 (백화점 · 슈퍼마켓 · 할인 전문점 · 하이퍼마켓 등과 같은) 새로운 형태의 유통매장이 차지하는 비중이 5년 이후에는 30% 이상이 될 것으로 전망했다.

베트남 프랜차이즈(franchise) 시장은 유통업 중에서도 형성된 지 얼마 안되는 신생(新生) 시장이지만, 베트남 정부가 프랜차이즈사업을 공식적으로 인정하여 이를 상법에 포함했고, 연평균 8% 이상을 기록하고 있는 높은 GDP성장률, 8,800만명에 육박하는 잠재적 소비자들이 있다는 점을 고려하면, 앞으로 이 업종의 발달에 주목할 필요가 있을 것으로 보인다.

제5절 프랜차이즈 산업(Franchise Industry)

1. 베트남 프랜차이즈 시장의 현황[26)]

베트남 프랜차이즈 시장은 형성된지 얼마 되지 않은 신생(新生) 시장이다. 2005년 이전까지는 프랜차이즈 사업에 대한 개념조차 베트남 상법(商法)에는 없었다. 그러나 개정된 상법과 2005년 6월 호찌밍시에 개최된 프랜차이즈 사업 설명회 및 박람회(Franchising Vietnam 2005)가 열리면서 새로운 유망사업 아이템으로 관심 받기 시작했다.

그후, 프랜차이즈 산업은 연평균 30% 이상 급성장을 하고 있는데, 특히 외식문화(外食文化) 산업이 성장을 이끌고 있다. 특히, 베트남 대표 도시인 호찌밍시와 하노이는 가구당 소득이 전국 평균보다 3~5배 이상으로 높아 패스트푸드와 외식산업 발전을 주도하고 있다. 또한 최근 외국인투자가 사상최대 규모인 100억달러를 돌파하며, 베트남경제성장의 원동력이 되고 있음과 동시에 이와 함께 유입된 외국인의 폭발적인 증가에 따른 서구식 식단과 패스트푸드 소비시장이 확대되고 있는 중이다.

현재 베트남 협회에는 70여개의 프랜차이즈가 가입되어 있다. 쌀국수, 커피, 제과 등 외식사업이 주종을 이루고 있다.

2. 베트남 소비시장의 특수성[27)]

최근 AC Nielsen 사(社)가 베트남 소비자들을 대상으로 실시한 '전통 패스트푸드 대(對) 서구식 패스트푸드에 대한 선호도 조사'에 따르면, 베트남 소비자의 88%는 베트남 패스트푸드(Vietnamese fast food)를 선호했고, 12%만이 서구식 패스트푸드(Western fast food)를 선호한 것으로 나타났다.

이러한 현상은 베트남인들의 음식문화가 채식중심의 건강 식단이기 때문에, 칼로리가 높은 기름진 서양식 패스트푸드에 대한 문화적 거부감이 주요인으로 작용한 것으로 분석된다. 또한 도시평균 임금이 월 200달러에 불과한 베트남에서 패스트푸드 평균가격인 4~5달러는 아직까지 일반 소비자에게 큰 가격에 대한 거부감을 형성하고 있는 것으로 보인다.

그러나 선진국에서는 패스트푸드가 저가(低價)의 빠른 식사대용(代用) 음식이라는 정의

(定義)를 내리고 있지만, 베트남에서는 현대식의 고급음식문화로 인지되면서 패스트푸드 점포가 젊은 소비계층에게 색다른 문화체험의 공간과 만남의 장소로 활용되는 추세를 보이고 있다. 현지 경제성장에 따른 현지 소비자 가처분 소득증가와 젊은 직장인 및 특히 여자들의 사회활동이 증가하면서 베트남의 전통 음식문화는 패스트푸드를 앞세운 서구음식 문화에 매우 빠른 속도로 흡수되는 추세이다.

3. 베트남에 진출한 프랜차이즈 기업[28)]

베트남에 상륙한 최초의 외국계 프랜차이즈 업체는 필리핀의 패스트푸드 프랜차이즈 브랜드 졸리비(Jolibee)로 1996년 개점해 햄버거, 치킨, 도너츠 등을 판매하고 있다. 당시 Jolibee의 개점은 베트남 최초의 패스트푸드점의 등장이라는 이유만으로 현지 매스컴의 주목을 받으며 패스트푸드라는 개념을 베트남 소비자들에게 심어주는 계기가 되었다.

그 후 약 10년 동안 Baskin Robbins, 롯데리아, KFC, Carvel, Texax Church 등 미국의 Fast food 체인들과 소수의 유명 프랜차이즈 브랜드들의 진출이 이어졌다. 그중 현재 가장 성업 중인 프랜차이즈 체인점은 KFC와 롯데리아로 KFC의 경우 개업당시 9개이던 체인점이 불과 1년 만에 19개로 2배이상 증가하는 등 연간 약 30%의 매출 신장률을 기록하고 있다.

한국의 롯데리아도 현재 호찌밍시내에 14개 직영점을 운영하고 있는데 햄버거, 치킨, 아이스크림, 음료수를 등을 주로 판매하고 있다. 또 한국의 인삼 전문점 스타코리아(Star Korea)는 주요도시에 12개의 매장을 운영하며 약국에 인삼 상품을 유통시키고 있다. 또 BBQ 치킨도 상당한 인지도를 확보하고 있다.

그 밖에도 Bourbon Group(Bic C, 프랑스), Metro Cash & Carry(독일), Parkson(말레이시아) 등과 같은 종합할인매장도 프랜차이즈 사업형식으로 베트남에 진출하여 성공하고 있다.

4. 프랜차이즈 산업의 전망[29)]

현재 베트남 소매시장부문이 연 30% 증가율, 매출액 200억달러로 베트남 GDP의 상당부분을 차지하고 있고, 프랜차이즈 산업 또한 빠르게 확장되고 있어 이에 따라 매출이 급속도로 증가될 것으로 예상된다.

특히, 상법 개정에 따라 많은 외국 프랜차이즈 회사들이 베트남으로 대거 투자할 것으로 전망되는데, 예컨대 최근 태국의 GCR그룹은 내년 중 Swensen's 아이스크림, 피자 가게를 현지에서 개점할 계획이며 그 외, 싱가폴의 Han's, 미국의 맥도널드, 스타벅스, WalMart 등의 많은 외국 프랜차이즈 업체들이 베트남 시장에 투자할 계획을 발표하고 있다.

그러나 프랜차이즈 사업에서 성공하려면 상당한 준비가 필요하다. 베트남 프랜차이즈 협회 응오 드엉 호앙 타오(Ngo Duong Hoang Thao) 회장은 "WTO 가입 후 상당히 많은 부분이 개방됐지만, 관련 법규를 꼼꼼히 체크한 후 체계적인 준비를 거쳐 프랜차이즈 시장에 진출해야 한다."고 말했다.

프랜차이즈 사업을 하려면 먼저 정부기관에 등록을 해야 한다. 1년이상 직영점을 운영하고 2년 동안 베트남 기업과 합작을 하고 3년의 유예기간을 거쳐야 프랜차이즈 사업이 가능하다. 처음부터 외국인의 단독투자는 허용되지 않는다.

현장정보

■ 베트남 토종 프랜차이즈 기업

1. Pho 24(퍼 24)[30)]

쌀국수 전문점 'Pho 24'는 Nam An Group 계열의 프랜차이즈 업체로서 가장 유명한 브랜드 중의 하나이다. 2003년 호찌밍시에 첫 점포를 개점한 이후, 하노이, 후에, 다낭, 냐짱 등 전국적으로 점포를 확대해 가면서 현재 100여개의 가맹점을 확보하고 있다. 또 인도네시아의 자카르타, 필리핀의 마닐라에 가맹점을 둠으로써 해외까지 확장 운영을 시작하였으며, 그 후 한국과 일본에도 진출하였다.

하루에 1만 8천 그릇이나 판매되는 베트남 쌀국수는 종류만도 수백 가지에 이른다.

2. Trung Nguyen Coffee Company[31)]

Trung Nguyen(쭝 응우옌) Coffee Company는 베트남에 최초로 프랜차이즈를 도입한 업체로서, 현재 베트남 최고의 커피 브랜드로 자리매김하고 있다.

이 회사는 1996년 소규모의 커피전문점으로 출발하였는데, 현재는 베트남 전국에 걸쳐 1천여개 이상의 가맹점을 보유하고 있다.

이 회사는 연간 차(茶) 1천 톤, 원두커피 6만톤 및 커피믹스 3천톤을 생산하고 있는데, 일관된 제조방법으로 동일한 맛을 제공하고 있다.

제 6 절 건강관리 산업 (Health Care Industry)

1. 제약(의약품) 산업 (Pharmaceutical Industry)

(1) 제약 산업 현황[32)]

베트남 제약회사협회(Viet Nam Pharmaceutical Companies Association : VNPCA)에 의하면, 베트남 제약산업은 지난 10년 동안 연평균 14~15%씩 성장하고 있다. 의약품에 대한 1인당 소비액도 매년 10~12%씩 상승하고 있으며, 향후 5년 후에는 1인당 15달러가 될 전망이다. 이것은 베트남의 의약품 시장이 2015년경에는 22억 5천만~ 24억달러에 이르고 2020년경에는 35억달러에 이르리라는 것을 의미한다.

그동안 베트남에서 생산된 의약품 중에는 항생제(antibiotics), 비타민(vitamins), 해독제(detoxification drugs), HIV/AIDS 치료제, 항암제, 심장-혈관병(cardio-vascular disease) 치료제 등이 있다.

그림 16-3에는 호찌밍시(市)에 있는 제약회사에서 의약품 실험을 하고 있는 모습이 나타나 있다.

베트남은 현재 제약원료 중 평균 90%를 수입하고 있고, 전문의약품은 전체 수요를 수입으로 충당하고 있으며, 외국계 회사의 경우에는 의약품 수입이 금지되어 있다. 그러나 베트남이 전문의약품을 자체적으로 생산할 수 있는 기술과 지식을 단기간에 습득하고 베트남 제약 산업을 육성하기 위해서는, 선진적인 외국 제약업체들의 현대적인 기술과 장비 및 인력 그리고 외국 자본이 베트남에 유입될 수 있도록 제도를 개선할 필요가 절실한 상황이다.

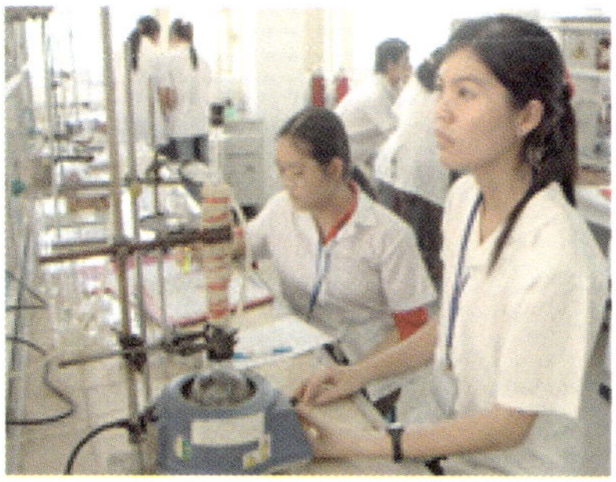

그림 16-4 의약품 실험을 하고 있는 약사[33)]

(2) 베트남 정부의 정책[34)]

최근 응우엔 떤 중(Nguyen Tan Dung) 베트남 총리는 2015년까지 실행계획과 2020년까지의 비전이 포함되어 있는 「베트남 의약품 산업 및 유통시스템 개발계획」을 승인했다.

이 계획의 주요 내용은 의약품 산업을 베트남 핵심산업으로 개발해 자국내 생산능력을 증대시키고 유통체계를 효율적으로 개발함으로써, 좋은 품질의 의약품을 합리적인 가격으로 충분하게 공급할 수 있도록 하는 것이다. 이를 달성하기 위해서 이 계획에는 의약 산업 선진국들의 대(對)배트남 투자를 촉진함과 아울러, 의약 화학 산업, 약초 의약품 생산, 기술 이전, 상표권 강화, 유전 기술 등과 같은 내용이 포함되어 있다.

또한, 이 계획에 다르면, 베트남은 2015년까지 전체 의약품 수요의 90%를 현지 생산으로 충당할 계획이다. 그리고 의약품에 부과되는 관세율도 향후 5년 이내에 종전의 0~10%에서 0~5%로 점진적으로 인하할 계획이다.

한편 베트남 건강부(Ministry of Health)는 의약품의 품질을 강화하기 위한 조치 중의 하나로 2008년 7월 1일부터는 베트남의 모든 제약회사들로 하여금 의약품 제조 및 보관 수준을 세계보건기구(WHO)의 GMP-WHO(World Health Organization's Good Manufacturing Practices : 우수 제조 실무) 및 GSP(Good Storage Practices : 우수 보관 실무) 기준에 맞추도록 했다.

또 GSP 기준을 충족시키지 못하는 의약품 수출업자와 수입업자는 수출입 면허를 취소당하게 된다.

(3) 베트남 제약 산업에 진출한 외국기업[35)]

최근 베트남에 진출한 외국 제약업체에는 암파코(Ampharco)사(社)가 있다. 합작 제약회사인 암파코는 베트남 남부의 동나이(Dong Nai) 성(省) 논짝 산업단지(Nhon Trach Industrial Park)에 약 6,000m^2 면적의 공장을 설립했다. 회사는 이 공장 설립을 위해 약 1,500만달러를 투자했으며, 이 공장에는 청결한 제조 환경과 오염물질 방지를 위해 특수한 공기 조절장치가 설치되어 있다.

이 공장은 WHO(World Health Organisation, 세계보건기구)로부터 GMP(Good Manufacturing Practices) 자격뿐만 아니라 GSP(Good Storage Practice) 및 GLP(Good Laboratory Practice) 가격까지 받았다. 이 공장의 규모나 기술, 검사시스템 등은 미국이나 유럽 제약회사와 동일하며, 이 공장에서 제조된 고급 약품은 국내 소비와 수출에 충당될 것이다.

기업사례

■ 베트남에 진출한 한국 병원들[36)]

국내 중소병원들이 해외 시장 공략에 적극 나서고 있다. 특히 한발 앞선 의료 기술력과 서비스를 앞세워 한류 붐이 한창인 베트남 · 중국 등 동남아시아 진출을 강화하면서, 의료 서비스산업이 새 수출 유망 상품으로 부상하고 있는 상황이다.

베트남에 진출한 한국 병원들을 소개하면 다음과 같다.

1. 베트남 한국안과병원

베트남 한국 병원은 호찌밍시에 소재하고 있으며 부산성모안과병원이 투자한 병원이다. 이 병원은 한국 병원으로서는 최초로 베트남에 설립된 병원인데, 지역주민들을 상대로 무료백내장 수술 및 진료를 하면서 현지인에게 큰 호응을 얻고 있다. 또 한국인 학교에 대해 정기검진과 맹아학교 학생들의 검진 활동을 펼치는 등 베트남에서 성공한 병원으로 알려지고 있다.

부산 성모안과 관계자는 "전문화된 진료시스템의 장점과 한국의 선진의료 기술을 적용하고 있다. 경영 노하우를 토대로 지역 시민들에게 적극 다가가고 있다."고 말했다.

2. 예메디컬센터

예메디컬센터는 치과 병원 예네트워크의 지주회사인 메디파트너(Medi Partner)가 투자하여 호찌밍시에 개원한 미용 클리닉센터이다. 예메디컬센터 베트남 병원은 지난해 중국 상하이에 문을 연 직영 1호점에 이은 2호점이다. 이 회사 이경일 해외사업팀장은 "호찌밍시에 3층 건물을 임대해 리모델링을 끝냈다. 다음 달부터 스파(피부관리) · 내과 · 소아과 · 치과 분야에서 진료를 시작한다."고 말했다. 메디파트너는 현지 투자그룹과 합작으로 호찌밍시에 예코스메틱센터 개설도 추진 중이다.

3. 베트남-광명병원

베트남-광명병원은 하노이에 소재하고 있으며, MGL 투자그룹에서 투자한 병원이다. 이 병원은 지난해 공사에 착수해 향후 50년간 운영되며 사업기간이 종료되면 베트남 측에 소유권과 운영권을 넘겨주기로 되어 있다.

이 병원 관계자는 "이곳에는 최첨단 의료기기 설비에 한국과 베트남의 일류급 의료진을 채용해 부유층과 외교관 등 외국거주민들을 주요 진료대상으로 삼을 방침이다."고 말했다. 그는 또 "인구 1,000만명이 넘는 베트남 호찌밍시는 선진화된 의료기관이 부족한데다 근래 현지에 진출한 교민수가 급증해 한국 의료법인에 대한 수요가 늘고 있다."고 전했다.

4. 한양대병원

한양대학교 류마티스병원은 한국 유나이티드제약과 공동으로 베트남 호찌밍시(市)에 '한양 · 유나이티드 류마티스센터'(HURC)를 설립하고 '세계속의 류마티스 병원'으로 첫걸음을 디뎠다.

HURC는 국내 류마티스질환 치료의 대표기관인 한양대류마티스병원과 한국유나이티드제약이 베트남 호찌밍시에 설립하는 류마티스센터이다. 그동안 높은 수준의 의료기술과 세계 각국과의 협력연구의 경험을 축적해온 한양대류마티스병원은 지금까지 쌓아온 한양대류마티스병원만의 의료기술을 현지 의료진들에게 전수할 예정이며, 현지 난치환자에 대한 국내 치료의 기회 제공, 그리고 현지인들을 위한 의료봉사를 전개해 나갈 예정이다. 이러한 사업내용을 중심으로 하고 있는 센터의 설립과 운영에 관한 업무지원은 한국유나이티드제약에서 담당할 예정이다.

한양대 류마티스병원은 국내에서 처음으로 지난 1989년 류마티스 진료를 시작해 6개 진료과와 10개 특수클리닉의 유기적 협력과 난치성 류마티스질환에 대한 조혈모세포 이식 등 다양한 치료법 연구를 진행하고 있다.

한국 유나이티드제약은 한국에서 출발한 다국적 제약회사로 아세안 지역에 다양하게 진출하고 있으며, 특히 베트남 호찌밍시에 현지 공장을 보유해 직접 제조 및 판매를 하고 있어서, 베트남인들에게 매우 인지도가 높은 기업이다.

---

2. 의료장비 산업 (Medical Equipment Industry)

(1) 의료장비 산업 현황[37)]

World Bank 조사 자료에 의하면, 베트남의 의료부분은 아직 개발 초기 단계에 있으며, 현재 약 1천개의 병원(주립병원 및 개인병원)에 25만개의 침상을 갖추고 있고, 침상 이용률은 1만명당 겨우 14.8개에 불과하다. 이는 다른 아시아 국가들과 비교하더라도 매우 낮은 수준이다. 또 대부분의 병원은 의료장비 면에서도 낙후되어 있는 상황이다.

최근 베트남 정부는 의료부문 현대화를 위해 많은 예산을 시범적으로 책정하고 있는데, 이러한 예산 중 약 20%가 의료장비 개선 및 장비 수입에 사용되었다.

이러한 과정에서 지난 3년 동안 베트남 의료장비 시장규모는 9,600만달러, 1억 5,560만달러, 2억 2,670만달러로 연간 평균 45.8%씩의 성장세를 보이고 있다. 베트남 무역부(Ministry of Trade)에 따르면, 향후 몇 년 동안 베트남 의료장비 수입시장은 연간 50~60%의 성장세를 보일 전망이다.

(2) 베트남 의료장비 수입액과 수입대상국[38)]

베트남 무역정보센터(Vietnam Trade Information Center)의 자료에 의하면, 지난해 베트남의 의료장비 주요 수입대상국 및 수입액은 독일(6,877만달러), 일본(5,906만달러), 싱가폴(2,746만달러), 미국(1,367만달러) 등이며, 그밖에 말레이시아(987만달러), 홍콩(784만달러), 타일랜드(522만달러), 한국(515만달러), 프랑스(359만달러), 이탈리아(345만달러)가 그 뒤를 이었다.

이 자료를 분석해 보면, 상위 4개국(독일 · 일본 · 싱가폴 · 미국)으로부터의 수입액이 베트남 의료장비 수입시장의 85%를 차지하고 있고, 한국은 8위 수준으로서 상위 4개국과의 격차가 큰 편이다.

또 베트남의 의료장비 수입시장 규모는 지속적으로 크게 확장되고 있으나, 베트남에 의료장비를 수출하는 국가 숫자는 전년도 66개국에서 53개국으로 축소되어, 베트남 의료장비 수입시장에 선택과 집중이 진행되고 있는 것으로 보인다.

(3) 베트남의 의료장비 기술[39)]

현재 베트남 전역에는 의료장비(medical equipment) 제조회사가 모두 56개가 있는데, 여기에는 민간기업 27개, 국영기업 10개, 그리고 외국인 투자자와의 합작회사 12개 등이 포함되어 있다.

이들 회사가 제조하는 의료장비는 621개이며, 이러한 장비는 병원 내부, 수술실 및 기타 선진화된 전자 장비 등에 주로 사용된다. 그러나 이들 의료장비 중 5%만이 현대적인 것으로 파악되었다.

그림 16-5 의료장비를 제작하고 있는 기술자[40)]

여기에는 물리치료 기계(physiotherapy machines), 기능 재활기계(functional rehabilitation machines) 및 전기수술도(電氣手術刀, electrical surgery knives) 등이 포함되어 있다. 나아가서, 이들 제품의 품질과 내구성(quality)은 수입품과 비교해 볼 때 상당히 낮은 수준이다.

그림 16-5에는 베트남의 한 의료장비 제조업체에서 의료장비를 제작하고 있는 모습이 나타나 있다.

(4) 베트남 정부 정책[41)]

베트남 건강부(Ministry of Health)는 향후 5년 이내에 '의료장비의 연구개발(Research and Development of Medical Equipment)'이라는 프로젝트를 실행할 예정이다. 이 프로젝트는 의료장비에 대한 베트남 전국 수요량의 60%를 충족시키고, 또 수입 의료장비의 수(數)를 최소화시키는 것을 목표로 하고 있다.

제 7 절 관광산업(Tourism Industry)

1. 관광산업 현황[42)]

베트남은 3,444㎞에 달하는 해안과 때 묻지 않은 아름다운 자연을 보유하고 있어 수많은 관광객들이 찾아들고 있으며, 관광레저타운 개발에 적합한 천혜의 조건을 갖추고 있다. 베트남 관광국(Vietnam National Administration of Tourism; VNAT)에 따르면, 향후 5년 동안 베트남을 방문할 외국인 관광객 수는 연간 550만~600만명에 이를 전망이며, 국내 여행객 수도 연간 2,500만~2,600만명에 이를 전망이다. 이러한 관광객 증가로 인해 관광부문 종사자에 대한 수요가 급격히 늘 것이며, 연평균 9%의 성장세를 통해 앞으로 5년 후에는 관광부문에서 필요한 신규 인력이 140만명에 달할 것으로 보인다.

VNAT는 이러한 인력수요를 충족시키기 위해서는 관광경영(tourism management) 및 관광서비스기술(hospitality skills) 분야에서 매년 19,000여 명을 교육시킬 필요가 있다고 밝혔다.

특히 호텔경영(hotel management)은 매우 중요한 분야인데, 그 이유는 향후 몇 년 안에 호텔의 숫자가 3배로 늘어날 전망이기 때문이다. 호텔경영의 수준을 높이기 위해서는 관련 교육기관들이 교과과정 및 실무를 개선할 필요가 있다. 현재 베트남에는 하노이, 후에, 하이퐁, 붕따우 등 4개 지역에만 관광 관련 교육기관이 있지만, VNAT는 전국에 10개의 관광 관련 교육기관을 추가로 건립할 계획이다.

2. 베트남 관광의 미래 ─ 생태관광(Eco-Tourism)

(1) 서론[43)]

베트남 정부는 관광산업의 미래 모습으로서 생태(生態)관광을 제창하고 있다. 베트남은 높은 산맥에서부터 광범위한 해안선에 이르기까지, 희귀한 식물에서부터 특이한 동물에 이르기까지, 다양한 지리적 · 생태적(geographical and ecological) 특징을 지니고 있다. 이러한 조합으로 인해 베트남은 국내 및 해외 관광객 모두에게 다른 어느 나라 못지않게 생태관광(Eco-Tourism)을 위한 최적 명소(名所)라는 칭호를 받게 되었다.

(2) 생태관광 지역[44)]

생태관광은 베트남 북부에서 남부에 이르기까지 모든 지역에서 발전되고 있다, 북부지역에서는 꾹프엉 국립공원(Cuc Phuong National Park)이 대표적이다. 중부지역에서는 꼰뚬(Kon Tum), 꾸앙빙(Quang Binh)이 다양한 지형, 야생동물과 식물 등으로 평판을 얻고 있다. 남부지역에서는 푸 꾸옥 섬(Phu Quoc Island)이 황홀한 자연경관과 아름다운 모래사장으로 관광객들의 마음을 끌고 있다.

그림 16-6 베트남의 생태관광 : 꾹프엉 국립공원(왼쪽), 푸꾸옥 섬(오른쪽)[45)]

(3) 생태관광 지역의 예[46)]

생태관광 지역으로서 새롭게 각광받고 있는 관광지의 예로서 동나이(Dong Nai)에 있는 남 깥 띠엔 국립공원(Nam Cat Tien National Park)을 들 수 있다. 이곳은 남부베트남에서 가장 큰 국립공원으로서 7만ha가 넘는 면적을 자랑하고 있으며, 여기에는 자바 코뿔소, 샴 악어 및 그밖에 특유한 포유동물, 파충류, 새들이 살고 있다.

(4) 정부 정책[48)]

중앙정부 및 지방정부는 생태관광을 촉진시키기 위해 외국인 투자자들을 유치하려고 세금을 감면해주고, 토지임대료에 대해 동일가격 정책(one-price policy)을 적용하고, 특정 지역에서는 그 밖의 다른 서비스를 제공해 주는 등 많은 유인책(誘因策, incentives)을 부여하고 있다. 예를 들면, 푸 꾸옥 지역에서는 기계장치 및 재료 등에 대한 수입세(import tax)를 완전히 면제해주고, 외국인 투자자들이 토지를 구입하거나 장기간 임대할 수 있도록 허용하고, 또 법인세 및 개인 소득세를 줄여주는 등의 혜택을 부여하고 있다.

3. 베트남 관광산업에 진출한 외국 회사들[49)]

그림 16-7 남 깥 띠엔 국립공원[47)]

미국의 플래티넘 드래곤 엠파이어 그룹은 5억 5,000만달러를 투자하여, 붕따우에 대규모 관광레저타운 조성을 추진하고 있다. 베트남 남부 최대 해안도시인 붕따우에서는 '붕따우 관광사업 프로젝트'가 진행되고 있는데, 이 프로젝트에는 돛 호텔 건설, 수족관 건설, 케이블카 설치 사업 등이 포함되어 있다.

또 일본의 미쓰이 · 미쓰비시 · 림텍그룹은 공동으로 12억달러를 투자하여, 중부 고원지대인 럼동성(省)에 대규모 종합관광단지를 건설할 계획이다.

특히 베트남 정부의 관광산업 진흥정책을 배경으로 품격 높은 고급호텔에 대한 수요가 폭증함에 따라 많은 외국기업들이 호텔사업에 뛰어들고 있다. 그 예로서는 Hyatt Hotel, Sheraton Hotel, Caravelle Hotel, Renaissance Hotel, New World Hotel, Sofitel Hotel, Legend Hotel 등을 들 수 있다.

기업사례

■ 베트남 관광 산업에 진출한 한국 기업들

1. 엠코-베트남, 하이퐁시(市)에 대형 복합리조트 개발[50)]

현대차그룹 계열 건설사 엠코가 베트남, 하이퐁시에 단일 규모로는 최대인 리조트 개발 사업에 진출했다.

엠코는 베트남 현지 개발업체인 미백산업과 공동으로 베트남 하이퐁시 일대 620만m^2에 4차에 걸쳐 3,800억원을 투입하여, 2016년까지 복합리조트를 개발하기로 했다. 이번 리조트 사업은 1단계에서는 27홀 규모 골프장(32만평), 2차 호텔, 빌라, 웨딩파크(42만평), 3차 리조트호텔, 테마파크, 상업시설(67만평), 4차 워터파크, 놀이동산, 상업시설(48만평) 등의 순으로 조성될 예정이다.

하이퐁시는 제1의 항만 · 물류 도시로 지난 2004년 관광특구로 지정되었으며, 하노이, 호찌밍시에 이어 베트남에서 세 번째로 큰 도시이며, 수도 하노이에서 동족으로 70km 거리에 자리잡고 있다.

김창희 엠코 사장은 "리조트 개발과 관련된 주요 인허가와 정부의 투자허가 승인이 완료된 상태이며 특히 하이퐁시의 의지가 돋보여 원활하게 개발이 진행될 것으로 기대된다."고 말했다.

그림 16-8 하이퐁시 위치

2. 비트코(VITCO)-베트남 최초 경마장 개발[51)]

인터넷 네트워크 서비스 회사인 '프로제'와 '월드조인트'가 설립한 특수목적회사 비트코(VITCO)가 베트남 국영기업 '프로트레이드'(Protrade)와 함께 베트남 현지에서 합작기업인 '조인트 벤처'를 설립하고, 베트남 최초의 경마장 리조트를 건설하기 위해 1,300억원을 투자하는 조인식을 가졌다. 이 경마장은 베트남 빙즈엉성 지역 250만m^2 부지(여의도 5배 규모)에 들어서며, 이곳에는 경마장 외에도 고급빌라, 호텔 등이 들어서게 된다.

'조인트벤처'는 경마 베팅 시스템 구축에 있어 95%의 세계 시장 점유율을 보유한 유나이티드 토트사와 호주 경마회사인 탑 코포레이션 등 세계굴지의 회사들과 함께 2012년까지 최대 규모의 경마장을 건설한다는 계획이다.

비트코는 베트남 경마장 리조트에서 내년 초부터 운영되는 장외 베팅시스템을 통해 연간 2000억원의 매출액과 300억~400억원의 순이익을 거둘 수 있을 것으로 기대하고 있다. 경마장 트랙이 개장하는 2012년부터는 1조원 이상의 매출액과 700억원의 순이익을 달성한다는 목표다.

베트남 정부는 그동안 카지노 도박을 금지해왔지만 불법도박이 늘면서 양성화를 추진 중이며, 특히 빙즈엉성 정부는 경마장을 포함해 4천 200만m^2 규모의 산업단지 개발을 추진 중이다.

그림 16-9 VITCO의 베트남 경마장리조트 조감도[52)]

STRATEGIC MANAGEMENT in VIETNAM

제5부 투자 환경

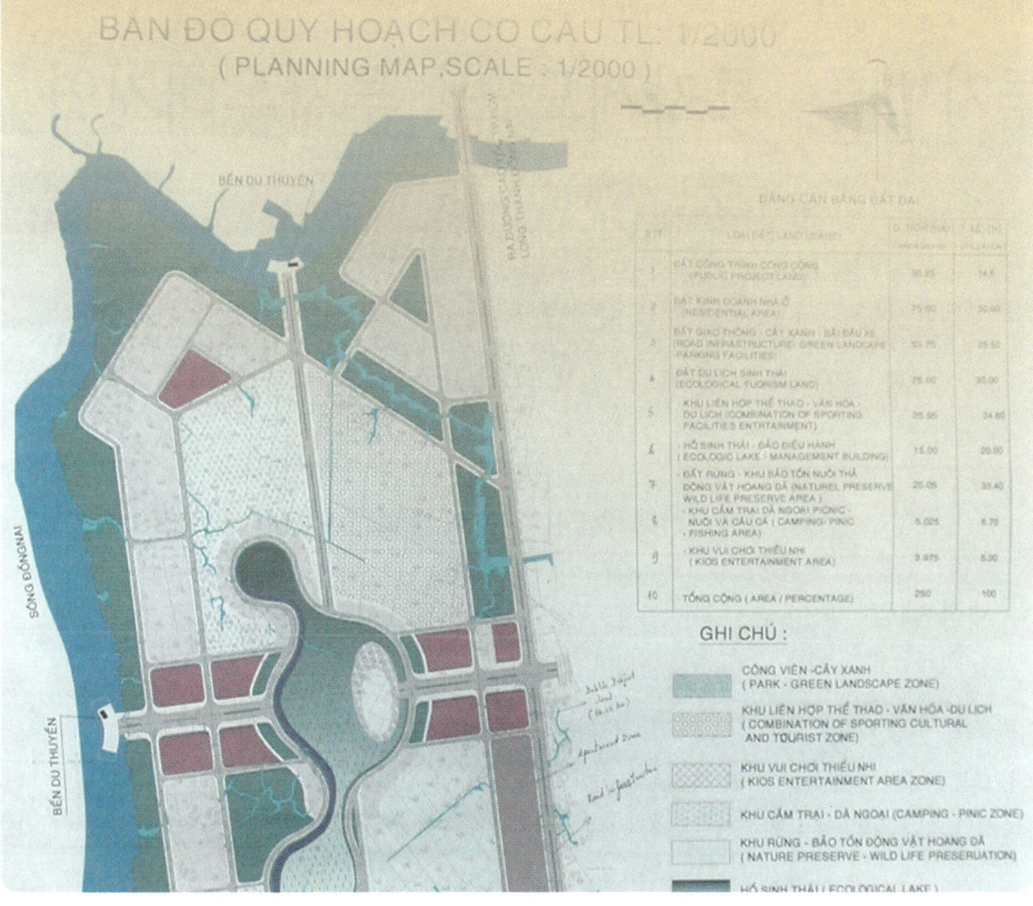

제17장

투자법률, 투자제도 및 투자우대지역

이 장에서는 2006년 7월 1일부터 그 효력이 발생된 베트남 「투자법」(Investment Law)과 2006년 9월 22일 확정된 「투자법 시행령」의 주요 내용을 고찰함으로써 베트남 투자를 위한 기본적인 법적 사항을 검토하고자 한다. 그리고 「투자법」에서 투자우대지역으로 지정하고 있는 지역들 중에 하나인 공업단지, 수출가공단지, 첨단기술단지 등에 대해서도 고찰해 보자.

제1절 서론－「투자법」의 기본 내용

1. 제정 배경[1)]

베트남 「투자법」(Investment Law)은 과거 베트남 정부가 외국인이 투자할 때, 내국 투자자와 별도로 적용하던 「외국인 투자법」의 차별조항을 없애기 위해 마련된 것이다.

과거의 투자법이 내국인에게는 매우 관대한 반면 외국인 투자에 대해서는 각종 규제와 모호한 조항을 적용함으로써 내 · 외국인을 차별하고 있다는 비난을 받아 왔다. 따라서 베트남이

WTO 가입을 위해서는 이러한 내외국인에 대한 차별이 없는 통합 투자법 마련이 필요했던 것이다.

「투자법」은 1996년 베트남 외국인 투자법(1996 Law on Foreign Investment in Vietnam), 2000년 일부 수정 및 보충된 베트남 외국인 투자법(2000Law Amending and Supplementing a number of Articles of the Law on Foreign Investment in Vietnam)과 1998년 국내 투자 촉진법(1998 Domestic Investment Promotion Law)을 대체한다.

2. 내용[2)]

이러한 새로운「투자법」은 총 10장 89조항으로 구성되어 있다.

- 1장 : 총칙(제1~5조)
- 2장 : 투자보장(제6~12조)
- 3장 : 투자자의 권리와 의무(제13~20조)
- 4장 : 투자형식(제21~26조)
- 5장 : 투자분야, 투자지역, 투자우대 및 지원(제27~44조)
- 6장 : 직접투자활동(제45~66조)
- 7장 : 국가자본의 투자 및 경영(제67~73조)
- 8장 : 해외투자(제74~79조)
- 9장 : 투자에 대한 국가관리(제80~87조)
- 10장 : 부칙(제88~89조)

이러한 새로운「투자법」은 큰 테두리만 정한 것으로 보다 구체적인 내용은 「투자법 시행령」에서 언급되고 있다. 「투자법 시행령」은 2006년 9월 22일 확정되어 시행되고 있다.

3. 특징[3)]

새로운 투자법의 특징은 내외국 기업간 차별을 없앴으며 과거 금지되었던 유통업 및 무역업에 대해서도 심사를 거쳐 승인하는 것으로 되어있어, 과거보다 투자업종 면에서 외국기업들에게 시장개방을 보다 많이 보장하는 것으로 평가된다.

이는 과거의 투자법이 구체적 내용의 결여로 시행령이나 공무원의 해석에 의존했던 것을 염두에 둔 것으로, 보다 구체적인 내용을 포함하고 있는 것으로 분석된다.

따라서 2006년 7월 1일 이후로 베트남에 신규 투자하거나 이미 베트남에 투자진출하여 영업활동을 하고 있는 한국기업들은 신규 투자법과 동 시행령을 적용받게 되어, 이에 대한 세밀한 분석과 대응이 필요하다.

아래에서는 「투자법」과 「투자법 시행령」의 내용 중 중요한 것을 발췌 · 소개하고자 한다.

제2절 「투자법」의 상세 내용[4)]

1. 투자법의 적용 대상 및 적용 순위(Application of Investment Law, treaties, foreign laws and international investment practices)

베트남 영토 내에서 투자활동을 진행하는 국내 투자가, 외국 투자자 및 베트남의 해외투자는 「투자법」의 적용을 받는다(투자법 제2조, 제5조 1항).

다른 법에서 규정하고 있는 특수한 투자활동의 경우 해당법의 규정을 적용한다(투자법 제5조 2항).

베트남이 가입한 국제조약에서 투자법과 다른 규정이 있을 때는 해당 국제조약의 규정을 적용한다(투자법 제5조 3항).

베트남 법률에서 규정하지 않는 외국투자활동에 대해서는 베트남 법률의 기본원칙에 반하지 않을 경우 외국법률과 국제투자관습에 의거하여 적용한다(투자법 제5조 4항).

즉, 우선순위는 국제조약 > 특별법 > 투자법의 순서로 적용된다.

2. 투자형식(투자방식 ; Forms of Investment)

「투자법」은 제21조에서 26조에 걸쳐, 또 「투자법 시행령」은 제5조에서 제10조에 걸쳐 투자자가 영위할 수 있는 투자형식을 규정하고 있다.

투자형식은 크게 다음과 같이 5가지 종류로 구분된다.

① 직접투자(투자법 제21조)
② 경제단체 설립투자(투자법 제22조, 투자법 시행령 제6조, 제7조, 제8조)
③ 계약에 따른 투자(투자법 제23조, 투자법 시행령 제9조)
④ 경영개발투자(투자법 제24조)
⑤ 자본출자, 지분매입, 인수합병에 의한 투자(투자법 제25조, 투자법 시행령 제10조)
⑥ 간접투자(투자법 제26조)

아래에서는 이들 규정의 내용을 구체적으로 살펴보자.

(1) 직접투자(Direct investment)

「직접투자형식」은 다음과 같은 형식으로 이루어지는 투자이다 (투자법 제21조).

1) 국내 또는 외국투자자의 100% 자본 출자로 경제단체 설립

2) 국내 및 외국인 투자자 사이의 합작 경제단체 설립

3) BCC, BOT, BTO, BT계약 형식에 따른 투자

① BCC(Business Cooperation Contract, 경영협력계약)는 별도의 법인을 설립하지 않고 이익 혹은 생산물 배분을 위한 경영협력을 목적으로 투자자들 사이에 체결된 투자형식을 말한다(투자법 제3조 16).

② BOT(Build-operate-transfer Contract, 건설 · 운영 · 양도계약)는 베트남 국가기관과 투자자 사이에 체결된 계약으로, 투자자가 특정한 기간내에 사회간접자본을 건설, 경영하고 기간이 만료되면, 이를 무상으로 베트남에 양도하는 투자형식을 말한다(투자법 제3조 17).

③ BTO(Build-transfer-operate Contract, 건설 · 양도 · 운영계약)는 베트남 국가기관과 투자자 사이에 체결된 계약으로, 투자자가 사회간접자본을 건설한 후, 이를 베트남에 양도하면 정부는 투자자가 투자자본 회수 및 이윤의 획득을 보장받을 수 있도록 특정한 시간 동안 그 시설을 운영할 수 있는 권한을 부여하는 투자형식을 말한다(투자법 제3조 18).

④ BT(Build-transfer Contract, 건설 · 양도계약)는 베트남 국가기관과 투자자 사이에 체결된 계약으로, 투자자가 사회간접자본을 건설하고 건설이 완료된 후, 이를 베트남에 양도하면 정부는 투자자가 투자자본 회수 및 이윤의 획득을 보장받을 수 있도록 다른 프로젝트에 참여할 수 있는 조건을 마련하여 주거나, BT계약서상의 합의에 근거하여 투자자에게 비용을 계산하여 주는 투자형식을 말한다(투자법 제3조 19).

4) 경영개발투자

5) 지분의 매입 혹은 자본 출자를 통해 투자활동 관리 참여

6) 기업의 인수, 합병을 위한 투자

7) 기타 형태의 직접적 투자

(2) 경제단체 설립투자(Investment in establishment of economic organizations)

「경제단체 설립투자」형식은 위의 「직접투자」형식 (투자법 제21조)에 규정되어 있는 투자 형식들에 근거하여, 투자자는 다음과 같은 경제단체들을 설립하기 위한 투자를 진행할 수 있다.

1) 기업법에 따라 조직되고 활동하는 기업

2) 금융단체, 보험사, 투자기금, 법 규정에 따라 설립되는 기타 금융단체

3) 의료, 교육, 과학, 문화, 체육 및 기타 수익 활동을 목적으로 하는 서비스 시설

4) 법 규정에 따른 기타 경제 단체들

(3) 계약에 따른 투자(Investment under contracts)

1) 투자자는 이윤, 생산품의 분배를 목적으로 하는 생산협력을 위해 BCC 계약을 체결하거나, 기타 경영협력형식의 계약을 체결할 수 있다. 협력대상 및 내용, 경영기간, 각 측의 권리, 의무, 책임, 각 측의 협력관계, 관리조직에 대해서는 각 측이 협의하여 계약서상에 명기한다. 유전의 탐사, 조사, 개발을 위한 BCC계약 및 일부 천연자원에 대한 생산물 분배 형식의 계약은 본법 및 기타 관련 법규정에 따라 이행된다.

2) 투자자는 관할 국가기관과 BOT, BTO, BT계약을 체결하여 교통, 전력의 생산과 경영, 배수시설, 폐기물 처리시설 및 기타 총리가 정하는 분야들에서 기반시설의 신축, 확장, 현대화 프로젝트 및 기반시설 운영 프로젝트를 실행할 수 있다. 정부는 BOT, BTO, BT계약 형식에 따라 이루어지는 투자분야, 투자프로젝트 진행조건, 절차, 수속, 투자프로젝트 진행방식 및 투자 프로젝트를 진행하는 각 측의 권리, 의무에 대해 규정한다.

(4) 경영개발 투자(Investment in business development)

투자자는 다음 형식들을 통해 경영개발을 위한 투자를 진행할 수 있다.

1) 경영규모의 확대, 생산 및 경영능력 향상

2) 기술혁신, 생산품의 품질 향상, 환경오염 축소

(5) 자본출자, 지분매입, 인수합병에 의한 투자(Capital contribution, share purchase, merger and acquisition)

1) 투자자는 베트남 소재기업 및 지사에 자본을 출자하거나 지분을 매입할 수 있다. 일부 분야, 부문, 업종에 대한 외국 투자자의 자본출자, 지분매입 비율은 정부가 정한다.

2) 투자자는 기업 및 지사를 인수, 합병할 수 있는 권리를 가진다. 기업 및 지사의 인수, 합병에 대한 조건은 투자법, 경쟁에 관한 법 및 기타 관련법의 규정에 따른다.

(6) 간접투자(Indirect investment)

1) 다음의 형식들에 따라 투자자들은 베트남에서 간접투자를 진행할 수 있다.
   ① 지분의 매입, 주식의 매입, 채권 및 기타 각종 유가증권의 매입을 통해
   ② 증권투자 기금을 통해
   ③ 금융중개 전문기관과 전문가를 통해

2) 간접투자는 개인 혹은 단체의 지분, 주식, 채권 및 기타 각종 유가증권의 매매를 통해서 이루어지며, 간접투자 활동 진행수속은 증권법 및 기타 관련법의 규정에 따른다.

현장정보

■ 베트남에 진출한 한국기업들의 투자형식[5)]

KOTRA에서 작성하여 발표한 「베트남 투자기업 경영실태 분석보고서」에 따르면, 베트남에 진출한 한국기업들은 아래 표에서 볼 수 있듯이, 단독투자가 62.21%로 가장 많고, 합작투자가 12.44%, 대표사무소가 16.13%, 지사형태가 5.07%, BCC(경영협력계약) 형태가 4.61% 인 것으로 나타났다.

표 17-1 베트남 진출 투자형식

진출형태	응답업체수	비율
단독투자	135	62.21%
합작투자	27	12.44%
대표사무소	35	16.13%
지사	11	5.07%
BCC	10	4.61%
총 계	217	100%

3. 투자형식별 회사설립개요 (투자법 시행령 제7~10조)

위의「투자법」에서 규정하고 있는 「투자형식」에 따른 회사설립개요는 「투자법 시행령」 제7조에서 제13조에 걸쳐 규정하고 있다.

(1) 투자자의 100% 자본에 의한 경제단체설립(투자법 시행령 제7조)

1) 국내투자자와 외국투자자는 100% 자기자본으로 지분소유투자가 가능하며 투자수행을 위해 기업법과 관련법의 규정에 의거하여 다음 형태로 경제주체를 설립하는 것이 가능하다.

• 유한책임회사(Limited Liability Company)
• 주식회사(Share Holding Company)
• 합작회사(Partnership Company)
• 개인회사(Private Enterprise)
• 기타 투자법이 정하는 다른 형태의 투자형태

2) 베트남에 설립된 기존의 100% 외국투자기업은 외국투자자와 협력하여, 새로운 100% 외국투자기업을 설립할 수 있다.

3) 100% 외국투자기업은 베트남 법률에 따른 법인격이 주어지며, 투자승인 확인서를 발급받은 날로부터 설립되어 활동할 수 있다.

(2) 국내 투자자와 외국투자자에 의한 합작 경제단체 설립(투자법 시행령 제8조)

1) 외국투자자는 국내투자자와 합작하여 기업법과 관련법의 규정에 따라 2명 이상으로 이루어진 유한책임회사, 주식회사, 합작회사 등을 설립할 수 있다.

2) 본 조 1항에 따라 설립된 기업은 국내 · 외 투자자와 합작하여 기업법과 관련법의 규정에 따른 신규 경제단체를 설립할 수 있다.

3) 합작형태에 따른 기업은 베트남법에 따른 법인격이 주어진다. 또한, 투자승인 확인서를 발급받은 날부터 설립된 것으로 간주되어 활동할 수 있다.

경영사례

■ 단독투자 사례 : '방림 네오텍스'[6)]

섬유제품과 면직물 제조업체인 (주)방림은 지난 1992년 당시, 베트남 정부에서 지역경제 균형발전을 위한 정책을 시행하고 있었으므로 법인세 감면 등 여러 혜택을 받을 수 있다는 점을 감안하여 북부의 비엣찌 지역에 베트남 방적회사 공장건물을 임차하여 100% 자기자본으로 단독투자 형태로 '방림 네오텍스'를 설립하였다.

그 후에도 가공공장 등을 추가건설하였으며, 현재 이 회사는 북부지역 최대규모의 외국인 투자 방적회사로 성장하였다. 종업원은 약 1,000여명이고, 연간 매출액은 약 4,400만달러이다.

경영사례

■ Ford-베트남 회사와 합작회사 설립[7)]

'Ford Vietnam'은 베트남에 투자된 외국인 직접투자 규모 중 가장 큰 것 중의 하나이다. 이 회사는 지난 1995년 1억 2백만달러가 투자되어 설립되었는데, 미국의 Ford Motor Company가 지분 75%를 보유하고 베트남의 Song Cong Diesel Vietnam이 25% 보유하는 합작회사로 설립되었다.

공장은 하노이에서 북쪽으로 50km 떨어져 있는 하이즈엉(Hai Duong) 내의 공업단지에 위치하고 있으며 1997년부터 생산을 시작하였다. 그 후 공장을 2차례 대대적으로 확장하였고, 현재 베트남 자동차 산업분야에서 가장 성공하고 있는 회사 중의 하나로서 약 14%의 시장점유율을 확보하고 있다. Vnexpress 신문사는 이 회사의 브랜드가 Toyota사를 능가하는 최고로 잘 팔리는 자동차가 되었다고 보도 했다.

경영사례

■ 합작투자 사례 : '미원 베트남', '포스 리라마'[8)]

한국기업이 베트남기업과 합작 투자한 사례를 몇 가지 제시하면 다음과 같다.

① 식품회사인 '미원 베트남' 지난 1994년 베트남의 비엣찌에서 한국 78% : 베트남 22%의 비율로 합작 투자하여 공장을 설립하였다. 그 후 사업확장과 더불어 지속적으로 설비를 증설하여 대형 공장으로 발전하였고, 생산품목을 조미료와 국물용 복합조미료(1998년) · 튀김가루(2002년) · 칠리소스(2002년) · 빵가루(2003년) · 간장(2004년) 등으로 확대하여, 현재 베트남 최대 종합식품회사로 성장하였다. 연간 매출액은 약 5,000만달러이고, 종업원은 500여명이다.

② 건설업체인 '포스코건설'은 지난 1995년, 동남아 건설시장 진출거점을 확보하기 위해 한국 70% : 베트남 30%(포스코 60%, Lilama 30%, 포스틸 10%)의 비율로 합작법인「포스리라마」를 호찌밍시(市) 인근 동나이성(省)에 설립하였다. 이 회사는 현재 종업원 430여명을 고용하고, 연간 매출액 2,500만달러를 달성하고 있으며, 분야별 전문 엔지니어에 의한 체계적 프로젝트 관리와 철 구조물 제작 외에 건축 · 기계설치 등 영업분야 확대로 베트남 굴지의 건설회사가 되었다.

(3) 경영협력계약(BCC)에 따른 투자형식(투자법 시행령 제9조)

1) 경영협력계약이란 투자와 사업을 진행하기 위해 1인 또는 그 이상의 외국인투자자와 1인 또는 그 이상의 국내투자자(이하 계약 당사자라 함) 간 체결된 계약으로, 법인을 설립하지 않은 계약당사자 간의 권리, 책임과 경영성과에 따른 분배를 규정한다.

2) 생산물의 분배계약 형식에 따른 채광, 석유 및 가스 탐사, 그리고 기타 자원개발 분야에 대한 경영협력계약은 투자법 및 관련법의 규정에 따라 실행된다.

3) 투자와 사업을 진행하기 위해 국내투자자간 체결된 경영협력계약은 경제계약에 관한 법과 관련법의 규정에 따른다.

4) 투자 및 경영과정에서 필요하다고 인정될 경우, 양측은 경영협력계약을 실행하기 위해 조정위원회 설립을 합의할 권리가 있다. 조정위원회의 기능, 임무, 권한은 양측이 합의하여 정하며, 조정위원회는 경영협력계약 계약당사자의 의결기관은 아니다.

5) 외국투자자측은 경영협력계약을 시행하는 동안 자신을 대표할 수 있는 경영사무실을 베트남에 설치할 수 있다. 외국투자자측 경영사무실은 별도의 직인을 갖고, 계좌를 개설하고, 직원을 채용할 수 있으며, 계약을 체결할 수 있고, 투자승인 확인서와 경영협력계약서에 규정된 권리와 의무 범위 내에서 영업활동을 전개할 수 있다.

역사정보

■ BCC 형태로 베트남에 진출한 SK텔레콤[9)]

베트남은 SK텔레콤이 가장 성공리에 사업 진출에 성공한 곳이다. SK텔레콤은 지난 2000년 SK텔레콤 · LG전자 · 동아일렉콤이 공동 설립한 SLD(현 SKTV)와 베트남측 SPT가 현지사업 협력계약인 BCC(경영협력계약)를 체결한 뒤 2003년 7월 S폰(S-Fone) 상용서비스에 들어갔다. 2005년말 SK텔레콤 이사회가 베트남 CDMA사업의 가능성을 엿보고 기지국(Coverage) 확대를 위한 추가투자를 결의한 후 지난해 64개 지방 1차 전국망을 구축하면서 S폰 사업은 확산일로에 들어섰다.

BCC는 베트남 고유의 외자유치를 위한 비즈니스 협력모델로 사업운영은 현지 파트너가 담당하며, 기술과 자본투자(운영자금)의 대부분을 외국자본이 맡는 형태이다. 현재 허치슨, NTT 등이 유무선 통신 분야에서 BCC 형태로 현지 이동통신사업에 간접참여하고 있지만, 투자액면에서 SK텔레콤이 1억 7,800만달러로 가장 크다.

현재 SKTV는 S폰 운영에 필요한 CDMA 원천기술과 마케팅, 운영관리 노하우를 제공하고 있으며 실제사업은 SPT의 일개 부서형태로 진행되고 있다.

그동안 베트남 현지의 서비스망을 늘리고 차별화된 요금제를 도입하는 노력에 힘입어 현재 가입자 수가 280만명을 돌파하는 성과를 올렸다.

(4) 출자, 주식 매입 혹은 기업의 인수 및 합병 등의 형식을 통한투자(투자법 시행령 제10조)

1) 투자자는 기업법과 관련법의 규정에 따라 경영활동을 위해 타(他) 기업에 출자, 주식 매입 또는 기업을 인수합병할 권리가 있다. 또한, 출자, 주식매입, 기업인수 및 합병하는 일에 있어 차별받지 않고 평등하게 대우받을 권리가 있다.

2) 외국투자자는 베트남이 가입한 국제조약이 규정한 투자형식을 위배하거나 매입비율을 초과하지 않는 선에서 자본을 출자하거나 주식을 매입할 수 있다. 또한, 베트남에서 회사나 지사를 인수할 경우, 기업법과 경쟁법의 규정을 준수해야 한다.

현장 경영

■ 기업인수 사례 : 롯데제과, 베트남 상장회사 인수[10)]

'롯데제과'는 최근 호찌밍시(市) 증권거래소에 상장되어 있는 베트남 유명 식품가공업체인 '비엔호아제과 주식회사'(BIBICA · 비비카, 코드명 BBC)의 주식 30%를 한화 160억~170억원선에서 인수하는 계약을 체결했다. 이로써 롯데제과는 외국인 보유비율 상한인 30%를 모두 채워 '비비카'의 최대주주로 올라섬과 동시에 사실상 경영권까지 확보했으며, 베트남에 진출한 「롯데마트」와도 공조해 적극적인 유통전략을 구사할 계획이다.

'비비카'는 지난 1990년 비엔호아 제당공장의 캔디 제조부문으로 설립된 회사인데, 1998년 12월 자본금 250억동(dong)으로 주식회사로 전환되었고, 지난 2001년 12월 호찌밍시 증권거래소에 상장되었다. 주로 비스킷, 쿠키, 캔디 등이 주매출상품인 비비카는 연간 과자류 18톤, 이스트 18톤, 캔디 29.5톤 등을 생산하고 있으며, 베트남 식품가공업계 중 시장점유율 2위를 차지하고 있다.

3. 투자자의 권리 및 의무(Rights and Obligations of Investors)

「투자법」은 제13~20조에 걸쳐 투자자의 권리와 의무를 규정하고 있으며, 「투자법 시행령」은 제13~21조에 걸쳐 투자자의 권리와 의무를 규정하고 있다.

이를 고찰하면 다음과 같다.

(1) 투자 및 경영의 자율권(Right to autonomy in investment and business)(투자법 제13조)

투자자는 다음의 권리를 갖는다.

1) 투자분야, 투자형식, 증자방식, 투자지역, 투자규모, 투자 파트너 및 프로젝트의 운영기간에 대한 선택권

2) 1개 혹은 여러 분야와 직종에 대한 사업자 등록, 법 규정에 다른 기업설립, 등록을 마친 투자 및 경영 활동에 대한 결정권

(2) 투자자원에 대한 접근 및 사용권(Right to access and use investment resources)(투자법 제14조)

투자자는 다음의 권리를 갖는다.

1) 각종 금융, 지원기금에 대한 접근 및 사용, 법 규정에 따른 토지 및 천연자원 사용에 대한 동등한 권리

2) 투자프로젝트 이행을 위한 국내외로부터의 기계, 설비의 임대 혹은 구매

3) 국내인력의 고용, 경영상 혹은 생산에 필요한 외국 관리자, 기술자, 전문가들을 고용할 수 있다. 베트남 사회주의공화국이 참여하고 있는 국제 조약의 규정이 있는 경우는 해당 국제조약의 규정을 적용한다.

(3) 투자활동과 관련한 수출입, 마케팅 및 광고, 가공 및 재가공 권리(Right to import and export, advertisement, marketing, processing and reprocessing related to investment activities)(투자법 제15조)

투자자는 다음의 권리를 갖는다.

1) 투자활동을 위한 장비, 기계, 원료, 자재, 상품에 대한 직접수입 및 위탁수입, 또는 상품의 직접 혹은 위탁수출 및 상품의 판매권한

2) 자신의 상품, 서비스에 대한 광고 및 마케팅 권한, 광고 사업권을 가진 단체와 직접적 광고 계약권한

3) 상품의 가공 및 재가공, 가공 및 재가공에 대한 국내에서의 발주, 무역법 규정에 따른 외국에서의 가공 발주권한

(4) 외국환 매입권(Right to buy foreign currencies)(투자법 제16조)

1) 투자자는 외환관리법상의 규정에 따라 외국환 업무허가를 받은 금융기관에서 외환거래, 자본거래 및 기타 거래를 위해 외국환을 매입할 수 있다.

2) 정부는 에너지, 교통 기반시설, 폐기물처리 분야의 중요한 프로젝트들의 외환균형을 보장하거나 지원한다.

(5) 자본 혹은 투자프로젝트의 양도 또는 조정 권리(Right to assign or adjust investment capital or projects)(투자법 제17조)

1) 투자자는 자본 혹은 투자프로젝트의 양도 또는 조정에 대한 권리를 가진다. 만일 양도로 인해 이익이 발생하면 양도자는 법률에 따라 소득세를 납부하여야 한다.

2) 정부는 자본 및 투자프로젝트의 양도 및 조정에 대한 특정한 조건이 필요한 경우, 그에 관한 조건들을 규정한다.

(6) 토지사용권 및 토지관련 자산에 대한 담보설정(Mortgage of land use rights and assets attached to land)(투자법 제18조)

투자프로젝트를 보유한 투자자나 기업은 투자프로젝트를 이행하기 위한 자본을 차입하기 위하여 법률에 따라 베트남에서 활동이 허가된 금융기관에 토지사용권과 토지관련 자산에 대해 담보로 제공할 수 있다.

(7) 투자자의 기타 권리 (Other rights of investers)(투자법 제19조)

투자자는 다음의 권리를 갖는다.

1) 본 법 및 관련 법률의 규정에 따라 투자 우대혜택을 받을 권리

2) 차별대우 금지원칙에 따른 공공서비스에 대한 접근 및 사용권리

3) 투자관련 정책, 법률 자료, 투자활동 관련 국가경제 자료, 각 경제분야에 대한 자료, 투자활동 관련 기타 정보에 접근할 수 있는 권리, 투자 관련 법률과 정책에 대한 의견을 개진할 수 있는 권리

4) 법의 규정에 따른 투자에 대하여 개인 혹은 조직의 법률 침해행위에 대한 청원, 고소 또는 제소 권리

5) 법 규정에 따른 기타 권리 행사

(8) 투자자의 의무(Obligations of Investors)(투자법 제20조)

1) 투자절차 관련 법 규정 준수, 투자증명서에 규정된 내용 및 투자 등록 내용과 일치하는 투자활동의 이행 투자자는 투자프로젝트 관련 서류, 투자 등록 내용의 성실성, 정확성 및 각종 인증 서류들에 대한 합법성에 대한 책임을 진다.

2) 법이 규정하는 재무적 의무의 충실한 이행

3) 회계, 감사, 통계에 대한 법 규정의 준수

4) 법에 규정된 보험, 노동자에 대한 의무 이행, 노동자의 인품과 명예 존중, 노동자의 합법적인 권리 보장

5) 노동자의 정치사회단체 설립, 참여에 대한 존중 및 여건 조성을 위한 노력
6) 환경보호법의 규정 준수
7) 기타 법률 규정에 따른 의무의 이행

4. 투자 보장

「투자법」 제6~12조는 투자보장에 대해 다음과 같이 규정하고 있다.

(1) 자본과 자산에 대한 보장(Security for capital and assets)(투자법 제6조)

1) 투자자의 합법적인 자산과 투자 자본은 국유화되지 않으며 행정조치로 압류되지 않는다.
2) 국방, 안보, 국가의 이익과 관련된 목적으로 국가가 투자자의 자산을 강제적으로 획득하거나 징발하는 경우, 투자자는 그 시점의 시장가격에 따라 보상받거나 피해를 배상 받는다. 보상 또는 배상 지급은 투자자의 합법적인 이자를 보장하고 투자자간 차별이 없이 이루어져야 한다.
3) 본 조 제2항에서 규정한 바와 같이 외국인투자자에게 지불할 어떠한 보상 또는 배상은 자유롭게 환전할 수 있는 통화로 이루어질 것이며 외국으로 송금할 수 있다.
4) 강제적인 인수와 사용의 절차 및 조건은 법률이 정하는 바에 따른다.

(2) 지적재산권 보호(Protection of intellectual property rights)(투자법 제7조)

국가는 투자활동 기간 중에 지적재산권을 보호한다. 또한 지적재산권에 관한 법률과 관련 법률의 규정에 따라 베트남 내에서의 기술이전에 관한 투자자의 합법적 권리를 보장한다.

(3) 시장개방 및 무역에 관한 투자(Opening markets and trade-related investment)(투자법 제8조)

베트남 사회주의 공화국이 참여하고 있는 국제조약들의 규정에 따르기 위해, 베트남 정부는 외국인 투자자에 대한 다음 규정들의 이행을 보장한다.

1) 국제조약에서 약속한 일정에 따른 투자시장의 개방
2) 투자자들에게 이행을 강제하지 않는 요건들
   ① 베트남 국내상품 또는 서비스에 대한 우선적 구매 또는 사용; 특정 국내 제조회사 또는 서비스 제공회사로부터의 의무적 구매
   ② 상품 또는 서비스 수출에 대한 일정비율 유지, 국내에서 생산, 공급되거나 수출되는 상품의 수량, 가치, 종류 및 서비스에 대한 제한
   ③ 수출상품의 수량 및 가치에 상응하는 수량 및 가치의 상품수입; 수입에 필요한 외환 수요를 맞추기 위한 상품수출을 통한 외환균형 유지

④ 상품생산시 국산화에 대한 일정비율 유지
⑤ 베트남내에서의 연구개발 활동의 일정수준 및 가치달성
⑥ 국내 또는 외국의 특정 장소에서의 상품공급 또는 서비스제공
⑦ 특정 장소에의 본사설립

(4) 자본과 자산 해외송금(Transfer of capital and assets abroad)(투자법 제9조)

1) 외국투자자가 베트남 정부의 재무적 의무를 완전히 이행한 후에는, 다음의 항목들에 대한 해외송금이 가능하다.

① 경영활동에 따른 이윤
② 기술, 서비스, 그리고 지적재산권에 따라 받은 보수
③ 해외차입금에 대한 원금 및 이자
④ 투자자본 및 투자청산 후의 자금
⑤ 투자자가 합법적으로 소유한 기타 현금 및 자산

2) 베트남에서 진행되는 각종 투자프로젝트를 위해 근무하는 외국인들은 베트남 정부에 재무적 의무를 충실히 이행한 후에는 자신의 합법적인 소득을 외국으로 송금할 수 있다.

3) 상기 자금의 송금은 투자자가 선택한 상업은행(시중은행)이 제시한 환율에 따른 국제통용 통화로 이루어진다.

4) 투자활동 관련 자금의 해외송금 절차는 외환관리에 관한 법률에 따른다.

(5) 가격, 수수료 및 요금의 동일 적용(Application of uniform prices, charges and fees)(투자법 제10조)

베트남에서 투자활동을 진행하는 과정에서, 투자자는 국가가 관리하는 상품, 서비스에 대해서 동일한 가격, 수수료 및 요금을 적용 받는다.

(6) 법률 및 정책 변화의 경우 투자 보장(Investment security in case of change in laws or policies)(투자법 제11조)

1) 새로운 법률, 정책에서 규정된 혜택과 인센티브(우대혜택)가 투자자가 기존에 누리고 있던 혜택과 인센티브 보다 더 나은 경우, 투자자는 그 새로운 법률 또는 정책이 발효되는 시점에서부터 새로운 법률, 정책에 따른 혜택 및 인센티브를 적용받는다.

2) 새로운 법률, 정책의 시행으로 인해 기존에 투자자가 누리고 있던 합법적인 혜택에 대한 침해가 새로운 법률 또는 정책의 발효일 보다 먼저 발생한다면, 투자자는 투자증명서 상에 규정된 우대혜택(인센티브)들을 보장받을 수 있거나, 다음의 조치들 중 하나, 일부 또는 전체에 의해 문제점을 해결할 수 있다.

① 혜택 및 인센티브의 계속적 향유
② 과세소득의 손실부분 공제
③ 투자프로젝트 운영목표의 변경
④ 필요한 경우 보상심사 실시

3) 법 규정 및 베트남 사회주의 공화국이 참여하고 있는 국제조약의 이행 약속에 근거하여, 법과 정책 변화로 인해 야기되는 투자자의 이익 침해에 대해 정부는 투자자의 이익 보장을 위한 구체적인 규정을 마련한다.

(7) 분쟁 해결(Settlement of disputes)(투자법 제8조)

1) 베트남에서의 투자활동과 관련된 분쟁은 법의 규정에 따라 협상, 화해, 중재 또는 법원에서 해결한다.

2) 베트남 영토 내에서 이루어지는 투자활동과 관련하여 국내 기업들 간 혹은 국내 기업과 베트남 국가기관 간 분쟁이 발생하였을 경우, 베트남 중재위원회 혹은 베트남 법원에서 이를 해결한다.

3) 분쟁의 한 당사자가 외국 투자자이거나 외국투자자본 기업인 경우, 또는 외국 투자자들 사이에 분쟁이 발생한 경우에는 다음의 법원 혹은 기관에서 분쟁을 해결한다.

① 베트남 법원
② 베트남 중재기관
③ 외국 중재기관
④ 국제 중재기관
⑤ 양측의 합의로 설치된 중재기관

4) 베트남 사회주의 공화국이 참여하고 있는 국제 조약에서 특정한 조항이 있는 경우 혹은 외국 투자자와 베트남 국가기관 대표자 사이에 체결된 계약상 특정한 조항을 명기한 경우를 제외하고, 베트남 영토에서 이루어진 투자 활동과 관련하여, 외국투자자와 베트남 국가기관 사이의 분쟁은 베트남 중재기관 또는 베트남 법원에서 해결한다.

5. 투자분야, 지역, 투자 우대 및 지원(Investment domains, Geographical areas, Preferences and Supports)

투자법은 제27조~제44조, 투자법 시행령은 제22조~제36조에 걸쳐 투자 분야, 지역, 투자 우대 및 지원에 대해 규정하고 있다. 이들 규정을 구체적으로 살펴보면 다음과 같다.

(1) 투자 분야 및 지역(Investment Domains and Geographical Areas)

1) 투자 우대 분야(Domains entitled to investment preferences)(투자법 제27조)

① 신소재, 새로운 에너지의 생산, 첨단기술 상품 생산, 생명공학, 정보통신, 기계제조 분야

② 농림수산물의 재배 및 가공, 제염, 새로운 인공 종(種)의 개발, 새로운 수종(樹種) 및 가축종자의 개발

③ 첨단 및 현대적 기술사용, 환경생태 보호, 첨단기술 연구개발 및 양성분야

④ 노동자 고용효과가 큰 분야

⑤ 대규모 프로젝트, 중요성을 띤 프로젝트, 산업기반시설 건설 및 개발분야

⑥ 교육, 훈련, 의료, 체육, 스포츠 및 민족문화 발전사업 분야

⑦ 전통분야 및 업종의 개발

⑧ 기타 장려가 필요한 생산, 서비스 분야

2) 투자 우대 지역(Geographical areas entitled to investment preferences)(투자법 제28조)

① 경제사회적 여건이 낙후된 지역, 경제사회적 여건이 특별히 낙후된 지역

② 공업단지, 수출가공단지, 첨단기술단지, 경제특구

3) 조건부 투자 분야(Conditional investment domains)(투자법 제29조)

① 조건부 투자분야의 구성

- 국가안보, 국방, 사회질서에 영향을 줄 수 있는 분야
- 금융 및 은행분야
- 공공의 건강에 영향을 줄 수 있는 분야
- 문화, 정보, 신문, 출판분야
- 엔터테인먼트 관련 서비스분야
- 부동산 사업
- 천연자원, 생태환경의 고찰, 조사, 탐사, 개발분야
- 공적교육 개발분야
- 법률에 규정된 일부 기타 분야

② 본 조의 1항에 규정된 분야들 이외에, 베트남이 참여하고 있는 국제조약들에서 이행 약속한 조항에 속한 투자분야들이 외국 투자자들에게는 조건부 투자분야에 추가로 포함된다.

③ 외국 투자자본 기업이 조건부 투자분야에 속하지 않는 분야들에 이미 투자를 진행하였으나 활동과정 중에 이미 투자한 분야가 조건부 투자분야의 목록에 새로이 포함될 경우, 투자자는 그 분야에서 계속 활동할 수 있다.

④ 베트남 투자자들이 51% 이상의 설립자본을 소유하고 있는 기업의 경우, 외국 투자자는 국내 투자자와 같은 투자조건을 적용 받을 수 있다.

⑤ 각 시기별 경제사회 개발 요구에 근거하여, 베트남 사회주의 공화국이 참여하고 있는 각종 국제 조약에서 이행을 약속한 조항들과 부합되도록, 정부는 외국 투자에 대한 조건부 투자분야 목록과 경제단체의 설립, 투자형식 관련 각 조건들 및 일부 분야의 시장개방에 대해 규정한다.

4) 투자 금지 분야(Domains banned from investment)(투자법 제30조)

① 국가의 안보, 국방 및 공익을 현저히 침해하는 프로젝트

② 베트남의 교육, 문화, 도덕, 미풍약속을 현저히 저해하는 프로젝트

③ 국민의 건강을 저해하거나 천연자원의 고갈, 환경의 심각한 파괴를 초래하는 프로젝트

④ 외국으로부터 베트남으로 반입한 유독성 폐기물 프로젝트, 국제 조약에서 금지하고 있는 유독성 화학 물질 혹은 독극물을 생산하는 프로젝트

5) 우대 투자분야 및 지역, 조건부 투자분야에 대한 목록 공포(Promulgation of lists of domains and geographical areas entitled to investment preferences or subject to conditional investment)(투자법 제31조)

① 각 시기별 경제사회 개발 방향 및 계획, 베트남 사회주의 공화국이 참여하고 있는 각종 국제 조약에서 이행을 약속한 규정들에 근거하여, 정부는 투자우대 분야, 투자우대 지역, 조건부 투자분야, 투자금지 분야의 목록을 공포 혹은 개정, 보완한다.

② 각 부(部) 및 부급 기관, 성(省) 인민위원회, 중앙직할시(市) 인민위원회(이하 성급 인민위원회라 칭함)는 법률의 규정을 벗어난 투자 금지 분야, 조건부 투자분야, 투자 우대 분야 관련 규정을 확정, 공포할 수 없다.

(2) 투자 우대(Investment preferences)

1) 투자 우대 대상 및 조건(Subject and conditions of investment preferences)(투자법 제32조)

① 본 법 제27조와 28조에 규정된 투자 우대지역 및 분야에 속한 투자프로젝트를 실행하는 투자자는 본법과 기타 관련법의 규정에 따른 우대혜택을 누릴 수 있다.

② 본 조의 1항에 규정된 투자우대 사항은 새로운 투자프로젝트, 규모확장, 경영 및 생산 능력향상, 기술혁신, 상품품질 향상, 환경오염 축소 관련 투자프로젝트에 대해서도 적용된다.

2) 세금 우대(Tax preferences)(투자법 제33조)

① 본 법의 32조에서 규정한 대상에 속한 투자프로젝트를 진행하는 투자자는 우대세율 적용 혜택을 받으며, 우대세율의 적용기간, 면세기간, 세금감면 기간은 세법의 규정에 따른다.

② 경제단체가 법인세를 충실히 납부하였다면, 투자자는 세법의 규정에 따라 상기 경제단체의 지분매입, 자본출자로부터의 배당된 수익에 대해 우대세율 혜택을 받는다.

③ 투자자가 베트남에서 투자이행을 위해 수입하는 설비, 자재, 운송수단, 기타 상품에 대해서는 수출입세법의 규정에 따라 수입세가 면제된다.

④ 투자 우대 분야에 속한 프로젝트들에서 기술이전 활동으로 인해 발생한 수입은 세법의 규정에 따라 소득세 면세혜택을 받는다.

3) 손실 이월(Carrying forward losses)(투자법 제34조)

투자자는 세관의 세금결산 결과, 적자가 발생할 경우 이를 다음해로 이월할 수 있고, 법인세법의 규정에 따라 법인세에서 이를 공제할 수 있다. 손실의 이월은 5년을 초과하지 못한다.

4) 고정자산의 감가상각(Depreciation of fixed assets)(투자법 제35조)

투자우대 분야 및 지역에 속한 투자프로젝트와 파급 효과가 큰 경영프로젝트는 고정자산에 대해 높은 감가상각률을 적용 받으며, 고정자산 감가상각 제도에 따른 감가상각률 보다 최대 2배의 감가상각률을 적용 받을 수 있다.

5) 토지사용에 대한 우대(Land use preferences)(투자법 제36조)

① 투자프로젝트의 토지사용 기간은 50년을 초과할 수 없으나, 투자된 자본이 큰 반면 자본회수가 늦은 프로젝트, 경제사회적 여건이 낙후되거나 특별히 낙후된 지역에서 실행된 프로젝트에서 보다 장기적인 기간이 요구되는 경우 70년을 초과하지 않는 한도 내에서 토지를 교부, 임대할 수 있다. 토지사용 기간이 만료되었을 때, 투자자가 토지법을 충실히 이행하였고, 계속적인 사용을 원한다면, 관할 국가기관은 확정된 토지사용 개발 계획에 맞추어 토지사용 기간에 대해 연장을 검토한다.

② 투자우대 분야 혹은 투자우대 지역에서 투자를 진행하는 투자자는 토지 임대료, 토지 사용료, 토지 사용세를 세법 및 토지법의 규정에 따라 면제, 감면받을 수 있다.

6) 공업단지, 수출가공단지, 첨단기술단지, 경제특구에 투자하는 투자자에 대한 우대(preferences for investors investing in industrial parks, export processing zones, hi-tech parks or economic zones)(투자법 제37조)

각 시기별 경제사회 발전 상황 및 본법에 규정된 원칙들에 근거하여, 정부는 공업단지, 수출가공단지, 첨단기술단지, 경제특구에 투자하는 투자자에 대한 우대 혜택들을 규정한다.

7) 투자우대 시행 수속(Procedures for application of investment preferences)(투자법 제38조)

① 본 법의 제45조에 규정된 투자등록이 필요한 프로젝트 및 투자등록이 불필요한 프로젝트에 속하는 국내 투자프로젝트에 대해서, 투자자는 자신이 법이 규정하고 있는 투자우대 조건 및 사항들을 검토, 확인하고 관할 국가기관에 투자우대 혜택 신청을 할 수 있다. 투자자가 투자우대 사항에 대한 인증을 요구할 경우, 투자등록 수속을 밟아 투자관리 국가기관이 투자증명서에 우대사항을 명기하도록 한다.

② 본법의 47, 48, 49조에 규정된 투자심사 분야에 속하며, 우대조건을 충족하는 국내 투자프로젝트의 경우 투자관리 국가기관이 우대사항을 투자증명서에 명기한다.

③ 우대조건을 충족하는 외국 투자자본을 가진 프로젝트에 대해서는 투자관리 국가기관이 투자증명서에 투자우대 사항을 명기한다.

8) 우대 혜택 확대 적용의 경우(Preference-expansion circumstances)(투자법 제39조)

특별히 중요한 어느 분야 혹은 특정한 지역, 경제특구의 개발에 대한 장려가 필요한 경우, 정부는 국회에 보고하고 국회는 이를 검토하여, 필요하다고 판단되면 본법에 규정된 투자우대 정책들 이외의 기타 투자우대 혜택들에 대한 결정을 한다.

(3) 투자지원(Investment Supports)

1) 기술이전 지원 (Support for technology transfer)(투자법 제40조)

① 국가는 기술이전에 관한 법 규정에 따라 베트남 내에서 투자프로젝트들을 진행하기 위해 기술을 이전하거나, 기술로 자본을 출자하는 각 측의 합법적 권리와 이익을 보장하며, 이를 위한 원활한 여건을 조성한다.

② 국가는 선진기술 및 원천기술, 신상품의 생산, 상품의 생산성 · 경쟁력 · 품질의 향상과 원료, 연료, 에너지, 천연자원을 효과적으로 사용 · 절감할 수 있는 기술들의 베트남 이전을 장려한다.

2) 교육 지원(Training Support)(투자법 제41조)

① 국가는 국내외 개인과 단체의 자본 출자, 지원으로 이루어지는 인력교육 지원기금의 설립을 장려한다. 기업의 교육경비는 합리적 경비로 계산되고 법인세 산출시 근거로 활용된다.

② 국가는 교육지원 프로그램들을 통해 기업들의 노동자 교육활동의 예산을 지원한다.

3) 투자관련 서비스 장려 및 지원(Support for and encouragement of development of investment services)(투자법 제42조)

국가는 다음과 같은 투자지원 서비스를 공급하는 개인 혹은 단체들을 지원, 장려한다.

① 투자자문, 관리자문

② 지적재산권 자문, 기술이전 자문

③ 직업교육, 기술교육, 관리노하우 교육

④ 투자자가 필요로 하는 시장에 대한 정보, 과학기술 정보, 기타 기술 및 경제, 사회 정보의 공급

⑤ 마케팅, 투자 및 무역 촉진

⑥ 사회단체, 사회 · 직업단체의 설립, 참여

⑦ 중소기업 발전을 지원하기 위한 설계, 실험센터의 설립

4) 공업단지, 수출가공단지, 첨단기술단지, 경제특구의 기반시설에 대한 투자(Investment in systems of infrastructures of industrial parks, export processing zones, hi-tech parks and economic zones)(투자법 제43조)

① 정부에 의해 승인된 공업단지, 수출가공단지, 첨단기술단지, 경제특구 관련 종합개발 계획에 근거하여, 각 부, 각 부급 기관, 성급 인민위원회는 투자계획을 수립하고 관할지역내의 공업단지, 수출가공단지, 첨단기술단지, 경제특구 외부지역에 기술 기반시설과 사회기반 시설망을 건설한다.

② 경제사회적 여건이 낙후된 지역과 경제, 사회가 특별히 어려운 지역은 국가가 일부 자본을 지방에 지원하여, 정부규정에 따라 지방정부가 투자자와 함께 공업단지, 수출가공단지내의 기반시설을 개발할 수 있도록 한다.

③ 국가는 국가예산 및 우대금융에서 출현한 자본으로 첨단기술단지, 경제특구 내의 기술기반 시설과 사회기반 시설망 개발을 지원하는 한편, 첨단기술단지, 경제특구의 기반시설 개발투자를 위해 자본을 유치하기 위한 일부 조치를 강구한다.

5) 입국 및 출국 비자(Entry and exit visas)(투자법 제44조)

베트남에서 상시적으로 투자프로젝트 업무를 담당하는 외국 투자자, 전문가, 기술자와 가족은 출입국을 위한 복수 비자를 발급하며, 이때 비자의 최장 발급기간은 5년이다.

제3절 베트남의 투자우대 지역

1. 서론

베트남 「투자법」 제28조는 2항에서 "공업단지, 수출가공단지, 첨단기술단지, 경제특구"를 투자우대 지역으로 한다고 규정하고 있다. 여기에서는 이들에 대해 구체적으로 살펴보기로 하자.

2. 베트남의 공업단지 목록

베트남의 주요 공업단지(Industrial Parks)의 목록을 제시하면 표 17-1과 같다.

표 17-1 베트남의 공업단지(Industrial Parks, Industrial Zones)의 목록[11)]

이름	지역	허가	개발자	투자	임차	외국인 직접투자 (FDI)	외국인 직접투자 (FDI)	내국인	투자	임차 면적	%	베트남
		년도		금액	면적	프로젝트	합계	프로젝트	합계			근로자
AMATA	Dong Noi	1994	Thailand-VN	US$69M	250	62	565	2	11/A	108.29	43.3	10,466
Nhon Trach I	Dong Noi	1995	Vietnam	VND 290bn	129	54	500	16	888	249.41	11.1	24,202
Nhon Trach II	Dong Noi	1997	Vietnam	VND 428bn	279	29	828	4	518	146.59	52.5	6,041
Nhon Trach III	Dong Noi	1997	Vietnam	VND 552bn	240	29	826	12	575	240	100	1,446
Go Dau	Dong Noi	1995	Vietnam	VND 250bn	137	14	374	5	244	116.34	85.1	1,645
LOTECO	Dong Noi	1996	Japan-VN	US$ 41M	72	45	201	0	0	50.61	70.3	8,875
Bien Hoa II	Dong Noi	1995	Vietnam	VND 277bn	261	97	1,558	21	680	261	100	60,920
Bien Hoa I	Dong Noi	2000	Vietnam	VND 144bn	231	19	181	63	1,976	231	100	27,047
Song May	Dong Noi	1998	Vietnam	VND 166bn	158	30	234	4	329	98.69	62.5	14,445
Ho Nai	Dong Noi	1998	Vietnam	VND 240bn	146	80	251	6	224	93.55	64.1	9,100
My Xuan A	Ba Ria-Vung Tau	2002	Vietnam	VND 114bn	171	10	1,425	10	1,425	93.39	54.6	2,277
My Xuon A2	Ba Ria-Vung Tau	2001	Taiwan-VN	US$21M	145	8	72	0	0	64.33	44.4	768
Dong Xuyen	Ba Ria-Vung Tau	1996	Vietnam	VND 298bn	104	11	30	15	174	45.56	43.8	1,915
My Xuon BI	Ba Ria-Vung Tau	1998	Vietnam	VND 287bn	154	1	3	4	77	20.39	13.2	209
Phu My I	Ba Ria-Vung Tau	1998	Vietnam	VND 1070bn	651	11	1,119	20		386.46	59.4	3,375
Cai Mep	Ba Ria-Vung Tau	2002	Vietnam	VND 850bn	449	2	111	5	1,579	158.2	35.7	451
Viet-Sing	Binh Duong	1996	Sing-VN	US$139M	315	145	954	4	172	254	80.6	31,980

Binh Duong	Binh Duong	1997	Vietnam	VND 17bn	16	8	16	3	20	11.5	82.1	4,715
Song Than I	Binh Duong	1995	Vietnam	VND 207bn	154	74	176	66	276	144.5	93.7	31,456
Song Than II	Binh Duong	1996	Vietnam	VND 387bn	225	71	488	11	204	179.97	80	24,659
Dong An	Binh Ouong	1996	Vietnam	VND 147bn	93	45	96	30	222	89.88	97.1	6,799
Ton Dong Hiep A	Binh Duong	2001	Vietnam	VND 64bn	30	4	8	6	168	28.27	95.6	317
Ton Dong Hiep B	Binh Duong	2002	Vietnam	VND 302bn	115			1	7	46.02	40	
Viet Huong	Binh Duong	1996	Vietnam	VND 99bn	24	44	71	2	24	21.94	91.4	5,501
My Phuoc	Binh Duong	2002	Vietnam	VND 224bn	267	24	188	2	30	162.78	60.9	5,031
Tan Thuan	HCMC	1991	Taiwan-VN	US$96M	196	118	701	2		110	56.4	39,070
LinhTrung I	HCMC	1992	China-VN	US$14 40M		35	244			40.4	100.6	39,550
Linh Trung II	HCMC	1997	China-VN	US$13M	40	41	82	3	6	39.2	97.7	11,036
Binh Chieu	HCMC	1996	Vietnam	VND 56bn	18	16	87	5	40	22.48	126.7	3,934
Tan Tao	HCMC	1996	Vietnam	VND 1388bn	240	41	108	125	3,840	152.91	63.7	10,635
Vinh Loc	.HCMC	1997	Vietnam	VND 385bn	130	48	44	62	2,418	130	100	8,118
Hiep Phuoc	HCMC	1996	Vietnam	VND 430bn	216	3	33	20	2,843	67.4	31.2	10
Tan Binh	HCMC	1997	Vietnam	VND 703bn	146	32	34	81	1,175	59.4	40.6	6,520
Tnn Thoi Hiep	HCMC	1997	Vietnam	VND 279bn	134	12	23	20	590	21.23	15.9	3,742
Le Minh Xuon	HCMC	1997	Vietnam	VND 246bn	65	37	44	117	912	58.2	89.5	4,703
Tay Boc Cu Chi	HCMC	1997	Vietnam	VND 376bn	143	21	140	17	538	72	50.3	3,563
Cat Lai II	HCMC	2003	Vietnam	VND 281bn	75	1	3	12	435	12.2	16.3	100
Trang Bong	Tay Ninh	2003	Vietnam	VND 249bn	134	41	85	8	222	59.15	44.2.	9,410
Da Nang	Da Nang	1994	Malaysia-VN US$13M		45	11	79	14	75	31.8	74	8,020
Lien Chieu	Da Nang	1998	Vietnam	VND 176bn	300			24	1,447	132	44.1	1,300
Hoa Khanh	Da Nang	1997	Vietnam	VND 698bn	358	24	156	111	1,026	308	86.1	2,300

Dien Nam-Dien Ngoc	Quong Norn	1996	Vietnam	VND 426bn	251	5	24	32	1,398	102	40.6	6,300
Tinh Phong	Quang Ngai	1997	Vietnam	VND 92bn	106	1	3	26	342	41.76	41.8'	1,200
Quang Phu	Quang Ngai	1998	Vietnam	VND 44bn	73	1	3	42	1,018	47.7	65.5	4,500
Phu Boi	TT-Hue	1998	Vietnam	VND 262bn	118	3	9	16	743	47.65	40.3	2,510
Suoi Dau	Khanh Hoa	1997	Vietnam	VND 99bn	50	13	43	16	125	35.69	72.1	8,000
Phan Thiet	Binh Thuan	1998	Vietnam	VND 125bn	81	6	29	19	304	43.47	53.8	3,400
Hoc Hiep	Phu Yen	1998	Vietnam	VND 68bn	62	13	88	10	338	56.7	91.2	2,277
Phu Tni	Binh Dinh	2003	Vietnam	VND 224bn	249			111	1,414	138.8	55.7	16,600
Le Mon	Thonh Hoo	1998	Vietnam	VND 117bn	64	1	0	21	656	40.68	63.6	2,810
Bac Vhh	Nghe An	1998	Vietnam	VND 79bn	42	1	1	8	253	22.4	53.1	700
Noi Bai	Ha Noi	1994	Malaysia-VN	US$30	66	16	83			21.7	32.8	2,110
Sai Dong B	Ha Noi	1996	Vietnam	VND 120bn	39	18	381	6	106	38.5	100	5,337
Bac Thang Long	Ha Noi	1997	Japan-VN	US$77	145	40	465			97.75	67.4	8,610
Nomura-HP	Hai Phong	1994	Japan-VN	US$137	123	39	217			35.9	29.1	7,910
Tam Phuoc	Dong Noi	2003	Vietnam	VND 186bn	215	30	139	14	297	214.74	100	6,944
Cai Lan	Quang Ninh	1997	Vietnam	VND 133bn	56	3	18	5	88	15.52	27.7	570
Tien Son	Bac Ninh	1998	Vietnam	VND 834bn	219	13	28	45	2,561	132.25	55.3	2,470
Que Vo	Bnc Ninh	2002	Vietnam	VND 531bn	217	6	68	20	1,194	68.58	29	n/a
Due Hoa	Long An	1997	Taiwan-VN	US$9M	50	27	90	10	70	49.78	100	2,028
Thuan Dao-Ben Luc	Long An	2003	tem-VN	US$13M+VND 80bn		2	120			83.6	104.2	4,500

현장정보

■ 호찌밍시(市; Ho Chi Minh City, HCMC) 주위의 공업지역[12)]

호찌밍시(市; 과거에는 '사이곤'이라 불렸음)는 베트남 공업개발의 가장 중심부에 자리 잡고 있다. 베트남에 들어오는 외국인 직접투자(Foreign Direct Investment)의 거의 2/3가 이 도시와 주변도시에 집중되고 있다.

그림 17-1 호찌밍시와 주변지역에 자리잡고 있는 공업단지 지도[13)]

현장정보

■ 아마타(Amata) 공업단지[14)]

아마타 공업단지는 비엔호아(Bien Hoa)시(市)에서 아주 가까운 동응아이(Dong Ngai) 지역에 자리 잡고 있는 대단히 잘 개발되고 또 성공적으로 운영되고 있는 공업단지이다.

그림 17-2 아마타 공업단지에 있는 공장 모습[15)]

■ 미프억(My Phuoc) 공업단지[16]

미프억 공업단지는 호찌밍시에서 북서쪽으로 42km 떨어져 있는 공업단지로서 역시 성공적으로 경영되고 있는 곳이다. 이 공업단지는 베트남 국영기업인 베카멕스(Becamex)가 운영하고 있다.

그림 17-3 Becamex가 운영하는 미프억 공업단지의 내부 도로 모습[17]

그림 17-4 미프억 공업단지 내의 공장[18]

■ 소나데지(Sonadezi) 공업단지[19]

소나데지 공업단지는 국영기업이 운영하는 또 다른 공업단지로서 아마타 공업단지, 미프억 공업단지 못지않게 잘 경영되고 있다.

그림 17-5 소나데지 공업단지의 모습[20]

[공업단지에 입주한 기업들][21)]

베트남의 공업단지에 입주해 있는 몇몇 기업들의 모습을 제시하면 다음과 같다.

그림 17-6 노이바이(Noi Bai Industrial Park) 공업단지 로지템(Logitem)공장

그림 17-7 노이바이 공업단지의 ZAMIL 철강공장

그림 17-8 탕롱(Thang Long) 공업단지의 캐논(Canon)공장

그림 17-9 빙쑤엔(Binh Xuyen Industrial Park) 공업단지의 토요타(Toyota)공장

■ 주요 공업단지의 홈페이지[22)]

베트남의 중요한 몇몇 공업단지의 홈페이지를 제시하면 다음과 같다.

Saigon High Tech Park (www.shtpvn.org)
Amata Corporation (www.amata.com)
Vietnam Singapore Industrial Park (www.vsip.com.vn)
Thang Long Industrial Park (http://www.thanglong-ip.com)
Binh Xuyen Industrial Park (www.bxipark.com)
Hoa Phat Group's Pho Noi A Industrial Park (www.phonoia-com)

■ 베트남의 공업단지 및 수출가공단지 지도[23)]

베트남에 있는 공업단지(Industrial Parks)와 수출가공단지(Export Processing Zones)의 지도를 제시하면 다음과 같다.

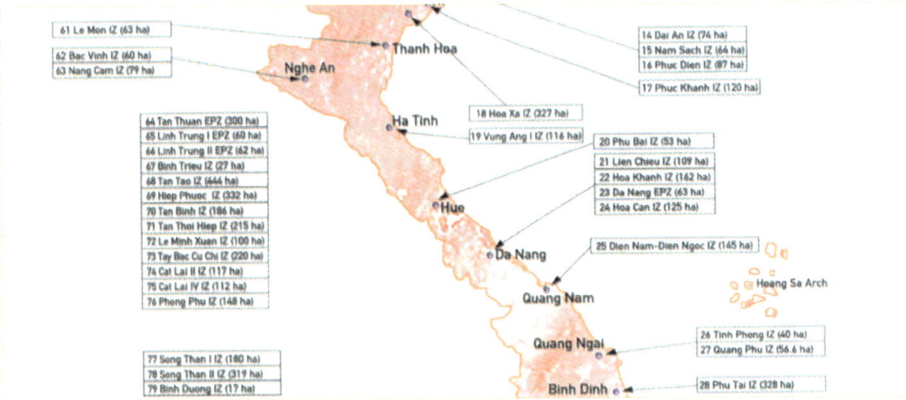

그림 17-10 공업단지와 수출가공단지 지도[24)]

제18장 투자지표 비교

이 장에서는 세계은행(World Bank), 세계경제포럼(World Economic Forum), 일본무역협회(JETRO) 및 Pricewaterhouse Cooper's 등과 같은 여러 전문기관들에서 베트남의 투자환경에 대해 발표한 지표(指標)들을 고찰하고자 한다.

제1절 세계은행(World Bank)이 제시한 베트남 투자환경 지표

1. 사업하기 쉬운 순위(Ease of doing business crank)

세계은행은 전세계 국가들을 대상으로 각 분야에서 기업이 사업하기 쉬운 정도를 평가한 후 이를 서열화시키고 있다. 분야별 종합순위와 그 세부항목별 평가내용은 표 18-1과 표 18-2에 나타나 있다. 이 표에 따르면 베트남은 「사업하기 쉬운 정도」에서 세계에서 (종합순위) 91위를 차지하고 있다.

표 18-1 사업하기 쉬운 순위 : 베트남 종합순위 91위[1)]

사업하기 쉬운 순위	베트남 순위	최우수 국가	최하위 국가
종합순위	91	싱가포르	콩고
사업개시(Starting a business)	97	호주	기니-비사우
인허가 관련(Dealing with licenses)	63	성빈센트와 그레나다	에리트리아
종업원 고용(Employing workers)	84	미국	베네주엘라
재산등록(Registering property)	38	뉴질랜드	티모르-레스트
신용정보 획득(Getting credit)	48	영국	캄보디아
투자자보호(Protecting investors)	165	뉴질랜드	아프가니스탄
세금납부(Paying taxes)	128	말디브	벨라루스
수출과 수입(Trading across borders)	63	싱가포르	카자흐스탄
계약이행의 강요(Enforcing contracts)	40	홍콩, 중국	티모르-레스트
사업폐쇄(Closing a business)	121	일본	중부아프리카

표 18-2 사업하기 쉬운 순위를 평가하는 세부항목별 베트남의 순위[2)]

사업개시(Starting a business)(순위)	97
절차(Procedures)(회수)	11
시간(Time)(일수)	50
비용(Cost)(1인당 국민소득의 %)	20
최소자본(Minimum capital)(1인당 국민소득의 %)	0.0
인허가 관련(Dealing with licenses)(순위)	63
절차(Procedures)(회수)	13
시간(Time)(일수)	194
비용(Cost)(1인당 국민소득의 %)	373.6
종업원 고용(Employing workers)(순위)	84
해고의 어려움 지수(Difficulty of hiring index)(0-100)	0
시간의 엄격성 지수(Rigidity of hours index)(0-100)	40
해고의 어려움 지수(Difficulty of firing index)(0-100)	40
고용의 어려움 지수(Rigidity of employment index)(0-100)	27
비임금 노무비용(Non-wage labor cost)(급여의 %)	17
해고 비용(Firing cost)(급여 주일, week of salary)	87
재산 등록(Registering property)(순위)	38
절차(회수)	4
시간(일수)	67
비용(재산가액의 %)	1.2

신용정보 획득(Getting credit)(순위)	48
법적 권리의 강한 정도 지수(Strength of legal rights index)(0-100)	6
신용정보의 깊이 지수(Depth of credit information index)(0-6)	3
공공기관에서의 정보입수 지수(Public registry coverage)(성인들(adults)의 %)	9.2
개인기관에서의 정보입수 지수(Private bureau coverage)(성인들(adults)의 %)	0.0
투자자 보호(Protecting investors)(순위)	165
거래의 투명성 지수(Extent of disclosure index)(1-10)	6
내부거래자의 책임(Extent of director liability index)(1-10)	0
경영진과 이사들의 불법행위에 대하여 주주들의 소송 용이성(Ease of shareholder suits index)(1-10)	2
투자자보호 지수(Protecting investors index)(1-10)	27
세금납부(Paying taxes)(순위)	128
납부(Payments)(1년간 납부하는 회수)	32
시간(Time)(1년당 시간)	1,050
총세율(Total tax rate)(이익의 %)	41.1
수출과 수입(Trading across borders)(순위)	63
수출하는데 필요한 서류(Documents to exports)(매수)	6
수출하는데 드는 시간(Time to export)(일수)	24
수출비용(Cost to export)(컨테이너 당 US$)	669
수입하는데 필요한 서류(Documents to import)(매수)	8
수입하는데 드는 시간(Time to import)(일수)	23
수입비용(Cost to import)(컨테이너 당 US$)	881
계약 이행의 강요(Enforcing contracts)(순위)	40
절차(Procedures)(회수)	34
시간(Time)(일수)	295
비용(Cost)(청구(claim)의 %)	31.0
사업 폐쇄(Closing a business)(순위)	121
시간(Time)(연도수)	5.0
비용(Cost)(재산의 %)	15
회수율(Recovery rate (달러당 센트) Cents on the dollar)	18.0

■ 베트남에 투자한 한국기업들의 투자허가 소요기간[3)]

KOTRA는 베트남에 진출한 한국기업 217개사를 대상으로 조사하여 「베트남 투자기업 경영실태 분석보고서」를 발표했다. 이 보고서에 따르면, 총 응답업체의 62.31%가 2개월 이내에 투자허가를 받은 것으로 나타났다.

표 18-3 베트남 진출 우리기업 투자허가 소요기간 분석

투자허가에 소요된 기간	응답업체수	비중(%)
1주일 이내	6	3.14
2주일 이내	13	6.81
4주일 이내	38	19.90
2개월 이내	62	32.46
2개월 초과	72	37.70
총계	191	100

제2절 세계경제포럼(World Economic Forum)에서 제시한 베트남 투자환경 지표

세계경제포럼은 세계 124개국을 대상으로 정책·규제, 안전, 건강과 위생, 항공운송 기반시설, 지상(地上)운송 기반시설, 환경규제, 역사적 유물과 자연환경의 보호, 여행과 관광, 인적자원 등의 분야 등을 평가하여 순위를 매기고 있다. 베트남이 차지하는 위치뿐만 아니라 이와 비교할 수 있도록 중국, 인도, 한국, 일본, 싱가폴 등이 제시되어 있다.

1. 정책, 규칙 및 규제(Policy, Rules and Regulations) 순위[4)]

	재산권에 대한 순위	비자(Visa)요구 사항에 대한 순위	외국인 소유 제한에 대한 순위	외국인 직접투자를 규제하는 법규에 대한 순위
중국	82	94	87	42
인도	25	106	39	34
일본	15	43	77	82
한국	34	15	95	93
싱가폴	11	15	3	1
베트남	69	94	121	73

2. 인적자원(Human Resource) 순위[5)]

	중등교육 등록에 대한 순위	연구 및 훈련 서비스를 지역에서 이용할 수 있는가에 대한 순위	직원 교육의 정도에 대한 순위	교육시스템의 질에 대한 순위	채용 및 해고 절차에 대한 순위	외국인 노동자 채용의 용이성에 대한 순위
중국	83	46	76	87	50	73
인도	96	28	28	25	100	28
일본	1	1	3	19	70	76
한국	49	29	18	38	66	118
싱가폴	31	17	22	2	2	6
베트남	81	76	71	100	45	63

3. 안전(Safety and Security) 순위[6)]

	범죄와 폭력으로 인한 경영비용	테러에 대한 경영비용
중국	70	104
인도	24	84
일본	12	97
한국	46	63
싱가폴	4	77
베트남	56	61

4. 건강과 위생(Health and Hygiene) 순위[7)]

	깨끗한 물을 마실 수 있는가에 대한 순위	위생적인 환경에 접근할 수 있는가에 대한 순위	의사들의 밀도 (density)
중국	89	94	79
인도	67	104	87
일본	1	1	53
한국	53		58
싱가폴	1	1	63
베트남	83	96	92

5. 항공운송 기반시설(Air transport infrastructure) 순위[8)]

	공항밀도(Airport density)에 대한 순위	항공운송의 질에 대한 순위	국제공항 네트워크에 대한 순위	운항 비행기 수에 대한 순위
중국	121	89	89	12
인도	121	46	34	14
일본	110	8	11	15
한국	84	32	37	33
싱가폴	101	1	2	22
베트남	123	82	76	45

6. 지상운송 기반시설(Ground transport infrastructure) 순위[9)]

	국내운송 네트워크에 대한 순위	철도 기반시설에 대한 순위	도로 기반시설에 대한 순위	항구 기반시설에 대한 순위
중국	64	33	45	55
인도	32	21	66	61
일본	6	2	8	8
한국	27	13	25	27
싱가폴	5	9	1	1
베트남	77	70	91	89

7. 환경규제(Environmental Regulation) 순위[10)]

	지속 가능한 여행 및 관광을 위한 정부정책의 우선성(Prioritization)에 대한 순위	환경규제의 엄격성에 대한 순위
중국	81	97
인도	48	41
일본	55	12
한국	64	40
싱가폴	1	18
베트남	51	108

8. 역사적 유물과 자연 보호 (Protection of the Environment and of Historical and Natural Treasure) 순위[11)]

	이산화탄소 손상에 대한 순위	국가 보호지역에 대한 순위
중국	104	56
인도	102	77
일본	14	62
한국	67	61
싱가폴	61	81
베트남	98	88

9. 여행과 관광 (Travel and Tourism) 순위[12)]

	여행과 관광 사업에 대한 정부정책의 우선성에 대한 순위
중국	49
인도	59
일본	98
한국	88
싱가폴	6
베트남	61

제3절 일본무역협회 (JETRO)가 분석한 베트남의 투자환경

1. 베트남의 투자 환경[13)]

(1) 서론

JETRO는 매년 일본기업들이 주로 활동 중인 타일랜드, 인도네시아, 말레이시아, 필리핀, 베트남, 싱가폴 및 인도 등과 같은 국가에 진출한 일본기업들에 대한 설문조사 방식으로 각 국가의 투자환경을 비교하는 보고서를 작성하여 발표하고 있다.

JETRO의 최근 보고서에 따르면, 중국에 진출한 일본기업에게 베트남이 생산거점 이전의 최적지로 부상하였다. 일반적 투자선호도에서는 타일랜드, 인도네시아, 말레이시아, 필리핀에 이어 5위이나 중국내 생산거점 이전대상으로는 1위를 차지한 것이다. 구체적으로, 진출희망국 조사 결과 타일랜드 (83개사), 인도네시아 (82), 말레이시아 (80), 필리핀 (79), 베트남 (66) 순으로 답변하였다.

(2) 베트남의 투자환경 분석 요약

베트남은 정치 · 사회적 안정도, 낮은 생산비용, 노무관리 및 환율안정성 면에서는 높은 평가를 받았다.

그러나 다음 요인들로 인해 베트남의 투자선호도가 5위로 하락하였다.

① 연구원 및 기술자의 낮은 수준

② 협력기업들이 확보되지 않음 (ASEAN 중 최저 수준)

③ 통관절차 및 지적재산권 보호수준의 낙후성

표 18-3 중국과 비교한 ASEAN 및 인도와 베트남의 투자 환경(100이상이면 우수, 이하면 열악)

비교 지표	중 국	ASEAN 및 인도	베트남
정치 · 사회 안정도	100	148.0	173.8
근로자의 의사소통 능력	100	143.6	120.3
투자관련 규제의 투명성	100	137.6	106.9
세제	100	128.8	107.0
하부구조	100	101.8	25.4
노무관리	100	131.3	148.3
연구원 및 기술자의 수준	100	89.9	79.3
협력 기업의 확보성	100	68.9	14.8
환율의 불안정성	100	96.6	128.1
통관 절차	100	129.9	93.0
IPR(지적재산권) 보호수준	100	123.9	93.1

(3) 중국 대체 투자지역으로서 베트남의 위치

1) 베트남이 투자 선호도 면에서는 ASEAN 중하위권임에도 불구하고 중국을 대신할 투자지역으로서는 가장 인기를 얻고 있다. 이를 구체적으로 보면 다음과 같다.

① 중국을 대신하여 생산거점을 확대할 지역으로서 베트남을 지목한 일본기업이 20.5%인데 비해, 타일랜드를 지목한 기업은 7.4%에 불과하였다.

② 중국내 생산거점을 이전할 대상국가로도 1위를 차지(6.8%)하였고, 말레이시아로 이전하려는 기업은 3.1% 수준에 불과하였다.

2) 중국 진출 일본기업이 대체 투자지역으로 베트남을 선택한 이유로는 다음과 같은 것을 들고 있다.

① 낮은 생산원가 : ASEAN 중 최저 수준

② 최근 베트남의 높은 경제성장 (매년 7% 이상 성장)

2. 베트남의 투자관련 비용[14)]

JETRO는 매년 15개 아시아 국가들의 28개 주요 도시에서 투자와 관련한 비용에 대하여 비교 조사를 실시하고 있다. 구체적으로는 ASEAN, 중국, 인도, 한국 및 일본을 대상으로 임금, 지가(地價), 사무실 임차료, 통신요금, 공공요금, 교통비 및 세금 등을 조사하여 투자관련비용을 국가별로 비교하여 발표한다.

JETRO의 최근 보고서에 따르면, 베트남이 중장기적 관점에서 타일랜드와 함께 낮은 비용으로 인해 아시아 지역에서 최적 생산거점인 것으로 나타났다. 또한 베트남이 중국진출 일본기업에게 생산거점 이전 또는 확대의 최적지로 부상하고 있음을 보여주고 있다.

3. 비용별 분석

(1) 임금

1) 베트남에서 평균임금은 1년전 120달러에서 135달러로 상승하였으나 여타 국가에 비해서는 여전히 낮은 수준이다. 특히 100~300달러 임금군(群)에서도 베트남의 평균임금이 낮은 수준(80~185달러)으로 나타났다.
(JETRO는 임금을 $100이하, $100~$300, $300이상의 3개군으로 구분하며, 특히 $100~$300집단에 일본투자자들이 가장 큰 관심을 보이고 있다.)

2) 하노이에서는 3개 임금군에서 임금이 모두 상승하였으나 중국 심천에 비해 아직 낮은 수준이다.

표 18-4 심천과 하노이 간 평균임금 비교

(단위 : US$)

구 분	심 천	하노이
작업자 (월간 임금 : 일반 산업)	100 ~ 247	80 ~ 163
기술자 (월간 임금 : 중간수준 기술자)	186 ~ 620	201 ~ 385
중간 단계 관리자 (월간 임금 : 부서장 수준)	496 ~ 991	451 ~ 661

3) 베트남 임금의 불안 요인 : 주변 국가와의 임금격차 감소

① 타일랜드에서는 전년도에 비해 임금이 하락하여 양국간 격차가 감소했으며, 호찌밍시 중간관리자 임금은 방콕보다 높다.

② 인도네시아의 노동자 및 중간관리자 임금이 베트남보다 저렴하다.

(2) 사무실 임차료

1) 아시아 전체에서는 14% 상승했으나 베트남에서는 전년 대비 4.5% 상승하였다. 그러나 하노이는 북경, 대련, 칭다오 및 싱가폴에 이어 가장 사무실 임차료가 비싼 지역에 포함되었다. 이는 적절한 사무실 공간의 부족 및 최근 외국기업의 투자 급증이 원인으로 보인다.

(3) 국제통신요금

전년도의 인하노력으로 역내 평균치에는 도달했으나 아직 중국, 인도네시아 등 고비용 국가군에 포함되어 있다. 예를 들면, 일본에 3분 통화하는데 1.65달러(평균 : 1.68달러)가 소요된다.

(4) 전력요금

일정 사용용량(예 : 50만 kWh)을 기준으로 할 경우 베트남의 전력요금은 가장 저렴한 수준이다.

(5) 컨테이너 수송비용

하노이의 경우 ASEAN, 중국, 인도를 통틀어 가장 비싼 수준이다. 호찌밍시는 약간 저렴하나 베트남 전체지역의 수송비는 아시아에서 가장 경쟁력이 취약한 실정이다. 이러한 분석은 해당 지역 국가의 항구를 통해 일본 요코하마까지 40ft 컨테이너를 수송할 때 필요한 비용을 기준으로 조사한 것이다.

(6) 세 금

베트남의 현재 법인세율(28%)은 역내 평균보다는 낮은 수준이나, 개인소득세율(40%)은 중국을 제외하고는 역내 최고수준으로 높다.

3. 결 론

베트남에서의 투자관련 비용은 아시아 국가 중 가장 낮은 수준이다. 그러나 기업이 투자를 결정할 때에는 관련비용과 함께 정부기관 및 협력기업의 품질 또한 중요하다는 점을 인식해야 한다.

경영 사례

■ Asama Yuh Jiun社 : 대만에서 생산비용이 저렴한 베트남으로 공장 이전[15)]

Asama Yuh Jiun사는 지난 1999년 대만(Taiwanese)에 설립된 100% 외국인 소유의 자전거 제조업체이다. 이 회사는 Asama사의 가장 큰 생산공장으로 성장했으며, 이 공장은 생산한 자전거를 자사(自社) 상표로 혹은 주문자상표(buyer's brands)로 일본, EU 및 캐나다 등에 수출하고 있다.

대만과 일본에서 생산비용이 상승하게 되자, Asama는 비용이 보다 저렴한 지역에서 공장을 설립할 필요를 느끼게 되었다. 회사의 펑(Feng) 사장은 인도네시아, 말레이시아, 타일랜드 및 베트남 등과 같은 동남아시아를 현지방문하였다.

결국 그는 베트남을 새로운 생산입지(Production site)로 선정하였는 바, 그 이유는 베트남이 대만의 30년전과 유사하고, 문화가 유사하며, 산업기반시설도 괜찮은 편이고, 또 노동비용이 상대적으로 저렴했기 때문이다.

호찌밍시(市)에 인접해 있는 빙즈엉(Bin Duong)에 생산공장을 설립하기로 한 그의 결정은 지방정부 지도자의 따뜻한 환대와 우대정책 및 각종 지원시책에 근거한 것이었다.

현재 Asama Vietnam은 약 1,000명의 근로자를 고용하고 있으며, 이들 중 일부는 대만과 중국 기술자들이다. 이 회사는 숙련된 작업자들과 유능한 경영진 및 자동화된 시설 등을 통해 베트남에서 매년 100만대 이상의 자전거를 생산하고 있다.

이 공장은 4개의 조립라인, 9개의 본체 용접시설, 자동 페인팅 시설, 3개의 자동화된 바퀴 및 바퀴살 제작시설 등을 보유하고 있다. 이 회사는 베트남에서 가장 큰 자전거 제조업체로 성장하였으며, 많은 부품도 베트남 현지에서 조달하고 있다. 또 대만에 있던 9개의 자전거 부품업체들이 베트남에 공장을 설립하는 것을 적극 지원했다.

제4절 Pricewaterhouse Cooper's에서 분석한 베트남의 투자요소별 경쟁력 지표

경영 및 회계 컨설팅업체인 「프라이스 워터하우스 쿠퍼스」는 아세안 국가들 및 중국과 비교한 베트남의 투자요소별 경쟁력 지표를 발표하였다. 이 회사는 외국인 직접투자(FDI)에 영향을 미치는 요소로서 다음과 같은 11가지 지표를 선정하여 비교하였다.

① 외국인 직접투자 신뢰성 지표(FDI Confidence Index)
② 잠재적 경제 성장력(Potential economic growth)
③ 산업기반시설의 질(Quality of infrastructure)
④ 법률 시스템(개발, 투명성, 불안정성)(Legal system - development, transparency, instability)
⑤ 조세 시스템(개발, 투명성, 불안정성)(Tax system - development, transparency, instability)
⑥ 정치적 및 사회적 안정성(Political & Social Stability)
⑦ 환율통제 및 안정성(Foreign exchange rate control and stability)
⑧ 부품 조달(Procurement of parts)
⑨ 시장접근 가능성(Potential market access)
⑩ 사업의 용이성(사업하기 쉬운 정도)(Ease of doing business)
⑪ 부패에 대한 인식(Corruption perception)

표 18-5 외국인 직접투자(FDI)에 영향을 미치는 경쟁력 평가[16)]

평가 요소	베트남	중국	타일랜드	말레이시아	필리핀
외국인 직접투자 신뢰성	2	4	3	3	2
잠재적 경제 성장력	3	4	2	2	
산업기반시설의 질	1	2	4	4	2
법률 시스템(개발, 투명성, 불안정성)	2	2	4	4	3
조세 시스템(개발, 투명성, 불안정성)	2	2	3	3	2
정치적 및 사회적 안정성	4	3	3	3	2
환율통제 및 안정성	2	3	2	2	2
부품 조달	1	3	3	3	2
시장접근 가능성	2	3	3	3	2
사업의 용이성	1	2	3	3	2
부패에 대한 인식	1	1	2	2	2

서열 : 4:경쟁력 가장 높음, 1:경쟁력 가장 낮음

현장정보

■ 베트남에 진출한 한국기업들의 경영성과[17)]

한국무역협회와 국제무역연구원은 최근 베트남에 진출한 106개 기업을 대상으로 설문조사 형식으로 지난해 경영실적을 조사하여 발표했다.

이 발표에 따르면, 흑자를 기록했다고 응답한 기업이 35.8%, 손익균형을 유지했다고 응답한 기업이 34.0%, 적자를 기록했다고 응답한 기업은 30.2%에 그쳤다.

이러한 비율은 수출입은행의 조사에서 중국진출 기업의 52%가 적자를 보인 것과 비교할 때, 베트남진출 기업의 경영성과가 상대적으로 뛰어난 것으로 평가된다.

또 베트남에 진출한 기업들 중 향후 1년 이내에 "경영성과가 개선될 것"이라고 응답한 비율은 63.2%였으며, "경영성과가 악화될 것"이라고 응답한 비율은 22.6%에 불과 했다.

이와 같이 '경영성과가 개선될 것'으로 보는 이유에 대해서는 ① 제3국 수출확대(38.3%) ② 베트남 현지판매 증가(27.2%) ③ 생산효율의 개선(18.5%) 등을 제시했다.

한편 이들 기업들은 향후 베트남의 경영환경에 대해서도 65.1%가 "더 좋아질 것"이라고 낙관했으며, "더 나빠질 것"이라고 응답한 비율은 13.2%에 불과 했다.

'경영환경이 더 좋아질 것'이라고 보는 이유는 ① 베트남의 세계무역기구(WTO) 가입 ② 미국과의 교역관계 개선 ③ 베트남 정부의 투자환경 개선 ④ 베트남 내수시장의 확대 등을 들었다.

베트남 진출기업의 업체당 평균 투자액은 450만달러, 평균 고용인원은 552명으로 각각 조사됐으며 투자액 100만달러 당 고용유발 인원은 123.8명으로 나타났다. 베트남 현지 한국기업전용공단 설립 문제에 대해 "빠른 시일 내에 필요하다."는 응답이 25.5%, "중장기적으로 필요하다."는 응답이 57.5%로 나타났으며 불필요하다는 응답은 17%에 불과했다.

제6부 기업경영 제도

제19장

회사설립, 기업종류 및 경영구조

이 이 장에서는 베트남 신(新)기업법을 중심으로 베트남에서의 회사설립 및 관련된 기업종류와 그 경영구조에 대하여 고찰하기로 한다.

제1절 서 론[1)]

1. 신(新)통합 「기업법」 제정

베트남정부가 자국기업과 외국기업간의 차별을 없앤 새로운 「기업법」을 제정하여 국회의 승인(2005년 11월 29일)을 얻음으로써, 2006년 7월 1일부터 새로운 기업법이 효력을 발휘하게 되었다. 따라서 2006년 7월 1일부터는 베트남에 새로 투자하는 한국기업은 물론 이미 투자 진출해 있는 기업들도 이 법의 적용을 받게 된다.

특히 외국 투자기업의 경우, 종래에는 외국투자기업법의 적용을 받아왔으나, 이제는 베트남 내국기업과 같이 마찬가지로 통합된 「기업법」하에서 기업을 운영할 수 있게 되었다. 이러한 새로운 「기업법」은 베트남기업에게는 종전보다 규세가 약간 강화된 반면, 외국투자기업에게는 규제가 종전에 비해 조금 완화되었다는 평가를 받고 있다.

2. 종전 기업법과 신규 기업법의 비교

과거에 시행되던 기업법과 2006년 7월 1일부터 시행된 「기업법」의 차이를 요약하면 다음과 같다.

(1) **회사설립형태** : 과거법에서는 합작투자, 유한회사, 합자회사 및 개인회사 등 4개의 분야로만 명시됐으나, 새로운 법에서는 종전 4개 분야외에 '그룹'을 추가로 명시했다.

(2) **적용대상** : 과거법은 베트남 국내기업에만 기업법을 적용했으나, 새로운 법에서는 국내외 기업 및 기업의 특성과 관계없이 모든 기업에 적용되도록 했다.

(3) **영업활동** : 과거법은 일부 분야에서 국영기업 독점 등으로 영업활동분야가 제한적이었으나, 새로운 법은 영업분야가 확대됐고, 구체적인 규제조항이 없어졌다.

(4) **활동금지분야** : 과거법에서는 구체적인 금지내용이 없었으나, 새로운 법에서는 매우 구체적인 금지사항을 언급하고 있다.

(5) **문서보관규정** : 과거법은 보관규정 자체가 없었으나, 새로운 법은 기업 본사에 보관해야 할 서류종류를 구체적으로 자세히 명시하고 있다.

(6) **설립등록서류** : 과거법은 매우 간단한 서류만 제출토록 했으나, 새로운 법에서는 회사설립주체의 법적 지위를 증명하는 많은 서류를 제출하도록 규정하고 있다.

(7) **영업분야 증명** : 과거법은 회사설립목적 영업분야에 대한 영업실적, 전문성 증명서류 제출을 요구했으나 새로운 법에서는 실적증명서류 제출규정이 없어졌다.

(8) **회사설립 신청 후 승인기간** : 종전 15일에서 10일로 단축되었다.

(9) **회사설립 등기비** : 과거법에서는 영업분야 종류에 관계없이 확정금액을 요구(20만 베트남동 혹은 미화13달러)했으나, 새로운 법은 영업분야의 수 및 지사 수에 따라 비용을 별도로 책정하고 있다.

(10) **최초 외국 투자가에 대한 적용** : 과거법에서는 외국투자가를 위한 별도 법령적용으로 해당사항이 없었으나, 새로운 법에서는 외국 투자가도 회사설립시 새로운 기업법의 적용을 받도록 하고 있다.

(11) **회사설립공고** : 과거법에서는 신문지상을 통해 공고하도록 했으나, 새로운 법에서는 신문 및 전자신문을 통한 공고가 가능하도록 하고 있다.

(12) **본사 영업개시일 공고** : 과거법에서는 별도의 규정이 없었으나, 새로운 법은 회사설립 등록서류 발급후 15일이내에 발급 관공서에 본사 영업개시일 통보를 의무화했다.

(13) **회사 인감등록** : 과거법은 1개 회사에 1개 회사인감만 등록하고 사용하도록 돼 있었으나, 새로운 법은 필요시 2개의 인감을 등록 관공서의 승인을 받아 사용가능하도록 했다.

(14) **지사설립규정** : 과거에는 지사설립 법규가 없어 시행규정으로만 적용했으나, 새로운 법은 법령으로 새로운 지사설립이 가능하다고 명시했다.

(15) **회사명칭** : 과거에는 회사이름에 관한 규정이 없었으나, 새로운 법에서는 회사명칭사용에 대한 규정을 구체적으로 명시하고 있다.

아래에는 베트남에서 회사를 설립하고 경영하려는 투자자가 반드시 알고 있어야 할 이러한 신규 「기업법」의 중요한 내용을 살펴보기로 한다. (다만, 지면관계상 법률조항 전체를 제시하지 않고, 중요하다고 생각되는 조항에 대해서만 소개하였다.)

제 2 절 총 칙[2)]

1. 적용 범위 (제1조)

본 법은 모든 경제구성요소 (이하, 기업이라 함)에 속하는 유한책임회사 (limited liability company), 주식회사 (share-holding company), 합작회사 (partnership) 그리고 개인회사 (sole proprietorship)와 기업집단 (corporate group)에 대해 규정한다.

2. 적용 대상 (제2조)

(1) 모든 경제구성요소에 속하는 기업

(2) 기업의 설립, 관리조직, 활동과 관련 있는 개인 및 조직

3. 기업법, 국제조약, 관련법의 적용(제3조)

(1) 모든 경제구성요소에 속하는 기업의 설립, 관리조직, 활동은 본법 또는 기타 관련법의 규정을 적용한다.

(2) 기업의 설립, 조직, 활동과 관련한 특별한 예외가 다른 법에 규정되어 있을 경우, 해당 법의 규정에 따른다.

(3) 베트남 사회주의 공화국이 가입한 국제조약과 본법의 규정이 서로 다를 경우, 국제조약의 규정을 적용한다.

4. 기업과 기업 소유주에 대한 국가의 보장(state guaranty) (제5조)

(1) 국가는 본법에 규정된 종류의 기업이 장기간 존재하고 발전하는 것을 인정하며, 각 기업의 법률상 평등을 보장하고, 소유형식에 대해 구분하지 않으며, 경영활동의 합법적 이익을 인정한다.

(2) 국가는 기업과 기업소유주의 재산소유권, 투자자본, 수입을 비롯한 기업의 법적 권리와 이익을 인정하고, 보호한다.

(3) 기업과 기업소유주의 합법적 재산 및 투자자본금은 행정상의 조치로 인해 국유화되거나 몰수되지 않는다.

5. 기업의 정치조직 및 정치·사회 조직(제6조)

(1) 기업의 정치조직 및 정치·사회조직은 헌법, 법률 및 법률규정에 부합하는 조직 정관에 따라 활동한다.

(2) 기업은 근로자가 본조 1항에서 규정한 조직을 설립하고, 활동에 참가하는 것을 존중하며, 적합한 환경을 조성할 의무가 있다.

6. 기업의 권리(제8조)

(1) 사업운영, 경영분야, 지역, 형식 및 투자형식, 경영분야 및 규모확장 등에 대한 자율권, 공익제품 및 서비스의 생산·공급 활동에 참가하는 기업은 국가장려, 우대혜택 및 편리한 조건 등을 누릴 권리가 있다.

(2) 자본동원, 분배, 사용방식 및 형식을 선택할 권리

(3) 능동적으로 시장과 고객을 발굴하고 계약을 체결할 권리

(4) 수출입 사업

(5) 기업의 요구에 맞게 근로자를 선발 · 고용할 권리

(6) 경영효과 및 경쟁력의 능동적 향상을 위해 최신 과학기술을 응용할 권리

(7) 경영업무 및 내부관계를 자율적으로 결정할 권리

(8) 기업의 재산을 소유, 사용, 배치할 권리

(9) 법률이 규정하지 않은 자원의 공급요청을 거부할 권리

(10) 관련법률의 규정에 따라 고소 · 제소 · 진정할 권리

(11) 법률규정에 따라 직접 또는 대리인을 통해 소송에 참가할 권리

(12) 그 외 법률규정에 따른 기타 권리

7. 기업의 의무 (제9조)

(1) 사업자등록증에 기재한 분야 및 업종에 따라 경영활동을 시행해야 하고, 조건부 분야에 관한 사업을 시행할 경우 법률규정에 따른 경영조건을 담보할 의무가 있다.

(2) 회계업무를 조직하고, 회계법의 규정에 따라 사실에 근거한 정확한 재무제표를 회계기간에 맞춰 수립하고, 제출할 의무

(3) 세금코드를 등록하고, 세금을 신고 · 납부하며 법의 규정에 따른 기타 재무적 의무를 수행할 의무

(4) 노동법의 규정에 따른 근로자의 권리와 이익을 보장하며, 보험법의 규정에 의거해 근로자의 사회보험, 의료보험 그리고 그 밖의 보험제도를 시행할 의무

(5) 기등록 되거나, 공시된 표준에 맞는 상품과 서비스의 품질을 보장할 의무

(6) 통계법의 규정을 준수한 통계제도를 시행하고, 기업정보와 기업의 재무현황을 규정양식에 따라 해당 국가기관에 성실히 보고할 의무, 보고서 또는 신고된 정보가 부정확하거나, 불완전할 경우, 적시에 수정 · 보완할 의무

(7) 국방, 국가안보, 질서, 사회안전, 자원 및 환경보호, 역사 · 문화 유적보존 등에 관한 법률규정을 준수할 의무

(8) 그 외 법률규정에 따른 기타 의무

8. 기업의 문서보관 제도 (제12조)

(1) 기업은 그 형태에 따라 다음과 같은 문서를 보관해야 한다.

① 회사정관, 회사정관 개정 · 보완본, 회사의 내부관리 규제서, 사원명부 또는 주주명부

② 사업자등록증, 지적재산권 보호인증서, 상품품질등록 확인서, 각종 허가서 및 확인서

③ 회사의 재산 소유권 확인서 및 관련서류

④ 사원총회, 주주총회, 이사회의 회의기록 및 기업의 각종 결의서

⑤ 증권발행을 위한 사업설명서

⑥ 심의위원회의 보고서, 감사기관의 결론서, 독립회계조직의 결론서

⑦ 회계장부, 회계증서, 연간 재무제표

⑧ 법률규정에 따른 기타 자료

(2) 기업은 본조 1항에서 규정한 문서들을 기업의 본사에 보관해야 하며, 보관기간은 법률의 규정에 따른다.

제3절 기업의 설립과 사업자 등록[3)]

1. 기업설립, 출자, 주식매입, 관리권(제13조)

(1) 베트남조직 및 개인, 외국조직 및 개인은 본법의 규정에 의거해 베트남에서 기업을 설립하고 경영할 권리를 가진다. 단, 본조 2항의 경우는 예외로 한다.

(2) 조직 및 개인은 본법의 규정에 따라 주식회사의 주식을 매입하거나, 유한책임회사 또는 합작회사에 출자할 수 있다.

2. 사업자등록 절차(제15조)

(1) 기업 창립자는 본법에서 규정한 모든 사업자등록 서류를 해당 사업자등록기관에 제출해야 하며, 사실에 근거하여 정확하게 사업자등록서류를 작성한다.

(2) 사업자등록기관은 서류접수일로부터 근무일수 10일이내에 사업자등록서류를 검토할 책임이 있다. 사업자등록증 발급이 거절된 경우, 기업창립자에게 그 사유를 서류상으로 통보해야 한다. 통보서에는 반드시 사유 및 수정 · 보완 사항이 구체적으로 기재되어야 한다.

(3) 사업자등록기관은 사업자등록증을 발급할 때 서류의 합법성을 검토하며, 이에 대해 책임을 진다. 또한, 본법에 규정된 서류이외의 추가서류 제출을 요구하지 않는다.

(4) 사업자등록증 발급기한은 구체적인 프로젝트에 따라 결정되며, 이는 투자법의 규정에 따라 시행된다.

3. 베트남에 최초로 투자하는 외국투자자의 사업자등록 신청서류, 절차, 조건 및 내용 (제20조)

베트남에 최초로 투자하는 외국투자자의 사업자등록 신청서류, 절차, 조건 및 내용은 본법과 투자법의 규정에 따라 시행된다. 투자승인 확인서는 동시에 사업자등록증이다.

4. 사업자등록 신청서 내용 (제21조)

(1) 기업의 상호

(2) 기업 본사의 소재지, 전화번호, 팩스번호, 전자메일 주소(있는 경우)

(3) 사업분야 및 업종

(4) 회사의 정관자본금, 개인기업의 경우 기업주의 최초 투자금

(5) 유한책임회사나 합작회사의 경우 각 사원의 출자자본, 주식회사의 경우 창립주주들에 의해 출자된 주식의 수, 발행예정 주식 총수, 종류, 액면가치

(6) 개인기업의 경우 : 기업소유주의 성명 · 서명날인 · 본적 · 국적 · 주민등록번호 · 여권번호 또는 기타 공인된 개인신분증 번호

유한책임회사나 주식회사의 경우 : 기업소유주의 법적대리인 또는 회사소유주의 성명 · 서명날인 · 본적 · 국적 · 주민등록번호 · 여권번호 또는 기타 공인된 개인신분증 번호

합작회사의 경우 : 모든 무한책임사원들의 성명 · 서명날인 · 본적 · 국적 · 주민등록번호 · 여권번호 또는 기타 공인된 개인신분증 번호

5. 회사정관의 내용 (제22조)

(1) 상호, 본사, 지사, 대표사무소 주소

(2) 사업분야 및 업종

(3) 법정자본금, 법정자본금의 증 · 감자 방식

(4) 합작회사의 경우 : 모든 무한책임사원의 성명 · 주소 · 국적 및 기타 기본사항

유한책임회사의 경우 : 사원의 성명 · 주소 · 국적 및 기타 밖의 기본사항

주식회사의 경우 : 창립주주들의 성명 · 주소 · 국적 및 기타 기본사항

(5) 유한책임회사와 합작회사의 경우 : 각 사원의 출자지분과 그 가치

주식회사의 경우 : 창립주주들에 의해 출자된 주식의 수 · 발행예정 주식의 총수 · 종류 · 가치

(6) 유한책임회사와 합작회사의 경우 : 사원의 권리와 의무

주식회사의 경우 : 주주의 권리와 의무

(7) 관리조직 구조

(8) 유한책임회사와 주식회사의 경우, 법적대리인

(9) 회사의 결의안 통과방식, 내부분쟁 해결원칙

(10) 경영자와 감사위원회 위원 또는 감사인의 수당, 급여, 상여금 확정근거 및 방식

(11) 유한책임회사에서 사원이 자신의 출자지분을 요구할 수 있는 경우, 주식회사의 경우 주주가 주식의 환매를 요구할 수 있는 경우

(12) 과세 · 제세 이후 이윤의 분배와 경영상 손실처리에 대한 원칙

(13) 해산의 경우, 해산절차, 회사재산 청산절차

(14) 회사정관의 개정 · 보완 방식

(15) 합작회사의 경우 : 모든 무한책임사원의 성명 및 서명날인

유한책임회사의 경우 : 모든 사원과 기업 소유주 그리고 법적대리인 성명 및 서명날인

주식회사의 경우 : 창립주주 · 기업 소유주 그리고 법적대리인 성명 및 서명날인

(16) 법률에 위배되지 않는 사원과 주주의 기타 합의사항

6. 기업 상호(제31조)

(1) 기업의 상호는 반드시 베트남어로 기재되어야 하며, 숫자 또는 기호가 첨부 될 수 있다. 또한, 발음이 가능해야 하며, 최소 아래와 같은 두 가지 요소를 포함해야 한다.

① 기업의 종류

② 개별 상호

(2) 기업의 상호는 기업의 본사, 지사, 대표사무소명에 기재하거나 표시하며, 각종 거래서, 서류 · 자료 그리고 기타 기업이 발행하는 인쇄물에 인쇄 또는 기재한다.

(3) 본 조와 제32, 33, 34조에 근거하여 사업자등록기관은 기업의 예상 등록상호를 승인 또는 거부할 권리가 있다. 사업자등록기관의 결정은 최종결정으로 간주한다.

7. 기업 상호에 관한 금지사항(제32조)

(1) 이미 등록된 상호와 중복되거나 혼동을 야기할 수 있는 상호

(2) 국가기관, 인민군대 단위, 정치조직, 정치 · 사회조직, 정치 · 사회 · 직업조직, 사회조직, 사회 · 직업 조직의 상호를 기업명의 일부 또는 전체에 사용한 경우, 단, 상기 조직이 승인한 경우는 제외한다.

(3) 베트남 역사, 문화, 도덕, 그리고 민족의 미풍양속을 해치는 용어나 기호를 사용하는 경우

8. 외국어 또는 약자로 기재된 기업 상호(제33조)

(1) 외국어로 기재된 기업상호는 베트남어(語)에서 해당 외국어로 번역된 것을 말한다. 기업상호는 해당 외국어로 번역이 되거나 번역이 되지 않은 그대로를 사용할 수 있다.

(2) 외국어로 된 기업상호는 기업의 시설이나 각종 거래서, 서류 · 자료 그리고 기타 기업이 발행하는 인쇄물에 본래의 베트남어 상호보다 작게 기재하거나 인쇄한다.

(3) 약자로 된 기업상호는 베트남어 또는 외국어로 된 상호를 줄여서 기재할 수 있다.

9. 중복상호 및 혼동을 야기시킬 수 있는 상호(제34조)

(1) 중복상호란 베트남어로 읽혀지고 기재된 등록 예정상호가 이미 등록된 다른 기업의 상호와 완전히 동일함을 의미한다.

(2) 이미 등록한 기업상호와의 혼동을 야기할 수 있는 상호는 다음과 같다.

① 베트남어로 된 상호의 발음이 이미 등록된 타기업 상호와 동일한 경우

② 베트남어로 된 상호가 이미 등록된 타기업 상호와 단지 기호 '&' 만이 다른 경우

③ 약자로 기재된 등록 예정상호가 이미 등록된 타기업 상호와 중복될 경우

④ 외국어로 기재된 등록 예정상호가 이미 등록된 타기업 상호와 중복될 경우

⑤ 등록 예정상호가 이미 등록된 기업의 상호에 숫자, 로마자 숫자, 베트남 알파벳 등만을 첨가한 경우, 단, 등록 예정기업이 이미 상호를 등록한 기업의 자회사인 경우는 제외한다.

⑥ 등록된 타회사 상호가 기존의 상호에 '신(New)'이라는 단어가 첨가되었을 경우

⑦ 등록 예정상호가 이미 등록된 기업상호와 단지 '북부', '중부', '서부', '남부' 또는 이와 유사한 의미를 가진 단어만이 다를 경우, 단, 등록 예정기업이 이미 상호를 등록한 기업의 자회사인 경우는 제외한다.

10. 기업의 본사(제35조)

(1) 기업의 본사란 기업의 연락과 거래가 이루어지는 장소를 의미한다. 본사소재지는 베트남 영토 내에 위치해야 하며, 시, 도, 군, 구, 읍, 면, 동, 거리, 번지수 등이 정확히 표기된 주소와 전화번호, 팩스번호, 전자메일(있을 경우) 등이 포함되어 있어야 한다.

(2) 기업은 사업자등록증 발급일로부터 15일 이내에, 사업자등록기관에 본사의 영업시간(opening time)을 통지해야 한다.

11. 기업의 직인(제36조)

(1) 기업은 개별직인을 보유하며, 직인은 본사에 보관해야 한다. 직인의 형태 및 내용, 제작조건, 사용조건 등은 정부의 규정에 의해 따른다.

(2) 직인은 기업의 재산이며, 기업의 법적대리인은 법률 규정에 따라 직인의 사용 · 관리에 책임을 진다. 필요시, 승인이 있는 경우에 한해, 기업은 2개의 직인을 보유할 수 있다.

12. 기업의 대표사무소, 지사, 사업장(제37조)

(1) 대표사무소란 기업에 속한 단위로써, 기업의 이익과 그 이익을 보호하기 위한 수임 대표자로서의 의무를 가진다. 대표사무소의 조직과 활동은 법률규정에 따른다.

(2) 지사란 기업에 속한 단위로써, 기업의 전체나 일부 기능 또는 부여된 권한에 따라 대표기능까지 수행할 의무가 있다. 지사의 사업분야 및 업종은 기업의 사업분야 및 업종과 부합해야 한다.

(3) 사업장이란 기업의 구체적인 사업 활동장소를 말한다. 사업장은 본사 주소 외에 위치할 수 있다.

(4) 지사, 대표사무소, 사업장명은 기업의 상호를 따르며, 지사, 대표사무소, 사업장임을 나타내는 각각의 부가내용이 첨가되어야 한다.

(5) 기업은 지사, 대표사무소를 국내외에 설치할 권리가 있다. 또한 기업은 한 행정구역에 하나 이상의 대표사무소, 지사를 둘 수 있다. 지사, 대표사무소의 설립절차 및 수속은 정부의 규정에 따른다.

제4절 유한책임회사[4)]

[1] 2인 이상의 사원을 가진 유한책임회사

1. 2인 이상의 사원으로 이루어진 유한책임회사(제38조)

(1) 유한책임회사는 다음과 같은 기업을 말한다.

① 회사의 사원은 조직 또는 개인이며, 사원의 수는 50명을 넘지 않는다.

② 회사의 사원들은 자기가 기업에 출자한 지분만큼 채권 및 기타 재산상 의무에 대해 책임진다.

③ 사원의 출자지분은 본 법의 제43, 44, 45조의 규정에 따라 양도할 수 있다.

(2) 유한책임회사는 사업자등록증 발급일로부터 법인자격을 갖는다.

(3) 유한책임회사는 주식을 발행할 수 없다.

2. 자본 출자 및 출자지분 확인서의 발행(제39조)

3. 사원명부(제40조)

4. 사원의 권리(제41조)

5. 사원의 의무(제42조)

6. 지분의 환매(제43조)

7. 출자지분 양도(제44조)

8. 기타 경우의 출자지분 처리(제45조)

9. 회사의 관리조직구조(제46조)

2인 이상으로 구성된 유한책임회사는 사원총회, 사원총회 의장, 사장 또는 회장을 둔다. 11인 이상의 사원들로 구성된 유한책임회사는 반드시 감사위원회를 조직해야 하며, 11명 미만으로 구성된 회사의 경우에도 회사의 판단에 의해 감사위원회를 조직할 수 있다. 감사위원회의 권리와 의무, 업무 조건과 제도, 위원장은 회사정관에 의해 규정된다.

사원총회 의장이나 사장 또는 회장은 회사정관의 규정에 따라 회사의 법적대리인이 된다.

회사의 법적대리인은 반드시 베트남에 상주하여야 한다. 30일이상 베트남에 부재할 경우에는 회사 법적대리인의 권한과 의무이행을 위해 회사정관의 규정에 따라 타인에게 서면위임해야 한다.

10. 사원총회(제47조)

(1) 사원총회는 모든 사원으로 구성되며, 회사의 최고의사결정 기구이다.
사원이 조직인 경우에는 수임대표자를 지명하여 사원총회에 참가한다. 회사정관에서 정기사원총회 회의를 구체적으로 규정하나, 최소 1년에 1회이상 개최되어야 한다.

(2) 사원총회는 다음과 같은 권리와 임무를 가진다.

① 회사의 연간 발전전략 및 경영계획에 관한 결정
② 정관자본금의 증자 및 감자, 추가출자의 시기와 방식결정
③ 가장 최근 공시한 회사의 재무제표상에 기록된 자산 총가치의 50% 이상, 또는 회사정관에서 규정한 그 이하 비율의 투자프로젝트와 투자방식에 대한 결정
④ 시장개발, 마케팅, 기술이전 방안 및 가장 최근 공시한 회사의 재무제표 상에 기록된 자산 총가치의 50%나 그 이상의 가치를 지닌, 또는 회사정관에서 규정한 그 이하 비율의 대출 및 자산매각에 대한 결정
⑤ 사원총회 의장, 사장 또는 회장, 회계총책임자를 비롯해 회사정관에 규정된 기타 관리자의 임명, 면직, 파면, 고용 및 해고를 결정
⑥ 사원총회 의장, 사장 또는 회장, 회계총책임자를 비롯해 회사정관에 규정된 기타 관리자의 급여, 상여금(보너스) 및 기타 수익을 결정
⑦ 연간재무제표, 이윤의 사용 및 배분계획 또는 회사의 손실처리계획에 대한 승인
⑧ 회사의 관리조직기구 결정
⑨ 자회사, 지사, 대표사무소 설립결정
⑩ 회사정관의 수정 및 보완
⑪ 회사조직개편의 결정
⑫ 회사의 해산 및 파산 결정
⑬ 이외 본법과 회사정관의 규정에 따른 기타 권리와 임무

11. 수임 대표자(제48조)

12. 사원총회 의장(제49조)

(1) 사원총회는 1인의 사원을 회장으로 선출한다. 사원총회의 대표자는 회사의 사장 또는 회장을 겸직할 수 있다.

(2) 사원총회 의장은 다음과 같은 권리와 임무를 가진다.

① 사원총회의 활동 일정과 계획을 준비하거나 그 준비를 조직한다.

② 사원총회 회의의 또는 각 사원의 의견을 수렴하기 위한 의사일정과 내용, 자료를 준비하거나 그 준비를 조직한다.

③ 사원총회를 소집하고 주재하거나 각 사원에 대한 의견수렴을 시행한다.

④ 사원총회의 결정사항 이행여부에 대한 감사를 하거나 감사를 조직한다.

⑤ 사원총회를 대표하여 사원총회의 각 결정에 서명한다.

(3) 사원총회 의장의 임기는 5년을 넘지 않는다. 사원총회 의장은 재임 회수의 제한없이 재선출될 수 있다.

(4) 회사정관에서 사원총회 의장을 법적대리인으로 규정한 경우, 모든 거래문서에는 이점을 명기해야 한다.

(5) 부재시 사원총회 의장은 회사정관에서 규정한 원칙에 따라 타사원에게 사원총회 의장의 권한과 임무를 문서를 통해 위임한다. 만일 수임사원이 없거나, 의장이 업무를 수행할 수 없는 경우, 다른 사원들은 다수결의 원칙에 따라, 사원 중 1인을 선출하여 사원총회의 권한과 임무를 이행하게 한다.

13. 사원총회의 소집(제50조)

14. 사원총회 진행의 조건과 절차(제51조)

15. 사원총회의 결정(제52조)

16. 사원총회 의사록(제53조)

17. 서면 의견수렴 형식에 따른 사원총회의 결의안 통과절차(제54조)

18. 사장 또는 회장(제55조)

(1) 기업의 사장 또는 회장은 회사의 경영 및 사업을 운영하는 자로써, 자신의 권한과 임무 수행에 관하여 사원총회에 대한 책임을 진다.

(2) 사장 또는 회장은 다음의 권한과 임무를 가진다.

① 사원총회의 결정을 이행

② 회사의 일상적인 경영활동에 관련된 각 사안을 결정

③ 회사의 경영 및 투자계획을 시행

④ 회사 내부관리 규제서를 공포
⑤ 사원총회의 권한에 속하는 직위를 제외한, 사내 각 관리자를 임명, 면직, 파면
⑥ 사원총회 의장의 권한에 속하는 경우를 제외하고, 회사를 대표하여 계약서를 체결
⑦ 회사 조직구조 구성방안 제안
⑧ 사원총회에 연간 회계결산 보고서를 제출
⑨ 경영상 발생한 이윤분배 및 손실처리방안 제안
⑩ 직원고용
⑪ 이 외 기업정관의 규정, 또는 사원총회의 결정에 따라 사장 또는 회장이 회사와 체결한 노동계약서상에 규정된 기타 임무

19. 사원총회 사원, 사장 또는 회장의 의무(제56조)

20. 사장 또는 회장의 기준(제57조)

21. 사원총회 사원, 사장 또는 회장의 보수, 급여, 상여금(보너스) (제58조)

22. 사원총회의 승인이 필요한 계약 및 거래(제59조)

23. 정관자본금의 증자, 감자(제60조)

24. 이윤배분의 조건(제61조)

25. 상환된 출자지분 또는 배분된 이윤의 회수(제62조)

[2] 1인(人) 유한책임회사

1. 1인 유한책임회사(제63조)

(1) 1인 유한책임회사란 하나의 조직 또는 개인이 소유주(이하 회사소유주라 한다)인 기업을 말한다. 회사소유주는 회사의 정관자본금 총액의 한도 내에서 기업의 채무와 기타 재산적 의무에 관해 책임을 진다.

(2) 1인 유한책임회사는 사업자등록증 발급일로부터 법인 자격을 갖는다.

(3) 1인 유한책임회사는 주식을 발행할 수 없다.

2. 회사소유주의 권리(제64조)

3. 회사소유주의 의무(제65조)

4. 회사소유주의 권리에 대한 제한(제66조)

5. 소유주가 조직인 1인 유한책임회사의 관리조직구조(제67조)

6. 사원총회(제68조)

7. 대표이사(제69조)

8. 사장 또는 회장(제70조)

9. 감사인(제71조)

10. 사원총회의 사원, 대표이사, 사장 또는 회장, 감사인의 의무(제72조)

11. 회사관리자와 감사인 보수, 급여, 기타 수익(제73조)

12. 소유주가 개인인 1인 유한책임회사의 관리조직구조(제74조)

(1) 소유주가 개인인 1인 유한책임회사는 대표이사, 사장 또는 회장으로 구성된다. 대표이사, 사장 또는 회장은 회사정관의 규정에 근거해 회사의 법적대리인이 된다.

(2) 대표이사는 사장 또는 회장을 겸직할 수 있거나, 타인을 사장 또는 회장으로 선임할 수 있다.

(3) 사장의 구체적 권리, 의무, 임무는 회사정관 그리고 사장 또는 회장과 대표이사 간에 체결한 노동계약서의 규정에 따른다.

13. 회사와 관계인 간의 계약 및 거래(제75조)

14. 정관자본금의 증자 및 감자(제76조)

제5절 주식회사[5)]

1. 주식회사(제77조)

(1) 주식회사는 기업의 한 형태로써 아래와 같은 특징이 있다.

① 정관자본금은 주식이라고 불리는 동일한 가치의 비율로 나누어진다.

② 주주는 조직이나 개인이 될 수 있고, 최소 주주인 원수는 3명이며, 최대 인원수에 대한 제한은 없다.
③ 주주는 자신의 출자액 한도내에서 기업의 채무와 기타 재산상 의무에 대한 책임을 진다.
④ 주주는 본법 제81조 3항과 84조 5항에 규정된 경우를 제외하고, 보유주식을 타인에게 자유롭게 양도할 수 있다.

(2) 주식회사는 사업자등록증 발급일로부터 법인자격을 갖는다.

(3) 주식회사는 자본을 확충하기 위해 각종 증권을 발행할 수 있다.

2. 주식의 종류 (제78조)

(1) 주식회사는 반드시 보통주를 가지며, 보통주의 보유자를 보통주주라 한다.

(2) 주식회사는 우선주를 가질 수 있으며, 우선주의 보유자를 우선주주라 한다.

우선주의 종류는 다음과 같다.
① 의결우선주
② 배당우선주
③ 상환우선주
④ 회사정관이 규정한 그 밖의 기타 우선주

(3) 정부가 위임한 조직과 창립주주만이 의결우선주를 취득할 수 있다. 창립주주의 의결우선주는 회사의 사업자등록증 발급일로부터 3년간 유효하며, 이 기간이 지난 후에 창립주주의 의결우선주는 보통주로 전환된다.

(4) 배당우선주, 상환우선주, 그리고 그 밖의 기타 우선주를 인수할 권리가 있는 자는 회사정관에 규정하거나 주주총회에서 결정된다.

(5) 동종 주식의 보유자는 동일한 권리, 의무 및 이익을 갖는다.

(6) 보통주는 우선주로 전환될 수 없으나, 우선주는 주주총회의 결정에 따라 보통주로 전환될 수 있다.

3. 보통주주의 권리 (제79조)

4. 보통주주의 의무 (제80조)

5. 의결우선주와 의결우선주주의 권리 (제81조)

6. 배당우선주와 배당우선주주의 권리 (제82조)

7. 상환우선주와 상환우선주주의 권리 (제83조)

8. 창립주주의 보통주 (제84조)

9. 주권 (株券; share certificate) (제85조)

10. 주주명부 (제86조)

11. 주식모집 및 양도 (제87조)

12. 채권 (bond)의 발행 (제88조)

13. 주식과 채권 매입 (제89조)

14. 주주의 요구에 따른 주식환매 (제90조)

15. 회사의 결정에 의한 주식환매 (제91조)

16. 환매된 주식의 인수가액 납입 (payment) 및 처리조건 (제92조)

17. 배당금 지급 (제93조)

18. 환매주식 지급액 또는 배당금 회수 (제94조)

19. 주식회사의 관리조직 구조 (제95조)

주식회사는 주주총회, 이사회, 사장 또는 회장 등으로 구성된다. 개인주주가 11명 이상인 주식회사, 또는 회사의 발행주식의 50% 이상을 보유한 주주가 조직일 경우에는 감사위원회를 두어야 한다.

이사회의장, 사장 또는 회장은 회사정관의 규정에 따른 회사의 법적대리인이 된다. 법적대리인은 베트남에 상주해야 하며, 30일이상 베트남에 부재시, 회사 법적대리인의 권리와 임무를 수행하기 위해 회사정관에 따라 타인에게 법적대리인 자격을 서면위임한다.

20. 주주총회 (제96조)

(1) 주주총회는 의결권을 가진 모든 주주로 구성되며, 주식회사의 최고결정기관이다.

(2) 주주총회는 아래와 같은 권리와 의무를 가진다.

① 회사의 발전방향 승인
② 주식별 종류와 수권주식의 종류별 총수 결정. 회사정관에 별도의 규정이 있는 경우를 제외하고, 주식 종류별 연간 배당률 결정
③ 이사 및 감사위원의 선출, 면직, 해임
④ 회사정관에 별도의 비율이 규정되어있지 않은 경우, 가장 최근 작성된 회사재무제표 중 총 자산가치의 50% 그 이상의 가치를 가진 투자 또는 자산매각에 대한 결정
⑤ 회사정관에 규정된 수권주식 한도 내에서 신규주식의 추가발행을 통해 정관자본금을 조정하는 경우를 제외한, 회사정관의 수정 및 보안
⑥ 연간재무제표의 승인
⑦ 종류별 매도된 주식 총수 10% 이상에 대한 환매결정
⑧ 회사와 주주에게 손해를 끼친 이사회 및 감사위원회의 위반행위 조사 및 처리
⑨ 회사의 구조개편, 해산을 결정
⑩ 본 법률과 회사정관에 따른 기타 권리

(3) 기관주주는 법률규정에 따라 주주권을 실행하기 위해 1인 이상의 수임대표자를 지명할 수 있다. 만일 1인 이상의 수임대표자를 지명한 경우, 각 대표자가 대표할 주식 수 및 의결권 수를 구체적으로 확정해야 한다. 수임대표자의 지명, 해임, 교체는 가장 빠른 시일 안에 반드시 문서를 통해 회사에 통보되어야 한다. 통보서는 다음과 같은 주요 내용들을 담고 있어야 한다.

① 주주의 성명, 주소, 국적, 회사 설립결정서 또는 사업자등록증 번호와 발급일
② 주식의 수량, 종류와 회사에서의 주주등록 일자
③ 수임대표자의 성명, 주소, 국적, 주민등록번호, 여권번호 또는 기타 공인된 개인신분증 번호
④ 대표권리를 위임 받은 주식의 수
⑤ 수임대표자와 주주의 법적대리인의 성명, 서명날인회사는 본항에 규정된 수임대표자에 관한 통보를 받은 날로부터 근무일수 5일의 기한 이내에 사업자등록기관에 보고하여야 한다.

21. 주주총회 소집권리 (제97조)

22. 주주총회 참석권을 가진 주주명부 (제98조)

23. 주주총회의 의사일정과 내용 (제99조)

24. 주주총회 소집통지 (제100조)

25. 주주총회 참석권 (제101조)

26. 주주총회 진행조건(제102조)

27. 주주총회의 진행 절차 및 표결(제103조)

28. 주주총회 결의안의 통과(제104조)

29. 주주총회의 결의안 통과를 위한 서면 주주 의견수렴의 권한과 절차(제105조)

30. 주주총회 의사록(제106조)

31. 주주총회 결정의 취소 요청(제107조)

32. 이사회(理事會)(제108조)

(1) 이사회는 회사의 경영기관으로서 주주총회의 권한에 속하지 않는 회사의 합법적 권리와 이익을 결정하고 이행하기 위해 회사를 대신해 전권을 가진다.

(2) 이사회의 권한과 임무는 다음과 같다.

① 회사의 연간발전전략 및 경영계획에 관한 결정
② 각종 수권주식의 총수를 제안
③ 각종 수권주식의 한도 내에서 신규주식 모집에 대한 결정, 기타 형태의 증자결정
④ 회사의 주식 및 채권 모집가격 결정
⑤ 본법 제91조 1항에 따른 주식환매 결정
⑥ 본법 또는 회사정관의 규정에 따라 회사의 경영 및 투자계획을 결정
⑦ 시장개발, 마케팅, 기술개발 방안을 결정
본법 제120조 1항과 3항이 규정한 계약과 거래를 제외한, 매매, 대출계약과 가장 최근 작성된 재무제표상의 회사자산 총 가치 50% 이상 또는 회사정관에 규정한 그 이하 비율의 계약을 승인
⑧ 사장 또는 회장, 그리고 회사정관이 규정한 기타 중요관리자를 임명, 해임 · 파면하거나 상기인과 노동계약을 체결하거나 계약을 종료하며, 해당 관리자의 급여 및 기타 수익을 결정, 다른 회사의 주식 또는 출자지분에 대한 소유권을 행사하기 위해 수임대표자를 선출하고, 수임대표자의 급여 및 기타 수익을 결정
⑨ 회사의 경영업무를 수행하는 사장 또는 회장 그리고 기타 관리자를 지도 · 감독
⑩ 조직구조, 회사의 내부 관리규제, 자회사, 지사, 대표사무소 설립을 결정, 타기업 주식의 매입을 결정
⑪ 주주총회 의사일정 및 회의자료를 승인, 주주총회를 소집하거나, 주주총회의 결의안 통과를 위해 의견을 수렴

⑫ 주주총회에 연간 회계감사 보고서를 제출

⑬ 지급배당금의 수준을 제안하고, 배당금의 지급절차 및 기간 또는 영업상 발생한 손실의 처리를 결정

⑭ 회사의 조직개편을 제안하거나, 해산을 결정하거나 파산을 요구

⑮ 이외 본법과 회사정관에 따른 기타 권한과 의무

(3) 이사회는 회의의 표결이나 서면을 통한 의견수렴 또는 회사정관에 의한 기타 형식의 결의안을 가결한다. 이사회의 임원은 1인당 1개의 의결권을 갖는다.

(4) 주어진 기능과 임무를 이행하는데 있어, 이사회는 법률규정, 회사정관, 주주총회의 결정을 올바르게 준수해야 한다. 이사회가 가결한 결의안이 법률규정 또는 회사정관에 위배되어 회사에 손해를 끼친 경우, 상기 결의안을 통과에 찬성한 이사는 회사손실에 대해 연대책임을 지며, 배상해야 한다. 그러나, 본 결의안을 반대한 임원은 책임을 지지 않는다. 회사의 주식을 취득한 주주는 최소 1년동안 계속해서 이사회에 상기 결의안의 실행을 중지할 것을 요구할 수 있다.

33. 이사의 임기와 원수(員數)(제109조)

34. 이사회 의장의 기준과 조건(제110조)

35. 이사회 의장(제111조)

36. 이사회 회의(제112조)

37. 이사회 의사록(제113조)

38. 이사가 정보를 제공 받을 권리(제114조)

39. 이사의 해임, 파면 그리고 추가(제115조)

40. 회사 사장 또는 회장(제110조)

(1) 이사회는 임원 중 1인 또는 외부에서 사장 또는 회장을 선임한다. 회사정관이 이사회 의장을 회사의 법적대리인으로 규정하지 않은 경우, 사장 또는 회장이 회사의 법적대리인이 된다.

(2) 사장 또는 회장은 회사의 경영 및 사업을 운영하는 자로써, 자신의 권한과 임무 수행에 관하여 이사회에 대한 책임을 진다. 사장 또는 회장의 임기는 5년을 넘지 않으며, 재임 회수의 제한없이 재선출될 수 있다. 사장 또는 회장의 기준은 본 법 제57조와 같다. 사장 또는 회장은 타기업의 사장 또는 회장직을 동시에 수행할 수 없다.

(3) 사장 또는 회장은 다음의 권한과 임무를 가진다.

① 이사회의 결정이 불필요한 회사의 일상적인 경영활동에 관련된 각 사안을 결정
② 이사회의 결정을 시행
③ 회사의 경영 및 투자계획을 시행
④ 회사의 조직구조 구성방안 및 내부관리 규제를 제안
⑤ 이사회의 권한에 속하는 직위를 제외한, 사내 각 관리자에 대한 임명, 면직, 파면
⑥ 회사직원과 더불어 사장 또는 회장의 임명권한에 속한 관리자의 급여 및 보조금 (있을 경우)을 결정
⑦ 직원 고용
⑧ 경영상 발생한 이윤분배 및 손실처리 방안을 제안
⑨ 이 외 법률, 회사정관의 규정, 또는 이사회의 결정에 따른 기타 권한과 임무

(4) 사장 또는 회장은 법률규정, 회사정관, 회사와 체결한 노동계약서, 그리고 이사회의 결정에 의거하여 회사의 일상적인 경영활동을 충실히 운영한다. 만일 상기 규정을 위반하여 회사에 손실을 입힌 경우, 사장 또는 회장은 법적 책임을 지며, 손실을 배상한다.

41. 이사, 사장 또는 회장의 보수, 급여 그리고 기타 수익(제117조)

42. 관련 이익(related benefit)의 공개(제118조)

43. 회사 관리자의 의무(제119조)

44. 주주총회 또는 이사회의 승인이 필요한 계약 및 거래(제120조)

45. 감사위원회(제121조)

(1) 감사위원회는 회사정관에 별도의 규정이 없는 경우, 3~5인으로 구성된다. 감사위원회의 임기는 5년을 넘지 않으며, 감사위원회의 위원은 무제한 재선출될 수 있다.

(2) 감사위원회는 위원중 한명을 대표로 선출하여, 감사위원장으로 임명하며, 감사위원장의 권리와 임무는 회사정관에서 규정한다. 감사위원회 위원의 반 이상은 베트남에 상주해야 하며, 위원 중 최소 1명은 회계사 또는 감사역(auditor)이어야 한다.

(3) 감사위원회의 임기가 만료되었으나 새로운 감사위원회를 선출 · 구성하지 못한 경우, 임기가 만료된 감사위원회는 신규 감사위원회가 선출되어, 직무를 수행할 때까지 주어진 권리와 임무를 수행한다.

46. 감사위원의 기준과 조건(제122조)

47. 감사위원회의 권리와 임무 (제123조)

48. 감사위원회가 정보를 제공 받을 권리 (제124조)

49. 감사위원의 급여 및 기타 수익 (제125조)

50. 감사위원의 의무 (제126조)

51. 감사위원회의 해임 및 파면 (제127조)

52. 연례보고서 보고 (제128조)

53. 주식회사의 정보 공개 (제129조)

제 6 절 합작회사[6)]

1. 합작회사 (제130조)

(1) 합작회사는 기업의 한 형태로써 아래와 같은 특징이 있다.

① 최소 2인의 사원이 회사의 공동 소유주이어야 하며, 하나의 공동성명으로 사업을 영위한다(이하 무한책임사원이라 함). 무한책임사원 외에도 유한책임사원이 있을 수 있다.

② 무한책임사원은 자신의 전재산으로 회사의 의무에 대한 책임을 지는 개인을 말한다.

③ 유한책임사원은 출자액 범위의 한도내에서 채무에 대한 책임을 진다.

(2) 합작회사는 사업자등록 확인서를 발급 받은 날로부터 법인자격을 가진다.

(3) 합작회사는 어떠한 종류의 증권도 발행하지 않는다.

2. 출자 및 출자지분 확인서 발급 (제131조)

3. 합작회사의 자산 (제132조)

4. 무한책임사원의 권리 제한 (제133조)

5. 무한책임사원의 권리와 의무 (제134조)

(1) 무한책임사원은 아래와 같은 권리가 있다.

① 회사의 여러가지 문제에 대한 회의, 토론회, 표결 등에 참가할 수 있다. 또한, 각각의 무한책임사원은 하나의 의결권(one vote) 혹은 회사정관의 규정에 따른 의결권을 가진다.

② 회사를 대신하여, 등록된 사업분야와 업종의 사업활동을 할 수 있다. 회사의 이익을 극대화하기 위해 계약서를 체결하거나 협상할 수 있으며, 각종 조건을 협의하고 합의할 수 있다.

③ 등록된 사업분야와 업종의 사업활동을 위해 회사직인과 재산을 사용할 수 있다. 회사의 사업활동을 위해 자기금전을 지불하였을 경우, 지불액의 원금과 시세에 따른 이자를 상환할 것을 요구할 수 있다.

④ 자신의 개인적인 실수가 아닌 사업활동에 의한 손해 또는 손실에 대한 보상을 회사에 요구할 수 있다.

⑤ 회사의 경영현황에 대해 회사와 다른 무한책임회사에 정보제공을 요구할 수 있으며, 필요한 경우 회사의 재산, 회계장부 그리고 기타 자료를 어느 때나 검사·열람할 수 있다.

⑥ 자본출자비율 혹은 회사정관에서 합의한 규정에 따라 이윤을 배분 받는다.

⑦ 회사가 해산하거나 파산할 경우, 회사정관에 별도의 규정이 있는 경우를 제외하고는 자본출자비율에 따라 잔여재산 일부를 배분받는다.

⑧ 무한책임사원이 사망하거나 법원이 사망을 선언한 경우, 해당 사원의 상속자는 본 사원의 책임에 해당하는 채무를 제외한 회사재산을 상속 받는다. 사원총회가 승인할 경우 상속자는 무한책임사원이 될 수 있다.

⑨ 그 외 본법과 회사정관에 따른 기타 권리가 있다.

(2) 무한책임사원은 다음과 같은 의무가 있다.

① 신중하고 성실하게 사업을 운영·관리하며, 회사와 무한책임사원 전체의 합법적인 이익의 최대 창출을 보장한다.

② 법률규정, 회사정관 그리고 사원총회의 결의안을 준수하여 회사의 사업활동 및 운영·관리를 시행한다. 만일 본 항의 규정을 위반하여 회사에 손실을 입힌 경우, 이를 배상할 책임이 있다.

③ 무한책임사원은 다른 조직과 개인의 이익이나 자신의 영리를 목적으로 회사의 재산을 사용할 수 없다.

④ 회사의 등록된 사업분야와 업종에 관련된 사업활동에서 발생된 금전 또는 기타 재산을 취득하기 위해 회사, 본인 또는 타인 등의 개인을 대신하는 경우, 취득한 재산이나 금전을 회사에 상환하고, 회사에 손해를 입힌 경우, 보상한다.

⑤ 회사의 부채를 변제할 재산이 충분하지 않을 경우, 무한책임사원은 회사의 잔여채무 변제에 대한 연대책임을 진다.

⑥ 회사에 영업상 손실이 발생한 경우, 회사정관상 합의한 규정에 따라 또는 회사에 출자한 지분에 상응하는 손실을 받아들인다.

⑦ 매월 정기적으로 회사에 자신의 사업현황과 결과를 사실에 근거하여, 정확히 서면 보고하며, 다른 사원의 요청이 있을때에는 자신의 사업현황과 결과에 관한 정보를 제공한다.

⑧ 이 밖에도, 본법과 회사정관의 규정에 따른 기타 의무가 있다.

6. 사원총회 (제135조)

(1) 모든 무한책임사원이 모여 사원총회를 구성한다. 사원총회는 한명의 무한책임사원을 사원총회 의장으로 선출하며, 의장은 회사정관에 별도 규정이 없는 한 회사의 사장 또는 회장을 겸직한다.

(2) 무한책임사원은 회사 경영상의 업무에 대한 토론과 결정을 위해 사원총회의 소집을 요청할 수 있으며, 사원총회 소집을 요청한 사원은 회의내용, 진행 프로그램, 그리고 자료 등을 준비해야 한다.

(3) 사원총회는 회사전체 사업상의 업무전반에 대해 결정할 수 있는 권리가 있다. 만일 회사정관에 별도 규정이 없는 한, 아래와 같은 문제에 대해서는 최소 총사원 3/4의 승인이 필요하다.

① 회사 발전 전략

② 회사정관 수정 및 보완

③ 신규 무한책임회사의 가입 승인

④ 무한책임사원의 탈퇴 또는 제명

⑤ 투자프로젝트 결정

⑥ 회사 정관자본금의 50% 이상 또는 정관자본금에 상당한 금액의 대출이나 기타 형태의 증자에 대한 결정, 단, 회사정관이 비율을 다르게 규정하는 경우는 제외한다.

⑦ 회사의 정관자본금에 상응 또는 그 이상의 가치를 가진 재산의 매매에 대한 결정, 단, 회사정관이 비율을 다르게 규정하는 경우는 제외한다.

⑧ 연간 재무제표, 총 이윤 및 사원 당 분배되는 이윤의 승인

⑨ 회사 해산 결정

(4) 본 조 3항에서 규정되지 않았더라도 최소 총사원의 2/3가 동의한 문제의 경우, 사원총회에서 결정할 수 있다. 단, 구체적인 비율은 회사정관이 규정 한다.

(5) 유한책임사원의 투표권은 본 법과 회사정관에 따른다.

7. 사원총회의 회의소집 (제136조)

8. 합작회사의 사업운영 (제137조)

9. 무한책임사원 자격정지 (제138조)

10. 신규사원의 가입 (제139조)

11. 유한책임사원의 권리와 의무 (제140조)

(1) 유한책임사원은 다음과 같은 권리가 있다.

① 회사정관의 수정 및 보완, 유한책임사원의 권리와 의무, 회사의 구조조정 및 해산 그리고 유한책임사원의 권리와 의무에 직접적으로 관련된 회사정관의 기타사항에 대한 회의, 토론회, 표결 등에 참가할 수 있다.

② 회사정관자본의 자본출자 비율에 따라 매년 이윤을 분배받는다.

③ 회사의 연간 재무제표를 제공받으며, 사원총회의장과 무한책임사원에게 경영현황과 회사의 경영결과에 대한 정보를 정확히 제공해 줄것을 요청할 수 있으며, 회사의 회계장부, 문서, 계약서, 거래서 그리고 기타 자료 및 서류를 검토할 수 있다.

④ 회사내 다른 사원에게 자신의 출자지분을 양도할 수 있다.

⑤ 자기와 타인의 대리자로서 회사의 등록된 사업분야 및 업종에 대한 사업을 진행할 수 있다.

⑥ 유한책임사원은 상속, 증여, 저당, 담보, 그리고 법률과 회사정관의 규정에 따른 기타 방식으로 자기의 출자지분을 처리할 수 있다. 사망하였거나 법원이 사망을 선언하였을 경우, 상속자는 사망자를 대신하여 회사의 유한책임사원이 될 수 있다.

⑦ 회사의 해산시 회사정관에서 규정한 자본출자 비율에 따라 잔여재산 일부를 배분받는다.

⑧ 이외 본 법과 회사정관의 규정에 따른 기타 권리를 가진다.

(2) 유한책임사원은 아래와 같은 의무가 있다.

① 자신이 출자한 재산의 범위내에서 회사의 채무 및 기타 재산상 의무에 관한 변제의 책임이 있다.

② 회사관리에 참여하거나 회사를 대신하여 업무를 진행할 수 없다.

③ 회사정관과 회사내규, 그리고 사원총회의 결의안을 준수한다.

④ 이외 본 법과 회사정관의 규정에 따른 기타 의무가 있다.

제 7 절 개인기업[7)]

1. 개인기업 (제141조)

(1) 개인기업이란 한 개인이 기업주이며 동시에, 기업의 운영 및 활동에 관해 자신의 재산으로 전적인 책임을 지는 기업을 말한다.

(2) 개인기업은 그 어떤 형태의 증권도 발행하지 않는다.

(3) 각 개인은 한 개의 개인기업만을 설립할 수 있다.

2. 기업주의 투자자본 (제142조)

3. 기업 관리 · 운영 (제143조)

4. 기업임대 (제144조)

5. 개인기업 매각 (제145조)

제 8 절 기업집단 (Corporate group)[8)]

1. 기업집단 (제146조)

(1) 기업집단이란 장기간 경제적 이익, 기술, 시장, 기타 비즈니스 서비스에 관련하여 서로 밀접한 관계를 가지고 있는 회사집합을 말한다.

(2) 기업집단에는 다음과 같은 형태가 있다.

① 모회사 · 자회사

② 경제그룹(economic conglomerate)

③ 기타 형태

2. 자회사에 대한 모회사의 권리와 책임 (제147조)

3. 모회사와 자회사의 재무제표 (제148조)

4. 경제그룹 (제149조)

경제그룹이란 규모가 매우 큰 경제집단을 말한다. 정부는 경제그룹의 조건, 조직관리 및 운영에 대한 안내를 규정한다.

제9절 기업의 조직개편, 해산 및 파산[9)]

1. 기업의 분할 (제150조)

유한책임회사와 주식회사는 같은 종류의 여러 회사로 분할될 수 있다.

2. 기업의 분리 (제151조)

유한책임회사와 주식회사는 기존의 회사(분리 당사회사라 함)의 일부재산을 이전하는 방법으로 하나 이상의 동종 신회사(분리회사라 함) 설립을 위해 분리할 수 있다.

3. 기업의 신설합병 (제152조)

동일한 업종의 둘 또는 그 이상의 회사(합병 당사회사라 한다)는 모든 자산, 권리, 의무, 합법적 이익 등을 이전하는 방법으로 합병하여 신회사(합병회사라 한다)를 설립할 수 있으며, 동시에 당사회사는 활동을 종료, 해산한다.

4. 기업의 흡수합병 (제153조)

동일한 업종의 하나 또는 그 이상의 회사(소멸회사라 한다)는 모든 자산, 권리, 의무, 합법적 이익 등을 이전하는 동시에 활동을 종료, 해산하는 방법으로 다른 회사(합병회사라 한다)에 합병될 수 있다.

5. 회사의 전환 (제154조)

유한책임회사는 주식회사로 전환할 수 있으며, 그 반대의 경우도 가능하다.

6. 1인(人) 유한책임회사로의 전환 (제155조)

7. 경영 일시 정지 (제156조)

8. 기업이 해산되는 조건 및 경우(제157조)

(1) 기업은 다음과 같은 경우 해산된다.

① 회사정관 상에 기재된 활동기간이 만료되었으나, 연장결정이 없는 경우
② 개인기업의 경우에는 기업의 소유주, 합작회사의 경우 무한책임사원 전체, 유한책임회사의 경우 사원총회 또는 기업소유주, 주식회사의 경우 주주총회의 결정에 따라
③ 회사가 6개월 이상 연속, 본 법에 규정된 최소 사원수를 충족하지 못한 경우
④ 사업자등록증이 회수된 경우

(2) 기업은 채권 및 기타 재산상 의무를 보장했을 때에는 해산이 가능하다.

9. 기업 해산절차(제158조)

10. 해산결정 이후의 금지행위(제159조)

11. 기업파산(제160조)

기업의 파산은 파산법의 규정에 따라 시행된다.

제10절 부칙[10)]

1) 국영기업의 전환 (제166조)

(1) 2003년에 제정된 국영기업법의 규정에 따라 설립된 모든 국영기업은 국영기업 연간 전환계획 실행을 위해 본법의 규정에 따라, 본법 발효 후 최대 4년 이내에 유한책임회사 또는 주식회사로 전환해야 한다. 정부는 국영기업의 전환절차에 대해 규정하며 안내한다.

(2) 국영기업 전환기간 동안 본법에 규정되지 않는 문제에 대해서는 2003년 국영기업법의 규정을 계속 적용한다.

제20장 노무 제도

이 장에서는 베트남에서 노무관리에 필요한 내용을 노동법 및 관련 규정을 중심으로 고찰하기로 한다.

제1절 노동법 및 관련규정

1. 서론[1)]

아래에서는 기업경영자가 노동자를 관리하는데 필요한 중요한 요소들을 노동법 및 관련 규정들을 중심으로 살펴보고자 한다.

베트남은 자본주의 국가들과 같은 세련된 노동법을 갖추고 있지 못하다가, 1995년부터 비로소 노동법을 공식적으로 시행하기 시작했다. 한국에서는 노동법이 근로기준법, 노동조합법 등 여러개의 법률로 나누어져 있다.

그러나 베트남의 노동법은 「노동법」(Labour Code)에 집약되어 있으며, 임금, 근로시간 등 각 분야별로 수시로 시행령(Decree), 시행규칙(Circular)을 별도로 마련해서 시행하고 있다.

그러나 베트남 정부는 8년 동안 시행해 오던 노동법을 2002년 4월 2일 56개 조항을 개정하였으며, 개정된 노동법이 2003년 1월 1일부터 시행되고 있다. 이러한 노동법을 기본으로 하면서, 노동법에 규정된 사항은 별도의 많은 하부규정을 통하여 세밀하게 규정되고 있다.

이 절에서는 노동법 및 관련 규정의 목록을 제시하고, 다음 절부터 노동법의 구체적인 내용을 살펴보기로 한다. 이와 같은 노동법은 근로자와 고용주 모두에게 적용되며, 베트남에서 정규적으로 현지인 혹은 외국인 근로자를 고용하는 외국회사에게도 적용된다.[2)]

2. 노동법 및 관련 규정 개관[3)]

노동법 및 관련규정 목록을 체계화하여 제시하면 다음과 같다.

(1) 기본법 : 노동법(2002. 4. 2)

(2) 근로계약에 관한 규정

① 근로계약 관련 규정(2003. 5. 9, 수상령)
② 근로계약 관련 규정(2003. 9. 22, 노동부령)

(3) 근로자의 채용에 관한 규정

① 고용 및 근로자채용 관련규정(2003. 4. 18, 수상령)
② 근로자채용 관련규정(2003. 9. 17, 노동부령)
③ 외국인 노동자선발 관련규정(2003. 9. 17, 수상령)

(4) 취업에 관한 규정

① 취업규칙 관련규정(1995. 7. 6, 수상령)
② 취업규칙 관련규정(2003. 4. 2, 수상령)
③ 취업규칙 위반 관련규정(2003. 9. 22, 노동부령)

(5) 임금에 관한 규정

① 임금관련 규정(2002. 12. 31, 수상령)
② 외국인 투자기업의 최저임금에 관한 규정(1999. 6. 15, 노동부령)
③ 외국인 투자기업 노동자 임금관련 규정(2003. 5. 30, 노동부령)

(6) 근무시간과 휴식시간에 관한 규정

① 근무시간과 휴식시간에 관한 규정(1994. 12. 31, 수상령)

② 근무시간과 휴식시간에 관한 규정(2002. 12. 27, 수상령)
③ 추가근무시간 관련규정(2003. 6. 3, 노동부령)

(7) 안전에 관한 규정

① 산업안전 관련규정(1995. 1. 20, 수상령)
② 근로안전과 위생에 관한 규정(2002. 12. 27, 수상령)
③ 산업재해와 직업병 관련규정(2003. 4. 18)

(8) 여성근로자에 관한 규정

① 여성근로자 관련규정(1996. 4. 18, 수상령)
② 여성근로자 관련규정(1997. 1. 13, 노동부령)

(9) 사회보험에 관한 규정

① 사회보험 관련규정(1995. 1. 26, 수상령)
② 사회보험 조례(1995. 1. 26, 수상령 부속)
③ 사회보험 관련규정(2003. 1. 9, 수상령)
④ 사회보험 관련규정(1995. 4. 4, 노동부령)
⑤ 사회보험 관련규정(2003. 3. 12, 노동부령)

(10) 단체협약에 관한 규정

① 단체협약에 관한 규정(1994. 12. 31, 수상령)
② 단체협약 관련규정(2002. 11. 11, 수상령)

(11) 노동쟁의에 관한 규정

① 노동쟁의해결 절차 관련규정(1996. 4. 11, 국회법령)
② 파업참가자의 임금지불에 관한 규정(1997. 5. 31, 수상령)

(12) 노동법 위반에 관한 규정

① 노동법 위반에 대한 행정처벌 규정(2004. 4. 16, 수상령)

최근에는 직업훈련법, 사회보험법 등이 제정되었으며, 산업안전보건법 등도 제정될 전망이어서, 노동법이 분화되는 초기단계를 맞고 있다.

제2절 근로자 모집(Recruitment)

1. 서론[4)]

과거에는 베트남에 진출한 외국회사들은 베트남 노동자를 모집할 때 베트남의 일자리 소개조직을 통해서만 모집할 수 있으며 만일 일자리 소개조직이 법률에 정해진 기간 혹은 양 당사자가 약정한 기간이내에 노동자를 모집하지 못했을 경우에만 직접 모집하는 것이 허용되었다.

그러나 새로 개정된 노동법하에서는 외국인 고용주들은 시장에서 직접 모집할 수도 있고 혹은 일자리 소개조직을 통해서 모집할 수도 있다. 현실적으로, 경영진과 전문직 근로자 그리고 고도의 숙련된 기술자는 대개 광고나 믿을 수 있는 친구, 동료, 조직, 혹은 헤드헌팅 회사들을 통해 직접 모집되고 있는 반면, 비숙련 근로자들은 대개 지방노동청, 일자리 소개조직, 혹은 베트남측 합작회사에 의해 모집된다.

2. 근로자 모집 절차[5)]

근로자 모집(선발)에 관해서는「고용및근로자채용관련규정(2003. 4. 18, 39/2003/ND-CP, 수상령)」에 상세히 규정되어 있다. 이 규정을 간략히 소개하면 다음과 같다.

제1장 고용창출

- 제1조 고용창출 목표와 일자리 지원정책
- 제2조 일자리관련 국가 프로그램
- 제3조 일자리관련 국가 기금
- 제4조 지방의 일자리 해결 프로그램
- 제5조 지방의 일자리 해결기금
- 제6조 일자리 해결기금의 규제

제2장 노동자 선발

- 제7조 베트남 노동자 선발에 관한 고용주와 노동자의 권리
- 제8조 노동자 선발수속
- 제9조 노동자에게 발급하는 노동기록
- 제10조 고용에 대한 보고책임

제 3 장 실업보조

제11조 구조변화 혹은 기술변화

제12조 실업보조금 수준

제13조 실업보조 관련 예비기금

제 4 장 일자리 소개조직

제14조 일자리 소개조직의 범위

제15조 일자리 소개조직의 활동

제 5 장 시행조항 (제16조~제18조)

제 4 절 근로자 채용

1. 베트남 근로자의 채용[6)]

베트남 근로자의 채용절차는 「근로자 채용 관련규정 (2003. 9 22. 20호, 2003/TT-BLDTB XH, 노동부령)」에 상세히 규정되어 있다. 이 규정을 간략히 소개하면 다음과 같다.

I. 적용 대상

1. 사용자
2. 베트남 근로자

II. 근로자 채용절차

1. 근로자 채용수요의 고지
2. 근로자 채용을 위한 사전등록 서류
3. 근로자 채용을 위한 사전등록 서류의 접수와 반려

III. 보고제도

IV. 시행부칙

2. 외국인 근로자 채용[7)]

외국인 근로자, 즉 한국인 등과 같이 근로자의 채용절차는 「외국인노동자 선발 관련규정(2003. 9. 17, 105/2003/ND-CP, 수상령)」에 상세히 규정되어 있다. 외국인 근로자는 성, 시 노동국에서 외국인 노동허가서를 받아야 한다. 이 규정을 간략히 소개하면 다음과 같다.

제 1 장　일반규정

제1조 외국인노동자를 선발할 수 있는 기업, 기관, 조직

제2조 외국인노동자의 정의(외국인노동자란 베트남국적을 가지지 아니한 자)

제 2 장　외국인노동자의 선발과 관리

제3조 고용주가 선발할 수 있는 외국인노동자의 비율과 수

제4조 외국인노동자의 조건

제5조 외국인노동자 선발서류 및 절차

제6조 노동허가서 발급

제7조 노동허가서 연장

제8조 손실 혹은 손상으로 인한 노동허가서의 재발급

제9조 노동허가서 효력을 상실하는 경우

제10조 노동허가서 사용

제 3 장　감사(監査), 포상과 위반처리

제11조 조사, 감사의 책임

제12조 포상

제13조 처벌, 형사 책임

제14조 노동허가서 신청 수속

제 4 장　시행 조항

제15조 노동보훈사회부의 지도책임

제16조 재무부의 지도책임

제17조 노동보훈사회국의 책임

제18조 고용주의 책임

제19조 효력발생 시기

제20조 시행령 이행책임자

현장정보

■ 인력 채용실무[8)]

(1) 외국기관 또는 외국인에게 고용되기를 희망하는 베트남 근로자는 근로수첩, 이력서, 신체검사서, 졸업증명서, 사진 등을 구비하여 구직신청서와 함께 일자리 소개조직에 제출하고 등록해야 한다.

(2) 기업이 일자리 소개조직에 인력을 요청할 때에는 근로자의 자격, 수, 모집기한, 베트남 근로자의 권리와 의무, 작업기간 등을 기재한 문서를 제출하고, 공식양식에 의해 인력공급계약을 체결한다.

① 일자리 소개조직의 추천으로 근로자를 채용한 경우 첫달 임금의 5% (소개) ~ 8% (위탁)를 소개료로 사용자가 일시불로 납부하고, 관리비로 매달 임금의 4% (사용자 2%, 근로자 2%) 이하 금액을 납부하게 된다.

② 채용된 근로자의 임금은 회사가 일자리 소개조직에 임금을 지급하면, 그 조직에서 세금 등을 제외하고 근로자에게 임금을 지급하게 된다.

(3) 근로자 선발

① 입사지원서에는 각 기업에서 필요한 사항을 근로자에게 기재하도록 하고, 자체서류심사, 기술, 인성테스트 및 면접 등을 실시하여 근로자를 선발한다.

② 건강진단은 체질이나 체력 등 채용 후 문제가 될 수 있으므로 반드시 실시해야 한다.

현장정보

■ 기업내의 외국인노동자 수, 3% 조항 철폐[9)]

위의 「외국인노동자 선발 관련규정」(2003. 9. 17, 105/2003/ND-CP, 수상령)에서는 제3조에서 "이 규정 제1조에 규정된 고용주는 현재 기업의 노동자 수 대비 3%를 넘지 않는 비율 내에서 외국인노동자를 선발한다. 그러나 최소 1명에서 최대 50명까지 가능하다."고 규정하고 있다.

그러나 Dau Tu지(紙)에 의하면, 현재 베트남 정부는 외국인노동자 관리에 관한 새로운 규정안을 작성 중이다. 즉 「외국인노동자 선발 관련규정」 제3조에서 규정하고 있는 '기업내의 외국인노동자 수를 전체의 3% 이내'라는 규정을 철폐하기로 했다.

이를 대체하는 새로운 조건은, 베트남인 노동자로는 필요에 응할 수 없는 경우여야 하며, 기업은 외국인노동자를 채용하기 전에, 우선 매스컴이나 직업소개소에서 베트남인 노동자를 모집해야 한다.

제5절 근로 계약

1. 서론[10)]

모든 근로자들은 3개월 미만 기간을 가진 근로계약 또는 가사를 돕기 위한 근로계약인 경우를 제외하고는, 중요한 요소들에 대해 고용주와 문서로 근로계약을 체결해야 한다. 중요한 요소가 함은 종업원으로써 수행해야 할 업무, 근로시간, 휴식시간, 휴가, 근무장소, 계약기간, 급여(상여금, 초과 근무수당), 사회보험, 산업안전 및 위생에 관한 조건 등을 말한다.

근로계약은「노동법」제4장 근로계약 제26조~제43조,「근로계약 관련규정」(2003. 5. 9, 44/2003/ND-CP, 수상령),「근로계약 관련규정」(2003. 9. 22, 제21호/2003/TT-BLDTBXH, 노동부령)에 규정되어 있다.

2. 근로계약 내용과 방식

근로계약의 내용과 방식에 관해서는「근로계약 관련규정」(2003. 5. 9, 44/2003/ND-CP, 수상령) 및「근로계약 관련규정」(2003. 9. 22, 제21호/2003/TT-BLDTBXH, 노동부령)에 상세히 규정되어 있다. 이들 규정을 간략히 소개하면 다음과 같다.

(1) 근로계약 관련규정(44/2003/ND-CP)[11)]

제 1 장 일반규정 (제1조~제2조)

제 2 장 근로계약의 형식, 내용, 종류 (제3조~제4조)

제 3 장 근로계약의 체결, 변경, 임시 연기, 종결 (제5조~제16조)

제 4 장 시행조항 (제17조~제19조)

(2) 근로계약 관련규정(2003/TT-BLD TBXH)[12)]

Ⅰ. 근로계약의 형식과 내용 및 유형

Ⅱ. 근로계약의 체결과 내용의 변경

Ⅲ. 근로계약의 종료, 퇴직금, 양성 교육비의 보상

Ⅳ. 시행조항

(3) 근로계약의 형식[13)]

위의 2개 규정에서 언급하고 있는 '근로계약의 형식'을 좀 더 구체적으로 살펴보기로 하자. 근로계약은 기간에 따라 다음과 같은 3가지 형태의 근로계약이 가능하다.

① 기간을 정하지 않은 근로계약
노사쌍방이 계약의 기간과 종료시점을 정하지 아니한 근로계약으로 1년이상 안정성과 계속성을 지닌 작업에 적용된다.

② 기간의 정함이 있는 근로계약
노사쌍방이 계약기간을 12개월 이상 36개월 이내로 정한 근로계약으로, 만료기한이 확정된 작업에 적용된다.

③ 12개월 미만의 계절적 업무 또는 특정한 업무에 관한 근로계약
기한이 수일, 수개월 또는 1년 내에 완료되는 잠정성을 지닌 작업에 적용된다. 다만 12개월 이상의 통상적 업무를 시킬 목적으로 12개월 미만의 계절적 업무 또는 특정한 업무에 관한 근로계약을 체결할 수 없다.

위와 같은 3가지 현태의 근로계약은 시행규칙 제1호 서식에 따라 문서로써 체결되어야 한다. 기간이 있는 근로계약을 서명하면 계약은 1회에 한해 연장되고, 그 이후 계속 근로할 경우 노사는 기간의 정함이 없는 근로계약을 체결토록 한다.

다만 3개월 미만 기간을 가진 근로계약 또는 가사를 돕기 위한 근로계약은 구두(口頭)로도 근로계약을 체결할 수 있으나, 노동법 제29조 제1항의 규정에 따른 내용을 준수하여야 한다.

제 6 절 취업규칙[14)]

1. 서론

취업규칙에 관해서는 「노동법」 제8장(취업규칙 및 손해배상 책임) 제82조~제88조, 「취업규칙 관련규정」(1995. 7. 6, 제41호/CP, 수상령), 「취업규칙 관련규정」(2003. 4. 2, 제33호/2003/ND-CP, 수상령)에 규정되어 있다.

아래에서는 「노동법」 규정의 내용을 중심으로 설명하기로 한다.

2. 취업규칙의 정의(제82조)

(1) 취업규칙은 근로시간, 기술 및 생산과 경영에 관련하여 내부적으로 정한 규정이다. 취업규칙은 노동법규 및 기타 법규를 위반해서는 안된다. 10인이상의 근로자를 사용하는 사업체는 문서에 의한 노동규율을 가지고 있어야 한다.

(2) 취업규칙을 발표하기 전에 사용자는 사업체내의 노동조합 집행위원회와 협의하여야 한다.

(3) 사용자는 지방노동관서에 취업규칙을 등록하여야 하며 등록일로부터 효력이 발생된다. 노동규율 접수 후 10일이내에 지방노동관서는 등록확인서를 발급하여야 한다. 만일 동 기한내에 확인서가 발급되지 않으면 자동적으로 효력을 발생한다.

3. 취업규칙의 내용과 게시(제83조)

(1) 취업규칙은 다음 사항을 주요내용으로 하여야 한다.

① 근로시간 및 휴식시간

② 사업체 규칙 및 질서

③ 사업장 내의 노동안전, 위생조건

④ 사업체의 재산, 기술, 경영기밀의 보호

⑤ 노동규율 위반행위 내용과 동 행위에 대한 제재조치 및 손해배상책임

(2) 취업규칙은 각 근로자에게 통보되어야 하고, 그 주요사항은 사업체내의 필요한 곳에 게시되어야 한다.

4. 취업규칙 위반과 징계(제84조)

(1) 취업규칙 위반자는 그 위반의 강도에 따라 다음 각 호의 징계를 받는다.

① 견책

② 최고 6월의 감봉, 낮은 급여의 타직무에 6월간 배치전환 또는 강등

③ 해고

(2) 하나의 취업규칙 위반행위에 대해 동시에 다수의 징계를 하는 것은 금지된다.

5. 징계조치로서의 해고 및 통지(제85조)

(1) 징계조치로서의 해고는 다음 각 호의 경우에 한하여 적용된다.

① 절도, 횡령, 기술 · 경영상의 기밀누설 행위 또는 사업의 재산이나 이익에 중대한 손해를 끼치는 행위를 한 근로자

② 감봉제재를 받은 근로자 또는 타직무로의 배치전환의 징계를 받고 그 징계기간이 만료하기 전에 다시 위반행위를 한 근로자

③ 정당한 이유없이 한 달에 연 5일 또는 1년에 연 20일 이상 무단결근 자

(2) 근로자를 해고한 후 사용자는 그 사실을 성 또는 시 관할 노동관서에 통지하여야 한다.

6. 징계를 하는 기간(제86조)

취업규칙 위반에 대한 징계는 위반한 날로부터 3개월 내에 이루어져야 하며, 특별한 경우에 있어서도 6개월을 초과할 수 없다.

7. 입증 및 의사록 작성(제87조)

(1) 노동규율의 위반자에 대한 징계절차 진행시 사용자는 근로자의 위반행위를 입증하여야 한다.

(2) 근로자는 자기 자신이 변호하거나 변호사, 법률고문 또는 기타 대변인에게 변호를 요청할 수 있다.

(3) 징계절차 진행 시 당사자의 출석과 사업체내 노동조합 집행위원회의 대표가 참가하여야 한다.

(4) 근로자에 대한 징계조치 시에는 반드시 의사록이 작성되어야 한다.

8. 징계처분의 종료 및 징계기간의 단축(제88조)

(1) 취업규칙 위반자는 징계조치를 받은 날로부터 다른 위반이 없는 경우, 견책처분을 받은 근로자는 3월, 감봉제재를 받은 근로자 또는 타 직무로의 배치전환된 근로자는 6월 후에 자동적으로 징계처분의 기록이 말소된다.

(2) 감봉제재를 받은 근로자 또는 타 직무로의 배치전환 처분을 받은 근로자가 징계기간의 절반이 경과하고 개전의 정을 보일 경우 사용하는 징계기간의 단축을 고려할 수 있다.

제7절 근로시간과 휴식시간

1. 서론[15)]

근로시간과 휴식시간에 관해서는 「노동법」 제7장 근로시간 휴식(제68조~제81조), 「근무시간과 휴식시간에 관한 규정」(1994. 12. 31, 195/CP, 수상령), 「근무시간과 휴식시간에 관한 규정」(2002. 12. 27, 109/2002/ND-CP, 수상령), 「추가근무시간 시행 안내 규정」(2003. 6. 3, 15/2003/IT-BLDTBXH, 노동부 시행 통지) 등에서 규정하고 있다. 아래에서는 「노동법」 규정의 내용을 중심으로 설명하고자 한다.

2. 근로시간

(1) 근로시간의 정의 (제68조)

1) 근로시간은 1일 8시간, 1주 48시간을 초과할 수 없다. 사용자는 근무시간을 일 또는 주 단위로 결정할 수 있으나, 이를 사전에 근로자에게 통보하여야 한다.

2) 1일의 근로시간은 노동보훈사회부 및 보건부에서 정한 과중, 유해, 위험작업에 종사하는 근로자의 근로시간은 1시간에서 2시간이 단축되어야 한다.

(2) 초과근무에 대한 합의 (제69조)

사용자 및 근로자는 초과근무에 합의할 수 있으나 1일 4시간, 1년에 200시간을 초과할 수 없다. 다만, 정부가 노동조합 총연맹과 사용자 단체의 협의를 거쳐 특정한 경우에는 1년에 300시간의 범위 내에서 초과근로를 할 수 있다.

(3) 야간근로 (제70조)

야간근로는 정부가 규정한 지역기후에 따라 22시부터 익일 06시까지 또는 21시부터 익일 05시까지로 한다.

3. 휴식

(1) 근로시간중의 휴식시간 (제71조)

1) 8시간을 계속 근로하는 경우 근로자는 근로시간중 적어도 30분의 휴식시간을 가질 수 있다.

2) 야간작업 근로자는 근무시간중 적어도 45분의 휴식시간을 가질 수 있다.

3) 야간교대 근로자는 다음의 교대근무가 개시되기 전에 적어도 12시간의 휴식시간을 가질 수 있도록 하여야 한다.

(2) 주간 및 월간 휴일 (제72조)

1) 근로자는 1주에 최소 1일(계속 24시간)의 휴일을 가질 수 있다.

2) 사용자는 휴일을 일요일 또는 주 중의 다른 날로 정할 수 있다.

3) 교대근로로 인하여 주휴일을 정하기 어려운 특별한 경우에는 월간 평균 총 4일의 휴일을 주어야 한다.

(3) 국경일의 유급휴가 (제73조)

근로자는 다음 국경일에는 유급휴가를 가질 수 있다.

- 신정(양력) : 1일(1월 1일)
- 구정(음력) : 4일(음력 12월 30일과 1월 1일~3일까지)
- 전승기념일 : 1일(4월 30일)
- 국제노동일 : 1일(5월 1일)
- 건국기념일 : 1일(9월 2일)

상기의 국경일이 주휴일과 겹치는 근로자는 익일 휴일을 가질 수 있다.

(4) 연차휴가

1) 유급 연차휴가 기간 (제74조)

① 한 사업체나 사용자를 위해 12개월 동안 근무한 근로자는 다음 규정에 따라 유급 연차휴가를 가질 수 있다.

- 정상작업조건하에서 종사하는 근로자의 경우 12일
- 과중하고 유해하며 위험한 사업장이나 생활조건이 열악한 지역에서 근무하거나 18세 미만인 근로자의 경우 14일
- 현저하게 과중하고, 유해하며 위험한 조건에서 일하거나 생활조건이 열악한 지역에서 힘들고 유독하며 위험한 작업에 종사하는 근로자의 경우 16일

② 연차휴가를 위한 여행시간의 연가포함 여부는 정부가 정한다.

2) 연차휴가의 증가 (제75조)

연차휴가는 한 사업체 또는 사용자에게 계속 근로한 경우 5년에 1일 기준으로 증가한다.

3) 연차휴가 일정의 결정 (제76조)

① 사용자는 노동조합집행위원회와 협의한 후에 연차휴가일정을 정할 수 있다. 그 일정은 사업장의 모든 근로자에게 사전에 통보되어야 한다.

② 근로자는 사용자와 합의하여 연차휴가를 여러 차례로 나누어 사용할 수 있다. 원격지 근무자는 희망에 따라 2년분의 연차휴가를 합하여 사용할 수 있다. 3년분의 연차휴가를 한번에 사용할 경우에는 사용자의 동의를 얻어야 한다.

③ 고용계약 종료 또는 기타 사유로 연차휴가를 사용하지 않거나 연차휴가일수의 일부를 사용하지 않은 근로자에 대하여는 미사용 휴가일수에 대한 수당을 지급하여야 한다.

4) 연차휴가와 임금 (제77조)

① 근로자가 연차휴가를 사용할 때 적어도 휴가일수에 해당하는 임금을 미리 받을 수 있다. 교통비 및 여행기간중의 임금은 상호합의로 정한다.

② 근무연수 12개월 미만의 근로자는 근무기간에 비례하는 일수의 휴가를 사용할 수 있고, 휴가대신 현금으로 받을 수 있다.

4. 개인적 사유로 인한 휴가 및 무급휴가(無給休暇)

(1) 개인적인 유급휴가 (제78조)

근로자는 다음과 같은 사유로 개인적인 유급휴가를 가질 수 있다.

① 결혼 : 3일

② 자녀의 결혼 : 1일

③ 양친(남편 또는 부인의 양친을 포함)의 사망, 부인 또는 남편의 사망, 자녀의 사망 : 3일

(2) 무급휴가 (제79조)

근로자는 사용자와 합의에 의해 무급휴가를 가질 수 있다.

제8절 임 금

1. 서론[16)]

임금에 관해서는 「노동법」 제6장 임금(제55조~제67조), 「임금관련규정」(2002. 12. 31, 114/2002/ND-CP, 수상령), 「외국투자기업내 베트남 노동자의 최저임금 수준과 급여에 관한 규정」(1999. 6. 15, 708/1999/QD-BLDTBXH, 노동보훈사회부령), 「외국투자기업 등에 근무하는 베트남 노동자 임금관련 규정」(2003. 5. 30, 14/2003/TT-BLDTBXH, 노동부통지서) 등에서 규정하고 있다.

아래에서는 「노동법」 규정의 내용 중 중요한 것을 설명하기로 한다.

2. 임금의 결정(제55조)

근로자의 임금은 근로계약의 당사자 쌍방의 합의에 의해 결정되며, 노동생산성, 근로의 질 및 성과에 따라 지급된다. 근로자의 임금은 국가가 정한 최저임금보다 낮아서는 안된다.

현장정보

■ 베트남 최저임금 인상[17)]

베트남 인민일보 보도에 의하면, 베트남 노동부는 근로자들의 최저임금을 20~38% 인상 조정하기로 했다. 후잉티년 노동부 차관은 "근로자의 최저임금을 점진적으로 현실화한다는 정부방침에 따라 내년 1월 1일부터 최저임금을 대폭 인상하기로 했다."고 말했다. 베트남 정부는 자국 · 외국 기업별, 지역별로 임금을 차등적으로 적용할 방침이다.

베트남의 최저임금은 지역의 경우 하노이와 호찌밍시를 1급으로 하고, 대도시 인근지역을 2급, 나머지 지역을 3급으로 하는데, 베트남기업의 개정된 최저임금은 1급이 62만동(38달러), 2급은 58만동(35달러), 3급은 54만동(33달러)으로 책정되어 있다.

베트남의 자국 · 외국기업에 적용되는 지역별 최저임금

구분	베트남 기업	외국 기업
1급	62만동(38달러)	100만동(62달러)
2급	58만동(35달러)	90만동(56달러)
3급	54만동(33달러)	80만동(50달러)

그러나 외국기업은 1급 100만동(62달러), 2급 90만동(56달러), 3급 80만동(50달러) 등으로 책정되어 있어서, 베트남 기업보다 두 배나 많은 인건비를 지출해야 할 것으로 예상된다.

베트남 진출 국내 기업들 중에 최저임금을 지급하는 경우는 거의 없으나 이번 조정이 근로자들의 급여체계 전반에 영향을 미쳐 급여인상 압박 요인으로 작용할 가능성이 크다.

대외경제정책연구원(KIEP) 정재완 전문연구원은 "최저임금 인상이 기존직원 급여인상 요구와 맞물려 베트남에 투자하고 있는 우리기업의 실질적 임금부담은 정부인상안보다 높아질 수 있다."고 설명했다. 특히 베트남 진출 우리 기업의 85%가 노동집약적 제조업에 종사하고 있어 최저임금 상승에 따른 타격이 클 것으로 전망했다.

그는 "베트남에 진출한 외자기업의 최저임금은 40달러 미만으로 아시아 최저수준이었으나 이번 인상으로 중국과 비슷한 수준으로 상승하게 됐다."면서 "노동집약적 업종에 주로 투자중인 우리 기업들의 주의가 필요하다."고 말했다.

---

3. 임금의 형태 (제58조)

(1) 사용자는 시간급(시급, 일급, 주급, 월급), 성과급 또는 할당계약급 중 어떤 형태라도 선택할 수 있으나 일정기간동안에는 선택된 임금지급방식이 유지되어야 하며, 근로자에게 지급방식을 통보하여야 한다.

(2) 시급, 일급 또는 주급제 근로자는 근무시간, 일, 주마다 또는 당사자 쌍방의 합의에 따라 일시불로 지급 받을 수 있다. 그러나 일시불은 15일마다 적어도 1회 이상 지급하여야 한다.

(3) 월급제의 근로자는 매월 1회 또는 2주에 1회 임금을 지급받을 수 있다.

(4) 성과급 또는 할당계약급으로 임금이 지급되는 근로자는 상호합의된 바대로 임금을 지급받을 수 있다. 업무가 수개월 동안 진행될 경우에는 달성하는 업무의 양에 따라 매월 임시임금을 지급받을 수 있다.

4. 임금의 지급시기와 지급수단 (제59조)

(1) 임금은 직접, 전액, 적시에 근무지에서 근로자에게 지급하여야 한다. 특별한 상황 때문에 임금지급이 지연되는 경우에도 1개월을 넘을 수 없다. 이 경우 사용자는 근로자에게 임금지급 시기에 국립은행이 발표한 이자율에 상당한 합계액을 보상하여야 한다.

(2) 임금은 현금으로 지급된다. 수표 또는 국립은행 발행수표에 의한 임금의 일부지급은 근로자에게 손해나 불편을 주지 않는다는 전제하에 당사자 쌍방이 합의하여야 한다.

5. 임금공제와 임금삭감 (제60조)

(1) 근로자는 모든 임금공제에 대한 사유를 알 권리가 있다. 근로자의 임금공제를 하기 전에 사용자는 노동조합 집행위원회와 협의하여야 한다. 이 경우 공제되는 총액이 월급의 30%를 초과해서는 안 된다.

(2) 사용자는 제재조치의 일환으로 근로자의 임금을 삭감할 수 없다.

6. 초과근로 및 야간근로와 임금(제61조)

(1) 초과근로를 한 근로자는 다음의 비율에 따른 통상임금을 지급받는다.

① 평일은 150% 이상

② 주 휴일은 200% 이상

③ 공휴일은 300% 이상

야간에 초과근로를 한 경우에는 제2항에 규정된 수당을 추가로 지급받는다. 만약 근로자가 초과근로 한 만큼의 보상휴일을 제공받으면, 사용자는 초과근로수당과 평일의 통상임금간의 차액만 지급하면 된다.

(2) 이 법 제70조에 규정된 야간작업 근로자는 주간 근로를 한 경우에 받은 임금의 30% 이상의 수당을 추가로 지급 받는다.

7. 작업중단과 임금(제62조)

작업중단 시 근로자는 다음과 같이 임금을 지급받는다.

(1) 사용자의 과실로 작업중단이 되는 경우 근로자는 임금의 전액을 지급받는다.

(2) 과실이 근로자에게 있는 경우 임금을 지급 받지 못한다. 작업을 중단하게 된 동일 작업장의 다른 근로자는 당사자 쌍방의 합의에 의해 임금을 지급받게 되나 이 경우 그 임금은 최저임금 이상이어야 한다.

(3) 사용자의 책임이 아닌 정전, 단수, 기타 불가항력에 의한 경우 당사자 쌍방의 합의에 의해 임금을 지급받게 되나 이 경우 그 임금은 최저임금 이상이어야 한다.

8. 수당, 상여금 등의 지급(제63조)

수당, 상여금, 임금인상 및 기타 유인책은 근로계약과 단체협약에 합의되거나 사업체 내규정관에 의해 정해질 수 있다.

9. 성과급의 지급(제64조)

사용자는 매년 기업의 생산과 영업실적 그리고 근로자의 작업성과에 기초하여 근로자에게 성과급을 지급하여야 한다. 성과급 지급기준은 단위노동조합의 집행위원회와 협의를 거쳐 사용자가 정한다.

10. 사업승계와 임금지급(제66조)

사업의 인수 · 합병, 분리 또는 분할, 기업의 소유권, 경영권 또는 재산사용권의 양도가 있는 경우 이를 승계한 사용자는 승계 전 사업에서 발생한 임금의 지급과 기타 이익에 대한 책임을 져야 한다. 파산의 경우 근로자의 임금, 퇴직금, 사회보험료 및 이미 체결되어 있는 단체협약이나 근로계약에 기재되어 있는 근로자의 이익은 우선 변제된다.

11. 임금의 선지급(先支給)(제67조)

(1) 근로자 또는 그의 가족이 곤란한 상황에 처한 경우 근로자는 상호합의에 의해 임금을 가불할 수 있다.

(2) 사용자는 근로자가 국민의 의무이행을 위해 일시적으로 근로를 중단하는 경우 임금을 선 지급하여야 한다.

(3) 일시 구류 또는 수감되어 있는 근로자에 대한 임금의 선지급은 정부가 정한다.

제9절 사회보험제도

1. 서론[18)]

사회보험제도는 사회보험 참가자가 질병, 임신, 근로능력상실, 정년퇴직, 사망한 때 그 사회보험 참가자나 가정의 생활안정에 기여하기 위해 마련된 제도이다(사회보험 조례 제1조).

사회보험제는 질병수당제, 출산수당제, 근로재해나 직업병수당, 연금퇴직제, 사망수당제 등을 내역으로 하고 있다.

사회보험료는, 근로자는 임금의 5% 상당액이고, 사용자는 임금총액의 15% 상당액이다. 사회보험제도에 관한 구체적인 내용은 「노동법」, 「사회보험 관련규정」(1995. 1. 26, 제12호/1995, 수상령), 「사회보험 조례」(1995. 1. 26, 제12호/CP 수상령 부속), 「사회보험 관련규정」(2003. 1. 9, 제1호/2003/ND-CP, 수상령), 「사회보험 관련규정」(1995. 4. 4, 제6호/2003/LDTBXH-TT, 노동사회부령) 등에서 규정하고 있다.

2. 사회보험법

(1) 사회보험법의 제정[19)]

기존에는 「노동법」에서 사회보험에 관련된 규정을 두었으나, 2006년 6월 29일 「사회보험법」이 국회를 통과하여 원칙적으로 2007년 1월 1일부터 효력이 발생하지만, 일부 조항, 즉 임의가입제도는 2008년 1월 1일부터, 또 실업보험제도는 2009년 1월 1일부터 시행된다.

(2) 사회보험의 제정 이유

이렇게 사회보험법을 제정하게 된 이유는 기존 사회보험의 기금이 고갈되어 가고 있기 때문이다. 즉 기존 사회보험에는 질병수당, 출산수당, 근로재해 혹은 직업병수당, 퇴직연금, 사망수당 등이 있는 바, 그 중 특히 퇴직연금 및 사망수당의 기금은 수령자가 나날이 증가함에 따라 기금고갈이 우려되고 있는 실정이다. 이러한 사회보험 기금고갈 문제에 대처하기 위해 기여금 요율을 인상할 필요가 있었고, 또 사회보험을 보다 효율적으로 운영하기 위해서는 임의가입제도 및 실업보험제도를 도입할 필요가 등장했기 때문에, 이를 위해 사회보험법을 제정하게 된 것이다.

(3) 기존 사회보험제도와 달라진 점

1) 기여금 요율 인상

① 근로자는 기여금 요율이 2007년 5%에서부터 매 2년마다 1%씩 인상되어 2014년부터는 8%로 증가한다.

② 고용주는 기여금 요율이 2007년 15%에서부터 매2년마다 1%씩 인상되어 2014년부터는 18%로 증가한다.

2) 임의가입제도 도입(2008년 1월 1일 시행)

① 사회보험 가입이 강제되지 아니하는 10인 이하 사업장 근로자, 3개월 미만의 단속적 업무수행 근로자 등의 경우에는 사회보험에 임의가입 할 수 있다.

② 이 경우 보험료는 강제적 사회보험금에 가입한 근로자와 고용주의 퇴직연금, 사망부조금 보험료 총액과 같다.

3) 실업보험제도 도입(2009년 1월 1일 시행)

실업보험제도의 보험료는 근로자가 1%, 고용주가 1%씩 납부하며, 국가에서 월급의 1%를 지원한다.

제10절 노동안전 및 위생

1. 서론

사용자는 근로자에게 근로보호, 노동안전 · 위생을 위한 설비를 충분히 제공하고 또 근로조건을 개선하여야 한다. 근로자는 노동안전 · 위생규정과 더불어 사업체의 노동규율을 준수해야 한다. 근로 및 생산에 관계하는 모든 조직 및 개인은 노동안전 · 위생과 함께 환경보호 관련법규를 준수하여야 한다. (노동법 제95조)

2. 관련 법규[20)]

근로자의 노동안전 및 위생 (산업안전보건)을 보호하고 관리하기 위한 법규에는 다음과 같은 것들이 있다.

① 노동법 제9장(노동안전 및 위생, 제95조~제108조)
② 산업안전 관련규정(1995. 1. 20, 제6호/CP, 수상령)
③ 산업안전과 위생에 관한 규정(2002. 12. 27, 제110호/2002/ND-CP, 수상령)
④ 산업재해와 직업병 관련규정(2003. 4. 18, 제10호/2003, 노동보훈사회부령)

제11절 노동조합

베트남의 노동조합에 관해서는 「노동법」 제13장 (제153조~제156조)에서 규정하고 있다. 이들 중 중요한 조항을 살펴보면 다음과 같다.[21)]

1. 노동조합의 설립 (제153조의 1)

현재 노동조합이 없이 운영되는 사업장과 새로이 설립된 사업에 대하여 지역노동조합은 이 개정법 시행 후 6월 이내에 또는 사업개시 후 6월 이내에 단위노동조합을 설립토록 하고, 단위노동조합은 지역노동조합을 결성하여 근로자 및 근로자집단의 권익을 보호하고 대변하여야 한다. 사용자는 노동조합이 가능한 한 신속히 설립되도록 호의적인 여건을 조성하여야 한다. 설립 중인 지역노동조합, 동 지회 또는 분회는 근로자 및 근로자 집단의 권익보호와 대변을 위한 임시지역 노동조합조직을 지명할 수 있다. 사업 내 단위노동조합의 설립과 활동을 방해하는 모든 행위는 엄격히 금지된다.

2. 노동조합의 결성 및 활동과 사용자의 의무(제154조)

(1) 노동조합법 및 노동조합규정에 따라 노동조합이 결성된 경우 사용자는 이것을 인정해야 한다.

(2) 사용자는 노동법전과 노동조합법의 규정에 따라 노동조합의 활동을 위해 긴밀히 협력하고 유리한 조건을 창출하여야 한다.

(3) 사용자는 근로자를 노동조합 결성, 가입 또는 활동을 이유로 차별대우할 수 없다. 사용자는 노동조합의 조직 및 활동을 방해하는 경제적 조치와 기타 조치를 취해서는 안 된다.

3. 사용자의 책임과 전임(傳任)노동조합원(제155조)

(1) 사용자는 노동조합의 활동에 필요한 여건을 제공할 책임이 있다.

(2) 노동조합에서 일하는 전임근로자는 노동조합의 업무에 근로시간의 일부를 사용할 수 있으며, 사용자로부터 임금전액을 지급 받을 수 있다. 이 시간은 사업체의 규모 및 사용자와 단위노동조합집행위원회 간의 합의로 결정되나 한달에 3일 이상이어야 한다.

(3) 노동조합기금에 의해 지급되는 전임노동조합원은 사업체규정이나 단체협약에 의해 다른 근로자와 같은 권리와 복지 혜택을 받는다.

(4) 사용자는 단위노동조합집행위원회의 위원인 근로자를 해고하거나 근로계약을 일방적으로 종료하는 경우 당해 노동조합집행위원회의 동의를 얻어야 한다. 해고대상자가 집행위원회의 위원장인 경우는 직접 상부 노동조합의 동의를 얻어야 한다.

경영사례

■ '대우하넬' : 노무관리 사례[22)]

TV브라운관 생산업체인 대우하넬은 베트남에서 노무관리를 성공적으로 수행하고 있다는 평가를 받고 있는데, 이 회사의 노무관리 주안점을 살펴보면 다음과 같다.

(1) 종업원 복지우선

① 공원 같은 공장분위기

② 베트남 최고급 식당수준의 좋은 구내식당

③ 하루 두끼의 무료 식사제공, 의료보험 및 가족병원비 지원

(2) 노동조합을 파트너로 인식하고 활용

① 베트남의 노동조합은 경영에 협력하는 것을 당연하게 생각하고 있다(노동법상 노동조합은 경영협조의무가 있다.). 따라서 대우하넬은 노동조합을 경영 파트너로 생각하고 노동조합에 어느 정도 힘을 실어 주는 정책을 수행하였다.

② 그 결과 노동조합은 사내의 공산당조직과 함께 생산성 향상, 품질향상에 앞장서고 분임조 활동에도 협조하고 있다.

③ 또 노동조합과 공산당원이 일반근로자들의 불만을 앞장서서 달래고 있다.

(3) 베트남 현지상황에 적합한 노무관리 실시

① 한국인들은 직접 현지근로자들을 관리하지 않고 명령복종시스템을 만들어 놓았으며, 베트남 관리자에 인사고과 평가 등에 권한을 부여했다.

② 일반적 징계사항은 공장징계위원회에서 처리하고, 사안이 중요한 것만 중앙징계위원회로 옮기고 있어 한국인과 베트남인간의 마찰이 거의 없다.

(4) 한국인 관리자의 솔선수범

회사의 한국인 관리자들이 솔선수범하여 모범복인 생활을 하고 있는 것도 훌륭한 노사관계의 중요한 요소로 작용하였다. 도덕적으로 문란하면 통솔력을 상실하고, 사회에서도 인정받지 못하게 된다.

(5) 자긍심을 갖도록 노력

'대우하넬'은 세계일류를 베트남에서 만든다는 표어를 걸고 활동하고 있다. 근로자들에게 세계최고의 제품을 만들자고 호소하여, 베트남진출 외국인기업 중에 모범기업으로 선정되었고, 복지수준도 선진국 수준이어서 베트남 방문 외국국빈, 베트남 고위관료 산업시찰 주대상 기업으로 선정되고 있다.

제21장

조세 제도

이 이 장에서는 베트남의 조세제도를 법인세법, 개인소득세법, 부가가치세법, 수출입관세법, 특별판매세법 등과 같은 각종 세법을 중심으로 고찰하고자 한다.

제1절 베트남의 조세 개관

1. 베트남의 조세 현황[1)]

(1) 조세체계

베트남에서 사업하는 외국인 투자자들은 다음과 같은 세금을 숙지하고 있어야만 한다.

① 법인소득세(Corporate income tax)

② 개인소득세(Personal income tax)

③ 부가가치세(Value added tax)

④ 특별판매세 (Special sales tax)

⑤ 수출입관세(Import / Export duties)

⑥ 외국인 계약자세(Foreign Contractor's tax)

⑦ 천연자원세(Natural resources tax)

⑧ 재산세(Property tax)

⑨ 인지세(Stamp tax)

⑩ 기타

(2) 법체계

베트남의 조세관련 법률체계는 Law (법), Ordinance (시행령), Decree (명령), Circular (시행규칙), Decision (결정문), Official letter (예규)로 구성되어 있다.

아래에서는 위의 (1) 항에서 제시한 각종 세금을 규율하는 주요 법 (法)의 내용을 요약하여 제시하고자 한다.

제 2 절 법인소득세 (法人所得稅, 법인세, Corporate Income Tax)[2]

1. 서론[3]

베트남은 2003년 9월 법인소득세법을 개정하였으며, 이 법은 2004년 1월 1일부터 실행되고 그 효력이 발생하고 있다. 새로이 개정된 법인세법은 크게 나누어 두가지 내용을 담고 있다. 하나는 새로운 외국인투자 프로젝트에 대해 일반적인 세율과 우대세율에 관한 내용을 담고 있으며 다른 하나는 외국인 투자기업의 운영에 관한 규정이다.

새 법인세법에 따르면 외국인 투자회사와 내국회사에 28%의 동일한 세율이 적용된다. 따라서 종전 보다 외국인 투자회사에 대해서는 3%가 높아졌으며, 내국회사 (베트남기업)에는 4%가 낮아졌다.

우대세율은 해당기업에 따라 20%, 15%, 10%의 세율이 적용된다. (다음 6.의 표 20-1 참조). 개정세법에 따라 기업의 과실송금에 대한 송금세가 폐지되었다

아래에서는 법인소득세법의 주요내용을 설명하고자 한다.

2. 납세의무자 및 예외 대상

(1) 법인소득세 납세의무자 (제1조)

재화와 용역을 생산하거나 거래하여 소득을 창출하고 있는 모든 조직체와 개인(이하에선 통괄적으로 "사업자"라 한다)은 동법 제2조에 명시된 예외조항에 해당하는 경우를 제외하고는 법인소득세를 납부해야 한다.

(2) 법인소득세 납부예외 대상 (제2조)

일반적인 형태의 농업, 가축업, 양식업 등에 의한 생산물에서 소득을 얻는 가정단위, 개인이나 협동조합, 농산물 생산 협동조합 등은 상당한 량의 생산이나 정부가 고소득 수준이라고 정한 정도의 소득을 창출하는 가족단위와 개인 영농자들을 제외하고는 법인소득세를 납부할 의무에서 제외한다.

3. 세금산정 기준

(1) 세금산정 기준 (제5조)

세금산정의 기준은 과세소득과 세율에 의한다.

(2) 과세소득 (제6조)

과세대상 소득은 생산과 사업 용역활동에서 발생한 소득 및 기타의 소득을 포함한다. 즉, 모든 생산과 재화용역의 거래에서 발생한 모든 소득을 포함한다.

(3) 과세 소득의 결정 (제7조)

① 생산에서 얻은 소득과 재화와 용역의 거래에서 발생한 과세소득은 과세소득과 관련된 합리적인 비용을 차감한 영업수입액과 일치한다.

② 기타의 과세소득은 증권 매매차익, 자산관련 소유권과 사용권과 관련된 형태의 소득, 토지사용권과 토지임대권 양도로부터 발생하는 소득, 양도차익, 자산의 임대 및 청산에서 발생하는 이익, 예금, 대여금, 외화매매차익, 연말까지 미집행된 우발상황에 대비한 예비비 잔여액, 기(旣) 상각처리된 부실채권을 회수한 형태의 소득, 미청구된 지불계정 형태의 소득, 계상되지 않은 지난 회계기간 중의 소득 혹은 발견되어진 소득, 기타의 소득

정부 당국은 토지사용권 및 토지 임대권의 양도에서 발생하는 소득과 법인소득세 납부 후 토지사용권이나 토지임대권의 양도에서 발생한 잔여소득의 30%를 초과하지 않는 한도 내에서 누진세 범위에 따른 단계별 소득수준에 관한 상세한 규정을 제공한다.

베트남 사회주의 공화국이 서명한 2중과세 면제협정이 상주기관 과세소득 결정방법에 관하여 다른 내용을 규정하고 있을 경우 그 협정이 우선한다.

(4) 매출액 (제8조)

과세수입 산정을 위해 사용되는 매출액이란 총영업 수익, 가공비, 서비스비 외에 사업주체가 부담해야 하는 부대비용과 부대가격 비용, 초과시간 비용 등을 포함하는 제비용과 일치한다. 매출액이 외화표시로 산정되었을 경우 외화표시 매출액이 산정될 시점에서의 베트남 국영은행이 고시한 베트남 동화의 환율로 전환되어 표기되어야 한다.

(5) 제 비용 (제9조)

① 과세소득산정 목적에서 차감될 합리적인 제비용은 아래의 것이 포함된다.

- 생산과 사업활동을 위한 고정자산의 감가상각비용. 감가상각의 정도는 고정자산의 가치와 고정자산 상각기간에 따른다. 경제적 효율성이 아주 높은 생산사업자와 재화와 용역을 거래하는 사업자는 설비와 기술의 빠른 쇄신을 위해 현재 사업자가 채택하고 있는 기존 감각상각 회계방식이 허락하는 한 최대 2배를 초과하지 않는 범위 안에서 최대한의 가속 감가상각을 할 수 있다.
  재무부는 고정자산 기준과 감가상각 정도에 관한 기준에 대한 규정을 제공하여야 한다.
- 생산이나 재화와 용역의 거래를 위해 실제 사용된 원료, 원부자재, 연료, 에너지 및 상품 비용과 합리적인 소비수준과 실제로 창고에서 출고되는 물가를 기준하여 근거로 산정된 해당기간의 영업수익 및 과세소득과 관련된 제비용
- 개인회사 사주의 봉급과 공임, 개인 가족 단위 사업체의 주인, 생산과 사업에 직접적으로 공헌하지 않는 회사창립자들의 소득을 제외한 노동부의 규정에 따른 봉급, 공임, 수당, 간식비 등
- 과학기술 연구비용, 혁신과 창안, 건강관리비용, 종업원 교육훈련비, 금융교육비
- 전기수도료, 통신비 등의 외부에서 공급받는 서비스료, 고정자산 수리비, 고정자산 지급 임차료(리스비), 회계감사비, 법률서비스료, 디자인비, 상표등록 및 유지비, 고정자산 보험료, 기술데이타, 특허권과 고정자산형태가 아닌 형태의 기술 라이선스 사용료, 기타 기술서비스 및 기타의 서비스 비용
- 법적 규정에 따라 공원들에게 지급되는 수당, 작업장 안정성 확보비, 유니폼 작업복 지급비, 사업주체의 안정성 유지를 위한 제비용, 출장여행, 고용주인 사업주체가 부담해야 할 사회보험비, 의료보험비 등 노동조합 관련 경비, 공산당과 노동조합 활동 지원 경비, 규정에 부합하는 상급경영단체나 협회에 지출되는 경비

- 생산이나 재화와 용역의 거래를 위해 은행이나, 다른 기금과 금융기관으로부터 차입한 차입금에 대한 실제적인 지급이자, 다른 형태의 차주로부터 차입한 차입계약 시점에서의 실제 이자율에 따라 지급되는 이자비용으로 최대이자율은 차입시점에서 상업은행의 대출이자율을 기준하여 1.5배를 초과하지 않는 비용
- 규정된 우발적 상황에 대비한 예비비
- 노동자에 지급되는 노동력 삭감비용(해고비용)
- 상품 및 재화 판매관련 비용
- 광고비 및 전체 경비의 10%를 초과하지 않는 범위 내에서 재화와 용역 제품의 생산과 거래에 직접 관련된 마케팅 및 판촉비, 상거래 활동의 경우 이 한계의 계산을 목적으로 하는 총비용의 산출에는 이미 판매된 상품의 구입 가격은 이 계산에 포함되지 않는다.
- 세금, 제비용, 부담금 및 재화와 용역의 생산과 거래와 관련된 토지사용료 등은 합리적인 비용으로 계상되어야 한다,
- 외국회사에 의해 베트남에 있는 그 회사의 사업주체에 할당되고 그것이 베트남 정부가 정한 규정에 부합할 경우의 그 사업 운영비용
- 정부 규정에 부합하는 인보이스가 없이 거래된 비사업 기관이나 개인에 의해 구매된 재화와 용역의 구매비용

② 아래의 사항은 합리적인 비용으로 간주되지 아니한다.

- 계상하였으나 실제적으로 지출되지 않은 비용
- 증빙서류가 없거나 비합법적인 증빙서류에 의한 발생비용
- 벌금 및 세금이나 과세소득 정산을 위해 사용된 영업이익과 관련없는 비용
- 기타의 자본원으로부터 지급된 비용

③ 본 조항 제1항에서 명기된 합리적인 비용은 베트남 동화로 회계장부에 기록되어야 한다. 외화표시로 발생된 경비의 경우 외화경비가 발생된 시점에서의 베트남 국가은행이 고시한 동화와의 환율로 표시되어 기록되어야 한다.

(6) 세율 (제10조)

① 사업자에 적용될 법인소득세의 세율은 28%이다.

② 광산을 채굴하거나 원유와 가스의 탐사 개발, 고가의 자연자원탐사를 영위하는 사업주체에 대한 사업소득 세율은 각 프로젝트나 사업 주체의 특성에 따라 28%에서 50%까지 이다.

정부는 본 조항에 대한 세부규정을 제공한다.

4. 신고, 납세, 세무 결산

(1) 사업자들의 책임 (제11조)

모든 사업주체들은 아래와 같은 책임을 져야 한다.

① 엄격한 회계제도의 준수, 합법적인 영수증 및 제반서류의 확보

② 재무부에서 정한 회계규정에 엄격하게 부합하는 성실한 매출신고와 제경비, 소득의 신고

③ 세무당국의 통지에 부합하는 온전하고도 적합한 방법으로의 세금과 벌금의 납부

④ 세무당국의 요청시 소득세의 산정과 관련된 자료, 회계장부, 제무제표, 영수증과 증빙서류의 제출

⑤ 시장물가에 부합하는 재화와 용역의 구매, 판매, 교환 및 원가회계의 실행

(2) 세금신고 (제12조)

① 사업주체들은 매년, 전년도의 재화와 용역의 생산 및 거래실적과 차년도 예상실적에 근거하여 세무당국이 정한 일정한 양식에 의거하여 해당 회계연도의 매출액과 제비용, 과세소득, 납부세액 등을 분기단위로 나누어서 자진신고해야 하며 그 기간은 늦어도 1월25일을 넘지 않는 기간 안에 세무당국에 직접 제출해야 한다.

만약 회계연도 기간 중 생산과 상업상황에 중대한 변화가 있을 경우 사업주체는 연간, 분기별 과세금액의 잠정적인 조정을 위해 당해 세무당국에 직접 통보해야 한다.

만약 세무당국이 검사하여 사업주체가 신고한 세무신고가 적당하지 않은 점이 발견되었을 경우, 세무당국은 연간, 분기간에 납세해야 할 잠정적인 세금의 액수를 결정할 권한이 있다.

② 사업체에 회계제도나 영수증, 증빙서류 등의 실행 및 구비상태가 없을 경우, 세무당국에 의해 정해진 동규모, 동종업에 해당하는 업계 매출액과 세율을 기준으로 하여 매월 납부해야 할 세금이 결정된다.

(3) 납세 (제13조)

① 사업체들은 자진신고한 혹은 세무당국에 의해 정해진 분기별 납세금액을 납부해야 한다. 분기별 납세기한은 해당분기 마지막 날을 지나서는 안 된다.

사업체로 하여금 간편하고 편리하며 법 앞에서 책임의식을 높이기 함과 아울러 세무당국으로 하여금 검사하고 위반행위를 처리하며 빈틈없고 효과적인 조세행정업무를 위하여 정부는 조세납부 절차에 대한 규정을 제공한다.

② 동법 제12조 제2항에 언급된 사업자들은 세무당국의 통지에 따라 매월 기준으로 납세해야 한다. 통지서에 명시된 매월 단위 납세액의 납세기한은 다음달 25일을 넘지 않는

기간이다.

③ 운송사업자들의 경우는 물건 구매한 곳의 해당지역 세무당국에 물건운송을 시작하기 전에 매 운송시마다 해당세액을 신고하고 납부해야 한다.

④ 베트남에 상주사업체는 없으나 베트남에서 소득원이 발생하는 외국사업 조직이나 개인의 경우, 그러한 소득을 발생시키는 조직이나 개인은 총 지불금액에서 재무부에서 정한 비율에 의거하여 해당세금을 선공제한(원천징수)후 해당세금을 납부해야 하며 세금공제 후 차액을 그 외국기관이나 개인에게 지불해야 한다.

(4) 세무결산 (제14조)

① 사업자들은 매년 세무당국과 세무조정 결산을 해야 한다. 세무조정표에는 아래의 사항이 정확하고 완전하게 포함되어야 한다.

- 매출액
- 합리적인 제비용
- 과세소득
- 납세해야 소득세액
- 기납부 소득세액
- 해외발생소득이 있을 경우 해외에서 기납부한 관련 소득세액
- 소득세의 과오납부분(초과 혹은 부족분)

② 세금결산에 사용하는 년도는 양력으로 한다. 양력외에 다른 회계연도를 사용하도록 허가받은 사업체는 그 회계연도에 의해 세금결산을 해야 한다. 사업체는 양력이나 혹은 다른 회계연도로 정해진 회계연도 마지막 날로부터 90일 이내에 세무당국에 세무결산서를 제출하여야 하고, 제출일로부터 10일 이내에 명시된 세금을 정산된 세금을 납부하여야 한다. 초과납부분이 있을 경우 다음 회계기간의 납부세금에서 공제 차감한다.

회사형태의 변형, 흡수합병, 합병통합, 분할(분사), 합병 해지, 합병통합 해지 혹의 파산 등으로 회사형태가 변경될 경우, 사업체는 세무당국과 세금을 결산하여야 하고, 회사형태의 변형, 흡수합병, 합병통합, 분할(분사), 합병해지, 합병통합 해지 혹의 파산 등으로 회사형태를 변경하기로 결정한 날로부터 45일 이내에 세금결산서를 세무당국에 제출하고 세금을 납부하여야 한다.

재정부는 본 항에서 명시한 기업소득세법의 결산 규정을 제공하여야 한다.

5. 법인소득세의 면제와 감면

(1) 사업체 설립 예정인 투자 프로젝트, 조합, 이전 예정인 사업자를 위한 면세와 감세 (제17조)

① 투자가 장려되는 산업분야나 부문, 지역에 설립되는 신규투자 프로젝트와 종합계획

(마스터플랜)에 의해 이전하는 사업체 혹은 사업이 권장되는 지역으로 이전을 목적으로 투자되는 프로젝트나 조합들에는 20%, 15%, 10%의 세율을 적용한다.

② 투자가 장려되는 산업분야나 부문, 지역에 설립되는 신규투자 프로젝트와 종합계획(마스터플랜)에 의해 이전하는 사업체 혹은 투자권장되는 지역으로 이전하는 사업자는 과세소득이 발생한 시점으로부터 최대 4년간은 세금이 면제되고 그 후 최대 9년동안은 납세소득세의 50%는 감면한다.

(2) 새로운 생산라인의 증설, 규모의 확장, 기술의 혁신, 생태환경조건의 개선 및 생산능력 확장을 위해 투자하는 사업자에 대한 면세와 감세 (제18조)

새로운 생산라인의 증설, 규모의 확장, 기술의 혁신, 생태환경 조건의 개선 및 생산능력 확장을 위해 투자하는 사업자는 그 신규투자에서 발생하는 최대한 4년 동안의 소득증가분에 대한 법인소득세가 면제되며 그 후 최대 7년동안은 납세소득세의 50%를 감면한다.

정부는 신규투자에서 발생하는 소득증가분의 결정방법에 관한 규정과 본 조항에서 명시한 각각의 경우에 적용할 수 있는 면세 및 감면 기간에 관한 규정을 제공한다.

(3) 기타 경우 면세 및 감세 (제19조)

① 다음과 같은 사업자의 소득은 법인소득세를 면세한다.

- 과학연구 및 기술개발계약의 실행과 그 실험 생산품에서 발생한 소득 및 베트남에서 최초로 적용된 신규기술에 의한 생산품에서 발생한 소득
- 농업생산에 직접 기여하는 과학용역계약의 실행에서 발생하는 소득
- 오직 장애를 갖고 있는 고용원들의 고용을 목적으로 하는 사업자가 생산한 재화와 용역에서 발생하는 소득
- 장애인들과 특별한 어려운 조건에 처한 아이들, 사회재난과 관련된 사람들의 직업훈련을 통해 얻게 되는 소득
- 정부가 정한 저소득층을 위한 재화와 용역의 생산 및 거래에서 발생하는 소득과 연관된 조합과 개인가족들의 소득

② 특허권, 기술적 노하우, 특별한 기술 및 기술서비스의 형태로 자본에 기여하는 대가로 인한 소득은 면세되며 정부가 정한 규정에 의해 베트남 사업자의 자본비율 가치에 할당·배당된 활동에서 얻는 소득과 관련한 법인소득세는 감면된다.

③ 상당한 규모의 여성 근로자를 고용하여 생산, 건설, 수송활동을 영위하는 사업자에게는 정부규정에 따라 법인소득세가 감면된다.

④ 상당한 정도로 많은 근로자나 소수민족 출신 근로자를 고용하는 사업자에게는 정부가 정한 규정에 따라 법인소득세가 감면된다. 소수민족의 직업훈련과정에서 얻게 되는 소득에 대해서는 법인소득세가 면세된다.

(4) 결손금 이월 (제20조)

세무당국과 세금결산을 마친 후 손실이 발생한 사업자는 다음 사업년도로 그 결손금을 이월할 수 있고 이 이월결손금은 과세소득에서 공제한다. 결손금은 최대 5년동안 이월이 가능하다.

(5) 면세와 감세결손금 이월 절차 (제21조)

동법 17, 18, 19, 20조에서 명시한 면세, 감세, 결손금 이월은 회계제도를 시행하고 영수증, 증빙서류 등을 구비했고 신고한 세금을 납부한 사업자에게 적용된다. 이때 소득이 낮은 재화와 용역 서비스의 생산과 거래에 종사하는 개인과 가족단위는 대상에서 제외된다. 사업자는 세무당국에 제 조건을 등록하고 세금결산시 그 조건을 실행하기 위하여 세금 인센티브와 면세 및 감세의 정도, 결손금 이월정도에 대한 제조건을 스스로 정하여야 한다.

세무당국은 사업자가 세금 인센티브를 받을 자격이 되는지 점검할 책임이 있고 면세나 감세 혹은 과세소득대상에서 차감될 이월결손금이 있는 사업자의 세금액수를 결정한다.

세금 인센티브를 받을 조건, 면세와 감세의 액수와 과세소득 대상에서 차감될 이월결손금의 액수를 정당하지 아니하게 결정한 사업자는 조세범으로 벌금인 행정처벌을 받아야 한다.

6. 외국인 투자기업의 법인세 우대율표

표 20-1 외국인 투자기업의 법인세 우대율표

<table>
<tr><th colspan="2" rowspan="2">법인세율</th><th rowspan="2">감면기간</th><th rowspan="2">투자분야</th><th colspan="2">공업단지</th></tr>
<tr><th>산업공단</th><th>수출가공공단</th></tr>
<tr><td colspan="2">표준세율
(28%)</td><td></td><td>호텔, 금융, 보험, 유통,
서비스업</td><td></td><td></td></tr>
<tr><td rowspan="3">우대세율</td><td>우대세율(Ⅰ)
*20%적용</td><td>흑자전환 후 1년간 면세, 이후 2년간 50% 경감</td><td>표준법인세의 대상이 되지 않고 우대세율 Ⅱ, Ⅲ 어느 것에도 속하지 않는 제조업</td><td>· 서비스업
· 제품의 50% 미만 수출</td><td></td></tr>
<tr><td>우대세율(Ⅱ)
*15%적용</td><td>흑자전환 후 2년간 면세, 이후 3년간 50% 경감</td><td>다음 사항 중 하나를 충족하는 경우
· 투자 장려지역투자
· 투자기간 만료후 베트남정부에 자산이 무상이전되는 사업
· 수출가공공단내 서비스업 영위</td><td>· 제품의 50% 이상, 80%미만 수출(제조업)</td><td>모든 서비스업</td></tr>
<tr><td>우대세율(Ⅲ)
*10%적용</td><td>흑자전환 후 4년간 면세, 이후 4년간 50% 경감</td><td>다음 사항 중 하나를 충족하는 경우
· 우대세율(Ⅱ)의 요건중 2개 충족시
· 특별 투자장려 분야
· 공업단지 인프라 개발기업 및 수출가공구내 기업
· 의료, 교육 훈련, 과학연구 분야</td><td>· 제품의 80% 이상 수출(제조업)</td><td>모든 제조업</td></tr>
</table>

제 3 절 개인소득세(Personal Income Tax)[4)]

1. 거주자 판정

(1) 베트남에서의 체류기간이 183일이내인 경우 비거주자로 판정되며 베트남에서의 원천이 있는 소득에 대하여 25%의 고정세율로 과세가 된다.

(2) 베트남에서의 체류기간이 183일이상이거나 조세목적상 영구거주자인 경우 전 세계 소득에 대하여 10%에서 40%까지의 누진세율이 적용된다.

2. 과세년도

(1) 과세년도는 역년을 이용한다. 정규소득에 대한 개인소득세 과세는 매년 이루어지나 월 기준으로 원천징수한다. 소득세납부는 소득을 지급받는 시점에 매월 한번씩하며 다음 달 15일까지 납부해야 한다. 연도말에 납세자는 확정 소득세신고서를 제출하여야 한다.

(2) 비정규소득에 대하여는 각 건별로 과세가 된다. 비정규소득 지급자는 소득을 납세자에게 지급하기 전에 납세자에게 소득신고, 세금계산, 원천징수를 위하여 세무신고서를 제공하여야 한다.

3. 과세대상소득

과세대상소득의 유형은 다음과 같다.

(1) 정규소득

① 임금, 급여, 수당, 상여금
② 이사회에 참가에 따른 소득수취분
③ 작가의 저작권, 상표권 등의 사용에 따른 소득
④ 수수료와 중개용역, 스포츠 활동에 의한 용역, 디자인 용역, 컨설턴트 용역 등에 속하지 않는 개인으로부터 수취한 소득

(2) 비정규소득

① 외국기구 또는 개인으로부터 베트남에 거주하는 자에게 발송된 현금 및 현물 (발송이유를 불문한다). 단, 해외거주자로부터 선물이나 기부물품을 현물로 받은 경우 2004년부터 비정기소득에 포함되지 않는다.
② 기술이전, 건축, 엔지니어링 디자인, 산업디자인, 상표, 로열티 등과 관련하여 발생한 소득
③ 복권당첨금

(3) 스톡옵션

① 베트남에서 근무하고 있는 근로자에게 부여된 스톡옵션의 소득은 정규소득으로 분류하여 과세가 된다. 과세되는 금액은 행사일의 시장가격과 행사가격과의 차이분을 적용한다.

4. 비과세대상소득

① 업무추진비, 여비, 특근비, 유해·위험수당, 벽지수당, 기술개선·발명·창작 상금
② 퇴직보조금, 휴직보조금
③ 소득세를 납부한 자영 기업주(企業主)의 이자소득

5. 소득공제

가수, 배우, 축구선수, 프로선수 등의 경우에는 과세소득의 25%를 공제해 준다.

6. 외국세액공제

베트남시민, 베트남시민으로 간주되는 사람, 세법상 거주자로 분류되는 사람은 외국에서 납부한 세액에 대하여 증빙을 제출할 경우에는 공제를 받을 수 있다. 그러나 공제받고자 하는 세액이 베트남에서 적용되는 세액을 초과할 수는 없다.

7. 세율

(1) 정규소득

① 개인소득세는 개인의 정기 또는 비정기 소득에 대해 부과되는 세금으로 외국인과 내국인의 세율이 다르며 외국인 및 해외에서 일하는 베트남인에게 적용되는 개인소득세율은 다음과 같다.

외국인과 해외에서 근무하는 베트남인			
소득금액	Rate(%)	초과누진세액	초과누진세율
0 ~ 8,000,000	0%	0	0%
8,000,001 ~ 20,000,000	10%	1,200,000	6%
20,000,001 ~ 50,000,000	20%	7,200,000	14%
50,000,001 ~ 80,000,000	30%	16,200,000	20%
80,000,001 이상	40%		

② 한국은 베트남과 2중조세방지협정을 체결하고 있으며, 베트남에서 연간 183일 이상 체류시에는 원칙적으로 베트남에 소득세를 납부해야 한다. 183일 미만 체류할 경우에는 비거주자로 간주되어 베트남에서 얻는 소득의 25%를 납부해야 한다.

베트남인과 베트남에서 거주자로 인정되는 사람			
소득금액	Rate(%)	초과누진세액	초과누진세율
0 ~ 5,000,000	0%	0	0%
5,000,001 ~ 15,000,000	10%	1,000,000	7%
15,000,001 ~ 25,000,000	20%	3,000,000	12%
25,000,001 ~ 40,000,000	30%	7,500,000	19%
40,000,001 이상	40%		

③ 베트남인에 대한 개인소득세 세율이 2004년부터 대폭 낮아져 면세점 소득이 월평균 3백만동에서 5백만동으로 높아지고, 소득세 누진단계도 기존 6단계에서 5단계로 감소하며, 최고세율은 1천5백만동 이상에 대하여 50%적용하던 것이 4천만동 이상에 대하여 40%세율로 변경되었다. 기존에 1천5백만동 이상 월평균 소득에 대하여 적용하던 고소득자 추가 30%세율은 폐지되었다.

(2) 비정규소득

① 지급건당 15,000,000동을 초과하는 기술이전소득에는 5%의 세율이 적용된다.

② 15,000,000동을 초과하는 각 복권당첨금은 10%의 세율이 적용된다.

8. 독립된 자에게 지급하는 원천세액

고용되지 않은 독립된 계약자에게 지급하는 경우에는 일반적으로 10%의 원천징수 세율이 적용된다.

9. 사회보장기금 및 의료보험

(1) 사회보장세는 현지인만 해당되며, 매월 국내 및 외국법인은 국내 베트남종업원 급여의 15%를 사회보장기금에 기부하여야 하며, 종업원은 5%를 납부하여야 한다.

(2) 의료보험 납부율은 다음과 같다.

① 고용인 : 2%

② 피고용인 : 1%

제 4 절 부가가치세(附加價値稅, Value Added Tax)[5]

1. 과세대상

(1) 제조, 무역, 용역제공 및 재화를 수입하는 개인 또는 기업에 부가가치세 과세

(2) 면제품목 : 소금생산, 특별소비세가 부과되는 제품 또는 용역, 베트남에서 생산되지 않는 기계장치 등

2. 부가가치세율

기본세율은 10%이며, 품목에 따라 5%가 적용되는 품목이 있다. 수출품에는 0%의 세율이 적용된다.

(1) 0% : 수출품 및 임가공수출 등(on-the-spot Export포함 : 수출품의 원재료로 사용되거나, 추가가공을 위하여 베트남 내에서 이동하는 경우를 말함)

(2) 5% : 생활필수품 등과 관련된 제품 및 서비스로 생수, 비료, 교육, 용지, 교과서, 음식물, 의약품 등

(3) 10% : 위의 세율이 적용되지 않는 품목 및 면제대상품목을 제외한 기타 모든 재화 및 용역 등

3. 세액 계산방법

(1) 세액공제법 및 직접공제법이 있으나, 외국인투자기업이 경우 모든 경우 세액공제법을 적용하여 계산한다.

(2) 납부세액 = 매출부가세 - 매입부가세

4. 신고 및 납부

(1) 신고 : 매월 정해진 양식에 의한 부가세신고서를 작성하여 관할 세무서 제출. 제출기간은 익월 10일

(2) 납부 : 익월 25일

5. 부가세 환급

(1) 한분기(3개월)의 누적 매입부가세액 > 누적매출세액인 경우에 환급된다.

(2) 계절적 특성을 지닌 제품을 생산하거나, 수출재화를 생산하는 업체는 매입세액>매출세액인 경우 월별환급이 고려된다.

(3) 기타 경우 : 신규투자업체의 경우 1년이상 투자만 진행되는 경우(매출세액 발생없이) 매입세액이 2억동을 초과할 경우에는 각 분기별 환급이 고려된다.

(4) 합병 등 사유, 정부결정 등 사유가 발생했을 경우 환급

6. 사업자 등록

(1) 신규사업자의 경우 기업등록증을 받은 후 10일 이내에 등록

(2) 변경등록의 경우는 변경이전 5일 전까지 등록

(3) 여러 지역에 판매사무소를 갖춘 경우 각 지역에 지점신고 및 등록・납부가 필요하다.

(4) 건설회사의 경우에도 본사뿐만 아니라 건설현장도 등록・신고・납부가 필요하다.

7. 매입부가세의 신고

매입세금계산서의 일자로부터 3개월 이내에 신고해야 매입부가세가 공제가능하다. 3개월 초과했을 경우 특별한 경우를 제외하고 공제가 제외된다.

8. 지점부가세

부가세는 각 지점별로 신고 및 납부한다. 요건에 따라 본사세금계산서를 사용하는 경우와 직접 지점 등에서 세금계산서를 매입하여 사용하는 경우로 나뉘어 진다.

9. 세금계산서 구입

세금계산서를 불법으로 사고 판 경우에는, 부가세뿐만 아니라 벌과금도 부과될 수 있다. 법인세법상 비용은 부인된다.

10. 수출품의 제조

(1) 수출품과 관련하여 해당 매출채권이 회수되지 않을 경우 해당 제품의 제조와 관련된 부가세매입세액도 환급되지 않으므로 유의해야 한다(본사채권이 많을 경우 발생함).

(2) 수출품의 제조 및 임가공과 관련하여 275일동안 관세 및 부가세의 납부가 유예되나, 기간을 초과하는 경우에는 관세 및 부가세를 납부해야 한다.

(3) Local 수출(On-the -spot Export)의 경우 반드시 법에서 규정한 요건을 충족해야 수출로 인정되므로, 최초계약시 이에 대한 검토가 필요하다.

11. 기타 유의사항

(1) 세금계산서 요건구비에 대해서 반드시 확인할 필요가 있다 : 회사명, Tax code 등

(2) 법인세법 상으로 10만동이상의 국내비용 지출건에 대해서는 반드시 세금계산서가 첨부되어야 한다.

(3) 자가 사용한 재화에 대해서도 부가세 세금계산서 발행이 필요하다(세금계산서 기재사항이 약간 다름).

(4) FCWT법에 의하여 Deemed rate에 의하여 원천징수 납부하였을 경우, 원천징수자는 해당 원천징수금액에 해당하는 금액을 매입세액공제로 환급받을 수 있다.

12. 부가세 환급

(1) 베트남에서의 부가세 환급은 통상 세무서의 현장 서면 실사 후 승인이 이루어지므로 환급이 한국보다는 까다롭고, 시간이 많이 소요된다.

(2) 또한, 약간의 형식적인 구비가 미비하면 환급이 제외되거나, 부가세부과가 될 수 있으므로 모든 서류작성에 유의해야 한다.

제5절 외국인 계약자세 (Foreign Contractor's Tax)[6)]

1. 납부의무자

(1) 베트남에 고정사업장(Permanent Establishment)이 없는 외국기관(법인포함) 및 외국인으로 계약 혹은 약정 등에 의하여 베트남 법인이나 개인·베트남 내에서 사업을 영위하고 있는 외국인에게 용역을 제공하는 경우

(2) 베트남 내에서 설치, 위탁판매, 보증, 유지보수, 교체 및 훈련 등과 같은 서비스 혹은 재화의 공급에 부수되는 기타의 서비스를 제공하는 외국기관 및 개인 등

(3) 베트남 내에서 영업활동을 하지 않고 기술양도소득, 로열티 등으로 베트남에서 소득이 발생하는 외국법인 및 개인 등

(4) 이자소득 등

2. 산정방법

(1) 베트남 회계시스템을 적용하는 경우 : 베트남 회계시스템을 적용하여 회계처리하는 경우, 외국인 계약자가 일반 외국인투자 법인처럼 세무 및 회계처리를 하여 부가세 및 법인세를 확정하여 신고 및 납부를 하는 방법이다.

(2) 베트남 회계시스템을 적용하지 않는 경우 : 베트남의 발주처가 외국인 계약자에게 계약금액을 지급하기 전에 관련 세금을 해당 법에서 규정하고 있는 요율에 의하여 원천징수하여 베트남거래처가 과세관청에 납부하여야 한다. 한편, 이 방법의 경우는 외국인계약자의 매입부가세의 공제가 허용되지 않는다.

(3) 혼합된 방법의 경우 : 위의 (1) 및 (2)를 혼합하여 적용하는 방법이다. 즉, 법인세는 (2)의 방법에 의하여, 부가세는 (1)의 방법을 적용하는 경우이다.

제 6 절 수출입관세 (Import/Export Duties)[7)]

1. 개관

일반적으로 베트남으로(부터) 모든 수입 · 수출은 수입 · 수출관세의 대상이 되는데, 특히 사치재와 같은 소비재는 높은 율의 수입관세가 적용되는 반면에 기계, 장치, 생산 원재료 특히, 베트남에서 생산되지 않는 품목들은 낮은 수입관세가 적용된다.

2. 수입관세

(1) 일반적으로 베트남으로(부터) 모든 수입 · 수출은 수입 · 수출관세의 대상이 되는데, 특히 사치재와 같은 소비재는 높은 율의 수입관세를 적용된다.

(2) 수입관세율은 보통 0~50%인데, 담배와 주류 같은 특정 상품에 대해서는 100%가 적용된다. 외국인투자의 자본재나 재수출을 위한 가공용으로 들여온 재화 및 ODA 펀드 하에서 수입된 재화는 일반적으로 면세가 인정된다.

(3) 수입관세를 일반률, 우대세율, 특별우대세율의 크게 3가지로 구분할 수 있는데, 우대세율은 베트남과의 최혜국(Most Favored Nation)조항을 가진 나라로부터의 수입재화에 대해 적용되며, 특별 우대세율은 베트남과 특혜협정을 체결한 나라로부터의 수입재화에 대해 적용된다.

(4) 일반률은 기타의 경우에 적용되며 우대세율에 대해 50%가 부가된다.

(5) 수입재화의 관세 과세표준은 원칙적으로 송장가격이며 CIF가격인데, 만약 송장이 없거나 송장가격이 최소 요구가격(Required Minium Price)이하인 경우, 재무부 또는 관세청(General Department of Customs)에 의해진 최소가격이 그 기준이 된다.

3. 수출관세

수출관세는 몇몇 품목에 대해서만 부과되는데, 기본적으로 쌀, 광물, 삼림생산품, 어류와 같은 천연자원에 대해 부과되고 그 율은 0~45%이다. 수출관세 계산을 위한 가격은 송장의 FOB 가격이며, 수출재화에 대해서는 최소가격이 적용되지 않는다.

제 7 절 특별판매세 (Special Sales Tax)[8)]

1. 납세의무자

특별판매세는 술, 수입자동차, 석유, 담배, 카드, 디스코텍, 마사지, 가라오케, 카지노, 잭팟, 골프장, 도박오락시설 등 일부 재화·용역에 대해 부과된다. 재화의 경우 생산 또는 수입단계에서만 부과된다.

2. 세율

세율은 재화의 경우 10%~80%이고, 서비스의 경우는 10%~30%이다. 2004년 1월 1일부터 특별판매세 과세대상인 재화는 또한 부가가치세도 부과된다. 잠정적인 특별판매세 감면은 자연재해로 인한 손실과 자동차조립업체 경우에 적용될 수 있다.

제 8 절 기타 세법[9)]

1. 토지관련 세법

(1) **토지사용료**(임차료) : 토지임차료는 산업공단의 경우 공단사무소, 기타지역의 경우 해당 지역의 납부기관에 납부해야 한다.

(2) **토지사용권 매각차익소득** : 28% × 토지매각차액 + 28% 세금납부 후 매각차액에 누진 세율을 적용하여 산출한 금액으로서 토지사용권 양도인이 납부해야 한다.

(3) 토지사용권 이전등록비용(취등록세 개념) : 2%(농경지) 또는 4%(비농경지) × 토지의 공시가격 × 면적으로서 토지사용권 양수인이 납부해야 한다.

2. 천연자원세 (Natural Resources Tax)

철광산, 비철광산, 금, 원유, 가스, 산림, 수산물, 천연가스 등과 같은 천연자원을 개발하는 기업 등에 대하여 1%~40%까지의 사용료(Production Royalties)가 부과된다.

3. 그 밖의 조세 및 관련법

그밖에도 등록세, 사업면허세 인지세(Stamp Tax), 이전가격세제(Transfer pricing : 관계사간 거래에 있어서 임의적인 금액조정에 의하여 현지법인의 손익을 조정할 경우 해당 됨), 반덤핑·반보조금법(베트남에 수입되는 제품에 대하여 생산국에서의 지원으로 인하여 현저히 낮은 저가로 수입되어 베트남 시장에 교란을 줄 수 있는 경우 이에 대하여 조사한 후 취할 수 있는 절차(수입관세 가산) 등을 규정하고 있음) 등이 있다.

제9절 이중(二重)과세방지 협정

1. 서론[10)]

베트남은 소득에 대한 조세의 2중과세회피와 탈세방지를 위하여 세계 각국과 협정(이중과세방지 협정, Double Tax Avoidance Agreement)을 체결하고 있다. 1994년 3월 2일 싱가폴과 이중과세방지 협정을 최초로 체결한 이후 현재까지 42개국과 이 협정을 체결했다. 한국과는 1994년 5월 20일에서 이 협정이 서명되었고, 1994년 9월 9일부터 발효되었다.

2. 한국·베트남 이중과세방지 협정[11)]

한국과 베트남이 체결한 이중과세방지 협정은 총 29조로 구성되어 있으며, 이 협정은 일방 또는 양 체약국의 거주자에게 적용된다(제1조). 이 협정의 대상조세는 다음과 같다(제2조).

(1) 이 협정은 조세가 부과되는 방법여하에 불구하고 일방체약국, 그 정치적 하부조직, 또는 지방자치단체가 부과하는 소득에 대한 조세에 대하여 적용한다.

(2) 재산의 가격증가에 대한 조세는 물론, 동산 또는 부동산의 양도로 인한 소득에 대한 조세 및 임금 또는 급료의 총액에 대한 조세를 포함하여 총소득 또는 소득의 제요소에 부과되는 모든 조세는 소득에 대한 조세로 본다.

(3) 이 협정이 적용되는 현행 조세는 특히 다음과 같다.

가) 대한민국에 있어서는,

① 소득세

② 법인세

③ 주민세

나) 베트남사회주의공화국에 있어서는,

① 개인소득세

② 이윤세

③ 이윤송금세(2004년도 폐지됨)

STRATEGIC MANAGEMENT in VIETNAM

제7부 결 론

제22장 성공을 위한 투자 유의사항

제22장

성공을 위한 투자 유의사항

이 장에서는 베트남에 투자 진출하여 성공하는데 중요하다고 판단되는 요소들을 주 베트남 대사관에서 발표한 '대(對)베트남 기업진출 안내서' 내용을 중심으로 고찰하기로 한다. 그리고 베트남 정부의 투자환경개선 노력을 살펴보고, 끝으로 베트남의 미래 모습을 제시하고자 한다.

제1절 일반적 유의사항[1]

1. 베트남 시장의 특성과 유위사항

(1) 남부와 북부베트남은 지역적으로 분리된 시장이다.

호찌밍시 중심의 남부지역과 하노이 중심의 북부지역은 지리적으로 거리가 매우 멀고(1,650km), 물류 여건이 좋지 않고 구매력도 차이가 있으므로 각각 분리된 시장이라는 관점에서 접근할 필요가 있다. 즉, 소비자 취향, 이미 진출한 경쟁 업체들의 시장점유율 등도 상이하므로, 시장진출전에 충분히 사전조사를 해야 한다.

■ 사전조사 부족으로 인한 실패 사례[2)]

1999년대 후반부터 불어온 한류의 영향으로 한국의 많은 문화상품들이 베트남에 유입되자, 음료회사인 C사는 이를 기반으로 2001년 호찌밍시 남부에 건강음료공장을 건설하며 단독투자형식으로 500만달러를 투자하며 베트남시장에 진출하였다. 그 후 베트남 내(內) TV 광고에 한류스타를 기용할 정도로 적극적인 마케팅활동을 펼쳤다.

초기에는 한류스타에 영향을 받아 판매물량이 증가하였지만 이미 베트남 내 음료시장의 경쟁이 매우 치열했다. 특히, 다른 외국기업의 제품들이 베트남시장을 미리 선점하고 있었으므로 C사에서 투자했을 시기에는 다른 업체와의 경쟁을 피하는 것이 불가피했으며, 음료의 맛 또한 다른 제품들에 베트남 소비자들이 익숙해져 있어서 이를 바꾸기에는 역부족이었다.

결국 C사는 2003년말 철수를 결정했다. 투자를 위해서는 초기에 치밀한 시장조사가 필요했고 또 베트남 소비자들에 대한 집중적인 기호파악을 하지 않은 결과였다.

(2) 유통체계가 정돈되어 있지 않고 제품군(群)별로 상이하다.

유통구조가 선진국처럼 정돈되어 있지 않고 유통체계가 수입상-도매상(딜러)－소매상－소비자, 수입상－소매상－소비자, 수입상－소비자 등과 같이 다양하므로 거래 전에 반드시 확인할 필요가 있다.

또한, 소비재의 경우 일반 소비자들의 구매력이 약하기 때문에 유통마진을 낮게 책정하는 경우가 많다.

(3) 지역별, 소득계층별 격차가 큰 시장이다.

도시-농촌간, 지역별 소득격차가 크며, 같은 지역이라도 소득간 격차가 심하므로 목표고객을 정확히 설정해야 한다. 이에 따라, 소비시장이 대도시 고소득층을 중심으로 한 고급제품 시장과 도시 저소득층, 농촌지역을 중심으로 하는 저가제품 시장으로 양분되어 있다.

(4) 투자허가 남발로 내수시장 경쟁이 치열

자동차, 오토바이 등 일부 분야의 경우, 정부에서 투자허가를 남발하여 내수시장 점유경쟁이 치열하다. 자동차의 경우 외국투자업체가 11개사가 있으며, 오토바이의 경우 52개의 현지조립업체와 7개의 외국투자업체가가 있다. 또한 수입관세 인상, 수입규제 등 정부발표가 충분한 사전고지 없이 시행되는 경우가 있고 일관성이 결여된 경우가 종종 있다.

(5) 유명 외제제품을 선호하는 브랜드시장이다.

베트남 소비자들은 소득의 증가에 따라 유명 외제제품을 선호하기 때문에 이러한 소비행태의 변화를 면밀히 분석해야 한다..

(6) 지적재산권의 보호가 미흡하고 복제품이 많다.

베트남에도 지적재산권 보호에 대한 법규정은 있으나 베트남 정부와 소비자들의 특허권, 상표권, 의장권 등 지적재산권에 대한 인식부족으로 인해 이에 대한 보호가 미흡하다.

베트남은 불법복제율이 아시아지역 최고인 94%이다. 또한, 각종 상표의 불법 도용은 물론 최근에는 외국상표를 먼저 등록하여 외국기업의 진출을 방해하는 사례도 발생하는 만큼, 반드시 사전에 지적재산권에 대한 보호조치를 해두어야 한다. 특히 전시회, 박람회 등에 출품된 제품을 복제하여 유통시키는 사례가 있으므로 이에 대한 대비가 필요하다.

경영사례

■ 베트남 Saigon Cosmetic Corporation(SCC)사의 성공사례[3)]

'사이곤 코스메틱'사(社)는 1978년 국영(國營) 화장품 제조업체로 설립되었으며, '베트남 최고 품질상'을 10회 수상한 회사이다. 이 회사는 지적재산권 분야에서 특화전략을 구사하여 베트남 화장품 업계 1위에 올라섰다.

이 회사는 지적재산권의 중요성이 널리 알려지기 이전부터 지적재산권 보호에 앞장섬으로써, 해외기업들과의 업무제휴가 한층 용이하였으며, 이를 통하여 내수시장을 기반으로 성장하는 것이 가능하였다. 이 회사의 지적재산권 관리노력을 구체적으로 살펴보면 다음과 같다.

이 회사는 회사설립 초기부터 지적재산권의 중요성을 간파하였으며, 영세한 기업규모에도 불구하고, 지적재산권 전담 관리자를 두는 시스템을 운영하였다. 즉, 품질에 대한 평판 및 고객에 대한 충성도 등을 경쟁이 치열한 화장품 업계에서 성공하기 위한 필수 요소로 인식하고, 초창기부터 이 문제 및 지적재산권에 대해 관심을 쏟는 것을 핵심 경영전략으로 채택했던 것이다.

특히, 1991년부터는 본격적으로 지적재산권을 관리하여, 제품을 시장에 내놓기 전에 특허권을 확실히 보호받는 체제를 구축하였다.

그 결과, 베트남 국내에서 총200여개가 넘는 지적재산권을 확보하고, 해외에서도 15개국과 40여개의 지적재산권 및 라이센싱 협약을 체결하였다.

이러한 노력 결과, 국제지적재산권기구(WIPO)는 이 회사를 지적재산권 보호 · 관리 분야의 모범기업으로 선정한 바 있다.

2. 한국 상품에 대한 인지도와 유의사항

(1) 한류열풍의 영향에 따른 한국 상품이 고급제품이라는 이미지 형성

베트남은 90년대 후반부터 일어난 한류열품의 본원지로 한국드라마, 영화, 패션, 음악 등의 보급으로 한국문화에 대한 선호도가 높으며 한국상품이 고급제품이라는 이미지를 많이 가지고 있으므로 이를 이용한 미케팅전략 수립이 필요하다. 그러니, 막연한 기대로 베트남시장 진출을 시도하기 보다는 경쟁국 제품의 진출여부 및 가격, 제품에 대한 구매력, 유행하는 디자인, 색상 등에 대한 철저한 사전시장조사를 통해 시장접근을 하여야 한다.

(2) 마케팅 전략수립시 정확한 포지셔닝

한국의 국가이미지로 인해 베트남에서의 상품홍보에는 유리하다는 장점이 있다. 한국제품은 미국, 유럽, 일본 등 선진국제품에 비해 품질은 근접한 수준이지만 가격이 낮은 반면, 중국의 저가제품에 비해 가격은 좀 높지만 품질은 우수하다는 평가를 받고 있다. 그러나, 시장진출시 고가판매 또는 저가판매 등 마케팅 전략수립시 제품에 대한 포지셔닝을 확실히 해야 할 필요가 있다.

3. 거래 상대방에 대한 사전 정보 및 신용조사

(1) 베트남은 각종 법제도와 규정이 복잡하여 현지사정에 대해 철저한 사전조사 없이 무리하게 투자를 추진하면 업무적으로 예상치 못한 문제에 봉착할 가능성이 상당히 크다.[4)]

베트남은 아직까지 신용거래가 정착되지 못하였고 믿을만한 신용조사기관도 없으므로, 직접 만나 관계를 쌓고 신용도를 파악하는 것이 필요하다.

특히, 수출시 선불 요구, 과도한 샘플 요구, 베트남 시장에 대한 독점권을 요구하는 경우가 많이 있으므로, 사전에 충분한 신용조사를 하거나 소액거래를 실시한 후 협상에 임하는 것이 좋다.

(2) 내수시장 진출시 시장성 및 유통망 조사를 반드시 실시한다.

중국으로부터의 저가 밀수품 등이 많아 내수시장 규모만 보고 거래할 경우 실패 가능성이 크다. 또한, 각 품목마다 복잡한 유통구조를 갖고 있으므로 유통망에 관한 사전지식을 쌓아야 한다.

4. 열악한 산업기반 시설[5)]

베트남은 산업기반시설의 유용성 및 기준이 아세안 4개국에 비해 열악하다. 베트남에 진출한 외국투자자들은 베트남의 열악한 도로여건을 사업수행 장애요인중의 하나로 지적하고 있다. 따라서 컨테이너 운송 및 통관 등에 상당한 비용이 소모된다.

비좁은 도로와 낡은 철로, 부족한 항만 탓에 산업의 '혈관'인 물류시스템은 언제나 마비상태에 있다고 해도 과언이 아니다. 열차는 협궤인 데다 단선(單線)이며, 호찌밍시에서 1,650km 떨어진 하노이를 열차로 갈 경우 38시간이 걸리고, 시외버스로는 3박 4일이 소요된다.

하노이~호찌밍시 사이의 도로 역시 편도 1차로에 불과하여, 이용하기 불편하다. 대도시 주변 도로에서는 자동차와 오토바이, 우마차 등이 뒤얽혀 시속 30km도 내지 못하는 경우가 허다하다. 이러다 보니 물류비용이 높아질 수밖에 없다.

주요 공장마저 이따금 '단전' 통지를 받을 정도로 전력사정도 형편없다.

따라서 베트남에 진출하려는 기업은 공장입지를 결정할 때 산업기반시설이 얼마나 갖추어져 있는가를 고려해야만 한다.

5. 생산관련 기반시설 크게 부족[6)]

생산여건 역시 부족한 점이 많다. 생산직 인력이 풍부하고 근로의욕은 앞서 있지만, 이를 효율적으로 관리할 중간 관리자 계층과 기초 과학기술 관련 인력이 턱없이 부족하다. 그 결과, 하노이, 호찌밍시 등 최근 외자기업의 신규진출이 급증하는 지역에서는 글로벌 기업에서 근무경력을 쌓은 중간 관리자급 인력들이 평균급여의 3배 이상을 받으며 회사를 자주 옮기는 현상도 쉽게 발견할 수 있다.

무엇보다 중간재를 공급해 줄 부품업체나 소재업체가 거의 없다. 철강재, 석유화학제품 등 기초소재 산업이 미비하다 보니 제조업이 성장할 수 있는 기반이 취약할 수밖에 없다. 현지 생산이 이뤄지고 있는 일부 부품도 품질면에서는 경쟁력이 거의 없는 경우가 대부분이다.

6. 관료의 부정부패[7)]

많은 조사들에 의하면, 부패가 베트남이 당면하고 있는 큰 문제점이라고 지적되고 있다.

최근의 한 부패정도 조사에 의하면, 베트남은 총 99개국 중 75위에 해당되고 부패지수가 2.6(10 매우 청렴, 0 매우 부패)으로 나타나 부패정도가 심한 것으로 나타나고 있으며, 최근 들어 부패지수가 2.4로 나빠져 갈수록 부패정도가 심화되는 것으로 나타나고 있다.

결론적으로 베트남의 부패는 베트남 정부에게 심각한 고민거리이며 외국인 직접투자 유치에 부정적으로 작용하고 있다.

■ 베트남 관료의 극심한 부정부패[8)]

베트남의 부정부패는 세계적으로 악명이 높다. 베트남에서는 고위 공무원에서부터 말단 공무원에까지 부정부패가 만연되어 있다. 최근 교통부에서는 외국으로부터 원조를 받은 ODA(공적지원자금)를 유용한 혐의로 담당자들은 물론이고 장관과 차관까지 구속 또는 해임되었다.

얼마 전에는 고속도로 톨게이트 근무자들이 톨게이트 비용을 속여 보고 했다가 구속되었다. 또 이들은 통과하는 차량들의 보험증과 등록증, 화물적재량 등을 검사하는 과정에서 운전자들로부터 돈을 받는 경우가 허다하다. 베트남 교통당국은 하노이에서 항구도시 하이퐁에 이르는 5번 고속도로에 근무하는 모든 톨게이트 근무자들에게 호주머니를 모두 봉해서 없애도록 하는 지시를 내렸다.

■ 세계 각국의 부패지수[9)]

세계적인 여론조사 기관인 「갤럽」이 전세계 101개국에서 각국 거주 성인(成人) 가운데 1천명씩을 무작위로 표본추출한 후 이들을 대상으로 "당신 나라의 정부에 부패가 만연하고 있는가?", "당신 나라의 기업 부문에 부패가 만연하고 있는가?"라는 2개의 질문을 던져 응답 결과를 지수화(指數化)했다. 이렇게 계산된 부패지수는 수치가 높을수록 부패가 심하다는 뜻이다.

이러한 자료를 토대로 작성하여 발표한 「갤럽 부패지수」에 따르면, 이번 조사에서 부패지수 12를 기록한 핀란드가 1위를 차지, 지구상에서 가장 청렴한 국가라는 영예를 차지했다. 또 덴마크와 뉴질랜드(각 21)가 공동 2위, 아시아의 대표적 청렴국가 싱가포르가 4위를 차지했고 ▲사우디아라비아(25) ▲영국, 노르웨이, 스위스(각 36) ▲호주(37) ▲스웨덴(39) 등이 '부패 정도가 낮은' 상위 10개국에 포진했다.

주요국 가운데는 미국이 부패지수 59로 19위, 프랑스(63)가 26위, 일본(66)이 30위, 독일(75)이 48위, 이탈리아(86)가 82위로 조사됐다.

베트남(47)과 아프가니스탄(69)이 각각 14위와 34위를 차지해 정부와 기업부문의 부패정도가 한국보다 덜한 것으로 나타났다.

한국은 남아프리카공화국, 니제르, 부르키나파소, 볼리비아와 함께 부패지수 74를 기록해 공동 42위에 자리했다. 반면 리투아니아는 부패지수 94로 조사대상 101개국 가운데 가장 '부패한' 국가로 꼽혔으며, 레바논과 폴란드(각 93), 타일랜드(91), 모로코, 루마니아, 러시아, 우크라이나, 카메룬(각 90) 등도 최하위권에 자리했다.

---

7. 과다한 행정처리 시간과 복잡한 인허가 과정[10)]

투자허가 기간이 제도적으로는 3개월 이내로 되어 있으나 대개 6개월~1년이 소요되며, 행정절차도 복잡하여 아예 현지 대행기관에 수수료를 지급하고 허가를 취득하는 경우가 대부분이다.

투자허가와 그 이후의 토지사용, 공장건설허가 등의 업무가 이원화(二元化)되어 있어 실제 공장가동에 어려움이 많으며 인허가관련 비용이 크게 늘어나는 경우가 대다수이다.

또한 투자허가는 MPI(투자계획부)에서 주관하지만, 토지사용 및 공장건축허가 등은 시(市)·성(省)인민위원회가 전담하고 있어 행정절차가 까다롭고 장기간 소요된다.

베트남은 WTO 가입을 위해 지난해 국제기준에 맞춰 새로운 법을 제정했다. 내국인과 외국인으로 나뉘어 있던 기업법도 통합됐고, 증권법도 새로 제정했다. 그러나 시행령과 규칙이 아직 미비하고 일선 공무원들도 그 내용을 숙지하지 못하고 있다.

이런 이유에서 사업 인허가 신청시, 현장에서는 공무원들이 각종 규정과 서류를 비교하고 검토하는 과정에 시간이 많이 소요될 수 있다. 따라서 시간적인 여유와 인내심을 갖고 사업을 추진해야 한다.

제2절 합작투자 의사결정 시 고려사항[1)]

1. 현지인 명의신탁 자제

외국인 투자가 금지되는 업종, 외국인 투자 허가지연, 또는 외국기업에 대한 2중가격제(조세, 전기료 등) 회피를 목적으로 현지인을 명목상의 사업주로 내세우는 경우가 가끔 있다.

이 경우는 거의 대부분 사업을 베트남인에게 빼앗기게 되며, 법적으로 이를 되찾을 방법도 없으므로 절대적으로 피해야 한다.

2. 현지 법규정 이해와 준수

베트남은 사회주의 국가이며, 복잡한 법규정을 갖고 있으므로, 현지법규를 철저히 이해하고 이를 준수해야만 어떤 문제발생시에 법의 보호를 받을 수 있다.

3. 합작투자시 경영권 마찰 가능성에 대한 대비

외국투자기업(합작의 경우)은 출자비율에 관계없이 사장과 제1부사장중 1인은 반드시 베트남측 인사로 선출해야 한다.

또한, 외국투자기업의 이사회는 기업의 최고의사결정 기관이며, 사장, 제1부사장의 임면, 정관의 수정과 같은 중요사항은 만장일치제를 채택하고 있으므로, 실질적으로 베트남측이 중요사항에 대한 거부권을 행사할 수 있고 외국인 투자가는 경영권의 심각한 제약을 받을 수 있음을 유념해야 한다.

4. 합작 파트너의 신중한 선정

합작 파트너 선정시 파트너의 신용 및 재무상태, 경력 등에 관한 사전조사가 필수적이다. 증자시에 베트남측이 자금조달능력 부족과 이사회 만장일치제에 따른 거부권 때문에 외국기업측이 일방적으로 자금을 투입하고도 출자비율은 그대로 유지되는 사례가 발생하기도 한다.

최근, 파트너 소개를 미끼로 하는 사기사건도 발생하고 있으므로 소개료를 요구하는 브로커와의 접촉은 피해야 한다.

현장정보

■ 합작 파트너의 배신[12)]

베트남에 합작투자 형식으로 진출한 중소기업 및 개인 사업자들은 베트남 파트너의 부당 상거래로 피해를 입고 있다. 가장 대표적인 경우가 파트너의 배신이다. 베트남 「투자법」은 일부 서비스 분야에서 외국인의 단독투자를 금지하고 있다. 따라서 많은 한국인들이 이를 피해 베트남 현지인과 합작하기나, 또는 직원 이름으로 사업체를 등록하고 있는데, 이 과정에서 문제가 발생한다.

하노이에서 한식당을 경영하고 있는 K씨는 "일부 베트남인들은 한국인 파트너의 각종 약점을 잡아 사업에서 손을 떼게 만든다. 차명(借名) 등록은 법의 보호를 받을 수 없기에 업체를 고스란히 빼앗기는 사례가 적지 않다. 하노이에서는 '5,000만원을 갖고 오면 반 년, 1억원을 갖고 오면 1년만에 보따리를 싼다.'는 말이 나돌 정도"라고 말했다

구체적인 사례를 들면, 국내에서 식당업을 하던 M씨는 자본금 3억원을 투자, 호찌밍시에 베트남 현지인 명의로 뷔페식당을 개업하였다. 1호점 성공에 힘입어 7억 9,000만원을 투자, 2 · 3호점을 연달아 개장했으나 문화 · 관습 차이로 현지인을 관리하는데 많은 문제점이 나타났다.

그 후 사소한 문제로 명의대여자와 다투고, 나중에 명의대여자 3명이 이 식당을 차지하자, 결국 M씨는 무일푼으로 귀국하는 수밖에 다른 방법이 없었다.

제3절 투자 입지선정 시 유의사항[3)]

1. 외국인 투자가 집중된 지역을 피할 것

외국인투자 집중지역은 인건비 상승, 기술자 구인난 등의 어려움이 예상되므로 가급적 외국인투자 집중지역은 피해야 한다.

2. 주변 지역의 인구구조 및 출퇴근 거리 조사

베트남 사람들은 거주지 주변 근무를 희망하므로, 입지 예정지의 인력구조와 출퇴근거리에 관한 사전조사가 필요하다.

3. 지역별 투자 인센티브 비교

베트남은 사회주의 국가이면서도 지역별 자치권이 폭넓게 인정되며, 투자인센티브도 각 성, 시, 공단마다 다르므로 가능한 다양한 지역을 대상으로 인센티브(우대혜택)를 비교해야 한다.

4. 입지 예정지의 지질상태 사전점검

베트남의 평야지역(특히, 호찌밍시 인근)은 대부분 퇴적층이라 기초공사 등에 의외의 비용이 추가되는 경우가 많다.

5. 토지사용권 취득시 거주민에 대한 보상문제 명확히 처리

베트남은 토지소유권은 국가에 있지만 사용권은 개인이 보유하고 있고 이를 강제수용하는 것도 현실적으로 어려운 실정이다.

따라서 지방정부와 부지보상비를 책정하고 시당국에 이를 위임하는 것이 좋으며, 반드시 이를 문서화해야 한다.

제 4 절 베트남에서의 사업경영 시 유의사항[14)]

1. 경영관리 측면의 유의사항

(1) 베트남에서 상거래시 모든 계약 및 약속은 필히 문서화해야 하며, 중요한 계약서는 가급적 공증(公證)을 세우는 것이 바람직하다(베트남은 구두계약은 물론 심지어 문서화된 계약도 파기하는 경우가 있음).

(2) 공사 시공시 철저한 감리

자재 종류, 소요량 등을 속이는 경우가 흔하므로 건설감리는 한국 전문가에게 맡기는 것이 바람직하다.

(3) 한국 관리자의 솔선수범

베트남 근로자는 사회주의 체제의 영향으로 애사심, 투철한 직업의식 등이 부족하므로 관리자가 솔선수범하는 것이 필요하다.

(4) 투명하고 철저한 관리시스템 구축

베트남 근로자들은 별다른 죄의식 없이 원부자재를 가져가는 사례가 많다. 따라서 경리, 수금 및 원부자재 관리를 위한 철저한 내부통제 시스템을 구축해야 한다.

또한, 한국인 관리자들도 근검절약하고, 투명한 경영을 통하여 베트남 근로자들을 통제해야 한다. 특히, 사생활 측면에서도 지탄받을 행동은 극히 자제해야 한다.

2. 노무관리시 유의사항

(1) 노동조합 설립을 지원

개정 베트남 노동법(2003. 1월 시행)은 노동조합 설립에 대한 사용자 조력의무를 규정하고 있다. 베트남에서 노조와 회사는 대립 · 투쟁의 관계가 아닌 협력적 관계이므로 노조설립을 부정적인 시각으로 보기 보다는 법규에 따라 설립을 지원하고 실질적인 관계개선에 주력하는 것이 효과적이다.

(2) 노동법 숙지

베트남 노동법은 기본적으로는 노동자의 입장에서 만들어진 법이므로, 사용자 입장에서는 사전에 충분한 대비가 필요하다.

또한, 노동조합과 건설적 협력관계를 유지하는 것이 아주 중요하다. 때로는 일반 근로자들의 불만을 노조가 사용자의 편에서 해결해줄 정도로 협조적이지만, 노조와의 관계 설정이 잘못될 경우 잦은 분규의 원인이 되기도 한다.

(3) 베트남 근로자의 근로행태 및 문화에 대한 이해

① 베트남인들은 자존심이 무척 강하고 명예를 소중히 하므로 이를 손상하지 않도록 해야 한다. 특히 다음과 같은 점을 고려해야 한다.

- 머리를 손으로 만지는 것도 구타에 속한다.
- 근로자에 대한 심한 욕설은 피해야 한다.
- 동료들이 보는 앞에서 잘못을 야단치는 것은 자제해야 한다.
- 통역을 통해 주의를 줄 경우도 세심한 배려를 해야 한다(예를 들면, 남자직원을 주의 줄 때 여자통역을 쓰는 것은 피해야 한다).

② 생산성 향상과 노무관리 자료로 활용하기 위하여 세세한 부분까지 문서화하여, 성과에 대해서는 인센티브를 주고 잘못된 부분은 징계와 함께 기록을 유지해야 한다.

3. 베트남으로의 수출시 유의사항

(1) 수출계약이 경제적으로 건전한가?

1) 주문한 상품 및 서비스가 현재 베트남의 필요에 어느 정도 부합하는지를 점검해야 한다.

2) 계약규모가 이러한 상품의 통상적인 거래규모와 어느 정도 맞는지를 점검해야 한다.

3) 베트남측 파트너가 또 다른 유사한 계약서에 서명했는지도 점검해야 한다.

(2) 구매자가 요구하는 지불기한이 상품의 경제적 수명이나 일반적인 관행에 부합하는가?

1) 지나치게 지불기한이 장기인 경우에는 일단 구매자가 상품의 최종수요를 찾지 못하고 시간을 두고 물색하려는 입장으로 이해하고 거래시 유의해야 한다.

(3) 거래선 선정시 업체의 성격파악

1) 거래할 업체가 중앙정부 산하회사인지, 지방정부 산하회사인지 또는 민간업체인지의 여부를 점검해야 한다.

2) 보통 중앙정부 산하회사는 좋은 설비와 잘 교육받은 기술자를 보유하고 있을 뿐만 아니라, 최근에는 지원이 많이 중단되기는 했으나, 중앙정부의 혜택까지 받고 있다. 이러한 회사의 고위층들은 신생 지방회사와도 연결, 경험까지 터득해 비즈니스 과정의 약속과 계약 파기시 파급 결과까지에 대해서도 잘 알고 있는 상태이다.

3) 반면 지방정부 산하회사는 매일 탄생하며 이를 추정하기도 어려운 상태인데, 최근에는 상호까지 자주 바꾸는 경향이 있는 것으로 알려지고 있다.

4) 한편 거래업체가 외환이나 기타 자금 등을 어떤 방식으로 조달하는지에 대해서도 사전에 점검해야 한다.

(4) 수출대금 회수 문제

1) 일반적으로 수출대금 회수에 관한 위험을 회피하기 위해 가장 많이 이용하고 있는 방식은 국제적인 은행으로 부터의 L/C Confirmation과 지불보증을 받는 것이다.

2) 그러나 이러한 Confirmation과 지불보증(L/C 조건을 충족시켰음에도 불구하고 만기일에 베트남은행이 수출대금을 지불치 못했을 때 지불한다는 의미임)에도 불구하고 일부 은행들이 지불을 이행하지 않는 경우도 있다.

(5) 업체의 지불지연 사례

1) 신용장 방식이외의 다른 방식으로 수출할 경우 베트남 기업들이 판매부진에 다른 이유를 내세워 지불지연을 자주 요구하고 있다.

2) 판매대금을 수취하면 바로 지급하는 경우가 일반적이지만, 판매대금을 받고도 지불을 지연하는 경우가 있으므로 이러한 점도 유의해야 한다.

제 5 절 기타 유의사항[15)]

1. 출입국 관련

(1) 통관금지 및 제한 물품

① 각종 마약류, 총포, 무기류, 폭발물, 유독성 화학물질 통관금지
② 건전한 풍속과 문화를 해치는 출판, 영상자료, 체제비판 도서 및 출판물 반입 금지
③ 희소성 있는 동 · 식물 통관제한
④ 기타 상업용으로 판매 가능한 다량의 전자 · 가전제품 등은 그 내역을 입국시 신고해야 하며, 출국시 재심사하는 경우가 있으므로 선물용으로 가져올 경우 이를 대비해야 한다.

(2) 예방접종 증명서

출 · 입국시 예방접종 증명서를 요구하고 있지는 않다.

(3) 외환반입 및 통관

① 미화 3,000달러 이상은 입국시 반드시 신고해야 하며, 이러한 신고서를 제시하지 않고는 은행예치 및 출국시 반출이 어렵다.
② 이 규정을 위반했을 때는, 출국시 공항에서 출국이 금지되고 소지 외환을 몰수당한 사례가 있다.

2. 체류신고

① 입국시 기재한 출입국 카드 사본은 출국시에 반드시 반납하여야 하므로 출국시까지 보관해야 한다.

② 모든 외국인은 입국 후 48시간 내에 체류하고 있는 숙소를 통해 관할 경찰서에 체류 신고를 해야 한다. 베트남 공안당국이 입국자가 체재하고 있는 동안 활동을 감시할 수 있으므로 업무상 보안유지 및 언행에 각별한 신경을 쓰는 것이 좋다.

3. 치안 상태

베트남은 강력한 경찰조직을 통해 타국에 비해 상대적으로 양호한 치안상태를 유지하고 있다. 다만, 최근 경제개방정책 추진 성과로 일반국민의 생활수준이 향상됨과 더불어 소규모의 강도 · 절도, 주거침입, 소매치기 등 각종 범죄발생이 늘어가는 추세이다.

4. 정변, 천재지변 및 안전사고 가능성

현재 사회주의 집단지도 체제가 비교적 안정되어 있으며, 간혹 홍수범람으로 인해 중남부 지방이 큰 피해를 보고 있지만, 도시지역은 자연재해가 그리 심하지 않은 편이다. 또 베트남전쟁의 후유증으로 전국토에 아직도 폭발물이 묻혀 있는 곳이 많으므로 주의해야 한다.

현장정보

■ 베트남 전국토의 21%가 폭발물 위험지역[16)]

유니세프(유엔 아동기금) 베트남지부가 발표한 보고서에 의하면 "베트남전쟁이 끝난지 32년이 지났지만 아직도 베트남 전체국토의 21.1%인 600만ha는 60만t의 지뢰를 포함한 각종 폭발물이 매설되어 있는 위험지역"이라고 보도했다.

이 보고서는 또 "베트남에서 1975년 전쟁이 끝난 이후 2000년까지 모두 4만2천135명이 지뢰와 폭발물 사고로 사망하고 6만2천163명이 부상했으며 2000년 이후에도 매년 수백 명이 전쟁때 매설된 폭발물에 의해 목숨을 잃거나 부상하고 있다."고 밝혔다.

한편 미국의 베트남참전용사 공제회는 "전쟁 중 미군에 의해 베트남에 설치된 지뢰와 폭탄 등은 1천500만t에 이르며 적어도 10% 이상은 그대로 남아있다."고 주장해 유니세프가 밝힌 60만t보다 훨씬 많은 폭발물이 남아있을 것으로 추정되고 있다.

유니세프는 베트남 교육부와 연계해 초중생들에게 폭발물과 관련된 별도 교육을 하고 있으며 TV, 라디오 등 언론을 통해서도 폭발물 위험홍보를 계속하고 있으나 사고는 쉽게 줄어들지 않고 있다.

유니세프는 특히 전쟁이 치열했던 베트남 중부의 응에안, 하띵, 꾸앙응아이, 꾸앙빙, 꾸앙찌, 트어티엔 후에 성(省) 등에는 많은 폭발물이 남아있다며, 이 지역을 개발하거나 여행할 때에는 특별한 주의를 기울일 것을 요청했다.

5. 매춘 등 불법행위금지, 위생유의, 예의준수

그 밖에도 베트남에 체류할 때는 아래의 현장정보에 제시되어 있는 바와 같이 매춘, 마약, 선교활동을 해서는 안된다. 또 질병 및 위생에 유의하고, 유흥업소 출입을 자제하고, 사진촬영 자제, 베트남 사회 및 국민의 특성을 고려한 예의를 갖추는 것이 바람직하다.

현장정보

■ 베트남 체류시 금지사항 : 매춘 · 마약 · 선교 금지[17)]

베트남에서 여행하거나 체류할 때, 특히 매춘 · 마약 · 선교활동 등을 해서는 강력한 법적 제재를 받게 된다.

외국인이 이러한 행위가 적발될 경우 대부분 강제출국을 당하게 된다. 특히 미성년자가 관련된 성범죄의 경우에는 외국인에게도 중형(重型)의 실형(實刑)이 선고된다.

(1) 매춘 사례[18)]

한 예로, 지난 2005년 매춘알선 혐의로 베트남 하노이에서 체포된 한국인 고 모 씨에게 5년형이 선고되었다. 고씨는 지난 2005년 5월 하노이 시내 헤리티지호텔에서 치어즈 가라오케를 운영하며 종업원들에게 매춘을 알선한 혐의로 현지 경찰에 구속됐다.

고씨는 하노이 법원의 결정에 대해 지나치게 과중한 판결이라며 항소할 것으로 알려졌다.

한편 하노이 주재 한국대사관은 이미 1년 10개월을 복역한 고씨를 한국으로 이송하는 방안을 강구중이지만, 베트남과 추진 중인 수형자 이송협정이 아직 마무리 되지 않아 적절한 방안을 찾지 못하고 있다. 대사관 관계자는 "노부모와 어린 자녀들을 보육하고 고씨는 2년가량을 베트남 교도소에서 복역한 만큼 벌금을 내고 국외 추방형식으로 내보내줄 것을 베트남 당국에 요청했다."고 설명했다.

(2) 마약 사례[19)]

베트남에서는 600g 이상의 헤로인이나 20kg 이상의 아편을 거래하는 경우에는 사형에 처하도록 규정하고 있으며, 매년 100여명이 이로 인해 총살형을 당하고 있다.

베트남 중부 꾸앙빙성의 지방법원은 지난 2004년 7월에 검거된 대형 마약거래조직에 대한 선고 공판에서 1명의 베트남계 영국인과 3명의 베트남인에 대해 사형을 선고했다고 베트남 통신이 보도했다. 또 다른 한명의 베트남계 영국인은 종신형을 선고받았고, 나머지 3명의 베트남인들에게는 15개월에서 23년형이 선고됐다.

꾸앙빙성 인민법원의 응우엔 반띤 법원장은 "이들은 라오스로부터 339kg의 헤로인을 들여와 베트남을 거쳐 홍콩과 중국으로 밀반출하려다 적발됐다. 영국시민권자인 레마잉렁씨 등 4명에게는 사형이 선고됐으며 또 다른 영국시민권자 쩐티히엔씨는 종신형을 받았다."고 말했다.

또 호찌밍시 지방법원은 지난 2007년 18일 헤로인 950g을 소지한 혐의로 체포된 베트남계 호주인 응웬 홍 비엣(40)에 사형을 선고했다고 베트남통신이 보도했다.

비엣은 지난 3월 호찌밍시의 떤썬냣 공항에서 950g의 헤로인을 갖고 시드니행 비행기를 타려다 단속경찰에 체포됐다.

비엣은 체포된 후 자신은 한 베트남인이 이 헤로인을 시드니에 가져다주면 1만달러를 주겠다고 해서 운반하게 됐다고 말했다.

베트남 공안부는 "지난해 말 현재 전국에는 16만여명의 마약복용자가 있으며 이들은 대부분 18세에서 35세의 젊은 층들"이라고 발표했었다.

(3) 선교[20)]

베트남에서는 모든 외국인은 종교의 자유를 가지고 있으나, 베트남의 풍속 및 관습에 심하게 위반되는 종교집회 또는 노상에서 찬송가 합창 등의 종교활동은 베트남 정부로부터 엄격하게 통제를 받는다. 특히 외국인이 베트남인을 대상으로 하는 선교 또는 포교 행위는 절대 금지하고 있으며, 이러한 선교 · 포교 행위가 적발되면 추방 등 강경한 제재조치를 받게 된다.

■ 베트남의 뎅기열(Dengue Fever)[21)]

베트남에서 여행하거나 체류할 때는 뎅기열에 걸리지 않도록 주의해야 한다. 뎅기열은 열대나 아열대 지역에서 에데스(Aedes) 모기에 의해 매개되는 질환이다. 증상은 열이 갑자기 심하게 오르고 온몸이 쑤시며 심한 두통·복통·구토가 동반되며 입맛이 없어지는 등 감기와 비슷한 증세가 수일간 계속된다. 3~4일 후에는 온몸에 붉은 반점이 나고 열이 점차로 내리면서 회복하게 되나, 어떤 경우에는 수일 후 다시 열이 오르고 온몸에 반점이 다시 생겨나기도 하며, 심지어 사망하는 경우도 있다.

베트남에선 남부지방을 중심으로 뎅기열로 인한 사망자가 매년 수십명씩 발생하고 있다. 뎅기열을 피하기 위해서는 우선 모기에 물리지 않도록 주의해야 한다. 만일 뎅기열이 발병했을 경우에는 신속하게 전문의로부터 진료를 받고 댕기 출열혈이나 쇼크증후군으로 심화되지 않도록 조치하는 것이 중요하다.

AFP 통신은 베트남에서 뎅기열에 의한 사망자가 2007년 봄부터 7개월 간 35명에 달했으며 환자수도 약 3만 3,000명에 이른다고 보도했다. 이 통신은 베트남 통계총국(GSO) 발표를 인용, 뎅기열 환자가 전년 동기에 비해 40.5%나 급증했다고 전했다. GSO는 뎅기열로 인한 희생자수를 명확히 밝히지 않았으나, 예방의료국의 응엔 반 빈은 당기관지 난잔에 지금까지 35명이 목숨을 잃었다고 말했다.

베트남에서는 최근 8년간으로, 연평균 7만명이 뎅기열에 감염되고 있다.

■ 베트남 체류시 주의사항

1. 위생 : 기생충 감염, 에이즈[22)]

국립 말라리아 · 기생충 · 곤충학 연구소는 최근 실시한 조사에서, 베트남 인구의 약 75%에 해당하는 약 6,000만명이 기생충에 감염되어 있다고 밝혀다. 주된 원인은, 비위생적인 날생선의 무침, 생야채나 완전하게 불에 익히지 않은 식품을 먹는 습관에 있는 것으로 보인다. 이 연구소의 드안 한 구엔 의사는 물고기의 무침이나 불에 완전하게 익히지 않은 물고기를 습관적으로 먹고 있는 사람이 간흡충(관궁중)에 감염되기 쉽고, 전국 45개성(省)에 감염자가 산재되어 있으며, 또 북부 산악지방에서는 설구워진 상태의 물고기를 일상적으로 먹고 있기 때문에, 15%의 주민이 폐흡충에게 감염되어 있다고 말했다.

또 세계보건기구(WHO) 한스 트뢰드슨 베트남 사무소장은 “베트남은 마약투여와 매춘의 증가로 에이즈 바이러스의 확산가능성이 다른 어느 나라보다도 높은 상황이며 수많은 환자들이 치료를 원하고 있으나 전체의 10%도 치료를 받지 못하고 있는 안타까운 상황이다. 베트남에는 현재 3만5천여 명의 에이즈 환자들이 있으며 이들은 모두 장기적인 치료를 원하고 있으나 실제로 치료를 받는 환자의 수는 10%를 조금 넘는 수준에 불과하며, 이 때문에 에이즈 환자의 수는 향후 2년 후에는 5만7천600명, 4년 후에는 7만3천명으로 늘어날 것”이라고 예측했다.

2. 유흥업소 출입자제[23)]

가라오케 등과 같은 야간 유흥업소에서 과음으로 인한 무절제한 행동이나 실수로 인해 불미스러운 일을 당할 수 있고, 또 터무니없는 요금을 지불해야 할 경우가 있으므로 주의해야 한다. 특히 베트남인들의 소득수준이나 생활수준이 낮고 옷차림이 허술하다해서 그들에게 오만한 태도를 보이거나 돈자랑을 하는 일은 신변에 위험을 초래할 가능성이 크다. 또한 베트남에서는 위에서 설명한 바와 같이 AIDS가 광범위하게 퍼져 있는데, 정부에서는 선진국의 도움을 받아 AIDS를 퇴치하고자 노력하고 있지만, 제반 여건상 보균자 자체를 파악하기 어렵고, 시장경제의 발전과 더불어 오히려 보균자 수가 증가추세를 보이고 있다. 따라서 특히 유흥업소를 출입할 때는 각자 이러한 점에 대해 각별한 주의가 필요하다.

3. 직접운전 지양[24)]

베트남인들의 최대 교통수단은 오토바이라고 할 수 있지만, 현재는 승용차 · 화물차 등의 4륜차량이 증가하고 있어 교통이 매우 번잡하고 무질서한 실정이다. 더구나 사실상 중앙분리선이 없는 비좁은 도로에 오토바이 · 자전거가 붐비고, 노선이 복잡하고 가로등이 거의 없는데다 일방통행로가 많기 때문에 외국인이 직접 운전하는 것은 극히 위험하다.

또한 접촉사고에서부터 인명피해 사고에 이르기까지 일단 교통사고가 발생하면, 사고원인조사에 있어서 현지 목격자의 도움을 기대하기가 어려우므로, 현지인 운전기사 고용이 거의 필수적이다.

특히 씨클로(삼륜 자전거) 혹은 쌔옴(오토바이 택시)을 이용할 때는 외국인들은 강도피해를 당하거나 터무니없는 요금을 청구받을 수 있으므로, 이들을 이용할 때는 심야시간대를 피하고, 사전에 요금을 정확히 흥정해서 결정해 놓을 필요가 있다.

택시는 외국인들이 안전하게 활용할 수 있는 교통수단이다. 버스는 목적지 근처에서 중도하차할 경우가 많으므로 수시로 운전기사나 안내원에게 확인해야 한다.

4. 사진촬영 제한구역[25)]

군사시설 및 국가보안지역을 제외한 모든 곳에 대한 사진촬영이 허용되나, 간혹(예를 들면, 하노이에 있는 호찌밍 묘소 등과 같은) 특별한 지역의 경우는 사진촬영이 금지되므로 사진촬영 전에 안내문을 참고하여야 한다. VTR 촬영의 경우 촬영은 가능하나 출국할 때 비디오테이프에 대한 검열이 심하므로 사전에 심의를 필해야 한다. 특히 방송이나 상업 목적 촬영의 경우 반드시 해당기관의 촬영허가증을 소지해야 하며, 장비반입 과정부터 수속이 까다로우므로 서류를 준비해야 한다.

5. 베트남 사회 및 국민의 특성을 고려한 예의[26)]

베트남인들은 역사적으로 외국과의 오랜 투쟁 및 전쟁수행으로 외국인을 경계하며, 또 강대국을 상대로 한 여러 번의 전쟁에서 승리해 외세를 물리치고 자주독립을 유지하는데 대해 대단한 자긍심을 가지고 있다. 따라서 현지 여행 중 그들의 경제수준과 행색 등을 보고 현지인을 판단하여 이들을 무시하는 태도를 보이거나 그들의 자존심을 상하게 하는 언행은 절대 금물이다.

또 도이머이(경제개방정책) 추진으로 자본주의적 시장화 정책이 진전되고 있기는 하지만, 사회주의 체제를 고수하면서 경제개발 및 개방정책을 추진한다고 하는 한계를 가지고 있으므로, 베트남 정부는 체제비판에 가장 민감하게 반응한다는 점을 명심해야 한다.

또한 베트남인들은 불교를 숭상하고 유교적 전통문화를 보존하고 있으므로, 이러한 문화적 요소도 고려해야 한다.

제 6 절 베트남 정부의 투자환경개선 노력

위에서 살펴본 바와 같이 베트남은 기회와 위험이 공존하고 있는 시장이다. 그러나 많은 전문가들은 앞으로는 베트남 투자의 위험요인은 더욱 줄어드는 반면 기회요인은 더욱 증대할 것으로 본다. 이러한 주장의 근거를 몇 가지 제시하면 다음과 같다.

1. 베트남 정부의 경제 · 사회개발 의지[27)]

베트남정부는 경제성장률 제고, 급속하고 지속가능한 발전, 저개발 국가로부터의 신속한 탈출, 국민들의 생활수준 제고, 산업화 및 현대화과정 가속화를 위한 기반마련, 지식기반 경제 조성 등을 목표로 하여 다음과 같은 주요목표를 달성하고자 노력하고 있다.

(1) 경제개발

향후 5년 이내에 다음과 같은 경제개발 목표를 달성한다.

① 연평균 경제성장율 7.5~8%를 달성한다.

② GDP규모는 940억달러~980억달러, 1인당 GDP는 1,050~1,100달러가 되도록 한다.

③ 경제구조(GDP 기준) : 농림 · 수산분야 15~16%, 산업 · 건설분야 43~44%, 서비스분야 40~41%가 되도록 편성한다.

④ 국영기업의 주식회사화(化)(민영화) 작업을 가속화하여 약 1,000개 국영기업을 추가로 민영화한다.

⑤ 향후 5년간 수출증가율 매년 16%를 유지함으로써 수출액 770~780억달러를 달성한다.

⑥ 총 사회투자 규모를 매년 17.2%(매년 1,400억달러)씩 증가시킨다. 이를 위해 ODA(공적개발원조)는 향후 5년간 190억달러 유치하고, FDI(외국인 직접투자)는 향후 5년간 230~250억달러 유치한다.

(2) 사회개발

향후 5년이내에 다음과 같은 사회개발 목표를 달성한다.

① 고등교육 이수자 200명/10,000명, 숙련노동인력 비율을 총 노동인구의 40% 수준이 되도록 한다.

② 전체 가구의 주택소유(1인당 14~15m^2), 전화보급율 35대/100명당, 인터넷 가입자 비율 12.6명/100명당, 인터넷 사용자 비율 48% 등을 달성한다.

③ 총인구 8,840만명(도시인구 2,640만명, 농촌인구 6,200만명), 인구증가율 1.14%(1~2명 아이 출산권장)가 되도록 한다.

④ 일자리 창출 8백만명(이중 절반을 여자로, 매년 160만명 일자리 창출), 직업훈련 750만명, 도시실업률 5% 이하를 유지한다.

⑤ 향후 5년이내에 농촌 노동력을 전체 노동력의 50% 수준으로 축소하고, 제조 · 건설 분야 23~24%, 서비스 분야 26~27%가 되도록 한다.

⑥ 평균수명 72세가 달성되도록 한다.

⑦ 향후 5년이내에 빈곤가구 비율을 10~11% 수준까지 감소시킨다.

(3) 환경보호

향후 5년이내에 다음과 같은 환경보호 목표를 달성한다.

① 향후 3년이내 산림녹화율 42~43%를 달성한다.

② 산업공단 및 수출가공지역의 100%가 중앙오수처리 시스템 장착, 고체 오물 90% 수거 · 처리, 위해물질 80% 및 병원폐기물 100%처리 등을 달성한다.

③ 도시인구의 95%, 농촌인구의 75%의 사람들에게 청정수를 공급하도록 한다.

2. 산업기반시설 확보 노력[28)]

현재 베트남에서는 기초소재 및 산업재 생산에 필수적인 정유와 철강, 발전설비 공장들이 한국의 포스코, 인도의 타타철강 등과 같은 대기업들을 비롯한 선진업체들과의 합작으로 2~3년내 완공을 목표로 건설되고 있다. 앞으로 이러한 제철소, 석유화학단지, 정유공장, 발전소, 엔진공장 등이 갖추어지면 제조업발전의 기틀이 마련될 것이며, 베트남의 산업화는 새로운 도약기를 맞게 될 것이다.

또 베트남은 도로, 철도, 공항, 항만, 부품 공급망 등과 같은 물류시스템을 개선하기 위해 외국인 직접투자를 유치하려고 노력하고 있다. 이러한 물류시스템이 갖추어지면 그동안 베트남 투자의 가장 큰 단점으로 여겨졌던 물류 취약점이 사라질 것이다.

3. 베트남의 미래[29)]

이상에서 우리는 베트남의 과거 역사를 검토하는 것부터 시작하여 성장과 발전을 위해 노력하는 현재의 모습, 그리고 이를 위한 각종 투자환경에 관하여 살펴보았다. 이제 본서를 마무리하면서, 베트남의 미래 모습을 짐작해 볼 수 있는 몇 가지 언론 보도 자료를 소개하고자 한다.

(1) 월간지 아프리카 – 아시아(Africa-Asia : AA)의 보도 – '2020년 베트남 용의 시대 도래'[30)]

알제리의 월간지 '아프리카-아시아'(AA)는 "베트남 용(龍)의 시대가 도래했다."(Time to Vietnamese Dragon)는 제목으로 "베트남이 세계를 활동무대로 하여 전진하고 있으며, 아시아의 조그만 나라 베트남이 세계의 주목을 받고 있다."고 전했다.

AA는 베트남이 20년도 채 안되는 단기간 동안에 경제개혁 · 개방정책을 단행하여 빈곤에서 벗어나고 있을 뿐만 아니라, 농업과 산업분야에서 눈부신 발전을 거듭하여 중국에 이어 아시아에서 두번째로 높은 성장률을 기록하고 있다고 보도했다.

AA는 베트남이 이렇게 성장을 계속할 수 있는 이유로 베트남의 정치적 안전성, 젊고 기술이 뛰어난 인적자원, 개방적인 외국인 투자정책 등에 있다고 분석했다.

이어서 AA는 특히 향후에는 외국인 직접투자가 매년 100억달러를 훨씬 넘을 것으로 분석하고, 베트남은 이러한 높은 성장률을 바탕으로 2020년까지는 아시아 최고의 산업국가로 발전함으로써 "베트남 용(龍)이 비상하는 시대가 도래할 것"이라고 전망했다.

(2) 세계 지식포럼 – '베트남 · 터키, 아시아 시대를 이끌 신흥국가'[31)]

세계 지식포럼의 '아시아 시대를 이끌 신흥국가' 토론회에서 베트남과 터키가 새로운 성장국가로 주목받았다. 이들 두 나라는 교량역할을 할 수 있는 지리적 요충지에 있다는 점이 장점으로 부각됐다.

도안 홍꾸앙 세계은행(World Bank) 베트남 수석 이코노미스트는 "베트남은 지난 20년 동안 신속하고 지속가능한 성장을 해왔으며, 세계에서 가장 신속하게 빈곤을 타파하고 분배문제도 해결한 나라이다. 베트남은 1993년 빈곤인구가 58%였는데 불과 10년만에 19%로 줄었다. 중국이나 다른 동남아시아 국가들보다 베트남은 분배와 빈곤문제를 해결하고 있다. 즉, 베트남 경제의 성격이 미래발전형이라고 분석할 수 있다."고 지적했다.

또 아트 얀 드 후스 경제협력개발기구(OECD) 사무부총장은 "50년 전에는 베트남이 이렇게 경제 발전이 이루어질 것이라고는 아무도 예상하지 못했다."고 말했다.

(3) 미래를 향해 달리는 베트남 - 외국인 투자 환경 개선 약속[32)]

팜 띠엔 반 주한(駐韓) 베트남 대사는 '제10차 공산당 전당대회 이후 베트남의 새로운 발전 전략'을 소개하면서 "이번 전당대회를 통해 베트남은 1986년 도입한 개혁 · 개방정책인 '도이 머이'를 더욱 과감하게 전면적으로 추진키로 했다. 이를 통해 향후 5년동안 연평균 8%가 넘는 경제성장률을 달성함으로써 조만간 후진사회에서 벗어나고, 현재 700달러 수준인 1인당 국민소득을 1,100달러로 끌어 올릴 계획"이라고 말했다.

그는 이어서 "이를 위해 지금까지 금지해 온 (약 300만명에 이르는) 공산당원들의 개인사업을 허용하기로 했고, 외국인 투자자에 대한 각종 차별을 철폐하기로 했다."고 덧붙였다.
또 응우엔 밍 찌엣 베트남 주석은 최근 구티에레스 미국 상무장관의 예방을 받은 자리에서 "베트남 정부는 미국 기업을 포함한 모든 투자기업들과 솔직한 대화를 하도록 준비하고 있다. 향후 베트남 정부는 외국기업들에 대해 투자환경 개선을 약속한다."고 말했다. 그는 또 "베트남은 외국기업들이 안정적으로 투자를 할 수 있는 곳으로 만들어 모든 외국 기업들의 최종적인 투자목적지가 되도록 하겠다."고 다짐했다.

이러한 여러 가지 상황을 고려해 볼 때, 베트남의 미래는 한국기업들에게 커다란 기회가 될 수 있을 것으로 예상되며, 이러한 기회를 성공적으로 포착하느냐는 각 기업들의 노력에 달려 있다. 또한 한국정부도 베트남과의 경제협력 수준을 높이고, 정치분야 및 외교분야에서도 한국기업들이 적극적이고 안정적으로 활동할 수 있도록 베트남과의 포괄적인 관계를 수립할 필요가 있다.

결론적으로, 많은 전문가들은 베트남이 2010~2015년경에는 본격적인 산업화를 이룰 것으로 예상하고 있다. 아울러 잠재력이 큰 풍부한 천연자원과 인적자본, 계속적으로 증가하는 외국인 직접투자, 정부의 개혁노력, 잘 살아 보고자 하는 베트남 국민들의 열망, 경제성장 잠재력, 점차 확대되는 내수시장규모 등을 감안하면, 베트남에 투자하려는 기업은 단기적 이익을 추구하는 것보다는 베트남의 본격적인 성장시점을 2015~2020년경으로 잡고, 장기적인 안목에서 그 때까지는 공급망(supply chain)이나 시장선점을 위한 준비작업, 그리고 베트남 기업 및 정부와의 장기적인 협력기반을 구축함으로써 상호보완적 이익을 추구하는 노력을 하는 것이 전략적으로 올바른 선택이라고 보여 진다.

참고자료 출처

제 1 부 제1장

1) http://www.mofat.go.kr, 베트남 개관, 베트남 역사 ;
http://weekly.chosun.com, [베트남의 역사와 민족성] 중국의 오랜 지배 맞서 싸우며 민족적 자존심 키워, 2007. 3. 26.[1947호] ;
http://www.hihanoi.com, 역사, 베트남 소개, 역사 ;
http://news.mk.co.kr, 베트남에 가보니, 윤영걸 국장, 2007. 5. 9.
2) http://www.urich.edu/~ebolt/history398/TrungSisters.html/ The Trung Sisters/ Trung Trac and Trung Nhi ;
http://images.search.yahoo.com/search/images/Trung Sisters
3) http://en.wikipedia.org/wiki/Hochimainh Ho Chi Minh
4) http://www.virtourist.com/asia/vietnam/saigon/31.htm/Tran Hung Dao Memorial ;
http://images.search.yahoo.com/search/images/Tran Hung Dao ;
http://www.vietmedia.com/albumvietnam/phongcanh/saigon/den-tran-hung-dao-s...
5) http://news.mk.co.kr, WTO 가입한 베트남경제, 2006. 11. 22.
6) http://news.mk.co.kr, WTO에 가입한 베트남경제
http://whois.nis.go.kr, 베트남 투자진출 핵심가이드, p.21
7) http://weekly.chosun.com, [도이 머이 20년, 비상하는 베트남] '청년' 베트남, 브레이크 없는 질주, 2007. 3. 26. [1947호]
8) Ibid.
9) http://www.hankyung.com, 베트남, 호치민의 역설, 김인호 중소기업 연구원장, 2007. 3. 15.
10) http://www.hankyung.com, 포스트 브릭스가 뜬다·· 베트남·남아공 등 차세대 투자처 부상, 한상춘 논설·전문위원, 2006. 11. 31.
11) http://www.hanoi114.net/vinatimes, '제2의 중국' 베트남이 뜬다 - WSJ, 2007. 9. 11.
12) http://whois.nis.go.kr, 베트남 투자진출 핵심가이드, 2006. 12. p.51 ;
http://news.mk.co.kr, 숫자로 본 베트남·베트남경제, 2007. 2. 15. ;
http://www.hankyung.com, IT업체들 "가자! 베트남으로"… 빌게이츠 내달 국빈방문, 주용석 기자, 2006. 3. 30.
13) http://whois.nis.go.kr, p.53 ;
http://news.mk.co.kr, op.cit.
14) http://whois.nis.go.kr, p.54
15) http://whois.nis.go.kr, p.55
16) http://weekly.chosun.com, 한국기업 1050여개 진출… 베트남 투자 세계 1위, 2007. 3. 26. 1947호 ;
http://whois.nis.go.kr, pp.63~70.
17) http://whois.nis.go.kr, op.cit., p.56
18) http://whois.nis.go.kr, 베트남 투자진출 핵심가이드 ;
http://economy.hankooki.com, '아시아의 브라질' 베트남, 이동엽, 2006. 12. 5.
http://lgeri.com, 베트남 투자, 2009년 이후를 주목하라, 주간경제 922호, 김형주, 2007. 2. 5.
19) http://www.hankyung.com, 印 타타철강, 베트남에 35억弗 투자, 2007. 5. 30. 연합뉴스
20) http://www.hankyung.com, 베트남 천연가스 생산 폭증… 2015년엔 수요 웃돌듯, 권쾌현 특파원, 2006. 5. 18.
21) http://economy.hankooki.com, 한국기업 컨소시엄, 단독 '베트남 가스전 개발 성공', 손철 기자, 2006. 11. 17. ;
op.cit., [남의 땅, 우리 기름](6) 베트남의 한국인, 15년 쌓은 투자와 끈기… BP도 무릎, 손철 기자, 2007. 1. 25.
22) http://lgeri.com, 베트남 투자, 2009년 이후를 주목하라, 김형주, 2007. 2. 5. 주간경제 922호 ;
http://www.globalwindow.org, 해외투자 유망지역을 간다 제3편 해외진출 성공률 높은 베트남 투자 전략, 2005. 9. 12. ;
http://www.Kotra.or.kr, 베트남 투자핵심가이드 요약, 호치민 무역관 자료방, 2007. 5. 9. 안유석
23) http://www.hankyung.com, 오리온, 베트남에 제과공장… 동남아 진출 교두보, 2006. 12. 5.
24) http://www.koreaexim.go.kr, 베트남 국가 신용도 리포트, 2007. 6. 27. ;
http://www.globalwindow.org, 해외투자 유망지역을 간다 제3편 해외진출 성공률 높은 베트남 투자 전략, 2005. 9. 12.
25) http://www.hankyung.com, [아시아의 드는 별 '베트남 리포트'] (4) 8,400만 인구의 합창… 2,000$ 넘는 LCD TV 인기, 2006. 11. 19.
26) Meyer, Klaus E., Tran, Yen Thi Thu & Nguyen, Hung Vo(2006), Doing business in Vietnam, pp.18~19
27) Meyer, Klaus E., Tran, Yen Thi Thu & Nguyen, Hung Vo(2006), Doing business in Vietnam, pp.19~20
28) http://news.hankooki.com, 베트남 하노이 뒤덮는 LG전자 '물결', 좌동욱 기자, 2006. 11. 16. ;

http://news.hankooki.com, LG 베트남 마케팅 현장 "상품보다 이미지 먼저 판다", 박일근 기자, 2006. 6. 11.
29) http://news.hankooki.com, 베트남 하노이 뒤덮는 LG전자 '물결', 좌동욱 기자, 2006. 11. 16.
30) http://www.globalwindow.org, op.cit., 8천만 인구와 저임의 우수 노동력 ;
http://www.koreaexim.go.kr, op.cit., 양질의 풍부한 저임 노동력 ;
http://www.hankyung.com, 세계에서 가장 젊은 나라 베트남, 유창재 기자 2007. 9. 12. ;
http://whois.nis.go.kr, op.cit., 베트남 시장의 전략적 가치, 베트남의 힘 ;
http://news.mk.co.kr, 베트남, 승천 준비는 끝났다! 정광재, 이윤규 기자, 2007. 2. 15.
31) http://news.mk.co.kr, 베트남, 승천 준비는 끝났다!, 정광재, 이윤규 기자, 2007. 2. 15.
32) http://www.hanoi114.net/vinatimes, '라인 풀 가동' GM대우 베트남 하노이 공장을 가다, 동아일보, 2007. 7. 10.
33) http://www.globalwindow.org, 해외 투자 사례, 베트남, 유망 투자품목 선정이 성공의 포인트, 2003. 10. 6.
34) http://www.koreaexim.go.kr, op.cit., 정치적 안정 ;
http://news.mk.co.kr, 숫자로 본 베트남·베트남경제, 2007. 2. 15.
35) http://www.globalwindow.org, op.cit., 투자메리트, 한국 문화와의 유사성 및 한류 확산 ;
http://whois.nis.go.kr, op.cit., 베트남 시장의 전략적 가치, 해외 진출 전략거점으로 최적 ;
http://www.mofat.go.kr, 한·베 양국관계, 베트남의 한국 문화 인지도 및 문화적 유사성
36) http://news.mk.co.kr, 베트남 승천 준비는 끝났다! 정광재, 이윤규 기자, 2007. 2. 15. ;
http://whois.nis.go.kr, op.cit., p.30
37) http://news.mk.co.kr, 베트남, 승천 준비는 끝났다! 정광재, 이윤규 기자, 2007. 2. 15.
http://news.mk.co.kr, WTO에 가입한 베트남경제, 정재완 대외 경제 정책 연구원, 2006. 11. 22.
38) http://whois.nis.go.kr, 베트남 투자진출 핵심가이드, 국가정보원, p.11 ;
http://news.mk.co.kr, 베트남, 승천 준비는 끝났다! 정광재, 이윤규 기자, 2007. 2. 15.
39) http://news.mk.co.kr, 베트남, 승천 준비는 끝났다! 정광재, 이윤규 기자, 2007. 2. 15. ;
http://news.mk.co.kr, 베트남에 몰리는 일본기업, 정욱 기자, 2006. 9. 13.
40) http://www.globalwindow.org, '06 베트남 투자기업 경영 실태 분석 보고서', pp.8~9, 조현선, 2007. 1. 23.
41) http://www.hankyung.com, 베트남 기획투자부 차관 "안정적 투자여건이 최대 강점", 이상은 기자, 2007. 8. 3.
42) http://www.hankyung.com, 베트남 재무차관 "한국 우량기업에 투자 장벽 낮출 것", 박해영 기자, 2006. 5. 1.
43) http://weekly.chosun.com, 팜 반 냐 베트남공산당 중앙경제위 공업국 부국장, 정장열 주간조선 차장 대우, 2007. 3. 26.
44) http://news.mk.co.kr, 까오 빗 싱 베트남 투자계획부 차관, 2007. 2. 15.

제1부 제2장

1) http://www.chinhphu.vn ; http://www.vietnamembassy-usa.org
2) http://en.wikipedia.org, Vietnam ;
http://www.encyber.com, 베트남 ; 브리태니커, 세계대백과 사전, 베트남,
3) http://en.wikipedia.org, Vietnam
4) http://www.chinhphu.vn, Quốc kỳ
5) Ibid.
6) http://www.mofat.go.kr, 베트남 개관, 국가·민족 ;
http://whois.nis.go.kr, 2006. 12. 베트남 투자진출 핵심가이드, 베트남의 국기·지도
7) http://www.vietnamembassy-usa.org/learn about vietnam/politics/national flag
8) http://www.mofat.go.kr, 베트남 개관, 국가·민족
9) http://www.chinhphu.vn, Quốc huy.
10) Ibid.
11) http://www.chinhphu.vn, Quốc ca ;
12) http://www.mofat.go.kr, 베트남 개관 국가·민족
13) http://www.chinhphu.vn, Thông tin tổng hợp
14) http://david.national-anthems.net/vn.htm
15) http://www.vietnamembassy-usa.org/learn about vietnam/politics/national anthem
16) http://en.wikipedia.org, List of state mottos
17) http://www.chinhphu.vn, About Vietnam, History
18) http://www.chinhphu.vn, About Vietnam, Constitution 1992, Preamble

19) http://www.chinhphu.vn, About Vietnam, National flag, emblem, anthem, declaration of independence
20) http://www.vietnamembassy-usa.org/learn_about_vietnam/politics/declaration of independence
21) http://en.wikipedia.org/wiki/Hochimainh Ho Chi Minh
http://blog.naver.com 베트남의 영혼 박호 - 호치민. 방현석. 2004.10.19
22) http://blog.naver.com 세계 최강국을 항복시킨 베트남의 영웅
23) http://en.wikipedia.org/wiki/Hochimainh Ho Chi Minh. Early life
http://blog.naver.com 식민지 국가의 막내아들 - 가시밭길의 인생을 출발하다.
http://blog.daum.net 베트남의 영웅, 호치민. 3. "구엔 신 쿵"의 좌절과 반항, 그리고 방황
24) 서울신문 2005.05.05 [방현석교수의 테마로 읽는 호찌민] (2)호찌민家 사람들
25) http://blog.naver.com 세계 최강국을 항복시킨 베트남의 영웅
스포츠칸 2006-03-02 [역사서비스 사실은] 44. 미국의 친구 호치민①
http://blog.daum.net 베트남의 영웅, 호치민. "구엔 신 쿵"의 좌절과 반항, 그리고 방황
26) http://en.wikipedia.org/wiki/Hochimainh Ho Chi Minh. First sojourn in France
http://blog.daum.net 베트남의 영웅, 호치민. 3. "구엔 신 쿵"의 좌절과 반항, 그리고 방황. 4.사회주의자 "구엔 아이 쿠옥"
브리태니커. 호치민(胡志明)
27) 서울신문 2005.05.05 [방현석교수의 테마로 읽는 호찌민] (2)호찌민家 사람들
28) http://en.wikipedia.org/wiki/Hochimainh Ho Chi Minh. In the USA
29) http://en.wikipedia.org/wiki/Hochimainh Ho Chi Minh. In England
30) http://en.wikipedia.org/wiki/Hochimainh Ho Chi Minh. Political education in France
브리태니커. 호치민(胡志明)
http://blog.naver.com 세계 최강국을 항복시킨 베트남의 영웅
http://blog.naver.com 베트남의 영혼 박호 - 호치민. 방현석. 2004.10.19
http://blog.naver.com 세계 최강국을 항복시킨 베트남의 영웅. 식민지 국가의 막내아들 - 가시밭길 인생을 출발하다.
31) http://blog.naver.com 세계 최강국을 항복시킨 베트남의 영웅
32) http://blog.naver.com 베트남의 영혼 박호 - 호치민. 방현석. 2004.10.19
33) http://blog.naver.com 베트남의 영혼 박호 - 호치민. 방현석. 2004.10.19
34) http://blog.naver.com 세계 최강국을 항복시킨 베트남의 영웅
35) 『호치민의 추억』 중에서, 『베트남의 별』 p.25
36) [뤼마리떼], 베트남의 별. p.27.
37) http://blog.naver.com 세계 최강국을 항복시킨 베트남의 영웅. 식민지 국가의 막내아들 - 가시밭길 인생을 출발하다.
38) http://blog.naver.com 베트남의 영혼 박호 - 호치민. 방현석. 2004.10.19
39) http://blog.naver.com 세계 최강국을 항복시킨 베트남의 영웅
40) http://blog.naver.com 베트남의 영혼 박호 - 호치민. 방현석. 2004.10.19
41) http://en.wikipedia.org/wiki/Hochimainh Ho Chi Minh. In China and the Soviet Union
42) 브리태니커. 호치민(胡志明)
43) 브리태니커. 호치민(胡志明)
44) 브리태니커. 호치민(胡志明)
45) www.moreorless.au.com/heroes/ho.html. moreorless : heroes & killers of the 20th century
46) http://blog.naver.com 세계 최강국을 항복시킨 베트남의 영웅
브리태니커. 호치민(胡志明)
http://blog.daum.net 베트남의 영웅, 호치민
47) 서울신문 2005.05.09 [방현석교수의 테마로 읽는 호찌민] (4)호찌민 떠나던 날
http://blog.daum.net 베트남의 영웅, 호치민. 대단원.
http://en.wikipedia.org/wiki/Hochimainh Ho Chi Minh. Death.
48) http://blog.naver.com 세계 최강국을 항복시킨 베트남의 영웅. 역사상 미국과 맞서 승리한 유일무이한 지도자
49) 서울신문 2005.05.09 [방현석교수의 테마로 읽는 호찌민] (4)호찌민 떠나던 날
50) 서울신문 2005.05.09 [방현석교수의 테마로 읽는 호찌민] (4)호찌민 떠나던 날
51) 서울신문 2005.05.02. [방현석교수의 테마로 읽는 호찌민] (1)'통일 베트남'의 붉은 별.
http://www.nhandan.com.vn/english/culture 2005.05.18
http://www.vietnampictorial.com. Pham Tuyen - A musical historian.
http://vietnamnews.vnanet.vn/2004-03/15
52) http://vietnamnews.vnanet.vn/2004-03/15
53) 서울신문 2005.05.02. [방현석교수의 테마로 읽는 호찌민] (1)'통일 베트남'의 붉은 별.

54) http://blog.naver.com/gonysori
55) http://vietnamnews.vnanet.vn/2004-03/15/
56) 서울신문 2005.05.02. [방현석교수의 테마로 읽는 호찌민] (1)'통일 베트남'의 붉은 별.
57) http://www.nhandan.com.vn/english/culture 2005.05.18
58) http://vietnamnews.vnanet.vn/2004-03/15
59) http://vietnamnews.vnanet.vn/2004-03/15
60) http://vietnamnews.vnanet.vn/2004-03/15
61) http://www.vietnamembassy-usa.org, learn about vietnam, province listing ;
http://en.wikipedia.org, provinces of vietnam
62) http://en.wikipedia.org, Provinces of Vietnam
63) http://en.wikipedia.org, Provinces of Vietnam
64) http://whois.nis.go.kr, 베트남 투자진출 핵심가이드, 2006. 12. pp.133~134

제1부 제3장

1) http://en.wikipedia.org/wiki/Provinces_of_Vietnam
http://www.vietnam.sawadee.com/hanoi
Inside Vietnam Bangkok Angkor, 김재민, 엘까미노, 2005
베트남 앙코르와트, 시공사 편집부, 시공사, 2007
2) http://www.vietnamtourism.com/e_pages/tourist/destination.asp/co loa temple
3) http://images.search.yahoo.com/search/images/view/vietnam war
4) http://www.flickr.com/photos/66547468
5) http://www.flickr.com/photos/mc_masterchef/Flag Tower
6) http://www.trekearth.com/gallery/Asia/Vietnam/Red_River_Delta/Ha_Noi/
7) http://www.hihanoi.com/호수, 섬, 동굴/호안끼엠 호수
8) http://www.flickr.com/photos/uncorneredmarket/Hoan Kiem Lake
9) http://www.flickr.com/photos/trentm/The Old Quarter
10) http://www.flickr.com/photos/West Lake
11) http://www.flickr.com/photos/Ban Gioc waterfall
12) http://www.flickr.com/photos/pixiepic/Noi Bai
13) http://www.flickr.com/photos/jchispas/xeom
14) http://www.flickr.com/photos/ourmanwhere/xeom
15) http:en.wikipedia.org/wiki/Hai_Phong_Province
http://www.vietnam.sawadee.com/haiphong
Inside Vietnam Bangkok Angkor, 김재민, 엘까미노, 2005
베트남 앙코르와트, 시공사 편집부, 시공사, 2007
16) http://www.nafec.gov.vn/Hải Phòng
17) http://www.vietnamtourism.com/e_pages/tourist/destination.asp/Hai Phong
18) http://www.vietnamtourism.com/e_pages/Events/Haiphong Tourism Festival to kick of at Do Son
19) http://www.vietnamtourism.com/e_pages/news/Buffalo fights. charge into Do Son
20) http:en.wikipedia.org/wiki/Da_Nang_Province
http://www.vietnam.sawadee.com/danang
Inside Vietnam Bangkok Angkor, 김재민, 엘까미노, 2005
베트남 앙코르와트, 시공사 편집부, 시공사, 2007
21) http://www.flickr.com/photos/e8club/Da Nang International Airport
22) http://www.flickr.com/photos/e8club/Da Nang vietnam
23) http://www.danang.gov.vn/home/visting Danang/Non Nuoc Beach
24) http://www.danang.gov.vn/Natural Resources/Forest resources/Ba Na Natural Conservation Park
25) http://www.danang.gov.vn/visiting danang/landscape/Marble Mountain
26) http://www.danang.gov.vn/visiting danang/landscape/Son Tra peninsular
27) http://www.danang.gov.vn/visiting danang/Traditional Festival/Quan The Am festival/Avalokitecvara

28) http://www.danang.gov.vn/visiting danang/Traditional Festival/An Hai Village festival
29) http:en.wikipedia.org/wiki/Ho_Chi_Minh_Province
http://www.vietnam.sawadee.com/hochiminh
Inside Vietnam Bangkok Angkor, 김재민, 엘까미노, 2005
베트남 앙코르와트, 시공사 편집부, 시공사, 2007
30) http://www.vov.org.vn/hochiminh stock exchange
31) http://lajin.com/ilviet/vietnam/여행/관광지/호치민, 독립궁
32) http://www.liliq.com/tour/Reunification Hall
33) http://cafe.naver.com/thaiinfo/60698/베트남 호치민 전쟁박물관(War Museum)
34) http://www.tourhochminh.org/tourism/미술박물관
35) http://cafe.naver.com/vietnamsketch/4620/호치민시에 위치한 미술박물관
36) http://cafe.naver.com/vietnamsketch/4620/호치민시에 위치한 미술박물관
37) http://www.tourhochminh.org/tourism/박물관/호치민박물관
38) http://www.flickr.com/photos/Ho Chi Minh museum
39) http://www.eng.hochiminhcity.gov.vn/news/culture/Saigonese: People With A Difference
40) http://www.eng.hochiminhcity.gov.vn/news/culture/Cai luong
41) http:en.wikipedia.org/wiki/Can_Tho_Province
http://www.vietnam.sawadee.com/cantho
Inside Vietnam Bangkok Angkor, 김재민, 엘까미노, 2005
베트남 앙코르와트, 시공사 편집부, 시공사, 2007
42) http://www.trekearth.com/canthomarket
43) https://rmit.edu.vn/Can Tho University
44) http:en.wikipedia.org/wiki/Bac_Ninh_Province
http://www.vietnam.sawadee.com/bacninh
Inside Vietnam Bangkok Angkor, 김재민, 엘까미노, 2005
베트남 앙코르와트, 시공사 편집부, 시공사, 2007
45) http://vietnamnews.vnagency.com.vn/Bắc Ninh
46) http:en.wikipedia.org/wiki/Bac_Ninh_Province/Culture
47) http://en.wikipedia.org/wiki/Bac_Ninh_Province
48) http:en.wikipedia.org/wiki/Ha_Nam_Province
http://www.vietnam.sawadee.com/hanam
Inside Vietnam Bangkok Angkor, 김재민, 엘까미노, 2005
베트남 앙코르와트, 시공사 편집부, 시공사, 2007
49) http://www.hanam.gov.vn/General/Natural Conditions/Climate and Hydrography in Ha Nam Province
50) http://www.hanam.gov.vn/General/Natural Conditions/Climate and Hydrography in Ha Nam Province
51) http://www.leaf-vn.org/vilibUVN.html
52) http://www.hanam.gov.vn/History and Culture/History of Ha Nam
53) http://www.hamam.gov.vn/History and Culture/Traditional trade village/Doi Tam drum trade village
54) http://www.hanam.gov.vn/Tourists spots/Attractive places/Typical cultural sights in Ha Nam
55) http://www.hanam.gov.vn/Tourists spots/Attractive places/Typical cultural sights in Ha Nam
56) http:en.wikipedia.org/wiki/Ha_Tay_Province
http://www.vietnam.sawadee.com/hatay
Inside Vietnam Bangkok Angkor, 김재민, 엘까미노, 2005
베트남 앙코르와트, 시공사 편집부, 시공사, 2007
57) http://www.vietnamtourism.com/e_pages/tourist/destination.asp
58) http://www.trekearth.com/gallery/Asia/Vietnam/photo225137.htm
59) http://www.vietnamtourism.com/e_pages/news/Vietnam Discovery/Conical palm hat of Chuong Village
60) http:en.wikipedia.org/wiki/Hai_Duong_Province
http://www.vietnam.sawadee.com/haiduong
Inside Vietnam Bangkok Angkor, 김재민, 엘까미노, 2005
베트남 앙코르와트, 시공사 편집부, 시공사, 2007
61) http://www.vietnamparadisetravel.com/festival-detail.asp?ID=64OENIEQ
62) http:en.wikipedia.org/wiki/Hung_Yen_Province

http://www.vietnam.sawadee.com/hungyen
Inside Vietnam Bangkok Angkor, 김재민, 엘까미노, 2005
베트남 앙코르와트, 시공사 편집부, 시공사, 2007
63) http://www.hungyen.gov.vn/Tourist Attractions/Tourism Potentials
64) http://www.hungyen.gov.vn/Hai Thunong Lan Ong Le Huu Trac Relic Complex
65) http://www.hungyen.gov.vn/index.asp?endMenuID=160&language=english
66) http:en.wikipedia.org/wiki/Nam_Dinh_Province
http://www.vietnam.sawadee.com/namdinh
Inside Vietnam Bangkok Angkor, 김재민, 엘까미노, 2005
베트남 앙코르와트, 시공사 편집부, 시공사, 2007
67) http://www.flickr.com/photos/11089201@N06/1033812379/
68) http:en.wikipedia.org/wiki/Ninh_Binh_Province
http://www.vietnam.sawadee.com/ninhbinh
Inside Vietnam Bangkok Angkor, 김재민, 엘까미노, 2005
베트남 앙코르와트, 시공사 편집부, 시공사, 2007
69) http://en.wikipedia.org/wiki/Ninh_Binh_Province
70) http://en.wikipedia.org/wiki/Ninh_Binh_Province
71) http:en.wikipedia.org/wiki/Thai_Binh_Province
http://www.vietnam.sawadee.com/thaibinh
Inside Vietnam Bangkok Angkor, 김재민, 엘까미노, 2005
베트남 앙코르와트, 시공사 편집부, 시공사, 2007
72) http://www.vnstyle.vdc.com.vn/lunar_newyear/spring_festival/keopagoda
73) http:en.wikipedia.org/wiki/Vinh_Phuc_Province
http://www.vietnam.sawadee.com/vinhphuc
Inside Vietnam Bangkok Angkor, 김재민, 엘까미노, 2005
베트남 앙코르와트, 시공사 편집부, 시공사, 2007
74) http://www.flickr.com/photos/hanoidays/156449257
75) http://www.vinhphuc.gov.vn
76) http:en.wikipedia.org/wiki/Ha_Tinh_Province
http://www.vietnam.sawadee.com/hatinh
Inside Vietnam Bangkok Angkor, 김재민, 엘까미노, 2005
베트남 앙코르와트, 시공사 편집부, 시공사, 2007
77) http://vietmedia.com/landscape?L=hatinh.html
78) http:en.wikipedia.org/wiki/Nghe_An_Province
http://www.vietnam.sawadee.com/nghean
Inside Vietnam Bangkok Angkor, 김재민, 엘까미노, 2005
베트남 앙코르와트, 시공사 편집부, 시공사, 2007
79) http://nghean.gov.vn/
80) http://www.flickr.com/photos/laurent_guerin/295215132/
81) http:en.wikipedia.org/wiki/Quang_Binh_Province
http://www.vietnam.sawadee.com/quangbinh
Inside Vietnam Bangkok Angkor, 김재민, 엘까미노, 2005
베트남 앙코르와트, 시공사 편집부, 시공사, 2007
82) http://www.flickr.com/photos/hqn/389814277/
83) http://photosbymartin.com/images/pcd4231/row-river-32.2.html
84) http:en.wikipedia.org/wiki/Quang_Tri_Province
http://www.vietnam.sawadee.com/quangtri
Inside Vietnam Bangkok Angkor, 김재민, 엘까미노, 2005
베트남 앙코르와트, 시공사 편집부, 시공사, 2007
85) http://www.culturalprofiles.org.uk/Viet_Nam/Units/1440.html
86) http:en.wikipedia.org/wiki/Thanh_Hoa_Province
http://www.vietnam.sawadee.com/thanhoa
Inside Vietnam Bangkok Angkor, 김재민, 엘까미노, 2005

베트남 앙코르와트, 시공사 편집부, 시공사, 2007
87) http://www.flickr.com/photos/7943685@N07/482547967
88) http://asiapacificuniverse.com/features/dongson.htm
http://www.vietnam-infocenter.de/kultur/index_english.htm
http://www.califmall.com/markajohnson/DongSonQQ.html
89) http:en.wikipedia.org/wiki/Thua_Thien-Hue_Province
http://www.vietnam.sawadee.com/thuathienhue
Inside Vietnam Bangkok Angkor, 김재민, 엘까미노, 2005
베트남 앙코르와트, 시공사 편집부, 시공사, 2007
90) http://www.venuevietnam.com
91) http://english.thuathienhue.gov.vn
92) http://english.thuathienhue.gov.vn
93) http://english.thuathienhue.gov.vn
94) http://english.thuathienhue.gov.vn
95) http://english.thuathienhue.gov.vn
96) http://english.thuathienhue.gov.vn
97) http://english.thuathienhue.gov.vn
98) http:en.wikipedia.org/wiki/Bac_Giang_Province
http://www.vietnam.sawadee.com/bacgiang
Inside Vietnam Bangkok Angkor, 김재민, 엘까미노, 2005
베트남 앙코르와트, 시공사 편집부, 시공사, 2007
99) http://www.vietnamtourism.com/e_pages/tourist/destination.asp?mt=84240&uid=1442
100) http:en.wikipedia.org/wiki/Bac_Kan_Province
http://www.vietnam.sawadee.com/backan
Inside Vietnam Bangkok Angkor, 김재민, 엘까미노, 2005
베트남 앙코르와트, 시공사 편집부, 시공사, 2007
101) http://www.flickr.com/photos/danielguip/babelake
102) http:en.wikipedia.org/wiki/Cao_Bang_Province
http://www.vietnam.sawadee.com/caobang
Inside Vietnam Bangkok Angkor, 김재민, 엘까미노, 2005
베트남 앙코르와트, 시공사 편집부, 시공사, 2007
103) http://www.trekearth.com/gallery/Asia/Vietnam/North_East/Cao_Bang
104) http://www.wietnamtourism.com/Events-News/News/Festival Showcases traditional folk music/Exhibition on traditional folk music opens
105) http://www.vietnamtourism.com/Events-News/News/Exhibition on traditional folk music opens
http://www.vietnam.tourism.com/Events-News/
106) http:en.wikipedia.org/wiki/Ha_Giang_Province
http://www.vietnam.sawadee.com/hagiang
Inside Vietnam Bangkok Angkor, 김재민, 엘까미노, 2005
베트남 앙코르와트, 시공사 편집부, 시공사, 2007
107) http://www.asiakingtravel.com
108) http:en.wikipedia.org/wiki/Lang_Son_Province
http://www.vietnam.sawadee.com/langson
Inside Vietnam Bangkok Angkor, 김재민, 엘까미노, 2005
베트남 앙코르와트, 시공사 편집부, 시공사, 2007
109) http://www.langson.gov.vn
110) http://www.langson.gov.vn
111) http://www.trekearth.com
112) http://www.langson.gov.vn
113) http://www.langson.gov.vn
114) http:en.wikipedia.org/wiki/Lao_Cai_Province
http://www.vietnam.sawadee.com/laocai
Inside Vietnam Bangkok Angkor, 김재민, 엘까미노, 2005

베트남 앙코르와트, 시공사 편집부, 시공사, 2007
115) http://www.laocai.gov.vn
116) http://en.wikipedia.org/Lao_Cai
117) http:en.wikipedia.org/wiki/Phu_Tho_Province
http://www.vietnam.sawadee.com/phutho
Inside Vietnam Bangkok Angkor, 김재민, 엘까미노, 2005
베트남 앙코르와트, 시공사 편집부, 시공사, 2007
118) http://www.phutho.gov.vn
119) http://www.phutho.gov.vn
120) http:en.wikipedia.org/wiki/Quang_Ninh_Province
http://www.vietnam.sawadee.com/quangninh
Inside Vietnam Bangkok Angkor, 김재민, 엘까미노, 2005
베트남 앙코르와트, 시공사 편집부, 시공사, 2007
121) http://www.vietnamtourism.com/e_pages/tourist/destination.asp/Quang Ninh
122) http://www.trekearth.com/gallery/Asia/Vietnam/North_East/Quang_Ninh
123) http:en.wikipedia.org/wiki/Thai_Nguyen_Province
http://www.vietnam.sawadee.com/thainguyen
Inside Vietnam Bangkok Angkor, 김재민, 엘까미노, 2005
베트남 앙코르와트, 시공사 편집부, 시공사, 2007
124) http://www.trekearth.com/gallery/Asia/Vietnam/North_East/Thai_Nguyen
125) http://thainguyen.gov.vn
126) http://thainguyen.gov.vn
127) http:en.wikipedia.org/wiki/Tuyen_Quang_Province
http://www.vietnam.sawadee.com/tuyenquang
Inside Vietnam Bangkok Angkor, 김재민, 엘까미노, 2005
베트남 앙코르와트, 시공사 편집부, 시공사, 2007
128) http://www.tuyenquang.gov.vn/
129) http:en.wikipedia.org/wiki/Yen_Bai_Province
http://www.vietnam.sawadee.com/yenbai
Inside Vietnam Bangkok Angkor, 김재민, 엘까미노, 2005
베트남 앙코르와트, 시공사 편집부, 시공사, 2007
130) http://www.vietnamtourism.com/e_pages/tourist/destination.asp?mt=8429&uid=1293
131) http://www.vietnamtourism.com/e_pages/news
132) http://www.vietnamtourism.com/e_pages/news
133) http://www.vietnamtourism.com/e_pages/tourist/destination.asp?mt=8429&uid=1293
134) http:en.wikipedia.org/wiki/Dien_Bien_Province
http://www.vietnam.sawadee.com/bacgiang
http://www.nationmaster.com/encyclopedia/Dien_Bien_Province
135) http://kovinews.co.kr/디엔비엔푸(Dien Bien Phu)
136) http://www.asiafinest.com/forum/dien bien phu battle
http://www.vietplazatour.com/dien bien phu battle
137) http:en.wikipedia.org/wiki/Hoa_Binh_Province
http://www.vietnam.sawadee.com/hoabinh
Inside Vietnam Bangkok Angkor, 김재민, 엘까미노, 2005
베트남 앙코르와트, 시공사 편집부, 시공사, 2007
138) http://www.vietnamtourism.com/e_pages/tourist/destination/Hoa Binh
139) http://www.vietnamtourism.com/Major Events/Muong ethnic cultural festival to be held in Hoa Binh
140) http:en.wikipedia.org/wiki/Lai_Chau_Province
http://www.vietnam.sawadee.com/laichau
Inside Vietnam Bangkok Angkor, 김재민, 엘까미노, 2005
베트남 앙코르와트, 시공사 편집부, 시공사, 2007
141) http://www.flickr.com/photos/bellhuey56/540251088/
http://www.flickr.com/photos/bellhuey56/540363987/

142) http:en.wikipedia.org/wiki/Son_La_Province
http://www.vietnam.sawadee.com/sonla
Inside Vietnam Bangkok Angkor, 김재민, 엘까미노, 2005
베트남 앙코르와트, 시공사 편집부, 시공사, 2007
143) http://www.trekearth.com/gallery/Asia/Vietnam/North_West/Son_La
144) http:en.wikipedia.org/wiki/Dak_Lak_Province
http://www.vietnam.sawadee.com/daklak
Inside Vietnam Bangkok Angkor, 김재민, 엘까미노, 2005
베트남 앙코르와트, 시공사 편집부, 시공사, 2007
145) http://en.wikipedia.org/wiki/Dak_Lak
146) http://worldheritage.heindorffhus.dk/champa
147) http://www.daklak.gov.vn/Business
148) http://www.daklak.gov.vn/overview/Natural resources
149) http://www.daklak.gov.vn/History-Culture/Traditional Culture
150) http://en.wikipedia.org/wiki/Dak_Nong_Province
http://www.nationmaster.com/encyclopedia/Dak-Nong-Province
151) http://www.vietnamtourism.com/e_pages/tourist/destination.asp
152) http://www.vietnamtourism.com/e_pages/news/vietnam discovery/visiting Dray Sap Waterfall
153) http:en.wikipedia.org/wiki/Gia_Lai_Province
http://www.vietnam.sawadee.com/gialai
Inside Vietnam Bangkok Angkor, 김재민, 엘까미노, 2005
베트남 앙코르와트, 시공사 편집부, 시공사, 2007
154) http://www.vietnamtourism.com/e_pages/tourist/destination.asp/Gia Lai
155) http://www.flickr.com/photos/saigonpleiku
156) http:en.wikipedia.org/wiki/Kon_Tum_Province
http://www.vietnam.sawadee.com/kontum
Inside Vietnam Bangkok Angkor, 김재민, 엘까미노, 2005
베트남 앙코르와트, 시공사 편집부, 시공사, 2007
157) http://www.flickr.com/photos/kontum
158) http://www.nhandan.com.vn/english/news/170305
159) http:en.wikipedia.org/wiki/Lam_Dong_Province
http://www.vietnam.sawadee.com/lamdong
Inside Vietnam Bangkok Angkor, 김재민, 엘까미노, 2005
베트남 앙코르와트, 시공사 편집부, 시공사, 2007
160) http://en.wikipedia.org/wiki/Lam_Dong_Province
161) http://www.trekearth.com
162) http:en.wikipedia.org/wiki/Binh_Dinh_Province
http://www.vietnam.sawadee.com/binhdinh
Inside Vietnam Bangkok Angkor, 김재민, 엘까미노, 2005
베트남 앙코르와트, 시공사 편집부, 시공사, 2007
163) http://www.vietnam.sawadee.com/binhdinh/index.htm
164) http://www.trekearth.com/
165) http:en.wikipedia.org/wiki/Khanh_Hoa_Province
http://www.vietnam.sawadee.com/khanhhoa
Inside Vietnam Bangkok Angkor, 김재민, 엘까미노, 2005
베트남 앙코르와트, 시공사 편집부, 시공사, 2007
166) http://www.vietnam.sawadee.com/khanhhoa
167) http://www.trekearth.com
168) http:en.wikipedia.org/wiki/Phu_Yen_Province
http://www.vietnam.sawadee.com/phuyen
Inside Vietnam Bangkok Angkor, 김재민, 엘까미노, 2005
베트남 앙코르와트, 시공사 편집부, 시공사, 2007
169) http://www.trekearth.com/phuyen

170) http://www.flickr.com/photos/phuyen
171) http:en.wikipedia.org/wiki/Quang_Nam_Province
http://www.vietnam.sawadee.com/quangnam
Inside Vietnam Bangkok Angkor, 김재민, 엘까미노, 2005
베트남 앙코르와트, 시공사 편집부, 시공사, 2007
172) http://www.trekearth.com/hoian
173) http://www.trekearth.com/myson
174) http:en.wikipedia.org/wiki/Quang_Ngai_Province
http://www.vietnam.sawadee.com/quangngai
Inside Vietnam Bangkok Angkor, 김재민, 엘까미노, 2005
베트남 앙코르와트, 시공사 편집부, 시공사, 2007
175) http://quangngai.gov.vn
176) http://www.trekearth.com/quangngai
177) http://www.flickr.com/sahuynh
178) http:en.wikipedia.org/wiki/Ba_Ria-Vung_Tau_Province
http://www.vietnam.sawadee.com/bariavungtau
Inside Vietnam Bangkok Angkor, 김재민, 엘까미노, 2005
베트남 앙코르와트, 시공사 편집부, 시공사, 2007
179) http://www.diggerhistory.info/pages-conflicts-periods/vietnam/vung-tau.htm
180) http://www.vietvet.co.kr
181) http:en.wikipedia.org/wiki/Binh_Duong_Province
http://www.vietnam.sawadee.com/binhduong
Inside Vietnam Bangkok Angkor, 김재민, 엘까미노, 2005
베트남 앙코르와트, 시공사 편집부, 시공사, 2007
182) http://www.trekearth.com/binhduong
183) http:en.wikipedia.org/wiki/Binh_Phuoc_Province
http://www.vietnam.sawadee.com/binhphuoc
Inside Vietnam Bangkok Angkor, 김재민, 엘까미노, 2005
베트남 앙코르와트, 시공사 편집부, 시공사, 2007
184) http://www.trekearth.com/dongxoai
185) http:en.wikipedia.org/wiki/Binh_Thuan_Province
http://www.vietnam.sawadee.com/binhthuan
Inside Vietnam Bangkok Angkor, 김재민, 엘까미노, 2005
베트남 앙코르와트, 시공사 편집부, 시공사, 2007
186) http://www.vietnam.sawadee.com/binhthuan
187) http://www.binhthuan.gov.vn/Relics and Beauty Spots/Phan Thiet City
188) http://www.binhthuan.gov.vn/Relics and Beauty Spots/The lying Buddha
189) http://www.binhthuan.gov.vn/Relics and Beauty Spots/Bau Trang - Famous
190) http://www.binhthuan.gov.vn/Relics and Beauty Spots/The red Hill
191) http:en.wikipedia.org/wiki/Dong_Nai_Province
http://www.vietnam.sawadee.com/dongnai
Inside Vietnam Bangkok Angkor, 김재민, 엘까미노, 2005
베트남 앙코르와트, 시공사 편집부, 시공사, 2007
192) http://www.trekearth.com/bienhoa
193) http://www.dongnai.gov.vn/
194) http:en.wikipedia.org/wiki/Ninh_Thuan_Province
http://www.vietnam.sawadee.com/ninhthuan
Inside Vietnam Bangkok Angkor, 김재민, 엘까미노, 2005
베트남 앙코르와트, 시공사 편집부, 시공사, 2007
195) http://www.vietnamtourism.com/e_pages/news/The Kate Festival
196) http://www.trekearth.com/ninhthuan
197) http:en.wikipedia.org/wiki/Tay_Ninh_Province
http://www.vietnam.sawadee.com/tayninh

Inside Vietnam Bangkok Angkor, 김재민, 엘까미노, 2005
베트남 앙코르와트, 시공사 편집부, 시공사, 2007
198) http://www.tayninh.gov.vn
199) http://www.flickr.com/photos/gunthermoons/508260552
200) http://www.flickr.com/photos/nutbird/540334838
201) http:en.wikipedia.org/wiki/An_Giang_Province
http://www.vietnam.sawadee.com/angiang
Inside Vietnam Bangkok Angkor, 김재민, 엘까미노, 2005
베트남 앙코르와트, 시공사 편집부, 시공사, 2007
202) http://www.vietnam.sawadee.com/angiang
203) http://www.vietnamtourism.com/e_pages/Events-News/News/Sene Dolta Festival
204) http:en.wikipedia.org/wiki/Bac_Lieu_Province
http://www.vietnam.sawadee.com/baclieu
Inside Vietnam Bangkok Angkor, 김재민, 엘까미노, 2005
베트남 앙코르와트, 시공사 편집부, 시공사, 2007
205) http://www.trekearth.com/baclieu
206) http:en.wikipedia.org/wiki/Ben_Tre_Province
http://www.vietnam.sawadee.com/bentre
Inside Vietnam Bangkok Angkor, 김재민, 엘까미노, 2005
베트남 앙코르와트, 시공사 편집부, 시공사, 2007
207) http://www.trekearth.com/bentre
208) http:en.wikipedia.org/wiki/Ca_Mau_Province
http://www.vietnam.sawadee.com/camau
Inside Vietnam Bangkok Angkor, 김재민, 엘까미노, 2005
베트남 앙코르와트, 시공사 편집부, 시공사, 2007
209) http://www.vietnam.sawadee.com/camau
210) http:en.wikipedia.org/wiki/Dong_Thap_Province
http://www.vietnam.sawadee.com/dongthap
Inside Vietnam Bangkok Angkor, 김재민, 엘까미노, 2005
베트남 앙코르와트, 시공사 편집부, 시공사, 2007
211) http://www.vietnam.sawadee.com/dongthap
212) http:en.wikipedia.org/wiki/Hau_Giang_Province
http://www.statoids.com/Provinces of Vietnam
213) http://www.vietnamtourism.com/e_pages/tourist/destination.asp/hau giang
214) http:en.wikipedia.org/wiki/Kien_Giang_Province
http://www.vietnam.sawadee.com/kiengiang
Inside Vietnam Bangkok Angkor, 김재민, 엘까미노, 2005
베트남 앙코르와트, 시공사 편집부, 시공사, 2007
215) http://www.trekearth.com/rachgia
216) http://www.vietnameasytravel.com/Destinations_in_the_South.asp
http://www.flickr.com/photos/albarclay/71070256
217) http:en.wikipedia.org/wiki/Long_An_Province
http://www.vietnam.sawadee.com/longan
Inside Vietnam Bangkok Angkor, 김재민, 엘까미노, 2005
베트남 앙코르와트, 시공사 편집부, 시공사, 2007
218) http://www.vietnamtourism.com/e_pages/tourist/destination.asp/long an
219) http://www.vietnamtourism.com/e_pages/tourist/destination.asp/long an
220) http:en.wikipedia.org/wiki/Soc_Trang_Province
http://www.vietnam.sawadee.com/soctrang
Inside Vietnam Bangkok Angkor, 김재민, 엘까미노, 2005
베트남 앙코르와트, 시공사 편집부, 시공사, 2007
221) http://www.vietnam.sawadee.com/soctrang/index.htm
222) http:en.wikipedia.org/wiki/Tien_Giang_Province

http://www.vietnam.sawadee.com/tiengiang
Inside Vietnam Bangkok Angkor, 김재민, 엘까미노, 2005
베트남 앙코르와트, 시공사 편집부, 시공사, 2007
223) http://www.vietnamtourism.com/e_pages/tourist/destination.asp/Tien Giang
224) http://en.wikipedia.org/wiki/Tien_Giang_Province
225) http://www.vietnamtourism.com/e_pages/news/Vietnam Discovery/Cai Be traditional craft villages
226) http:en.wikipedia.org/wiki/Tra_Vinh_Province
http://www.vietnam.sawadee.com/travinh
Inside Vietnam Bangkok Angkor, 김재민, 엘까미노, 2005
베트남 앙코르와트, 시공사 편집부, 시공사, 2007
227) http://www.flickr.com/photos/thanh2000/329497810
http://www.flickr.com/photos/14182143@N03/1443820256
http://www.flickr.com/photos/8599793@N05/1138564705/
228) http://www.flickr.com/photos/a2-in-gwangju/489227766/
http://www.flickr.com/photos/a2-in-gwangju/489227762/
229) http:en.wikipedia.org/wiki/Vinh_Long_Province
http://www.vietnam.sawadee.com/vinhlong
Inside Vietnam Bangkok Angkor, 김재민, 엘까미노, 2005
베트남 앙코르와트, 시공사 편집부, 시공사, 2007
230) http://www.vietnam.sawadee.com/vinhlong/index.htm
231) http://www.vietnamtourism.com/e_pages/news/Visiting the Temple of Literature in Vinh Long

제2부 제4장

1) http://en.wikipedia.org, List of countries and outlying territories by area ;
Source: CIA Factbook (http://www.cia.gov/cia/publications/factbook)
2) http://www.mofat.go.kr, 주베트남 대사관, 베트남 개관 ;
http://www.encyber.com, 베트남 ;
Britannica, 베트남 ;
http://en.wikipedia.org, Geography of Vietnam
3) http://www.state.gov, Background Note : Vietnam
4) http://www.vietnamembassy-usa.org, learn about vietnam, Regions and Climate ;
Britannica, 베트남 ;
http://en.wikipedia.org, Geography of Vietnam, Psysiography. ;
http://www.vietnamnews.co.kr, 베트남
5) http://en.wikipedia.org, Geography of Vietnam
6) http://en.wikipedia.org, Red River ;
Britannica, 베트남, 자연 환경
7) http://images.ask.com/fr?q=red+river+delta&desturi=/Red River Delta
8) http://en.wikipedia.org, Red River Delta
9) http://en.wikipedia.org, Geography of Vietnam ;
Britannica, 베트남
10) http://kickingthorn.com/v-web/gallery/Pavo-annamensis/Mekong_watershed
11) http://en.wikipedia.org, Geography of Vietnam, Central Highlands
12) http://en.wikipedia.org, Geography of Vietnam, Coastal Lowlands
13) http://en.wikipedia.org, Mekong Delta ;
http://en.wikipedia.org, Geography of Vietnam, Mekong River Delta ;
http://www.encyber.com, 베트남 ;
Britannica, 베트남 ;
http://www.mofat.go.kr, 베트남 개관
14) http://www.mofat.go.kr, 주베트남 대사관, 베트남 대사관

15) http://en.wikipedia.org, Geography of Vietnam, Climate
16) http://www.mofat.go.kr, 베트남 개관 ;
http://www.encyber.com
17) http://en.wikipedia.org, Geography of Vietnam, Climate
18) http://www.vietnamembassy-usa.org, learn about vietnam, Flora and fauna
19) http://www.vnnews.co.kr, 문화행사, 베트남의 꽃과 문화 - 국토 전체를 꽃동산으로!
20) Ibid. ; Britannica, 베트남, 자연 환경
21) http://www.vnnews.co.kr, 문화, 베트남의 꽃과 문화 - 국토 전체를 꽃동산으로!
22) Ibid.
23) http://www.vietnamtourism.com/e_pages/country/overview.asp/culture/Food, Flowers, Fruits/Flowers
24) http://www.vietnamtourism.com/e_pages/country/overview.asp/culture/Food, Flowers, Fruits/Flowers
25) http://www.vietnamtourism.com/e_pages/country/overview.asp/culture/Food, Flowers, Fruits/Flowers
26) http://www.vietnamtourism.com/e_pages/country/overview.asp/culture/Food, Flowers, Fruits/Flowers
27) http://www.vietnamtourism.com/e_pages/news/index.asp?loai=2&uid=4738/Events-News/Vietnam Discovery/Peach Flowers for Tet
28) http://www.vietnamtourism.com/e_pages/news/index.asp?loai=2&uid=6053/Events-News/Vietnam Discovery/water lily
29) Ibid.
30) http://www.vietnamtourism.com, Events-news, Dalat gears up for flower festival in December ;
http://www.vietnamtourism.com, Tourism Events, Major Events, Dalat flower Festival 2007 aims to impress
31) http://www.vietnamtourism.com/e_pages/news/ Events-news, news, Dalat gears up for flower festival in December ;
http://www.vietnamtourism.com/e_pages/ Events, Major Events, Dalat flower Festival 2007 aims to impress
32) http://www.vietnamembassy-usa.org, learn about vietnam, Flora and fauna
33) http://en.wikipedia.org, Vietnam
34) http://www.vietnamembassy-usa.org, learn about vietnam, flora and fauna ;
http://en.wikipedia.org, Geography of Vietnam, Resources and land use ;
Britannica, 베트남, 자연 환경
35) http://www.globalwindow.org, GW 리포트, 기타자료, 주요국의 자원현황 및 개발동향 : 호주, 필리핀, 베트남, 말레이시아 편, p.195~197, 조현선, 2006. 4. 10.
36) http://www.vietnamembassy-usa.org, learn about vietnam, flora and fauna

제2부 제5장

1) http://en.wikipedia.org, History of Vietnam
2) http://www.vietnamtourism.com, Vietnam-Country and People History
3) http://www.vietnamtourism.com, op.cit. ;
http://www.mofat.go.kr, 주베트남 대사관, 베트남 역사, 고대국가 발생기 ;
http://lajin.com/ ILviet/vietnam/문화/베트남의 역사, 고대국가의 발생
4) http://www.urich.edu/~ebolt/history398/Co-LoaAndItsLegend.html/ Vietnam's Ancient Past(Co-Loa and Its Legend)
5) http://www.urich.edu/~ebolt/history398/Co-LoaAndItsLegend.html/ Vietnam's Ancient Past(Co-Loa and Its Legend)
6) http://lcweb2.loc.gov/cgi-bin/query/r?frd/cstdy:@field(DOCID+vn0013)/ Vietnam/ Historical/ setting
7) http://www.mofat.go.kr, op.cit., 중국 복속시대 ;
http://lajin.com op.cit., 중국 복속시대
8) Ibid. ;
http://www.vietnamtourism.com/e_pages/country/overview.asp/ History/ Chinese domination period
9) http://www.urich.edu/~ebolt/history398/TrungSisters.html/ The Trung Sisters/ Trung Trac and Trung Nhi ;
http://images.search.yahoo.com/search/images/Trung Sisters
10) http://www.vietnamtourism.com, History, Time of the dynasties, Ngo Dynasty
11) http://en.wikipedia.org, Vietnamese art
12) http://lcweb2.loc.gov/Country Studies/Vietnam/Chapter5, Nation Security
13) http://images.search.yahoo.com/Ngo Quyen ;
Library of Congress, Country Studies/Vietnam/Chapter5 National Security
14) http://www.chinhphu.vn, About Vietnam, History ;

http://www.mofat.go.kr, op.cit., 전통왕조시대 ;
http://lajin.com, op.cit., 전통왕조시대 ;
http://www.vietnamtourism.com, op.cit.

15) http://www.vietnamtourism.com, op.cit., Dinh Dynasty
16) http://www.vietnamtourism.com, op.cit., Time of the dynasties, Pre-Le Dynasty ;
http://www.mofat.go.kr, op.cit., 전기 레 왕조 ;
http://lajin.com, op.cit., 전기 레 왕조
17) http://www.encyber.com, 짬빠 Champa ; 세계일보, "산천은 의구한데…" 정글에서 깨닫는 권력의 허망함, 정재영 기자, 2006. 4. 6.
18) http://www.encyber.com, 짬빠 Champa
19) http://www.vietnamtourism.com, op.cit., Time of the dynasties, Ly Dynasty ;
http://www.mofat.go.kr, op.cit., 리 왕조 ;
http://lajin.com, op.cit., 리 왕조
20) http://www.vietnamtourism.com, op.cit., Ly Dynasty
21) http://en.wikipedia.org, History of Vietnam, Early Independence
22) http://www.vietnamtourism.com, op.cit., Tran Dynasty ;
http://www.mofat.go.kr, op.cit., 쩐 왕조 ;
http://lajin.com, op.cit., 쩐 왕조
23) http://www.viettouch.com/whois/whois_main.htm/vietnam-who's who in Viet Nam History
24) http://www.virtourist.com/asia/vietnam/saigon/31.htm/Tran Hung Dao Memorial
25) http://images.search.yahoo.com/search/images/Tran Hung Dao ;
http://www.vietmedia.com/albumvietnam/phongcanh/saigon/den-tran-hung-dao-s...
26) http://www.vietnamtourism.com, op.cit., Tran Dynasty
27) http://www.mofat.go.kr, op.cit., 호 왕조와 명의 지배 ;
http://www.lajin.com, op.cit., 호 왕조와 명의 지배 ;
http://www.vietnamtourism.com, op.cit., Ho Dynasty
28) http://www.vietnamtourism.com, op.cit., Later Tran Dynasty
29) http://e-viethoa.com, 베트남 민족의 저력은 남다르다, 영산대학교 안경환 교수
30) http://en.wikipedia.org, History of Vietnam, Divided Area
31) http://www.mofat.go.kr, op.cit., 막 왕조 ;
http://www.lajin.com, op.cit., 막 왕조
32) http://www.mofat.go.kr, op.cit., 남북 분립기 ;
http://www.lajin.com, op.cit., 남북 분립기
33) http://en.wikipedia.org, History of Vietnam, Divided Period
34) http://e-viet
http://www.mofat.go.kr, op.cit., 전통왕조시대 ;
http://e-viethoa.com, 베트남 민족의 저력은 남다르다, 영산대학교 안경환 교수
35) http://en.wikipedia.org, History of Vietnam, 19th century and French Colonization ;
http://www.lajin.com, op.cit., 응우엔 왕조
36) http://en.wikipedia.org, History of Vietnam, 19th century and French Colonization
37) Ibid.
38) http://en.wikipedia.org, History of Vietnam, 19th century and French Colonization
39) Ibid.
40) Ibid.
41) http://en.wikipedia.org, History of Vietnam, 19th century and French Colonization
42) http://en.wikipedia.org, History of Vietnam, 19th century and French Colonization
43) Ibid.
44) http://en.wikipedia.org, History of Vietnam, Period of 1945~1954 - The First Indochina War
45) http://lcweb2.loc.gov/ Library of Congress Country Studies, Vietnam, History
46) http://lcweb2.loc.gov/ Library of Congress Country Studies, Vietnam, History
47) http://www.encyber.com, 디엔 비엔 푸 ;
http://www.encyber.com, 디엔 비엔 푸 전투 ;
서울신문, [방현석 교수의 테마로 읽는 호찌민] 호찌민의 친구들 ;
http://blog.naver.com, 베트남의 영혼 박호-호치민, 방현석(소설가), 2004. 10. 19.

48) http://en.wikipedia.org, History of Vietnam, Period of 1954~1975 : The Second Indochina War
49) Ibid.
50) Ibid.
51) Ibid.
52) 국민일보, 베트남판 안네의 일기, 이형용 논설위원, 2006. 5. 31. ;
http://news.hankooki.com, 베트남 울리는 여의사의 '전쟁일기', 황양준 기자, 2006. 5. 30. ;
http://news.hankooki.com, '베트남 젊은 여전사의 전쟁일기' 베스트셀러, '호찌민루트의 사랑과 혁명' 30만부 판매, 2006. 5. 30. ;
한겨레, 여전사의 일기, 베트남을 적시다, 박민희 기자, 2006. 5. 30.
53) 한겨레(http://www.hani.co.kr), 여전사의 일기, 베트남을 적시다, 박민희 기자, 2006. 5. 30.
54) http://news.hankooki.com, 베트남 울리는 여의사의 '전쟁일기', 황양준 기자, 2006. 5. 30.
55) http://en.wikipedia.org, History of Vietnam, Period of 1954~1975 : The Second Indochina War
56) Ibid. ;
http://en.wikipedia.org, Vietnam, Vietnam War ;
http://www.britannica.com, 세계대백과 사전, 베트남
57) Ibid.
58) http://www.encyber.com, 베트남, 중월전쟁 ;
http://en.wikipedia.org, Vietnam, History of Vietnam
59) http://en.wikipedia.org, Vietnam, History

제 2 부 제6장

1) http://en.wikipedia.org, List of Countries by Population
2) http://en.wikipedia.org, op.cit.
3) http://www.geography.about.com, Geography, Vietnam, People
4) http://www.mofat.go.kr, 주베트남 대사관, 베트남 개관, 인구
5) http://www.chinhphu.vn, About Vietnam, Ethnic groups in Vietnam
6) vietnam constitution 1992, Article 5
7) http://www.vietnamembassy-usa.org/learn about vietnam/Ethnic Groups ;
http://geography.about.com, Geography, Vietnam
8) Ibid.
9) Ibid.
10) http://en.wikipedia.org, List of ethnic groups in Vietnam ;
http://www.chinhphu.vn, About Vietnam, Ethnic groups in Vietnam, List of Vietnamese ethnic groups
11) http://en.wikipedia.org/wiki/List_of_ethnic_groups_in_Vietnam
12) http://www.hedo-vietnam.org/ethnic_groups/co_tu.htm
http://en.wikipedia.org/wiki/Co_Tu_people
13) http://www.hedo-vietnam.org/ethnic_groups/co_tu.htm
14) http://www.hedo-vietnam.org/ethnic_groups/co_tu.htm
15) http://en.wikipedia.org/wiki/Co_Tu_people
16) http://www.vietnamtourism.com/e_pages/news/Vietnam Discovery/Co Tu people
17) http://www.vietnamtourism.com/e_pages/Country and people/Co Tu ethnic group
18) http://www.hedo-vietnam.org/ethnic_groups/co_lao.htm
19) http://www.hedo-vietnam.org/ethnic_groups/co_lao.htm
20) http://www.gov.vn/colao
21) http://www.vietnamtourism.com/e_pages/news/Country and people/Co Lao ethnic group
22) http://www.hedo-vietnam.org/ethnic_groups/co_ho.htm
http://en.wikipedia.org/wiki/Co_Ho_people
23) http://www.vietnamtourism.com/e_pages/news/Country and people/Co Ho ethnic group
24) http://www.vietnamtourism.com/e_pages/news/Country and people/Co Ho ethnic group
25) http://www.gov.vn/coho
26) http://www.hedo-vietnam.org/ethnic_groups/co.htm

http://en.wikipedia.org/wiki/Cor_people
27) http://www.hedo-vietnam.org/ethnic_groups/co.htm
28) http://www.vietnamtourism.com/e_pages/news/Country and people/Co ethnic group
29) http://www.hedo-vietnam.org/ethnic_groups/cong.htm
http://en.wikipedia.org/wiki/Cong_people
30) http://www.hedo-vietnam.org/ethnic_groups/cong.htm
31) http://www.hedo-vietnam.org/ethnic_groups/cong.htm
32) http://www.hedo-vietnam.org/ethnic_groups/kinh.htm
http://en.wikipedia.org/wiki/Kinh_people
33) http://www.vietnamtourism.com/e_pages/news/Country and people/Kinh ethnic group
34) http://www.vietnamtourism.com/e_pages/news/Country and people/Kinh ethnic group
35) http://www.gov.vn/kinh
36) http://www.hedo-vietnam.org/ethnic_groups/nung.htm
http://en.wikipedia.org/wiki/Nung_people
37) http://www.vietnamtourism.com/e_pages/news/Country and people/Nung ethnic group
38) http://www.vietnamtourism.com/e_pages/news/Country and people/Nung ethnic group
39) http://www.gov.vn/nung
40) http://www.vietnamtourism.com/e_pages/news/Country and people/Nung ethnic group
41) http://www.hedo-vietnam.org/ethnic_groups/ta_oi.htm
http://en.wikipedia.org/wiki/Ta_Oi_people
42) http://www.vietnamtourism.com/e_pages/country/Ta Oi ethnic group
43) http://www.vietnamtourism.com/e_pages/country/Ta Oi ethnic group
44) http://www.hedo-vietnam.org/ethnic_groups/tay_oi.htm
http://en.wikipedia.org/wiki/Tay_Oi_people
45) http://www.hedo-vietnam.org/ethnic_groups/tay_oi.htm
46) http://www.hedo-vietnam.org/ethnic_groups/tay_oi.htm
47) http://www.hedo-vietnam.org/ethnic_groups/ra_glai.htm
http://en.wikipedia.org/wiki/Raglai_people
48) http://www.vietnamtourism.com/e_pages/Country and people/Ra Glai ethnic group
49) http://www.vietnamtourism.com/e_pages/Country and people/Ra Glai ethnic group
50) http://www.hedo-vietnam.org/ethnic_groups/lao.htm
http://en.wikipedia.org/wiki/Lao_people
51) http://www.vietnamtourism.com/e_pages/Country and people/Lao ethnic group
52) http://en.wikipedia.org/wiki/Lao_people
53) http://www.hedo-vietnam.org/ethnic_groups/la_chi.htm
http://en.wikipedia.org/wiki/Lchii_people
54) http://www.vietnamtourism.com/e_pages/Country and people/La chi ethnic group
55) http://www.gov.vn/lachi
56) http://www.hedo-vietnam.org/ethnic_groups/la_ha.htm
http://en.wikipedia.org/wiki/Laha_people
57) http://www.hedo-vietnam.org/ethnic_groups/la_ha.htm
58) http://www.hedo-vietnam.org/ethnic_groups/la_ha.htm
59) http://www.hedo-vietnam.org/ethnic_groups/la_hu.htm
http://en.wikipedia.org/wiki/Lahu_people
60) http://www.gov.vn/lahu
61) http://www.vietnamtourism.com/e_pages/Country and people/La Hu ethnic group
62) http://www.hedo-vietnam.org/ethnic_groups/ro_mam.htm
http://en.wikipedia.org/wiki/Rp_Mam_people
63) http://www.vietnamtourism.com/e_pages/Country and people/Ro mam ethnic group
64) http://www.vietnamtourism.com/e_pages/Country and people/Ro mam ethnic group
65) http://www.hedo-vietnam.org/ethnic_groups/lo_lo.htm
http://en.wikipedia.org/wiki/Yi_people
66) http://www.vietnamtourism.com/e_pages/Country and people/Lo lo ethnic group

67) http://en.wikipedia.org/wiki/Yi_people
68) http://www.hedo-vietnam.org/ethnic_groups/lu.htm
http://en.wikipedia.org/wiki/Lu_people
69) http://www.vietnamtourism.com/e_pages/Country and people/Lu ethnic group
70) http://www.vietnamtourism.com/e_pages/Country and people/Lu ethnic group
71) http://www.gov.vn/lu
72) http://www.hedo-vietnam.org/ethnic_groups/ma.htm
http://en.wikipedia.org/wiki/Ma_people
73) http://www.vietnamtourism.com/e_pages/Country and people/Ma ethnic group
74) http://www.vietnamtourism.com/e_pages/Country and people/Ma ethnic group
75) http://www.hedo-vietnam.org/ethnic_groups/mang.htm
http://en.wikipedia.org/wiki/Mang_people
76) http://www.vietnamtourism.com/e_pages/Country and people/Mang ethnic group
77) http://www.vietnamtourism.com/e_pages/Country and people/Mang ethnic group
78) http://www.gov.vn/mang
79) http://www.hedo-vietnam.org/ethnic_groups/mnong.htm
http://en.wikipedia.org/wiki/Mnong
80) http://www.vietnamtourism.com/e_pages/Country and people/M'Nong ethnic group
81) http://en.wikipedia.org/wiki/Mnong
82) http://gov.vn/mnong
83) http://www.hedo-vietnam.org/ethnic_groups/muong.htm
http://en.wikipedia.org/wiki/Muong
84) http;//www.gov.vn/muong
85) http://www.vietnamtourism.com/e_pages/Country and people/Muong ethnic group
86) http://www.vietnamtourism.com/e_pages/Country and people/Muong ethnic group
87) http://www.hedo-vietnam.org/ethnic_groups/Ba_Na.htm
http://en.wikipedia.org/wiki/Bahnar_people
88) http://en.wikipedia.org/wiki/Bahnar_people
89) http://www.gov.vn/bana
90) http://www.hedo-vietnam.org/ethnic_groups/bo_y.htm
http://en.wikipedia.org/wiki/Buyei
91) http://www.vietnamtourism.com/e_pages/Country and people/ Bo Y ethnic group
92) http://en.wikipedia.org/wiki/Buyei
93) http://www.hedo-vietnam.org/ethnic_groups/brau.htm
http://en.wikipedia.org/wiki/Brau_people
94) http://en.wikipedia.org/wiki/Brau_people
95) http://www.vietnamtourism.com/e_pages/Country and people/ Brau ethnic group
96) http://www.hedo-vietnam.org/ethnic_groups/bru-vankieu.htm
http://en.wikipedia.org/wiki/Bru-Van_Kieu_people
97) http://www.vietnamtourism.com/e_pages/Country and people/ Bru-Van Kieu ethnic group
98) http://www.hedo-vietnam.org/ethnic_groups/bru-vankieu.htm
99) http://www.hedo-vietnam.org/ethnic_groups/pa-then.htm
http://en.wikipedia.org/wiki/Pa_Then_people
100) http://www.gov.vn/pathen
101) http://vietnamtourism.com/e_pages/Country and people/Pa Then ethnic group
102) http://www.gov.vn/pathen
103) http://www.hedo-vietnam.org/ethnic_groups/pu_peo.htm
http://en.wikipedia.org/wiki/Qabiao_people
104) http://vietnamtourism.com/e_pages/Country and people/Pu Peo ethnic group
105) http://vietnamtourism.com/e_pages/Country and people/Pu Peo ethnic group
106) http://www.hedo-vietnam.org/ethnic_groups/san_diu.htm
http://en.wikipedia.org/wiki/San_Diu_people
107) http://vietnamtourism.com/e_pages/Country and people/San Diu ethnic group

108) http://vietnamtourism.com/e_pages/Country and people/San Diu ethnic group
109) http://www.hedo-vietnam.org/ethnic_groups/san_chay.htm
http://en.wikipedia.org/wiki/San_Chay_people
110) http://vietnamtourism.com/e_pages/Country and people/San Chay ethnic group
111) http://vietnamtourism.com/e_pages/Country and people/San Chay ethnic group
112) http://www.hedo-vietnam.org/ethnic_groups/xo_dang.htm
http://en.wikipedia.org/wiki/Xo_Dang_people
113) http://vietnamtourism.com/e_pages/Country and people/Xo dangay ethnic group
114) http://vietnamtourism.com/e_pages/Country and people/Xo dang ethnic group
115) http://www.gov.vn/xodang
116) http://www.hedo-vietnam.org/ethnic_groups/xtieng.htm
http://en.wikipedia.org/wiki/Stieng_people
117) http://vietnamtourism.com/e_pages/Country and people/Xtieng ethnic group
118) http://vietnamtourism.com/e_pages/Country and people/Xtieng ethnic group
119) http://www.hedo-vietnam.org/ethnic_groups/si_la.htm
http://en.wikipedia.org/wiki/Si_La
120) http://vietnamtourism.com/e_pages/Country and people/Si La ethnic group
121) http://www.gov.vn/sila
122) http://www.hedo-vietnam.org/ethnic_groups/xinh_mun.htm
http://en.wikipedia.org/wiki/Xinh_Mun_people
123) http://vietnamtourism.com/e_pages/Country and people/Xinh-mun ethnic group
124) http://vietnamtourism.com/e_pages/Country and people/Xinh-mun ethnic group
125) http://www.hedo-vietnam.org/ethnic_groups/dao.htm
http://en.wikipedia.org/wiki/Yao_people
126) http://vietnamtourism.com/e_pages/Country and people/Yao ethnic group
127) http://vietnamtourism.com/e_pages/Country and people/Yao ethnic group
128) http://www.gov.vn/yao
129) http://www.hedo-vietnam.org/ethnic_groups/odu.htm
http://en.wikipedia.org/wiki/O_Du_people
130) http://vietnamtourism.com/e_pages/Country and people/O Du ethnic group
131) http://vietnamtourism.com/e_pages/Country and people/O Du ethnic group
132) http://www.hedo-vietnam.org/ethnic_groups/e_du.htm
http://en.wikipedia.org/wiki/E_De_people
133) http://vietnamtourism.com/e_pages/Country and people/E De ethnic group
134) http://en.wikipedia.org/wiki/E_De_people
135) http://en.wikipedia.org/wiki/E_De_people
136) http://www.hedo-vietnam.org/ethnic_groups/ngai.htm
http://en.wikipedia.org/wiki/Ngai
137) http://vietnamtourism.com/e_pages/Country and people/Ngai ethnic group
138) http://vietnamtourism.com/e_pages/Country and people/Ngai ethnic group
139) http://www.hedo-vietnam.org/ethnic_groups/gai_rai.htm
http://en.wikipedia.org/wiki/GaiRai
140) http://www.gov.vn/gairai
141) http://en.wikipedia/org/wiki/GaiRai
142) http://www.hedo-vietnam.org/ethnic_groups/gai_rai.htm
143) http://www.hedo-vietnam.org/ethnic_groups/giay.htm
http://en.wikipedia.org/wiki/Giay_people
144) http://vietnamtourism.com/e_pages/Country and people/Giay ethnic group
145) http://vietnamtourism.com/e_pages/Country and people/Giay ethnic group
146) http://www.hedo-vietnam.org/ethnic_groups/gie_trieng.htm
http://en.wikipedia.org/wiki/Gie_Trieng_people
147) http://vietnamtourism.com/e_pages/Country and people/Gie Trieng ethnic group
148) http://vietnamtourism.com/e_pages/Country and people/Gie Trieng ethnic group

149) http://www.hedo-vietnam.org/ethnic_groups/gie_trieng.htm
150) http://www.hedo-vietnam.org/ethnic_groups/cham_ro.htm
http://en.wikipedia.org/wiki/Cham_people
151) http://www.hedo-vietnam.org/ethnic_groups/cham_ro.htm
152) http://en.wikipedia.org/wiki/Cham_people
153) http://www.hedo-vietnam.org/ethnic_groups/cham_ro.htm
154) http://www.hedo-vietnam.org/ethnic_groups/cho_ro.htm
http://en.wikipedia.org/wiki/Cho_Ro_people
155) http://www.hedo-vietnam.org/ethnic_groups/cho_ro.htm
156) http://www.hedo-vietnam.org/ethnic_groups/cho_ro.htm
157) http://www.hedo-vietnam.org/ethnic_groups/chu_ru.htm
http://en.wikipedia.org/wiki/Churu_people
158) http://vietnamtourism.com/e_pages/Country and people/Chu Ru ethnic group
159) http://vietnamtourism.com/e_pages/Country and people/Chu Ru ethnic group
160) http://www.hedo-vietnam.org/ethnic_groups/chut.htm
http://en.wikipedia.org/wiki/Chut_people
161) http://www.hedo-vietnam.org/ethnic_groups/chut.htm
162) http://www.hedo-vietnam.org/ethnic_groups/chut.htm
163) http://www.hedo-vietnam.org/ethnic_groups/khang.htm
http://en.wikipedia.org/wiki/Khang_people
164) http://www.hedo-vietnam.org/ethnic_groups/khang.htm
165) http://www.hedo-vietnam.org/ethnic_groups/khang.htm
166) http://www.hedo-vietnam.org/ethnic_groups/kho_mu.htm
http://en.wikipedia.org/wiki/Khmu_people
167) http://www.vietnamrourism.com/e_pages/Country and people/Kho Mu ethnic group
168) http://www.gov.vn/khmu
169) http://www.hedo-vietnam.org/ethnic_groups/kho_mu.htm
170) http://www.hedo-vietnam.org/ethnic_groups/khmer.htm
http://en.wikipedia.org/wiki/Khmer_people
171) http://www.hedo-vietnam.org/ethnic_groups/khmer.htm
172) http://en.wikipedia.org/wiki/Khmer_people
173) http://www.gov.vn/khmer
174) http://www.hedo-vietnam.org/ethnic_groups/khmer.htm
175) http://www.hedo-vietnam.org/ethnic_groups/thai.htm
http://en.wikipedia.org/wiki/Thai_people
176) http://www.hedo-vietnam.org/ethnic_groups/thai.htm
177) http://en.wikipedia.org/wiki/Thai_people
178) http://www.hedo-vietnam.org/ethnic_groups/tho.htm
http://en.wikipedia.org/wiki/Tho_people
179) http://www.vietnamtourism.com/e_pages/country/Tho ethnic group
180) http://www.vietnamtourism.com/e_pages/country/Tho ethnic group
181) http://www.hedo-vietnam.org/ethnic_groups/phu_la.htm
182) http://vietnamtourism.com/e_pages/Country and people/Phu La ethnic group
183) http://vietnamtourism.com/e_pages/Country and people/Phu La ethnic group
184) http://www.hedo-vietnam.org/ethnic_groups/ha_nhi.htm
http://en.wikipedia.org/wiki/Hani_people
185) http://www.hedo-vietnam.org/ethnic_groups/ha_nhi.htm
186) http://www.gov.vn/hani
187) http://www.hedo-vietnam.org/ethnic_groups/hmong.htm
http://en.wikipedia.org/wiki/Hmong_people
188) http://vietnamtourism.com/e_pages/Country and people/Hmong ethnic group
189) http://vietnamtourism.com/e_pages/Country and people/Hmong ethnic group
190) http://www.hedo-vietnam.org/ethnic_groups/hoa.htm

http://en.wikipedia.org/wiki/Hoa_people
191) http://vietnamtourism.com/e_pages/Country and people/Hoa ethnic group
192) http://en.wikipedia.org/wiki/Hoa_people
193) http://www.gov.vn/hoa
194) http://www.hedo-vietnam.org/ethnic_groups/hre.htm
http://en.wikipedia.org/wiki/H're_people
195) http://vietnamtourism.com/e_pages/Country and people/Hre ethnic group
196) http://www.gov.vn/hre
197) http://www.hedo-vietnam.org/ethnic_groups/hre.htm
198) http://asiarecipe.com/vietgroups.html/Vietnam Ethnic Groups
199) http://www.hedo-vietnam.org/ethnic_groups.htm/
200) Ibid.
201) http://e-viethoa.com, 종족별 성씨의 종류 (자료원 : 성산대학교 안경환 교수) ;
http://www.business-in-asia.com, Vietnamese Names
202) http://www.chinhphu.vn, About Vietnam, Culture, Languages ;
http://en.wikipedia.org, Vietnam, Languages
203) http://www.vision-associates.com, Guide To Doing Business in Vietnam, Languages ;
http://www.hihanoi.com, 언어/의복
204) Từ Điển Việt-Han(베트남어-한국어 사전), Biên Soạn 지음, 조재현 엮음, 한국외국어대 출판부, 2006. 1. 5.
205) Nguyễn Thi Thu Hằng 지음, Lủu Tuần Anh 감수, 베트남어 첫걸음, Digis
206) Từ Điển Việt-Hàn, op.cit.
207) http://www.mofat.go.kr, 주베트남 대사관, 베트남 개관, 민족

제 2 부 제7장

1) http://www.chinhphu.vn, About Vietnam, Culture, Philosophy and ideologies
2) Ibid.
3) Ibid.
4) Ibid.
5) Ibid.
6) Ibid.
7) http://www.chinhphu.vn, About Vietnam, Culture, Religions and Beliefs
8) http://en.wikipedia.org, Demography of Vietnam
9) http://www.vietnamembassy-usa.org, Ibid. ;
http://www.mofat.go.kr, 주베트남 대사관, 베트남 개관, 국민 생활
10) http://en.wikipedia.org, Religion in Vietnam
11) http://www.chinhphu.vn, About Vietnam, Culture, Religions and Beliefs
12) http://www.vietnamembassy-usa.org, op.cit.
13) Ibid.
14) http://www.mofat.go.kr, op.cit. ;
http://www.vietnamembassy-usa.org, op.cit. ;
http://en.wikipedia.org, Religion in Vietnam, Cao Dai and Hoa Hao
15) Ibid.
16) Ibid.
17) http://www.chinhphu.vn, About Vietnam, History
18) http://www.vietnamembassy-usa.org/learn about vietnam/public services/education ;
http://geography.about.com, geography
19) Vietnam Constitution 1992, Chapter
20) http://www.vietnamembassy-usa.org, op.cit. ;
http://e-viethoa.com, 베트남의 교육현황과 교과서제도, 이견호(베트남 호치민시 한국학교 교장) ;
http://lajin.com/ ILviet/ 베트남의 교육제도

21) http://e-viethoa.com, 베트남의 교육현황과 교과서제도, 이견호(베트남 호치민시 한국학교 교장) ;
http://lajin.com/ ILviet/ 베트남의 교육제도
22) http://e-viethoa.com, 베트남의 교육현황과 교과서제도, 이견호(베트남 호치민시 한국학교 교장)
23) 서울경제, 글로벌 텔런트를 춤추게 하라. 베트남, 2007. 7. 19. ;
동아일보, '교육백년 대계' 외치는 베트남 주석, 공종식 뉴욕 특파원, 2007. 6. 22.
24) http://www.vietnamembassy-usa.org/learn about vietnam/public services/mass media ;
http://en.wikipedia.org, Vietnam, Media
25) Vietnam Constitution 1992
26) http://www.vietnamembassy-usa.org, op.cit., The Vietnam News Agency
27) http://www.vietnamembassy-usa.org, op.cit., News Papers
28) http://www.vietnamembassy-usa.org, op.cit., Radio
29) http://www.vietnamembassy-usa.org/learn about vietnam/public services/mass media/Television
30) http://www.vietnamembassy-usa.org/learn about vietnam/public services/mass media/Internet
31) http://www.mofat.go.kr, 주베트남 대사관, 베트남 개관, 민족성
32) http://www.vietnamembassy-usa.org/learn about vietnam/public services/health
33) Ibid.
34) http://en.wikipedia.org, Hanoi
35) http://.geography.about.com, geography
36) http://www.mofat.go.kr, 주베트남 대사관, 베트남 개관, 의료·보건
37) http://www.mofat.go.kr, 주베트남 대사관, 베트남 개관, 사회문제

제2부 제8장

1) http://www.vietnamembassy-usa.org/learn about vietnam/culture/Evolution of culture ;
http://en.wikipedia.org, Vietnamese art ;
http://www.chinhphu.vn, About Vietnam, History
2) http://www.mofat.go.kr, 주베트남 대사관, 베트남 개관, 베트남 역사, 선사시대 ;
http://lajin.com/ ILviet/vietnam/문화, 베트남 역사, 선사시대 ;
http://en.wikipedia.org, Vietnamese art
3) http://www.mofat.go.kr, op.cit. ;
http://lajin.com/ op.cit. ;
http://en.wikipedia.org, op.cit
4) http://www.chinhphu.vn, op.cit. ;
http://www.vietnamembassy-usa.org op.cit. ;
http://en.wikipedia.org, op.cit.
5) http://images.ask.com/ Dong Son Culture
6) Ibid. ;
http://en.wikipedia.org, Vietnamese art
7) http://www.vietnamembassy-usa.org op.cit. ;
http://en.wikipedia.org, op.cit.
8) http://www.vietnamembassy-usa.org op.cit. ;
http://en.wikipedia.org, Vietnam Art
9) http://en.wikipedia.org, Vietnam Art
10) http://en.wikipedia.org, Vietnam Art, Architecture
11) http://en.wikipedia.org, op.cit.
12) http://en.wikipedia.org, Vietnam
13) http://en.wikipedia.org, Vietnam art
14) http://en.wikipedia.org, Culture of Vietnam
15) http://en.wikipedia.org, Vietnam art
16) http://en.wikipedia.org, Culture of Vietnam
17) http://en.wikipedia.org, Vietnam art

18) http://en.wikipedia.org, Vietnam
19) http://en.wikipedia.org, Vietnam art
20) http://en.wikipedia.org, Culture of Vietnam
21) http://en.wikipedia.org, Vietnam
22) http://en.wikipedia.org, Vietnam
23) http://en.wikipedia.org, Music of Vietnam
24) http://en.wikipedia.org, Music of Vietnam
25) Ibid.
26) Ibid. ; http://en.wikipedia.org, Vietnam art
27) http://en.wikipedia.org, Music of Vietnam
28) http://en.wikipedia.org, Music of Vietnam ;
http://en.wikipedia.org, Vietnam art
29) Ibid.
30) http://en.wikipedia.org, Culture of Vietnam
31) http://www.chinhphu.vn, About Vietnam, Culture, art
32) http://en.wikipedia.org, Music of Vietnam ;
http://www.vnnews.co.kr, 문화 행사, 냑내
33) http://en.wikipedia.org, Culture of Vietnam
http://www.vietnamtourism.com, Culture, Art Performance, Traditional Musical Instrument
34) http://www.vietnamtourism.com/e_pages/country/overview.asp, culture, Art performance, Traditional Musical Instruments
35) http://www.vietnamtourism.com/e_pages/country/overview.asp, culture, Art performance, Traditional Musical Instruments
36) http://www.vietnamtourism.com/e_pages/country/overview.asp, culture, Art performance, Traditional Musical Instruments
37) http://www.vietnamtourism.com/e_pages/country/overview.asp, culture, Art performance, Traditional Musical Instruments
38) http://www.vietnamtourism.com/Events-news/Major Events, Central Highlands gong festival set for November
39) http://www.vietnamtourism.com/Events-news/Major Events, Central Highlands gong festival set for November
40) http://www.vietnamtourism.com/Events-news/News/Central Highlands Gong Culture Festival slated for October
41) http://www.chinhphu.vn, About Vietnam, Culture ;
http://en.wikipedia.org, Music of Vietnam
42) http://www.vietnamtourism.com/e_pages/country/overview.asp, culture, Art performance, Traditional Musical Instruments
43) http://en.wikipedia.org, Music of Vietnam
Musical Instruments
44) http://www.chinhphu.vn, About Vietnam, Culture
45) http://en.wikipedia.org
46) Ibid.
47) http://www.chinhphu.vn, About Vietnam, Culture
48) http://en.wikipedia.org, Traditional Vietnamese dance
49) http://www.vnnews.co.kr, 문화 행사, 베트남의 전통춤-무어짬 ;
op.cit., 베트남의 전통춤- 북서부지방 무어영양
50) http://en.wikipedia.org, Vietnamese theatre
51) wikipedia.org, Vietnamese theatre
52) http://en.wikipedia.org, Vietnamese theatre
53) http://en.wikipedia.org, Vietnamese theatre ;
http://blog.naver.com/prowriter/140014831029 물과 땅, 그리고 베트남인들의 조화-하노이 수상인형극
54) http://en.wikipedia.org, Vietnamese theatre ;
http://www.kbs.co.kr/1tv/sisa/walkworld, 순수한 천년의 도시, 미래를 달리다-베트남 하노이, 김군래, 1007. 10.06.
55) Ibid. ;
http://en.wikipedia.org, Vietnamese theatre
56) http://www.vietnamtourism.com/Events-news/News/Vietnamese water puppetry performed in London
57) http://www.vietnamtourism.com/Events-news/News/Vietnamese water puppets debut with a splash at Jerusalem festival
58) http://www.vietnamtourism.com/Events-news/News/Water puppetry shines at Almada Puppetry Festival
59) /News/Vietnamese water puppets wraps up tour of Netherlands
60) http://www.chinhphu.vn, About Vietnam, Culture, Literature ;
http://www.vnstyle.vdc.com.vn, Overview, Literature ;

http://en.wikipedia.org, Vietnamese art ;
http://en.wikipedia.org, Vietnamese Literature

61) Ibid.
62) http://www.chinhphu.vn, op.cit.
63) http://www.chinhphu.vn, op.cit.
64) http://en.wikipedia.org, Culture of Vietnam
65) http://en.wikipedia.org, Culture of Vietnam
66) http://en.wikipedia.org, Culture of Vietnam ;
http://www.vnnews.co.kr, 베트남 전통 여성복장, 아오임(Áo Yếm)
67) http://www.mofat.go.kr, 주베트남 대사관, 베트남 개관
68) http://en.wikipedia.org, Culture of Vietnam ;
http://kovinews.co.kr, 아오자이의 역사, 2007. 5. 10.
69) http://en.wikipedia.org, Culture of Vietnam
70) http://www.vietnamtourism.com/e_pages/country/overview.asp/ country and people/ Vietnamese traditional costumes
71) http://en.wikipedia.org, Demography of Vietnam
72) http://en.wikipedia.org, List of Festivals in Vietnam ;
http://en.wikipedia.org, Culture of Vietnam ;
http://www.vietnamembassy-usa.org/travel to vietnam/cultural festivals
73) http://www.chinhphu.vn, About Vietnam, Culture
74) http://www.chinhphu.vn, About Vietnam, Culture
75) http://en.wikipedia.org, Culture of Vietnam
76) http://www.encyber.com, 베트남, 유네스코 지정 문화유산, 후에 기념물 집중지대
77) http://www.chinhphu.vn, About Vietnam, Tourism
78) http://www.encyber.com, 베트남, 유네스코 지정 문화유산, 회안 고 도시
79) http://www.chinhphu.vn, About Vietnam, Tourism ;
http://www.encyber.com, 세계 문화유산, 베트남 ;
http://www.encyber.com, Encyber 세계 문화 탐방, 짬빠 왕국의 성지
80) http://www.chinhphu.vn, About Vietnam, Tourism
81) http://en.wikipedia.org, Phong Nha-Ke Bang National Park
82) http://en.wikipedia.org, Phong Nha-Ke Bang National Park
83) http://en.wikipedia.org, Ha Long Bay ;
http://kovinews.co.kr, 하롱베이, 2007. 4. 22.
84) http://www.chinhphu.vn, About Vietnam, Tourism
85) http://www.vietnamtourism.com/e_pages/news/Events-news/Vietnam Discovery/
Vietnamese court music enchants French music buff
86) http://www.vietnamtourism.com/e_pages/news/Events-news/Vietnam Discovery/
Court music tours Europe till late August

제2부 제9장

1) http://en.wikipedia.org, Vietnam, Government and Politics
2) http://lajin.com/ ILviet/vietnam/ 정치외교, 베트남의 국가형태 ;
http://en.wikipedia.org, President of Vietnam ;
http://news.mk.co.kr, 숫자로 본 베트남·베트남경제
3) Vietnam Constitution 1992, Chapter 7(Article 101~Article 108)
4) http://en.wikipedia.org, President of Vietnam
5) http://en.wikipedia.org, Communist Party of Vietnam
6) Ibid.
7) Vietnam Constitution 1992, Preamble
8) Vietnam Constitution 1992, Article 4
9) http://en.wikipedia.org, Communist Party of Vietnam, History ;

http://e-viethoa.com, 베트남의 공산당, 연혁, 2007. 7. 18. ;
http://lajin.com, ILviet, vietnam, 정치외교, 베트남공산당

10) http://lajin.com, ILviet, vietnam, 정치외교, 베트남공산당, 조직 및 기구 ;
http://e-viethoa.com, 베트남의 공산당, 2007. 7. 18. ;
http://en.wikipedia.org, Communist Party of Vietnam

11) http://e-viethoa.com, 베트남의 공산당 ;
http://mofat.go.kr, 베트남 정치제도 ;
http://en.wikipedia.org, Communist Party of Vietnam, Organization

12) http://lajin.com/ ILviet/vietnam/ 정치외교/ 베트남공산당, 베트남공산당의 구조 ;
http://e-viethoa.com, 베트남의 공산당, 베트남공산당의 구조

13) http://www.vietnamembassy-usa.org/learn about vietnam, Politics, The Communist Party of Vietnam

14) http://en.wikipedia.org, Politics of Vietnam, Legislative Branch ;
http://www.mofat.go.kr, 주베트남 대사관, 베트남 정치제도, 2007. 10.1. ;
http://lajin.com/ ILviet/vietnam/ 정치외교/ 국회

15) http://en.wikipedia.org, Communist Party of Vietnam

16) http://en.wikipedia.org, Politics of Vietnam, Legislative Branch

17) http://www.vnnews.co.kr, 문화, 역사, 국가 개관 요약

18) Vietnam Constitution 1992, Chapter Six(Article 83~Article 100)

19) http://lajin.com, ILviet, vietnam, 정치외교, 행정부

20) Vietnam Constitution, Chapter 8(Article 109~Article 113)

21) http://en.wikipedia.org, Prime Minister of Vietnam

22) Vietnam Constitution 1992, Article 114

23) http://en.wikipedia.org, Prime Minister of Vietnam

24) Vietnam Constitution 1992, Article 116

25) Vietnam Constitution 1992, Article 117

26) http://lajin.com, ILviet, vietnam, 정치외교, 행정부

27) Vietnam Constitution 1992, Chapter 9(Article 118~Article 125)

28) http://en.wikipedia.org, Politics of Vietnam, Administrative Divisions

29) http://kovinews.co.kr, 베트남 사법제도, 2007. 10. 17 ;
http://www.vietnamembassy-usa.org/learn_about_vietnam, Government Structure

30) Vietnam Constitution 1992, Chapter 10(Article 126~Article 140)

31) http://kovinews.co.kr, 베트남 사법제도(자료원 : 주베트남 한국대사관, KOTRA 하노이 무역관)

제2부 제10장

1) http://www.state.gov, Background Note : Vietnam, Foreign Relations, U. S. Department of State

2) http://www.state.gov, Background Note : Vietnam, Foreign Relations, U. S. Department of State

3) http://www.state.gov, Background Note : Vietnam, Foreign Relations, U. S. Department of State

4) http://en.wikipedia.org, foreign relations of Vietnam, Current Issues, Disputes-international

5) Vietnam Constitution 1992, Article 14

6) http://www.mofat.go.kr, 주베트남 대사관, 베트남 주요 정책, 대외정책, 2007. 1. 8. ;
http://lajin.com/ILviet/vietnam, 정치외교, 외교현황

7) http://www.state.gov, Background Note : Vietnam, Profile, U.S-Vietnam Relations ;
http://www.mofat.go.kr, 주베트남 대사관, 베트남 주요 정책, 대미 관계

8) http://www.hankyung.com, 미-베트남 32년 만에 완전 정상화, 신동열 기자, 2006. 12. 10.

9) http://lajin.com/ILviet/vietnam, 정치외교, 외교현황 ;
http://www.mofat.go.kr, 주베트남 대사관, 베트남 주요 정책, 대일 관계

10) http://www.mofat.go.kr, 주베트남 대사관, 베트남 주요 정책, 대중 관계 ;
http://lajin.com/ILviet/vietnam, 정치외교, 외교현황

11) http://lajin.com/ILviet/vietnam, 정치외교, 외교현황 ;
http://www.mofat.go.kr, 주베트남 대사관, 베트남 주요 정책, 대ASEAN 관계

12) http://www.mofat.go.kr, 주베트남 대사관, 베트남 주요 정책, 대라오스-캄보디아 관계
13) http://www.mofat.go.kr, 주베트남 대사관, 베트남 주요 정책, 대라오스-캄보디아 관계
14) http://weekly.chosun.com, 미국의 아시아 전략, 인도네시아ㆍ베트남ㆍ필리핀 "반중 3국을 포섭하라" 1974호, 이장훈 국제문제 애널리스트, 2007. 9. 29.
15) http://www.hanoi114.net/vinatimes, 베트남-인도, 전력적 관계를 구축, Thoi Bao Kinh Te Viet Nam/ Tuoi Tre, 2007. 7. 10.
16) http://lajin.com, ILviet, vietnam, 정치외교, 한국-베트남 관계 ;
http://www.mofat.go.kr, 주베트남 대사관, 한ㆍ베 양국 관계
17) http://www.mofat.go.kr, 주베트남 대사관, 양자 경제통상 관계
18) http://www.mofat.go.kr, 주베트남 대사관, 양자 경제통상 관계, 2007. 10. 1.
19) http://www.mofat.go.kr, 주베트남 대사관, 한ㆍ베트남 관계 개관, 대베트남 원조 현황, 2007. 9. 12.
20) http://lajin.com, ILviet, vietnam, 정치외교, 한국-베트남 관계
21) http://www.chinhphu.vn, List of countries and territories maintaining diplomatic relation with Vietnam
22) Vietnam Constitution 1992, Chapter 4(Article 44~48)
23) http://en.wikipedia.org, Vietnam People's Army
24) http://en.wikipedia.org, Vietnam People's Army
25) Ibid.
26) http://en.wikipedia.org, Vietnam People's Army, History
27) http://en.wikipedia.org, Vietnam People's Army, Organization
28) http://en.wikipedia.org, Vietnam People's Army, Manpower
29) http://en.wikipedia.org, Vietnam People's Army, Branches

제 3 부 제11장

1) http://www.state.gov, U.S. Department of State, Background Note : Vietnam ;
한국수출입은행, 베트남, 베트남의 2001~2005년 경제개발 추진 성과와 과제, 안응호, 2005. 7. 7.
2) http://www.state.gov, Ibid.
3) Ibid.
4) 한국수출입은행, 전게서
5) Vietnam Constitution 1992, Article 15
6) Vietnam Constitution 1992, Article 16
7) http://www.vision-associates.com, Doing Business in Vietnam, Economic Environment ;
http://en.wikipedia.org, Economic of Vietnam ;
http://www.business-in-asia.com, Vietnam Key Information ; op.cit., Vietnam at a glance ;
http://.geography.about.com, Vietnam ;
http://www.globalwindow.org, 베트남, 경제
8) http://www.vision-associates.com, Guide to Doing Business in Vietnam
9) http://www.vision-associates.com, op.cit. ;
http://www.kotra.or.kr, 호치민 무역관 자료관, 베트남 현지 금융 활용방안, 노성호 신한비자 행장, 2007. 6. 25.
10) Johnson Stokes & Master, A Guide to Doing Business in Vietnam, 2005
11) http://www.kotra.or.kr, 전게서 ;
Johnson Stokes & Master, op.cit. ;
http://www.vision-associates.com, op.cit. ;
http://www.koreaexim.go.kr, 베트남, 투자정책 및 절차, 금융제도, 2007. 1. 3.
12) http://www.kotra.or.kr, 전게서
13) http://www.hanoi114.net/vinatimes/신한銀, 베트남 '동나이지점' 개점, 한국재경신문, 2007. 10.13. ;
http://www.hanoi114.net/vinatimes/내일신문, 베트남에 우뚝 선 '신한비나', 2007. 7. 5.
14) 머니투데이, 우리銀, 베트남 호치민지점 개점식 개최, 진상현 기자, 2006. 3. 9. ;
파이낸셜뉴스, 은행, 베트남 진출 '러시', 한민정 기자, 2006. 10. 9.
15) 한국경제, 국민銀, 베트남카자흐 사무소 설치, 유병연 기자, 2007. 3. 19. ;
파이낸셜뉴스, 은행, 베트남 진출 '러시', 한민정 기자, 2006. 10. 9.
16) http://www.vietnam-ustrade.org, Trade and Investment Guide, Business Environment

17) Ibid.
18) Ibid.
19) Ibid.
20) Ibid.
21) Ibid.
22) http://www.vietnam-ustrade.org, Trade and Investment Guide, Business Environment ;
http://e-viethoa.com, 해외 자본시장을 가다 ⑥ 베트남, 파이낸셜 뉴스, 이세경 기자
23) Ibid.
24) Johnson Stokes & Master, op.cit.
25) http://e-viethoa.com, 베트남 증권계좌 개설 전 기본지식(15개시)
26) http://e-viethoa.com, 전게서
27) 머니투데이, 동양증권, 베트남 호치민 사무소 개소, 신수영 기자, 2006. 11. 21.
28) 서울신문, 증권사 베트남 진출 러시. 전경화 기자, 2006. 11. 17. ;
파이낸셜뉴스, 한국證 베트남 호찌민 사무소 개소 "7년내 아시아 톱5 달성", 안만호 기자, 2007. 9. 14. ;
한국경제TV, 한국증권 베트남에 첫발, 김치형 기자, 2006. 5. 2.
29) 서울신문, 전게서 ; 서울경제, 증권가 베트남 진출 바람, 문병도 기자, 2006. 7. 18.
30) 서울경제, 대우증권, 베트남 바이오엣증권과 제휴, 2006. 6. 24. ;
한국일보, 국내 증권사 "가자! 베트남 주식시장으로", 이진철 기자, 2007. 8. 27
31) 한국경제, SK증권··베트남등 아시아 신흥시장 눈독, 김용준 기자, 2007. 3. 22. ;
한국경제, SK證, 베트남 사무소 개설, 안재광 기자, 2007. 6. 25.
32) http://www.vietnam-ustrade.org, Trade & Investment Guide, Business Environment, Insurance
33) http://www.vietnam-ustrade.org, op.cit. ;
http://www.kotra.or.kr, 베트남, 생명보험업 전망 밝아, 안유석 호치민 무역관, (자료원 : Saigon Times Weekly, 2007. 9. 29.) 2007. 10. 2.
34) http://www.vietnam-ustrade.org, op.cit. ;
http://www.kotra.or.kr, 베트남, 생명보험업 전망 밝아, 안유석 호치민 무역관, 2007. 10.
35) http://www.kotra.or.kr, 전게서(자료원 : Saigon Times Weekly, 2007. 9. 29.)
36) Johnson Stokes & Master, A Guide to Doing Business in Vietnam, 2005
37) http://www.kotra.or.kr, 전게서
38) 아시아경제신문, 베트남 보험업계, "지금은 혁명 중", 조성락 통신원, 2007. 9. 27.
39) 프라임경제, 대한생명 "베트남 시장 블루오션 선점", 박현군 기자, 2006. 3. 23. ;
서울경제, 대한생명, 국내 生保社로 첫 베트남 진출, 권쾌현 특파원, 2006. 3. 24.
40) 뉴시스, 서울보증, 베트남 대표사무소 개소, 전은경 기자, 2007. 10. 12. ;
머니투데이, 대한생명, 생보 최초 베트남시장 진출, 김성희 기자, 2006. 3. 22.

제3부 제12장

1) http://www.kotra.or.kr, 베트남 현지 노무관리 요령, 베트남 노동 동향 및 노무관리 전략, 호치민 총영사관, 노무관 장근섭, 2007, 6. 18. ;
http://kovinews.co.kr, 베트남법, 노무관리
2) http://www.kotra.or.kr, 베트남 현지 노무관리 요령, 전게서, 베트남 산업별 고용상황
http://www.mofat.go.kr, 베트남의 주요 정책
3) http://www.kotra.or.kr, 베트남 현지 노무관리 요령, 전게서, 베트남의 노동력 공급 전망
4) http://www.kotra.or.kr, 베트남 현지 노무관리 요령, 전게서, 노동력 부족 심각
5) http://www.vision-associates.com, Doing Business in Vietnam, Land Matters ;
http://www.koreaexim.go.kr, 베트남, "대베트남 외국인 투자시 토지 관련 법제의 이해" 지역 연구회 발표자료 ;
Johnson Stokes & Master, A Guide to Doing Business in Vietnam
6) http://kovinews.co.kr, 베트남법, 토지법의 법제현황
7) http://kovinews.co.kr, op.cit.
8) http://www.mofat.go.kr, 주베트남 대사관, 베트남 부동산 개발사업 현황 및 전망, 2005. 11. 11.
9) http://www.kovinews.co.kr, 베트남법, 베트남 개정 토지법 ;

http://www.mofat.go.kr, 주베트남 대사관, 베트남 부동산 개발사업 현황 및 전망, 2005. 11. 11.
10) http://www.mofat.go.kr, 전게서
11) http://www.kovinews.co.kr, 베트남법, 베트남 개정 토지법 ;
http://www.mofat.go.kr, 주베트남 대사관, 베트남 부동산 개발사업 현황 및 전망, 2005. 11. 11.
12) http://www.vietnam-ustrade.org, Trade and Investment Guide, Business Environment
13) http://www.vietnam-ustrade.org, op.cit.
14) http://www.vietnam-ustrade.org, op.cit. (source : JETRO(2005))
15) Ibid.
16) http://www.business-in-asia.com, infrastructure, Comparison of Logistics infrastructure of Countries in ASEAN
17) Ibid.
18) http://www.worldbank.org, Transport in Vietnam, ports and shipping ;
http://en.wikipedia.org, Transport in Vietnam
19) http://www.business-in-asia.com, Ports in Vietnam
20) http://en.wikipedia.org, transportation in vietnam
21) http://www.business-in-asia.com, Airports in Vietnam
22) Ibid.
23) Ibid.
24) http://web.worldbank.org, Transport in Vietnam, Roads and Highways
25) Ibid.
26) http://web.worldbank.org, Transport in Vietnam
27) http://web.worldbank.org, op.cit.
28) Ibid.
29) http://web.worldbank.org, Transport in Vietnam, Railways
30) Ibid.
31) http://web.worldbank.org, Transport in Vietnam, Inland Waterways
32) http://web.worldbank.org, Transport in Vietnam

제 4 부 제13장

1) http://www.globalwindow.org, 베트남, 산업개발 전략 (2006~2010년), 박근형 하노이 무역관, 2006. 6. 30. (Source : Vietnam General Statistical Office)
2) http://www.globalwindow.org, 베트남, 국가 정보, 주요 산업동향
3) http://www.globalwindow.org, 베트남 시장에서의 우리나라의 수출 경쟁력 분석, 베트남 10대 수입품목의 국가별 경쟁력 분석, 2005. 6. 3.
4) http://www.globalwindow.org, 베트남 시장에서의 우리나라의 수출 경쟁력 분석, 베트남 10대 품목의 수입 통계, 2005. 6. 3.
5) http://www.globalwindow.org, 베트남, 산업개발 전략 (2006~2010년), 박근형 하노이 무역관, 2006. 6. 30.
6) http://www.globalwindow.org, op.cit.
7) http://www.globalwindow.org, op.cit.
8) http://www.business-in-asia.com, Vietnam : Overview of Seven Biggest Currency Earners in 2005, Rice
9) http://www.business-in-asia.com, Vietnam : Overview of Seven Biggest Currency Earners in 2005
10) http://e-viethoa.com, 베트남 산업 개관, 2007. 7. 18.
11) Ibid.
12) Ibid.
13) Ibid.
14) Ibid.
15) 파이낸셜뉴스, 베트남 시장, '미원 한류'로 13년째 흑자, 이성재 기자, 2006. 3. 26.
16) 파이낸셜뉴스, [유통, 이젠 글로벌화-오리온] '하오리여우'파이 하나에 中 13억명 감동, 2006. 3. 28. ;
머니투데이, '글로벌 오리온' 해외 지주社 설립추진, 김지산 기자, 2006. 12. 10. ;
http://economy.hankooki.com/ 오리온, 베트남 제과공장 완공, 中 · 러 등 이어 여섯번째 글로벌 생산기지 확보, 이효영 기자, 2006. 12. 5.
17) http://e-viethoa.com/ 뚜레쥬르, 베이커리 베트남 시장 진출, 2007. 6. 26. ;

http://economy.hankooki.com/ 뚜레쥬르, 업계최초 베트남 시장 진출, 김현상 기자, 2007. 6. 26.
18) http://whois.nis.go.kr, op.cit. 기타
19) http://www.vietnamtourism.com/Events-news/Major Events/Coffee Culture Week to be held
20) http://www.vietnamtourism.com/Events-news/Major Events/Coffee Culture Week to be held
21) http://www.globalwindow.org, 베트남 농ㆍ임산물 수출 현황, 2006. 3. 14.
22) http://www.business-in-asia.com, Vietnam : Overview of Seven Biggest Currency Earners in 2005, Wooden Products
23) http://www.business-in-asia.com, op.cit., Seafood ;
http://whois.nis.go.kr, 베트남 투자진출 핵심가이드, 유망 진출가이드, 국가 정보원, 2006. 12.
24) http://news.naver.com, 부산일보, '수산 강국' 베트남이 다가 온다, 이호진 기자, 2006. 6. 18.
25) http://www.vietnam2day.com, 베트남의 해양경제, 2007. 3. 21. ;
http://news.naver.com, 부산일보, '수산 강국' 베트남이 다가 온다, 이호진 기자, 2006. 6. 18. ;
http://news.naver.com, 연합뉴스, STX, 베트남에 조선소 건립 검토, 2006. 6. 25.
26) http://www.vietnamtourism.com/Events-news/Vietnam Discovery, Fishermen to celebrate festival for good things ;
http://www.vietnamtourism.com, op.cit., Khanh Hoa restores Fish Worshipping Festival
27) http://www.vietnamtourism.com/e_pages/news/ Events-news, Vietnam Discovery, Fishermen to celebrate festival for good things ;
http://www.vietnamtourism.com/e_pages/news/ Events-news, news, Khanh Hoa restores Fish Worshipping Festival
28) http://www.kotra.or.kr, 베트남 음료산업, 안유석 호치민 무역관, 2006. 6. 30.
29) http://www.kotra.or.kr, op.cit., 향후 시장규모 전망
30) http://www.business-in-asia.com, Vietnam : Overview of Seven Biggest Currency Earners in 2005, Garments and Textiles ;
http://whois.nis.go.kr, op.cit., 섬유ㆍ봉제 산업 ;
http://www.kotra.or.kr, 베트남 섬유 및 의류산업, 숙련 노동력 부족 등이 문제, 김동현 호치민 무역관, 2007. 8. 10.
31) Ibid.
32) http://www.kotra.or.kr, op.cit., 섬유 및 의류 산업은 베트남의 주력산업
33) Ibid.
34) Ibid.
35) http://whois.nis.go.kr, op.cit., p.63
36) http://www.globalwindow.org, 베트남, 경제, 주요산업 동향 ;
http://www.business-in-asia.com, op.cit., Footwear
37) Ibid.
38) http://www.kotra.or.kr, 베트남 신발산업, 위기와 기회 공존, 김동현 호치민 무역관, 2007. 5. 18
39) http://www.business-in-asia.com, handicraft industry in vietnam
40) http://www.business-in-asia.com/handicraft_industry_in_vietnam.htm
41) Ibid.
42) http://www.business-in-asia.com, Ibid.
43) http://www.business-in-asia.com/vietnam_furniture_industry.htm
44) 한국경제, 리바트 베트남 진출… 240만달러 투자, 송태형 기자, 2006. 1. 5. ;
이데일리, 리바트, 베트남 생산공장 착공, 정태선 기자, 2006. 5. 18. ;
이데일리, 리바트, 베트남에서 가구공사 수주, 윤진섭 기자, 2006. 10. 30.
45) http://www.business-in-asia.com, Ibid.
46) http://www.business-in-asia.com, Ibid.
47) http://www.business-in-asia.com, The Vietnam Plastic's Industry, Rapid Growth and Much Future Promise
48) http://www.business-in-asia.com, op.cit.
49) Ibid.
50) http://www.business-in-asia.com/plastics_in_vietnam.html, The Vietnam Plastic's Industry, Rapid Growth and Much Future Promise
51) Ibid.
52) http://www.business-in-asia.com/plastics_in_vietnam.html, The Vietnam Plastic's Industry, Rapid Growth and Much Future Promise
53) Ibid. ;
http://www.globalwindow.org, 베트남 시장에서 우리나라의 수출경쟁력 분석, p.22, 2005. 6. 3.
54) http://www.globalwindow.org, op.cit.
55) http://www.globalwindow.org, op.cit.

1) http://ven.org.vn, Competitive Vietnamese Steel, 2007. 8. 15.
2) http://ven.org.vn/English/?news=1693, The Mekong Delta Economic Forum, Competitive Vietnamese Steel, 2007. 8. 15.
3) http://ven.org.vn, op.cit.
4) http://www.globalwindow.org, 베트남 시장에서 우리나라의 수출경쟁력 분석, 2005. 6. 3.
5) http://ven.org.vn, Competitive Vietnamese Steel, 2007. 8. 15. ;
http://www.globalwindow.org, 베트남, 주요 산업동향, 철강 산업
6) http://whois.nis.go.kr, 베트남 투자진출 핵심가이드 p.70, 2006. 12.
7) 헤럴드경제, 포스코 베트남에 전기로 건설, 2007. 6. 19. ;
연합뉴스, 포스코 베트남에 10억달러 규모 제철소 건설, 2006. 8. 10. ;
http://www.vneconomy.com.vn/ Posco-Viet Nam launches biggest steel projects, 2007. 3. 8.
8) 한국수출입은행, 베트남 전력 산업 현황 및 향후 전망, 2006. 5.15. ;
http://www.globalwindow.org, 베트남, 전력부족 심각, 박근형 하노이 무역관, 2006. 3. 25. ;
http://www.globalwindow.org, 베트남, 주요 산업동향
9) http://www.globalwindow.org, op.cit.
한국수출입은행, 전게서
10) 파이낸셜뉴스, 글로벌 에너지 자원 현장을 찾아-한국전력, 중・베트남 원전 최고봉을 노린다, 윤경현 기자, 2006. 3. 29
11) http://www.business-in-asia.com, Vietnam : Overview of Seven Biggest Currency Earners in 2005 ;
http://e-viethoa.com, 베트남 산업개관, 2007. 7. 18. ;
http://whois.nis.go.kr, 베트남 투자진출 핵심가이드, p.41, 2006. 12.
12) http://e-viethoa.com, op.cit. ;
http://whois.nis.go.kr, op.cit.
13) http://whois.nis.go.kr, op.cit., p.69
14) http://www.mofat.go.kr, 주베트남 대사관, 베트남 부동산 개발사업 현황 및 전망, p.26, 2005. 11. 11.
15) http://www.mofat.go.kr, op.cit, p.27
16) Ibid
17) Ibid
18) Ibid
19) http://www.mofat.go.kr, op.cit, p.30
20) http://www.mofat.go.kr, op.cit, p.31~32
21) http://whois.nis.go.kr, 베트남 투자진출 핵심가이드, p.66~67, 2006. 12.
22) 문화일보, 대우, 베트남과 수교 전부터 신뢰 쌓아, 2006. 2. 22 ;
연합뉴스, 대우건설 컨소시엄, 베트남 신도시 개발사업 수주, 유경수 기자, 2006. 1. 20.
23) http://economy.hankooki.com, 금호 "베트남, 제2 해외기지로", 김호정 기자, 2006. 10.24 ;
한국경제, 대우건설 품에 안은 금호아시아나… 베트남서 대우신화 재현, 류시훈 기자, 2006. 6. 23. ;
매일경제, 금호아시아나, 고 박성용 회장의 "베트남 꿈"이뤘다, 박용범 기자, 2006. 10.24.
24) http://economy.hankooki.com, 금호 "베트남, 제2 해외기지로", 김호정 기자, 2006. 10.24
25) http://www.hankyung.com, GS건설, 호찌민에 100만평 규모 '한국형 신도시' 늪지를 '베트남판 베벌리 힐스'로, 이정호 기자, 2007. 5. 25. ;
http://economy.hankooki.com, GS건설 베트남에 100만평 '냐베 신도시' 건설, 김문섭 기자, 2007. 5. 27. ;
http://news.hankooki.com, GS건설, 베트남 냐베 신도시 100만평 단독개발, 한창만 기자, 2007. 5. 25. ;
http://www.hankyung.com, GS건설 베트남 냐베 신도시 프로젝트, 조재길 기자, 2006. 1. 8.
26) http://economy.hankooki.com, GS, 베트남에 100만평 '냐베 신도시' 건설, 김문섭 기자, 2007. 5. 27. ;
27) http://economy.hankooki.com, 경남기업 베트남에 70층빌딩 건설, 김창익 기자, 2007. 8. 9. ;
http://economy.hankooki.com, 경남기업, 베트남에 70층짜리 최고급 호텔 건립, 윤진섭 기자, 2007. 8. 7. ;
http://www.hanoi114.net, 경남기업, 베트남에 70층짜리 최고급 호텔 건립, 베트남 뉴스 서비스 ;
서울경제, 경남기업 베트남 '하노이 타워' 기공식, 2007. 8. 26. ;
매일경제, 경남기업, 베트남 랜드마크타워 산업 본격화, 문일호 기자, 2007. 8. 26
28) http://economy.hankooki.com, 경남기업 베트남에 70층빌딩 건설, '하노이 랜드마크타워' 개발 승인…사업비는 1兆규모, 김창익 기자, 2007. 8. 9.

1) http://www.business-in-asia.com, Automobile Industry in Vietnam Pre-WTO
2) http://www.globalwindow.org, 2007년도 베트남 자동차 산업 전망, 김도형 호치민 무역관, 2006. 12. 30.
3) http://www.globalwindow.org, op.cit.
4) http://ven.org.vn, Vietnam's Auto Industry-Rosy It is not
5) http://whois.nis.go.kr, 베트남 투자진출 핵심가이드, p.66, 2006. 12.
6) http://www.globalwindow.org, op.cit. ;
http://whois.nis.go.kr, 베트남 투자진출 핵심가이드, p.43, 2006. 12.
7) http://www.globalwindow.org, 베트남 동남아 오토바이 생산거점 육성 전망, 박동욱 하노이 무역관, 2007. 9. 20.
8) http://www.vietnamtourism.com, Events-News, Travel Offers, Touring Vietnam by bike ;
http://www.hanoi114.net, 베트남 : 전동 자전거스쿠터 붐 도래, 2006. 10. 2. ;
머니투데이, "부르릉"..베트남경제 깨우는 나팔소리, 현창흡 부장, 정재현 기자, 2007. 4. 26. ;
http://news.hankooki.com, 베트남 "오토바이와 전쟁", 2006. 12. 18.
9) 머니투데이, "부르릉"..베트남경제 깨우는 나팔소리, 현창흡 부장, 정재현 기자, 2007. 4. 26.
10) http://www.vietnamtourism.com/e_pages/ Events-News, Travel Offers, Touring Vietnam by bike
11) http://www.globalwindow.org, op.cit.
12) http://www.globalwindow.org, op.cit.
13) http://www.globalwindow.org, 베트남, 자전거 수요 재성장세 김동현 호치민 무역관, 2007. 10. 11.
14) http://whois.nis.go.kr, 베트남 투자진출 핵심가이드, p.47, 2006. 12.
15) http://e-viethoa.com, 혼다 오토바이 "Future" ;
http://www.hanoi114.net/vinatimes/ 혼다 베트남, 이륜차 제2공장 착공
16) http://www.globalwindow.org, 베트남, 자전거 수요 재성장세
17) http://www.globalwindow.org, op.cit.
18) http://www.globalwindow.org, op.cit.
19) http://e-viethoa.com, 베트남 산업개관, 2007. 7. 18.
20) http://e-viethoa.com, op.cit. ;
http://www.globalwindow.org, 베트남 시장에서의 우리나라 수출 경쟁력 분석
21) Ibid.
22) http://e-viethoa.com, 베트남, 2015년까지 소프트웨어 개발자 100만명 양성계획
23) http://e-viethoa.com, op.cit.
24) http://www.business-in-asia.com, Software Industry in Vietnam - still small but with a bright future, By Chris Runckel and Ly Tran, Runckel & Associates
25) http://www.business-in-asia.com, op.cit.
26) http://www.business-in-asia.com, op.cit.
27) http://www.business-in-asia.com, op.cit.
28) http://www.business-in-asia.com, Software Industry in Vietnam - still small but with a bright future ;
http://www.business-in-asia.com, op.cit.
29) 디지털데일리, 동양시스템즈, 베트남 금융 IT 시장 진출, 채수웅 기자, 2007. 9. 18. ;
전자신문, 동양시스템즈, 한・베트남 금융 IT 조인트벤처 설립, 안수민 기자, 2007. 9. 18. ;
디지털타임스, "베트남 IT 시장을 잡아라", 송정렬 기자, 2007. 9. 28. ;
한국경제, 동양시스템즈, 베트남에 조인트벤처사 설립, 2007. 9. 18.
30) http://www.globalwindow.org, 베트남 인터넷 시장 현황 및 전망, 박근형 하노이 무역관, 2007. 3. 30.
31) http://www.business-in-asia.com, "Taking-off Strategy", Does it stepping up the development of the ICT industry in Vietnam?
32) http://www.business-in-asia.com, op.cit., Internet : What do the Vietnamses use it for?
33) http://www.globalwindow.org, 베트남 인터넷 시장 현황 및 전망, 박근형 하노이 무역관, 2007. 3. 30.
34) http://www.globalwindow.org, 베트남 전자상거래 시장 기지개, 박동욱 하노이 무역관, 2007. 9. 18.
35) http://www.globalwindow.org, op.cit.
36) http://www.globalwindow.org, 베트남, 전자상거래 B2B 잠재력 커, 김영웅 하노이 무역관, 2007. 4. 10.
37) http://www.globalwindow.org, op.cit.

1) 한국수출입은행, 베트남 정보통신 산업 현황과 우리기업의 진출방안, 2006. 7. 4. ;
http://e-viethoa.com, 베트남 이동통신 서비스시장 3대 이슈 및 정부 대책, 김동현 호치민 무역관, 2007. 8. 16.
2) http://www.business-in-asia.com/telecommunication_in_vietnam.htm, Telecommunication Industry in Vietnam
3) Ibid.
4) 한국수출입은행, 전게서
5) http://e-viethoa.com, 베트남 이동통신 업체들, 3G 기술 라이선스 획득 경쟁 치열, 김동현 호치민 무역관, 2007. 10. 12.
6) http://whois.nis.go.kr, 베트남 투자진출 핵심가이드, p.68, 2006. 12. ;
http://e-viethoa.com, 베트남 이동통신 업체들, 3G 기술 라이선스 획득 경쟁 치열, 김동현 호치민 무역관, 2007. 10. 12.
7) 디지털타임스, SKT 글로벌전략, 베트남-CDMA벨트 전초기지, 조성훈 기자, 2007. 9. 4. ;
한국경제TV, SKT 베트남 신화 쓴다, 박정윤 기자, 2006. 10. 2 ;
http://www.hanoi114.net/vinatimes/news/ SKT, 베트남과 u-City 사업 제휴, (출처 : The Naeil News) 김병국 기자, 2007. 6. 28 ;
이데일리, 글로벌 시장 잡아야 성장, 김경근 기자, 2006. 5. 9. ;
http://www.hankyung.com, SK텔, 베트남 가입자 100만 돌파, 2006. 9. 28.
8) 디지털타임스, [SKT 글로벌전략] (1) 베트남-CDMA벨트 전초기지, 조성훈 기자, 2007. 9. 4.
9) http://ven.org.vn, Electronic Industry: More Vietnamese-made Parts Needed, 2007. 6. 21. ;
http://www.vneconomy.com.vn, Japan's Nidec to expand operations in the North, 2007. 5. 28.
10) http://ven.org.vn, Electronic Industry: More Vietnamese-made Parts Needed, 2007. 6. 21.
11) http://www.vneconomy.com.vn, Electronics sector aims high in development plan, 2007. 5. 31.
12) http://www.vneconomy.com.vn, Japan's Nidec to expand operations in the North, 2007. 5. 28. ;
http://whois.nis.go.kr, 베트남 투자진출 핵심가이드, p.63, 2006. 12.
13) http://www.vneconomy.com.vn, Vietnam's Advertising in WTO age, 2007. 5. 22. ;
http://www.vneconomy.com.vn, Advertising industry develops spontaneously, 2005. 12. 21.
14) http://www.vneconomy.com.vn, Advertising, Vietnam's Advertising in WTO age, 2007. 5. 22. ;
http://www.vneconomy.com.vn, Acceptable advertising, 2004. 6. 16. ;
http://www.vneconomy.com.vn, Foreigners still rule and industry, 2005. 8. 5. ;
http://www.vneconomy.com.vn, Local ad firms face fierce competition, 2005. 10. 5.
15) http://www.vneconomy.com.vn, Globalisation requires nation to deregulate marketing industry, 2005. 12. 19.
16) http://www.vneconomy.com.vn, Globalisation requires nation to deregulate marketing industry, op.cit. ;
http://www.vneconomy.com.vn, Local ad firms face fierce competition, op.cit.
17) http://www.vneconomy.com.vn, Online advertising potential in Vietnam, 2006. 9. 8. ;
http://www.vneconomy.com.vn, Online business promising in Vietnam, 2006. 10. 2. ;
http://www.vneconomy.com.vn, Globalisation requires nation to deregulate marketing industry, op.cit. ;
http://www.vneconomy.com.vn, Advertising industry develops spontaneously, op.cit.
18) http://economy.hankooki.com, 베트남 금기 깨고 섹스 웹사이트 개설 허용, 2007. 10. 12. ;
http://news.hankooki.com, 폰섹스 광고 실은 베트남 신문들 줄이어 벌금, 권쾌현 특파원, 2006. 7. 7.
19) http://www.globalwindow.org, 베트남 아시아 최고 유망 유통시장으로 급부상 중, 박동욱 하노이 무역관, 2007. 8. 24.
20) http://www.globalwindow.org, op.cit.
21) http://www.hanoi114.net/vinatimes/ 홍콩 데일리펌, 슈퍼마켓 1호점 오픈, 2007. 10. 10.
22) http://www.hankyung.com, 롯데마트, 2008년 베트남 진출, 최윤정 기자, 2006. 11. 5. ;
머니투데이, 롯데마트, 베트남 진출…'소매업 투자허가' 획득, 홍기삼 기자, 2006. 11. 5. ;
파이낸셜뉴스, 롯데, 베트남에 할인점 세운다, 유인호 기자, 2006. 7. 9. ;
http://www.hankyung.com, 롯데마트, 베트남 진출…현지 저가상품 직접 조달, 차기현 기자, 2006. 11. 5.
23) http://www.globalwindow.org, op.cit.
24) http://www.globalwindow.org, 베트남, 유통업 시장 개방 동향 및 외국기업 취급 금지품목, 김영웅 하노이 무역관, 2007. 3 .14. ;
http://whois.nis.go.kr, 베트남 투자진출 핵심가이드, p.90, 2006. 12.
25) http://www.globalwindow.org, op.cit. ;
http://e-viethoa.com, 틈새시장으로 부상하는 베트남의 프랜차이즈 산업(출처 : 월간조선)
26) http://e-viethoa.com, 베트남, 프랜차이즈 산업 현황, 전정희 하노이 무역관, 2006. 9. 29. ;
http://www.globalwindow.org, 베트남 외식 산업 중심, 프랜차이즈 산업 개화기, 박동욱 하노이 무역관, 2007. 8. 28. ;
http://e-viethoa.com, 베트남 체인시장을 가다

27) http://www.globalwindow.org, op.cit.
28) http://e-viethoa.com, 틈새시장으로 부상하는 베트남의 프랜차이즈 사업 ;
http://e-viethoa.com, 베트남, 프랜차이즈 산업 현황, op.cit. ;
http://e-viethoa.com, 베트남 체인시장을 가다(출처 : 이코노믹 리뷰)
29) http://e-viethoa.com, 베트남 프랜차이즈 현황
http://e-viethoa.com, 베트남 체인시장을 가다
30) http://e-viethoa.com, 베트남, 프랜차이즈 산업 현황, op.cit.
31) http://e-viethoa.com, 베트남, 프랜차이즈 산업 현황, op.cit.
32) http://www.vneconomy.com.vn, Workshop examines Viet Nam's pharmaceutical industry, 2007. 9. 11. ;
http://ven.org.vn, Ho Chi Minh City : Focusing on Chemicals and Pharmaceutical, 2007. 6. 29. ;
http://www.globalwindow.org, 베트남 의약품 산업 육성정책 추진, 김동현 호치민 무역관, 2007. 5. 15.
33) http://ven.org.vn, Ho Chi Minh City: Focusing on Chemicals and Pharmaceuticals, 2007. 6. 29.
34) http://www.globalwindow.org, op.cit. ;
http://www.vneconomy.com.vn, Registered drug makers must satisfy GMP by July 1, 2008, 2007. 5. 2.
35) http://www.vneconomy.com.vn, Ampharco opens first GMP plant, 2007. 6. 26.
36) http://www.hankyung.com/ 의료서비스도 앞다퉈 해외진출..메디파트너, 베트남에 개원, 김후진 기자, 2006. 2. 19. ;
이코노믹리뷰, 기로에선 병원, 글로벌 전략, 2006. 8. 16. ;
쿠키뉴스, 의료계도 한류열풍…한국병원 잇단 베트남 行, 조필현 기자, 2006. 2. 9. ;
http://www.fnnews.com/ 한양대 한국유나이티드제약과 공동으로 베트남 공략, 정명진 기자, 2007. 10. 31. ;
http://www.chosun.com/ 한양대병원, 베트남에 류마티스센터 설립, 2007. 10. 31.
37) http://www.globalwindow.org, 베트남 의료장비 시장 지속 확대 중, 김동현 호치민 무역관, 2007. 2. 22.
38) http://www.globalwindow.org, op.cit.
39) http://www.vneconomy.com.vn, Vietnam produces only 5% modern medical equipment, 2006. 12. 21.
40) http://www.vneconomy.com.vn/eng/?param=article&catid=11&id=3ad007a712edb0, Vietnam produces only 5% modern medical equipment, 2006. 12. 21.
41) http://www.vneconomy.com.vn, Vietnam produces only 5% modern medical equipment, 2006. 12. 21.
42) http://whois.nis.go.kr, 베트남 투자진출 핵심가이드, p.45, 2006. 12. ;
http://ven.org.vn, More Tourism Would Be Nice, 2007. 8. 13. ;
http://www.globalwindow.org, 베트남 외국인 관광객 2010년 600만명 전망, 김동현 호치민 무역관, 2007. 4. 10. ;
http://www.vneconomy.com.vn, Hospitality sector in need of professionals, 2007. 7. 18.
43) http://www.business-in-asia.com, Future for Eco-Tourism in Vietnam
44) Ibid.
45) http://www.business-in-asia.com/vietnam_eco_tourism.htm, Future for Eco-Tourism in Vietnam
46) http://www.business-in-asia.com, op.cit.
47) http://www.business-in-asia.com/vietnam_eco_tourism.htm, Future for Eco-Tourism in Vietnam
48) http://www.business-in-asia.com, op.cit.
49) http://whois.nis.go.kr, 베트남 투자진출 핵심가이드, p.45, 2006. 12. ;
http://www.globalwindow.org, 베트남, 호텔 부족 상황 대처 위해 2010년까지 객실 17만 개 추가 계획, 김동현 호치민 무역관, 2007. 3. 12.
50) http://www.heraldbiz.com/ 헤럴드경제, 장연주 기자, 2007. 10. 19. ;
내일신문, 엠코, 베트남에 대형 복합리조트 개발, 성홍식 기자, 2007. 10. 19. ;
http://news.hankooki.com/ 한국일보, 엠코, 베트남 하이퐁시에 복합리조트 개발, 전태훤 기자, 2007. 10. 18.
51) 이데일리, 비트코, 베트남 경마장에 1300억 투자..2012년 완공, 피용익 기자, 2007. 10. 1. ;
mbn, 비트코, 베트남에 첫 경마장 건설, 2007. 10. 1. ;
EBN, 베트남 최초 경마장 한국 업체와 함께 추진, 김민철 기자, 2007. 10. 1 ;
52) http://news.naver.com/ 이데일리, 비트코, 베트남 경마장에 1300억 투자..2012년 완공, 피용익 기자, 2007. 10. 1.

제5부 제17장

1) http://www.vietnam.gov.vn, Investment Law ;
http://www.globalwindow.org, 알기 쉽게 정리한 베트남 투자절차, 조현선 2006. 6. 27. ;
http://whois.nis.go.kr, 베트남 투자진출 핵심가이드, 2006. 12.
2) http://www.vietnam.gov.vn, Investment Law
3) http://www.globalwindow.org, 알기 쉽게 정리한 베트남 투자절차, 조현선 2006. 6. 27.
4) http://www.vietnam.gov.vn, Investment Law ;
http://www.globalwindow.org, op.cit. ;
http://whois.nis.go.kr, op.cit.
5) http://www.globalwindow.org, 2006 베트남 투자기업 경영실태 분석보고서, 조현건, 2007. 1. 23.
6) http://whois.nis.go.kr, 베트남 투자진출 핵심가이드, pp.81~82, 2006. 12.
7) http://www.klausmeyer.co.uk, Doing Business in Vietnam, Klaus E Meyer, Yen Thi Thu Tran, Hung Vo Nguyen, 2005, p.16
8) http://whois.nis.go.kr, 베트남 투자진출 핵심가이드, pp.79~81, 2006. 12.
9) 디지털타임스, SKT 글로벌전략, 베트남-CDMA벨트 전초기지, 조성훈 기자, 2007. 9. 4. ;
http://www.hankyung.com, SK텔레콤··몽골 · 베트남 등 해외진출 잇단 `개가`, 이태명 기자, 2007. 7. 19.
10) http://www.hanoi114.net/vinatimes, 거침없는 롯데제과, 베트남 상장사 "꿀꺽", 2007. 10. 5.
11) http://www.business-in-asia.com/industrial_zones_vietnam_all.htm
12) http://www.business-in-asia.com/industrial_estates_asia.html
13) Ibid.
14) http://www.business-in-asia.com/industrial_estates_asia.html
15) Ibid.
16) http://www.business-in-asia.com/industrial_estates_asia.html
17) Ibid.
18) Ibid.
19) http://www.business-in-asia.com/industrial_estates_asia.html
20) Ibid.
21) http://www.business-in-asia.com/industrial_estates_asia.html
22) http://www.business-in-asia.com/industrial_estates_asia.html
23) http://www.business-in-asia.com/industrial_estates_asia.html ;
Vietnam Economic Times
24) http://www.business-in-asia.com/countries/vietnam_industrial_zones.html

제5부 제18장

1) http://wed.worldbank.org, doing business 2008
2) http://wed.worldbank.org, doing business 2008
3) http://www.globalwindow.org, '2006 베트남 투자기업 경영실태 분석보고서', p.27, 조현선, 2007. 1. 23.
4) http://www.business-in-asia.com/asia/asia_investment_policy.html
5) Ibid.
6) Ibid.
7) Ibid.
8) Ibid.
9) Ibid.
10) Ibid.
11) Ibid.
12) Ibid.
13) http://www.mofat.go.kr, 베트남의 투자 환경, JETRO 보고서(2006. 5) 요약
14) http://www.mofat.go.kr, 베트남의 투자관련 비용 비교 - JETRO 보고서(2006. 3)를 중심으로, 2006. 7.19.
15) Meyer, Klaus E., Tran, Yen Thi Thu & Nguyen, Hung Vo(2006), Doing business in Vietnam, pp.21~22

16) http://www.mofat.go.kr, 베트남 외국인 투자 환경 분석, 2005. 9.8.
17) http://www.hanoi114.net/vinatimes/news/ "중국보다 베트남 가는게 낫네", 머니투데이, 2007. 9. 2. ;
http://www.hankyung.com, "베트남 진출이 중국보다 낫네" ·· 무협 106개사 성적표 조사, 오상헌 기자, 2007. 9. 2. ;
서울신문, 베트남 진출기업 성적표 'A', 강주리 기자, 2007. 9. 3.

제6부 제19장

1) http://www.kotra.or.kr, 베트남, 新통합기업법 7월부터 발효, 김영웅, 2006. 1. 16. ;
http://www.kotra.or.kr, ibid. ;
http://kovinews.co.kr, 베트남, 새 '통합기업법' ;
http://whois.nis.go.kr, 베트남 투자진출 핵심가이드, 베트남 新기업법 및 시행령, 국가정보원, 2006. 12.
2) Ibid.
3) Ibid.
4) Ibid.
5) Ibid.
6) Ibid.
7) Ibid.
8) Ibid.
9) Ibid.
10) Ibid.

제6부 제20장

1) http://kovinews.co.kr, 베트남법, 노무관리 ;
http://www.kotra.or.kr, 베트남 현지 노무관리 요령, 베트남 노동동향 및 노무관리 전략, 호치민 총영사관, 장근섭 노무관, 노동법규
2) http://www.vision-associates.com, Guide to Doing Business in Vietnam, Labour Matters
3) 베트남 노동법령, 주호치민 대한민국 총영사관, 2005. 6.
4) http://www.vietnam-ustrade.org, Managing in Vietnam ;
http://www.vision-associates.com, Doing Business in Vietnam ;
http://www.mofat.go.kr, 베트남 현지 노무관리 요령, 전게서, 인력채용
5) 고용 및 근로자 채용 관련규정(2003. 4. 18, 39/2003/ND-CP, 수상령)
6) 근로자 채용 관련규정(2003. 9 22, 20호, 2003/TT-BLDTB XH, 노동부령)
7) 외국인노동자 선발 관련규정(2003. 9. 17, 105/2003/ND-CP, 수상령)
8) http://www.kotra.or.kr, 베트남 현지 노무관리 요령, 전게서, 인력채용
9) http://www.hanoi114.net/vinatimes, 기업 내의 외국인노동자 수, 3% 조항 철폐 인가, 2007. 9. 10. Dau Tu지
10) http://www.vision-associates.com, Guide to Doing Business in Vietnam, Labour Matters ;
Johnson Stokes & Master, A Guide to Doing Business in Vietnam, Employment Issues, 2005 ;
http://kovinews.co.kr, 베트남 노동법
11) 근로계약 관련규정(2003. 5. 9, 44/2003/ND-CP, 수상령)
12) 근로계약 관련규정(2003. 9. 22, 제21호/2003/TT-BLD TBXH, 노동부령)
13) http://www.kotra.or.kr, 베트남 현지 노무관리 요령, 전게서, 근로계약 ;
http://kovinew.co.kr, 베트남 노동법
14) 노동법 제8장(제82조~제88조) ;
취업규칙 관련규정(1995. 7. 6, 제41호/CP, 수상령) ;
취업규칙 관련규정(2003. 4. 2, 제33호/2003/ND-CP, 수상령)
15) 노동법, 제68조~제81조 ;
「근무시간과 휴식시간에 관한 규정」(1994. 12. 31, 195/CP, 수상령) ;
「근무시간과 휴식시간에 관한 규정」(2002. 12. 27, 109/2002/ND-CP, 수상령) ;
「추가 근무시간 시행 안내 규정」(2003. 6. 3, 15/2003/IT-BLDTBXH, 노동부 시행 통지)
16) 노동법 제6장(제55조~제67조) ;

임금관련규정(2002. 12. 31, 114/2002/ND-CP, 수상령) ;
외국투자기업 내 베트남 노동자의 최저임금 수준과 급여에 관한 규정(1999. 6. 15, 708/1999/QD-BLDTBXH, 노동보훈사회부령) ;
외국투자기업 등에 근무하는 베트남 노동자 임금관련 규정(2003. 5. 30, 14/2003/TT-BLDTBXH, 노동부통지서)

17) 연합뉴스, 최저임금 인상으로 베트남 투자기업 타격 전망, 2006. 4. 11. ;
http://economy.hankooki.com, 베트남 사업여건 점점 팍팍해진다, 내년부터 최저임금 최고 38% 인상될 듯, 이상훈 기자, 2007. 10. 24. ;
http://news.mk.co.kr/ 베트남 최저임금, 20~38% 차등 인상, 2007. 10.24.

18) 사회보험 관련규정(1995. 1. 26, 제12호/1995, 수상령) ;
사회보험 조례(1995. 1. 26, 제12호/CP 수상령 부속) ;
사회보험 관련규정(2003. 1. 9, 제1호/2003/ND-CP, 수상령) ;
사회보험 관련규정(1995. 4. 4, 제6호/2003/LDTBXH-TT, 노동사회부령)

19) http://www.kotra.or.kr, 베트남 현지 노무관리 요령, 전게서, 사회보험법 제정

20) 노동법 제9장(노동안전 및 위생, 제95조~제108조) ;
산업안전 관련규정(1995. 1. 20, 제6호/CP, 수상령) ;
산업안전과 위생에 관한 규정(2002. 12. 27, 제110호/2002/ND-CP, 수상령) ;
산업재해와 직업병 관련규정(2003. 4. 18, 제10호/2003, 노동보훈사회부령)

21) 노동법, 제13장 노동조합(제153조~제156조)

22) http://kovinews.co.kr, 베트남법, 노무관리

제 6 부 제21장

1) http://www.vietnam-ustrade.org, Trade & Investment Guide, Business Environment ;
Johnson Stokes & Master, A Guide to Doing Business in Vietnam, 2005 ;
HLB International, Doing Business in Vietnam ;
http://www.kotra.or.kr, 베트남 기업체계/세무전략, 최준 회계사, 2007. 6. 25. ;
http://www.nts.go.kr, 베트남 진출을 위한 세무 안내, 2005 ;
http://www.mofat.go.kr, 경제관련 법령, 법인세, 2006. 8. 31

2) http://www.mofat.go.kr, op.cit., 법인소득세

3) http://www.nts.go.kr, op.cit., p.49

4) http://www.nts.go.kr, op.cit., 개인소득세

5) http://www.kotra.or.kr, op.cit., 부가가치세법

6) http://www.kotra.or.kr, op.cit., 외국인 계약자세

7) http://www.nts.go.kr, op.cit., 수출입관세

8) http://www.nts.go.kr, op.cit., 특별판매세

9) http://www.kotra.or.kr, op.cit., 기타 세법 ;
http://www.nts.go.kr, op.cit., 천연자원 개발세

10) HLB International, Doing Business in Vietnam, Double Tax Avoidance Agreement

11) http://www.nts.go.kr, op.cit., 한·베트남 조세협약

제 7 부 제22장

1) http://www.mofat.go.kr, 대베트남 기업 진출 안내서, 2005. 9. 8.

2) http://www.globalwindow.org, 해외투자 사례, 베트남, 사전 조사 부족으로 인한 실패 사례, 황유선, 2006. 10. 16.

3) http://whois.nis.go.kr, 베트남 투자진출 핵심가이드, 2006. 12, pp.26~27

4) http://whois.nis.go.kr, op.cit., p.76

5) http://www.mofat.go.kr, 베트남 외국인 투자 환경 분석, 2005. 9. 8. ;
http://whois.nis.go.kr, 베트남 투자진출 핵심가이드, 진출시 애로사항 및 확인사항, 2006. 12. ;
http://www.hankyung.com, [아시아의 뜨는별 '베트남 리포트'](5) 아직 먼 글로벌스탠더드… 주먹구구 행정·부정부패 만연, 2006. 11. 20.

6) http://www.lgeri.com, 베트남 투자, 2009년 이후를 주목하라, 주간경제 922호, 김형주, 2007. 2. 5.

7) http://www.mofat.go.kr, op.cit.
8) http://economy.hankooki.com, 베트남 "톨게이트 근무자 주머니 없애라", 2007. 10. 12.
9) http://www.hankyung.com, "한국 부패정도 베트남ㆍ아프간보다 심해"…갤럽 부패지수, 김영욱 기자, 2006. 12. 6.
10) http://whois.nis.go.kr, op.cit. ;
http://news.mk.co.kr, 베트남 진출시 주의사항은?, 윤성일 한국투자증권 신사업추진실 상무, 2007. 2. 15.
11) http://www.mofat.go.kr, 대베트남 기업 진출 안내서, 2005. 9. 8.
12) http://www.hankyung.com, [아시아의 뜨는별 '베트남 리포트'](5) 아직 먼 글로벌스탠더드… 주먹구구 행정ㆍ부정부패 만연, 2006. 11. 20. ;
http://whois.nis.go.kr, 베트남 투자진출 핵심가이드, 2006. 12, p.83
13) Ibid. ;
http://www.mofat.go.kr, 대베트남 기업 진출 안내서, 2005. 9. 8.
14) Ibid. ;
http://www.mofat.go.kr, 대베트남 기업 진출 안내서, 2005. 9. 8.
15) Ibid. ;
http://whois.nis.go.kr, 베트남 투자진출 핵심가이드, 2006. 12, p.83
http://www.mofat.go.kr, op.cit.
16) http://www.hankyung.com, 베트남 전국토의 21%가 폭발물 위험지역, 권쾌현 특파원, 2007. 4. 5.
17) http://news.mk.co.kr, 베트남 진출시 주의사항은?, 윤성일 한국투자증권 신사업추진실 상무, 2007. 2. 15. ;
http://korea.kr/news/국정브리핑/매춘 · 마약 · 도박 · 선교…베트남에서 하지 마세요, 주 베트남 한국대사관 이상철 영사, 2007. 10. 28.
18) YTN, 베트남 매춘알선 한국인 5년형 선고, 김영수 기자, 2007. 3. 15. ;
노컷뉴스, 베트남, 매춘알선 혐의 한국인에 5년형 선고, CBS사회부 송형관 기자, 2007. 3. 15.
19) 한국일보, 베트남, 마약거래 영국시민권자에 사형선고, 권쾌현 특파원, 2006. 11. 26. ;
연합뉴스, 베트남법원, 마약거래 호주인에 사형선고, 2007. 9. 18.
20) http://www.tourhochiminh.org, 출국준비, 유의사항 ;
http://korea.kr/news/국정브리핑/op.cit.
21) 뉴시스, 베트남, 뎅기열로 35명 사망..환자 3만3000명, 이재훈 기자, 2007. 7. 31. ;
http://korea.kr/news/ 국정브리핑/매춘 · 마약 · 도박 · 선교…베트남에서 하지 마세요, 주 베트남 한국대사관 이상철 영사, 2007. 10. 28. ;
http://www.hanoi114.net/vinatimes/ 베트남의 전염병 감염율은 세계 워스트 클래스, 2007. 9. 13.
22) 연합뉴스, WHO "베트남 2대 과제는 HIV 확산방지와 치료", 권쾌현 특파원, 2006. 10. 7. ;
http://www.hanoi114.net, 베트남 인구의 75%가 기생충 감염자, Tien Phong, 2007. 7. 30.
23) http://www.tourhochiminh.org/departure/ 출국준비, 유의사항, 유흥업소 출입자제
24) http://www.tourhochiminh.org, op.cit., 직접 운전 지양 ;
http://whois.nis.go.kr, 베트남 투자진출 핵심가이드, 비즈니스 여행가이드, 국가정보원, 2006. 12.
25) http://www.tourhochiminh.org, op.cit., 사진 촬영 제한구역 ;
http://korea.kr/news/ 국정브리핑/op.cit.
26) Ibid.
27) http://www.mofat.go.kr, 베트남 주요정책
28) http://www.lgeri.com, 베트남 투자, 2009년 이후를 주목하라, 주간경제 922호, 김형주, 2007. 2. 5.
29) http://www.lgeri.com, op.cit. ;
http://www.mofat.go.kr, op.cit.
30) 아시아 경제신문, 2020년은 '베트남 용'의 시대가 될 것, 이현정 기자, 2007. 9. 17.
31) http://news.mk.co.kr, 터키 · 베트남, 아시아 시대를 이끌 신흥국가, 이범준 기자, 2007. 11. 27.
32) 팜 띠엔 반 주한 베트남 대사 "도이모이 젊은 피로 재무장" 장경영 기자, 2006. 5. 28;
http://news.mk.co.kr, 터키 · 베트남, 외국인 투자 환경 개선 약속, 2007. 11. 6.

글쓴이 소개

소 영 일

- 연세대학교 경영학과(경영학사)
- 서울대학교 대학원 경영학과(경영학석사)
- 연세대학교 대학원 경영학과(경영학박사)
- Abraham Lincoln University (in USA) School of Law (Juris Doctor : 법학박사)
- University of New England (in Australia) School of Law 修學
- 제11회 공인회계사 시험 합격
- 산경회계법인 근무
- 제23회 행정고등고시 합격
- 국무총리실 근무 (행정사무관)
- 외무고등고시, 기술고등고시, 행정고등고시 위원
- 정부투자기관 경영평가위원
- 유진기업 사회이사
- 산경법무법인 경영고문 등
- 공인회계사
- 연세대학교 정경대학 경영학부 교수

주요 저서

「현대 경영학원론」, 「경영관리」, 「현대 경영학연습」, 「경영정보시스템(上)」, 「경영정보시스템(下)」, 「MIS원론」, 「컴퓨터원론」, 「경영관리자를 위한 컴퓨터원론」, 「대학 컴퓨터」, 「현대 컴퓨터시스템」, 「전산학개론」, 「정보체계론」, 「정보시스템의 분석과 설계」, 「재무회계」, 「연구조사방법론」, 「SPSS를 이용한 현대통계학」, 「SPSS를 이용한 비모수 통계학」, 「SPSS를 이용한 중급통계학」, 「BMDP · MINITAB·SAS·SPSS를 이용한 회귀분석」, 「SPSS사용방법」, 「SPSSX사용방법」, 「금융옵션」, 「벤처창업 & 경영론」, 「중국경영전략론」, 「인도경영전략론」 外 9권

주요 역서

컴퓨터개론(Sanders, Computers, Today), 경영정보시스템(Hicks, Management, Information, Systems), Lotus 1-2-3를 이용한 경영의사결정(Albion and Hoff, Business Decision Making with 1-2-3), 원가회계(Horngren, Cost Accounting), 21세기 세계 500대 기업에의 도전(Hickman and Silva, Future 500) 外 10권

경영자를 위한

베트남 경영전략 – 투자환경론

2008년 3월 5일 초판 인쇄
2008년 3월 10일 초판 발행

저 자 소 영 일
발행인 주 병 오
발행처 지구문화사 JIGU PUBLISHING Co.
경기도 파주시 교하읍 문발리
파주출판문화정보산업단지 518-2
영업팀 (031) 955-7566/7577
편집팀 (031) 955-7731~2
FAX (031) 955-7730
홈페이지 www.ji-gu.co.kr
전자우편 jigupub@hanmail.net
등록번호 1979년 7월 13일 제 9-57호

ISBN 978-89-7006-441-3 값 33,000원